westermann

Dipl.-Hdl./Dipl.-Kfm. Hartwig Heinemeier, Dipl.-Hdl. Peter Limpke, Dipl.-Hdl. Hans Jecht

Handeln im Handel

Ausbildung im Einzelhandel
2. Ausbildungsjahr: Lernfelder 6–10

10. Auflage

Bestellnummer 222268

Die in diesem Produkt gemachten Angaben zu Unternehmen (Namen, Internet- und E-Mail-Adressen, Handelsregistereintragungen, Bankverbindungen, Steuer-, Telefon- und Faxnummern und alle weiteren Angaben) sind i. d. R. fiktiv, d. h., sie stehen in keinem Zusammenhang mit einem real existierenden Unternehmen in der dargestellten oder einer ähnlichen Form. Dies gilt auch für alle Kunden, Lieferanten und sonstigen Geschäftspartner der Unternehmen wie z. B. Kreditinstitute, Versicherungsunternehmen und andere Dienstleistungsunternehmen. Ausschließlich zum Zwecke der Authentizität werden die Namen real existierender Unternehmen und z. B. im Fall von Kreditinstituten auch deren IBANs und BICs verwendet.

Zusatzmaterialien zu Handeln im Handel, 2. Ausbildungsjahr

Für Lehrerinnen und Lehrer

Lösungen: 978-3-14-222284-4
Lösungen Download: 978-3-14-104968-8
Lösungen zum Arbeitsbuch Download: 978-3-14-222292-9

BiBox westermann inkl. E-Book

BiBox Einzellizenz für Lehrer/-innen (Dauerlizenz): 978-3-14-222300-1
BiBox Kollegiumslizenz für Lehrer/-innen (Dauerlizenz): 978-3-14-103457-8
BiBox Kollegiumslizenz für Lehrer/-innen (1 Schuljahr): 978-3-14-107499-4

Für Schülerinnen und Schüler

Arbeitsbuch: 978-3-14-222276-9

BiBox westermann inkl. E-Book

BiBox Einzellizenz für Schüler/-innen (1 Schuljahr): 978-3-14-222308-7
BiBox Klassensatz PrintPlus (1 Schuljahr): 978-3-427-81758-1

Buch +Web mit Webcode im Buch

Zu diesem Produkt sind digitale Zusatzmaterialien kostenlos online für Sie erhältlich. Sie können diese ganz einfach über die Eingabe des nachfolgenden Codes im Suchfeld unter www.westermann.de abrufen.

BVE-222268-010

Sollten Sie zu diesem Produkt bereits eine BiBox mit Material erworben haben, so sind die Zusatzmaterialien selbstverständlich dort bereits integriert.

westermann GRUPPE

Druck und Bindung: Westermann Druck GmbH, Georg-Westermann-Allee 66, 38104 Braunschweig

ISBN 978-3-14-222268-4

VORWORT

„Handeln im Handel – 2. Ausbildungsjahr": Der Titel dieser Schulbuchreihe weist auf das dahinterstehende Unterrichtskonzept hin.

Das 2. Ausbildungsjahr umfasst die Lernfelder 6 bis 10 des novellierten Rahmenlehrplans 2017 für den Ausbildungsberuf „Kaufmann im Einzelhandel und Kauffrau im Einzelhandel" sowie „Verkäufer und Verkäuferin". Der Band ist nach dem Lernfeldkonzept strukturiert. Das heißt, die Lernfelder wurden so konzipiert, dass sie konkrete berufliche Lernsituationen umfassen, in denen, durch die und für die fachliche, methodische, personale und soziale Kompetenzen erworben werden können.

Auch dieser zweite Band der Reihe „Handeln im Handel" möchte vor diesem Hintergrund die Handlungskompetenz der Lernenden explizit und nachhaltig fördern.

Als Handlungskompetenz verstehen wir „die Fähigkeit des Einzelnen, sich in beruflichen, gesellschaftlichen und privaten Situationen sachgerecht, durchdacht sowie individuell und sozial verantwortlich zu verhalten" (KMK). Die Schülerinnen und Schüler sollen auf die selbstständige Bewältigung der zunehmend komplizierteren und komplexeren Praxis in den Einzelhandelsunternehmen vorbereitet werden.

In einem von dem neuen Rahmenlehrplan geforderten Unterricht muss ein Schulbuch

- den von den Lernsituationen ausgelösten Lernprozess strukturieren,
- die zur Erreichung der geforderten Kompetenzen notwendigen Inhalte und Methoden darstellen,
- zum Lesen und zum Lernen bewegen und motivieren.

Die einzelnen Kapitel dieses umfassenden und verständlichen Schulbuches sind einheitlich gegliedert:

1. **Einstieg:** Jedes Kapitel beginnt mit einer anschaulichen Fallschilderung oder Darstellung, die auf eine Problemstellung des Kapitels hinweist.
2. **Information:** Es schließt sich ein ausführlicher Informationsteil mit einer großen Anzahl von Beispielen und weiteren Veranschaulichungen an.
3. **Aufgaben:** Die im Aufbau folgenden Lernaufgaben, die der Erschließung des Textes dienen, sollen von den Schülerinnen und Schülern mithilfe des Informationsteils selbstständig gelöst werden.
4. **Aktionen:** Durch Anwendung wichtiger Lern-, Arbeits- oder Präsentationstechniken im Zusammenhang mit dem behandelten Thema werden Grundlagen zum Erwerb der beruflich geforderten Handlungskompetenz gelegt.
5. **Zusammenfassung:** Am Kapitelende werden die wesentlichen Lerninhalte in Form einer farblich hervorgehobenen Übersicht als Post-Organizer zusammengefasst. Die Übersicht eignet sich sehr gut zur Wiederholung des Gelernten.

Die übersichtliche Gestaltung der Kapitel, die ausführlichen Erläuterungen der Fachbegriffe, die leicht verständliche Textformulierung und die vielen Beispiele und Abbildungen veranschaulichen die Inhalte ganz besonders, sodass das Lernen wesentlich erleichtert wird.

Der zweispaltige Satz und das breitere Buchformat wurden gewählt, um die Erfassbarkeit des Textes zu verbessern.

Das umfangreiche Sachwortverzeichnis am Schluss des Buches soll dem schnellen und gezielten Auffinden wichtiger Inhalte dienen.

Die Autoren bedanken sich für wertvolle Anregungen bei Sabine Sgonina und Helen Villanueva.

Vorwort zur 10. Auflage

Das Werk befindet sich auf dem Stand der Gesetzgebung vom 1. Januar 2022. Insbesondere wurden die Änderungen im Kaufrecht ab Januar 2022 eingearbeitet. Statistische Tabellen und Bildstatistiken wurden – soweit dies möglich war – auf den neuesten Stand gebracht.

Im Buch wird bei einigen Aktionen das Lösen mithilfe eines Warenwirtschaftssystems vorgeschlagen. Hierfür können Sie das Warenwirtschaftssystem nutzen, dass als digitales Zusatzmaterial online für Sie erhältlich ist. Sie hierzu auch Hinweis auf Seite 2.

Frühjahr 2022 *Die Verfasser*

INHALTSVERZEICHNIS

LERNFELD 6

LERNFELD 7

LERNFELD 8

Anhang

WAREN BESCHAFFEN 6

Waren beschaffen

Lernsituation

Die Auszubildenden Britta Krombach, Robin Labitzke, Anja Maibaum und Lars Panning sollen während ihrer Ausbildung in der Filiale Schönstadt der Ambiente Warenhaus AG auch Kenntnisse und Fähigkeiten im Einkauf erwerben. Deshalb werden sie zu Beginn ihres zweiten Ausbildungsjahres zwei Monate im Funktionsbereich Beschaffung der Filiale Schönstadt eingesetzt.

Nachdem ihnen der Leiter des Funktionsbereichs Beschaffung, Herr Otte, einen Überblick über die Tätigkeiten im Beschaffungsbereich gegeben hat, beauftragt er Britta Krombach, Robin Labitzke, Anja Maibaum und Lars Panning, auf der Grundlage der folgenden Daten aus dem Warenwirtschaftssystem der Ambiente Warenhaus AG die notwendigen Nachbestellungen von Waren vorzunehmen.

Datei Bearbeiten Stammdaten Beschaffung Lager Verkauf Auswertungen Inventur Hilfsmittel Ansicht Hilfe

Bestellung

Eingabe Bestellung

EAN	Bezeichnung	Bestand	Reserv.	erw. Zug.	verf. Best	Meldebest
4021003131030	Besteckgarnitur "Siebeck"	13	0	0	13	40
4021003131061	Blumentopf "Madeira"	470	0	0	470	120
4024010404159	Boxershirts, Gr. L 100% Baumw	5640	0	0	5640	400
4024009494178	Damenpullover "Elle"	540	0	0	540	152
4021002126016	Espressomaschine "Enzo Galv	200	0	0	200	31
4024009494161	Holzfällerhemden, Farbe sorti	687	0	0	687	250
4024010404180	Jogginganzug,	295	0	0	295	55
4022005252068	Lego-Set "Autobahn"	479	0	0	479	136
4002720002292	Marker	100	0	0	100	0
4021003131078	Papiertischdecke Winterwund	1885	0	0	1885	164
4023008383117	Pelikan-Etui	1890	0	0	1890	180
4023007373140	Pelikan-Kuli	1242	0	0	1242	600
4022006262097	Puppe "Anya"	9	0	0	9	90
4022005252082	Puppe "Lara"	940	0	0	940	110
4035641978643	Radiergummi	100	0	0	100	0
4021003131023	Reibe	1465	0	0	1465	140
4023007373126	Ringbuchblätter DIN A 4	3984	0	0	3984	375
4021001115032	Schreibtischlampe "Ikarus 5"	19	0	0	19	31
4022005252075	Spiel "Die große Spielesamml	640	0	0	640	145
4021003131085	Stoffservietten "Country"	2060	0	0	2060	164
4045678876546	Tipp-Ex	100	0	0	100	0
4022004141097	Verstärkungsringe	100	0	0	100	0
4021004141052	Kerzenhalter "Winterstimmun	700	0	0	700	135

Versetzen Sie sich in die Rolle von Britta Krombach, Robin Labitzke, Anja Maibaum oder Lars Panning.

1. Wählen Sie auf der Grundlage der oben abgebildeten Informationen aus dem Warenwirtschaftssystem der Ambiente Warenhaus AG die Artikel aus, die nachbestellt werden sollten.
2. Beschreiben Sie die notwendigen Schritte, die zur Nachbestellung dieser Artikel erforderlich sind. Stellen Sie den Beschaffungsprozess in einer Übersicht dar.

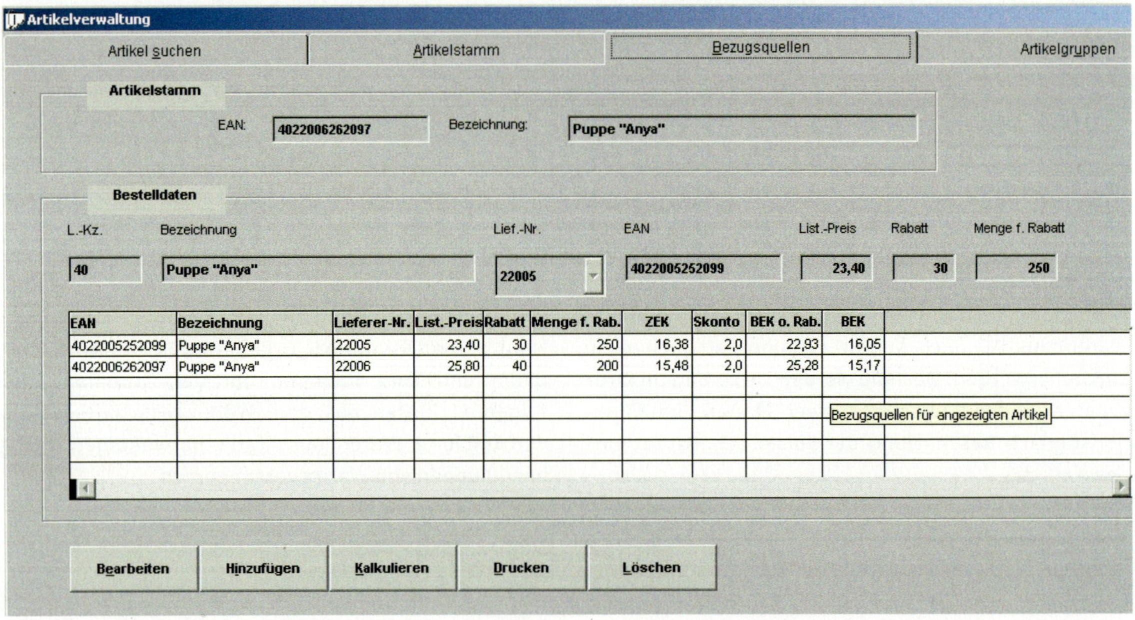

EAN	Bezeichnung	Lieferer-Nr.	List.-Preis	Rabatt	Menge f. Rab.	ZEK	Skonto	BEK o. Rab.	BEK
4022005252099	Puppe "Anya"	22005	23,40	30	250	16,38	2,0	22,93	16,05
4022006262097	Puppe "Anya"	22006	25,80	40	200	15,48	2,0	25,28	15,17

3. Wählen Sie die günstigste Bezugsquelle des Artikels „Puppe Anya“ anhand des Artikelstamms des Warenwirtschaftssystems der Ambiente Warenhaus AG aus.

4. Fordern Sie ein zusätzliches Angebot zum Artikel „Puppe Anya“ von einem neuen Lieferer an. Dem Branchenadressbuch entnehmen Sie folgende Bezugsquelle:

   Gebhard & Co.
   Am Waldhof 34
   33602 Bielefeld

   Formulieren Sie eine schriftliche Anfrage an Gebhard & Co.

5. Aufgrund Ihrer Anfrage schickt Ihnen Gebhard & Co. das nebenstehende Angebot. Vergleichen Sie dieses Angebot mit den Bezugsquellen aus dem Artikelstamm des Warenwirtschaftssystems der Ambiente Warenhaus AG und wählen Sie den günstigsten Lieferer aus.

6. Bestellen Sie 200 Stück der „Puppe Anya“ bei dem günstigsten Lieferer. Erstellen Sie einen Entwurf für das Bestellschreiben.

Gebhard & Co. · Am Waldhof 34 · 33602 Bielefeld
Ambiente Warenhaus AG
Groner Straße 22–24
34567 Schönstadt

Ihr Zeichen: b-k
Ihre Nachricht vom: 15.08.20..
Unser Zeichen: de-em
Unsere Nachricht vom:

Name: Elke Möbius
Telefon: 0521 33658-23
E-Mail: moebius@gebhard-wvd.de

Datum: 17.08.20.

Angebot „Puppe Anya“

Sehr geehrte Damen und Herren,

wir danken für Ihre Anfrage. Den Artikel „Puppe Anya“ können wir Ihnen zu einem besonders günstigen Preis anbieten:

Bestell-Nr. 4225 „Puppe Anya“ zum Preis von 21,30 € einschließlich Verpackung.

Bei Abnahme von mindestens 100 Stück gewähren wir Ihnen einen Mengenrabatt von 15 %.

Bei unserer Lieferung ab Lager Bielefeld stellen wir Ihnen pro Puppe 0,10 € Transportkosten in Rechnung.

Ihre Zahlung erbitten wir innerhalb von 14 Tagen abzüglich 3 % Skonto oder innerhalb von 30 Tagen netto Kasse.

Wir freuen uns auf Ihren Auftrag.

Mit freundlichen Grüßen

Gebhard & Co.

i. V. Möbius

Möbius

2222688

KAPITEL 1

Wir führen eine Beschaffungsplanung durch

Die Geschäftsführung hat mit den Abteilungsleitern die Planzahlen für die Umsätze festgelegt.

Anschließend wird die Einkaufsabteilung beauftragt, die Beschaffungsplanung für das nächste Quartal vorzunehmen.

1. Stellen Sie fest,
   a) welche Bereiche die Beschaffungsplanung umfasst,
   b) was im Rahmen der Beschaffungsplanung bedacht werden muss.
2. Begründen Sie die Bedeutung des Einkaufs für die Gewinnsituation.

INFORMATION

Im Rahmen der Beschaffungsplanung geht es für den Einzelhändler darum, die richtige Ware in der geforderten Menge und Qualität zum richtigen Zeitpunkt und zum günstigsten Preis beim richtigen Lieferer einzukaufen. In diesem Zusammenhang sind zwei Arten von Informationen für Einkaufsentscheidungen von Bedeutung:

- Bedarfsinformationen, aus denen der Einzelhändler Art, Menge und Zeit des Einkaufs ermittelt,
- Informationen, die die Auswahl des günstigsten Lieferers ermöglichen.

Bedarfsermittlung

Die Feststellung des Bedarfs ist im Einzelhandel die erste Voraussetzung für einen rationellen Einkauf. Der **Bedarf** ist die Warenmenge, die in angemessener Zeit durch den Einzelhandelsbetrieb voraussichtlich verkauft werden kann. Auch heute geschieht die Bedarfsfeststellung noch oft mit dem berühmten „Fingerspitzengefühl". Das kann richtig sein, erweist sich jedoch häufig als völlig irreführend. Daher werden in vielen Einzelhandelsbetrieben Ein- und Verkaufsstatistiken geführt, aus denen der Einkäufer beträchtliche Schlüsse hinsichtlich der Entwicklung des Bedarfs ziehen kann. In diesem Zusammenhang wird der Einzelhändler durch Computerprogramme – sogenannte EDV-gestützte Warenwirtschaftssysteme – unterstützt. Die EDV-gestützten Warenwirtschaftssysteme ermöglichen z. B. eine **Verkaufsdatenanalyse,** mit der der zukünftige Bedarf ermittelt werden kann.

Sortimentsplanung (WAS?)

Zunächst einmal muss der Einzelhändler festlegen, welche Waren überhaupt geführt werden sollen. Er wird versuchen, solche Artikel im Rahmen seines Verkaufsprogramms zusammenzustellen, die der Kunde erwartet. Dadurch kommt es zur Sortimentsbildung.

DEFINITION
Das Sortiment ist die Summe der Waren und Dienstleistungen, die ein Handelsbetrieb seinen Kunden anbietet.

Bei der Überlegung, was eingekauft werden soll, werden also Artikel nach Art und Qualität ausgesucht. Dabei müssen die Erfahrungen der Vergangenheit beachtet werden. Kundenwünsche oder Verkaufserfolge eines Mitbewerbers mit einem bestimmten Artikel können dazu führen, dass der Einzelhändler ein neues Produkt in sein Sortiment aufnehmen möchte. Aber auch Zukunftserwartungen müssen berücksichtigt werden. Hilfen hierzu bieten z. B. Marktuntersuchungen und Berichte von Außendienstmitarbeitern und Vertretern.

Schon beim Einkauf der Waren sollte man an den Absatz denken. Obwohl er zeitlich der Beschaffung der Waren folgt, ist er als Endziel das bestimmende Element. Es dürfen nur solche Waren eingekauft werden, die sich auch absetzen lassen.

Mengenplanung (WIE VIEL?)

Bei der Mengenplanung wird entschieden, wie viel eingekauft werden soll. Die exakte Schätzung des Bedarfsumfangs ist schwierig. Ziel der Mengenplanung ist die Ermittlung der kostengünstigsten Bestellmenge **(optimale Bestellmenge).** Der Einzelhändler steht bei der Feststellung von Beschaffungsmengen vor zwei grundsätzlichen Möglichkeiten. Er beschafft:

- große Mengen in großen Zeitabständen,
- kleine Mengen in kleinen Zeitabständen.

Zwischen diesen beiden extremen Wahlmöglichkeiten hat der Einkäufer eine Fülle von weiteren Möglichkeiten. Zur Bestimmung der optimalen Bestellmenge muss er die Auswirkungen der verschiedenen möglichen Beschaffungsmengen auf die Höhe der Kosten untersuchen. Dabei sind zwei Kostenarten zu unterscheiden:

- **Beschaffungskosten:** Sie fallen z. B. für das Einholen des Angebots, das Schreiben der Bestellung oder die Wareneingangs- oder Rechnungsprüfung an. Mit zunehmender Bestellmenge werden die Beschaffungskosten je Wareneinheit geringer. Wird nur einmal innerhalb eines bestimmten Zeitraums bestellt, muss beispielsweise auch nur einmal eine Bestellung geschrieben werden. Bei größeren Bestellungen können außerdem mögliche Mengenrabatte in Anspruch genommen werden.

- **Lagerkosten:** Sie nehmen bei einer Erhöhung der Beschaffungsmenge zu. Je mehr Ware bestellt und auf Lager genommen wird, desto mehr fallen z. B. Personalkosten für im Lager beschäftigte Personen an.

Diese Kostenarten verlaufen also bei unterschiedlichen Beschaffungsmengen entgegengesetzt. Die Aufgabe der Mengenplanung besteht nun darin, die Beschaffungsmenge zu bestimmen, für die die Summe aus Beschaffungs- und Lagerhaltungskosten möglichst gering ist. Bei der optimalen Bestellmenge bilden die sinkenden Bestellkosten und die steigenden Lagerhaltungskosten zusammen ein Minimum der Gesamtkosten.

Bestellkosten

- **Gebühren** (z. B. Porto, Telefon, Fax)
- **Material** (z. B. Umschläge, Briefpapier, Druckerpatronen)
- **Personal** (z. B. Buchhaltungspersonal, Schreibkräfte)

Lagerkosten

- **Energiekosten** (z. B. Strom, Heizung, Licht)
- **Gebäude**
- **Personal** (z. B. Mitarbeiter im Lager)
- **Warenpflege**

niedrige Bestellkosten ← **Wird selten, aber in großen Mengen bestellt** → **hohe Lagerkosten**

hohe Bestellkosten ← **Wird oft, aber in kleinen Mengen bestellt** → **niedrige Lagerkosten**

BEISPIEL

In einem Einzelhandelsbetrieb betragen die Beschaffungskosten 35,00 € je Bestellung, unabhängig davon, wie viel bestellt wird. An Lagerkosten fallen 0,25 € je Stück an. Es sollen innerhalb eines bestimmten Zeitraumes 1 000 Stück eines Artikels bestellt werden.

Anzahl der Bestellungen	Bestellmenge	Lagerhaltungskosten in €	Bestellkosten in €	Gesamtkosten in €
1	1 000	250,00	35,00	285,00
2	500	125,00	70,00	195,00
3	333	83,25	105,00	188,25
4	250	62,50	140,00	202,50
5	200	50,00	175,00	225,00

Die optimale Bestellmenge liegt bei 333 Stück. Dort entstehen Gesamtkosten von nur 188,25 €.

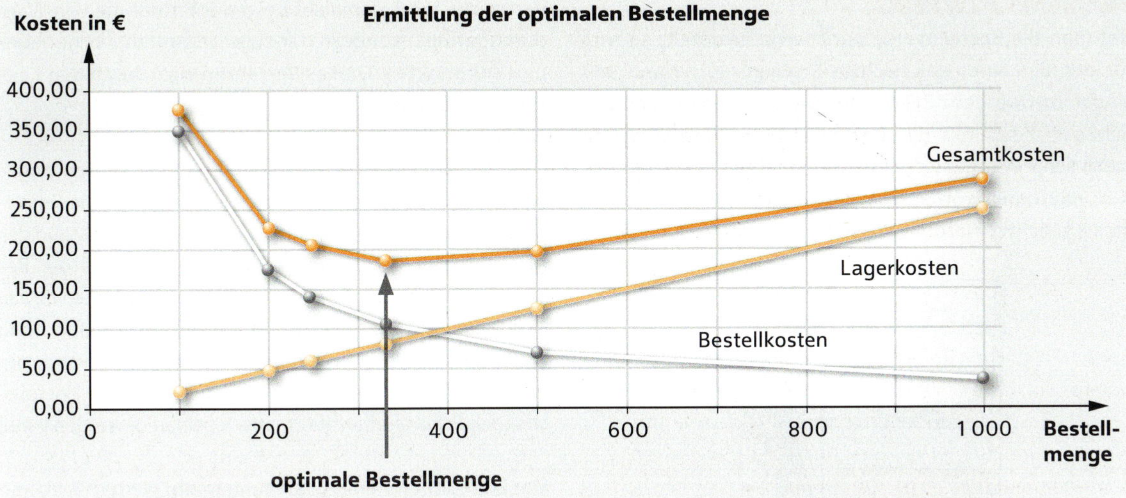

Die optimale Bestellmenge liegt bei 333 Stück. Hier sind die Gesamtkosten mit nur 188,25 € am niedrigsten.

Die Höhe der Bestellmenge ist jedoch noch von weiteren Rahmenbedingungen abhängig:

- **Wirtschaftliche Lage:** Ist aufgrund konjunktureller Entwicklungen eine Verknappung von Artikeln zu erwarten, sollte der Einzelhändler sich mit größeren Mengen zu einem noch niedrigeren Preis eindecken.
- **Preis:** Auf Märkten, die Preisschwankungen unterliegen, sollten bei niedrigen Preisen größere Mengen eingekauft werden.
- **Umsatz:** Bei der Festlegung der Bestellmenge ist auch vom zu erwartenden Absatz auszugehen.

Bei der Planung der Einkaufsmenge kann auch die **Limitrechnung** angewandt werden. Sie ist ein Instrument, um die Finanzverhältnisse des Betriebs zu kontrollieren und in Ordnung zu halten. Der Einkauf wird dadurch planbar und überprüfbar.

Ein Limit gibt an, für wie viel Euro in einem bestimmten Zeitabschnitt Waren einer Warengruppe eingekauft werden dürfen. Diese Einkaufsgrenze sollte nicht überschritten werden.

BEISPIEL

Ein Textileinzelhändler führt mit einem EDV-gestützten Warenwirtschaftssystem eine Limitrechnung für eine bestimmte Warengruppe durch.

– Limitrechnung (Plan) –		
Haus 1 Abt. 1	**WGR**	**1 PlansaisonJahr 1**
Umsatz		100.000,00
./. erzielte Kalk.	50,0 %	50.000,00
= Planumsatz EK		50.000,00
: Umschlag	5,0	
= Durchschn.-Lager		10.000,00
= Saisonlimit		50.000,00
./. Limitreserve	10,0 %	5.000,00
= freies Limit		45.000,00
./. Ist-Bestellungen		35.537,00
= Restlimit		9.463,00
./. Freigabe 16. Nov.		2.000,00
= Restlimit neu		7.463,00
Plan/Ist-Vergleich? J J/N Speichern Planzahlen? J J/N Umsatzkontrolle? – J/N		

Der Einzelhändler strebt aufgrund früherer Umsatzzahlen für die Warengruppe innerhalb des Planungszeitraumes einen Umsatz von 100.000,00 € an. Er hofft einen Kalkulationsabschlag (erzielte Kalkulation) von 50 % durchsetzen zu können: Der Bruttogewinn soll also 50.000,00 € betragen. Für den Wareneinsatz (Planumsatz zu Einstandspreisen) müssen daher 50.000,00 € eingeplant werden. Als **Saisonlimit** ergibt sich der Betrag von 50.000,00 €. Das ist der Gesamtbetrag, der im Planungszeitraum ausgegeben werden darf. Das Saisonlimit wird aufgeteilt in die Limitreserve und das freie Limit. Die **Limitreserve** wird in der Regel als Prozentsatz ausgedrückt (10 % = 5.000,00 €) und ist für Sonderfälle – wie z. B. Sonderangebote oder kurzfristige Nachbestellungen – vorgesehen. Das **freie Limit** (45.000,00 €) ist der Betrag, für den im Rahmen vorhersehbarer Bestellungen eingekauft werden darf. Vom freien Limit wird der bisherige Auftragswert (Ist-Bestellung = 35.537,00 €) abgezogen. Der für Bestellungen noch offene Betrag von 9.463,00 € ist das sogenannte **Restlimit.** In diesem vereinfachten Beispiel bestellt der Einzelhändler Waren für 2.000,00 €, sodass sich ein neues Restlimit von 7.463,00 € ergibt.

Zeitplanung (WANN?)

Hat man die Bestellmenge annähernd ermittelt, so tritt für den Einkäufer das nächste Problem auf: Wann soll eingekauft werden? Bei der Zeitplanung geht es um den richtigen Zeitpunkt der Bestellung. Der Einzelhändler muss seine Waren so rechtzeitig einkaufen, dass sie zum Verkaufstermin vorhanden sind. Bei Nachbestellungen muss beachtet werden, dass die Ware im Verkauf nicht

ausgeht. Um dies zu erreichen, werden entweder das Bestellrhythmusverfahren oder das Bestellpunktverfahren angewandt.

Beim **Bestellrhythmusverfahren** wird nach Ablauf von bestimmten Zeitabständen (Tage, Wochen, Monate oder Quartale) überprüft, ob sich noch ausreichend Artikel auf Lager befinden. Die Kontrolle, ob nachbestellt werden muss, wird also nicht bei jeder Entnahme von Ware durchgeführt, sondern nur zu bestimmten, vorgegebenen Zeitpunkten. Dieses Verfahren wird durch den Zeitfaktor gesteuert.

Das häufiger angewandte **Bestellpunktverfahren** dagegen wird durch Verbrauchsmengen gesteuert. Eine Bestellung wird jedes Mal ausgelöst, wenn der Lagerbestand des Artikels nicht mehr ausreicht, um den während der Beschaffungszeit zu erwartenden Bedarf zu decken. Dazu sind Bestandsprüfungen nach jedem Lagerabgang nötig (vgl. Kap. 7.8). Dies erfordert einen hohen Aufwand, der aber durch den Einsatz von EDV-Anlagen und entsprechenden Programmen automatisch bewältigt werden kann.

Der Zeitpunkt für eine Bestellung hängt weiterhin ab von

- **der Beschaffungsdauer:** Ist die Ware einen Tag später da, kann man jeden Tag nachbestellen;
- **der Lagerfähigkeit der Waren:** Artikel, die nicht lange gelagert werden können, müssen häufig bestellt werden;
- der **Preisentwicklung** auf dem Markt;
- der **Umsatzgeschwindigkeit.**

Bezugsquellenermittlung (WO?)

Der Auswahl der Lieferer muss besondere Aufmerksamkeit geschenkt werden. Von ihr hängt nämlich ganz entscheidend die Kostensituation des Einzelhandelsbetriebs ab. Grundsätzlich sollte der Einzelhändler dort einkaufen, wo es am günstigsten ist (vgl. Kap. 6.2).

AUFGABEN

1. Welches Ziel haben die Beschaffungstätigkeiten in einem Einzelhandelsbetrieb?
2. Welche Maßnahmen müssen bei der Einkaufsvorbereitung getroffen werden?
3. Wie wirkt sich eine Erhöhung der Bestellmenge auf die Beschaffungs- oder Lagerkosten aus?
4. 400 Stück eines Artikels sollen bestellt werden. Die Lagerhaltungskosten betragen pro Stück 0,75 €, die Beschaffungskosten pro Bestellung 40,00 €.
   Ermitteln Sie die optimale Bestellmenge rechnerisch und grafisch.
5. In einem Einzelhandelsunternehmen betragen die Beschaffungskosten 135,00 € je Bestellung, unabhängig davon, wie viel bestellt wird. An Lagerkosten fallen 25 % des Wertes der eingelagerten Ware an. Es sollen innerhalb eines bestimmten Zeitraumes 12000 Stück eines Artikels zum Einstandspreis von 3,00 € bestellt werden.
   Wie hoch ist die optimale Bestellmenge?
6. Warum werden für den Einkauf von Artikeln häufig Limits festgesetzt?
7. Ein Einzelhändler strebt in einer Warengruppe einen Umsatz von 400.000,00 € an. Er möchte einen Kalkulationsabschlag von 40 % durchsetzen. Als Limitreserve plant er 20 % ein.
   Wie hoch ist das Restlimit, wenn für 45.000,00 € schon Bestellungen vorliegen?
8. Wodurch unterscheiden sich Bestellrhythmusverfahren und Bestellpunktverfahren?
9. Die Ambiente Warenhaus AG verkauft von einem Artikel im Jahr 25000 Stück. Die Bestellkosten betragen 250,00 € pro Bestellung, die Lagerkosten 1,00 €. Die maximale Bestellanzahl beträgt 15.
   Berechnen Sie die optimale Lagermenge.

10. Die Ambiente Warenhaus AG plant in einer Warengruppe einen Umsatz von 4.000.000,00 €. Sie erzielt einen Kalkulationsabschlag von 50 % (d. h., die Ware wurde zu 50 % des Umsatzwertes eingekauft). Geplant wird mit einer Limitreserve von 20 %.

Bis heute wurde für 1.506.906,00 € Ware bestellt. Ermitteln Sie

a) das Saisonlimit,
b) die Limitreserve,
c) das freie Limit,
d) das Restlimit.

AKTIONEN

1. Erstellen Sie mit Excel für drei typische Artikel Ihres Ausbildungssortiments eine „Warendatei“.
2. a) Legen Sie eine Excel-Tabellenkalkulation an, mit der Sie die optimale Bestellmenge berechnen können.

   b) Lösen Sie zur Kontrolle mithilfe der Excel-Tabelle die folgende Aufgabe:
   Für eine bestimmte Warengruppe sollen 200 Stück bestellt werden. Die Lagerhaltungskosten betragen pro Stück 0,80 €, die Beschaffungskosten pro Bestellung 50,00 €. Wie hoch ist die optimale Bestellmenge?

   c) Stellen Sie die Berechnung der optimalen Bestellmenge mithilfe von Excel grafisch dar.
3. Anja Maibaum soll mit dem Warenwirtschaftssystem als Hilfsmittel das Restlimit einer Warengruppe berechnen. Angestrebt wird ein Umsatz von 500.000,00 €. Die Ambiente Warenhaus AG möchte bei dieser Warengruppe einen Kalkulationsabschlag von 50 % erreichen. Als Limitreserve sind 15 % eingeplant.

   Berechnen Sie mithilfe Ihres Warenwirtschaftssystems das Restlimit, wenn schon für 150.000,00 € Bestellungen vorliegen.
4. Lars Panning bekommt den Auftrag, für einen Artikel die optimale Bestellmenge mithilfe des Warenwirtschaftssystems zu berechnen. Für diesen Artikel betragen die Bestellkosten 50,00 € je Bestellung. Pro Artikel fallen Lagerkosten von 50 Cent an. Insgesamt sollen 4000 Stück bestellt werden.

   Berechnen Sie mithilfe des Warenwirtschaftssystems die optimale Bestellmenge (maximale Anzahl der Bestellungen: 10 pro Periode).
5. a) Weihnachten steht vor der Tür. Aufgrund einer großen Werbekampagne des Herstellers wird das Lego-Set „Autobahn“ stark nachgefragt. 450 Stück werden in der Weihnachtszeit verkauft.
   Führen Sie den Verkaufsvorgang durch.

   b) Robin Labitzke schaut sich die Bestellvorschläge des Warenwirtschaftssystems an, um später zusammen mit dem ihn gerade ausbildenden Disponenten fundierte Bestellentscheidungen treffen zu können.
   Ermitteln Sie mithilfe des Programms, bei welchen Artikeln das Programm welche Bestellmengen vorschlägt.

ZUSAMMENFASSUNG

Beschaffungsplanung

- **Sortimentsplanung** – Was soll eingekauft werden?
- **Mengenplanung** – Wie viel soll eingekauft werden?
- **Zeitplanung** – Wann soll eingekauft werden?
- **Bezugsquellenermittlung** – Wo soll eingekauft werden?

KAPITEL 2

Wir finden Bezugsquellen

In der Zentrale der Ambiente Warenhaus AG geht ein Schreiben ihres Hauptlieferers für Herrenfreizeithemden – der Alber & Bayer GmbH & Co. KG, Nelkenstr. 28, 52000 Aachen – ein. In dem Schreiben wird mitgeteilt, dass wegen eines Großbrandes bis auf Weiteres die Produktion eingestellt werden muss. Da der Bestand an Herrenfreizeithemden nur noch einen Monat ausreicht, muss ein neuer Lieferer gesucht werden.

Suchen Sie nach Möglichkeiten, wie die Ambiente Warenhaus AG einen neuen Lieferer für Herrenfreizeithemden finden kann.

INFORMATION

Der Einzelhändler muss ständig den Beschaffungsmarkt beobachten und analysieren, wenn er wirtschaftlich arbeiten will. Dabei ist die Kernaufgabe die Ermittlung geeigneter Bezugsquellen. Bei der Bezugsquellenermittlung geht es darum, einen sicheren, schnellen, stets aktuellen Überblick über sämtliche infrage kommenden Lieferer zu schaffen.

Auswahl von Erstlieferern

Können bei Lieferern, mit denen bereits Geschäftsbeziehungen bestehen, bestimmte Artikel nicht bezogen werden, muss sich der Einzelhändler nach **neuen** Lieferern umsehen.

Hilfen beim Aufsuchen günstiger Bezugsquellen sind:

- **Kataloge, Prospekte, Preislisten:** Sie gehören zum grundlegenden Handwerkszeug des Einkäufers.
- **Fachzeitschriften:** Hier finden sich oft Hinweise auf neue Entwicklungen und Produkte.
- **Adressenverzeichnisse** wie: „ABC der deutschen Wirtschaft", „Wer liefert was?", „Branchenverzeichnis des Telefonbuchs (Gelbe Seiten)".
- Der Besuch von **Messen** und **Ausstellungen:** In diesem Zusammenhang bieten gerade Kataloge von Fachmessen eine fast lückenlose Übersicht.
- Unterlagen von **Vertreterbesuchen**
- **Datenbankrecherchen:** Verschiedene Institutionen führen Datenbanken, in denen im Internet nach gewünschten Informationen gesucht werden kann.

BEISPIELE

1. Die Ambiente Warenhaus AG möchte mehrere neue Fotokopierer und das entsprechende Zubehör anschaffen. Herr Freiberg schaut in ein Branchenadressbuch:

Fotografische Laborapparate 6/9440
Fotogroßlabors 9/3409
Fotohüllen 6/2260
Fotokartons 6/2291
Fotokeramik 5/3805
Fotokissen 2/2387
Fotokoffer 6/2311
Fotokopier
-anstalten 9/4273
-bedarf 5/1763
-geräte 5/1753
-papiere 5/1783
Fotolabor
-einrichtungen 6/2285
-flaschen 6/2287
-taschen 6/2259
Fotolabors 9/3409
Fotolack-Beschriftungsmaschinen 5/6395
Fotolacke 4/2159

5

1783

Fotokopierpapiere
Photocopy paper
Papiers photocopiants
Carta per fotocopiatrics
Papeles para fotocopiadoras

HELLBUT & Co. GmbH
HELLBUT VERPACKUNGEN
Großer Kamp 8
22457 Barsbüttel/Hamburg
Tel. 040 6702950
Fax 040 6702957

RANK XEROX GMBH
RANK XEROX
Emanuel-Leutze-Str. 20
40547 Düsseldorf
Tel. 0211 59930
Fax 0211 8584647

Über den Index – eine Art Inhaltsverzeichnis – kann er die Seiten mit den Bezugsquellen für Fotokopierpapier ermitteln.

2. Ein importorientiertes, mittelständisches Einzelhandelsunternehmen sucht Schuhhersteller in Italien.

   In einer Datenbankrecherche werden die Suchworte „Italien", „Herrenschuhe", „Damenschuhe" oder „Kinderschuhe" verknüpft. Es wird ein Ergebnis von insgesamt 119 Dokumenten erzielt. Hier ein Beispiel eines nachgewiesenen Firmenprofils:

```
DB  EURD, FIZ-Technik, Frankfurt: ABC Europa,
    (C)1988/06, ABC-Verlag
AN  E40724280
IN  SCARPA Calsaturificio, S.n.c., di Parisotto F.& C.
PS  Viale Tisiano, 26.
RE  I-31011 Asolo (TV).
CN  IT Italien
TL  Telefon: 0423 52132, Telegramm: SCARPA ASOLO.
PF  Schuhe fuer: Sport, Gebirgs- und Felswanderungen,
    Jagd, Gelaendemarsch, Telemark, Freizeit.
PE  Schuhe fuer Sport und Turnen, Skischuhe.
IC  Schuhe und Schuhteile.
MM  Francesco Parisotto, Luigi Parisotto.
    Geschäftsführung: Francesco Parisotto.
    Importleitung: Francesco Parisotto.
    Exportleitung: Dr. Miro Cremasco.
YR  Gegruendet: 1938.
EM  Beschäftigte: 110.
BK  Bankverbindungen: Banca Nazionale Del Lavoro,
    Banca Catolica Del Veneto, Cassa Di Risparmio
    Marca Trivigiana.
```


22226814

- Ein weiterer Weg, Lieferer zu finden, ist die Nutzung eines **B2B-Marktplatzes**. Unter einem B2B-Marktplatz versteht man einen Handelsplatz – vergleichbar einem Markt – im Internet, bei dem Waren angeboten und angekauft bzw. verkauft werden. Hier bieten Lieferer ihre Waren möglichen Käufern an: Angebot und Nachfrage werden also auf diesem virtuellen Marktplatz im Internet zusammengeführt.

Exakte Artikelinformationen sind im Bestell- und Lieferverkehr eine absolut notwendige Forderung.
Für Handel und Industrie ist mit der nationalen Artikeldatenbank 1 Worldsync die Möglichkeit entwickelt worden, auf rationelle und preisgünstige Weise Artikelstammdaten für alle Interessenten bereitzustellen: Die Hersteller senden ihre Artikelinformationen mittels Datenträgern (z. B. per CD/DVD) oder per Datenfernübertragung an die Artikelstammdatenbank. Die Handelsbetriebe rufen mit den gleichen Methoden die benötigten Artikelinformationen (z. B. für die Beschaffung) aus dem Datenpool ab.

Es können u. a. gezielte Abfragen nach bestimmten Produktgruppen oder speziellen Artikeleigenschaften einzelner Produkte durchgeführt werden. Zunehmende Bedeutung gewinnt die Artikelstammdatenbank auch für die Logistik. Informationen über Versandeinheiten sorgen für eine effektive Auslastung der Lieferfahrzeuge bzw. eine optimale Steuerung von Hochregallagern.

BEISPIEL

Ausschnitt aus dem Datenbestand über einen Artikel in der 1 Worldsync-Artikelstammdatenbank:

GTIN der Verbrauchereinheit	40 05500 20920 1
Umsatzsteuer	7 (7 %)
CCG-Klassifikation	1245 (Instantgetr. auf Basis Kakao)
Artikel-Langtext	Nesquik 400 g
Artikel-Kurztext	Nesquik 400 g
Kassenbontext	Nestle Nesquik
Hersteller	Nestle Erzeugnisse
GTIN der Verbrauchereinheit	40 05500 20920 1
Strichcode?	1 (ja)
Länge (Tiefe)	70 mm
Breite (Facing)	120 mm
Höhe	180 mm
Bruttogewicht	500 g
Ladungsträger	02 (Euro-Palette)
Fakturiereinheit	1 Stück
Listenpreis der Fakturiereinheit	2,65 EUR

GTIN der nächsthöheren Einheit (Transporteinheit)	40 05500 20921 8
Strichcode?	1 (ja)
Länge (Tiefe)	710 mm
Breite (Facing)	240 mm
Höhe	180 mm
Bruttogewicht	12.000 g
GTIN der nächstniedrigeren Einheit	40 05500 20920 1
Anzahl der nächstniedrigeren Einheit	24
Ladungsträger	02 (Euro-Palette)
Anzahl Einheiten auf der Palette	20
Anzahl Lagen auf der Palette	4
Fakturiereinheit	1 Stück
Listenpreis der Fakturiereinheit	63,60 EUR
Anzahl der Verbrauchereinheiten	24
Paletten-Ladehöhe	720 mm ohne Holz

Liefererauswahl

Obwohl sich der Einzelhändler immer über neue Liefermöglichkeiten informieren sollte, wird er oft auf bestehende Geschäftsverbindungen zurückgreifen. Dazu wertet er die eigenen Einkaufsunterlagen der Vergangenheit aus. Häufig wird eine **Bezugsquellenkartei** geführt, die einen schnellen Überblick über die einmal ermittelten Bezugsquellen gibt. Sie kann als Waren- oder Liefererkartei geführt werden.

- Die **Liefererkartei** ist nach Lieferern geordnet und enthält Informationen über deren lieferbare Waren.
- Die **Warenkartei** ist nach Waren geordnet und enthält Angaben über die betreffenden Lieferfirmen.

Moderne Einzelhandelsbetriebe speichern die Einkaufsinformationen mithilfe computergestützter Warenwirtschaftssysteme in ihren EDV-Anlagen.

Kann der Einzelhändler einen gewünschten Artikel von mehreren Lieferern beziehen, muss er diese beurteilen bzw. bewerten. Dazu werden mehrere **Beurteilungspunkte** herangezogen:

- **Einhaltung der Qualität:** Die Lieferung einwandfreier Qualität ist eine der wesentlichen Voraussetzungen für die Wahl eines Lieferers. Würde der Einzelhandelsbetrieb mangelhafte Ware verkaufen, könnte der Ruf des Unternehmens beeinträchtigt werden.
- **Einhaltung der Liefertermine:** Hält der Lieferer die vereinbarten Liefertermine nicht ein, kann es zu Absatzstockungen kommen. Sie verursachen beträchtliche Kosten.
- **Einhaltung der Menge:** Wenn ständig statt der vereinbarten Gesamtmenge Teilmengen angeliefert werden, verursacht das im einkaufenden Unternehmen hohe Kosten.

- **Preis:** Bei der Auswahl von Lieferern spielt der Preis eine ausschlaggebende Rolle. Bevor jedoch ein Preisvergleich angestellt werden kann, müssen die vorgenannten Beurteilungsmerkmale überprüft werden. Wenn beispielsweise der gewünschte Liefertermin nicht eingehalten werden kann, ist ein Bezug selbst bei günstigem Preis unmöglich. Dasselbe gilt bei Abweichungen in der Qualität und der Menge.
- **Konditionen:** Beim Preisvergleich sind selbstverständlich die Liefer- und Zahlungsbedingungen zu berücksichtigen.
- **Geografische Lage:** Sie muss insbesondere bei Artikeln beachtet werden, bei denen der Frachtkostenanteil erheblich ist.
- **Umwelt- und Gesundheitsverträglichkeit** der angebotenen Waren

Elektronische Adressverzeichnisse

Viele Adressverzeichnisse können auch auf elektronischem Weg eingesehen werden. Die Anbieter solcher Adressbücher bieten sie auf CD-ROM an oder ermöglichen eine direkte Suche über das Internet.

BEISPIEL

Die Ambiente Warenhaus AG möchte ein Multifunktionsgerät (Drucker/Scanner/Kopierer kombiniert in einem Gerät) kaufen.

Herr Freiberg möchte sich vor dem Kauf über das aktuelle Produktangebot informieren und gibt in einer Suchmaschine im Internet den gesuchten Begriff ein. Da er herausfinden möchte, welche Geräte zurzeit empfohlen werden, fügt er noch das Stichwort „Vergleich“ hinzu.

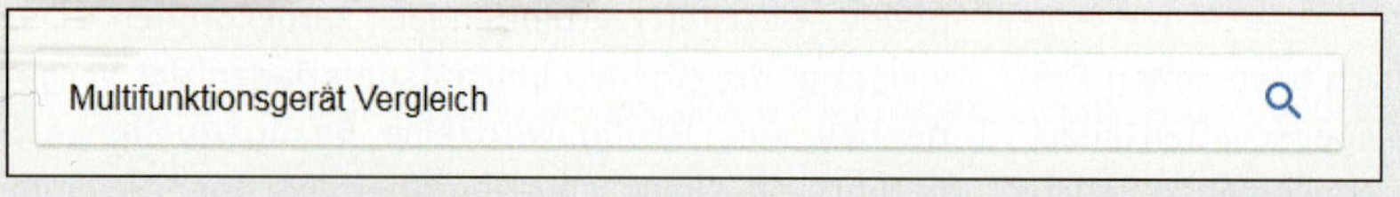

Er wählt eine ihm bekannte und renommierte Internetseite aus, die ihm einen Vergleich von Multifunktionsgeräten anbietet. Es empfiehlt sich, mehrere Vergleichsportale anzusehen.

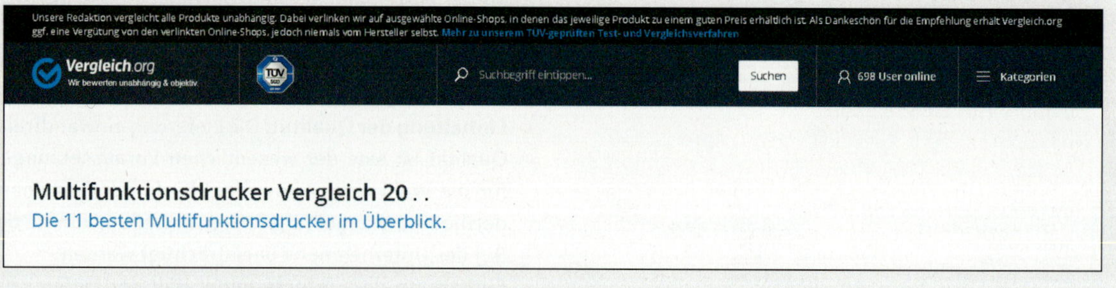

22226816

Hier kann er die vorgestellten Geräte anhand von Merkmalen vergleichen und diejenigen finden, die den Anforderungen der Ambiente Warenhaus AG am besten entsprechen.

Vergleichsergebnis Das Qualitätsmanagement für unser Test- und Vergleichsverfahren ist nach ISO 9001 TÜV-geprüft	Vergleich.org Bewertung **1,2** sehr gut 02/2018	Vergleich.org Bewertung **1,3** sehr gut 01/2018	Vergleich.org Bewertung **1,5** gut 01/2018	Vergleich.org Bewertung **1,6** gut 01/2018	Vergleich.org Bewertung **1,7** gut 01/2018	Vergleich.org Bewertung **1,9** gut 01/2018	Vergleich.org Bewertung **2,0** gut 02/2018
Kundenwertung bei Amazon	★★★★☆ 387 Bewertungen	★★★⯪☆ 51 Bewertungen	noch keine	★★★⯪☆ 248 Bewertungen	★★★⯪☆ 305 Bewertungen	★★★★☆ 16 Bewertungen	noch keine
Drucktechnologie	Laser	Laser	Tintenstrahl	Tintenstrahl	Laser	Tintenstrahl	Tintenstrahl
Drucktempo Schwarz/weiß	22 Seiten/Min	21 Seite/Min	12 Seiten/Min	20 Seiten/Min	18 Seiten/Min	15 Seite/Min	10 Seiten/Min
Drucktempo Farbe	22 Seiten/Min	21 Seite/Min	10 Seiten/Min	11 Seiten/Min	4 Seiten/Min	3 Seite/Min	7 Seiten/Min
Druckauflösung	2.400 x 600 dpi	600 x 600 dpi	6.000 x 1.200 dpi	1.200 x 600 dpi	2.400 x 600 dpi	4.800 x 1.200 dpi	4.800 x 1.200 dpi
Max. Papierzufuhr	250 Blatt	250 Blatt	100 Blatt	225 Blatt	150 Blatt	100 Blatt	100 Blatt
Datenübertragung	WLAN, USB	WLAN, USB, Ethernet	WLAN, USB, Ethernet, Kartenleser, NFC	WLAN, USB, Ethernet, NFC	USB	WLAN, Ethernet, Bluetooth, USB, Kartenleser	WLAN, USB
Display Darstellung	✓ in Farbe	✓ in Farbe	✓ in Farbe	✓ in Farbe	✓ in Schwarz/Weiß	✓ in Farbe	✓ in Schwarz/Weiß
Touchscreen	✓	✓	✓	✓	✗	✓	✓
Drucken	✓	✓	✓	✓	✓	✓	✓
Duplex Beidseitig drucken	✓	✓	✓	✓	✗	✓	✓
Kopieren	✓	✓	✓	✓	✓	✓	✓
Scannen	✓	✓	✓	✓	✓	✓	✓
Faxen	✓	✓	✓	✓	✗	✓	✗
Vorteile	⊕ sehr gute Druckqualität ⊕ sehr schneller Druck ⊕ großer Papierspeicher ⊕ "Blauer Engel" ausgezeichnet (ressourcenschonend) ⊕ "Energy Star" zertifiziert (energiesparend)	⊕ sehr schneller Farb-Druck ⊕ gute Druckqualität ⊕ leichte Installation ⊕ relativ kompakt	⊕ mit vielen Apps kompatibel ⊕ mit vielen Speicherkarten kompatibel ⊕ schneller S/W-Druck	⊕ gute Druckqualität ⊕ sehr schneller Druck ⊕ großer Papierspeicher	⊕ gute Druckqualität ⊕ sehr schneller Druck ⊕ Fax optional (ca. 40 €)	⊕ bedruckt unterschiedliche Papiersorten gleichzeitig ⊕ mit vielen Tinten-Patronen kompatibel	⊕ sehr gute Druckqualität ⊕ sehr schneller Druck ⊕ leichte Installation
Zum Angebot	Zum Angebot »	Zum Angebot »	Zum Angebot »	Zum Angebot »	Zum Angebot »	Zum Angebot »	Zum Angebot »

Herr Freiberg nimmt drei Geräte in die engere Auswahl und möchte mehr über sie erfahren. Er sucht zu jedem Gerät im Internet nach Testberichten.

Multifunktionsgerät Pewlett Teckert X34 Test

Mit besten Empfehlungen
Testberichte.de | Ich suche nach ... | Kategorien | Vergleichen | Anmelden

Startseite › Computer › Drucker › **Multifunktionsdrucker**

Multifunktionsdrucker: Tests & Testsieger

Herrn Freiberg sagt das Modell von Pewlett Teckert zu. Bevor er sich jedoch endgültig zum Kauf entscheidet, liest er im Internet Erfahrungsberichte und Bewertungen von Personen, die das Gerät bereits gekauft haben.

Druckerinstallation
umständliche Installation mittels WIFI am MAC, gelang erst nachdem mittels eigenem USB Kabel eine Verbindung zum Mac hergestellt worden war.

Vor 8 Tagen von **Dr. Schneider geschrieben**

In Ordnung
PT X34: arbeitet zuverlässig und macht hervorragende Abzüge bin sehr zufrieden damit und würde es weiterempfehlen macht auch hervorragende Fotos

Vor 8 Tagen von Herbert **geschrieben**

Schnell und Sehr gut
Er tut seinen Job ohne irgendwelche Probleme. Dabei noch perfekte Ergebnisse. Die Geschwindigkeit ist auch mehr als ausreichend, selbst bei komplizierten Farbdrucken.

Vor 8 Tagen von **tanja 3 geschrieben**

PT Drucker
Seit Jahren immer wieder PT Drucker.

Hochwertiger druck, einfacher Setup.
Im Heimnetzwerk integriert und von überall ohne Probleme nutzbar.

Vor 12 Tagen von **Druckprofi geschrieben**

Tolles Produkt mit kleinen Mängeln
Der PT X34 kann insgesamt jeden überzeugen, obwohl es auch kleinere Probleme gibt. Kleine Unklarheiten bei der Installation, Software- und Hardware-Bugs und suboptimale Standard-Druckeinstellungen vermiesen das Gesamtbild ein wenig.

Vor 12 Tagen von **Wolf H. geschrieben**

Herr Freiberg hat sich für den Kauf des PT X34. Anschließend lässt er im Internet einen Preisvergleich vornehmen. Auch hier gibt es mehrere Portale, die einen solchen Service anbieten.

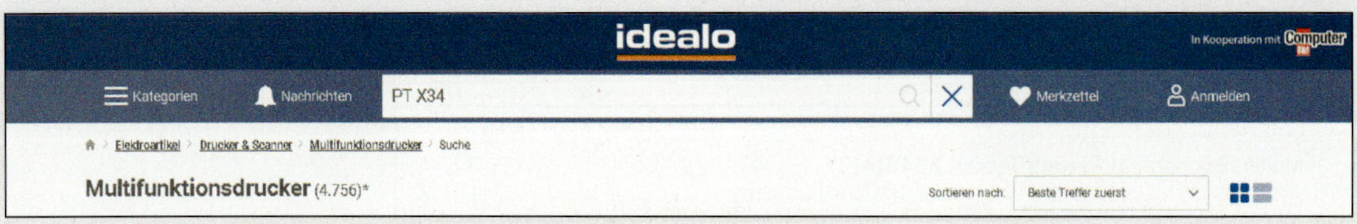

Primär- und Sekundärquellen

Die grundsätzlich möglichen Informationsquellen über Lieferer, Waren und Dienstleistungen lassen sich einerseits durch eigene direkte und gezielte Erhebung von Beschaffungsmarktdaten (**Primärquellen**) und andererseits durch die Sammlung extern (außerhalb des Unternehmens) vorhandener Beschaffungsmarktdaten (**Sekundärquellen**) ermitteln.

A. Primärquellen

(eigene direkte und gezielte Erhebung von Beschaffungsmarktdaten)

- telefonische/schriftliche Liefererbefragung
- gezielte Anfragetätigkeit, Ausschreibung
- Liefererbesuch
- Betriebsbesichtigung
- Probelieferungen
- Erfahrungsaustausch mit Wettbewerbern, Kollegen in Einkäuferverbänden
- Messebesuch
- Besuch von Fachtagungen

B. Sekundärquellen

(Sammlung/gezielte Anfrage extern vorhandener Beschaffungsmarktdaten)

- Kataloge, Prospekte, Preislisten, Werbematerial
- Geschäftsberichte, Hauszeitschriften der Lieferer
- Veröffentlichungen oder Anfragen
  - Banken, Auskunfteien
  - IHK, Wirtschaftsverbände
  - deutsche und ausländische Handelskammern, Handelsabteilungen der Botschaften, Konsulate
  - Markt-, Wirtschaftsforschungsinstitute
  - Makler, Vertreter
  - Informationsdienstleistungsunternehmen
  - statistische Ämter
  - nationale und internationale Einkäuferverbände
- Verzeichnisse
  - Bezugsquellennachweise
  - Firmenhandbücher
  - Branchenverzeichnisse
  - Adressbücher
- Fach-/Allgemeinpresse
  - Tageszeitungen
  - Fachzeitschriften
  - Börsen- und Marktberichte
- Messekataloge

AUFGABEN

1. Welche Informationsquellen dienen der Auswahl von Erstlieferern?
2. Welche Informationen enthält eine Bezugsquellenkartei?
3. Welche Kriterien müssen herangezogen werden, wenn ein Artikel von mehreren Lieferern bezogen werden kann?
4. Welche Vorteile hat eine Suche nach Bezugsquellen mithilfe elektronischer Medien?
5. Nach welchen Kriterien würden Sie einen Lieferer beurteilen?

AKTIONEN

1. Bearbeiten Sie in Gruppen jeweils eine der folgenden Leitfragen:

   a) Welche Informationen benötigt die Ambiente Warenhaus AG über Lieferer?

   Halten Sie Ihre Ergebnisse auf Metaplankarten fest und beachten Sie hierbei die eingeführten Regeln zur Beschriftung von Karten.

   b) Welche Anforderungen stellt die Ambiente Warenhaus AG an Bezugsquellen?

   Halten Sie Ihre Ergebnisse in Form einer Mindmap auf Folie fest und beachten Sie hierbei die eingeführten Regeln zur Aufstellung einer Mindmap.

   Sie haben 10 Minuten zur Bearbeitung.

2. Untersuchen Sie in Gruppenarbeit, ob sich eine der folgenden Seiten als Hilfmittel zur Ermittlung von Bezugsquellen eignet:

Gruppen 1 und 4: www.branchenbuch.ag
Gruppen 2 und 3: www.mercateo.com

a) Zur Überprüfung der Leistungsfähigkeit sollen Recherchen durchgeführt werden:

Gruppen 1 und 4:

Begeben Sie sich auf die Suche nach Büromaterialzulieferern.

Geben Sie in die **Suchmaske** den Suchbegriff „Bürobedarf“ ein und starten Sie die Suche.

Wie viele Einträge erhalten Sie:
- bundesweit?
- für Hannover?

Gruppen 2 und 3:

Begeben Sie sich auf die Suche nach Büromaterialzulieferern.

Geben Sie in die **Suchmaske** den Suchbegriff „Bürobedarf“ ein und starten Sie die Suche.

Wie viele Artikel sind erhältlich?

b) Erstellen Sie eine **Wandzeitung.** Beachten Sie dabei den **Gliederungsvorschlag** sowie die folgenden Punkte:
- Schreiben Sie groß und deutlich.
- Nutzen Sie Farben zur Strukturierung.
- Kopieren Sie Auszüge der jeweiligen Internetseiten (Schriftzüge, Symbole usw.) zur Illustration.
- Zur Fertigstellung Ihrer Wandzeitung haben Sie 45 Minuten Zeit.

Untenstehend ein Gliederungsvorschlag für die Wandzeitung.

c) Für die **mündliche Erläuterung** teilen Sie die verschiedenen Bereiche Ihres Anbieters auf die Personen Ihrer Arbeitsgruppe auf (jeder Teilnehmer übernimmt einen Anteil bei der Vorstellung).

3. Entwerfen Sie jeweils ein Muster einer Lieferer- oder Warenkarteikarte für einen typischen Artikel bzw. Lieferer Ihres Ausbildungsbetriebs.

4. Web Drucken Sie eine Liste der Bezugsquellen für eine Artikelgruppe/einen Artikel aus.

ZUSAMMENFASSUNG

Bezugsquellenermittlung
= Suche nach Informationen über mögliche Lieferer

Auswahl von Erstlieferern	**Bestehende Geschäftsbeziehungen**
Informationen z. B. aus Katalogen, Fachzeitschriften, Messebesuchen, Adressverzeichnissen und Datenbankrecherchen	Informationen aus eigener Bezugsquellenkartei/-datei

KAPITEL 3

Wir erstellen Anfragen und lernen ihre Bedeutung kennen

Die Ambiente Warenhaus AG benötigt dringend 100 Freizeithemden mit 1/2 Arm. Herr Sonntag aus der Einkaufsabteilung entnimmt dem Branchenadressbuch folgende Bezugsquellen:

- Leinenmeister GmbH,
  Obernstraße 8, 33602 Bielefeld
- Spengler & Sohn OHG,
  Lahnstraße 14, 35578 Wetzlar

Lars Panning erhält von Herrn Sonntag den Auftrag, sich bei den Hemdenherstellern Leinenmeister GmbH aus Bielefeld und Spengler & Sohn OHG aus Wetzlar schriftlich zu erkundigen, zu welchen Konditionen sie die benötigten Hemden liefern können.

Formulieren Sie je eine schriftliche Anfrage an die beiden Hemdenproduzenten.

INFORMATION

Gründe für eine Anfrage

DEFINITION

Anfragen dienen der **Einholung von Angeboten**. Damit kann festgestellt werden, ob und zu welchen Preisen und sonstigen Bedingungen Waren von den Lieferern eingekauft werden können.

Durch eine Anfrage kann sich also ein Käufer, ob Kaufmann oder Privatperson, Informationsmaterial, wie z. B. Warenmuster, einen Katalog oder ein Warenverzeichnis, über bestimmte Waren beschaffen. Er kann außerdem Preise und Beschaffungskonditionen, z. B. Lieferbedingungen, Warenqualität, Preisnachlässe, erfragen. Dadurch wird es für den Käufer möglich, die Leistungsfähigkeit der bisherigen Lieferer zu überprüfen und somit Geschäftsbeziehungen zu erhalten. Durch eine Anfrage können andererseits aber auch neue Geschäftsverbindungen zustande kommen. Zweck der Anfrage ist letztlich die Aufforderung an den Lieferer, ein Angebot abzugeben.

Rechtliche Bedeutung

DEFINITION

Eine Anfrage ist rechtlich stets **unverbindlich,** d. h., der Anfragende ist **nicht gebunden** und daher auch nicht zum Kauf verpflichtet.

Um am günstigsten einkaufen zu können, ist die Anfrage nach ein und derselben Ware **bei mehreren Lieferern gleichzeitig** sinnvoll.

Form und Arten

Die Anfrage ist an **keine bestimmte Form** gebunden (Grundsatz der Formfreiheit). Sie kann sowohl mündlich, schriftlich, telefonisch, fernschriftlich, telegrafisch oder elektronisch (Internet) erfolgen.

Bittet der Kunde in seiner Anfrage zunächst nur um einen Katalog, eine Preisliste, ein Muster oder einen Vertreterbesuch, so liegt eine **allgemein gehaltene Anfrage** vor. Wird dagegen z. B. nach dem Preis, der Farbe, der Güte und Beschaffenheit oder den Lieferbedingungen gefragt, so spricht man von einer **bestimmt gehaltenen Anfrage.**

Vertreterbesuch

Sehr geehrte Damen und Herren,

bei unserem Besuch auf der **Internationalen Sportwarenmesse** in München sind wir auf Ihren Ausstellungsstand und Ihre Sportanzüge aufmerksam geworden.

Wir würden uns gern über Ihr gesamtes Angebotssortiment ausführlicher informieren. Bitte schicken Sie aus diesem Grund in den nächsten Tagen einen Ihrer Fachberater in unserem Haus 2 in Schönstadt vorbei.

Mit freundlichen Grüßen

Ambiente Warenhaus AG

Uwe Otte

Uwe Otte
Leiter der Beschaffung

Schriftliche Anfrage: allgemein gehalten

Anfrage nach Jogginganzügen

Sehr geehrte Damen und Herren,

bitte senden Sie uns Ihr Angebot über

> Jogginganzüge, Größe 38 bis 44, Farben: Silber, Marine, Rot, Obermaterial: Tactel-Polyamid, Polyester, Goretex-Membrane, mit verstellbarem Beinabschluss, in der Taille Kordelzug und Klemmverschluss.

Bei der Preisangabe berücksichtigen Sie zunächst eine Bestellmenge von 150 Anzügen; bei einem zufrieden stellenden Angebot können Sie mit regelmäßigen Bestellungen rechnen.

Infolge neuer Abschlüsse haben wir langfristigen Lieferverpflichtungen in Norddeutschland nachzukommen. Die Lieferzeit darf deshalb nicht länger als 14 Tage betragen, die Lieferbedingungen sollten sich frei Haus verstehen.

Mit freundlichen Grüßen

Ambiente Warenhaus AG

Uwe Otte

Uwe Otte
Leiter der Beschaffung

Schriftliche Anfrage: bestimmt gehalten

AUFGABEN

1. Wodurch unterscheiden sich die beiden schriftlichen Anfragen?
2. Welche Inhalte sollte eine Anfrage nach einer bestimmten Ware enthalten?
3. Wann wird ein Kaufmann lediglich eine allgemein gehaltene Anfrage absenden?
4. Wann wird ein Kaufmann an einen möglichen Lieferer eine Anfrage mit gezielten Fragen nach einer Ware richten?
5. Bei wie vielen Lieferern kann ein Kunde anfragen?
6. Welche Bedeutung hat die Anfrage für das Zustandekommen eines Kaufvertrags?
7. In welcher Form kann eine Anfrage an den Lieferer gerichtet werden?

AKTIONEN

1. Lesen Sie den Text über die Anfrage und prägen Sie sich die Inhalte mithilfe der SQ3R-Methode[1] (aktives Lesen) ein.
2. Erarbeiten Sie anschließend einen Vortrag über die Bedeutung der Anfrage im Wirtschaftsleben. Benutzen Sie dabei das Mindmapping zum Aufschreiben Ihrer Gedanken.
3. Veranschaulichen Sie Ihre Ausführungen z.B. mit Folie und Overheadprojektor oder einem farbigen Tafelanschrieb.
4. Besorgen Sie sich aus Ihrem Ausbildungsunternehmen je eine allgemein gehaltene und eine bestimmt gehaltene Anfrage einer beliebigen Ware.

   Stellen Sie die beiden Schriftstücke – auf Folie übertragen – Ihren Klassenkameraden vor und begründen Sie die jeweils gewählte Art der Anfrage.

ZUSAMMENFASSUNG

Die Anfrage
- **fordert zur Abgabe eine Angebots auf**
- **soll Geschäftsbeziehungen erhalten**
- **kann Geschäftsbeziehungen anbahnen**

Form

Die Anfrage ist **formfrei**.
Sie kann erfolgen:
- mündlich
- schriftlich
- telefonisch
- fernschriftlich
- telegrafisch
- elektronisch (Internet)

Arten

allgemein gehalten
Bitte um:
- Muster
- Katalog
- Preisliste
- Warenverzeichnis
- Vertreterbesuch

bestimmt gehalten
Bitte um Informationen über:
- Artikel
- Artikelnummer
- Farbe
- Güte und Beschaffenheit
- Warenmenge
- Preis
- Zahlungsbedingungen
- Lieferbedingungen
- Lieferzeit

rechtlich unverbindlich
Der Kunde muss die nachgefragte Ware nicht kaufen.

---

1 Zur Bearbeitung eines Textes gehen Sie die folgenden fünf Schritte durch: **S**urvey = Überblick gewinnen; **Q**uestion = Fragen stellen; **R**ead = Lesen; **R**ecite = Zusammenfassen; **R**eview = Wiederholen.

22226822

KAPITEL 4

Wir führen einen Angebotsvergleich durch

Die Ambiente Warenhaus AG benötigt 100 Herrenfreizeithemden mit 1/2-Arm. Ihr liegen dazu die folgenden Angebote vor.

Angebot 1

Spengler & Sohn OHG
Lahnstraße 14 · 35578 Wetzlar

Spengler & Sohn OHG · Lahnstraße 14 · 35578 Wetzlar
Ambiente Warenhaus AG
Groner Straße 22–24
34567 Schönstadt

Ihr Zeichen: O/S
Ihre Nachricht vom: 04.02.20..
Unser Zeichen: DG
Unsere Nachricht vom:

Name: Herr Gerhard
Telefon: 06441 275-55
E-Mail: gerhard@spengler-wvd.de

Datum: 17.08.20.

Angebot in Freizeithemden

Sehr geehrte Damen und Herren,

wir danken für Ihre Anfrage. Folgende Freizeithemden können wir Ihnen zu einem äußerst günstigen Preis anbieten:

Bestell-Nr. 4537 Herrenfreizeithemden mit 1/2-Arm, kariert, 50 % Baumwolle, 50 % Polyester, Gr. 36 bis 45, zum Preis von 8,10 €/Stück einschließlich Verpackung.

Bei Abnahme von mindestens 50 Stück gewähren wir Ihnen einen Mengenrabatt von 15 %.

Bei unserer Lieferung ab Lager Wetzlar stellen wir Ihnen pro Hemd 0,10 € Transportkosten in Rechnung. Die Hemden sind innerhalb 2 Wochen lieferbar.

Ihre Zahlung erbitten wir innerhalb von 4 Wochen ab Rechnungsdatum netto Kasse

Wir freuen uns auf Ihren Auftrag.

Mit freundlichen Grüßen

Spengler & Sohn

i. V. Gerhard

Gerhard

Angebot 2

Leinenmeister GmbH
Obernstraße 8
33602 Bielefeld

Leinenmeister GmbH · Obernstraße 8 · 33602 Bielefeld
Ambiente Warenhaus AG
Groner Straße 22–24
34567 Schönstadt

Ihr Zeichen: O/S
Ihre Nachricht vom: 04.02.20..
Unser Zeichen: B-k
Unsere Nachricht vom:

Name: Patrick Baumeister
Telefon: 0521 9961-73
E-Mail: p.b@leinenmeister-wvd.de

Datum: 06.02.20..

Angebot in Freizeithemden

Sehr geehrte Damen und Herren,

wir danken für Ihre Anfrage. Folgenden Sonderposten Freizeithemden können wir Ihnen zu einem besonders günstigen Preis anbieten:

Bestell-Nr. 245 Herrenfreizeithemden mit 1/2-Arm, bunt, kariert, 80 % Baumwolle, 20 % Polyester, Gr. 36 bis 45, zum Preis von 7,40 € pro Stück einschließlich Verpackung

Der Preis gilt frei Haus.

Ihre Zahlung erbitten wir innerhalb von 14 Tagen abzüglich 3 % Skonto oder innerhalb von 30 Tagen ohne Abzug.

Wir freuen uns auf Ihren Auftrag.

Mit freundlichen Grüßen

Leinenmeister

i. V. Baumeister

Baumeister

Wählen Sie das günstigste Angebot aus.

INFORMATION

Wesen des Angebots

DEFINITION

Ein **Angebot** ist eine Willenserklärung, Waren zu den angegebenen Bedingungen zu verkaufen.

Angebote richten sich an eine genau bestimmte Person oder Personengruppe.

Deshalb sind Zeitungsanzeigen, Prospekte, Kataloge, Plakate, Werbefernsehen, Werbefunk und Schaufensterauslagen keine Angebote, sondern **Anpreisungen**.

Auch die Präsentation von Waren in Selbstbedienungsgeschäften gilt nicht als Angebot, sondern lediglich als Anpreisung. In Selbstbedienungsgeschäften kommt der Kaufvertrag erst durch das Bringen der Ware zur Kasse und das Kassieren des Kaufpreises zustande.

Andererseits gilt die Aufstellung eines Automaten als Angebot an jeden, der die richtige Münze einwirft.

Form des Angebots

Die Abgabe eines Angebots ist an keine Formvorschrift gebunden. Sie kann schriftlich (durch Fax, Brief oder E-Mail), mündlich oder telefonisch erfolgen.

Bindungsfristen

Angebote, die ohne Einschränkungen gemacht wurden, sind grundsätzlich verbindlich.

Gesetzliche Bindungsfrist

Angebote müssen **unverzüglich** angenommen werden, wenn in dem Angebot keine Frist genannt wurde:

- **Mündliche und telefonische Angebote** sind deshalb nur so lange bindend, wie das Gespräch dauert.
- **Schriftliche Angebote** werden in dem Moment verbindlich, in dem sie dem Empfänger zugehen. Der Anbieter ist so lange an dieses Angebot gebunden, wie er unter verkehrsüblichen Bedingungen mit einer Antwort rechnen muss.
  Die Bindungsfrist beträgt bei einem Angebotsbrief nach Handelsbrauch gewöhnlich eine Woche. Bei telegrafischen Angeboten beträgt sie 24 Stunden.

BEISPIEL

Ein Einzelhändler erhält von einem Großhändler am 1. Dez. einen Angebotsbrief. Das Angebot ist nur bis zum 8. Dez. bindend. Der Großhändler muss zu den Angebotsbedingungen nur dann liefern, wenn die Bestellung des Einzelhändlers bis zu diesem Zeitpunkt bei ihm eingetroffen ist.

Abschluss des Kaufvertrags im Selbstbedienungsgeschäft

Ob ein Vertrag schriftlich, per Handschlag oder per Mausklick besiegelt wird, spielt keine Rolle – die Vertragspartner müssen ihn erfüllen. Verträge, die nach dem Gesetz nicht unbedingt schriftlich sein müssen – und das ist bei den meisten Internetgeschäften der Fall –, können also per E-Mail geschlossen werden. Spezielle Regelungen dafür, die den Verbraucher unter anderem durch ein Widerrufsrecht auch bei elektronisch geschlossenen Verträgen schützen sollen, gibt es im Bürgerlichen Gesetzbuch (§ 312 b–d BGB). Den grauen Kapitalmarkt im Internet ficht das jedoch nicht an: Für Finanzdienstleistungen gilt die Richtlinie nicht.

Der Vertragsschluss per Internet birgt Probleme: Wenn ein Kunde einem dubiosen Anbieter ins Netz gegangen ist und von ihm zum Beispiel Schadensersatz verlangen will, muss er zunächst beweisen, dass es überhaupt einen Vertrag gibt. Das sicherste Beweismittel in einem Zivilprozess ist immer eine Urkunde, denn daran ist der Richter gebunden. **Der Computerausdruck einer E-Mail ist jedoch lediglich ein sogenannter Augenscheinbeweis: Der Richter kann frei entscheiden, ob er den Inhalt glaubt oder nicht.**

In Deutschland gibt es seit dem 1. August 1997 das Gesetz zur Regelung digitaler Signaturen: Danach können Zertifizierungsstellen den Nutzern elektronischer Medien Signaturschlüssel zuweisen, mit denen Nachrichten gekennzeichnet werden. Die digitale Signatur soll den Absender und auch die Echtheit der Daten erkennen lassen.

Vertragliche Bindungsfrist

Wird in einem Angebot eine Frist angegeben (z. B. „gültig bis 31. März 20..“), so muss die Bestellung bis zum Ablauf dieser Frist beim Anbieter eingegangen sein.

Freizeichnungsklauseln

Durch Freizeichnungsklauseln kann die Verbindlichkeit eines Angebots ganz oder teilweise ausgeschlossen werden.

BEISPIELE

- „Preisänderungen vorbehalten“
  → Preis ist unverbindlich.
- „solange Vorrat reicht“
  → Menge ist unverbindlich.
- „freibleibend“, „unverbindlich“, „ohne Obligo“
  → Das ganze Angebot ist unverbindlich.

Erlöschen der Bindung

Der Anbieter ist nicht mehr an sein Angebot gebunden, wenn

- der Empfänger das Angebot ablehnt,
- die Bestellung zu spät eintrifft,
- die Bestellung vom Angebot abweicht.

Außerdem erlischt die Bindung an das Angebot, wenn der Anbieter sein Angebot rechtzeitig widerruft. Der **Widerruf** muss möglichst vor, spätestens aber mit dem Angebot beim Empfänger eingetroffen sein.

Inhalte des Angebots

Angebote können Vereinbarungen enthalten über

- Art, Beschaffenheit und Güte der Ware,
- Menge der Ware,
- Preis der Ware und Preisabzüge,
- Lieferungsbedingungen:
  - Kosten der Versandverpackung,
  - Versandkosten,
  - Lieferzeit,
- Zahlungsbedingungen.

Fehlen in einem Angebot entsprechende Angaben, dann gelten die jeweiligen gesetzlichen Bestimmungen.

Art, Beschaffenheit und Güte der Ware

Die Art der Ware wird durch handelsübliche Bezeichnungen gekennzeichnet. Die Beschaffenheit und Güte der Ware kann durch Abbildungen und Beschreibungen in Katalogen oder Prospekten, durch Güteklassen, Gütezeichen, Muster und Proben oder nach Augenschein festgelegt werden. Fehlt im Angebot eine Angabe über Beschaffenheit und Güte der Ware, so ist bei einer Gattungsschuld eine Ware mittlerer Art und Güte zu liefern (gesetzliche Bestimmung).

Menge der Ware

Normalerweise wird die Menge in handelsüblichen Maßeinheiten angegeben (z. B. kg, m, Stück). Der Anbieter kann in seinem Angebot Mindestbestellmengen und Höchstbestellmengen festlegen.

Bei Angabe einer **Mindestbestellmenge** werden nur solche Bestellungen ausgeführt, die über diese Mindestmenge oder eine größere Bestellmenge lauten.

Mit der Angabe einer **Höchstbestellmenge** beschränkt der Anbieter die Abgabemenge an einen Besteller.

Preis der Ware

Der Preis ist der in Geld ausgedrückte Wert einer Ware. Er kann sich beziehen auf

- gesetzliche Maßeinheiten (kg, l, m, m^2, m^3) oder
- handelsübliche Bezeichnungen (Stück, Kisten, Ballen usw.).

Preisabzüge

Rabatt

Rabatt ist ein Preisnachlass. Er wird gewährt als

- **Mengenrabatt** für Abnahme größerer Mengen,
- **Wiederverkäuferrabatt** für Händler,
- **Sonderrabatt** bei bestimmten Anlässen (z. B. Jubiläum),
- **Personalrabatt** für Betriebsangehörige.

Naturalrabatte sind Rabatte, die in Form von Waren gewährt werden. Sie können als Draufgabe oder Dreingabe gewährt werden:

- **Draufgabe:** Es wird eine bestimmte Menge zusätzlich unentgeltlich geliefert (z. B. 50 Stück bestellt, 60 Stück geliefert, 50 Stück berechnet).
- **Dreingabe:** Es wird weniger berechnet, als geliefert wurde (z. B. 50 Stück bestellt, 50 Stück geliefert, 40 Stück berechnet).

Ein **Bonus** ist ein nachträglich gewährter Preisnachlass, der in der Regel am Jahresende gewährt wird, wenn der Kunde einen Mindestumsatz erreicht oder überschritten hat.

BEISPIEL

Die Spindler KG gewährt ihren Kunden einen Bonus von 2 %, wenn sie für mindestens 50.000,00 € Ware im Jahr bei ihr gekauft haben. Da die Ambiente Warenhaus AG im abgelaufenen Jahr Waren für 60.000,00 € bei der Spindler KG eingekauft hat, gewährt ihr die Spindler KG nachträglich einen Preisnachlass von 2 % = 1.200,00 €.

Skonto

Skonto ist ein **Preisnachlass für vorzeitige Zahlung.**

BEISPIEL

Die Leineweber GmbH bietet ihren Kunden 3 % Skonto bei Zahlung innerhalb 14 Tagen an. Das bedeutet, dass Kunden, die ihre Rechnung innerhalb von 14 Tagen nach Rechnungseingang bezahlen, von der Leineweber GmbH einen Preisnachlass von 3 % erhalten.

Versandkosten

Zu den Versandkosten (Beförderungskosten) gehören

- Hausfracht am Ort des Verkäufers, die durch den Transport von der Geschäftsniederlassung des Verkäufers zur Versandstation (z. B. Versandbahnhof) entsteht,
- Wiege- und Verladekosten,
- Fracht, die für den Transport von der Versandstation bis zur Empfangsstation zu zahlen ist,
- Entladekosten,
- Hausfracht am Ort des Käufers, die durch den Transport von der Empfangsstation bis zur Geschäftsniederlassung des Käufers entsteht.

Gesetzliche Regelung

Wenn zwischen dem Verkäufer und dem Käufer keine besondere Vereinbarung getroffen wurde, trägt der Käufer die Versandkosten. Das bedeutet:

- Beim **Platzkauf**, d. h., wenn Verkäufer und Käufer ihren Geschäftssitz am selben Ort haben, muss der Käufer die Versandkosten ab der Geschäftsniederlassung des Verkäufers bezahlen.
- Beim **Versendungskauf**, d. h., wenn Verkäufer und Käufer ihren Geschäftssitz nicht am selben Ort haben, muss der Verkäufer die Versandkosten bis zur Versandstation (= Hausfracht am Versendungsort und Wiegekosten) bezahlen. Die Versandkosten ab Versandstation (Verladekosten, Fracht, Entladekosten, Hausfracht am Bestimmungsort) muss der Käufer zahlen (Warenschulden sind Holschulden).

BEISPIEL

Die Ambiente Warenhaus AG bestellt Mäntel bei der Mantelfabrik Meyer in Bielefeld. Die Mantelfabrik schickt die Mäntel mit der Eisenbahn. Für den Transport zum Versandbahnhof Bielefeld entstehen 20,00 € Hausfracht. Die Fracht der Bahn beträgt 200,00 €. Für den Transport von der Empfangsstation Schönstadt bis zum Zentrallager der Ambiente Warenhaus AG berechnet der Bahnspediteur 25,00 € Hausfracht. Wenn keine vertragliche Vereinbarung über die Versandkosten erfolgte, muss die Ambiente Warenhaus AG die 200,00 € Fracht zuzüglich 25,00 € Hausfracht in Schönstadt = 225,00 € bezahlen.

Vertragliche Regelungen

Abweichend von der gesetzlichen Regelung können zwischen Käufer und Verkäufer anders lautende vertragliche Regelungen vereinbart werden.

Beförderungsbedingungen	Verkäufer zahlt	Käufer zahlt
ab Werk, Lager oder Fabrik (= gesetzliche Regelung beim Platzkauf)	keine Versandkosten	alle Versandkosten
unfrei, ab hier, ab Versandstation, ab Bahnhof hier (= gesetzliche Regelung beim Versendungskauf)	Versandkosten bis zur Versandstation (Hausfracht am Versendungsort)	Versandkosten ab Versandstation (Verladekosten, Fracht, Entladekosten, Hausfracht am Bestimmungsort), Wiegekosten
frachtfrei, frei dort, frei Bahnhof dort, frei	Versandkosten bis zur Empfangsstation (Hausfracht am Versandort, Verladekosten, Fracht)	Versandkosten ab Empfangsstation (Entladekosten, Hausfracht am Empfangsort)
frei Haus, frei Lager	alle Versandkosten	keine Versandkosten

Kosten der Versandverpackung

Gesetzliche Regelung

Wenn zwischen Käufer und Verkäufer keine besonderen Vereinbarungen getroffen wurden, trägt grundsätzlich der Käufer die Kosten der Versandverpackung.

Vertragliche Regelungen

Vertraglich kann vereinbart werden:

- **Preis für Reingewicht** (= Nettogewicht) **einschließlich Verpackung** (netto einschließlich Verpackung): Der Preis wird nur vom Gewicht der Ware (Rein- bzw. Nettogewicht) berechnet. Die Verpackung erhält der Käufer unberechnet.
- **Preis für Reingewicht ausschließlich Verpackung** (netto ausschließlich Verpackung): Der Preis wird vom Reingewicht (Nettogewicht) berechnet. Die Verpackung wird dem Käufer zusätzlich, normalerweise zum Selbstkostenpreis, in Rechnung gestellt (= gesetzliche Regelung).
- **Preis für das Bruttogewicht einschließlich Verpackung** (brutto für netto [b/n; bfn]): Für die Berechnung wird das Bruttogewicht (= Reingewicht + Verpackungsgewicht) zugrunde gelegt. Die Verpackung wird wie die Ware berechnet.

BEISPIEL

Das Nettogewicht einer Ware beträgt 20 kg. Das Verpackungsgewicht (Tara) beträgt 1 kg. Der Preis der Ware beträgt 1,00 € je kg. Der Selbstkostenpreis der Verpackung beträgt 1,50 €.

Vertragliche Regelung	Preis für Ware und Verpackung
netto einschließlich Verpackung	Nettogewicht 20 kg · 1,00 € = 20,00 €

Vertragliche Regelung	Preis für Ware und Verpackung
netto ausschließlich Verpackung	Nettogewicht 20 kg · 1,00 € + 1,50 € = 21,50 €

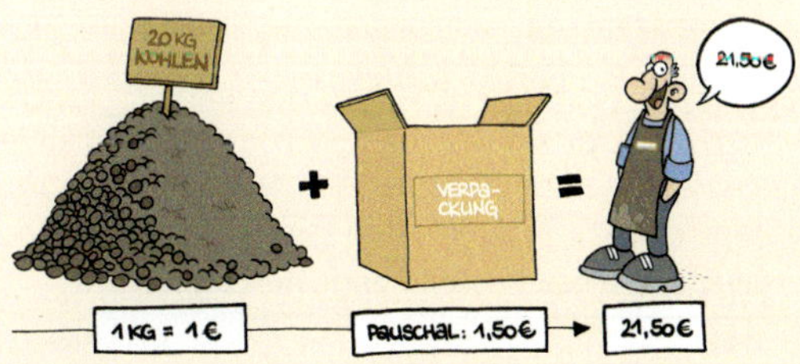

Vertragliche Regelung	Preis für Ware und Verpackung
brutto für netto (b/n)	Bruttogewicht 21 kg · 1,00 € = 21,00 €

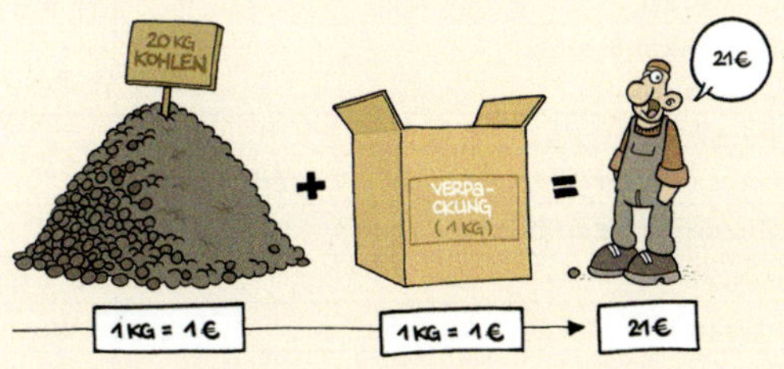

Lieferzeit

Gesetzliche Regelung

Wurde zwischen den Vertragspartnern keine Lieferfrist vereinbart, dann ist der Verkäufer verpflichtet, die Ware unverzüglich zu liefern.

Vertragliche Regelungen

Abweichend von der gesetzlichen Regelung kann vereinbart werden:

- Lieferung innerhalb eines bestimmten Zeitraumes, z. B. Lieferung innerhalb von 14 Tagen,
- Lieferung bis zu einem bestimmten Termin, z. B. Lieferung bis Ende August,
- Lieferung zu einem genau festgelegten Datum (Fixkauf), z. B. Lieferung am 5. November 20.. fix.

Zahlungsbedingungen

Gesetzliche Regelung

Der Käufer ist verpflichtet, die Ware unverzüglich bei Lieferung zu bezahlen, wenn zwischen ihm und dem Verkäufer kein anderer Zahlungszeitpunkt vereinbart worden ist. Die Kosten der Zahlung (z. B. Überweisungsgebühren) muss der Käufer tragen.

Vertragliche Regelungen

Vertraglich kann zwischen Verkäufer und Käufer vereinbart werden:

- **Zahlung vor der Lieferung**
  Vor der Lieferung muss ein Teil des Kaufpreises oder der gesamte Kaufpreis bezahlt werden, z. B.
  - Anzahlung,
  - Vorauszahlung.
- **Zahlung bei Lieferung**
  Die Zahlung erfolgt Zug um Zug, d. h., der Verkäufer händigt die Ware aus und der Käufer zahlt den Kaufpreis, z. B.
  - „sofort netto Kasse“ = sofortige Zahlung ohne Abzug,
  - „gegen Nachnahme“ = Aushändigung einer Warensendung nur gegen Zahlung.
- **Zahlung nach der Lieferung**
  Der Käufer muss die Ware erst eine bestimmte Zeit nach der Lieferung bezahlen:
  - Zielkauf: z. B. „Zahlung innerhalb 30 Tagen“;
  - Ratenkauf: Der Käufer kann den Kaufpreis in Raten begleichen.

Angebotsvergleich

Um das günstigste Angebot für eine Ware zu ermitteln, vergleicht der Einzelhändler die Angebote mehrerer Lieferer.

Zunächst berechnet der Einzelhändler die **Bezugspreise** der angebotenen Waren. Dazu werden erst von dem im Angebot des Lieferers genannten Listenpreis für die angebotene Ware der Liefererrabatt und der Liefererskonto abgezogen und dann die Bezugskosten (Verpackungs- und Versandkosten) dazugerechnet.

Beim Angebotsvergleich achtet der Einzelhändler aber nicht nur auf die Preise, Preisabzüge und Bezugskosten (Beförderungskosten und Versandkosten), sondern auch auf die **Lieferzeit,** die **Zahlungsbedingungen,** die **Qualität** und die **Umweltverträglichkeit** der angebotenen Waren.

BEISPIEL

Die Ambiente Warenhaus AG hat auf ihre Anfrage von zwei verschiedenen Anbietern Angebote über Freizeithemden mit 1/2 Arm erhalten (siehe Seite 23). Da das Unternehmen 100 Stück benötigt, wird der Angebotsvergleich für diese Bestellmenge durchgeführt.

Artikel	Herrenfreizeithemden Größen 36–45			
Menge	100 Stück			
Lieferer	Spengler & Sohn, Wetzlar		Leinenmeister, Bielefeld	
Listenpreis	8,10 €/Stück	810,00 €	7,40 €/Stück	740,00 €
① **./. Rabatt**	15 %	121,50 €	–	–
② **Zieleinkaufspreis**		688,50 €		740,00 €
③ **./. Skonto**	–	–	3 % innerhalb 14 Tagen	22,20 €
④ **Bareinkaufspreis**		688,50 €		717,80 €
+ Bezugskosten (Verpackungs- u. Versandkosten)		10,00 €	–	–
⑤ **Bezugspreis (= Einstandspreis)**		698,50 €		717,80 €
Qualität	50 % Baumwolle/50 % Polyester		80 % Baumwolle/20 % Polyester	
Lieferzeit	2 Wochen		sofort	
Zahlungsziel	4 Wochen		30 Tage	

Rechenweg:

① $\text{Rabatt} = \dfrac{\text{Listenpreis} \cdot \text{Rabatt in Prozent}}{100\,\%}$

② Zieleinkaufspreis = Listenpreis ./. Rabatt

③ $\text{Skonto} = \dfrac{\text{Zieleinkaufspreis} \cdot \text{Skonto in Prozent}}{100\,\%}$

④ Bareinkaufspreis = Zieleinkaufspreis ./. Skonto

⑤ Bezugspreis = Bareinkaufspreis + Bezugskosten

Durch den Einsatz eines Tabellenkalkulationsprogramms lässt sich die Durchführung von Angebotsvergleichen vereinfachen.

Das Tabellenkalkulationsprogramm Excel

Die bekannteste Tabellenkalkulation, die unter dem Betriebssystem Windows abläuft, ist Excel. Excel ist in der Lage, Rechenaufgaben jeglicher Art zu erledigen. Excel ist mittlerweile aber kein reines Tabellenkalkulationsprogramm mehr, sondern vereinigt neben der Tabellenkalkulation sogar eine Datenverwaltung und Möglichkeiten der Präsentationsgrafik in sich.

Leistungsmerkmale von Excel:

- Berechnungen jeglicher Art
- Listen für alle Gelegenheiten
- Anlegen von Diagrammen
- Datenanalyse und -auswertung
- Verwendung als Datenbank
- Programmierung von Speziallösungen

Im Folgenden werden die grundlegenden Tätigkeiten mit Excel beschrieben.

Start von Excel

Excel wird aufgerufen, indem man mit der linken Maustaste auf das Excel-Symbol doppelklickt, wenn eine entsprechende Verknüpfung auf der Arbeitsoberfläche angelegt ist.

Ansonsten kann folgende Alternative gewählt werden:

- Das Startmenü öffnen.
- Dort „Programme" anwählen.
- In dem sich dann verzweigenden Menü wird der Eintrag „Microsoft Excel" angeklickt. (Eventuell muss vorher noch „MS Office" ausgewählt werden.)

Beenden von Excel

Wenn die Arbeit mit Excel beendet werden soll, kann das Programm mit dem Befehl „Beenden" aus dem „Datei"-Menü geschlossen werden.

Eine andere Alternative liegt in der Betätigung des **Schließfeldes,** das sich rechts oben im Excel-Fenster befindet.

Überblick über den Excel-Bildschirm (siehe Folgeseite)

- In der **Titelleiste** werden der Programmname und der Titel des aktiven Dokuments angezeigt.
- Die **Menüleiste** und die **Symbolleisten** ermöglichen den Zugriff auf Befehle und Optionen, die man für die Arbeit mit Excel benötigt.
- In der **Bearbeitungszeile** können Eingaben gemacht oder Zellinhalte verändert werden.
- Das Arbeitsblatt ist die eigentliche Arbeitsfläche. Sie enthält Gitternetzlinien, die die wichtigsten Elemente einer Tabellenkalkulation begrenzen: **die Zellen.** Dort können Daten oder Formeln eingetragen werden. Um die Zellen eindeutig identifizieren zu können, werden sie senkrecht in Spalten und waagrecht in Zeilen angeordnet: Zeilen werden mit Zahlen, Spalten mit Buchstaben benannt.

BEISPIEL

Die Zelladresse C4 kennzeichnet die Zelle, die sich in der 3. Spalte der 4. Zeile befindet.

Anlegen einer neuen Arbeitsmappe

Ein Excel-Dokument wird als Arbeitsmappe bezeichnet. Diese besteht aus mehreren **Tabellenblättern,** die – wie in einem Karteikasten – hintereinander angeordnet sind. Beim Start von Excel wird automatisch immer eine neue, leere Arbeitsmappe geöffnet.

Möchte man während der Arbeit eine neue Excel-Arbeitsmappe erstellen, sollte folgendermaßen vorgegangen werden:

- Im „Datei"-Menü auf „Neu" klicken.
- Im Register „Allgemein" die Vorlage einer neuen Standardmappe anwählen. (In den beiden anderen angebotenen Registern werden spezielle zum Lieferumfang von Excel gehörende Tabellenvorlagen bereitgehalten bzw. benutzerdefinierte aufgenommen.)

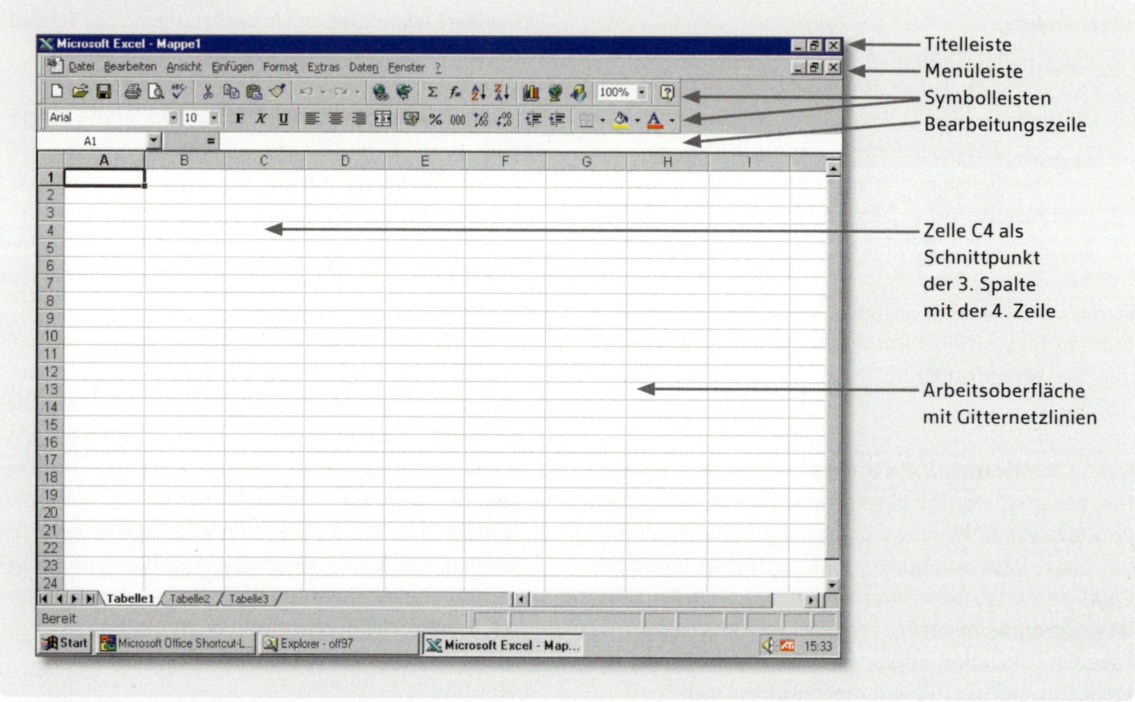

Öffnen einer Arbeitsmappe

Soll eine Excel-Arbeitsmappe, die sich beispielsweise auf der Festplatte befindet, bearbeitet werden, muss die entsprechende Datei in Excel geöffnet werden:

- Im „Datei"-Menü auf „Öffnen" klicken.
- In der dann erscheinenden Dialogbox den Namen der Datei auswählen, die für die Bearbeitung geladen werden soll. Anschließend auf die Schaltfläche „Öffnen" klicken.
- Wenn sich die Datei nicht im angezeigten Verzeichnis befindet, muss das Verzeichnis gewechselt werden.

Markieren von Zellen

Immer wenn Zellinhalte bearbeitet werden sollen, müssen sie vorher markiert werden. Das geschieht für eine einzelne Zelle dadurch, dass man sie mit der Maus anklickt (oder sich mit der Tastatur [Pfeiltasten] dorthin bewegt).

Speichern einer Arbeitsmappe

Viele Tabellen werden später noch einmal benötigt, weil man sie ergänzen oder abändern möchte. Dazu müssen die Arbeitsmappen gespeichert werden. Das geschieht folgendermaßen:

- Im Menü „Datei" den Befehl „Speichern unter" aufrufen.
- In der sich dann öffnenden Dialogbox den Datenträger und das Verzeichnis auswählen, wo die Daten gespeichert werden sollen.
- Anschließend in das Feld „Dateiname" eine möglichst treffende Bezeichnung eingeben. Die Dateiendung „.xls" wird von Excel automatisch angehängt.

Drucken einer Arbeitsmappe

- Wenn eine Tabelle ausgedruckt werden soll, muss im Menü „Datei" der Befehl „Drucken" angeklickt werden.
- In der sich dann öffnenden Dialogbox kann jeweils ausgewählt werden
  - im Feld „Bereich", ob das gesamte Dokument oder nur bestimmte Seiten ausgedruckt werden sollen;
  - im Feld „Drucken", ob die gesamte Arbeitsmappe oder nur markierte Teilbereiche ausgegeben werden sollen;
  - im Feld „Exemplare", wie oft gedruckt werden soll.
- Der Druckvorgang wird mit der Schaltfläche „OK" gestartet.

Kalkulieren mit Excel

- Bevor mit Excel gearbeitet wird, sollte überlegt werden, welche Ergebnisse die Kalkulation liefern soll und welche Daten dazu erfasst werden müssen.
- Es muss ebenfalls geklärt werden, welche Informationen in Spalten und welche in Zeilen angeordnet werden sollen.
- In die Zelle „A1" wird die Überschrift der Tabelle eingegeben.

- Von Zelle „A3“ beginnend (anschließend „B3“ usw.) trägt man den Titel der jeweiligen Spalte ein.
- Die Daten werden anschließend zeilenweise in die Tabelle eingegeben. Die Zellen, in denen Berechnungen durchgeführt werden sollen, müssen aktiviert werden. Nach Eingabe eines Gleichheitszeichens folgt die Berechnungsanweisung, beispielsweise eine Formel. Dabei gilt immer das Prinzip Zelladresse – Operator – Zelladresse – Operator usw.

Als Operatoren stehen zur Verfügung für
- Addition: +
- Subtraktion: –
- Multiplikation: *
- Division: /

Auch Klammern können unter Beachtung der mathematischen Klammersetzungsregeln verwendet werden.

BEISPIEL

Für die fünf Artikel einer Warengruppe sollen monatlich die Umsätze berechnet werden. Dazu erstellt Anja Maibaum eine Tabelle, die die Umsätze der einzelnen Artikel und den Gesamtumsatz der Warengruppe berechnet. Sie geht in den folgenden Schritten vor:

① Sie trägt in die Zelle „A1“ die Überschrift der Tabelle – also „Umsätze der Warengruppe 1“ – ein.

② Sie gibt die Bezeichnungen der Tabellenspalten (Artikel, Preis in €, Menge, Umsatz in €) ein.

③ Zur besseren Lesbarkeit der Tabelle markiert sie die Zeile mit den Bezeichnungen und klickt den Schaltknopf für fette Schrift an.

④ In die Spalte A mit Namen „Artikel“ trägt sie die Artikel ein. Die Eingabe schließt sie jeweils mit der RETURN-Taste ab.

⑤ Für den Artikel A gibt sie Menge und Preis ein.

⑥ Sie markiert nun die Zelle D4, in der der Umsatz des Artikels „A“ angezeigt werden soll. Anschließend klickt sie auf das Gleichheitszeichensymbol (=) neben dem Eingabefeld in der Bearbeitungszelle: Neben Einblendung eines zusätzlichen Fensters wird automatisch ein Gleichheitszeichen in die Zelle eingetragen. Anja Maibaum gibt hinter das Gleichheitszeichen in das Eingabefeld der Bearbeitungszeile die Anweisung zur Berechung des Umsatzes von Artikel „A“ ein; nämlich: B4*C4. Nach Anklicken der Schaltfläche ENDE erscheint das Ergebnis der Formel in der aktuellen Zelle; die für die Berechnung zugrunde liegende Formel wird in der Bearbeitungszeile angezeigt.

⑦ Nachdem sie so für alle anderen Artikel gleichermaßen vorgegangen ist, gibt sie noch die Bezeichnung und die Formel für den Gesamtumsatz (D4+D5+D6+D7+D8) ein. (Eine schnellere und elegantere Lösung ist das Anklicken des Summensymbols in der oberen Symbolleiste.)

Wenn Anja Maibaum im nächsten Monat neue Werte (also veränderte Preise bzw. Mengen) eingibt, dann werden die Ergebnisse der Formeln automatisch neu berechnet. Es ist ein großer Vorteil der Tabellenkalkulation, dass Berechnungen durch Verwendung der Zellbezüge (z. B. C5, D5 usw.) variabel gehalten werden können.

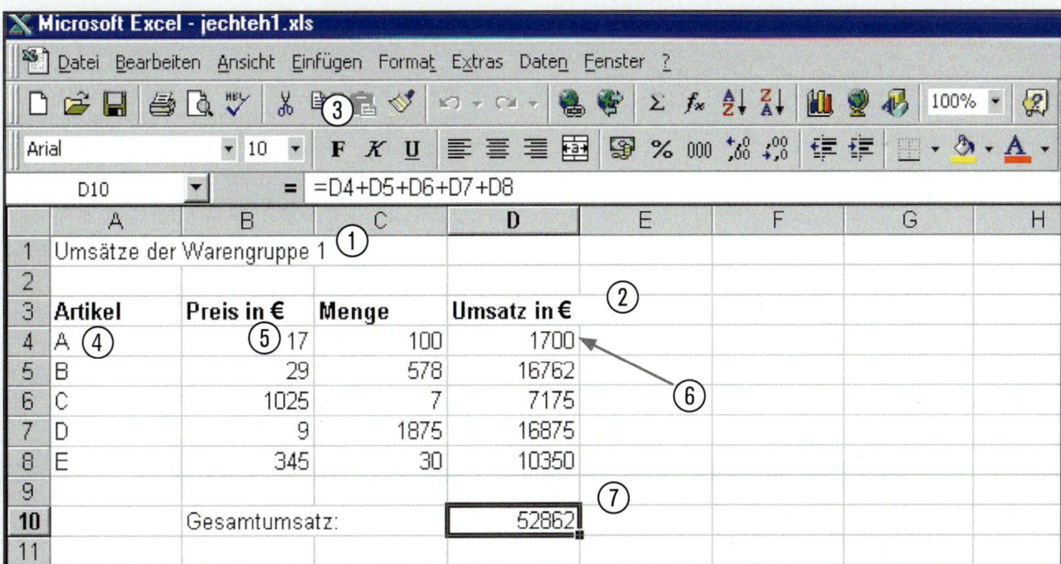

AUFGABEN

1. In welchen der folgenden Fälle liegt ein Angebot vor?
   a) Ein Lebensmitteleinzelhändler lässt Handzettel mit aktuellen Sonderangeboten an die Haushalte in seinem Stadtbezirk verteilen.
   b) Ein Verkäufer bietet einem Kunden in der Elektroabteilung eines Warenhauses einen Staubsauger an.
   c) Ein Möbelhaus lässt seine Kataloge von der Post an alle Haushalte verteilen.
   d) Ein Weinhändler bietet einem Stammkunden telefonisch einen besonders günstigen Posten Rotwein an.
2. Der Textileinzelhändler Gauß macht seiner Stammkundin Frau Lorenzen in seinem Geschäft ein Angebot für ein wertvolles Abendkleid. Frau Lorenzen kann sich jedoch nicht sofort entscheiden. Drei Tage später sucht sie das Geschäft noch einmal auf, um das Abendkleid zu kaufen. Herr Gauß hat das Kleid jedoch mittlerweile verkauft. Warum war er nicht mehr an das Angebot gebunden?
3. Karl Lang, Mainz, macht seinen langjährigen Kunden Fritz Kaiser, Hannover, und Gertrud Meyer, Göttingen, ein schriftliches Angebot über „Margaret Öster"-Feuchtigkeitscreme zu 3,00 € je Tube. Der Brief wird von ihm am 20. Mai zur Post gegeben.
   a) Am 22. Mai bestellt Herr Kaiser 40 Tuben zu 2,80 € je Tube.
   Wie kann Lang auf die Bestellung reagieren?
   b) Am 31. Mai bestellt Frau Meyer 100 Tuben zu 3,00 € je Tube.
   Warum muss Lang nicht mehr liefern?
4. Erläutern Sie folgende Freizeichnungsklauseln:
   a) „freibleibend",
   b) „solange Vorrat reicht",
   c) „Preis freibleibend".
5. Bis zu welchem Zeitpunkt kann ein schriftliches Angebot widerrufen werden?
6. Was bedeutet das Einräumen eines Zahlungsziels für den einkaufenden Einzelhändler?
7. Welchen Teil der Transportkosten trägt beim Bahnversand der Käufer, wenn im Angebot des Lieferers keine Angabe über die Transportkostenverteilung enthalten ist?
8. Die Lieferungsbedingung lautet „frachtfrei", die Fracht beträgt 50,00 €, die Hausfracht für die An- und Abfuhr je 10,00 €.
   Wie viel Euro muss der Käufer für den Transport bezahlen?
9. Wann muss der Käufer zahlen, wenn im Angebot keine Klausel darüber enthalten ist?
10. Wer zahlt die Versandverpackung, wenn im Angebot keine Angabe darüber enthalten ist?
11. Was bedeutet die Zahlungsbedingung „netto Kasse"?
12. Ein Großhändler bietet an: „Beim Kauf von 20 Flaschen erhalten Sie eine Flasche gratis!" Um welchen Rabatt handelt es sich hierbei?
13. Wann muss geliefert werden, wenn im Kaufvertrag keine Lieferfrist vereinbart wurde?
14. Einem Einzelhändler liegen drei Angebote über Pfirsichkonserven (Dose zu 400 g) vor:
    Angebot 1: 0,60 € je Dose, netto einschließlich Verpackung, frei Haus, 10 % Rabatt bei Abnahme von 100 Dosen, Lieferung sofort, Zahlung innerhalb von 30 Tagen netto Kasse.
    Angebot 2: 0,55 € je Dose, netto ausschließlich Verpackung, Verpackungskosten für 100 Dosen: 2,70 €, Lieferung ab Werk (Transportkosten für 100 Dosen: 4,90 €) innerhalb von 14 Tagen, 15 % Rabatt bei Abnahme von 100 Dosen, Zahlung innerhalb von 30 Tagen netto Kasse.
    Angebot 3: 0,50 € je Dose, netto einschließlich Verpackung, Lieferung frei Haus innerhalb von drei Wochen, 15 % Rabatt bei Abnahme von 100 Dosen, Zahlung innerhalb von 14 Tagen abzüglich 3 % Skonto oder innerhalb 30 Tagen netto Kasse.
    Für welches dieser Angebote sollte er sich entscheiden, wenn er 100 Dosen in spätestens zwei Wochen benötigt?

AKTIONEN

1. Da im Beschaffungsbereich eine Vielzahl von Angebotsvergleichen durchzuführen sind, möchte der Leiter des Funktionsbereichs Beschaffung, Uwe Otte, diese Arbeit durch den Einsatz des

22226832

Tabellenkalkulationsprogramms Excel vereinfachen. Er bittet Britta Krombach und Lars Panning, eine Excel-Arbeitsmappe für den Angebotsvergleich zu entwickeln.

Versetzen Sie sich in die Rolle von Britta Krombach oder Lars Panning und entwickeln Sie zusammen mit einer Mitschülerin oder einem Mitschüler eine Arbeitsmappe zur Durchführung eines Angebotsvergleichs.

2. Die Ambiente Warenhaus AG benötigt 1000 Ringbucheinlagen, A4, 100 Blatt. Es liegen folgende drei Angebote vor:

   Angebot 1: 1,20 € je Ringbucheinlage, netto ausschließlich Verpackung, Verpackungskosten für 1 000 Ringbucheinlagen: 2,80 €, frei Haus, 15 % Rabatt bei Abnahme von 1000 Stück, Lieferung innerhalb einer Woche, Zahlung innerhalb von 30 Tagen netto Kasse.

   Angebot 2: 1,05 € je Ringbucheinlage, netto einschließlich Verpackung, Lieferung ab Werk (Transportkosten für 1 000 Ringbucheinlagen: 8,75 €), 10 % Rabatt bei Abnahme von 1000 Stück, Zahlung innerhalb von 20 Tagen netto Kasse.

   Angebot 3: 1,35 € je Ringbucheinlage, netto einschließlich Verpackung, Lieferung frei Haus innerhalb von drei Wochen, 20 % Rabatt bei Abnahme von 1 000 Ringbucheinlagen, Zahlung innerhalb von 14 Tagen abzüglich 3 % Skonto oder innerhalb 30 Tagen netto Kasse.

   Ermitteln Sie das preiswerteste Angebot mithilfe der von Ihnen entwickelten Excel-Arbeitsmappe zur Durchführung eines Angebotsvergleichs.

3. Der Bezugspreis ist nur ein Kriterium für die Auswahl des günstigsten Angebots. Darüber hinaus sollten weitere qualitative Kriterien bei der Auswahl eines Angebots berücksichtigt werden.
   a) Bilden Sie eine Arbeitsgruppe mit drei weiteren Mitschülerinnen und Mitschülern.
   b) Sammeln Sie in Ihrer Gruppe qualitative Kriterien für einen Angebotsvergleich.
   c) Gewichten Sie diese Kriterien.
   d) Dokumentieren Sie die Übersicht der gewichteten Kriterien auf einem Plakat.
   e) Vergleichen Sie die Angebote auf Seite 23 unter Berücksichtigung dieser Kriterien.
   f) Präsentieren Sie Ihre Arbeitsergebnisse in Ihrer Klasse.

ZUSAMMENFASSUNG

Angebot und **Anpreisung**

Angebot
- an eine **genau bestimmte** Person oder Personengruppe gerichtet
- grundsätzlich **verbindlich**

Anpreisung
- an die **Allgemeinheit** gerichtet
- **unverbindlich**

Bindungsfristen bei

unbefristeten Angeboten (= gesetzlich)
- mündliche und telefonische Angebote: solange das Gespräch dauert
- Angebotsbriefe: ca. 1 Woche
- telegrafische Angebote: 24 Std.

befristeten Angeboten (= vertraglich)
- bindend bis zum Ablauf der Frist

Angeboten mit Freizeichnungsklausel
- ganz oder teilweise unverbindlich

Erlöschen der Bindung an das Angebot bei

- Ablehnung des Angebots
- verspäteter Bestellung
- vom Angebot abweichender Bestellung
- rechtzeitigem Widerruf des Angebots

Inhalte des Angebots

	gestzliche Regelung	vertragliche Regelung
Art, Beschaffenheit und Güte der Ware	• mittlere Art und Güte	• nach Augenschein • nach Probe • Güteklassen • Abbildungen und Beschreibungen
Menge	• Bezeichnung: m, kg, Stück usw. • Mindestbestellmenge • Höchstbestellmenge	
Preisabzüge	**Rabatt** • Mengenrabatt • Wiederverkäuferrabatt • Sonderrabatt • Naturalrabatt (Draufgabe; Dreingabe) • Personalrabatt • Bonus	**Skonto**
Kosten der Versandverpackung	• Kosten sind vom Käufer zu tragen.	• netto einschließlich Verpackung • netto ausschließlich Verpackung **(gesetzliche Regelung)** • brutto einschließlich verpackung (brutto für netto)
Versandkosten	• Versandkosten trägt der Käufer.	• ab Werk, ab Lager • ab hier, ab Bahnhof hier, unfrei • frei dort, frei Bahnhof dort, frachtfrei • frei Haus
Lieferzeit	• sofortige Lieferung	• Lieferung innerhalb eines bestimmten Zeitraumes • Lieferung bis zu einem bestimmten Termin • Fixkauf
Zahlungsbedingungen	• sofortige Zahlung • Kosten der Zahlung trägt der Käufer.	• Anzahlung • Vorauszahlung • „netto Kasse“ • „gegen Nachnahme“ • Zielkauf • Ratenkauf

KAPITEL 5

Wir bestellen Waren

Aufgrund des Angebots von Spengler & Sohn vom 7. Februar 20.. (siehe Seite 23) schickt die Ambiente Warenhaus AG folgende Bestellung:

Warum ist durch diese Bestellung kein Kaufvertrag zustande gekommen?

Ambiente Warenhaus AG

Ambiente Warenhaus AG · Groner Straße 22–24 · 34567 Schönstadt
Hemdenfabrik
Spengler & Sohn OHG
Lahnstraße 14
35578 Wetzlar

Ihr Zeichen:	DG
Ihre Nachricht vom:	07.02.20..
Unser Zeichen:	O/S
Unsere Nachricht vom:	04.02.20..

Name:	Uwe Otte
Telefon:	05121 83900-325
E-Mail:	ambiente-warenhaus-wvd.de
Internet:	www.ambiente-warenhaus-wvd.de
Datum:	09.02.20..

Bestellung

Sehr geehrte Damen und Herren,

wir danken Ihnen für Ihr Angebot. Wir bestellen Herrenfreizeithemden

Bestell-Nr. 4537:	20 Stück Größe 38
	20 Stück Größe 39
	40 Stück Größe 40
	20 Stück Größe 41

zum Stückpreis von 8,10 € einschließlich Verpackung, abzüglich 15 % Rabatt.

Die Lieferung soll innerhalb von 2 Wochen frachtfrei erfolgen. Die Zahlung erfolgt innerhalb von 4 Wochen ab Rechnungsdatum ohne Abzug.

Wir hoffen auf baldige Lieferung.

Mit freundlichen Grüßen

Ambiente Warenhaus AG

Uwe Otto

Uwe Otto
Leiter der Beschaffung

INFORMATION

Bestellung

DEFINITION

Eine **Bestellung** (Auftragserteilung) ist eine Willenserklärung, Ware zu den angegebenen Bedingungen zu kaufen.

Die Abgabe einer Bestellung ist an **keine Formvorschrift** gebunden. Sie kann also ebenso wie ein Angebot schriftlich (durch Brief, Telegramm, E-Mail oder Fax), mündlich oder telefonisch erfolgen.
Eine Bestellung per Computerfax ist in der Zwischenzeit handelsüblich geworden. Daher ist bei deutschen Gerichten auch ihre Form als Beweis für eine Bestellung nicht mehr fraglich. Ein Computerfax kann den Beweiswert eines Originalschriftstücks mit Originalunterschrift ersetzen. Richterliche Begründung des technikfreundlichen Beschlusses: Lange anerkannte Kommunikationswege wie Telegramm oder Fernschreiben kommen auch ohne Unterschrift aus.

Eine Bestellung beinhaltet Angaben über
- Art, Beschaffenheit und Güte der Ware,
- Menge,
- Preis und Preisabzüge,
- Lieferbedingungen und
- Zahlungsbedingungen.

Wird in der Bestellung auf ein ausführliches Angebot Bezug genommen, erübrigt sich eine Wiederholung aller Angebotsbedingungen. Es genügt dann die Angabe von Warenart, Bestellmenge und Preis der Ware.

Bestellungen sind grundsätzlich **verbindlich.** Durch **rechtzeitigen Widerruf** erlischt die Bindung an die Bestellung. Ein Widerruf muss spätestens mit der Bestellung beim Lieferer eingetroffen sein. Abweichend davon beträgt bei Verträgen, die zwischen Unternehmen und Verbrauchern unter ausschließlicher Verwendung von Fernkommunikationsmitteln (z. B. Internet, E-Mail, Telefon, Brief) abgeschlossen wurden, die Widerrufsfrist gemäß BGB 14 Tage nach Erhalt der Ware.

Bestellt ein Käufer aufgrund eines verbindlichen Angebots rechtzeitig zu den angegebenen Angebotsbedingungen, so kommt ein Kaufvertrag zustande.

Bestellt ein Käufer, ohne dass ihm ein verbindliches Angebot vorliegt, so gilt diese Bestellung als Antrag auf Abschluss eines Kaufvertrags.

Bestellungsannahme

Für das Zustandekommen eines Kaufvertrags ist eine Bestellungsannahme notwendig, wenn der Bestellung kein Angebot vorausging oder wenn sie aufgrund eines freibleibenden Angebots erfolgte. Auch wenn die Bestellung vom vorausgehenden Angebot abweicht, kommt der Kaufvertrag erst durch eine Bestellungsannahme zustande.

Die Bestellungsannahme ist an **keine Formvorschrift** gebunden.

Der Verkäufer kann in den Fällen, in denen eine Bestellungsannahme erforderlich ist, auch auf eine ausdrückliche Auftragsbestätigung verzichten und sofort liefern. In diesem Fall gilt die Lieferung als Annahme der Bestellung (= schlüssige Handlung).
Bestellt ein Käufer aufgrund eines Angebots rechtzeitig zu den angegebenen Angebotsbedingungen, so ist eine Bestellungsannahme für das Zustandekommen des Kaufvertrags nicht erforderlich.

Onlinebestellungen

Güter und Dienstleistungen werden von Unternehmen zunehmend online mithilfe elektronischer Netze (EDI oder Internet) beschafft, da Onlinebestellungen eine Reihe von Vorteilen aufweisen:
- Der Erfassungsaufwand wird verringert.
- Die Bestellabwicklung wird beschleunigt.
- Erfassungsfehler werden reduziert.
- Der Postweg entfällt.
- Der Geschäftspartner muss nicht persönlich erreichbar sein.
- Papier- und Postkosten sind geringer.

54 % aller deutschen Unternehmen mit mehr als zehn Beschäftigten erledigen ihren Einkauf ganz oder teilweise online (vgl. IFH Presseinformation vom 14. Mai 2019). Dabei werden insbesondere folgende Formen des elektronischen Handels zwischen Unternehmen (Business-to-Business-E-Commerce = B2B-E-Commerce) genutzt:
- EDI
- B2B-Onlineshop
- elektronischer Marktplatz

EDI

EDI (Electronic Data Interchange) ist die rechnergestützte Zusammenarbeit von Geschäftspartnern, die sich immer mehr von anderen Formen der Datenübertragung ins Internet verlagert. Hier findet ein elektronischer Dokumentenaustausch über Geschäftstransaktionen zwischen Betrieben statt. Daten wie z. B.
- Bestellungen,
- Rechnungen,
- Überweisungen,
- Warenerklärungen

werden in Form von strukturierten, nach vereinbarten Regeln formatierten (z. B. Edifact- oder Branchen-Normen) Nachrichten übertragen. Der Empfänger kann die Daten dann direkt – ohne eigene Erfassungsarbeiten – in seinen Anwendungsprogrammen (z. B. EDV-gestützten Warenwirtschaftssystemen, ERP-Programmen) weiterverarbeiten. Die elektronische Bestellung enthält dabei die gleichen Inhalte wie eine herkömmliche Bestellung auf Papier.

22226836

B2B-Onlineshop

Beim B2B-Onlineshop bietet ein Unternehmen anderen Unternehmen Güter und Dienstleistungen im Internet an. Bestellungen und Statusmeldungen beim Einkauf erfolgen über E-Mail oder über einen eigenen, nur dem Kunden zuständigen Bereich im Onlineshop.

Elektronischer Marktplatz

Elektronische Marktplätze sind Internetplattformen, auf denen mehrere Anbieter ihre Güter und Dienstleistungen anbieten. Die Anbieter sind auf dieser Plattform registriert und über eine Suchmaschine leicht zu finden.

B2B-E-Commerce wächst auf 1.300 Milliarden Euro Umsatz

Wie digital ist die B2B-Beschaffung? Mit der neuen IFH-Studie „B2B-E-Commerce 2019" liegen endlich neue Zahlen vor, die den deutschen B2B-E-Commerce genau beziffern. Und diese zeigen: Der E-Commerce im B2B-Bereich ist ordentlich gewachsen. Knapp 1.300 Milliarden Euro wurden 2018 zwischen Geschäftskunden elektronisch umgesetzt. Damit erreicht der gesamte B2B-ECommerce-Markt einen Anteil von rund 24 Prozent am Gesamtumsatz aller betrachteten Wirtschaftszweige. Und: Die Beschaffung über das Internet nimmt kontinuierlich zu. Das durchschnittliche jährliche Wachstum liegt seit 2012 über sechs Prozent. „Der B2B-E-Commerce-Markt ist weitaus komplexer als der Onlinehandel mit Endverbrauchern (B2C). Zwischen Geschäftskunden bestehen häufig längerfristige Geschäftsbeziehungen mit immer wiederkehrenden Käufen. Dennoch erwarten auch die B2B-Kunden bequeme OnlineBestellmöglichkeiten, die sie aus ihrem privaten Leben kennen," erklärt Hansjürgen Heinick, B2B-E-Commerce-Experte des IFH Köln. [...]

Quelle: Pressemitteilung: B2B-E-Commerce wächst auf 1.300 Milliarden Euro Umsatz. In: www.ifhkoeln.de. 14.09.2019. https://www.ifhkoeln.de/wp-content/uploads/2020/07/190514 B2B-E-Commerce-waechst-auf-1.300-Milliarden-Euro-Umsatz.pdf [10.05.2022].

AUFGABEN

1. In welchen der folgenden Fälle kommt durch die Bestellung ein Kaufvertrag zustande?
   a) Ein Einzelhändler bestellt am 17. Juli 20.. aufgrund eines Angebots vom 15. Juli 20.. zu den angegebenen Angebotsbedingungen.
   b) Ein Einzelhändler bestellt aufgrund eines Angebots vom 10. August 20.. am 12. August 20... Er ändert die Lieferungsbedingung „ab Werk" in „unfrei" ab.
   c) Ein Einzelhändler bestellt am 7. März 20.. aufgrund eines freibleibenden Angebots vom 4. März 20...
   d) Ein Einzelhändler bestellt am 4. April 20.. telefonisch aufgrund eines schriftlichen Angebots vom 2. April 20...
2. Welche Angaben sollte eine ausführliche schriftliche Bestellung enthalten?
3. In welchen der folgenden Fälle ist eine Bestellungsannahme für das Zustandekommen eines Kaufvertrags erforderlich?
   a) Der Verkäufer macht ein freibleibendes Angebot. Der Käufer bestellt.
   b) Der Verkäufer unterbreitet ein schriftliches Angebot. Der Käufer bestellt rechtzeitig.
   c) Der Verkäufer macht ein schriftliches Angebot. Der Käufer bestellt rechtzeitig mit abgeänderten Bedingungen.
   d) Der Verkäufer macht ein telefonisches Angebot. Der Käufer bestellt am folgenden Tag schriftlich zu den während des Telefongesprächs vereinbarten Bedingungen.

4. Unterscheiden Sie die Formen des B2B-E-Commerce
   - EDI,
   - B2B-Onlineshop,
   - elektronischer Marktplatz.

5. Beurteilen Sie die Bedeutung der einzelnen Formen des B2B-E-Commerce für Unternehmen in Deutschland.

6. Erläutern Sie die Vorteile von Onlinebestellungen für den Käufer.

AKTIONEN

1. Die Ambiente Warenhaus AG bezieht regelmäßig Geschirr- und Frottiertücher von der Leistner Wäsche GmbH, Ritterstraße 37, 28865 Lilienthal. Da die Filiale Schönstadt der Ambiente Warenhaus AG nur noch wenige Geschirrtücher und Frottiertücher am Lager hat, beauftragt der Leiter des Funktionsbereichs, Herr Otte, die Auszubildende Anja Maibaum, folgende Artikel bei der Leistner Wäsche GmbH zu bestellen:
   - 500 Geschirrtücher, Artikelnummer 112/2, zum Preis von 1,50 € je Stück und
   - 500 Walkfrottiertücher, Artikelnummer 156/3, zum Preis von 4,50 € je Stück.

   Die Liefer- und Zahlungsbedingungen der Leistner Wäsche GmbH findet Anja Maibaum in der Liefererdatei (siehe folgende Abb.).

Lieferer: 46213	Leistner Wäsche GmbH Datum: 17. Juni 20..
1. Anschrift:	Ritterstr. 37, 28865 Lilienthal
2. Artikel:	Haushaltswäsche
3. Versandkosten:	frei Haus
4. Kosten der Versandverpackung:	netto einschl. Verpackung
5. Lieferzeit:	innerhalb 14 Tagen
6. Zahlungsbedingungen:	innerhalb 10 Tagen 3 % Skonto; innerhalb 30 Tagen ohne Abzug

   Versetzen Sie sich in die Rolle von Anja Maibaum und schreiben Sie die Bestellung.

2. Erkunden Sie den Ablauf des Beschaffungsprozesses in Ihrem Ausbildungsbetrieb. Stellen Sie dessen Ablauf in Ihrer Klasse vor. Benutzen Sie dazu ein Präsentationsmittel Ihrer Wahl.

3. Erstellen Sie eine Liste von B2B-Onlineshops, die Ihr Ausbildungsbetrieb für seine Einkäufe nutzen könnte. Nutzen Sie für die Suche im Internet eine Suchmaschine.

ZUSAMMENFASSUNG

Bestellung

= die Willenserklärung des Käufers, eine bestimmte Ware zu den angegebenen Bedingungen zu kaufen.

Form
- schriftlich
- mündlich
- fernschriftlich
- telefonisch

Inhalt

Wiederholung möglichst aller Angaben des Angebots, mindestens jedoch:
- Warenart
- Menge
- Preis je Einheit

rechtliche Wirkung
- Bestellung muss dem Empfänger zugegangen sein.
- Besteller ist an seine Bestellung gebunden.
- Durch rechtzeitigen Widerruf erlischt die Bindung an die Bestellung.

Bestellungsannahme

notwendig, wenn
- die Bestellung vom Angebot abweicht.
- die Bestellung aufgrund eines freibleibenden Angebots erfolgte.
- der Bestellung kein Angebot vorausging.

KAPITEL 6

Wir berücksichtigen bei Vertragsabschlüssen Erfüllungsort, Gefahrenübergang und Gerichtsstand

Die Ambiente Warenhaus AG in Schönstadt bestellt bei der Herrenbekleidungsfabrik Gliessmann KG in Bremen 30 Herrenanzüge. In seiner schriftlichen Bestellung weist Einkaufsleiter Uwe Otte nur darauf hin, dass die Ambiente Warenhaus AG die Anzüge am 15. des Monats fest benötige. Weitere Vereinbarungen über die Übergabe der Ware werden nicht getroffen.

> ...
>
> weisen wir darauf hin, dass unsere Bestellung spätestens am 15. d. M. geliefert sein muss.
>
> ...

Am 16. des Monats sind die Anzüge bei der Ambiente Warenhaus AG immer noch nicht eingetroffen.

Herr Otte ist der Auffassung, dass die Anzüge spätestens am 15. des Monats in Schönstadt hätten eintreffen müssen.

In der Gliessmann KG vertritt man jedoch die Meinung, dass die Herrenanzüge bis zum 15. des Monats nur ordnungsgemäß am eigenen Geschäftssitz in Bremen für die Ambiente Warenhaus AG zur Abholung bereitgestellt werden mussten.

Bestimmen Sie den Ort, an dem die Herrenbekleidungsfabrik Gliessmann KG der Ambiente Warenhaus AG die bestellten Anzüge zur Verfügung stellen muss.

INFORMATION

Aufgrund eines Kaufvertrags verpflichten sich beide Vertragspartner, bestimmte Leistungen zu erbringen. Der Verkäufer muss rechtzeitig liefern und das Eigentum übertragen. Der Käufer muss die Ware annehmen und rechtzeitig den Kaufpreis zahlen.

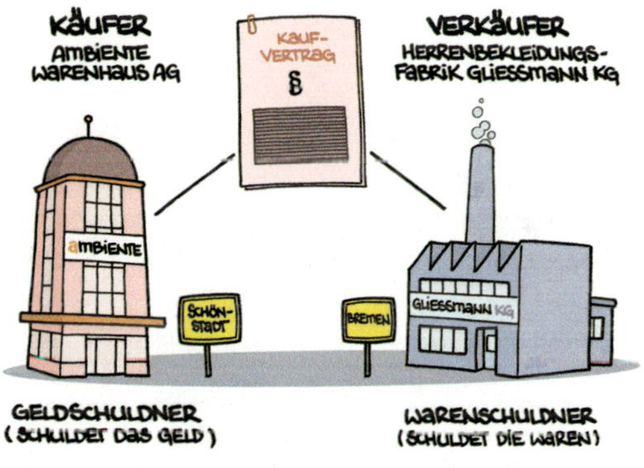

DEFINITION

Den Ort, an dem die Leistungen zu erbringen sind, nennt man **Erfüllungsort** (Leistungsort).
Der Ort, an dem der Leistungserfolg eintritt, wird als **Erfolgsort** bezeichnet (§§ 270 und 362 BGB).

Gesetzlicher Erfüllungsort

Ist im Kaufvertrag kein Ort genannt, so tritt die gesetzliche Regelung in Kraft:

> Die Leistung muss an dem Ort erfolgen, an dem der Schuldner zur Zeit der Entstehung des Schuldverhältnisses seinen Wohnsitz hatte (§ 269 BGB).

Bei einem Kaufvertrag sind stets beide Vertragspartner Schuldner: Der Käufer schuldet das Geld, der Verkäufer schuldet die Ware. Daher gibt es auch stets **zwei (gesetzliche) Erfüllungsorte** (wenn beide nicht gerade im selben Ort ansässig sind).

Bedeutung des Erfüllungsortes für die Warenschuld

> Der Erfüllungsort für die Warenlieferung ist der **Wohn- oder Geschäftssitz des Verkäufers** (in unserem Beispiel Bremen).

Der **Verkäufer (= Warenschuldner)** braucht die Ware demnach lediglich an seinem Wohn- oder Geschäftssitz zur Abholung bereitzuhalten. Der Käufer muss sie dort abholen.

↓

Warenschulden sind Holschulden

Der Erfüllungsort ist besonders bedeutsam für den **Gefahrenübergang** und die **Kostenübernahme** beim Warenversand:

Mit der **Übergabe der verkauften Ware** am Erfüllungsort geht die Gefahr des zufälligen Untergangs und einer zufälligen Verschlechterung (z. B. Transportunfall, Diebstahl, Brand) **auf den Käufer** über.

Das bedeutet, dass die Ware auf Gefahr des Käufers reist. Der Käufer muss das Transportrisiko tragen, nicht der Verkäufer.
Dabei muss man zwischen folgenden Arten des Kaufs unterscheiden:

- Hand- oder Ladenkauf,
- Platzkauf und
- Versendungskauf.

1. Hand- oder Ladenkauf

Beim Hand- oder Ladenkauf findet die Warenübergabe im Geschäft des Verkäufers statt. Die Gefahr geht mit der **Übergabe der Ware** auf den Käufer über.

Da Warenschulden nach der gesetzlichen Regelung Holschulden sind, muss der Käufer auch die Kosten für die Abholung der Ware tragen.

2. Platzkauf

Die Gefahr geht mit der **Übergabe** an den Käufer über. Die Übergabe kann erfolgen:

- an den Käufer in dessen Wohnung,
- an einen Transportbeauftragten wie z. B. Post oder Spediteur.

Die Transportkosten sind generell vom Käufer zu tragen (Warenschulden = Holschulden). Lediglich wenn vereinbart wird, dass die Übergabe in der Wohnung des Käufers stattfinden soll, kommt der Verkäufer für die Kosten des Versands auf.

BEISPIEL

Die Ambiente Warenhaus AG hat an ihrem Geschäftssitz in Schönstadt bei der Neckura GmbH 30 Tiffanylampen gekauft. Sie vereinbart mit der Lampenfirma, dass die Lampen um 16:00 Uhr zum Lager der Ambiente Warenhaus AG in Schönstadt gebracht werden sollen.

Durch ein Missgeschick beschädigt der hauseigene Auslieferungsfahrer eine der kunstvollen Lampen während des Transports. Da die Gefahr noch nicht auf die Ambiente Warenhaus AG übergegangen ist – die Neckura GmbH hatte die Lampen noch nicht übergeben –, muss der Lampenhersteller den Schaden tragen. Die Kosten für den Transport sind in diesem Fall ohnehin von der Neckura GmbH zu übernehmen.

3. Versendungskauf

Generell sind Warenschulden Holschulden. Das bedeutet, dass der Verkäufer die Ware **zur Abholung** an seinem Wohnort **bereitstellen** muss.

BEISPIEL

Das Unternehmen Gliessmann KG aus Bremen muss die Herrenanzüge an seinem Geschäftssitz in Bremen ordnungsgemäß und rechtzeitig zur Verfügung stellen und das Unternehmen Ambiente Warenhaus AG aus Schönstadt hat sie dort abzuholen.

Derartige Praktiken würden aber den Handelsverkehr zwischen den Unternehmen sehr erschweren, denn Käufer und Verkäufer wohnen meistens an verschiedenen Orten. Daher ist in der Praxis der Versendungskauf üblich.

Versendungskauf bedeutet, dass der Verkäufer die Ware auf Verlangen des Käufers an einen anderen Ort als den Erfüllungsort versendet, etwa durch Übergabe an ein Transportunternehmen wie Bahn oder Spedition.

Aufgrund der handelsbräuchlichen Regelung ist die Warenschuld zur Schickschuld geworden. Der Erfüllungsort bleibt jedoch der Ort des Verkäufers. Die Gefahr der Beschädigung, Verschlechterung oder des zufälligen Untergangs geht **mit der Übergabe an der Versandstation** auf den Käufer über.

BEISPIEL

Angenommen, ein Lieferer der Ambiente Warenhaus AG mit Geschäftssitz in Karlsruhe übernimmt auf Wunsch der Ambiente Warenhaus AG die Versendung von Flachbildschirmen von Karlsruhe (dem Erfüllungsort) nach Schönstadt (dem Bestimmungsort). Das Unternehmen veranlasst die Beförderung durch den United Parcel Service. Während des Transports werden fünf der Fernseher aus Gründen, die das Transportunternehmen nicht zu vertreten hat, stark beschädigt.
Den Schaden hat die Ambiente Warenhaus AG aus Schönstadt zu tragen. Die Gefahr ist auf sie übergegangen, als der Lieferer in Karlsruhe die Fernseher dem Fahrer übergeben hat. Die Fernseher sind demnach auf Gefahr der Ambiente Warenhaus AG gereist. Sie ist sogar zur Zahlung des vollen Kaufpreises verpflichtet.
Der Karlsruher Firma (Lieferer der Ambiente Warenhaus AG) entsteht aus der Übernahme des Versands kein Nachteil.

Wird die Ware mit einem dem Verkäufer gehörenden Transporter versandt, so geht die Gefahr erst **mit der Warenübergabe** auf den Käufer über.
Für den Fall, dass ein **Verbraucher** in seiner Eigenschaft als Käufer das Transportunternehmen beauftragt und ohne dass der Unternehmer dieses zuvor benannt hat, geht das Risiko, dass die Ware auf dem Transportweg verloren geht oder beschädigt wird, vorzeitig mit der Übergabe der Ware vom Verkäufer an den Spediteur auf den Verbraucher über (§ 447, Abs. 1 BGB).

Da das Abholen der Ware beim **gesetzlichen Erfüllungsort** zu den Pflichten des Käufers gehört, muss er auch die Abnahme- und Versendungskosten (= Transportkosten) ab Versandstation des Verkäufers tragen.

Die Übergabekosten, z. B. für das Wiegen oder Messen, trägt der Verkäufer.

Durch Festlegen des Erfüllungsortes wird bestimmt, wer die Transportkosten tragen muss, vorausgesetzt, es wurden keine besonderen Abmachungen darüber getroffen.

Sollten die Versandkosten von den Geschäftspartnern vertraglich geregelt werden, wirkt sich diese Abmachung nicht auf den Erfüllungsort aus.

Wird die Ware **vor der Übergabe** zufällig beschädigt oder vernichtet, werden die Vertragspartner von ihren Leistungspflichten befreit.

Bedeutung des Erfüllungsortes für die Geldschuld

1. Geldschulden unter Kaufleuten

Bei einem Geschäft zwischen Unternehmen (B2B) ist der Erfüllungsort für die Zahlung (Geldschuld) der **Wohn- oder Geschäftssitz des Geldgläubigers** (Verkäufers) (im vorliegenden Beispiel Bremen). Der Geldbetrag ist dort zu übergeben oder auf ein vom Gläubiger bekannt gegebenes Bankkonto zu überweisen.

↓

Geldschulden sind Bringschulden

DEFINITION

Bei einer **Bringschuld** ist der Geldbetrag vom Käufer zum Verkäufer „zu bringen". Leistungs- und Erfolgsort sind „gleich" und befinden sich am Wohnsitz des Gläubigers (Verkäufers).

1.1 Rechtzeitigkeit

Es ist unter Kaufleuten – bei einem B2B-Geschäft – gesetzlich geregelt, dass der geschuldete Geldbetrag zum vereinbarten Zahlungstermin beim Verkäufer (Gläubiger) auf dessen Konto gutgeschrieben worden sein muss.

Kann der Verkäufer nicht rechtzeitig über den geschuldeten Betrag verfügen, ist die Zahlung des Käufers (Geldschuldners) als verspätet anzusehen, sodass der Käufer zur Zahlung von Verzugszinsen verpflichtet werden kann.

Der Geschäftssitz des **Geldgläubigers** (im Beispiel Bremen) ist dann der Ort, an dem der **Leistungserfolg** eintritt.

BEISPIEL

Die von Verkäufer Gliessmann KG an Käufer Ambiente Warenhaus AG verkaufte Ware sollte vereinbarungsgemäß bis zum 30. Juni bezahlt werden. Als die Geldsumme erst am 3. Juli auf dem Konto der Gliessmann KG in Bremen (= Erfolgsort) eingeht, stellt das Unternehmen dem säumigen Zahler aufgrund der Fristüberschreitung Verzugszinsen in Rechnung.

Und das zu Recht: Die Ambiente Warenhaus AG in Schönstadt hatte zwar am 30. Juni die erforderliche Banküberweisung an die Gliessmann KG veranlasst. Sie war damit aber nicht rechtzeitig vor Fristablauf ihrer Zahlungspflicht nachgekommen.

Maßgeblich für die fristgerechte Zahlung ist der Zeitpunkt, an dem der Überweisungsbetrag auf dem Konto der Gliessmann KG gutgeschrieben wurde (Erfüllungs- und Leistungsort = Bremen), und das war erst drei Tage später, am 3. Juni, der Fall. Die Gliessmann KG als Geldgläubiger trägt daher in diesem Fall nicht die Verzögerungsgefahr, wenn die Vertragsparteien keine abweichenden Vereinbarungen getroffen haben.

Bei Vereinbarungen z. B. „zahlbar am 11. März 20..“ oder „zahlbar bis 30. Juni“ ist der **Zahlungstermin im Vorhinein bestimmt**. In diesen Fällen muss der Schuldner den Geldbetrag zeitlich so überweisen, dass er pünktlich am Konto des Gläubigers **wertgestellt** wird (Wertstellungsdatum) oder tatsächlich übergeben wurde.

Für Fälle eines nicht schon im Vorhinein bestimmten Fälligkeitstermins, z. B. „zahlbar zwei Wochen nach Erhalt der Ware“ oder „zahlbar binnen 14 Tagen nach Rechnungseingang“, ist die unverzügliche Erteilung des Überweisungsauftrages maßgeblich.[1]

Die Vertragspartner können über die Rechtzeitigkeit, den Erfüllungsort und die Zahlungsart vertraglich etwas anderes vereinbaren, z. B. einen Abbuchungsauftrag oder Kreditkartenzahlung.

1.2 Gefahrtragung

Die Gefahrtragung wird auf den Geldschuldner (Käufer) und den Geldgläubiger (Verkäufer) aufgeteilt.

Bei der Geldschuld als Bringschuld trägt der Geldschuldner

- die Gefahr des Scheiterns des Geldtransfers (Gefahr des Nichtankommens; Verlustgefahr) **und**
- die Gefahr der Verspätung (Verzögerungsrisiko).

Insofern muss ein Schuldner auch für einen Schaden aufkommen, der durch eine fehlerhafte Abwicklung seines Bankinstituts entsteht. Er hat anfallende Verzugszinsen zu tragen. Für die ihm entstandenen Schäden kann er aber wiederum sein Bankinstitut in Anspruch nehmen.

Für die Verzögerung oder das Scheitern der Zahlung haftet der Schuldner dann nicht, wenn die **Ursache dafür beim Bankinstitut des Gläubigers** liegt. Unterlässt oder verzögert die Empfängerbank die Gutschrift auf dem Bankkonto, so ist dies vom Gläubiger zu tragen; der Schuldner gerät nicht in Verzug.
Der Schuldner trägt die Gefahren einer Banküberweisung nur für Fehler seiner Bank. Die Beweislast dafür trifft allerdings den Schuldner.

Der Gläubiger trägt aber die Gefahr und die Kosten der Erfüllung, wenn sich nach dem Entstehen der Forderung sein Wohnsitz bzw. die Niederlassung oder seine Bankverbindung geändert hat.

2. Geldschulden bei einem Verbrauchsgüterkaufvertrag

Verträge mit Verbrauchern (B2C-Geschäft) fallen nicht unter die gesetzliche Regelung wie beim zweiseitigen Handelskauf. Für den Verbraucher genügt es weiterhin, wenn er den Überweisungsauftrag am Fälligkeitstag erteilt. Für die **fristgerechte Zahlung** ist stets der Zeitpunkt entscheidend, zu dem das Geld abgesandt wurde. Entscheidend ist dabei entweder die physische oder elektronische Abgabe des Auftrags bei der Bank.

Zwar muss der Verbraucher (Geldschuldner) rechtzeitig alles getan haben, was seinerseits an seinem Wohnort, dem Leistungsort, erforderlich ist, um den Gläubiger zu befriedigen. Die Gutschrift des Überweisungsbetrages auf dem Zahlungsempfängerkonto (= Leistungserfolg) gehört jedoch nicht mehr zu seiner Leistungshandlung.

Der gesetzliche Erfüllungsort für Geldschulden ist der **Ort des Käufers**.

- Der Endverbraucher und Schuldner der Zahlung hat seine Zahlungsverpflichtung dann erfüllt, wenn er das Geld an seinem (Erfüllungs-)Ort auf **seine Kosten** an den **Wohnsitz bzw. den Niederlassungsort des Verkäufers** (Gläubiger der Zahlung) übermittelt hat. Er trägt beispielsweise die Bankgebühren, die für eine Überweisung der Geldschuld anfallen. Man bezeichnet dies als **Schickschuld**.
- Der Verbraucher trägt auch die Verlust- und Transportgefahr, d.h. die **Gefahr der Geldübermittlung bis zur Ankunft** (Verlustrisiko gem. § 270 Abs. 1

---

1 Das *Wertstellungsdatum* kann vom Zeitpunkt der Gutschrift auf dem Gläubigerkonto abweichen. Das auch für die Berechnung der Bankzinsen maßgebliche Wertstellungsdatum stellt auf den Eingang bei der Empfängerbank ab. Die *Gutschrift auf dem Konto des Gläubigers* kann hingegen je nach Sachlage erst zu einem späteren Zeitpunkt erfolgen.

BGB). Von seiner Pflicht zur Zahlung des geschuldeten Geldbetrages wird er nicht befreit, wenn sein Geld nicht beim Gläubiger ankommt. Bei Nichtankunft des Geldes trotz Versand muss er daher noch einmal zahlen. Der Erfüllungsort ist bei Geldschulden insofern nicht identisch mit dem Ort des Gefahrenübergangs.

- Die Pflicht des Verbrauchers (Geldschuldners) beschränkt sich aber lediglich auf das Abschicken des Geldes (Überweisung). Er schuldet nicht den „Transport" und haftet deshalb auch nicht für die Gefahr, dass sich die Übermittlung des Geldes verzögert (**Verzögerungsrisiko**), z. B. aufgrund der verlangsamten Zahlungsübermittlung seines Kreditinstituts oder der Post. Der Leistungsort bleibt sein Wohnsitz (der Wohnsitz des Schuldners).

BEISPIEL

Die von der Ambiente Warenhaus AG (Verkäufer) an Familie Wissmann aus Celle (Käufer) verkaufte Ware soll vereinbarungsgemäß bis zum 6. Juni bezahlt werden. Als die Geldsumme erst am 10. Juni auf dem Konto des Warenhauses in Schönstadt eingeht, stellt das Unternehmen der säumigen Familie (Zahler) aufgrund der Fristüberschreitung Verzugszinsen in Rechnung. Allerdings unberechtigt, denn Frau Wissmann hatte ordnungsgemäß bei ihrer Bank am 6. Juni den Überweisungsauftrag an die Ambiente AG veranlasst und war damit rechtzeitig vor Fristablauf ihrer Zahlungsverpflichtung an ihrem Leistungsort Celle nachgekommen. Maßgeblich für die fristgerechte Zahlung ist der Zeitpunkt, zu dem der Überweisungsauftrag bei der Bank von Familie Wissmann eingegangen ist (Erfüllungsort = Celle). Nicht ausschlaggebend ist der Zeitpunkt des Geldeingangs auf dem Konto der Ambiente AG (Gläubiger) in Schönstadt.
Die Ambiente AG als Geldgläubiger trägt daher die Verzögerungsgefahr, wenn die Vertragspartner keine abweichenden Vereinbarungen getroffen haben.

Geldschulden sind qualifizierte Schickschulden[1]

DEFINITION

Bei qualifizierten **Schickschulden** fallen Leistungs- und Erfolgsort auseinander. Das heißt, dass der Geldschuldner seine vertragliche Verpflichtung an einem Ort erbringt, der Erfolg aber an einem anderen Ort eintritt.
Die Veranlassung z. B. einer Banküberweisung und das Abschicken des Geldbetrages am Ort des Geldschuldners ist schon die Erfüllung.
Der Leistungserfolg – die Gutschrift des Überweisungsbetrages auf dem Zahlungsempfängerkonto – gehört nicht mehr zur Leistungshandlung des Schuldners.
Das Empfangen durch den Gläubiger ist lediglich der Eintritt des geschuldeten Erfolges (Erfolgsort).

3. Fristen bei Scheckzahlung mit einem Endverbraucher

Ein Verbraucher darf bei rechtzeitiger Absendung eines Schecks auch dann den vereinbarten Skonto vom Kaufpreis abziehen, wenn der Scheck erst nach Ablauf der festgelegten Frist beim Verkäufer eingeht.

Zwar muss der Schuldner den Scheck auf seine Gefahr und Kosten zum Gläubiger befördern, zur Wahrung der Skontofrist genügt es jedoch, den Scheck rechtzeitig zur Post zu geben.

1 Qualifiziert ist die Schickschuld bei Geldleistungen deswegen, weil – anders als bei Schickschulden üblich – der Schuldner bis zur Ankunft des Geldes am Wohnsitz des Gläubigers haftet.

BEISPIEL

Frau Anderson und das Sportgeschäft Diestel OHG haben für ein Geschäft folgende Klausel vereinbart: **„Zahlbar innerhalb von 10 Tagen mit 3 % Skonto."**

Der Verrechnungsscheck von Frau Anderson, auf dem der Skonto bereits abgezogen war, ging aber erst nach dieser Frist beim Einzelhändler ein. Nach dem Gesetz ist der „Leistungsort" der Wohnsitz des Schuldners. Zu klären ist lediglich, ob der Scheck tatsächlich innerhalb der Frist abgeschickt wurde.

Anders verhält es sich bei den **Steuerschulden**. Wann das Finanzamt eine Steuerschuld als beglichen ansieht, hängt von der Zahlungsart ab:

- Überweisung oder Einzahlung auf ein Konto der Finanzbehörde: Es ist der Tag maßgeblich, an dem der Betrag auf dem Konto der Finanzbehörde gutgeschrieben wird.
- Einzugsermächtigung: Darf der Fiskus den Betrag einziehen, gilt die Zahlung am Fälligkeitstag als beglichen.
- Zahlung per Scheck: Die Steuerschuld gilt erst drei Tage nach dessen Eingang bei der zuständigen Finanzkasse als beglichen.

BEISPIEL

Ist die Steuerschuld zum 25. Jan. 20.. (Donnerstag) fällig, muss der Scheck der Finanzkasse spätestens am Montag, dem 22. Jan. 20.., vorliegen.

Fällt das Ende dieser Dreitagesfrist auf einen Samstag, Sonntag oder gesetzlichen Feiertag, gilt die Zahlung erst mit Ablauf des darauffolgenden Werktages als geleistet. Geht der Scheck also am Mittwoch, dem 7. Febr. 20.., bei der Finanzkasse ein, gilt die Steuerschuld erst am folgenden Montag, dem 12. Febr. 20.., als beglichen.

Vertraglicher Erfüllungsort

Im Allgemeinen wird der Erfüllungsort von den Vertragsparteien frei vereinbart. So kann der Wohnort des Verkäufers, der Wohnort des Käufers oder ein anderer Ort als Erfüllungsort festgelegt werden (= **vertraglicher Erfüllungsort**).

In der Praxis wird meistens der Wohnsitz des Verkäufers zum Erfüllungsort erklärt.

Im Unterschied zum gesetzlichen Erfüllungsort gibt es bei der vertraglichen Regelung nur **einen** Erfüllungsort.

BEISPIEL

Die Ambiente Warenhaus AG in Schönstadt und das Unternehmen Gliessmann KG in Bremen vereinbaren schriftlich: **„Erfüllungsort ist für beide Teile Bremen."**

Bedeutung des Erfüllungsortes für den Gerichtsstand

Der Erfüllungsort bestimmt auch das Gericht (Amts- oder Landgericht), das vom Gläubiger angerufen werden kann, wenn der Vertragspartner seine Verpflichtungen aus dem Kaufvertrag nicht ordnungsgemäß erfüllt hat.

Die Höhe des Streitwertes bestimmt, welches Gericht in erster Instanz für das Verfahren zuständig ist. Bei Beträgen bis 5.000,00 € ist die Klage beim örtlich zuständigen Amtsgericht, bei darüber liegendem Streitwert beim Landgericht einzureichen.

Verhandelt wird vor dem Gericht, in dessen Bereich der Erfüllungsort liegt (Gerichtsstand). Diese Regelung gilt jedoch nur dann, wenn im Kaufvertrag keine Vereinbarung über den Erfüllungsort und damit über das zuständige Gericht bei Streitigkeiten getroffen wurde (= **gesetzlicher Gerichtsstand**).

- Für **Warenschulden** (Holschulden) ist das zuständige Gericht der Wohn- bzw. Gewerbesitz des Verkäufers.
- Für **qualifizierte Schickschulden** (Geldschulden) ist es der Wohn- bzw. Gewerbesitz des Käufers.
- Bei **Bringschulden** (Geldschulden) ist der gesetzliche Gerichtsstand am Wohnort des Gläubigers (Verkäufers).

BEISPIEL

Die Ambiente Warenhaus AG, Schönstadt, schließt mit der Herrenbekleidungsfabrik Gliessmann KG, Bremen, einen Kaufvertrag ab. **Der Erfüllungsort wurde nicht vereinbart.**

Als die Ambiente Warenhaus AG in Zahlungsverzug gerät, hätte die Gliessmann KG das Recht und die Möglichkeit, vor dem **Landgericht in Bremen** gegen das Warenhaus zu klagen.

Würde umgekehrt die Gliessmann KG mangelhafte Anzüge liefern, müsste ebenfalls das gerichtliche Verfahren **in Bremen**, also am Ort des Verkäufers, stattfinden.

Sind die Vertragspartner Kaufleute, dann kann, abweichend von der gesetzlichen Regelung, der Gerichtsstand frei vereinbart werden (= **vertraglicher Gerichtsstand**).

Denkbar wäre z. B. „Erfüllungsort und Gerichtsstand ist für beide Teile Schönstadt“. Jeder Prozess würde dann vor einem Schönstädter Gericht verhandelt. Die Ambiente Warenhaus AG könnte bei dieser Vertragsgestaltung Zeit und Kosten sparen.

Ist einer der **Vertragspartner eine Privatperson**, so gilt die **gesetzliche Regelung**. Der Gerichtsstand für Geldschulden ist in diesem Fall **immer** der Wohnort des Käufers.

BEISPIEL

Herr Richter aus Alfeld ist unerwartet arbeitslos geworden. Er kann die beiden letzten Raten für das neue Auto nicht mehr bezahlen. Der Inhaber des Autosalons Münzer in Göttingen muss daher beim Gericht in Alfeld klagen.

Hiermit will der Gesetzgeber den Verbraucher als den wirtschaftlich Schwächeren schützen.

AUFGABEN

1. Erklären Sie:

a) Warenschulden sind Holschulden.

b) Geldschulden sind Schickschulden.

c) Geldschulden sind Bringschulden.

2. Warum sind im Geschäftsverkehr zwischen Kaufleuten Warenschulden meistens Schickschulden?

3. Wer muss den Schaden in den folgenden Fällen jeweils tragen?

a) Ein Kunde kauft ein Fernsehgerät und bezahlt bar. Der Verkäufer vereinbart kostenfreie Zustellung und Aufstellung in der Wohnung des Kunden. Durch einen vom Fahrer nicht verschuldeten Autounfall wird das Gerät bei der Zustellung stark beschädigt.

b) Eine Kundin kauft in einem Antiquitätengeschäft eine Porzellanschüssel. Während sie an der Kasse bezahlt, stellt der Verkäufer die Schüssel auf die Ladentheke. Noch bevor die Kundin erscheint, stößt ein anderer Kunde die Schüssel aus Versehen von der Theke – das antiquarische Stück zerbricht.

c) Ein Lebensmitteleinzelhändler aus Goslar überweist per SEPA Instant Payment (Echtzeitüberweisung) einen Rechnungsbetrag an einen Großhändler nach Hildesheim. Fällig war der Rechnungsbetrag am 12. Sept., der Online-Banking Zahlungsvorgang wurde in Goslar am 11. Sept. veranlasst und von der Bank des Einzelhändlers unmittelbar nach 10 Sekunden bestätigt. Das Geld ist dem Lebensmittelgroßhändler dann aber erst am 13. Sept. aufgrund eines verwaltungstechnischen Fehlers der Empfängerbank in Hildesheim gutgeschrieben worden.

4. Der Möbeleinzelhändler Düsterhöft e. Kfm. aus Kassel kauft Ware bei seinem Großhändler in Frankfurt.

a) Wo befinden sich der gesetzliche Erfüllungsort und der Gerichtsstand
- für die Warenlieferung und
- für die Zahlung?

b) Wo könnten der vertragliche Erfüllungsort und Gerichtsstand festgelegt werden?

5. Die Haushaltswarengroßhandlung Faber OHG in Lüneburg liefert an die Einzelhändlerin Oltmanns e. Kffr. in Hamburg Waren im Wert von 10.000,00 €. Unterwegs verunglückt der beauftragte Spediteur schuldlos, die Ware wird dabei vernichtet.

Wie ist die Rechtslage, wenn

a) über den Erfüllungsort nichts vereinbart wurde,

b) der vereinbarte Erfüllungsort Hamburg war?

6. Wie wäre die Rechtslage, wenn Frau Oltmanns die Ware aus Lüneburg selbst abgeholt hätte und auf dem Rückweg nach Hamburg auf der Autobahn verunglückt wäre?

AKTIONEN

1. Bearbeiten Sie den Text des vorliegenden Kapitels in sechs Schritten:
   a) Überblick verschaffen.
   b) Leseabschnitte einteilen.
   c) Unbekannte Wörter nachschlagen.
   d) Wichtiges unterstreichen/abschreiben.
   e) Mit eigenen Worten wiederholen.
   f) Den Text skizzieren in Form
      - einer Mindmap (falls möglich verwenden Sie das Programm MindManager),
      - eines Ablauf- oder Ordnungsschemas oder
      - eines Bildes, das den Textinhalt darstellt.
2. Bereiten Sie sich darauf vor, Ihre Ergebnisse des letzten Schrittes (f) Ihren Mitschülerinnen und Mitschülern angemessen zu präsentieren.
3. Erstellen Sie eine PowerPoint-Präsentation, die das Thema „Bedeutung des Erfüllungsortes für die Warenschuld" vorstellt. Visualisieren Sie Ihre Präsentation mithilfe von Abbildungen aus dem Internet. Verwenden Sie dazu die Bildersuche verschiedener Suchmaschinen, z. B. Google oder Yahoo.
4. Sammeln Sie in Ihrer Klasse Gründe für die Berücksichtigung des **Erfüllungsortes und des Gerichtsstandes** in einem Kaufvertrag.
   - Verwenden Sie dazu die Kopfstandmethode.
   - Suchen Sie (in Gruppen zu maximal sechs Personen) nach Ideen im Brainstorming.
5. Informieren Sie sich über den von Ihrem Ausbildungsunternehmen in seinen Verträgen verwendeten Erfüllungsort für die Warenlieferung bzw. die Geldzahlung.
6. Stellen Sie anschließend Ihre gewonnenen Erkenntnisse unter Nennung der Vorteile bzw. Nachteile für Ihr Unternehmen der Klasse vor. (Liegen Originalunterlagen aus dem Unternehmen vor, so sollten sie entsprechend präsentiert werden, z. B. mithilfe einer Folie.)

ZUSAMMENFASSUNG

Der Erfüllungsort

- Ort, an dem der **Schuldner** seine Leistungen zu erbringen hat **(Leistungsort)**.
- Ort, an dem die Gefahr des zufälligen Untergangs und der zufälligen Verschlechterung der Ware auf den Vertragspartner übergeht **(Ort des Gefahrenübergangs)**.
- Ort, an dem bei Streitigkeiten aus dem Kaufvertrag die Klage eingereicht wird **(Klageort)**.

Gesetzlicher Erfüllungsort
(gültig, wenn keine vertraglichen Absprachen vorliegen)

zwei Vertragsparteien/**unterschiedliche** Erfüllungsorte

Erfüllungsort für die **Warenlieferung**

Wohnsitz des Verkäufers (Waren**schuldner**)

- Verkäufer muss die Ware fristgerecht an seinem Wohnort bereitstellen.(Erfüllungsort = Erfolgsort)
- Käufer trägt Kosten und Gefahr des Transports
  - ab Übergabe bei Holschulden,
  - ab Versandstation bei Schickschulden. (Warenschulden = Hol- bzw. Schickschulden)

Erfüllungsort für die **Geldzahlung**

Beim Zweiseitigen Handelskauf Wohn- oder Geschäftssitz des Verkäufers **(Gläubiger)**

- Schuldner (Käufer) muss dafür sorgen, dass bei einer Zahlung durch Banküberweisung das Geld dem Konto des Gläubigers rechtzeitig gutgeschrieben sein muss.
- Geldschulden sind Bringschulden.
- Schuldner trägt Kosten und Verlustgefahr der Geldübermittlung.
- Gläubiger (Verkäufer) trägt die Verzögerungsgefahr im Bankverkehr, wenn der Schuldner die Überweisung rechtzeitig veranlasst hat.

Beim Verbrauchsgüterkaufvertrag Wohnsitz des Käufers **(Geldschuldner)**

- Schuldner (Käufer) muss das Geld fristgerecht an seinem Erfüllungsort abschicken.
- Geldschulden sind Schickschulden.
- Käufer trägt Kosten und Verlustgefahr der Geldübermittlung bis Wohn- oder Geschäftssitz des Verkäufers.
- Gläubiger (Verkäufer) trägt die Verzögerungsgefahr.

Der Erfüllungsort bestimmt den Gerichtsstand.

Wohnsitz des Verkäufers | Wohnsitz des Käufers

Vertraglicher Erfüllungsort
(kann von den Vertragspartnern vereinbart werden)

zwei Vertragsparteien/
ein Erfüllungsort

meistens der Wohnsitz des Verkäufers

Gerichtsstand:

meistens der Wohnsitz des Verkäufers

- Vertragliche Vereinbarung ist nur unter Kaufleuten möglich.
- Bei Abzahlungsgeschäften ist der Gerichtsstand immer am Wohnsitz des Käufers.

KAPITEL 7

Wir nutzen Warenwirtschaftssysteme im Einkauf

Florian Kalweit ist Leiter des zentralen Rechenzentrums der Ambiente Warenhaus AG. Um auf dem Laufenden zu bleiben, informiert er sich in einem aktuellen Nachschlagewerk über Programme für den Einkaufsbereich.

ORAG-2-System

Einkaufsabwicklung

Das Programm dient zur Abwicklung des gesamten Einkaufsgeschäfts (Angebotseinholung, Rahmenbestellung, Abruf, Einzelbestellung, Bestellverfolgung, Bestelländerung, Wareneingang, Rechnungskontrolle) für Lagermaterial, Direktmaterial, Dienstleistungen, Anlagen usw. sowie Pflege der benötigten Stammdateien für Lieferer, Artikel, Texte usw.

Eingabe über Dialog am Bildschirm mit sofortiger Verarbeitung, im Dialog Sofortauskunft über Abwicklungsstand einer Bestellung, offene Bestellungen beim Material, Bezugsquellen für ein Material, Liefermöglichkeiten eines Lieferers. Eingabe der Wareneingänge am Bildschirm. Das ORAG-2-System bewertet Waren-/Dienstleistungseingänge sofort nach den Bestelldaten und erlaubt damit kürzere Abschlusstermine. Rechnungsprüfung am Bildschirm. Wird das ORAG-2-System mit dem ORAG-5-System kombiniert, erfolgt (mit Bildschirmeingabe) auch sofort eine Bestands-Dispositionskorrektur beim Material (mengen- und wertmäßig).

Verarbeitungsmodus: Dialogverarbeitung

Programm wird angeboten in:

D, A, CH
WINDOWS XP, WINDOWS 2000, WINDOWS NT, WINDOWS VISTA, WINDOWS 8, WINDOWS 10 und WINDOWS 11
IBM; DOS, OS und CICS, OS; IMS DB/DC, Siemens; BS1000, BS2000, und KDCS, Nixdorf 8890, Assembler, COBOL, Source

Preise und Konditionen

Zeitlich unbegrenztes Nutzungsrecht:
110.000,00 € bis 140.000,00 € (CICS)
150.000,00 € bis 220.000,00 € (IMS DB/DC)

Serviceleistungen

Im Preis enthalten: Einsatzunterstützung, Schulung, Programmpflege/Wartung, Anpassung an Anlagenkonfiguration.

Programmdokumentation

Im Preis enthalten: System-Flussdiagramm, Programmablaufplan, Dateierklärungen, I/O-Formulare, Operatoranweisung, Fehlerliste, Testdaten, Benutzerhandbuch.

Stellen Sie anhand des Artikels fest, welche Aufgaben Programme im Bereich des Einkaufs übernehmen können.

INFORMATION

Am Anfang aller EDV-gestützten Warenwirtschaftssysteme im Einzelhandel stehen logischerweise das Bestellwesen und der Wareneingang. Solche Programmpakete erweisen sich als besonders wirkungsvoll, wenn sie als Instrument der Disponenten und der Sachbearbeiter im Wareneingang ein schnelles und aufgabengerechtes Handeln ermöglichen. Die konsequente Nutzung einmal verfügbar gemachter Informationen über Lieferer, Preise, Lieferzeiten usw. können die Wirtschaftlichkeit eines Einzelhandelsunternehmens erheblich steigern.

Aus dieser Sicht lässt sich der Anforderungskatalog an EDV-gestützte Warenwirtschaftssysteme wie folgt zusammenstellen:

- Warenwirtschaftssysteme sollen eine dialogorientierte Abwicklung und Verfolgung der Einkaufsvorgänge von der Bestellanforderung über Anfrage, Angebot, Bestellungsschreibung bis zum Wareneingang ermöglichen.
- Eine hohe Auskunftsbereitschaft zum jeweiligen aktuellen Stand der Einkaufsabwicklung und eine flexible Informationsbereitstellung für Einzelentscheidungen sowie für strategische Gesamtaussagen sind zu gewährleisten.
- Das Programmpaket muss so gestaltet sein, dass es am einzelnen Arbeitsplatz
  - überschaubar,
  - beherrschbar,
  - für spezifische Vorgänge nutzbar ist,
  - traditionelle manuelle Unterlagen ersetzt,
  - Daten vor unberechtigtem Zugriff schützt.

Für das Einzelhandelsunternehmen ist es sehr wichtig, jederzeit den Überblick über das gesamte Beschaffungswesen zu behalten. EDV-gestützte Warenwirtschaftssysteme informieren in Sekundenschnelle über Artikel und Lieferer.

Checkliste: Inhalt eines Einkaufsartikelsatzes

		übliche Feldlänge in Zeichen
1.	**Typische Einkaufsstammdaten**	
1.1	**Ordnungsbegriffe**	
	Artikelnummer	3–8
	Materialklassifikation	2–5
	Interne Bezeichnung (evtl. Kurzbezeichnung und ausführliche Bezeichnung)	18–30
	Zusatzbezeichnung (DIN-Angaben, Maße, Gewichte)	15–50
	Einkaufsgruppe	1–3
	Produktgruppe	1–4
	ABC-Klassifizierung	1
	Wareneingangsstelle	3–6
	Bestellbezeichnung des Lieferers (eventuell mehrfach)	10–20
	Bezugsartenschlüssel	1–3
	Beistellschlüssel	1–3
	Lagerort	3–8
1.2	**Daten zur Mengen- und Preisfestlegung**	
	Durchschnittspreis (fortgeschriebener Einstandspreis)	6–8
	Verrechnungspreis	6–8
	Zielpreis	6–8
	Preiseinheit	1
	Mengeneinheit	1–2
	Alternative Mengeneinheit	1–2
	Umrechnungsfaktor	8–10
	Rundungsschlüssel	1
	Beschaffungszeit in Tagen (evtl. im Angebotssegment)	3
	Verpackungseinheit	1–2
	Verpackungsart	1–3
	Größeneinheitsschlüssel	1–3
	Gewicht	7–10
	Gewichtseinheit	1–2
	Quoteneinteilung, wenn bei mehreren Lieferern bezogen wird	5–8
	Lieferbedingungen (Preisstellung)	2–3
	Abrufschlüssel	1–3
	Versandart	1
	Inventurpreis	8–9
	Inventurdatum letzte Inventur	6
	Inventurhäufigkeit	1–2
1.3	**Sonstige Daten**	
	Textschlüssel (mehrfach möglich)	3–5
	Bewirtschaftungsart	1–2
	Technische Bestellvorschriften (mehrfach möglich)	60
	Artikelkommentare (mehrfach möglich)	60
	Mehrwertsteuerschlüssel	1–4
	GTIN	13
	Einkaufsgruppe	1
	Zeichnungsnummer	8–20
	Zeichnungsdatum	6
2.	**Typische Angebotsdaten**	
	Laufende Anfragen (Datumsangabe neueste Anfrage)	6
	Lieferernummer je Angebot	5–8
	Adresse des Anbieters, soweit es kein Lieferer ist	30–50
	Angebotsdatum (neuestes Angebot)	6
	Angebotspreis	6–8
	Mengenbasis	6–8
	Mengeneinheit	1–2
	Preiseinheit	1
	Beschaffungszeit in Tagen	3
	Lieferbedingungen	2–3
3.	**Artikelstatistikdaten**	
	Anzahl der Angebote verg. Jahr	2
	Anzahl der Angebote lfd. Jahr	2
	Letztes Angebot vom	6
	Anzahl der Bestellungen im Vorjahr	2
	Anzahl der Bestellungen im laufenden Jahr	2
	Datum letzte Bestellung	6
	Menge der letzten Lieferung	6–8
	Datum letzte Lieferung	6
	Zahl der Lieferer, bei denen der Artikel in diesem Jahr und dem Vorjahr bezogen wurde	2
	Datum letzte Preisänderung	6

Artikelauskunftssystem

Einzelhandelssortimente zeichnen sich überwiegend durch eine sehr hohe Zahl verschiedener Produkte aus. Ein effizientes Auskunftssystem über

- vorhandene,
- bestellte,
- evtl. ins Sortiment neu aufzunehmende

Artikel beeinflusst die Bearbeitungszeit des Einkaufs in spürbarem Umfang. Die Vielzahl der gespeicherten Informationen, die von der EDV nach unterschiedlichen Auswertungskriterien schnell und leicht zugänglich gemacht werden können, trägt zu besseren Entscheidungen im Einkauf bei.

Eine wesentliche Voraussetzung ist in diesem Zusammenhang die Vergabe von Artikelnummern für jeden im Sortiment enthaltenen Artikel. Grundsätzlich spielt es keine Rolle, ob die Artikelnummer vom Hersteller der Ware (**GTIN** – Global Trade Item Number/früher: Europäische Artikelnummerierung – EAN) oder aber von dem betroffenen Einzelhandelsunternehmen selbst vergeben wird.

Lieferantenauskunftssystem

Ein erfolgreiches Bestellwesen ist eng mit einer gut funktionierenden Liefererbewertung und -auswahl verbunden.

Der Einkäufer muss demnach seine Bezugsquellen mit ihren Vor- und Nachteilen kennen.

BEISPIEL

Der Einkäufer muss auf einen Blick sehen, dass er bei Lieferer A einen besseren Preis bekommt als bei Lieferer B, dadurch aber eventuell längere Lieferzeiten oder mindere Qualität in Kauf nehmen muss.

Das EDV-gestützte Warenwirtschaftssystem, in dem die relevanten Informationen gespeichert werden können und der ständige Warenverkehr zwischen Zulieferer und Einzelhandelsunternehmen aufgezeichnet ist, kann dem Anwender bei der Auswahl eines geeigneten Lieferers wertvolle Hilfe leisten. Die EDV gibt z. B. Auskunft über Konditionen, Bonus, gegenwärtigen Einkaufsstand, Mindestbestellwert, Teillieferungen u. v. m. Es können Ersatzlieferer aufgezählt werden.

LIEFERERAUSWAHL Seite 1

Komponente RELAIS Datum 8. August

LIEFERER Nr. Kurzname	EK-PREIS 1. BEZUG	N-KALK. 1. ANFR.	DATUM BEZUG	LETZTE (R) ANFRAGE	LIEF. ZEIT	MINDEST MENGE
13567 Rieck	68,00	74,80	2. März	7. Juli	3	10,00
43729 Schalt	65,20	67,30	6. Juli	6. Aug.	3	50,00
63752 Pflüger	75,00	80,50	14. Dez.	7. Juli	1	1,00
76488 Elecmot	60,20	71,10	4. Juni	7. Juli	2	5,00
86356 Oscar	66,70	68,00	23. Juni	7. Juli	1	10,00

Viele EDV-gestützte Warenwirtschaftssysteme ermöglichen im Rahmen eines Angebotsvergleichs damit sowohl einen Lierervergleich als auch einen Preisvergleich. Da der Einstandspreis genau kalkulierbar ist, kann das System den günstigsten Lieferer aussuchen und dem Einzelhändler einen Vorschlag machen.

System für Angebotsaufforderungen

Eine Vielzahl von Programmen für den Einkaufsbereich bietet Systeme für Angebotsaufforderungen an. Sie unterstützen das Einholen von Angeboten. Die EDV baut bürokratische Hemmnisse ab und beschleunigt den Datenfluss. Anfragen werden automatisch erstellt und können nicht nur mit Papier, sondern durch den Computer auch per Fax versandt werden. Der Einsatz der Datenfernübertragung zum elektronischen Austausch strukturierter Geschäftsdaten ist ebenfalls möglich.

Hat der Einkäufer sich für einen bestimmten Lieferer entschieden, wandelt er die im System geführte Anfrage in eine Bestellung um und kann dabei gleich auch automatisch den anderen Anbietern höflich absagen.

KONDITIONSKONTROLLE

Lieferer: 76923	Kupfer	Datum 31. Juli
EINKAUFSKONDITIONEN:	Rechnungsrabatt	3,00 %
	Bonus	5,00 %
	Verpackung	NEIN
	Fracht	NEIN
	Rollgeld	JA
	Versicherung	NEIN
	Zoll	NEIN
BEMERK. gute langjährige Geschäftsverbindung		
ZAHLUNGSKONDITIONEN:	Valuta	20 Tage
Zahlungsziel 1	Frist	14 Tage
	Skonto	3,0 %
Zahlungsziel 2	Frist	30 Tage
	Skonto	2,5 %
	Nettofrist	50 Tage
BEMERK. legt Wert auf pünktliche Zahlung		
LIEFERUNG:	Bedingung	2
	Lieferzeit	1 Woche
	Bestellrhythmus	10 Tage

Unterstützung des Bestellwesens

Die meisten Programme für den Einkaufsbereich unterstützen das Bestellwesen.

Aus der **Überwachung der mengenmäßigen Umsatz- und Lagerentwicklung** kann der Einzelhändler ermitteln, welche Artikel benötigt werden. Diese Informationen werden für eine **Bedarfsanalyse** benutzt.

Ein weiterer Aufgabenkomplex ist die **Ermittlung der Bestellzeitpunkte und -mengen**. Der Einfluss EDV-gestützter Warenwirtschaftssysteme wird am deutlichsten in **Bestellvorschlagssystemen und automatischen Bestellsystemen**, die sich beide am Meldebestand orientieren (vgl. Kap. 7.8). Beim Meldebestand können Absatz, Trends, Saisonschwankungen, Wiederbeschaffungszeiten, Mindest- und Maximalbestand usw. berücksichtigt werden.

Fast alle Programme bieten **Bestellvorschlagssysteme** an: Das EDV-gestützte Warenwirtschaftssystem gibt nur einen Bestellvorschlag zu Dispositionszwecken ab. Dadurch wird das Wissen des Einkäufers vertieft, ohne ihm seine eigentliche Aufgabe, das Treffen von Verbrauchsvorhersagen und Dispositionsentscheidungen, abzunehmen.

Automatischen Bestellsystemen liegen folgende Überlegungen zugrunde: Sobald der Bestand einer Ware unter eine festgelegte Mindestmenge sinkt, wird vom Programm aufgrund vorgegebener Dispositionsentscheidungen eine neue Bestellung beim entsprechenden Lieferer veranlasst. Die Bestellschreiben werden durch integrierte Textsysteme automatisch erzeugt und müssen nur noch abgeschickt werden. Komfortable, mit dem Lieferer vernetzte Programme sind sogar in der Lage, bei Erreichen des Meldepunktes papierlos über Datenfernübertragung die Bestellung in das EDV-System des Lieferers abzugeben.

Rückstandsüberwachung und Mahnwesen

Einen Großteil des Zeitaufwands eines Sachbearbeiters im Einkauf nimmt das Verfolgen mannigfaltiger Vorgänge in Anspruch. Dazu gehören die Überwachung des Eingangs von Angeboten, von Lieferer- und Auftragsbestätigungen und der Abgleich der darin enthaltenen Konditionen. Später müssen die Bestellungen auf Liefertreue hin überwacht werden, eventuell muss der Wareneingang rechtzeitig angemahnt werden. All diese Aktivitäten unterstützen EDV-gestützte Warenwirtschaftssysteme. Sie beinhalten häufig Programmteile zur Anmahnung der Angebotsabgabe, Auftragsbestätigung und Warenlieferung.

Es wird viel Zeit und Mühe bei der Einkaufsabwicklung eingespart. So sind z.B. alle Bestellungen mit ihren bestätigten Lieferterminen in der EDV gespeichert. Kommt es zu Terminüberschreitungen und somit zu Lieferrückständen, so können diese abgerufen und beim Lieferer automatisch angemahnt werden. Wird vom Lieferer ein neuer Liefertermin genannt, wird auch er wieder gespeichert und überwacht. Die Zahl der Lieferterminüberschreitungen wird im Zusammenhang mit dem Lieferer gespeichert und kann jederzeit als Kennzahl für ihn abgerufen werden.

OFFENE BESTELLUNGEN Seite 1
Datum 1. August

LF. DATUM GEWÜNSCHT	LIEFERER NR. KURZNAME	BESTELLUNG NR. DATUM	LETZTE BST.-MAHN.
13. August	13567 RIECK	1 12. Juli	0. 0. 0
25. August	93267 SCHWALM	10 17. Juli	0. 0. 0

Wareneingang

Eine EDV-gestützte Überwachung und Bearbeitung des Wareneingangs bringt erhebliche Vorteile (vgl. Kap. 7.1). Die Einkaufsprogramme informieren den Sachbearbeiter rechtzeitig über die erwarteten Wareneingänge. So können die notwendigen Vorbereitungen getroffen werden, um eine reibungslose und schnelle Einlagerung durchzuführen. Beispielsweise kann rechtzeitig Platz für die Ware reserviert werden. Dringende Kundenaufträge, die auf Nachschub aus diesem Wareneingang warten, können bereits vorbereitet werden. Es werden somit nicht nur Lagerkosten gesenkt, sondern der gesamte Servicegrad des Einzelhandelsunternehmens verbessert.

Geht eine Warenlieferung ein, wird nur noch die Bestellung aus dem System aufgerufen und mit dem Lieferschein des Lieferers abgeglichen. Lediglich Abweichungen müssen dann noch eingegeben werden.

Rechnungsprüfung

Die Überprüfung der Eingangsrechnung geschieht durch den Aufruf des Wareneingangs. Bei Übereinstimmung oder nach einer Korrektur wird die Rechnung direkt an die Buchhaltung weitergeleitet. Damit wird die aufwendige Erfassung der Rechnung in der Buchhaltung eingespart.

Integrierte Warenwirtschaftssysteme

Gerade im Dispositions- und Wareneingangsbereich der Handelsbetriebe wird eine unternehmensübergreifende Informationsübertragung warenwirtschaftlicher Daten in Zukunft stark zunehmen. Es kommt immer häufiger zu Verbindungen mit fremden Geschäftspartnern über Datenfernübertragungstechnologien. Aus den geschlossenen Warenwirtschaftssystemen der Handelsbetriebe werden durch direkte Einbeziehung von Lieferern, Banken, Marktforschungsinstituten und Kunden **integrierte Warenwirtschaftssysteme.**

Die EDV-Systeme in den Industrie- und Handelsunternehmen sind somit keine organisatorischen Inseln mehr mit manueller Eingabe der Basisdaten am einen Ende und dem Ausdruck von Listen und Formularen für den Partnerbetrieb am anderen.

70 % der manuellen Datenerfassung für EDV-Systeme stammen aus Dokumenten, die bereits von anderen Computern ausgedruckt worden sind.

Im Rahmen integrierter Warenwirtschaftssysteme bilden die EDV-Systeme vielmehr eine Kette automatisierter Informationsabsender und -empfänger, bei denen die teure und zeitaufwendige manuelle Erfassung der Basisdaten auf ein Minimum reduziert wird.

Wer als Einzelhandelsunternehmen mit großen Industrieunternehmen Geschäftsbeziehungen aufrechterhalten möchte, muss daher seine Kommunikationssysteme deren Kommunikationsstrukturen anpassen: Großunternehmen erwarten heute, dass Ware papierlos geordert wird. Sie schicken als elektronische Standardbriefe und Formulare Frachtbriefe und Rechnungen über das Internet ins Haus. Sie überweisen über DFÜ (Datenfernübertragung) Geld und erledigen Zollformalitäten. Sie sparen damit Zeit und Personal.

Hatten verschiedene Wirtschaftszweige für diesen Informationstransfer strukturierter Daten eigene Standards entwickelt (der Handel z. B. den SEDAS-Standard = Standardregelungen Einheitlicher DatenAustauschSysteme), wird momentan durch internationale Normungsgremien versucht, eine branchenübergreifende elektronische Weltsprache für den Austausch von Handelsdaten durchzusetzen. Als einheitliche Norm für alle Wirtschaftszweige wurde dazu von der Wirtschaftskommission der UN der EDIFACT-Standard (Electronic Data Interchange for Administration, Commerce and Transport) beschlossen.

AUFGABEN

1. Welche Anforderungen müssen EDV-gestützte Warenwirtschaftssysteme im Bereich des Einkaufs erfüllen?
2. Aus welchen Teilbereichen können EDV-gestützte Warenwirtschaftssysteme im Einkauf bestehen?
3. Welche Leistungen bieten Liefererauskunftssysteme im Rahmen EDV-gestützter Warenwirtschaftssysteme?
4. Welche Vorteile hat die automatische Rückstandsüberwachung?
5. Welcher Unterschied besteht zwischen automatischen Bestellsystemen und Bestellvorschlagssystemen?
6. Wie unterstützen integrierte Warenwirtschaftssysteme den Einzelhändler im Einkauf?

AKTIONEN

1. Web Untersuchen Sie das Ihnen vorliegende EDV-gestützte Warenwirtschaftssystem.

   Stellen Sie fest, welche Teilbereiche vorhanden sind, mit denen ein EDV-gestütztes Warenwirtschaftssystem im Idealfall Einkauf und Beschaffung unterstützen kann.

2. Web
   a) Sie beschließen, den Artikel 4021003131030 Besteckgarnitur Siebeck nachzubestellen.
      Führen Sie den Bestellvorgang für 10 Stück durch.
   b) Sie bestellen 100 Stück des Artikels 4008491336017 Lineal der Firma Groleb.
      Führen Sie den Bestellvorgang für 100 Stück durch.
      Nehmen Sie den Lieferer neu ins System auf:

      a) Groleb GmbH
      b) Goschenstr. 52, 31134 Hildesheim
      c) Tel. 05121 844570
      d) usw.

   c) Die Schreibtischlampe Ikarus 5 wird stark nachgefragt. Verkaufen Sie 190 Stück.
   d) Führen Sie die Bestellungen aus der Liste der Bestellvorschläge durch.

3. Web In der Lebensmittelabteilung soll zur Vervollständigung des Sortiments ein Molkedrink aufgenommen werden.

   Es liegen die Angebote von drei Herstellern für die Lieferung von 100 Einliterflaschen vor:

Strohmann KG	Schnüller AG	Bestle AG
Listeneinkaufspreis pro Stück: 0,32 €	Listeneinkaufspreis pro Stück: 0,27 €	Listeneinkaufspreis pro Stück: 0,32 €
15 % Rabatt	20 % Rabatt	20 % Rabatt
2 % Skonto	3 % Skonto	2 % Skonto
Lieferung frei Haus	10,00 € Bezugskosten	Lieferung frei Haus

   Führen Sie mithilfe des Warenwirtschaftssystems einen Angebotsvergleich durch und ermitteln Sie den günstigsten Bezugspreis pro Einheit.

4. Web Für nächsten Mittwoch hat sich Herr Huhn – der Controller der Zentrale – angesagt, um Ihnen persönlich die neue Kollektion/das neue Vertriebsangebot vorzustellen. Auf diesen Termin möchten Sie sich gut vorbereiten und lassen

22226852

sich von Ihrem Warenwirtschaftssystem folgende Fragen beantworten:

a) Wie sieht der aktuelle Bestand der einzelnen Artikel aus?

b) Wie sieht der aktuelle Bestand der Firma PAGRO AG in der Warengruppe 31 aus?

c) Für wie viel Euro haben Sie für alle Warengruppen schon bestellt?

d) Für wie viel Euro dürfen Sie in der Warengruppe ordern?

e) Welche Folgerungen ziehen Sie aus den Antworten zu a) – d) hinsichtlich des Einkaufs?

5. Wie auch bei der Ambiente Warenhaus AG wird beim Mitbewerber Larstadt mit EDV-gestützten Warenwirtschaftssystemen im Einkauf gearbeitet.

I. Warenwirtschaftssysteme nehmen der dortigen Einkaufsabteilung einen Teil der Dispositionsarbeiten ab, indem sie Bestellvorschlagslisten erstellen.

Untersuchen Sie das folgende Beispiel für eine Bestellvorschlagsliste und beantworten Sie die Fragen:

```
WARENWIRTSCHAFTS-SERVICE    FIRMA: 01                 FILIALE: 111 SZ-FILIALE       DATUM: 10.10...  FREITAG     SEITE:

*****   DISPOSITIONS-VORSCHLAEGE                            *  SORTIERT NACH:    LIEFERER, ARTIKELNUMMER
* LISTE NR:   12                                            *    AUSGEWAEHLT:    ALLE

   KENNZEICHEN:  INV = FALSCHER BESTAND
    (ANDRUCK     SAI = SAISON
     NUR AUF     AKT = AKTIONSARTIKEL
     SEITE 1)    ANL = ANLAUFEND
                 REG = REGALPLATZ
                 SAM = SAMMELBESTELLUNG

BEZEICHNUNG              V K ERFASSUNGS-NR  WG WOZ  BEST- ---------ABSATZ--------  EZ O  BESTAND AUFTR  ARTIKELNUMMER VORSCHL
                         EUR                   TAG  PUNKT  ERW.  WO-2  WO-1 LF-WO     O          BSTD                  MENGE

        AUFTRAGS-NUMMER    2650/0000/1110  TONKA
KAFFEE MILD             4,94          5250 109   3    30     35    20    21    31             15    0         115256      70
KAFFEE MOCCA            5,46          5359 109   3    30     37    40    26    32             18    0         115359      80
KAFFEE COFF.FREI        5,97          5757 109   3    40     40    42    44    30             24    0         115757     186

        AUFTRAGS-NUMMER    2830/0000/1210  MEYER
VOGELFUTTER             1,48          1170 117   5    10      4     4     4     8              4    0         124795      20
```

a) Was sagt diese Bestellvorschlagsliste aus?

b) Welche Vorteile bieten Bestellvorschläge durch ein Warenwirtschaftssystem?

c) Worin liegt der Unterschied zu automatischen Bestellsystemen?

d) Warum sind automatische Bestellsysteme – im Gegensatz zu Bestellvorschlagssystemen – nur für wenige Branchen bzw. ausgesuchte Sortimentsteile geeignet?

II. Damit der Einzelhändler gegenüber seinen Kunden immer lieferbereit ist, muss er dafür sorgen, dass von ihm bestellte Waren auch tatsächlich zum vereinbarten Termin eintreffen und auf Lager genommen werden. EDV-gestützte Warenwirtschaftssysteme helfen dabei, Bestellungen zu überwachen. Sie verfügen über eine Orderkontrolle.

Paul Winkelmann, Abteilungsleiter der Textilabteilung von Larstadt, lässt sich eine Orderliste ausdrucken, um einen Überblick über seine Bestellungen zu bekommen. Ein Ausschnitt daraus:

```
ORDERNR. 0000361   LIEFERER 1250 GREIF-WERKE
VALUTA     3007

TERMIN      WARENGRUPPE           SAIS. POS LIEF-ART-NR. EK-PREIS VK-PREIS FAR FIL RUE.GES  NACH GROESSEN
-------------------------------------------------------------------------------------------------------------------
0106-090785 1020 SOMMERANZUEGE       1    2 7803          139,00   298,00      00       3  24/ 1  25/ 2
                                          3 7844          145,00   248,00      01      12  46/ 3  48/ 4  50/ 5
                                          5 7871          138,00   248,00      01       5  27/ 5
                                          7 7812          272,00   548,00      00      12  50/ 2  52/ 5  54/ 5

                            SUMME ORDER:     GES-MENGE       72  GES-WERT EK    14250,00  GES-WERT VK     28312,00  D-PRS  39
                                             RUE-MENGE       32  RUE-WERT EK     6111,00  RUE-WERT VK     11686,00  D-PRS  36
                                             SPANNE V.O. 47,7%   SPANNE V.U.       91,22%
-------------------------------------------------------------------------------------------------------------------
```

a) Wie hoch ist der Rückstand des Artikels 77812?

b) Wie viele Sommeranzüge wurden insgesamt bestellt?

c) Wie viel Stück sind rückständig?

d) Welcher Zahlungstermin wurde vereinbart?

e) Welche Maßnahmen kann Herr Winkelmann ergreifen?

III. Herr Krach, ein Vertreter einer bekannten Schokoladenfabrik – berühmt und berüchtigt für sein Verhandlungsgeschick –, hat sich zu einem Verkaufsbesuch angesagt.

Cornelia Abmeier, bei Larstadt für den Einkauf der Lebensmittel zuständig, lässt sich durch das Warenwirtschaftssystem einen Artikelbericht des Herstellers ausdrucken:

X-ABRUF 0021 14-02- 15:00 SEITE0001 ABRUF 000063

ARTIKELBERICHT PRO HERSTELLER FILIALE: 0001

ARTIKEL-NR. INTERNE NR.	BEZEICHNUNG	VK-PREIS EK-PREIS	VK-STCK BESTAND	BESTAND VK BESTAND EK	UMSATZ GEWINN
4000417018007 10015	SPORTSCHOKO	1,19 0,895	10 140	155,40 125,30	11,90 2,31
4000417023001 10015	SPORTSCHOKO	1,19 0,895	12 60	66,60 53,70	14,28 2,77
4000417026002 10015	SPORTSCHOKO	1,19 0,895	9 111	123,21 99,34	10,71 2,08
4000417029003 10015	SPORTSCHOKO	1,19 0,895	111 39	43,29 34,91	122,19 15,89

BERICHTSENDE

Von der Schokoladenfabrik befinden sich folgende Schokoladensorten im Sortiment von Larstadt:

- Vollmilch-Nuss: Art.-Nr. 4000417018007
- Zartbitter: Art.-Nr. 4000417023001
- Vollmilch-Mokka: Art.-Nr. 4000417026002
- Vollmilch-Joghurt: Art.-Nr. 4000417029003

a) Welche Schokoladensorten laufen gut, welche schlecht? Woran erkennt man das?

b) Welche Maßnahmen kann Cornelia Abmeier bei den schlechten Sorten ergreifen?

c) Wie könnte Cornelia Abmeier im Verkaufsgespräch mit Herrn Krach vorgehen?

ZUSAMMENFASSUNG

EDV im Einkauf

umfasst

Artikelauskunftssystem	Bereitstellung aller wichtigen Artikelinformationen
Liefererauskunftssystem	Bereitstellung aller entscheidungsrelevanten Informationen über Lieferer
System für Angebotsaufforderungen	Einholung von Angeboten
Bestellwesen	Ermittlung der Bestellzeitpunkte und -mengen
Mahnwesen	Überwachung, z. B. der Liefertermineinhaltung
Wareneingang	Unterstützung der Warenannahme und -kontrolle
Rechnungsprüfung	Kontrolle der Eingangsrechnungen

KAPITEL 8
Wir nutzen Kooperationen im Einzelhandel für die Warenbeschaffung

Die Ausbildungsleiterin, Daniela Rosendahl, gibt Britta Krombach und Lars Panning die auf der nächsten Seite folgende Pressemitteilung. Frau Rosendahl beauftragt die beiden Auszubildenden Britta Krombach und Lars Panning herauszufinden, warum der gemeinsame Einkauf von Verbundgruppenmitgliedern zu einem Kosten- und Wettbewerbsvorteil führt. Sie bittet die beiden Auszubildenden, Argumente für und gegen eine Beteiligung der Ambiente Warenhaus AG an einer Verbundgruppe zusammenzustellen.

Bitte versetzen Sie sich in die Rolle von Britta Krombach oder Lars Panning und erfüllen Sie den Auftrag von Frau Rosendahl.

22226854

Pressemitteilung

Kooperierende Unternehmen weniger insolvenzgefährdet – Besseres Rating für Unternehmen in Verbundgruppen?

Berlin (11.05.2004). Mitglieder von Verbundgruppen – also in Form von Genossenschaften, Franchisesystemen oder anderen Strukturen kooperierender mittelständischer Unternehmen aus Handel, Handwerk und Dienstleistungen – sind im Durchschnitt wirtschaftlich stabiler als Unternehmen, die keiner Kooperation angehören. Dies ist – kurz zusammengefasst – das Ergebnis einer Studie des Centrums für Angewandte Wirtschaftsforschung (Münster), die heute vom Zentralverband gewerblicher Verbundgruppen in Berlin vorgestellt wurde.

„Unternehmen, die Mitglied in einer Verbundgruppe sind", so Prof. Dr. Theresia Theurl, die wissenschaftliche Leiterin der Studie, „haben mit höherer Wahrscheinlichkeit ein geringeres Insolvenzrisiko als Unternehmen, die keiner Verbundgruppe angehören." Dr. Christopher Pleister, Präsident des Bundesverbandes der Deutschen Volksbanken und Raiffeisenbanken (BVR), zeigte sich erfreut über die Ergebnisse der Studie, die „die Aktualität des Netzwerkgedankens dokumentieren und unterstreichen, dass Kooperationsmodelle erfolgreich im Wettbewerb bestehen können".

Die Forscher untersuchten die Bonität von mittelständischen Unternehmen anhand einer Stichprobe von 16 000 Verbundgruppenmitgliedern und einer Zufallsstichprobe von 15 000 vergleichbaren Unternehmen. Dabei legten sie die Bonitätsfaktoren der Vereine Creditreform zugrunde. Dies sind: Branche, Mitarbeiterzahl, Region, Rechtsform, Zahlungs- und Kreditverhalten. Bei der so genannten Regressionsanalyse und anschließenden Beispielrechnungen zeigte sich überraschend klar, dass Mitglieder von Kooperationen auf einer Skala von 0 bis 13 im Durchschnitt eine um zwei Klassen bessere Bonität besitzen als durchschnittliche unkooperierte Unternehmen.

Der zweite Teil der Studie ging der Frage nach, warum dies so ist. Demnach gelangen Verbundgruppenmitglieder über den gemeinsamen Einkauf zu einem Kosten- und Wettbewerbsvorteil, der sich in einem durchschnittlich besseren Ergebnis niederschlägt. Außerdem steht die Zentrale durch das von ihr übernommene Zentralregulierungsgeschäft in der wirtschaftlichen Verantwortung für ihre Mitglieder. Um Ausfallrisiken für die Verbundgruppe zu minimieren, ist sie an möglichst gesund aufgestellten Anschlusshäusern interessiert. [...]

Quelle: Zentralverband Gewerblicher Verbundgruppen e. V., Berlin: Kooperierendes Unternehmen weniger insolvenzgefährdet, Pressemitteilung vom 11. Mai 2004. In: https://verbaende.com/news.php/Kooperierende-Unternehmen-weniger-insolvenzgefaehrdet-Besseres-Rating-fuer-Unternehmen-in-Verbundgruppen?m=24777 [29.11.2021]. Hinweis: Hierbei handelt es sich um eine alte Pressmitteilung. Der Zentralverband gewerblicher Verbundgruppen e. V. firmiert mittlerweile unter DER MITTELSTANDSVERBUND – ZGV e. V.

INFORMATION

DEFINITION

Kooperation ist die freiwillige, vertraglich geregelte Zusammenarbeit rechtlich unabhängiger und wirtschaftlich weitgehend selbstständig bleibender Unternehmen.

Sie dient der Verbesserung der Leistungsfähigkeit der kooperierenden Unternehmen.

Möglichkeiten der Zusammenarbeit gibt es zwischen

- Einzelhandelsbetrieben untereinander = **horizontale Kooperation**,
- Einzelhandelsbetrieben und den vorgelagerten Wirtschaftsstufen (Großhandelsbetrieben und Herstellern) = **vertikale Kooperation**.

Einkaufsgenossenschaften

Einkaufsgenossenschaften des Einzelhandels sind Zusammenschlüsse rechtlich und wirtschaftlich selbstständiger Einzelhandelsbetriebe, die ursprünglich zum Zweck einer gemeinsamen Warenbeschaffung – unter Ausschaltung des traditionellen Großhandels – gebildet wurden.

BEISPIELE

Einkaufsgenossenschaften
- im Lebensmitteleinzelhandel: Edeka, Rewe
- im Textileinzelhandel: Sütex
- im Schuheinzelhandel: Ariston-Nord-West-Ring
- im Spielwareneinzelhandel: Vedes

Mittlerweile hat sich die Zusammenarbeit auf fast alle Leistungsbereiche der Einzelhandelsbetriebe ausgedehnt (= **Fullservice-Kooperation**).

Leistungsbereiche der **Einkaufsgenossenschaften** sind u. a.
- gemeinsame Warenbeschaffung,
- gemeinsame Werbung unter einem einheitlichen Zeichen,
- Entwicklung von Handelsmarken,
- Errichtung eigener Verkaufsstellen,
- Gewährung mittel- und langfristiger Investitionskredite an die Mitglieder,
- gemeinsame Nutzung von EDV-Anlagen,
- Betriebsberatung und Betriebsvergleiche,
- Aus- und Weiterbildungsprogramme.

Ziele der Einkaufsgenossenschaften

Hauptziel der Einkaufsgenossenschaften des Einzelhandels ist die Marktbehauptung des mittelständischen Handels gegenüber den Großbetriebsformen des Einzelhandels (Warenhauskonzerne, Filialunternehmen).

Ihre Teilziele sind u. a.
- **Verringerung der Beschaffungskosten**
  Der zentrale Einkauf ermöglicht eine größere Mengenabnahme, bei der die Hersteller höhere Rabatte gewähren. Außerdem wird durch den Direkteinkauf bei Herstellern die Großhandelsspanne gespart.
- **wirtschaftlichere Werbung**
  In den Einkaufsgenossenschaften werden die Werbemittel gezielt und für den Einzelnen kostengünstiger eingesetzt.
- **Sortimentsbereinigung**
  durch den Einsatz von Handelsmarken.
- **Entlastung der Mitglieder von Verwaltungsaufgaben**
  Das geschieht zum Beispiel durch die Übernahme des Rechnungswesens durch zentrale Rechnungsstellen.

Einkaufsverbände

Einkaufsverbände sind Kooperationen von Einzelhandelsbetrieben mit den gleichen Zielen wie die der Einkaufsgenossenschaften. Sie unterscheiden sich von den Einkaufsgenossenschaften durch die Rechtsform.

BEISPIELE

Einkaufsverbände
- im Textileinzelhandel: Katag AG, Kaufring AG, Südbund
- im Schuheinzelhandel: Garant Schuh AG

Freiwillige Ketten

Die freiwillige Kette ist eine Form der Kooperation, bei der sich rechtlich und wirtschaftlich selbstständig bleibende Groß- und Einzelhandelsbetriebe meist gleichartiger Branchen zur gemeinsamen Durchführung unternehmerischer Aufgaben zusammenschließen.

Jeder Kettengroßhändler arbeitet mit einer größeren Anzahl selbstständiger Einzelhändler zusammen, die von ihm einen möglichst großen Teil ihrer Waren beziehen. Die Kettengroßhändler sind wiederum Mitglieder einer Zentrale, die ihre gemeinsame Beschaffung organisiert.

Zusätzliche Leistungen dieser Zentrale sind u. a.
- die Durchführung überregionaler Werbemaßnahmen unter einem gemeinsamen Organisationszeichen (z. B. die Tanne bei der freiwilligen Kette „Spar"),
- die Gestaltung von gemeinsamen Handelsmarken,
- Betriebsberatung und Betriebsvergleiche.

Die Einzelhandelsbetriebe kommen durch die Mitgliedschaft in der freiwilligen Kette u. a. in den Genuss folgender Vorteile:
- gemeinsame Werbung,
- gemeinsame Handelsmarken,
- Zusammenarbeit auf den Gebieten der Verkaufsraumgestaltung, der verkaufsfördernden Maßnahmen (z. B. Sonderangebotsaktionen) und der Verwaltung (z. B. im Rechnungswesen und der Verkäuferschulung).

Freiwillige Ketten sind besonders im Lebensmittelhandel verbreitet (z. B. Spar). Man findet sie aber auch in anderen Branchen, z. B. im Textilhandel die Seldis.

Rackjobber

Ein Rackjobber (= Regalgroßhändler) ist ein Großhändler oder Hersteller, dem in Einzelhandelsbetrieben Verkaufsraum oder Regalflächen zur Verfügung gestellt werden. Dort bietet der Rackjobber für eigene Rechnung Waren an, die das Sortiment des Einzelhandelsbetriebs ergänzen. Die für den Rackjobber reservierten Regalflächen werden von ihm selbst verwaltet. Er füllt die Regale regelmäßig mit Ware auf, rechnet die verkaufte Ware mit dem

Einzelhandelsbetrieb ab und nimmt unverkaufte Ware zurück. Durch die Regalvermietung an Rackjobber hat der Einzelhändler den **Vorteil,** sein Sortiment risikolos zu erweitern, ohne sich um Einkauf und Sortimentsgestaltung dieser Warengruppe zu kümmern.

Rackjobber findet man besonders im Non-Food-Bereich (Schreibwaren, kleine Spielwaren, Batterien usw.) von Lebensmittelgeschäften.

AUFGABEN

1. Welche Kooperationsformen werden in den folgenden Fällen beschrieben?
   a) Selbstständig bleibende Einzelhandelsbetriebe schließen sich mit einem Großhandelsbetrieb zusammen.
   b) Selbstständig bleibende Einzelhandelsbetriebe schließen sich zum Zweck des gemeinsamen Einkaufs zusammen.
   c) Ein Warenhausunternehmen vermietet Regalflächen an einen Schreibwarengroßhändler.
2. Welche Leistungen bieten Einkaufsgenossenschaften ihren Mitgliedern?
3. Wodurch unterscheiden sich freiwillige Ketten von Einkaufsgenossenschaften?
4. Welchen Vorteil hat ein Einzelhändler durch die Regalvermietung an einen Rackjobber?

AKTIONEN

1. Die folgenden Informationen geben einen Überblick über die wichtigsten Einkaufsverbände der größten Einzelhandelsbranchen.

Nahrungs- und Genussmittel
EDEKA, Hamburg; REWE, Köln
Markant, Detmold, Leer; Spar, Schenefeld
Lekkerland, Frechen

Blumen
Ekaflor, Nürnberg
Fachverband deutscher Floristen, Düsseldorf

Papier-, Büro- und Schreibwaren
BRANION GmbH, Overath
BÜRO ACTUELL eG, Overath
Büroring eG, Haan
PRISMA GmbH, Köln
BÜRO-FORUM 2000 GmbH & Co. KG, Oderan

Herrenbekleidung
KATAG, Bielefeld; UNITEX, Neu-Ulm

Damenoberbekleidung
KATAG, Bielefeld; UNITEX, Neu-Ulm

Kinderbekleidung
Igeka, Bielefeld; Ardek, Wallau

Wäsche
Nordwest, Ascheberg/Westf.; Unitex, Neu-Ulm
KMT, Köln; Bettenkreis, Neukirchen-Vluyn
Bettenring, Filderstadt

Young Fashion
KATAG, Bielefeld

Sport
Intersport, Heilbronn; Sport 2000, Mainhausen

Schuhe
Ariston Schuh, Neuss; Salamander, Kornwestheim
GARANT Schuh, Düsseldorf; GEB, Essen
Nord-West-Ring, Frankfurt am Main
Rexor, Düsseldorf

Haus- und Heimtextilien
Südbund, Backnang; KATAG, Bielefeld

Möbel
Begros, Oberhausen; VME, Bielefeld
Garant, Rheda-Wiedenbrück
Musterring, Rheda-Wiedenbrück
Regent, Gelsenkirchen; VKG, Pforzheim

Glas, Porzellan, Keramik
Nürnberger Bund, Essen
EK-Großeinkauf, Bielefeld

Farben, Tapeten, Bodenbeläge
Nordtextil, Spenge; Decor-Union, Hannover
VFG, Hilden

Parfümerie
Parma-Aurel, Bielefeld
Wir-für-Sie-Parfümerie, Mülheim-Kärlich

Zweirad
VELORING, Mönchengladbach; BICO, Verl
ZEG, Köln

Spielwaren
EK-Großeinkauf, Bielefeld
Idee und Spiel, Hildesheim
VEDES, Nürnberg

Bau- und Heimwerkermarkt
EMV, Lage; ELG Bau, Leipzig

Consumerelectronics
Expert, Hannover; PC-Spezialist, Bielefeld
EP:ElectronicPartner, Düsseldorf; RUEFACH, Ulm
Interfunk, Ditzingen

Foto
Europa-Foto Deutschland, Eschborn
Ring Foto, Nürnberg
Plusfoto, Frankfurt am Main

Uhren
Bundesverband der Juweliere, Königstein

Zoofachgeschäft
Zoo-Fachring, Pleidesheim; Sagaflor, Baunatal
Sagazoo, Baunatal; Egefa-zookauf, Gießen

a) Wählen Sie die Einkaufsverbände aus, in denen Ihr Ausbildungsbetrieb Mitglied werden könnte.
b) Informieren Sie sich im Internet über die Leistungen dieser Einkaufsverbände für ihre Mitglieder.
c) Stellen Sie die Leistungen dieser Einkaufsverbände in einer Übersicht zusammen und präsentieren Sie diese Übersicht in Ihrer Klasse. Gehen Sie dabei besonders auf die Vorteile ein, die eine Mitgliedschaft Ihres Ausbildungsbetriebs in dem jeweiligen Einkaufsverbund haben könnte.

2. Die Ambiente Warenhaus AG möchte Teile ihres Sortiments im Bereich Lebensmittel Rackjobbern übertragen.
   a) Wählen Sie Artikel aus, die im Lebensmittelbereich von Rackjobbern angeboten werden könnten.
   b) Listen Sie die Tätigkeiten auf, die die Rackjobber durchführen müssen.
   c) Entwickeln Sie ein Konzept für die Präsentation dieser Artikel in den Lebensmittelbereichen der Ambiente Warenhaus AG.
   d) Stellen Sie dieses Konzept in Ihrer Klasse mit einem Präsentationsmittel Ihrer Wahl vor.

ZUSAMMENFASSUNG

Kooperation

= freiwillige vertragliche Zusammenarbeit rechtlich und wirtschaftlich selbstständig bleibender Unternehmen mit dem Ziel, ihre Leistungsfähigkeit zu verbessern.

horizontale Kooperation

Unternehmen **derselben** Wirtschaftsstufe kooperieren (Einzelhändler untereinander).

- Einkaufsgenossenschaften
- Einkaufsverbände

vertikale Kooperation

Unternehmen **unterschiedlicher** Wirtschaftsstufen kooperieren (Einzelhändler mit Großhändlern oder Herstellern).

- freiwillige Ketten
- Rackjobber

22226858

7 WAREN ANNEHMEN, LAGERN UND PFLEGEN

LERNFELD 7

Waren annehmen, lagern und pflegen

Lernsituation 1

In der Warenannahme des Zentrallagers der Ambiente Warenhaus AG herrscht Hochbetrieb. Gerade fahren ein Lkw der Grotex GmbH und ein Paketdienst vor.

1. Stellen Sie fest, welche Kontrollen dort durchgeführt werden müssen.
2. Bei der Warenannahme stellt sich heraus, dass zwei Pakete der Grotex GmbH beschädigt sind.
   Geben Sie an, welche Maßnahmen das Personal in der Warenannahme ergreifen muss.
3. Nach der Annahme von Waren der Belco AG, die durch einen Paketdienst ordnungsgemäß angeliefert wurden, werden beim Auspacken der Pakete und der Einlagerung bei mehreren Artikeln Kratzer sowie Verunreinigungen festgestellt.
   Geben Sie an, welche Maßnahmen das Personal in der Warenannahme ergreifen muss.
4. Das EDV-gestützte Warenwirtschaftssystem meldet, dass eine Warenlieferung der Talmi GmbH seit 14 Tagen überfällig ist.
   Erläutern Sie, wie sich die Rechtssituation für die Ambiente Warenhaus AG darstellt.

Lernsituation 2

Am Anfang des Jahres schaut sich der Lagerleiter der Ambiente Warenhaus AG vor einer Abteilungsleiterkonferenz stichprobenartig mithilfe der EDV die Lagersituation zweier Artikel an.

1. Der Lagerbestand des Artikels A beträgt am 1. Januar 1 200 Stück. Jeden Monat werden 400 Stück an Einzelhändler verkauft. Die Ambiente Warenhaus AG hält vorsichtshalber einen Sicherheitsbestand, der 6 Wochen reicht. Die Lieferfrist des Herstellers beträgt 8 Wochen.

   Ermitteln Sie
   a) die Höhe des Sicherheitsbestands,
   b) die Höhe des Meldebestands und
   c) den Bestelltermin.

2. Aus der Lagerdatei ergibt sich der Verlauf der Ein- und Ausgänge für den Artikel B:

Datum	Eingang	Ausgang	Bestand
01.01.			20
12.01.	15		
24.01.		6	
17.02.		3	
02.03.		10	
05.03.	15		
12.04.		8	
05.05.		9	
29.05.	15		
08.06.		6	
21.07.		8	
18.08.	15		
27.08.		9	
03.09.		11	
29.09.	15		
02.10.		4	
20.10.		8	
09.11.	15		
18.11.		10	
05.12.		5	
15.12.	20		
20.12.		4	

   a) Ermitteln Sie den jeweiligen Bestand des Artikels am Tag des Warenein- oder Warenausgangs.
   b) Berechnen Sie den durchschnittlichen Lagerbestand.
   c) Ermitteln Sie die Lagerumschlagsgeschwindigkeit.
   d) Berechnen Sie die durchschnittliche Lagerdauer.

3. Bewerten Sie die ermittelten Ergebnisse der Ambiente Warenhaus AG im Vergleich mit denen der Branche.
   Branchenwerte:
   - durchschnittlicher Lagerbestand 18 Stück,
   - Lagerumschlagshäufigkeit 9,3.

4. Erläutern Sie Maßnahmen der Ambiente Warenhaus AG zur Verbesserung der eigenen betrieblichen Kennzahlen.

5. Der Leiter des Controllings stellt die provokante These auf, dass Warenhauskonzerne kein Lager benötigen. Stellen Sie die Aufgaben des Lagers dar.

6. Im Lauf der Diskussion kommt auch die Kostensituation im Lager zur Sprache.
   a) Führen Sie alle Kosten des Lagers auf.
   b) Geben Sie an, welche Vor- und Nachteile sich für die Ambiente Warenhaus AG ergeben würden, wenn die Lagerbestände so weit verringert würden, dass sie zu klein sind.

KAPITEL 1
Wir nehmen Waren an

Zentrallager der Ambiente Warenhaus AG: Ein Spediteur bringt eine Sendung mit 500 Geschirrtüchern und 500 Walkfrottiertüchern der Leistner Wäsche GmbH, Ritterstraße 37, 28865 Lilienthal.

Herr Stumpe nimmt im Lager die Sendung entgegen. Ein Paket ist außen beschädigt.

1. Führen Sie auf, wie ein Einzelhändler bei der Annahme von Waren vorgehen muss.
2. Erstellen Sie eine Tatbestandsaufnahme für das beschädigte Paket.

Anlieferung einer Warensendung

INFORMATION

Bestellte Waren werden dem Einzelhandelsbetrieb durch die Post oder die Bahn, durch Paketdienste oder gewerbliche Güterverkehrsunternehmer zugestellt. Vertragsmäßig gelieferte Ware muss abgenommen werden. Nicht immer jedoch ist die Lieferung einwandfrei. Die Ware kann Mängel aufweisen, die entweder der Hersteller zu verantworten hat oder die durch den Transporteur verursacht wurden. Damit das Einzelhandelsunternehmen als Käufer nicht das Recht zur Reklamation verliert, müssen beim Wareneingang verschiedene Prüfungen vorgenommen werden.

Vorgehensweise im Wareneingang

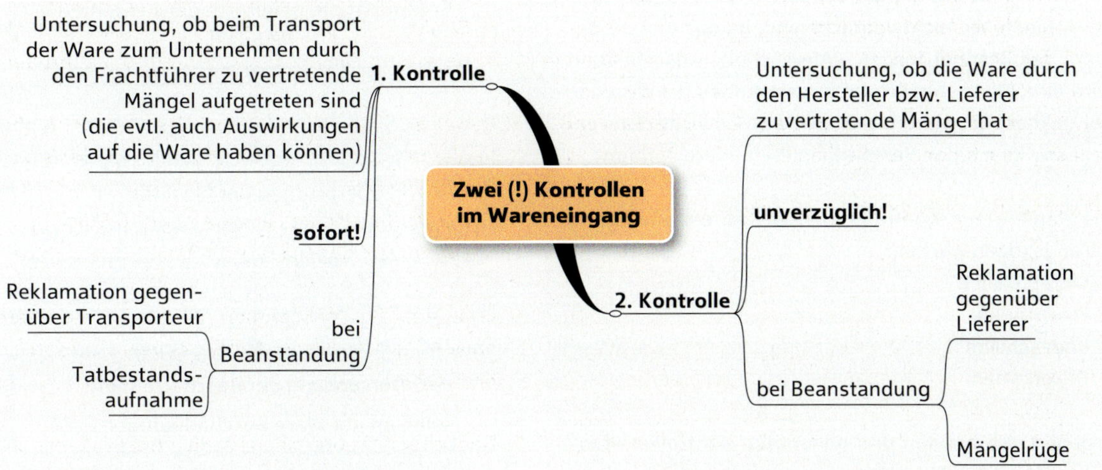

Kontrolle gegenüber dem Frachtführer

Es wird sofort – also auf der Stelle – mithilfe der Warenbegleitpapiere die **Berechtigung der Lieferung** kontrolliert. Bei der Ware könnte es sich z. B. um Irrläufer handeln oder um unverlangte Gegenstände. Irrläufer ergeben sich meist schon durch die falsche Adresse. Unverlangte Sendungen sind zu erkennen, wenn die Warenannahme im Betrieb (z. B. durch die Einkaufsabteilung) rechtzeitig über jeden zu erwartenden Eingang unterrichtet ist.

Auch die **Verpackung** muss sofort überprüft werden.

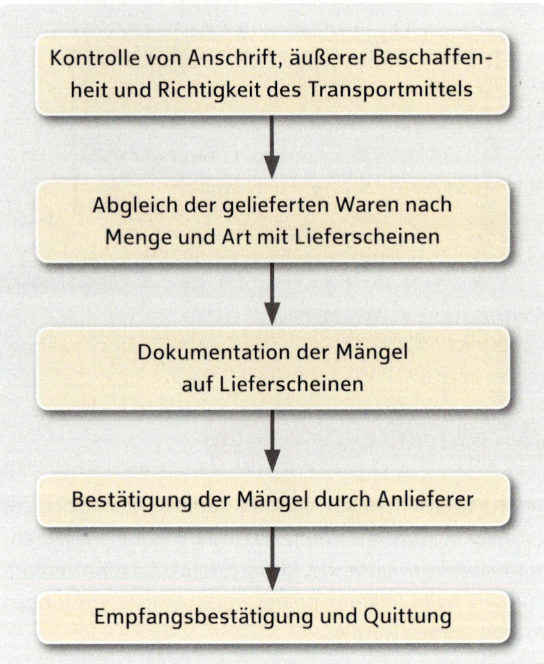

Noch in Gegenwart des Überbringers ist festzustellen, ob die Verpackung in irgendeiner Weise beschädigt ist. Bei Artikeln, die nicht verpackt sind, ist das Äußere der Ware auf Mängel hin zu untersuchen. Anschließend wird eine **Mengenprüfung** vorgenommen. Es wird dabei geklärt, ob die Anzahl bzw. das Gewicht der Versandstücke mit den Versandpapieren übereinstimmt.

Als Papiere zur Kontrolle können im Wareneingang herangezogen werden:

- Lieferscheine
- Frachtbriefe
- Ladescheine
- Paketkarten

Ergeben sich bei den drei genannten Kontrollen Mängel, verlangt der Mitarbeiter des Einzelhandelsbetriebs eine **Tatbestandsaufnahme.** Sie richtet sich gegen den Transporteur der Ware. Der Einzelhändler ist dann berechtigt, die Abnahme der Ware zu verweigern oder die Ware nur unter Vorbehalt anzunehmen.

Kontrolle gegenüber dem Lieferer

Auch der **Zustand der Waren** muss untersucht werden. Nach dem Auspacken der Ware ist zu prüfen, ob die gelieferten Artikel den im Kaufvertrag vereinbarten Eigenschaften entsprechen. Eine genaue Kontrolle lässt sich aus zeitlichen Gründen nicht immer sofort bei der Übergabe der Ware durchführen. Sie hat aber „unverzüglich“ zu erfolgen. Unverzüglich bedeutet: Die Prüfung darf ohne wichtigen Grund nicht verzögert werden. Zum nächstmöglichen Zeitpunkt muss die Ware auf eventuelle Mängel hin untersucht werden. Bei größeren Mengen kann eine Stichprobenkontrolle erfolgen. Als Kontrollunterlagen bei dieser zweiten Prüfung im Wareneingang können herangezogen werden:

- Lieferscheine
- Packzettel
- Rechnungen
- Versandanzeigen
- Bestellunterlagen des Betriebs

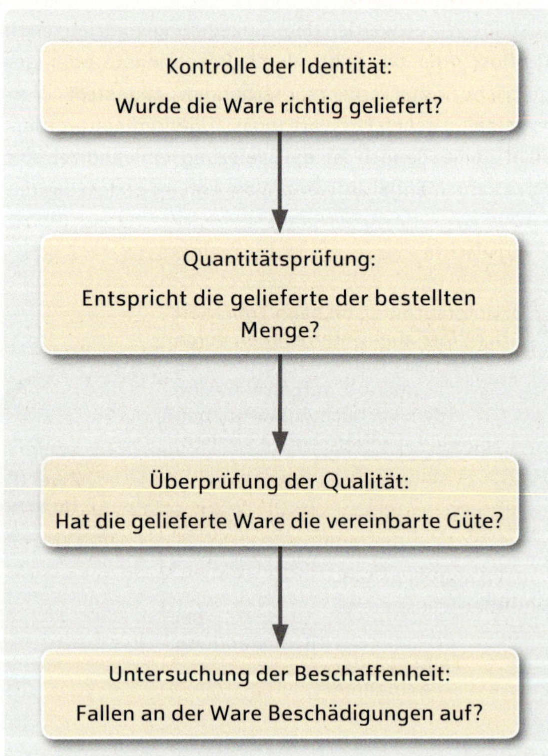

22226862

Stellt der Einzelhändler fest, dass die Ware beispielsweise beschädigt ist, teilt er das dem Lieferer mit. Die fehlerhafte Ware wird mit dieser sogenannten **Mängelrüge** beim Lieferer beanstandet, damit der Einzelhändler keine Ansprüche verliert.
Ist die Ware einwandfrei, wird sie ins Lager oder in die Verkaufsräume gebracht. Gleichzeitig wird der Einkaufsabteilung und der Buchhaltung gemeldet, dass bestellte Ware eingetroffen ist.

EDV-gestützte Warenwirtschaftssysteme im Wareneingang

Damit die Arbeiten des Wareneingangs im Einzelhandel lagergerecht erfüllt werden können, werden detaillierte Informationen pro Artikel über die bei Lieferern getätigten Bestellungen benötigt. Das EDV-gestützte Warenwirtschaftssystem des Einzelhandelsbetriebs stellt die zum Zeitpunkt der Anlieferung notwendigen Daten für die Übernahme der Ware und deren Kontrolle zur Verfügung.

Bei fortgeschrittenen Warenwirtschaftssystemen wird der erwartete Wareneingang mit Angaben aus der Bestelldatei über die Menge, das Gewicht und das Volumen der Ware für den entsprechenden Lagerbereich und Lagergang angekündigt. Die Wareneingangsabteilung kann dann schon rechtzeitig alle erforderlichen Vorkehrungen treffen, um die Ware später rasch und reibungslos zu übernehmen, zu kontrollieren und einzulagern. Aufgrund dieser Informationen sollte der Einzelhändler

- freie Abladestellen für die Lkw-Anlieferung bereithalten,
- ausreichenden Platz für das Abstellen der Ware reservieren,
- innerbetriebliche Transportmittel bereithalten,
- Personal- und Lagerkapazität vorhalten.

Die tatsächlich gelieferte Ware wird im Rahmen der Wareneingangserfassung hinsichtlich verschiedener Kriterien mit der vom EDV-gestützten Warenwirtschaftssystem früher erfassten Bestellung überprüft. Grundlage für die Annahme und Kontrolle der Ware sind die Warenbegleitpapiere. Dabei muss der Einzelhändler äußerst sorgfältig vorgehen: Im Wareneingang, bei der Wareneingangskontrolle und der entsprechenden Datenerfassung verursachte Fehler wirken sich in allen übrigen Bereichen der Warenwirtschaft des Betriebs aus. Die nachfolgend an das EDV-gestützte Warenwirtschaftssystem angeschlossenen Betriebsstellen würden dann zwangsläufig auf falsche oder unvollständige Angaben zugreifen.

Im Normalfall erfolgt die Wareneingangserfassung als integrierte Bestellabwicklung. Dadurch wird die kostspielige Mehrfacherfassung von Daten an den verschiedenen Stellen des Betriebs zum großen Teil vermieden. Es werden nur die Bestelldaten aufgerufen und bestätigt, lediglich Abweichungen werden neu erfasst und in das Warenwirtschaftssystem eingegeben.

Die festgestellten Abweichungen sind die Grundlage für unterschiedliche Auswertungen des EDV-gestützten Warenwirtschaftssystems. Untersucht werden in diesem Zusammenhang:

- **Termintreue:** Terminüber- oder -unterschreitungen
- **Menge:** Über- bzw. Untermengen
- **Qualität:** Vergleich bestimmter qualitativer Werte

Oft genügen dem Einzelhändler diese beim Wareneingang gewonnenen Informationen. In vielen Fällen werden diese Daten jedoch in weitere Unterprogramme des Warenwirtschaftssystems übertragen und dort zu anderen Auswertungen weiterverarbeitet.

Beispiele dafür sind u. a.:
- Liefererauswahl nach den o. a. Kriterien
- Soll-Ist-Abweichungen bei bestimmten Warengruppen oder Produkten

AUFGABEN

1. Warum muss der Einzelhändler bei der Annahme von Waren bestimmte Kontrollen vornehmen?
2. Erklären Sie den Unterschied zwischen einer sofortigen und einer unverzüglichen Prüfung.
3. Welche Kontrollen müssen sofort vorgenommen werden?
4. Was kann unverzüglich kontrolliert werden?
5. Welche Maßnahmen hat der Einzelhändler bei Beanstandungen zu ergreifen?
6. Welche Maßnahmen muss der Einzelhändler ergreifen, wenn das EDV-gestützte Warenwirtschaftssystem den Eingang von Ware ankündigt?
7. Wie unterstützen Warenwirtschaftssysteme den Wareneingangsbereich des Einzelhandelsbetriebs?

   Was muss der Einzelhändler bei der Annahme von Waren beachten?
8. Es werden 18 000 Konserven angeliefert. Welche Aussage ist richtig?

   a) Die Ware muss bei der Annahme in Anwesenheit des Unternehmers geprüft werden.
   b) 15 % der Ware sind zu prüfen.
   c) Die Ware kann ohne Prüfung eingelagert werden, wenn der Spediteur erklärt, die Ware sei sachgemäß verpackt worden.
   d) Bei Lieferung von Massengütern kann die Einlagerung der Ware ohne Kontrolle erfolgen.
   e) Die Ware muss durch Stichproben in angemessener Zahl geprüft werden.
9. Am 21. Juli trifft eine Lieferung bei der Ambiente Warenhaus AG ein.

   Was müssen Sie in Anwesenheit des Frachtführers prüfen, bevor Sie den Empfang der Ware quittieren?

   a) die äußere Verpackung
   b) den Preis der Ware
   c) die Art der Ware
   d) die Qualität der Ware
   e) die Beschaffenheit der Ware

AKTIONEN

1. a) Erkunden Sie, wie die Warenannahme in Ihrem Ausbildungsbetrieb geregelt ist.
   b) Informieren Sie in einem Kurzreferat Ihre Klasse darüber.
2. Web a) Bestellen Sie mithilfe des Warenwirtschaftssystems 200 Stück des Artikels „Verstärkungsringe".
   b) Die Ware kommt. Sie hat keine Mängel. Buchen Sie den Wareneingang.
3. Web a) Bestellen Sie mithilfe des Warenwirtschaftssystems 300 Stück des Artikels „Tippex".
   b) Die Ware wird geliefert. Nach dem Auspacken stellt sich heraus, dass alle Artikel beschädigt sind.

   Vermerken Sie das im Warenwirtschaftssystem.
4. Web Halten Sie die Schritte, mit denen Sie mithilfe des Warenwirtschaftssystems Wareneingänge erfassen, in einer Arbeitsanweisung für neue, einzuarbeitende Kollegen fest.
5. Bis jetzt haben Sie schon eine Menge Klassenarbeiten geschrieben. Wahrscheinlich waren Sie auch schon bei der Zwischenprüfung. Aber auch die Abschlussprüfung rückt immer näher. Damit sie erfolgreich wird, sollten Sie versuchen, alle eventuellen Lernschwierigkeiten auszuschließen. Betrachten Sie die unten stehende Mindmap über Lernprobleme:

   a) Überprüfen Sie, ob eine der vorgestellten Lernschwierigkeiten auf Sie zutrifft.
   b) Überlegen Sie, welche Ursache diese Lernschwierigkeiten bei Ihnen gehabt haben können.
   c) Versuchen Sie eine mögliche Lösung zu finden.

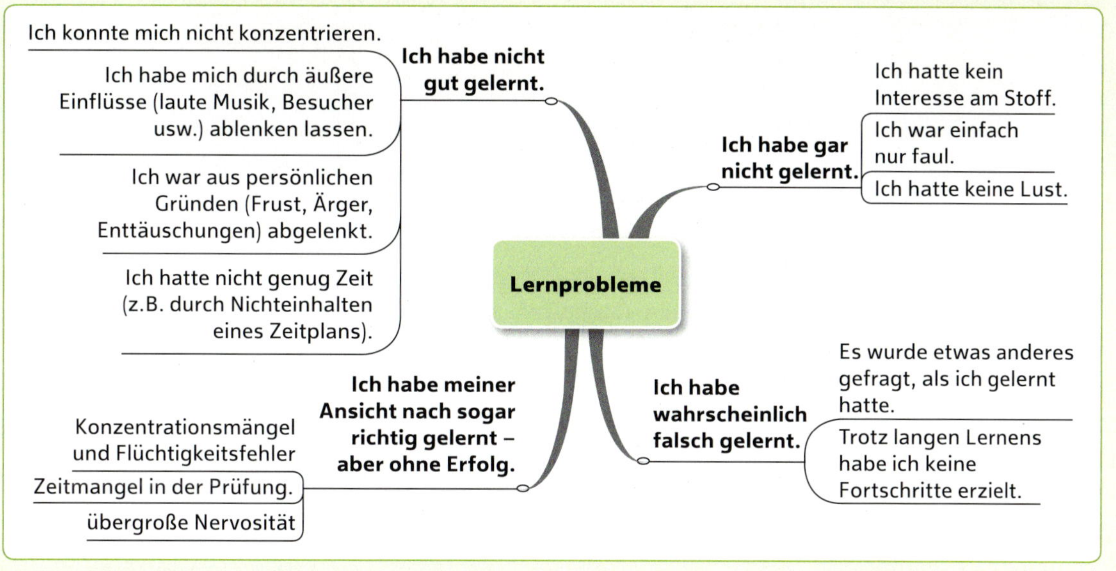

ZUSAMMENFASSUNG

In der Warenannahme

muss die gelieferte **Ware kontrolliert** werden, damit der Betrieb nicht das Recht zur Reklamation verliert.

sofort

d.h.
- auf der Stelle
- in Anwesenheit des Überbringers

unverzüglich

d.h. ohne schuldhafte Verzögerung

bei Beanstandungen

Tatbestandsaufnahme

über
- **Berechtigung der Lieferung**
- **Zustand der Verpackung**
- **richtige Menge**

Mängelrüge

über
Zustand der Ware

Die Warenannahme wird unterstützt durch:

EDV-gestützte Warenwirtschaftssysteme

- Bereitstellung von entscheidungsrelevanten Informationen im Vorfeld des Wareneingangs
- Datenerfassung nur der Abweichungen des Wareneingangs von den Bestellungen
- Auswertungen für den Wareneingangsbereich des Betriebs
- Bereitstellung von Informationen für andere Bereiche der Warenwirtschaft

KAPITEL 2

Wir informieren uns über die verschiedenen Arten von Mängeln im Geschäftsverkehr (Schlechtleistung)

Herr Otte, Leiter der Beschaffung in der Ambiente Warenhaus AG in Schönstadt, bestellt am 31. Mai bei der Preinl KG Sport- und Freizeitbekleidung in Altbach:

- 100 Stück Preinl Prestige, Jogginganzüge, Farbe Marine, Obermaterial Tactel-Polyamid, Polyester, Klimamembrane für absolute Wasserdichtheit, verstellbarer Beinabschluss, in der Taille Kordelzug und Klemmverschluss, Größe 44
- 50 Stück Preinl Prestige, Größe 38

Eine Woche später – am 7. Juni – trifft die bestellte Ware bei der Ambiente Warenhaus AG in Schönstadt ein. Beim Eingang der Anzüge werden bei der Überprüfung der Lieferung einige Mängel festgestellt. Daraufhin erhält Herr Otte von einem Mitarbeiter des Wareneingangs folgende schriftliche Mitteilung:

Wareneingang: 07.06.20..

Lieferer: Firma Preinl KG
Sport- und Freizeitbekleidung
Fabrikstr. 3 a
73776 Altbach

Fehlermeldung				
Ware	**Best.-Nr.**	**gelieferte Anzahl**	**fehlerhafte Anzahl**	**Beanstandung**
Jogginganzüge Preinl Prestige Größe 44	17649	99	3	1 Anzug wurde zu wenig geliefert. 1 Anzug weist unsaubere Nähte auf. 2 Anzüge haben Risse im Oberstoff.
Preinl Prestige Größe 38	17647	–	–	Es wurden 50 Anzüge Preinl Sierra geliefert.

geprüft: Schramm   Datum: 07.06.20..

Stellen Sie fest, worin sich die verschiedenen Beanstandungen an der Ware unterscheiden.

INFORMATION

Die Ware muss mit der Bestellung übereinstimmen und zum Zeitpunkt des Gefahrenübergangs am Erfüllungsort mängelfrei sein. Für sämtliche Fehler bis zum Zeitpunkt der Übergabe muss der Verkäufer haften – **unabhängig davon, ob ihn ein Verschulden trifft oder nicht**.

Der Verkäufer hat dem Käufer die Sache **frei von Sach- und Rechtsmängeln** zu übergeben und ihm das Eigentum daran zu verschaffen (§ 433 Abs. 1 Satz 2 BGB).

Arten der Mängel

1. Sachmängel (§ 434 BGB)

DEFINITION

Eine Sache ist mangelfrei, wenn sie zum **Zeitpunkt des Gefahrübergangs** (Übergabe) den **subjektiven und objektiven Anforderungen** und – soweit eine Montage durchzuführen ist – den **Montageanforderungen** entspricht.

Subjektiv ist alles, was im Kaufvertrag vereinbart wurde (§ 434 Abs. 2 BGB), **objektiv** ist das Übliche, das der Käufer nach Art der Sache erwarten kann.

22226866

Diese Definition des Sachmangels gilt für sämtliche Kaufverträge, also im B2C- als auch im B2B-Bereich.

Mängel an sich begründen aber noch keine Ansprüche gegenüber dem Verkäufer. Der Mangel an der Kaufsache muss vielmehr bei „Gefahrübergang" vorhanden gewesen sein, d.h. zu einem Zeitpunkt, noch bevor die Kaufsache an den Käufer übergeben wurde.

BEISPIEL[1]

Familie Kiehn kauft einen neuen wanddekorativen Spiegel, skandinavisches Design mit schwarzem Metallrahmen. Beim Einpacken auf dem Parkplatz streift Herr Kiehn mit dem Rahmen einen Stützpfeiler, was eine 5 cm lange Schramme am Rahmen hinterließ. In diesem Moment ist der Spiegel mangelhaft. Er wurde Familie Kiehn aber bereits übergeben und die Gefahr, dass ein Mangel auftritt, ging auf die Familie über. War der Spiegel allerdings bereits vor dem Kauf beschädigt, dann lag der Mangel bei Gefahrübergang schon vor.

Für die Mangelfreiheit der Kaufsache reicht es nicht aus, wenn die Sache nur einer von den Vertragsparteien vereinbarten Beschaffenheit entspricht. Sie muss stets so sein wie vereinbart **und** wie üblich.

Um mangelfrei zu sein, muss die Kaufsache

- der individuellen Beschaffenheitsvereinbarung entsprechen (= **subjektive** Anforderungen)
- **UND**
- **objektiv** für die gewöhnliche (branchenübliche) Verwendung geeignet sein bzw. eine Beschaffenheit aufweisen, die für Sachen der gleichen Art üblich ist
- **UND**
- den **Montageanforderungen** genügen

Wurde bei Verbrauchsgüterkaufverträgen (B2C) zwischen Käufer und Verkäufer (individuell) **nichts ausdrücklich vereinbart**, dann ist der **Kaufgegenstand nicht mangelhaft**, wenn er den objektiven Anforderungen entspricht. Diesen entspricht die Sache, wenn

- sie sich für die gewöhnliche Verwendung eignet und
- eine Beschaffenheit aufweist, die bei Produkten der gleichen Art üblich ist und
- die der Käufer erwarten kann.
- Die Art der Sache und die öffentlichen Äußerungen des Verkäufers und anderen Gliedern der Vertragskette (z.B. Händler) zum Produkt, insbesondere in Form von Werbung oder auf dem Etikett, sollen berücksichtigt werden.
- Hat der Verkäufer eine Probe oder ein Muster bereitgestellt, so muss die Kaufsache diesem entsprechen, um den objektiven Anforderungen zu entsprechen.
- Den objektiven Anforderungen entspricht die Kaufsache zudem nur, wenn sie verpackt mit Zubehör, der Montage- oder Installationsanleitung und Bedienungsanleitung, die für die Nutzung des Produkts erforderlich sind, übergeben wird und dessen Erhalt der Käufer erwarten darf.

Eine Sache kann andererseits mangelhaft sein, obwohl sie die vertraglich vereinbarte Beschaffenheit hat und damit den subjektiven Anforderungen vollständig entspricht.

BEISPIEL

Ein Verbraucher kauft in einem Baumarkt ein Wandregalsystem zum Selbstaufbau. Das Regal weist die vereinbarte Beschaffenheit (Farbe, Größe, Material etc.) auf und wurde mit sämtlichem Zubehör und der entsprechenden Montageanleitung vom Verkäufer ordnungsgemäß übergeben.
Anschließend stellt sich heraus, dass die 2-reihigen Träger durch Anschrauben zwar mit den Regalböden verbunden werden können, diese dann aber nicht zuverlässig und stabil halten. Da dadurch die objektiven Anforderungen an das Wandregalsystem nicht erfüllt sind (dem Regal fehlt die Beschaffenheit, die bei Regalen derselben Art üblich ist und die der Käufer erwarten kann), liegt ein Sachmangel vor mit entsprechenden Gewährleistungsrechten des Käufers.

1 Wann Gefahrübergang vorliegt, ist mitunter unterschiedlich geregelt; das Beispiel dient lediglich zur Veranschaulichung.

Der Händler kann beim Verbrauchsgüterkauf zwar von den objektiven Anforderungen abweichen und mit dem Verbraucher wirksam vereinbaren, dass die Kaufsache vertragsgemäß sein soll, auch wenn sie eine schlechtere als die übliche Beschaffenheit aufweist (sogenannte **negative Beschaffenheitsvereinbarung**), also schlechter und somit objektiv mangelhaft sein soll. Dies ist z.B. denkbar bei sogenannter B-Ware: Ein Ausstellungsmöbel ist durch Sonneneinstrahlung ausgebleicht. Gegenüber Verbrauchern (B2C-Geschäft) ist dies vertraglich aber nur unter strengen Voraussetzungen möglich (§ 476 BGB).

Der Verkäufer muss daher unter Beachtung der gesetzlichen Bestimmungen den Verbraucher

- vor Vertragsschluss darüber informieren, dass ein bestimmtes Merkmal der Ware von den objektiven Anforderungen an die Kaufsache abweicht, und
- die Abweichung mit ihm **ausdrücklich und gesondert vereinbaren**, also in einem vom Kaufvertrag getrennten Dokument. Andernfalls haftet der Verkäufer für Sachmängel, selbst wenn das Produkt die vereinbarte Beschaffenheit aufweist.
  Ein allgemeiner Hinweis, wie beispielsweise in Formularverträgen oder AGB, ist nicht ausreichend. Es genügt auch nicht, die Abweichung nur als eine von mehreren Eigenschaften der Kaufsache in der Produktbeschreibung anzuführen (§ 476 Abs. 1 BGB).

Die Vertragsunterlagen müssen dann konsequenterweise derart abgefasst werden, dass dem Verbraucher bei Abgabe seiner Vertragserklärung bewusst wird, dass er ein Produkt erwirbt, das von den objektiven (branchenüblichen) Anforderungen an die Vertragsgemäßheit abweicht oder abweichen kann. Zusätzlich muss das **im Kaufvertrag hervorgehoben wiederholt** werden.

Im Onlinehandel könnte eine Tick-Box oder eine Schaltfläche ausreichen, die der Verbraucher anklicken oder auf andere Weise bestätigen kann. Es reicht daher nicht aus, ein schon vorangekreuztes Kästchen vorzusehen, das der Verbraucher deaktivieren kann; ein nicht vorangekreuztes Kästchen ist andererseits aber statthaft. Dem Verbraucher muss letztlich immer sehr deutlich bewusst gemacht werden, dass beim Kauf dieser Kaufsache etwas Besonderes gelten soll.

Diese besonderen Form- und Wirksamkeitsvoraussetzungen gelten nur für Verbrauchsgüterkaufverträge (B2C). Außerhalb des Anwendungsbereichs des Verbrauchsgüterkaufs müssen die Vertragspartner diese strengen Formvorschriften nicht einhalten. Unter Unternehmern (B2B) und unter Privatleuten (C2C) können insofern wirksame anderweitige Vereinbarungen getroffen werden.

In den folgenden beispielhaften Fällen handelt es sich jeweils um subjektive oder objektive Sachmängel:

1.1 Ware entspricht nicht der Beschaffenheit

Die **tatsächliche** Beschaffenheit (Zustand der Sache) weicht von der **vereinbarten** bzw. üblichen Beschaffenheit ab.

BEISPIELE

- Die Ambiente Warenhaus AG bestellt für die eigene Verwaltung bei ihrem Lieferer fünf neue Drucker. Zugesagt wurde, dass die Geräte eine Druckleistung von 26 Seiten (s/w) pro Minute haben werden. Es stellt sich jedoch heraus, dass die tatsächliche Leistung nur 20 Seiten pro Minute beträgt.
- Eine Uhr zeigt nicht präzise die Zeit an.
- Ein Regenschirm ist nicht wasserdicht.
- Ein Geländewagen ist nicht tauglich für schweres Gelände.

Bringt ein Käufer im Verkaufsgespräch seine Vorstellungen mit ein, so können sie zur vertragsgemäßen Beschaffenheit werden.

BEISPIELE

- Die Ware soll genau der Probe oder einer vorherigen Lieferung entsprechen.
- Die gekaufte Tapete soll wasserfest sein.
- Fliesen werden vom Kunden für den Außenbereich verlangt, sind aber nicht frostsicher.

22226868

Wurde im Kaufvertrag **keine Beschaffenheit vereinbart**, dann ist die Sache frei von Mängeln, wenn sie den objektiven Anforderungen entspricht, d.h. wenn sie sich u.a. für die gewöhnliche Verwendung eignet, die nach dem Vertrag vorausgesetzt ist (= Eignung für die **gewöhnliche** Verwendung).

BEISPIELE

- Die Textilgroßhandlung A. Tang e. Kfm. verkauft Sporttrikots mit leichten Verfärbungen am unteren Saum **unter Hinweis auf diesen Mangel** (negative Beschaffenheitsvereinbarung) mit einem Preisnachlass an einen Kunden. Die besonderen Form- und Wirksamkeitsvoraussetzungen wurden dabei beachtet. In diesem Fall liegt **kein Sachmangel** vor und dem Kunden stehen keine weiteren Rechte zu.

Zur üblichen Beschaffenheit einer Kaufsache gehören die Art, Menge (Zuweniglieferung), Qualität, Funktionalität, Kompatibilität, Interoperabilität und sonstige Merkmale der Kaufsache wie etwa die Sicherheit und die Haltbarkeit. Bezogen auf die Haltbarkeit bedeutet das allerdings nicht, dass der Händler eine bestimmte Haltbarkeit der Kaufsache für eine bestimmte Dauer garantieren muss. Die Kaufsache muss zum Zeitpunkt des Gefahrübergangs lediglich die Fähigkeit besitzen, ihre erforderlichen Funktionen bzw. Leistungen bei normaler Verwendung zu behalten.

1.2 Ware entspricht nicht der Werbeaussage

Der Ware fehlen Eigenschaften, die der Käufer **aufgrund von Werbeaussagen** erwarten kann (objektive Anforderung).

Äußerungen in der Werbung, die beim Kunden entsprechende Erwartungen wecken, binden das werbende Unternehmen.

Es gilt der schlichte Grundsatz: Was man verspricht, muss man halten. Eine Werbeaussage, die nicht erfüllt werden kann, ist demzufolge nicht nur irreführend (im Sinne von § 3 UWG), sondern löst beim Kunden unmittelbar Ansprüche wegen eines Sachmangels aus.

BEISPIELE

- Ein Hersteller von Markenpullovern wirbt für seine Waren mit „hautfreundlich, weil schadstoffgeprüft“ entsprechend den Maßstäben des „Ökotex Standard 100“, obwohl sich seine Textilien nicht von den übrigen, nicht zertifizierten Produkten am Markt unterscheiden. In diesem Fall haben die Pullover einen Mangel, obwohl sie ansonsten der Produktbeschreibung entsprechen und qualitativ einwandfrei sind.
- „Auf dieser CD-ROM finden Sie die gesamte Rechtsprechung des Bundesfinanzhofs ab 1985!“ Das ist eine konkrete Aussage, die voll nachprüfbar ist. Stellt sich heraus, dass dies nicht stimmt, stehen dem Kunden die Rechte aufgrund mangelhafter Lieferung zu.

Ein Mangel, der in der Werbung begründet liegt, betrifft nur realistisch vorstellbare Eigenschaften. Wenn beispielsweise ein Getränkehersteller verspricht, dass der Genuss des Energy Drinks „Flügel verleiht“ und dies nicht eintrifft, ist das Produkt nicht mangelhaft.

1.3 Die Kennzeichnung auf der Verpackung oder auf der Ware selbst weicht von den tatsächlich vorhandenen Eigenschaften ab

BEISPIEL

Der Lachs in einem Supermarkt ist wie folgt gekennzeichnet: „Original Kanadischer Lachs“. Später stellt sich heraus, dass der Lachs aus heimischer Zucht stammt.

Im Beispiel liegt ein Sachmangel vor, da im Rahmen der objektiven Anforderungen an eine mangelfreie Sache hier die Beschaffenheit der Ware (= Art und Qualität des Fisches), die der Käufer erwarten kann, durch die falsche Etikettierung nicht vorliegt.

1.4 Montagefehler des Verkäufers

Ein Sachmangel liegt auch bei **unsachgemäßer Montage** durch den Verkäufer oder seinen Monteuren vor, selbst wenn die Kaufsache ursprünglich mangelfrei war (**Montagefehler = Sachmangel**).

Voraussetzung ist allerdings, dass der Verkäufer zur Montage verpflichtet war.

BEISPIEL

- Die angelieferte vollautomatische Hebebühne für das Lager der Ambiente Warenhaus AG wird infolge fehlerhaften Anschlusses durch den Verkäufer beschädigt, sodass die Sicherheitsbeleuchtung dieser Anlage nicht mehr funktioniert.
  Eine zunächst mangelfrei gelieferte Ware ist dadurch mangelhaft geworden, dass der Verkäufer sie unsachgemäß montiert bzw. beim Käufer aufgestellt hat.

Erfasst werden auch alle Fälle, in denen **allein die Montage selbst fehlerhaft** ist, ohne dass dies zu einer Beeinträchtigung der Beschaffenheit der verkauften Sache führt. Denn eine Sache ist u. a. nur dann frei von Sachmängeln, wenn sie bei Gefahrübergang nicht nur den subjektiven und objektiven Anforderungen entspricht, sondern auch den berechtigten Erwartungen an die Montage durch den Verkäufer (oder die Montageanleitung).

BEISPIEL

Arbeiter der Tischlerei Melchers stellen in den Schauräumen der Ambiente Warenhaus AG mehrere neue Regalwände auf, wobei allerdings zwei durch die Handwerker schief montiert werden. Obwohl diese zwei Regalwände frei von Mängeln sind und ohne Beeinträchtigung ihrer Beschaffenheit vom Händler genutzt werden können, liegt durch die fehlerhafte Montage ein Mangel vor.

1.5 Fehlende oder fehlerhafte Montageanleitung

Eine **fehlende** oder **fehlerhafte Montageanleitung** führt dazu, dass eine verkaufte Sache nicht fehlerfrei montiert werden kann.

BEISPIEL

Ein Mitarbeiter eines Möbelhauses händigt zusammen mit der Lieferung eines Eckschreibtisches lediglich das notwendige Zubehör zum Aufstellen des Tisches aus. Dadurch konnte der Schreibtisch vom Käufer nicht ordnungsgemäß aufgebaut werden.

Im Gesetz wird explizit verlangt, dass die Montageanleitung vorliegen und übergeben werden muss. Geschieht dies nicht, liegt ein Sachmangel vor, da zumindest die objektiven Anforderungen, die an eine mangelfreie Sache gestellt werden, nicht vollständig erfüllt sind. Das Gleiche gilt für fehlerhafte oder nur schwer verständliche Anleitungen (sog. IKEA-Klausel[1]).

Software muss auf Deutsch erklärt werden

Frage von K. Bodenstein aus Erfurt: *Ich habe mir gerade einen Flugsimulator auf CD-ROM gekauft, laut Packung eine „erweiterte deutsche Version". Trotzdem fehlt eine deutsche Bedienungsanleitung. Kann ich die Software nun zurückgeben?*

Antwort: Wenn die deutsche Anleitung nicht nachgereicht wird: Ja. Erklärungsbedürftige Produkte müssen grundsätzlich durch Gebrauchsanleitungen erläutert werden.

Das gilt auch für Computer und Software. Das Oberlandesgericht Köln (Az. 19 U 205/96) hat das Aushändigen einer schriftlichen Bedienungsanleitung beim Kauf von Hard- und Software als „Hauptpflicht" des Verkäufers bezeichnet und sich dabei auf die gleichlautende Rechtsprechung des Bundesgerichtshofs berufen. Wird ein Programm auf CD-ROM verkauft, kann die Anleitung statt in einem Handbuch sicher ebenso auf CD-ROM mitgeliefert werden. Fehlen darf die Erläuterung aber nicht. Sonst darf die Software reklamiert werden.

Sie müssen dem Händler aber zunächst die Möglichkeit geben, nachzubessern. Das heißt, dass Sie ihm anbieten müssen, eine verständliche Bedienungsanleitung in deutscher Sprache nachzureichen. Erst wenn er Ihnen das verweigert, dürfen Sie das Spiel zurückgeben.

1.6 Falsch- und Minderlieferungen

Sachmängel liegen auch vor bei **Falschlieferungen** (= Artmangel) und **Minder- oder Zuweniglieferungen** (= Quantitätsmangel).

BEISPIEL

Beispiele für Falschlieferungen:

- Beim Gattungskauf wird eine andere Gattung geliefert:
  - Der gelieferte Gegenstand weicht erheblich von der Bestellung ab, z. B. anstatt des Sony DVD-Players XP60 wird der Akai Power GT geliefert.
  - Die Lieferung entspricht nicht genau der vereinbarten Kaufsache, z. B. wenn anstatt der vereinbarten Dosenmilch light mit 4 % Fettgehalt 15 %ige Milch geliefert wird.
- Beim Stückkauf wird nicht das bestellte Stück geliefert.

1 Der Begriff „IKEA-Klausel" wird in diesem Zusammenhang nicht abwertend gegenüber dem Einzelhändler verwendet. Aber Ikea verkauft am häufigsten Möbel in Einzelteilen zusammen mit einer Aufbauanleitung, sodass der Begriff sich inzwischen so eingebürgert hat.

Eine **Minderlieferung** liegt nur vor, wenn die Lieferung vom Verkäufer als vollständige Erfüllung des Vertrags ausgeführt wurde. Andernfalls handelt es sich um eine bewusste Teilleistung. Ob eine Mindermenge vorliegt, richtet sich nach der Stückzahl sowie nach Maß und Gewicht.

BEISPIEL

Beispiele für Minder- oder Zuweniglieferungen:
- Eine Warensendung enthält weniger Stücke oder eine geringere Menge als die vereinbarte.
- Die Ware weist zu geringe Abmessungen auf, z. B. statt eines Lampendurchmessers von 35 cm wird einer mit nur 30 cm geliefert.

Nicht gesetzlich geregelt sind **Zuviellieferungen**. In derartigen Fällen sind die Grundsätze der ungerechtfertigten Bereicherung anzuwenden. Die Waren müssen demzufolge vom Käufer zurückgegeben werden. Der Verkäufer hat keinen Anspruch auf den Kaufpreis.

2. Sachmängel einer Sache mit digitalen Elementen[1]

2.1 Wesen

DEFINITION

Eine Sache mit digitalen Elementen ist eine Sache, die in einer solchen Weise digitale Inhalte oder digitale Dienstleistungen enthält oder mit ihnen verbunden ist, dass sie ihre Funktionen ohne diese digitalen Inhalte oder digitalen Dienstleistungen nicht erfüllen kann. (§ 475b Abs. 1 BGB)

Ist das digitale Element demnach entscheidend für die Funktionsfähigkeit des Produkts, dann ist es integraler Bestandteil der Kaufsache. Es muss sich dabei um eine Kaufsache mit **zusätzlichen** digitalen Elementen handeln und nicht etwa um zwei Kaufsachen, wobei eine Kaufsache ein **reines** digitales Produkt ist.

BEISPIELE

Smartwatch, smarter Fernseher, Smartphone inkl. Funktions-App, digitaler Sprachassistent, Stereoanlage, Heimcomputer und Laptop, digitale Haushaltsgeräte, Spielkonsole, Saugroboter etc.

Insofern gehören der smarte Kühlschrank, das Smartphone mit App-Game (das App-Game ist nicht das digitale Element der Kaufsache Smartphone, sondern ein völlig eigenständiger Gegenstand) oder ein Auto mit „smarten Steuerungselementen“ nicht zu den Sachen mit digitalen Elementen, weil sie auch ohne digitale Inhalte oder Dienstleistungen weiterhin funktionieren – im Gegensatz z. B. zu einem Navigationssystem, in dem Verkehrsdaten gespeichert sind und das ohne diese Daten funktionsunfähig wäre. Ähnlich wird es beim Auto der Zukunft sein, das Daten für das mehr oder weniger autonome Fahren von außen dauerhaft empfangen wird *(§ 475c BGB „Ware mit digitalen Elementen bei dauerhafter Bereitstellung der digitalen Elemente“)*.[2]

Eine Sache mit digitalen Elementen ist mangelfrei, wenn sie den folgenden Anforderungen entspricht (kumulativ):

subjektive Anforderungen **objektive Anforderungen**
Montageanforderungen **Installationsanforderungen**

2.2 Subjektive und objektive Anforderungen an eine mangelfreie Sache mit digitalen Elementen

Die Kaufsache mit digitalen Elementen ist frei von Sachmängeln, wenn sie bei Gefahrübergang den objektiven und subjektiven Anforderungen entspricht und *zusätzlich* während eines später definierten Zeitraumes die Aktualisierungspflicht gewahrt wird.
Bei Sachmängeln einer „Sache mit digitalen Elementen“ kommt es daher für das Vorliegen eines Sachmangels nicht nur auf den Zeitpunkt des Gefahrübergangs (Übergabezeitpunkt) an, sondern auf den der akuten Aktualisierungsnotwendigkeit.

1 Diese Sonderbestimmungen für Waren mit digitalen Elementen gelten nur im Verhältnis zu Verbrauchern, nicht im B2B-/C2C-Bereich. Unter Unternehmern und Verbrauchern bzw. Privatleuten entscheidet ausschließlich § 434 BGB, ob ein Sachmangel der Kaufsache vorliegt.

2 Entscheidendes Kriterium nach dem Wortlaut des Gesetzes ist, dass die Sache in solch einer Weise mit dem digitalen Element verbunden ist, dass ein Fehlen desselben zur Funktionslosigkeit führt. Eine Auflistung bestimmter Produkte enthält das Gesetz nicht. Die jeweilige Einordnung bleibt dann stets im Einzelfall weitgehend der Praxis überlassen.

Anforderungen an eine mangelfreie Sache mit digitalen Elementen

Subjektive Anforderungen	Objektive Anforderungen
• Anforderungen wie bei den übrigen Sachmängeln und *ergänzend*[1] • **Bereitstellung von Aktualisierungen (vertragliche Updates)** für die im Kaufvertrag vereinbarten digitalen Elemente durch den Verkäufer	• Anforderungen wie bei den übrigen Sachmängeln und *ergänzend*[1] • **Bereitstellung von Aktualisierungen (gesetzliche Updates)** – während eines Zeitraums, den der Verbraucher bei der jeweiligen Sache (vernünftigerweise) erwarten darf und – die für den Erhalt einer vertragsmäßigen Nutzung der Sache erforderlich sind. • Zudem muss der Verbraucher **über diese Aktualisierungen informiert** werden.[2]

2.3 Aktualisierungen (Update-Verpflichtung)

Vereinbaren Händler und Verbraucher die Zurverfügungstellung von Updates (vertragliche Updates) für eine gewisse Zeit, dann muss der Verkäufer für die vereinbarte Zeit die Updates auch zur Verfügung stellen.

Unabhängig davon, ob es Vereinbarungen zwischen Verkäufer und Verbraucher über die Zurverfügungstellung von Aktualisierungen gibt, sind Verkäufer grundsätzlich verpflichtet, für den Zeitraum der üblichen Nutzungs- und Verwendungsdauer des Produkts **Aktualisierungen bereitzustellen** und den Verbraucher **auf die anstehenden Aktualisierungen hinzuweisen** (gesetzliche Updates). Darunter sind Updates zu verstehen, die die Funktionsfähigkeit und die Sicherheit der Kaufsache gewährleisten, wie z. B. Sicherheitsupdates. Die Kaufsache soll über eine gewisse Zeit genauso sicher sein wie zum Zeitpunkt des Kaufs.

Diese gesetzliche Pflicht soll jedoch nicht die Bereitstellung von Verbesserungen der digitalen Elemente der Kaufsache umfassen (Upgrades), wie z. B. Funktionserweiterungen der Software eines smarten Fernsehers. Derartige Anpassungen an technische Entwicklungen der Kaufsache können Verkäufer und Verbraucher dann über den gesetzlichen Pflichtumfang hinaus im Kaufvertrag in Form einer vertraglichen Aktualisierungs- oder Update-Verpflichtung vereinbaren (vertragliche Updates).

Verkäufer und Verbraucher können die **gesetzliche Aktualisierungspflicht verkürzen oder ganz ausschließen**. Wie bei der (negativen) Beschaffenheitsvereinbarung ist dafür Voraussetzung, dass

- der Verbraucher vor Abgabe seiner Vertragserklärung eigens davon in Kenntnis gesetzt wurde, dass das bestimmte Merkmal der Kaufsache von den objektiven Anforderungen an die Kaufsache abweicht und
- dass dies im Kaufvertrag ausdrücklich und gesondert vereinbart wurde.

Dies bedeutet gleichzeitig, dass eine derartige Regelung nicht Bestandteil der AGB des Verkäufers sein kann. In dem Fall wäre der Ausschluss der gesetzlichen Aktualisierungspflicht grundsätzlich nicht wirksam.

Sowohl die Häufigkeit als auch die Dauer des Zeitraums, in dem der Händler Aktualisierungen bereitstellen muss, kann je nach Produkt unterschiedlich sein. Gesetzlich ist die Dauer der Aktualisierungspflicht nicht festgelegt. Hier kommt es auf die objektiv zu bestimmende und damit zu erwartende Verbrauchererwartung an.

Falls der Händler und der Verbraucher im Kaufvertrag vereinbaren, dass für einen genau bestimmten oder unbestimmten Zeitraum eine **dauerhafte Bereitstellung der digitalen Elemente** der Kaufsache erfolgen soll, stellt es einen Sachmangel dar, wenn dem Verbraucher die digitalen Elemente nicht während des

1 Die §§ 475b Abs. 2–4 und 475c BGB zu den Sachmängeln einer Sache mit digitalen Elementen ergänzen die Anforderung an die Mangelfreiheit aus dem § 434 Abs. 2 BGB „Sachmangel".

2 Nicht klar ist es, auf welche Weise Verkäufer den Verbraucher über die Bereitstellung von Aktualisierungen informieren muss, z. B. per E-Mail oder mittels eines Hinweises auf der eigenen Website oder lediglich auf der Website des Herstellers. Nicht geregelt ist zudem, wie und in welcher Form die Aktualisierungen den Verbrauchern bereitgestellt werden müssen, z. B. per automatischem Remote-Update bei vernetzten Geräten des Internets der Dinge (Internet of Things), via E-Mail oder durch Zusendung von Datenträgern an die Lieferadresse des Verbrauchers.

22226872

gesamten Bereitstellungszeitraums zur Verfügung gestellt werden. Dabei beträgt der **Bereitstellungszeitraum mindestens zwei Jahre ab Ablieferung der Kaufsache** (§ 475c Abs. 3 BGB). Während des gesamten Bereitstellungszeitraums müssen dem Verbraucher auch die gesetzlichen Updates oder etwaigen vertraglichen Updates zur Verfügung gestellt werden.

BEISPIEL

Verkäufer *24 smart shop* und Verbraucherin *Melanie Grupe* vereinbaren beim Kauf eines Smartphones incl. Betriebssystem, dass *Melanie Grupe* für 36 Monate zur Speicherung ihrer Daten und Fotos einen kostenlosen Cloud-Speicher zur Verfügung gestellt bekommt. Als der Zugang zum Cloud-Speicher nach 18 Monaten unwiderruflich gesperrt wird, liegt ein Sachmangel vor und *Melanie Grupe* stehen die gesetzlichen Sachmängelrechte zu.

Hätte Melanie Grupe keine dauerhafte Bereitstellung von 36 Monaten mit *24 smart shop* vereinbart, sondern nur die Bereitstellung des Cloud-Speichers an sich, so müsste der Cloud-Speicher ab Ablieferung des Smartphones für mindestens zwei Jahre zur Verfügung gestellt werden.

2.4 Montage- und Installationsanforderungen

Eine Sache mit digitalen Elementen muss neben den **Montageanforderungen**, die identisch sind mit den Montageanforderungen beim Sachmangel (§ 434 Absatz 4 BGB), **zusätzlich** bestimmten **Installationsanforderungen** entsprechen (§ 475b Absatz 6 BGB).

Eine Sache mit digitalen Elementen entspricht den Installationsanforderungen, wenn die Installation

- der digitalen Elemente sachgemäß durchgeführt worden ist oder
- zwar unsachgemäß durchgeführt worden ist, dies jedoch weder auf einer unsachgemäßen Installation durch den Unternehmer, noch auf einen Mangel der Anleitung beruht, die der Unternehmer oder derjenige übergeben hat, der die digitalen Elemente bereitgestellt hat.

2.5 Installationsdurchführung

Der Verkäufer schuldet zwar gegenüber dem Käufer die Information über vorhandene Aktualisierungen und die Bereitstellung der Updates. Er kann diese aber auch durch einen Dritten bereitstellen, wie z.B. den Hersteller (in der Praxis üblich) oder seinen Lieferer. Die Kosten für die Aktualisierung trägt der Verkäufer.

Werden Aktualisierungen vom Verkäufer bzw. Hersteller nicht bereitgestellt und/oder wird der Verbraucher über diese Aktualisierungen nicht informiert, liegt ein Sachmangel vor. Denn die Kaufsache mit digitalen Elementen entspricht nicht den objektiven Anforderungen und ist (nachträglich) mangelhaft. Dadurch hat der Verbraucher die Möglichkeit, auf die Sachmängelrechte wie etwa das Recht auf Nacherfüllung oder – bei Vorliegen weiterer Voraussetzungen – Rücktritt zurückzugreifen.

Der Unternehmer haftet allerdings nicht für Mängel, wenn der Verbraucher das bereitgestellte Update nicht installiert hat. Diese **Haftungsfreistellung** stellt insofern eine Ausnahme vom Grundsatz der Unternehmerhaftung dar.

3. Rechtsmängel (§ 435 BGB)

DEFINITION

Ein **Rechtsmangel** liegt vor, wenn Dritte an der gelieferten Sache **Rechte** gegen den Käufer geltend machen können.

Ein typischer Rechtsmangel liegt beispielsweise vor, wenn der Verkäufer einer Sache nicht ihr Eigentümer ist, die Ware mit einem Pfandrecht belastet ist oder eine andere Person Nutzungsrechte gegen den Käufer geltend machen kann, von denen dieser bei Abschluss des Vertrags nichts wusste.

BEISPIELE

- Eine Textileinzelhandlung kann eine Kollektion von Damenkostümen wegen der Rechte des Designers nicht weiterverkaufen.
- Bei einer als Original verkauften Musik-CD handelt es sich um eine Raubkopie.

Im Fall von Rechtsmängeln stehen dem Käufer die gleichen Rechte zu wie bei Sachmängeln.

Mängel im Hinblick auf die Erkennbarkeit

Sachmängel im Hinblick auf die **Erkennbarkeit**

Versteckte (verdeckte) Mängel	Offene Mängel	Arglistig verschwiegene Mängel
sind trotz gewissenhafter Prüfung der Ware nicht gleich sichtbar, sondern zeigen sich erst später beim Gebrauch oder Verbrauch, z. B.: verdorbene Konserven, Materialfehler bei einem Auto, defekter USB-Stick.	sind bei der Prüfung der Ware sofort zu erkennen, z. B. eine beschädigte Tischoberfläche, überschrittenes Verfallsdatum, eingerissene Etiketten.	sind versteckte (verdeckte) Mängel, die der Verkäufer **absichtlich verheimlicht** hat, um sich einen Vorteil zu verschaffen (z. B. der Verkauf eines angeblich unfallfreien Pkw, obwohl es ein Unfallwagen ist).

Die Mängelrüge

Liegt ein **zweiseitiger Handelskauf** vor, so hat der Käufer die Pflicht, die gelieferte Ware **unverzüglich nach Ablieferung** zu prüfen und etwaige Mängel aufzunehmen.

Dabei sind die Verhältnisse des Käufers und die Art der Ware zu berücksichtigen, also z. B. ob es sich um einen Großbetrieb oder um ein kleines Handelsgewerbe handelt oder ob es um leicht verderbliche Ware geht, für die dann nur eine sehr kurze Untersuchungszeit besteht.Gegebenenfalls sind Stichproben zu entnehmen, deren Anzahl sich an der Menge und der Art der Ware orientiert; so genügt es, fünf von 2 400 Pilzdosen zu prüfen.

Für die Untersuchungsfrist lässt sich allgemein ein verbindlicher Zeitraum, innerhalb dessen spätestens zu untersuchen ist, nicht festlegen. Entscheidend sind die Umstände des Einzelfalls.

Wird allerdings bei der Übergabe ein Mangel festgestellt, so kann der Käufer die Annahme verweigern. Der Käufer muss einen nach der Übergabe festgestellten Mangel dem Verkäufer gegenüber eindeutig erklären, indem er eine **Mängelrüge** erteilt.

Die Mitteilung an den Verkäufer über die vorgefundenen Warenmängel ist grundsätzlich **formfrei** (mündlich, schriftlich). Ausnahmen können durch Vertrag oder durch Allgemeine Geschäftsbedingungen geregelt werden.

Die Mängelrüge muss so formuliert sein, dass der Verkäufer daraus genau Art und Umfang der Fehler entnehmen kann. Ein allgemein gehaltener Satz ist keine ordnungsmäßige Mängelanzeige.

BEISPIEL

Die Formulierung der Ambiente Warenhaus AG an den Lieferer Preinl KG *„Sie haben uns nicht nur zu wenig Jogginganzüge, sondern auch gleich in mehrfacher Hinsicht falsche und fehlerhafte Anzüge geliefert"*, ist keine ordnungsgemäße Mängelrüge.

Versucht der Käufer mehrfach erfolglos den Verkäufer telefonisch zu erreichen, muss er danach – unverzüglich – schriftlich rügen. Es genügt die **rechtzeitige Absendung** der Rüge durch ein zuverlässiges Beförderungsmittel. Verzögerungen bei der Übermittlung gehen zulasten des Verkäufers.

Die **Beweislast für den Zugang** und die Verlustgefahr liegen allerdings **beim Käufer.** Wegen der Beweissicherung empfiehlt es sich, schriftlich zu reklamieren und die festgestellten Mängel so genau wie möglich zu beschreiben. Die Rüge kann auch durch Telefax oder E-Mail erfolgen. Die dabei einzuhaltende Reklamationsfrist ist u.a. abhängig von der Erkennbarkeit des Mangels.

Beim **einseitigen Handelskauf** ist der Kunde nicht zu einer unverzüglichen Mängelrüge verpflichtet.

Sollte für eine Reklamation der Kassenzettel nicht mehr vorhanden sein, so reicht an seiner Stelle schon die Kartenabrechnung (Kontoauszug), um Waren zu reklamieren. Ein Kassenbon und die Originalverpackung sind dafür nicht nötig. Ein Zeuge, der beim Kauf dabei war, ist bereits ausreichend. Für Forderungen, beanstandete Waren nur in der Originalverpackung zurückzugeben, gibt es keine Rechtsgrundlage.

Reklamationsfristen (Rügefristen)

Der Käufer muss bestimmte Reklamationsfristen einhalten. Sie sind beim einseitigen und beim zweiseitigen Handelskauf unterschiedlich.[1]

Art des Kaufs (Vertragspartner) / **Erteilung der Mängelanzeige bei**	**zweiseitiger Handelskauf:** Käufer und Verkäufer sind Kaufleute (für beide Seiten ist das Geschäft ein Handelsgeschäft).	**einseitiger Handelskauf** (bei beweglichen Gütern: **Verbrauchsgüterkauf**): Käufer handelt als Privatperson und Verkäufer als Unternehmer (nur für eine Seite ist das Geschäft ein Handelsgeschäft).
offenen Mängeln	**unverzüglich** (= ohne schuldhaftes Verzögern) **nach Erhalt und Entdeckung** des Schadens bei der Eingangsprüfung (§ 377 Abs. 1 HGB)	Keine unverzügliche Prüfung der gelieferten Ware nötig. Prüfung bei **neuen beweglichen Sachen:** innerhalb von **2 Jahren** nach Übergabe der Ware (gesetzliche Gewährleistungsfrist).[2]
versteckten (verdeckten) Mängeln	**Unverzüglich nach Entdeckung,** jedoch spätestens innerhalb der Gewährleistungsfrist von zwei Jahren (§ 377 Abs. 2 und 3 HGB).	Zeigt sich innerhalb von 12 Monaten ein Sachmangel, dann wird vermutet, dass die Ware bereits bei Lieferung mangelhaft war und daher vom Verkäufer verschuldet wurde. Bei **gebrauchten beweglichen Sachen** kann der Verkäufer beim Vertragsschluss die Gewährleistung **auf ein Jahr verkürzen**.
arglistig verschwiegenen Mängeln	Innerhalb von 3 Jahren, beginnend am 1. Januar des Jahres nach der Entdeckung (§ 195 BGB)	

Die zweijährige Rügefrist beim **Verbrauchsgüterkauf** beginnt bei einer Reklamation erneut zu laufen. Voraussetzung ist allerdings, dass auch der Händler von einem Mangel ausgeht und sich nicht nur aus Kulanz auf die Reklamation eingelassen hat. Andere Regeln gelten, wenn der Verbraucher eine Garantie[1] in Anspruch genommen hat. Dann beginnt die Frist nur von vorne, wenn ein neuer Garantiezettel ausgestellt wurde.

Bei der Vorschrift der **unverzüglichen** Untersuchung sind beim zweiseitigen Handelskauf allerdings die Verhältnisse des Käufers und die Art der Ware zu berücksichtigen.

BEISPIEL

- Bei der Lieferung von leicht verderblicher Ware, wie z. B. Obst, sollte die Prüfung innerhalb weniger Stunden erfolgen.
- Bei bestellten Festplatten, die kurz vor Geschäftsschluss am Sonnabend abgeliefert werden, ist die Prüfung am Montag ausreichend.

Kommt beim **zweiseitigen Handelskauf** ein Käufer seiner Reklamationspflicht nicht fristgerecht nach, verliert er seine Rechte aus der mangelhaften Lieferung. Die Ware gilt dann als genehmigt, es sei denn, es handelt sich um einen „nicht erkennbaren" Mangel.

BEISPIEL

Die Ambiente Warenhaus AG verkauft die mangelfrei erscheinenden Jogginganzüge der Preinl KG innerhalb von drei Wochen nach der Lieferung. Vierzehn Tage später beschweren sich zwei Kunden und reklamieren, dass sie in ihren Jogginganzügen nass geworden sind. Der Einkaufsleiter, Herr Otte, meldet den versteckten Mangel bei der Preinl KG versehentlich erst 7 Monate nach der Lieferung. Er hat nun kein Recht mehr auf Rückgabe der Ware. Die Ambiente Warenhaus AG muss die mangelhaften Sportanzüge bezahlen.

Durch Schweigen verliert also der Käufer seine Gewährleistungsansprüche. Das gilt sogar, wenn der Verkäufer ihm eine andere als die vereinbarte Ware geliefert hat.

Die Vorschrift soll dazu beitragen, Handelsgeschäfte zügig abzuwickeln. Der Verkäufer soll voraussehen und berechnen können, was im Geschäftsverkehr mit anderen Unternehmen auf ihn zukommt.

1 Für Verbrauchsgüterkäufe gilt gemäß § 476 BGB eine Sonderregelung; siehe Ausführungen Seite 333 ff.

2 Sollte ein Mangel innerhalb der gesetzlichen Verjährungsfrist auftreten, dann tritt die Verjährung allerdings **nicht vor Ablauf von zwei Monaten** nach Auftreten des Mangels ein.

Aufbewahrungspflicht beim zweiseitigen Handelskauf

- Der Käufer ist beim **Distanzkauf** (Käufer und Verkäufer wohnen an unterschiedlichen Orten) dazu verpflichtet, die mangelhafte Ware – auf Kosten des Verkäufers – selbst aufzubewahren bzw. die Einlagerung bei einem Dritten zu veranlassen, bis ihm der Verkäufer mitteilt, wie er weiterhin mit ihr verfahren will (§ 379 HGB).
- Beim **Platzkauf** (Käufer und Verkäufer wohnen am selben Ort) kann der Käufer die Annahme der mangelhaften Ware verweigern bzw. die beanstandete **Ware sofort zurückschicken**.
- Bei **verderblicher Ware** hat der Käufer das Recht, die mangelhafte Ware öffentlich zu versteigern oder, falls sie einen Markt- oder Börsenpreis hat, durch einen öffentlich ermächtigten Handelsmakler verkaufen zu lassen (= **Notverkauf;** § 379 HGB).

AUFGABEN

1. Frau Neumeier erhält am 15. Aug. die von ihr beim Schreiner Fehring bestellte Schrankwand, speziell nach den Maßen ihres Schlafzimmers angefertigt. Als ein Geselle das Möbelstück aufstellt, stellt er fest, dass die Schrankwand 7 cm zu kurz ist und der dazugehörige Einbauspiegel leicht zerkratzt ist.
   Wann muss Frau Neumeier reklamieren, damit sie ihre gesetzlichen Gewährleistungsrechte nicht verliert?
2. Wann muss ein Einzelhändler beim Auspacken festgestellte offene Mängel beim Lieferer beanstanden?
3. Was geschieht mit mangelhafter Ware?
4. Der Elektroeinzelhändler Sonnemann, Braunstraße 14, 27749 Delmenhorst, erhält am 15. Dez. von der Fernsehgerätefabrik Globus, Braunschweiger Straße 178, 31061 Alfeld/Leine, acht von ihm bestellte Farbfernsehgeräte. Bei der unverzüglichen Prüfung der Warensendung stellt ein Mitarbeiter fest, dass drei der Geräte kleine Kratzer am Gehäuse aufweisen und ein Gerät funktionsunfähig ist.
   Schreiben Sie an Globus. Machen Sie in dieser Mängelrüge Ihre Ansprüche geltend.
5. Wie werden Sachmängel und Rechtsmängel unterschiedlich behandelt?
6. Was versteht man unter der „IKEA-Klausel“?
7. Erläutern Sie schlüssig, wann eine Kaufsache frei von Sachmängeln ist.
8. Erklären Sie den Mangelbegriff. Unterscheiden Sie dabei zwischen subjektiven und objektiven Anforderungen an eine mangelfreie Kaufsache.
9. Wann liegt ein Sachmangel vor?
10. Unter welcher Voraussetzung ist eine negative Beschaffenheitsvereinbarung rechtswirksam?
11. Welche der folgenden Aussagen treffen nicht auf eine Sache mit digitalen Elementen zu? Begründen Sie Ihre Antworten.
    a) Eine Sache mit digitalen Elementen ist mangelfrei, wenn sie den vertraglichen Anforderungen entspricht.
    b) Die subjektiven Anforderungen an mangelfreie Sachen mit digitalen Elementen umfassen die Bereitstellung von Aktualisierungen.
    c) Eine Sache mit digitalen Elementen muss neben den Montageanforderungen zusätzlich bestimmten Installationsanforderungen entsprechen.
    d) Ein digitales Produkt funktioniert ohne das digitale Element nicht.
    e) Bei einer dauerhaften Bereitstellung der digitalen Elemente der Kaufsache beträgt der Bereitstellungszeitraum mindestens zwei Jahre ab der ersten Aktualisierung.
    f) Die Bestimmungen für Waren mit digitalen Elementen sind nur bei B2B anzuwenden.
    g) Aktualisierungen (Updates) können sowohl vom Verkäufer selbst, seinen Lieferanten oder vom Hersteller durchgeführt werden.
    h) Verkäufer und Verbraucher können die gesetzliche Aktualisierungspflicht in keinem Fall verkürzen.
12. Im Rahmen einer Aktionswoche verkauft die Exclusiva GmbH 345 Stück eines Sportpullovers. Innerhalb der nächsten 10 Tage werden zwölf dieser Pullover wegen berechtigter Kundenbeanstandungen zurückgenommen.
    Ermitteln Sie die Anzahl der zurückgenommenen Pullover in Prozent.

13. Die Verkaufsabteilung eines großen Fachgeschäfts für Küchenmöbel aller Art hat zum Jahresende die folgende Statistik über gemeldete Sachmängel vorgelegt:

Mangelarten	Anzahl
Ware entsprach nicht der vereinbarten Beschaffenheit	27
Ware entsprach nicht der eigenen Werbeaussage	5
Mangel aufgrund unsachgemäßer Montage durch das eigene Dienstpersonal	14
Mangel aufgrund der selbst erstellten, aber fehlerhaften Montageanleitung	7

a) Berechnen Sie, wie viel Prozent die einzelnen Mängelarten an der Gesamtzahl der gemeldeten Mängel ausmachen.

b) Von den in der Tabelle aufgelisteten Beanstandungen waren, wie sich im Nachhinein herausstellte, insgesamt 11,32 % unbegründet (davon im Bereich der Beschaffenheitsmängel der Anzahl nach zwei). Wie viele Beanstandungen waren das?

c) Für das darauffolgende Jahr formulierte das Management in Zusammenarbeit mit der Fachabteilung die verbindliche Zielvereinbarung, die tatsächlich anerkannten Beschaffenheitsmängel um 40 % zu senken.

- Um wie viele Reklamationsfälle handelt es sich in der Zielvereinbarung?
- Wie hoch soll in der Zukunft aufgrund der Vereinbarung die Anzahl der Reklamationen, die nicht mehr überschritten werden darf, höchstens sein?
- Nach Ablauf des nachfolgenden Geschäftsjahres wurden bei den Mängeln im Bereich der Warenbeschaffenheit noch elf Vorfälle registriert.

Berechnen Sie, ob das vereinbarte Ziel in diesem Jahr erreicht wurde (begründen Sie Ihr Ergebnis) und wenn ja, um wie viel Prozent das tatsächliche Ergebnis der vorgefallenen Beschaffenheitsmängel unter dem der Zielvereinbarung gelegen hat.

AKTION

Sie sollen ein Referat über Sachmängel einschließlich Mängelrüge halten. Nutzen Sie dazu bitte die Informationen dieses Kapitels und des Internets.

a) Erstellen Sie eine Gliederung und formulieren Sie das Referat.

b) Organisieren und strukturieren Sie die Informationen, die Sie vermitteln möchten, so, dass Ihre Zuhörer möglichst gut folgen können. Benutzen Sie dazu die Strukturen und Organisationsprinzipien, die Sie in den zugrunde liegenden Texten vorfinden, orientieren Sie sich z. B. an Kapitelüberschriften.

c) Präsentieren Sie Ihre Arbeit mithilfe ausgewählter Medien. Benutzen Sie dabei unterstützend bildliche Darstellungen wie z. B. Diagramme, Tabellen, Symbole, Cartoons, Strukturdarstellungen usw.

ZUSAMMENFASSUNG

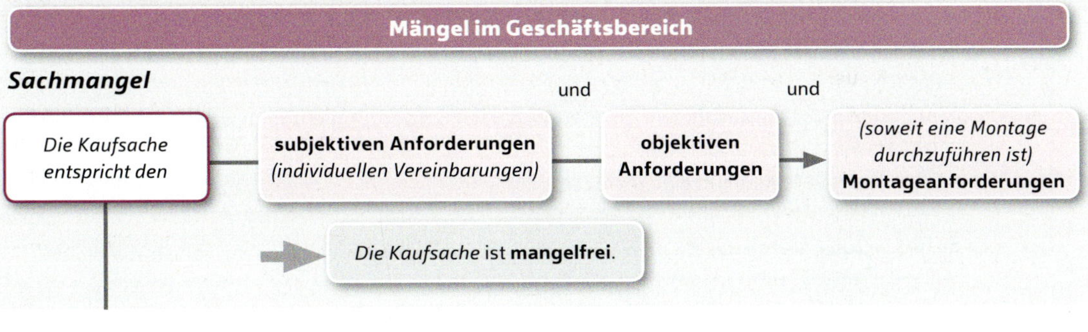

Alternative Möglichkeiten

subjektiven Anforderungen erfüllt und *objektiven Anforderungen:* **nicht** *vollständig erfüllt* und *(soweit eine Montage durchzuführen ist)* **Montageanforderungen**

→ *Mängelfreiheit liegt* **nicht** vor: *Die Kaufsache ist* **mangelhaft**.

individuellen Vereinbarungen: **nicht** *getroffen* und *objektiven Anforderungen: erfüllt* und *(soweit eine Montage durchzuführen ist)* **Montageanforderungen**

→ *Mängelfreiheit liegt vor: Die Kaufsache ist* **mangelhaft**.

Sachmangel einer Sache mit digitalen Elementen

Die Kaufsache entspricht den **subjektiven Anforderungen** *(individuellen Vereinbarungen)* und **objektiven Anforderungen** und *(soweit eine Montage durchzuführen ist)* **Montageanforderungen** und **Installationsanforderungen**

→ *Die Kaufsache* ist **mangelfrei**.

Sachmangel einer Sache mit digitalen Elementen

Die verkaufte Sache gehört nicht dem Verkäufer, sondern Dritte haben Rechte daran (z.B. Eigentumsrecht, Hypothek).

- *Verkäufer ist nicht Eigentümer.*
- *Die Sache ist nicht frei von Rechten Dritter (z.B. Pfandrecht).*
- *Fehlende Lizenz oder Nutzungsrechte*

Die Mängelrüge

- Ansprüche aus Gewährleistung (im Kaufvertrag) können geltend gemacht werden.
- Anzeige des Käufers an den Verkäufer, dass die gelieferte Ware einen Mangel aufweist.
- Die Mängelrüge beruht auf der kaufmännischen Untersuchungspflicht.
- – Ohne Mängelrüge ist der Mangel genehmigt (Käufer verliert Ansprüche aus Gewährleistung),
  – außer bei Mängeln und Abweichungen, die bei der Untersuchung nicht erkennbar waren.
- Die Mängelrüge muss im Nachhinein unverzüglich nach Entdeckung erhoben werden.
- Der Käufer muss die Mängelanzeige rechtzeitig absenden.
- Kein Ausschluss der Rechte des Käufers, wenn der Verkäufer den Mangel arglistig verschwiegen hat.

22226878

KAPITEL 3

Wir prüfen unsere Rechte als Käufer bei mangelhaft gelieferter Ware (Schlechtleistung) und leiten entsprechende Maßnahmen ein

Im Funktionsbereich Beschaffung überlegen Herr Otte und seine Mitarbeiterin Frau Struck, wie sie mit den von der Firma Preinl KG aus Altbach gelieferten mangelhaften Jogginganzügen am besten umgehen sollen (siehe Einstiegsfall zum vorherigen Kapitel).

Bisher hatte die Preinl KG immer pünktlich und mangelfreie Ware geliefert, sodass die Ambiente Warenhaus AG auch weiterhin an diesem bewährten Lieferer festhalten möchte.

Stellen Sie fest, welche Rechte die Ambiente Warenhaus AG aufgrund der mangelhaft gelieferten Ware in Anspruch nehmen kann bzw. sollte. Begründen Sie Ihre Meinung.

INFORMATION

Rechte des Käufers bei Lieferung mangelhafter Ware (§ 437 BGB)

Der Käufer kann bei Mängeln je nach Sach- und Interessenlage bestimmte Rechte in Anspruch nehmen.

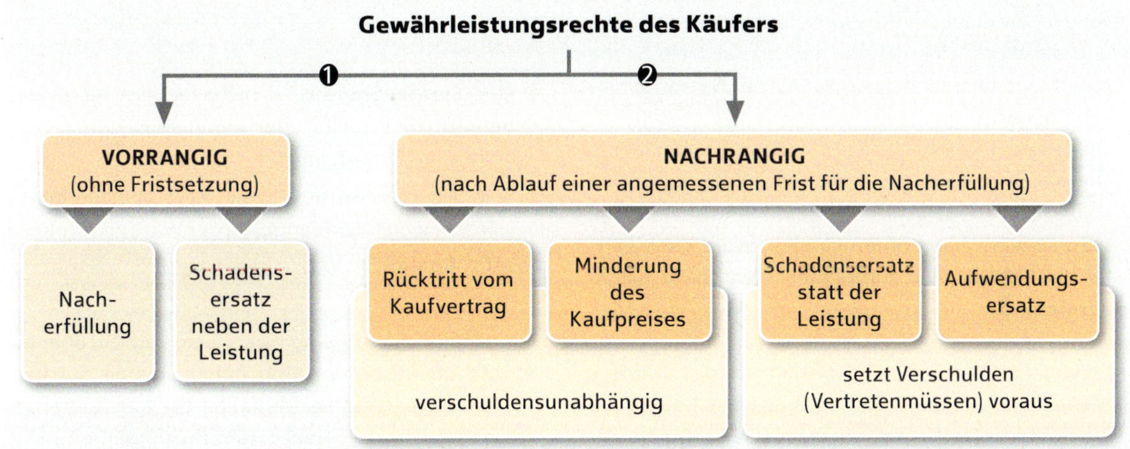

Hat der Käufer einen festgestellten und **behebbaren Mangel** rechtzeitig gemeldet und ist kein Ausschlussgrund ersichtlich, so hat er **vorrangig** einen **Anspruch auf Nacherfüllung,** den er geltend machen muss, bevor er auf die anderen Gewährleistungsrechte zurückgreifen kann (§ 439 BGB).

1. Vorrangige Rechte

1.1 Nacherfüllung (§§ 437 Abs. 1 und 439 BGB)
Der Käufer wird ausdrücklich dazu verpflichtet, die Kaufsache zum Zwecke der Nacherfüllung dem Verkäufer zur Verfügung zu stellen, also etwa zur Nachbesserung (Reparatur) an den Händler zu schicken bzw. dem Händler zu übergeben.

Der Verkäufer ist dazu verpflichtet, die im Rahmen der Nacherfüllung ersetzte Kaufsache auf seine Kosten zurückzunehmen. Diese Regelungen im Zusammenhang mit der Nacherfüllung gelten nicht nur für Verbrauchsgüterkaufverträge, sondern grundsätzlich für sämtliche Kaufverträge, also einschließlich im B2B und unter Privatleuten.

Bei Verbrauchsgüterkaufverträgen kann hiervon nicht zum Nachteil des Verbrauchers abgewichen werden.

Im Fall der Nacherfüllung hat der Käufer ein **Wahlrecht** zwischen

- **Beseitigung des Mangels (Nachbesserung)**
  und
- **Lieferung einer mangelfreien Sache (Ersatzlieferung).**

- **Beseitigung des Mangels** (Nachbesserung; Reparatur)
  Die Beseitigung des Mangels durch den Verkäufer[1], z. B. durch Reparatur, ist möglich, wenn an der Ware **keine erheblichen Mängel** festzustellen sind und die **Beseitigung** des Mangels für den Verkäufer **zumutbar** ist. Dies ist sowohl bei Gattungs- als auch bei Stückschuld möglich. Eine Nachbesserung gilt als fehlgeschlagen, wenn sich trotz der vom Verkäufer versuchten Nacherfüllung ein Mangel zeigt. Ist die Nachbesserung allerdings für den Käufer nicht zumutbar, darf er sofort das Unternehmen wechseln.

Mangelhafte Lieferung

Sehr geehrte Damen und Herren,

bei der Überprüfung der von Ihnen am 7. Juni gelieferten Ware mussten wir leider feststellen, dass Sie unsere Bestellung SL 28/12/53 vom 31. Mai nicht zufriedenstellend ausgeführt haben.

Anstelle von 50 Jogginganzügen Preinl Prestige, Gr. 38, Best.-Nr. 17 647
sandten Sie uns 50 Jogginganzüge Preinl Sierra, Gr. 38, Best.-Nr. 17 831.

Von den 99 gelieferten Jogginganzügen Preinl Prestige, Gr. 44 (Best.-Nr. 17 649), haben zwei Anzüge Risse im Oberstoff, sodass sie nicht mehr verwendet werden können.

Wir stellen Ihnen diese beschädigten Anzüge zur Verfügung, da sie auch mit einem Preisnachlass nicht mehr zu verkaufen sind. Für die 50 falsch gelieferten Sportanzüge bitten wir um sofortige Ersatzlieferung gemäß dem zwischen uns abgeschlossenen Kaufvertrag.

Ein weiterer Anzug weist unsaubere Nähte auf und ein Anzug wurde zu wenig geliefert. Auf eine Nachlieferung des fehlenden Anzugs wird verzichtet. Bezüglich des unsauber verarbeiteten Anzugs erwarten wir einen Preisnachlass von 20 %.

Wir hoffen auf baldige Lieferung.

Mit freundlichen Grüßen

Ambiente Warenhaus AG

- **Ersatz- bzw Neulieferung (Lieferung einer mangelfreien Sache)**
  Dieses Recht wird der Käufer in Anspruch nehmen, wenn er die mangelhafte Ware nicht verwenden kann und sie durch eine gleichartige mangelfreie Sache ersetzt werden kann. Dies ist nur bei **Gattungswaren**[2] möglich.
  Die **Ersatzlieferung** ist nicht zu verwechseln mit dem **Umtausch**, den ein Unternehmer aus **Kulanzgründen** seinen Kunden gewährt. Umtausch ist die freiwillige Verpflichtung eines Unternehmers, Ware ohne Fehler bei Nichtgefallen zurückzunehmen (siehe hierzu Lernfeld 10).

  Liefert der Verkäufer auf Verlangen des Käufers (neue) mangelfreie Ware, so muss der Käufer die mangelhafte Sache zurückgeben. Die Kosten für die Rücksendung einschließlich Verpackung muss der Verkäufer tragen. Verbrauchern dürfen keine Kosten entstehen. Deshalb muss der Verkäufer auch dann für die Ersatzlieferung aufkommen, wenn der Käufer die Ware ursprünglich selbst abgeholt hat. Darüber hinaus dürfen Händler vom Verbraucher bei einer späteren Neulieferung einer mangelfreien Ware **keinen Wertersatz für die Nutzung** des defekten Produkts verlangen.[3]

- **Nachbesserung oder Neulieferung?**
  - Ist eine der beiden vom Käufer gewählten Formen der **Nacherfüllung unmöglich,** dann kann er – soweit dies überhaupt noch möglich ist – den jeweils anderen Nacherfüllungsanspruch wählen.

BEISPIELE

- Eine **Ersatzlieferung** ist nicht möglich bei einer gebrauchten Sache oder einer Stückware, z. B. einer seltenen Briefmarke.
- Eine **Nachbesserung** kann nicht durchgeführt werden, wenn der Mangel an der Ware zum Totalverlust geführt hat.

  - Ist die Nacherfüllung zwar noch möglich, aber nur mit **unverhältnismäßig** hohen Kosten durchzuführen, so kann der Verkäufer die vom Käufer gewählte Form der **Nacherfüllung verweigern.**
    In diesem Fall muss der Käufer auf die andere Art der Nacherfüllung ausweichen, vorausgesetzt, sie ist nicht ebenfalls unmöglich oder unverhältnismäßig.

BEISPIEL

Durch das Auswechseln des zu schwachen Lüfters in einem Computer durch einen leistungsstärkeren kann der Mangel des **Funktionsausfalls durch Überhitzen** behoben werden. Eine vom Käufer verlangte Lieferung eines neuen PC kann der Verkäufer wegen damit verbundener unverhältnismäßiger Kosten verweigern.

1 Für Mängel haftet der Verkäufer. Was der Hersteller dazu sagt, braucht den Verbraucher (Käufer) nicht zu interessieren.
2 Vertretbare, d. h. mehrfach vorhandene Sachen, z. B. Bier, Reis, Zucker.
3 Dies hat der Gesetzgeber in § 475, Abs. 3 BGB nach einer Entscheidung des Europäischen Gerichtshofs klargestellt (EuGH, Urt. v. 07.04.2008 – Rs. C 404/06).

22226880

Kunden dürfen einen Kauf rückgängig machen, wenn die Ware Mängel hat und der Verkäufer sie nicht auf seine Kosten repariert oder Ersatz leistet. Dies ist allerdings nur möglich, wenn der **Fehler erheblich** ist. Faustregel: Betragen die Reparaturkosten mindestens 5 Prozent, darf der Kunde sein Geld zurückverlangen (BGH, Az. VIII ZR 94/13).

- Der Anspruch auf Nacherfüllung besteht auch bei **geringfügigen Mängeln**. Bei geringwertigen Sachen des Alltags, wie beschreibbaren CDs, Bürobedarf oder Taschenrechnern, wird in der Regel nur Ersatzlieferung infrage kommen. Nachbesserung wäre in diesen Fällen als unverhältnismäßig anzusehen, da eine Reparatur meist ein Mehrfaches des Neuwertes der Sache beträgt.
- Die im Zusammenhang mit der Nacherfüllung anfallenden Aufwendungen, insbesondere Transport-, Wege-, Arbeits- und Materialkosten, sind vom Verkäufer zu tragen. Die Kostenerstattung kann aber auf einen angemessenen Betrag begrenzt werden. Bei der Bemessung dieses Betrages sind der Wert der Ware in mangelfreiem Zustand und die Bedeutung des Mangels zu berücksichtigen.
  Zusammen mit der Nacherfüllung ist Schadensersatz **neben** der Leistung möglich (siehe Seite 85 f.).

- Der Nacherfüllungsanspruch des Käufers, insbesondere dessen Wahlrecht, kann beim Verbrauchsgüterkauf (B2C) nicht durch die AGB eingeschränkt werden.
  Gegenüber Geschäftsleuten (B2B) kann der Verkäufer allerdings im Vertrag die Klausel aufnehmen, dass er selbst die Wahl hat zwischen Mängelbeseitigung oder Neulieferung.
- Bei mangelhafter Nacherfüllung stehen dem Käufer die Gewährleistungsrechte weiterhin zu.

BEISPIELE FÜR NACHERFÜLLUNGSANSPRÜCHE

- Anstatt des vereinbarten Druckers KRA Laser Jet VI wird versehentlich der Monitor LV 234 R geliefert (Falschlieferung).
  Nacherfüllungsanspruch des Käufers:
  Lieferung des vertraglich vereinbarten Druckers. Der Monitor wird auf Kosten des Verkäufers zurückgeschickt.

- Die Ambiente Warenhaus AG hat 200 Tennisshirts der Marke TOUGH bestellt, vom Großhändler aber nur 193 Hemden erhalten (Zuweniglieferung).
  Nacherfüllungsanspruch der Ambiente Warenhaus AG:
  Nachlieferung der fehlenden sieben Sporthemden.

- Ein Sanitäreinzelhändler stellt bei 500 Fliesen der Marke „Elegantia" fest, dass 25 Stück geringfügige Farbabweichungen aufweisen.
  Nacherfüllungsanspruch des Einzelhändlers:
  Komplett neue Lieferung aus einer Serie (Ausnahmeregelung).

Fragen von Helen V. aus Bremen:

Frage:
„Sind Gewährleistung und Garantie nicht dasselbe?"

Antwort:
Nein. Garantien sind freiwillige Zusatzleistungen, meist vom Hersteller und nicht vom Händler. Oft enthalten sie das Versprechen, dass die Ware oder Einzelteile eine Zeit lang halten. Für eine Ware mit Garantie kann üblicherweise Reparatur oder Umtausch gefordert werden.

Frage:
„Kann ich zwischen Garantie und Gewährleistungsrechten wählen?"

Antwort:
Ja. Der Händler darf Sie bei einer Reklamation nicht abwimmeln und auf den Hersteller verweisen. Lassen Sie es sich schriftlich geben, wenn der Verkäufer von Gewährleistung nichts wissen will. Sie können dann ohne Frist vom Vertrag zurücktreten und Ihr Geld zurückverlangen.

1.2 Frist zur Nachbesserung

Der Verkäufer muss bei Verbrauchsgüterkaufverträgen die Nacherfüllung durchführen:

- innerhalb einer **angemessenen Frist** und
- ohne erhebliche Unannehmlichkeiten für den Verbraucher.

Das bedeutet u. a., dass der Verbraucher vom Händler die Nacherfüllung verlangen kann, ohne hierfür eine Frist anzugeben. Diese (fiktive) Frist beginnt mit der Mitteilung des Mangels durch den Verbraucher an den Verkäufer zu laufen. Nach Abwarten dieser angemessenen Zeit kann der Verbraucher dann unmittelbar den Rücktritt vom Kaufvertrag erklären.[1]

Was eine angemessene Frist ist, bestimmt sich nach den Umständen des Einzelfalls, also nach der Art der Kaufsache sowie dem Zweck, für den der Verbraucher die Sache benötigt.

Die Verpflichtung zur Fristsetzung entfällt in den folgenden Fällen:

- Der Händler hat die Nacherfüllung trotz Ablaufs einer angemessenen Frist, ab dem Zeitpunkt, zu dem der Verbraucher ihn über den Mangel unterrichtet hat, nicht vorgenommen

  oder
- Der Mangel ist nicht behebbar

  oder
- Der Verkäufer verweigert beide Arten der Nacherfüllung

  oder
- Die Nacherfüllung ist fehlgeschlagen

  oder
- Es liegt ein Fix- oder Zweckkauf vor

Frist unmittelbar auf die nachfolgend aufgeführten (nachrangigen) Rechte zurückgegriffen werden.

2. Nachrangige Rechte

2.1 Rücktritt vom Vertrag (§ 323 BGB)

Durch den Rücktritt vom Vertrag wird der Kaufvertrag rückabgewickelt. Nach dem Rücktritt sind die Vertragsparteien verpflichtet, die erhaltenen Leistungen zurückzugewähren:

- Die bereits gelieferte Ware wird zurückgeschickt und
- der schon gezahlte Kaufpreis muss zurückgezahlt werden.

Der Rücktritt erfolgt durch Erklärung des Käufers gegenüber dem Verkäufer (§ 349 BGB).

Für den **Rücktritt vom Vertrag** müssen die folgenden **Voraussetzungen** vorliegen:

- Die Sache muss mangelhaft sein.
- Der Verbraucher muss den Verkäufer über den Mangel informiert haben. (Eine Fristsetzung ist nicht erforderlich.)
- Die angemessene Frist zur Nacherfüllung muss erfolglos abgelaufen sein.
- Der Mangel muss **erheblich** sein.

1. Stufe — Ist die (vorrangige) **Nacherfüllung gescheitert,**

weil

die angemessene Frist zur Nacherfüllung abgelaufen ist — oder — sie fehlgeschlagen, unmöglich oder unverhältnismäßig ist

2. Stufe — hat der Käufer (nachrangig) Anspruch auf

Preisnachlass (Minderung) — oder — **Rücktritt vom Vertrag**

und/oder — **Schadensersatz** — und/oder

1 Solange das Wahlrecht des Verbrauchers hinsichtlich der Art der Nacherfüllung (Nachbesserung oder Ersatzlieferung) besteht, muss für den Beginn einer angemessenen Frist zusätzlich zur Mitteilung des Mangels gefordert werden, dass der Verbraucher den Verkäufer zur Nacherfüllung auffordert und dabei von seinem Wahlrecht Gebrauch macht.

22226882

Bei einem **geringfügigen Mangel** hat der Käufer demnach **keinen Anspruch auf Rücktritt**. Dann bleibt ihm allerdings noch der Anspruch auf Preisminderung.

Andererseits kann ein Käufer einen Kauf beim Vorliegen eines Mangels rückgängig machen, auch wenn der Mangel behebbar ist und der Verkäufer sie nicht auf seine Kosten repariert oder Ersatz leistet. Dies allerdings nur, wenn der Fehler erheblich ist.

Faustregel: Betragen die Reparaturkosten mindestens fünf Prozent, darf der Kunde sein Geld zurückverlangen (BGH, Az. VIII ZR 94/13).

Hat der Verkäufer die Nacherfüllung nach Ablauf der angemessenen Frist nicht vorgenommen, kann der Verbraucher sein Recht auf Rücktritt und Geltendmachung von Schadensersatz statt der ganzen Leistung wahrnehmen.

Die nach dem Rücktritt durch die Rückgabe der Ware entstehenden Kosten trägt der Verkäufer. Er muss dem Käufer den Kaufpreis bereits dann erstatten, sobald er vom Käufer den Nachweis über die Rücksendung erhält, z. B. die Kopie des Einlieferungsbelegs der Post oder eines anderen Transportunternehmens etc.

Diese Regelungen gelten nicht für B2B-Kaufverträge.

Sonderbestimmungen für den Rücktritt:
Der Käufer kann bei einem behebbaren Mangel in den folgenden Fällen **ohne Fristsetzung** vom Kaufvertrag zurücktreten:

- Der Verkäufer verweigert ernsthaft und endgültig die ordnungsgemäße Nacherfüllung.
- Der Verkäufer verweigert die Nacherfüllung wegen unverhätlnismäßig hoher Kosten.
- Die Nacherfüllung ist derart schwerwiegend, dass sie für den Käufer unzumutbar ist.
- Die Leistung wurde bei einem Fixgeschäft bzw. Zweckkauf nicht rechtzeitig erbracht und war nur an diesem Tagt für den Käufer von Interesse.
- Der Verkäufer hat die Nacherfüllung trotz Ablaufs einer angemessenen Frist, ab dem Zeitpunkt, zu dem der Verbraucher ihn über den Mangel unterrichtet hat, nicht vorgenommen. Die Frist muss vom Käufer zuvor nicht ausdrücklich gesetzt werden.
- Es zeigt sich trotz der vom Verkäufer versuchten Nacherfüllung ein Mangel.

BEISPIEL

Herr Meißner meldet dem Technikhaus Hoogestrat GmbH den Schaden an seiner digitalen Videokamera. Das Technikhaus behebt den Kameraschaden innerhalb von 10 Tagen. Drei Tage später ist die Kamera erneut defekt. Deshalb tauscht das Technikhaus das gesamte elektronische Modul gegen ein neues aus, das allerdings wiederum nur eine Woche hält. Daraufhin teilt Herr Meißner dem Technikhaus Hoogestrat mit, dass er vom Vertrag zurücktritt.

Den Rücktritt wird der Käufer dann wählen, wenn das Geschäft sich im Nachhinein als ungünstig herausstellt und er froh ist, davon loszukommen – beispielsweise wenn er anderswo günstiger einkaufen kann.

Neben dem Rücktritt hat der Geschädigte das Recht auf **Schadensersatz statt der Leistung** bzw. **Aufwendungsersatz**.

2.2 Minderung des Kaufpreises (§ 441 Abs. 1 BGB)
Ist die Nacherfüllung fehlgeschlagen oder wurde sie verweigert, kann der Käufer statt vom Vertrag zurückzutreten die Minderung des Kaufpreises verlangen.

BEISPIEL

Ein gekauftes Bluray-Gerät hat leichte Kratzer. Nachdem die angemessene Nachfrist für die Nacherfüllung abgelaufen ist, verlangt der Käufer Preisminderung.

Bei der Minderung bleibt – anders als beim Rücktritt – **der Kaufvertrag bestehen und wird zwischen den Vertragspartnern abgewickelt.**

Beim Recht auf Minderung hat der Käufer das Recht, den Kaufpreis entsprechend des vorhandenen Mangels zu reduzieren. Der Wert für die Minderung soll nicht an den Kosten einer Nachbesserung festgemacht werden. Deshalb bemisst sich die Minderung am Verhältnis von Kaufpreis zu tatsächlichem Preis der mangelhaften Ware, das notfalls auch durch einen sachverständigen Schätzer ermittelt werden kann (Minderungsformel gem. § 441 Abs. 3 BGB). Gesucht wird daher der neue Preis, also der **Preis nach der Minderung**:

$$\text{Neuer Preis} = \frac{\text{Wert der mangelhaften Ware}}{\text{Wert der mangelfreien Ware}} \cdot \text{Kaufpreis}$$

Zusätzlich kann der Käufer Schadensersatz **neben** der Leistung verlangen.

Falls der Käufer bereits mehr als den geminderten Kaufpreis bezahlt hat, hat er Anspruch auf Rückerstattung des zu viel gezahlten Betrags.

Auf Minderung (statt des Rücktritts) wird der Käufer bestehen, wenn er die mangelhafte Ware zwar behalten will (er kann die Ware trotz des Mangels wirtschaftlich verwerten), aber nur weniger dafür zu zahlen bereit ist.
Für das Recht des Käufers auf Minderung des Kaufpreises müssen die gleichen Voraussetzungen vorliegen wie für den Rücktritt vom Vertrag. Das bedeutet, dass der Käufer dem Verkäufer die Gelegenheit zur Nacherfüllung gewähren und die angemessene Nachfrist erfolglos abgelaufen sein muss.

Allerdings ist auch bei der Minderung zu unterscheiden, ob der Mangel behebbar oder nicht mehr behebbar ist. Im ersten Fall macht die Berücksichtigung der angemessenen Frist Sinn, da noch nacherfüllt werden kann, im zweiten Fall entfällt die Nacherfüllungsmöglichkeit. Daher kann der Käufer sofort mindern.

Darüber hinaus gilt:

- Minderung kann – anders als beim Rücktritt – vom Käufer auch bei **unerheblichem (geringfügigem)** Mangel verlangt werden.
- Der Käufer muss die Minderung dem Verkäufer ausdrücklich mitteilen.

Sobald sich der Käufer für den Rücktritt oder die Minderung entschieden hat, ist er an diese Entscheidung gebunden.

2.3 Schadensersatzanspruch

Liefert der Verkäufer **schuldhaft** die Ware nicht so wie vereinbart, dann hat er dem Käufer den dadurch **entstandenen Schaden zu ersetzen** (§ 280 Abs. 1 BGB).

Dieses Recht auf Schadensersatz kann der Käufer nur dann geltend machen, wenn folgende **Voraussetzungen** erfüllt sind:

- Der **Verkäufer** muss seine Pflicht aus dem Kaufvertrag **verletzt** haben.
- Durch die Pflichtverletzung muss ein Schaden entstanden sein.
- Der Verkäufer muss den Schaden verschuldet haben, wobei schon leichte Fahrlässigkeit ausreicht. Hat der Verkäufer eine Garantie übernommen [§ 276 BGB], so entfällt die Voraussetzung des Verschuldens.

Es lassen sich folgende Ansprüche des Käufers auf Ersatz des Schadens unterscheiden:

Schadensersatz neben der Leistung (kleiner [beschränkter] Schadensersatz)	**Schadensersatz statt der Leistung** (großer [unbeschränkter] Schadensersatz)
Beim kleinen Schadensersatz **akzeptiert** der Käufer die **mangelhaft gelieferte Ware** und behält sie. Er bekommt **zusätzlich** seinen durch die mangelhafte Lieferung entstandenen Schaden vom Verkäufer ersetzt ([nur] Verzögerungsschaden; § 281 Abs. 1 Satz 1 BGB). Dieser Anspruch des Käufers ist in der Regel auf Ersatz der Kosten gerichtet, die erforderlich sind, um den Mangel zu beseitigen. Dazu zählen z. B.: • Ersatz des reinen Minderwertes (entspricht im Ergebnis der Minderung) • Ersatz der Kosten für die Mangelbeseitigung • Ersatz der Vermögensschäden, die in unmittelbarem Zusammenhang mit der mangelhaften Sache stehen, z. B. Nutzungsausfall wegen des Mangels, entgangener Gewinn Den „kleinen" Schadensersatz wird der Käufer wählen, wenn er die Ware bei Gewährung einer Preisminderung und Kostenersatz behalten möchte. Schadensersatz neben der Leistung ist **zusammen mit der Nachbesserung bzw. der Neulieferung möglich, aber auch zusammen mit der Minderung des Kaufpreises.**	Es handelt sich um einen Schadensersatzanspruch, der **an die Stelle der ursprünglichen Leistung** tritt. Der **Käufer gibt die Ware zurück.** Der Verkäufer ersetzt den eigentlichen Mangelschaden und den Schaden, der durch die insgesamt ausgebliebene mangelfreie Warenlieferung entstanden ist (§ 281 Abs. 1 Satz 3 BGB). • Schadensersatz statt der Lieferung ist **zusammen mit dem Rücktritt vom Vertrag möglich.** • Dabei muss eine angemessene Frist zur Nacherfüllung abgelaufen sein. Fristbeginn ist der Zeitpunkt, zu dem der Verbraucher den Verkäufer über den Mangel unterrichtet hat. Die aktive Fristsetzung durch den Verbraucher ist nicht erforderlich. Die Fristsetzung würde ihm andererseits aber nicht schaden. • Den Verkäufer muss ein Verschulden treffen. Verschulden umfasst auch die einfache Fahrlässigkeit. • Der Schadensersatz statt der Leistung ist ausgeschlossen bei **geringfügigen** Mängeln.

22226884

BEISPIEL SCHADENSERSATZ STATT DER LEISTUNG

Eineinhalb Jahre nach dem Kauf eines teuren Wintermantels verlangt ein Kunde **Schadensersatz statt der Leistung**, weil er einen minimalen Webfehler entdeckt hat.
Hier wird der Schadensersatzanspruch scheitern, weil der Mangel unerheblich (geringfügig) ist.

Andererseits kann der Schadensersatzanspruch höher sein als der Kaufpreisanspruch. Dies ist z. B. der Fall, wenn der Einzelhändler die Ware nicht mehr liefern kann und der Käufer sie sich anderweitig beschaffen und mehr als den vereinbarten Kaufpreis bezahlen muss.

BEISPIELE ZU SCHADENSERSATZANSPRÜCHEN:

- Der Inhaber eines Geschäfts für Malereibedarf bestellt 100 Rollen abwaschbare Tapeten direkt beim Hersteller. Nach 14 Tagen ist der gesamte Tapetenvorrat verkauft. Kurz darauf reklamieren zwei langjährige Kunden die Ware: Weil der Hersteller die entsprechende Sonderbeschichtung vergessen hat, sind die Tapeten nicht abwaschbar. Die verärgerten Kunden teilen dem Malergeschäft mit, dass sie nie wieder bei ihm einkaufen werden. Für den so entstandenen Schaden (= entgangener Gewinn) muss der Tapetenhersteller haften.
- Ein Textileinzelhändler erhält von einem seiner Lieferer nur einen Teil der Sommerkollektion. Der Einzelhändler begnügt sich mit dieser Teillieferung. Die Ware kann zwar verkauft werden, aber es entsteht eine Umsatz- und Gewinneinbuße. Dieser Schaden muss vom Lieferer ersetzt werden („kleiner Schadensersatz").
- Der Einzelhändler könnte aber auch **die gesamte Lieferung zurückweisen**, weil er sich lieber bei einem anderen Lieferer vollständig eindecken möchte. Muss das Einzelhandelsunternehmen in diesem Fall einen höheren Preis entrichten, so besteht **Schadensersatz statt der Leistung** („großer Schadensersatz"). Dieser Anspruch steht dem Textileinzelhändler aber nur zu, wenn er an der Teillieferung kein Interesse mehr hat. Das könnte im vorliegenden Fall zutreffen, wenn eine Ersatzbeschaffung nur bei größeren Bestellungen möglich wäre oder die Führung von zwei verschiedenen Sortimenten für das Einzelhandelsunternehmen zu aufwendig wäre.

2.4 Ersatz vergeblicher Aufwendungen (§ 284 BGB)
Anstelle des Rechtes *Schadensersatz statt der Leistung* kann der Käufer (Gläubiger) **Ersatz der Aufwendungen** verlangen, die ihm im Zusammenhang mit der erwarteten mangelfreien Warenlieferung entstanden sind. Hierunter fallen auch die Vertragskosten.

BEISPIEL

Die Ambiente Warenhaus AG hat ein neuartiges Warenwirtschaftssystem gekauft und ihr Personal für die Bedienung ausbilden lassen. Zusätzlich hat das Unternehmen Umbaumaßnahmen ergriffen. Falls der Verkäufer nicht liefern kann, hat er die für die Ambiente Warenhaus AG entstandenen Aufwendungen zu tragen.

Verjährung von Mängelansprüchen und Beweislast[1] (Gewährleistungsfristen)

DEFINITION

Verjährung bedeutet, dass ein Gläubiger nach Ablauf einer gesetzlich festgelegten Frist seinen Anspruch nicht mehr gerichtlich durchsetzen kann.

Ziel der Verjährung ist die Rechtssicherheit. Der Gläubiger soll seine Ansprüche möglichst schnell in einer überschaubaren Zeit geltend machen, damit die Beweislage noch einigermaßen eindeutig feststellbar ist. Der Schuldner hingegen soll vor unzumutbaren Beweisforderungen nach längerer Zeit geschützt werden.

Nach Ablauf der Frist kann der Verkäufer mangelbedingte Ansprüche (Gewährleistungsansprüche) auf Nacherfüllung, Schadensersatz oder Aufwendungsersatz aus Kaufverträgen verweigern.

Bei Mängelansprüchen gibt es verschiedene Verjährungsfristen:

1 Weitere Ausführungen zu den Gewährleistungsfristen und zur Beweislastumkehr siehe LF 10, Kapitel 6.

1. Regelmäßige Verjährung

- Die **gesetzliche Verjährungsfrist für Mängelansprüche bei neuen beweglichen Sachen** (z. B. Auto, Computer, Maschinen, Sportgeräte, Spielzeug) beträgt grundsätzlich **2 Jahre ab Übergabe** der mangelhaften Ware an den Käufer (**Ablieferung**).
- Sollte ein Mangel innerhalb der gesetzlichen Verjährungsfrist auftreten, dann tritt die Verjährung allerdings **nicht vor Ablauf von zwei Monaten** nach Auftreten des Mangels ein. Damit soll sichergestellt werden, dass Verbraucher einen Mangel auch dann geltend machen können, wenn er erst zum Ende der Gewährleistungszeit auftritt.
  Tritt ein Mangel z. B. am letzten Tag der zweijährigen Gewährleistungsfrist auf, tritt die Verjährung der Gewährleistungsansprüche erst mit Ablauf von zwei weiteren Monaten ein. Verkäufer sollten daher eine Gewährleistungszeit von 26 Monaten einkalkulieren.

BEISPIEL

Herr Tam stellt wenige Tage vor Ablauf der gesetzlichen zweijährigen Verjährungsfrist einen Mangel an der Elektronik seiner neuen spiegellosen Systemkamera fest. Ihm bleibt jetzt nur noch wenig Zeit, diesen Mangel gegenüber dem Verkäufer, der Esegu Photographic, anzuzeigen und geltend zu machen, bevor die Verjährung seiner bestehenden Ansprüche eintritt. Die Esegu Photographic könnte versuchen, den Abwicklungsprozess zu verschleppen und dann die Einrede der Verjährung zu erheben. Nach dem neuen Kaufrecht hat Herr Tam jetzt aber noch zwei Monate Zeit, um seine Gewährleistungsansprüche gegen den Einzelhändler geltend zu machen.

Ähnliches gilt, wenn der Händler oder ein Dritter im Auftrag des Händlers die Kaufsache im Rahmen der Nacherfüllung oder zur Prüfung eines Garantiefalls bei sich untersucht:
Auch dann tritt die Verjährung der betreffenden Ansprüche nicht vor Ablauf von zwei Monaten ein, nachdem der Verbraucher die nachgebesserte (also reparierte) bzw. ersetzte Kaufsache erhalten hat.

- Bei einem Verkauf an einen Verbraucher kann die Verjährungsfrist von 2 Jahren weder ausgeschlossen noch verkürzt werden.
- Der Käufer muss bei der Inanspruchnahme seiner Rechte die Originalverpackung nicht vorweisen.

2. Verjährung bei Sachen mit digitalen Elementen

Hinsichtlich der Verjährung bei Kaufsachen mit digitalen Elementen geht es nur es um **Mängel der digitalen Elemente** selbst. Für Mängel der nicht-digitalen Elemente der Kaufsache gelten diese Regelungen nicht.

2.1 Bei einem Verbrauchsgüterkaufvertrag über eine **Kaufsache mit digitalen Elementen**, bei denen Händler und Verbraucher einen Bereitstellungszeitraum für die digitalen Elemente vereinbaren, gilt für die digitalen Elemente zwar grundsätzlich auch eine zweijährige Verjährungsfrist ab Ablieferung der Kaufsache. Wird allerdings ein Bereitstellungszeitraum von mehr als zwei Jahren vereinbart, beginnt die Verjährung in jedem Fall erst nach Ablauf dieses vereinbarten längeren Bereitstellungszeitraums. Die Verjährung führt daher nicht dazu, dass der Bereitstellungszeitraum vertragswidrig verkürzt wird.

2.2 Ähnliches gilt für die **Aktualisierungspflichten** bei Kaufsachen mit digitalen Elementen:
Ist der Händler verpflichtet, gesetzliche Updates oder vertragliche Updates für einen gewissen Aktualisierungszeitraum zur Verfügung zu stellen, so verjähren Ansprüche wegen der Verletzung der Aktualisierungspflichten mit dem Ablauf des Aktualisierungszeitraums. Andernfalls würde die Aktualisierungspflicht ins Leere laufen, weil die Händler sich nach zwei Jahren auf die Verjährung berufen könnten und dann keine Updates mehr bereitstellen müssten.

3. Besondere Verjährungsfristen

Anspruchsgrundlage	Gewährleistungsfristen
Der Mangel wurde vom Verkäufer arglistig verschwiegen	Regelmäßige Verjährungsfrist von **3 Jahren**; Beginn: am Ende des Jahres, in dem der Anspruch entstanden ist (der Mangel entdeckt wurde)
Es wurden mangelhafte Gegenstände für ein Bauwerk eingebaut, wie z. B. Fenster, Türrahmen oder Treppen	Regelmäßige Verjährungsfrist von **5 Jahren**; Fristbeginn: Übergabe/Abnahme der Sache
Die Person des Schuldners ist unbekannt	Es gilt die **Verjährungsfrist für Mängel**, sofern der Mangel nicht arglistig verschwiegen ist. Wenn die Kenntnis fehlt, dann gilt die **Maximalfrist von 10 Jahren** ab Fälligkeit des Anspruchs

22226886

4. Beweislastumkehr (§ 477 BGB)
Bei einem Mangel innerhalb der ersten **zwölf Monate**[1] ab Ablieferung wird zugunsten des Verbrauchers angenommen, dass die Sache bereits im Zeitpunkt der Übergabe mangelhaft war. Der Verkäufer muss nachweisen, dass die Ware bei Übergabe noch nicht mangelhaft war. Darunter fallen auch versteckte Mängel, die bereits vorhanden waren, vom Käufer jedoch erst später entdeckt wurden.

Nach Ablauf der zwölf Monate kehrt sich die Beweislast um: Bei auftretenden Mängeln muss nun der Verbraucher beweisen, dass der Mangel bereits bei Übergabe vorgelegen hat. Gelingt ihm das nicht, ist er bei der Forderung auf Reparatur oder Nachbesserung auf das Entgegenkommen des Verkäufers angewiesen.

Ähnliches gilt für Mängel bei „Sachen mit digitalen Elementen", bei denen die dauerhafte Bereitstellung der digitalen Elemente vereinbart worden ist. Für die Dauer der Bereitstellung, mindestens aber für einen Zeitraum von **zwei Jahren seit Gefahrübergang**, wird vermutet, dass die digitalen Elemente bereits während der bisherigen Dauer der Bereitstellung mangelhaft waren. Das heißt umgekehrt, dass der Verkäufer dafür sorgen muss, dass die in der Sache enthaltenen digitalen Elemente während des gesamten Bereitstellungszeitraums mangelfrei sind und bleiben.

BEISPIELE

Sachen, die integrierte und für einen bestimmten Zeitraum bereitgestellte Software-Anwendungen enthalten:
- Notebook
- Verkehrsdaten in einem Navigationssystem
- Cloud-Anbindung bei einer Spiele-Konsole.

Haftungsausschluss

(Ausschluss der Käuferrechte)

1. Vertraglicher Haftungsausschluss

1.1 Bei **Kaufverträgen zwischen Unternehmen** darf der Verkäufer seine **Haftung** per Vertrag **beliebig verkürzen** oder sogar **ganz ausschließen**. Für Allgemeine Geschäftsbedingungen gelten Sonderregelungen:
- Bei neuen Sachen ist eine Befristung nur auf ein Jahr erlaubt,
- bei gebrauchten Sachen auch auf weniger als ein Jahr.

1.2 Beim **Verbrauchsgüterkauf** darf die Verjährungsfrist der Sachmängelansprüche nur bei **gebrauchten Sachen** und dann auch nur auf **ein Jahr** verkürzt werden (§ 476, Abs. 2 BGB). Allerdings darf das nicht in den AGB geschehen. Auch genügt eine hervorgehobene Formulierung im Kaufvertrag nicht.

Die Vereinbarung ist nur wirksam, wenn der Verbraucher vor Vertragsschluss in einem vom Kaufvertrag getrennten Dokument von der Verkürzung der Verjährungsfrist informiert und die Verkürzung im Vertrag ausdrücklich und gesondert vereinbart wurde. Die häufig in der Vergangenheit vorgefundene Klausel „Gekauft wie besichtigt, unter Ausschluss jeder Gewährleistung" ist daher nicht verwendbar.

Folge für Unternehmen:
Da es bei gebrauchten Sachen auf die „vertragsmäßige Beschaffenheit" ankommt, sollten Einzelhändler, die gebrauchte Sachen verkaufen, beim Verkauf den Zustand der Ware im Vertrag genau beschreiben und vorhandene Mängel exakt dokumentieren. Nur so können sie ihre Haftung zumindest teilweise begrenzen bzw. zu Unrecht behauptete Mängel zurückweisen.

1.3 Der **Handel zwischen Privatpersonen** ist davon nicht erfasst. Auch Verkäufe zwischen Gewerbetreibenden untereinander gelten nicht als Verbrauchsgüterkauf, bei dem der Verbraucher besonders geschützt werden muss. In beiden Fällen können andere Gewährleistungsrechte vereinbart werden; auch kann die Gewährleistung ganz ausgeschlossen werden.

2. Haftungsausschluss bei Verletzung der Rügepflicht beim Handelskauf

Ein besonderer Haftungsausschluss folgt aus der Untersuchungs- und Rügepflicht des Käufers beim Handelskauf (§ 377 HGB). Danach ist der Unternehmer zur **unverzüglichen Untersuchung** der eingegangenen Ware verpflichtet. Kommt er dieser Verpflichtung nicht nach, gilt die Ware als genehmigt. Nur bei **versteckten Mängeln,** die bei der Wareneingangskontrolle unentdeckt geblieben sind, bleiben die Gewährleistungsansprüche bestehen.

3. Haftungsausschluss bei unerheblichen Mängeln

Bei unerheblichen Mängeln steht dem Käufer **kein Recht** auf Rücktritt vom Kaufvertrag und Schadenersatz statt der Ware zu. Die übrigen Gewährleistungsrechte des Käufers bleiben unberührt.

1 Der Zeitraum wurde ab Januar 2022 von sechs auf zwölf Monate angehoben.

4. Kein Haftungsausschluss bei Kenntnis oder grob fahrlässiger Unkenntnis

Auch wenn der Verbraucher bei Abschluss des Kaufvertrages mit dem Händler weiß, dass die gekaufte Sache mangelhaft ist, kann er anschließend dennoch vom Händler wegen des Mangels Nacherfüllung verlangen und sonstige kaufrechtliche Sachmängelrechte geltend machen (Mängelgewährleistungsansprüche trotz Kenntnis).

AUFGABEN

1. Wann ist eine Kaufsache frei von Sachmängeln?
2. Wesentlicher Kern des Kaufrechts sind die Regelungen zum Kauf von digitalen Produkten. Das Gesetz spricht von „Sachen mit digitalen Elementen". Was verstehen Sie hierunter?
3. Wann sind bei einem Verbrauchsgüterkaufvertrag Sachen mit digitalen Elementen frei von Sachmängeln?
4. Welche Käufer- und Verkäufer-Pflichten bzw. -Rechte enthält das Kaufrecht im Zusammenhang mit der **Nacherfüllung** für sämtliche Kaufverträge (Verbrauchsgüterkaufverträge, Kaufverträge bei B2B und unter Privatleuten)?
5. Unter welchen Voraussetzungen können Verbraucher vom Kaufvertrag zurücktreten?
6. Welche Pflichten ergeben sich für Käufer (Endverbraucher) und Verkäufer, nachdem der Verbraucher vom Kaufvertrag zurückgetreten ist?
7. Ein Mangel an einer Kaufsache ohne digitale Elemente wird im Rahmen eines Verbrauchsgüterkaufvertrages innerhalb der Verjährungsfrist festgestellt. Wann tritt die Verjährung ein?
8. Herr Vogel, Inhaber eines Feinkostgeschäfts, kauft von einem Händler einen neuen Lieferwagen. Schon eine Woche nach dem Kauf kann der Transporter trotz sachgemäßer Behandlung wegen eines Lenkungsschadens 2 Tage lang nicht eingesetzt werden.

   Welche Rechte kann Herr Vogel gegenüber dem Autohändler geltend machen?
9. Björn Brehme, Inhaber eines Einzelhandelsgeschäfts, kauft für seine Buchhaltung einen neuen leistungsfähigen Scanner, um seine Idee eines papierlosen Büros zu verwirklichen. Bei der Installation wird von einem Mitarbeiter festgestellt, dass das Gehäuse einige leichte Kratzer aufweist, die bis dahin anscheinend niemandem aufgefallen waren.

   Welches Recht kann Brehme geltend machen?
10. Frau Neumeier erhält am 15. Aug. die beim Schreiner Fehring bestellte Schrankwand, speziell nach ihren Schlafzimmermaßen angefertigt. Als ein Geselle das Möbelstück aufstellt, stellt er fest, dass die Schrankwand 7 cm zu kurz und der dazugehörige Einbauspiegel leicht zerkratzt ist.

    Welche Rechte kann Frau Neumeier in Anspruch nehmen?
11. Unter welcher Voraussetzung hat der Käufer auch das Recht auf Schadensersatz?
12. Welche Gewährleistungsansprüche räumt das BGB dem Käufer beim Verbrauchsgüterkauf ein?
13. Welche Vorschriften gelten für die Beanstandung von Falschlieferungen?
14. Der Einzelhändler Pforte ersteigert einen größeren Posten Campingzelte. Abends stellt er bei der Prüfung erhebliche Qualitätsmängel an einigen Zelten fest.

    Welche Rechte kann Pforte geltend machen?
15. Wann kann Ersatz für vergebliche Aufwendungen verlangt werden?
16. Was passiert, wenn eine mangelhafte Sache, die wegen des Kundenrücktritts vom Vertrag zurückgenommen werden soll, zuvor zerstört wird?
17. Wann ist das Rücktrittsrecht ausgeschlossen?
18. Welche Rechte kann der Käufer bei einer mangelhaften Kaufsache grundsätzlich geltend machen?
19. Welches Gewährleistungsrecht ist im Fall mangelhafter Lieferung vorrangig?
20. Kann auch bei unerheblichen (geringfügigen) Mängeln Minderung oder/und Rücktritt verlangt werden? Beurteilen Sie die Rechtslage.
21. Der Waschsalonbetreiber Manfred Nietschke e. Kfm. kauft bei einem Großhändler eine neue Waschmaschine mit vertraglich vereinbarter Montage. Infolge eines fahrlässigen Montagefehlers des Großhändlers ist die Tür der Ma-

22226888

schine undicht, sodass Wasser ausläuft, das den Teppichboden seines Salons zerstört. Herr Nietschke fordert daraufhin den Großhändler auf, ihm eine neue Waschmaschine zu liefern. Dieser meint allerdings, es müsse nur die Dichtung ausgewechselt werden, Nietschke könne doch nicht deshalb gleich eine neue Maschine verlangen. Daraufhin setzt Manfred Nietschke dem Großhändler eine angemessene Frist zur Abdichtung der Tür, die der Großhändler verstreichen lässt. Nun will der Waschsalonbetreiber die Maschine nicht mehr, verlangt Rückzahlung des Kaufpreises, entgangenen Gewinn und Ersatz für den beschädigten Teppich.

Stellen Sie fest, ob Herr Nietschke dies zu Recht fordert.

22. Der Einzelhändler Aust (A) kauft bei einem Großhändler für Verpackungsmaschinen, der Firma Maltex GmbH (M), eine universelle Verpackungsmaschine für Kleinpakete jeder Art. M versichert, die Maschine sei für sämtliche Arten von Paketen geeignet. Als A die Maschine ausprobiert, stellt er fest, dass sie zwar funktioniert, man sie aber nicht für Kleinpakete mit Sondermaßen verwenden kann. M hätte das erkennen können. A will die Maschine behalten, aber weniger bezahlen. Er verlangt einen Nachlass auf den Kaufpreis. M verlangt von A aber den vollen Kaufpreis.

Prüfen Sie die Rechtslage.

23. Ein Einzelhandelsunternehmer kauft von einem Computerfachgeschäft einen Universaltisch für PC, Drucker, Scanner, Monitor einschließlich integriertem Ablagesystem. Das Möbelstück ist besonders preiswert, da es für den Selbstaufbau angeboten wurde. Die hauseigenen Arbeiter montieren allerdings den Tisch aufgrund einer fehlerhaften Montageanleitung falsch, sodass u. a. die Wand in der Versandabteilung durch unnötige Bohrlöcher beschädigt wurde.

Welche Rechte kann der Einzelhandelsunternehmer geltend machen?

24. Der Einzelhändler Schrader kauft als Privatperson von einem Einzelhändler eine digitale Kamera für 450,00 €. Zehn Monate nach dem Kauf funktioniert ein Typenrad für die Einstellungen nicht mehr. Ob dieser Mangel aufgrund eines Materialfehlers bereits bei der Übergabe der Kamera vorhanden war oder auf fehlerhafter Bedienung durch Herrn Schrader beruht, kann nicht festgestellt werden.

Beurteilen Sie die Situation.

25. Die Textileinzelhandlung GraFiTex OHG kauft von einem Fotohaus für die eigene digitale Fotografie die Camera Cyber-Shot MFN-CD215 W für 1.150,00 €. Der Verkäufer des Fachgeschäfts versichert, dass die Digitalkamera erst vor 2 Tagen brandneu aus Japan eingetroffen sei. Nach 2 Monaten hat die GraFiTex OHG anlässlich einer Präsentation die Kamera erstmalig eingesetzt und dabei zufällig herausgefunden, dass die Kamera bereits gebraucht und dies dem Verkäufer bekannt war. In der Textilhandlung ist man hierüber verständlicherweise äußerst verärgert. Jedenfalls will man unbedingt eine neue Kamera haben, wobei allerdings aufgrund von eingetretenen Preissteigerungen bei den Chips für die gleiche Kamera 250,00 € mehr bezahlt werden muss. Diesen Differenzbetrag will die Textileinzelhandlung nun vom Fotohändler ersetzt bekommen.

Prüfen Sie, ob diese Forderung zu Recht besteht.

26. Herr Grünert kauf von einem Einzelhändler für Garten- und Hobbybedarf am 18. Juni 2021 eine automatische Heckenschere, die, wie sich herausstellen sollte, aufgrund eines nicht zu behebenden technischen Fehlers nicht ordnungsgemäß funktioniert. Die Fehlerhaftigkeit wurde von Herrn Grünert aber erst 9 Monate später, am 13. März 2022, festgestellt. Daraufhin verlangt er vom Einzelhändler unter Berufung auf die Verjährungsfrist die Lieferung einer neuen Heckenschere.

Besteht diese Argumentation zu Recht?

27. Der Einzelhändler Hinrichs kaufte von der Eppmann GmbH einen neuen Gabelstapler für sein Hochregal. Das Fahrzeug, das am 12. Aug. 2019 geliefert wurde, weist allerdings einen Mangel bei der Hebeautomatik auf, der regelmäßig ab einer bestimmten Anzahl von Einsatzstunden auftritt und den die Eppmann GmbH arglistig verschwieg. Bei Einzelhändler Hinrichs tritt dieser Mangelschaden am 7. Sept. 2022 erstmalig und nachhaltig auf, sodass der Gaabelstapler im Lager nicht mehr eingesetzt werden kann.

Prüfen Sie, ob Hinrichs seine gesetzlichen Gewährleistungsansprüche noch geltend machen kann.

28. Ein Großhändler und ein Einzelhändler haben am 17. Juli 2022 einen Kaufvertrag über neue schnurlose Wasserkocher geschlossen. Der Großhändler liefert nicht.

Ab wann (genaues Datum) kann sich der Großhändler auf die Verjährung berufen?

29. Ein Kunde reklamiert einen vor wenigen Tagen gekauften Artikel wegen eines berechtigten Mangels mit der gleichzeitigen Bitte um Preisnachlass. Das betroffene Einzelhandelsunternehmen kommt nach Prüfung dieser Bitte nach und räumt dem Kunden einen Preisnachlass von 12,5 % auf den Neupreis von 46,50 € ein.

Gleichzeit kauft der Kunde an diesem Tag weitere Artikel im Gesamtwert von 87,40 € ein. An der Kasse zahlt der Kunde mit seiner Kundenkarte den Gesamtbetrag unter Berücksichtigung des Preisnachlasses aufgrund der als mangelhaft anerkannten Ware.

Wie viel Euro werden dem Kunden berechnet, wenn er auf seine erworbenen Artikel aufgrund eines Gutscheins einen 15-prozentigen Preisnachlass erhält? Der Gutschein wurde an diesem Tag vom Einzelhandelsunternehmen im Rahmen einer Werbeaktion herausgegeben und verspricht jedem Kunden den aufgedruckten Preisnachlass auf den Teil seines Warenwertes, der den Betrag von 30,00 € übersteigt.

30. Ein Einzelhändler hatte in der abgeschlossenen Woche aufgrund berechtigter Mängelrügen mehreren Kunden die Minderung des Kaufpreises verschiedener „Montagsartikel" aus ein und derselben Kollektion eingeräumt:

Wochentag	Anzahl der Artikel	Wert der Preisreduzierung gesamt in €
Montag	2	25,61
Dienstag	5	41,50
Mittwoch	7	88,90
Donnerstag	3	27,81
Freitag	5	37,70
Samstag	12	184,32

a) Berechnen Sie den durchschnittlichen Preisnachlass pro Artikel in Euro in der Zeit von Montag bis Samstag.

b) Um wie viel Prozent weicht die durchschnittliche Preisreduzierung pro Artikel am Freitag vom durchschnittlichen Preisnachlass pro Artikel bezogen auf die gesamte Woche ab?

c) Wie viel Prozent gemessen an der Gesamtzahl der Artikel macht die Anzahl der Preisminderungen am Samstag aus?

d) Für die statistische Erfassung, Aufbereitung, Ursachenklärung und anschließenden rechtlichen Abwicklung mit dem Lieferer der Artikel benötigen zwei Mitarbeiterinnen monatlich insgesamt 60 Stunden. Wie viel Stunden würden bei gleichem Arbeitsaufkommen drei Angestellte benötigen?

e) Für die Bearbeitung von Mängelrügen soll in Zukunft eine Aushilfskraft eingestellt werden, die für 12 Stunden wöchentlich 183,60 € erhält. Wie viel Euro bekommt sie, wenn sie bei steigendem Arbeitsvolumen 15 Stunden pro Woche arbeitet?

AKTIONEN

1. Schaffen Sie sich eine Übersicht zu dem Thema „Welche Rechte sollte der Käufer bei der Lieferung mangelhafter Ware haben?"
   - a) Bilden Sie zu jedem Thema Arbeitsgruppen.
   - b) Wenden Sie die Methode der Kartenabfrage an. Schreiben Sie in gut lesbarer Blockschrift eine Idee pro Karte und hängen Sie anschließend Ihre Karten an die Pinnwand.
   - c) Wählen Sie aus Ihrer Mitte zwei Schüler, die mit Unterstützung der Arbeitsgruppen die Karten nach Oberbegriffen (Sinneinheiten) ordnen.
   - d) Überprüfen Sie die Zuordnungen und geben Sie jedem Cluster eine passende Überschrift.
   - e) Kontrollieren Sie, ob in Ihrer Systematisierung noch wichtige Gedankengänge fehlen. Kommentieren Sie Ihre Vorschläge.

22226890

2. Schaffen Sie sich eine Übersicht zum Thema „Über welche gesetzlichen Vorschriften zur Verjährung von Mängelansprüchen muss ein Einzelhändler informiert sein?“. Nutzen Sie dafür z. B. die Informationen dieses Kapitels, das Internet, Bibliotheken und Behördenauskünfte und bereiten Sie die Ergebnisse visuell auf.

3. Erkundigen Sie sich in Ihrem Ausbildungsunternehmen, wie im Fall mangelhaft gelieferter Ware verfahren wird.
   a) Bereiten Sie Ihre Informationen mithilfe der Netzwerktechnik auf.
   b) Fertigen Sie eine Farbfolie Ihrer Arbeit mithilfe des Computers und geeigneter Software an und tragen Sie Ihr Ergebnis mittels Overheadprojektor vor. Beachten Sie dabei die Tipps zur Gestaltung von Folien und Plakaten.

ZUSAMMENFASSUNG

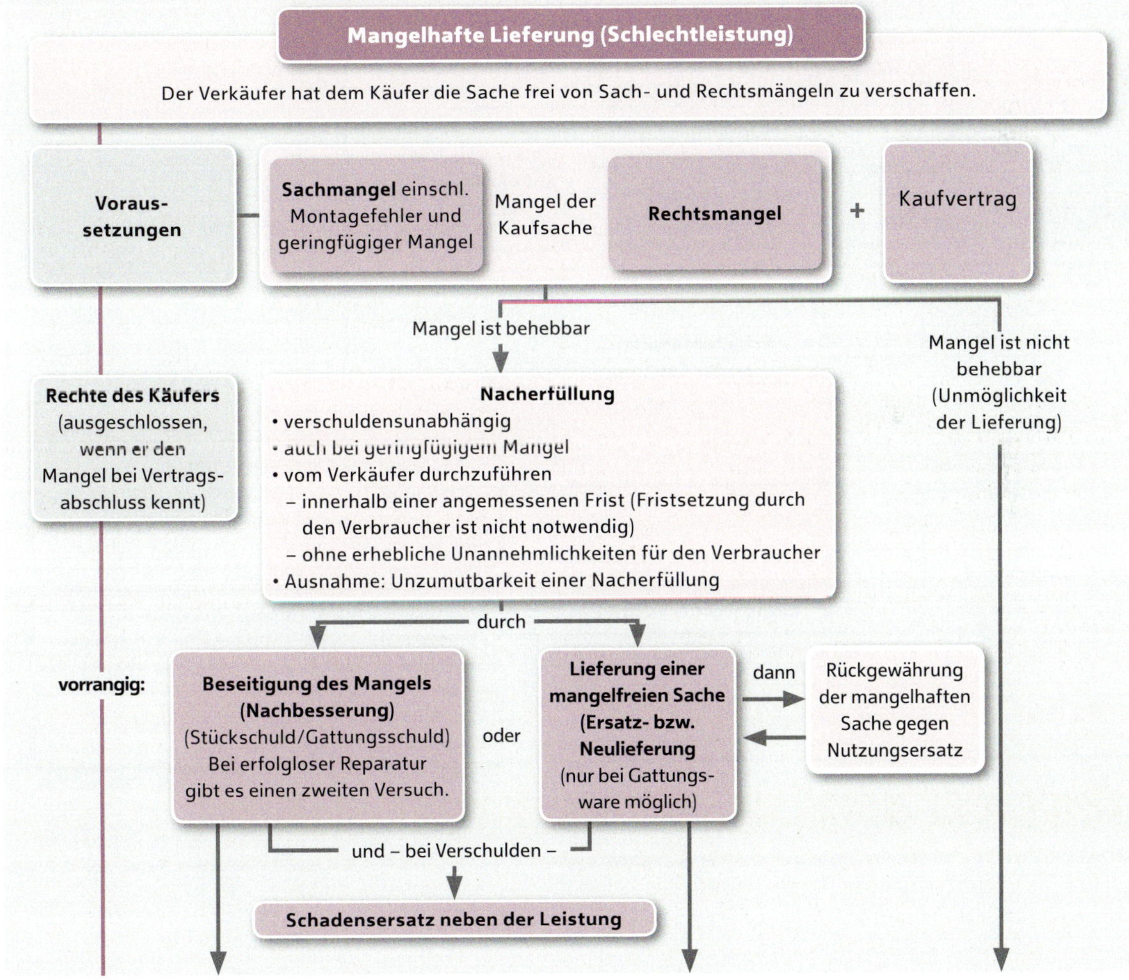

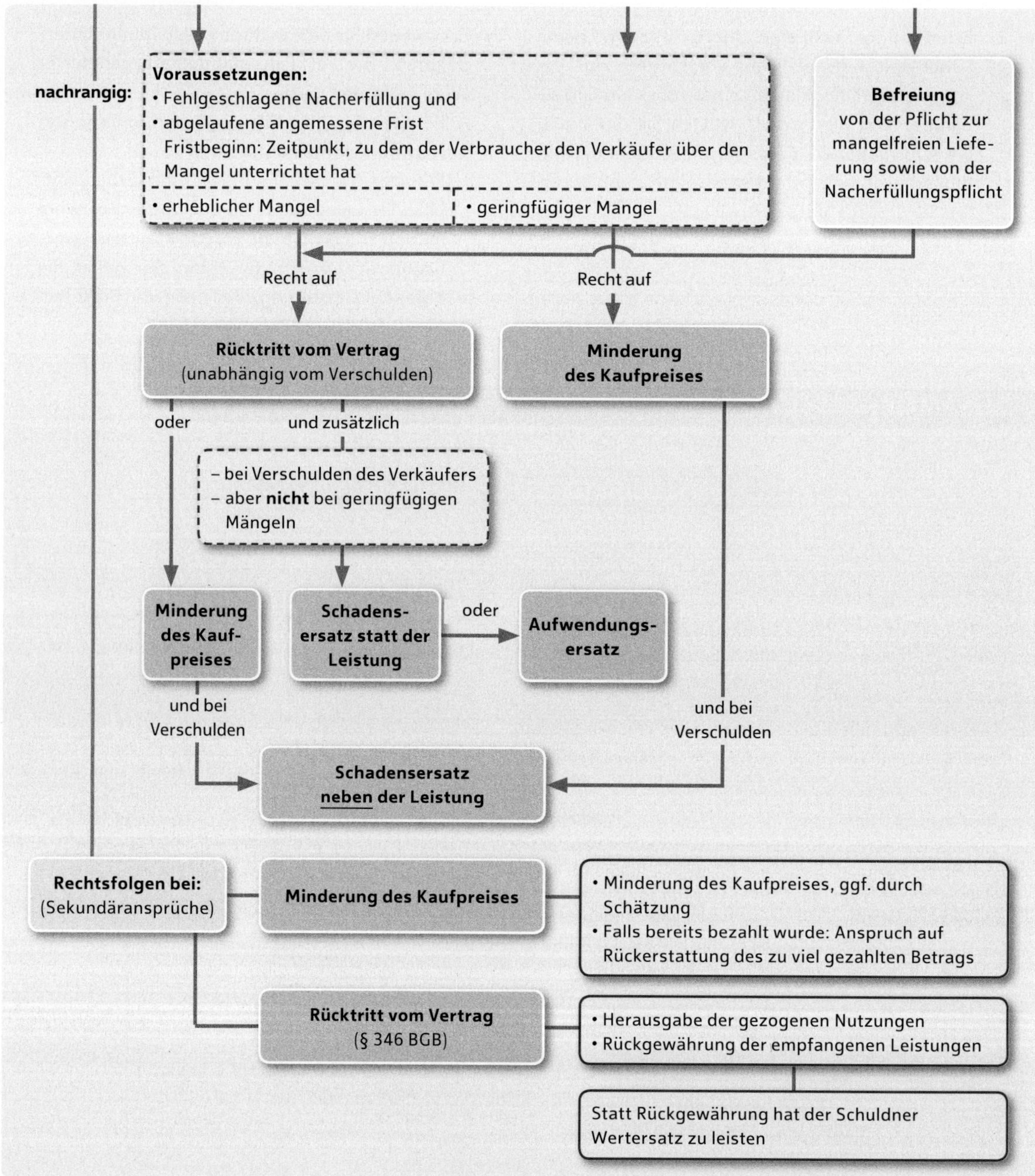
nachrangig:
Voraussetzungen:
• Fehlgeschlagene Nacherfüllung und
• abgelaufene angemessene Frist
Fristbeginn: Zeitpunkt, zu dem der Verbraucher den Verkäufer über den Mangel unterrichtet hat
• erheblicher Mangel
• geringfügiger Mangel
Befreiung
von der Pflicht zur mangelfreien Lieferung sowie von der Nacherfüllungspflicht
Recht auf
Recht auf
Rücktritt vom Vertrag
(unabhängig vom Verschulden)
Minderung des Kaufpreises
oder
und zusätzlich
– bei Verschulden des Verkäufers
– aber nicht bei geringfügigen Mängeln
Minderung des Kaufpreises
Schadensersatz statt der Leistung
oder
Aufwendungsersatz
und bei Verschulden
und bei Verschulden
Schadensersatz neben der Leistung
Rechtsfolgen bei:
(Sekundäransprüche)
Minderung des Kaufpreises
• Minderung des Kaufpreises, ggf. durch Schätzung
• Falls bereits bezahlt wurde: Anspruch auf Rückerstattung des zu viel gezahlten Betrags
Rücktritt vom Vertrag
(§ 346 BGB)
• Herausgabe der gezogenen Nutzungen
• Rückgewährung der empfangenen Leistungen
Statt Rückgewährung hat der Schuldner Wertersatz zu leisten

Gewährleistungsfristen
beim

	einseitigen Handelskauf Unternehmer → Verbraucher (B2C)	**zweiseitigen Handelskauf** Unternehmer → Unternehmer (B2B)
Neuware:	– 2 Jahre – weder Ausschluss noch Begrenzung möglich	– Verkürzung durch vertragliche Vereinbarung, z. B. durch AGB – mind. 1 Jahr
Gebrauchtware:	– Verkürzung möglich – mind. 1 Jahr	– Ausschluss möglich

KAPITEL 4

Wir informieren uns über die gesetzlichen Käuferrechte bei nicht rechtzeitiger Warenlieferung (Nicht-Rechtzeitig-Lieferung)

Die Ambiente Warenhaus AG möchte in der Innenstadt von Hannover zum 2. Mai eine weitere Filiale eröffnen.

Einladung

zur

Eröffnung

unserer neuen
Geschäftsräume

Am 2. Mai stellen wir Ihnen
unsere neuen,
topaktuellen Modelle
auf einer großen Modenschau vor.

Angenehme Atmosphäre in den hochwertig ausgestatteten Verkaufsräumen

Die fantasievolle und hochwertige Atmosphäre in den Verkaufsräumen wird nach den ganz speziellen Wünschen des Leiters der Ambiente Warenhaus AG, Herrn Rischmüller, und seinem engen Beraterstab beim Tischler Hans C. Blühm e. Kfm. aus Hannover am 16. März in Auftrag gegeben.

Im Kaufvertrag wird „Lieferung ab Mitte April" vereinbart.

Als am 21. April die Spezialeinrichtung immer noch nicht eingetroffen ist, wird man in der Ambiente Warenhaus AG unruhig. Aufgrund eines Telefonats erfährt Frau Bode schließlich, dass die Tischlerei wegen Arbeitsüberlastung den Auftrag nicht bis zum vereinbarten Termin fertigstellen kann.

Prüfen Sie, was die Verantwortlichen der Ambiente Warenhaus AG tun können.

INFORMATION

Mit Abschluss des Kaufvertrags verpflichtet sich der Verkäufer, **die bestellte Ware zur rechten Zeit am richtigen Ort zu übergeben** (§ 433 Abs. 1 BGB).

Ist eine Zeit für die Lieferung weder festgelegt noch aus den Umständen zu entnehmen, kann der Käufer sie sofort verlangen (§ 271 Abs. 1 BGB).

Bei **Verbraucherverträgen** kann – wenn kein bestimmter Zeitpunkt für die Leistung vereinbart oder sonst erkennbar ist – die Lieferung durch den Verbraucher unverzüglich verlangt werden, was eine **Lieferpflicht** des Unternehmers **innerhalb von 30 Tagen** bedeutet. Unverzüglich heißt „ohne schuldhaftes Zögern“ und duldet somit kleine Verzögerungen, sofern sie unverschuldet sind. Die 30-Tage-Frist soll dem Verbraucher Rechtssicherheit bei der Lieferzeit geben.

Ist aber eine konkrete Zeit für die Lieferung vereinbart, kann der Käufer die Lieferung nicht vorher verlangen. Liefert der Verkäufer nicht rechtzeitig, kann er sich im **Lieferungsverzug** befinden.

DEFINITION

Nicht-Rechtzeitig-Lieferung (Lieferungsverzug) liegt vor, wenn der Verkäufer **schuldhaft nicht** oder **nicht rechtzeitig** liefert und die Leistung noch möglich ist.

Voraussetzungen für den Eintritt des Lieferungsverzugs

Da beim Vorliegen des Lieferungsverzugs (Schuldnerverzug) der Käufer weitgehende Rechte gegenüber dem Verkäufer hat, sind bestimmte Voraussetzungen für den Eintritt des Lieferungsverzugs gesetzlich festgelegt.

Voraussetzungen für den Lieferungsverzug
(§§ 286 Abs. 1, 286 Abs. 4 BGB)

- **Nichtleistung** (Nichtlieferung)
- **Verschulden des Verkäufers** (Der Schuldner hat den Verzug zu vertreten: Vorsatz und Fahrlässigkeit.)
- **Fälligkeit der Lieferung** (sofort, falls keine besondere Vereinbarung besteht)
- **Mahnung** durch den Käufer bzw. Fristsetzung

1. Nichtleistung

DEFINITION

Nichtleistung bedeutet, dass der Schuldner seine Leistung nicht erbringt, obwohl er das noch könnte. In diesem Fall ist die Lieferung für ihn noch nicht unmöglich geworden.

BEISPIEL

Im vorliegenden Fall liegt Nichtleistung vor, da die Tischlerei Blühm erklärt hat, dass sie nicht leisten kann. Die Lieferung ist aber grundsätzlich noch möglich, also durchaus nachholbar.

2. Verschulden des Verkäufers

(Vertretenmüssen; § 286 Abs. 4 BGB)

DEFINITION

Ein Verschulden liegt vor, wenn der Verkäufer **fahrlässig** oder **vorsätzlich** die Lieferung verzögert oder unterlassen hat.

Fahrlässig handelt, wer die im Verkehr erforderliche Sorgfalt nicht beachtet, z. B. wenn Ware nicht ordnungsgemäß verpackt, sie nicht rechtzeitig beim Vorlieferer bestellt oder ein Liefertermin übersehen wurde (§§ 276 – 278 BGB).

22226894

Vorsätzlich handelt, wer absichtlich rechtswidrig handelt und den Eintritt des Schadens in Kauf nimmt.

Das gilt nicht bei Gattungsware[1]. Hier übernimmt der Lieferer regelmäßig das Beschaffungsrisiko, da er Gattungssachen immer nachliefern kann **(Verzug auch ohne Verschulden).** Das Vertretenmüssen des Lieferers trifft daher auf die Mehrheit der heutzutage getätigten Käufe zu. Ist aber bei einem Stückkauf die verspätete Lieferung auf höhere Gewalt zurückzuführen, hat der Lieferer dies nicht zu vertreten.

BEISPIEL

Die Tischlerei Blühm hat die Lieferung der Einrichtungsgegenstände zwar nicht absichtlich (vorsätzlich) verzögert, aber sie hat die im Verkehr erforderliche Sorgfalt außer Acht gelassen (Fahrlässigkeit). Der Tischlermeister hätte die Annahme des Auftrags von der Ambiente Warenhaus AG nach seinen betrieblichen Möglichkeiten sorgfältiger planen müssen.

Liegt **kein Verschulden** (Vertretenmüssen) des Lieferers vor (= **unverschuldete Lieferungsverzögerung**), hat der Kunde keinen Anspruch auf Schadensersatz.

BEISPIEL

Der Vertrag zwischen der Tischlerei Blühm und der Ambiente Warenhaus AG weist als Liefertermin „ab Mitte April“ aus. Die Tischlerei hat bei Bestellungseingang ihrerseits unverzüglich das benötigte Holz bei einem Sägewerk bestellt.

Da der Holzlieferant Lieferschwierigkeiten hat, erhält die Tischlerei das Rohmaterial erst am 30. April, also einige Wochen später, als es sich alle Verantwortlichen vorgestellt hatten. Die Spezialeinrichtung kann daraufhin nicht mehr termingerecht für die hannoverische Filiale der Ambiente Warenhaus AG fertiggestellt werden.

Zur **unverschuldeten Lieferungsverzögerung** gehört auch die verspätete Lieferung aufgrund höherer Gewalt, z. B. Brand, Sturm, Hochwasser und Streik. In allen diesen Fällen greift die Bestimmung über die Haftungsverschärfung (siehe Seite 96) nicht.

3. Fälligkeit der Lieferung und Mahnung durch den Käufer

3.1 Fälligkeit

Damit der Lieferungsverzug entstehen kann, muss die Lieferung auch fällig gewesen sein, d. h., der Käufer muss berechtigt gewesen sein, die Lieferung zu fordern.

3.2 Mahnung

Grundsätzlich muss der Käufer die **Lieferung** beim Verkäufer nach Eintritt der Fälligkeit **anmahnen,** damit die Rechtsfolgen des Lieferungsverzugs eintreten können.

Dies gilt insbesondere immer dann, wenn der **Liefertermin** (Leistungszeit) **kalendermäßig nicht genau festgelegt** wurde. Erst wenn der Käufer die Ware nochmals ausdrücklich verlangt, gerät der Verkäufer (Schuldner) in Verzug (§ 286 Abs. 1 Satz 1 BGB).

BEISPIELE

- Lieferung ab Anfang Juni
- Lieferung frühestens am 10. Juni
- Lieferung ab Juli
- Lieferung ab Mitte April (siehe Einstiegsbeispiel)
- Lieferung sofort
- Lieferung so schnell wie möglich
- Lieferung innerhalb von ca. 3 Wochen ab Bestelleingang

„Baldigst“ bedeutet höchstens 8 Wochen

München (AP) Steht im Bestellformular, dass ein Neuwagen „baldigst“ geliefert werden soll, braucht sich der Käufer – nach einer Entscheidung des Oberlandesgerichts Nürnberg – auf Lieferfristen von mehr als 8 Wochen nicht einzulassen.

Ist in der Auftragsbestätigung eine längere Lieferfrist angegeben, so ist der Käufer an seine Bestellung nicht mehr gebunden, entschieden die Richter nach Mitteilung des ADAC in München.

1 Gattungswaren sind vertretbare, d. h. mehrfach vorhandene Sachen, wie beispielsweise Butter, Wein oder Öl.

Die **Mahnung** hat den rechtlichen Stellenwert
- einer Klage auf die Lieferung und
- der Zustellung eines Mahnbescheids im Mahnverfahren.

Sie ist **formfrei** und kann daher auch mündlich erfolgen. Um die dann eintretenden Beweisschwierigkeiten zu vermeiden, sollte man immer schriftlich mahnen. Inhaltlich muss für den Schuldner aus der Mahnung die nochmalige Aufforderung zur Lieferung erkennbar sein.

Die Mahnung kann erst nach Fälligkeit der Lieferung erfolgen (§ 286 Abs. 1 Satz 1 BGB). Eine „sicherheitshalber" geschriebene Mahnung vor Fälligkeit der Lieferung ist rechtlich nicht wirksam.

Der Lieferungsverzug beginnt **ab Zugang** der Mahnung!

BEISPIEL

Die Ambiente Warenhaus AG muss aufgrund des vereinbarten Liefertermins „Lieferung ab Mitte April" die Tischlerei Blühm zunächst mahnen, damit diese in Lieferungsverzug gerät.

3.3 Entbehrlichkeit der Mahnung

Die **Mahnung** ist in den folgenden vier Fällen **nicht notwendig** (§ 286 Abs. 2 BGB):

- **Der Liefertermin (Leistungszeit)**
  - **steht kalendermäßig genau fest** (sogenannte Kalendergeschäfte: für die Lieferung ist eine Zeit nach dem Kalender bestimmt; Vereinbarung eines genau bestimmten Zeitpunktes oder eines begrenzten Zeitraumes) oder
  - **ist kalendermäßig genau** nach einem vorausgehenden Ereignis **zu berechnen.**

  In diesen Fällen kommt der Verkäufer ohne Mahnung in Verzug. Es wird dem Grundsatz gefolgt: „Der Tag mahnt anstelle des Menschen."

BEISPIELE FÜR GENAUE LIEFERTERMINE

• Lieferung bis spätestens 6. Juni • Lieferung am 21. September • Lieferung 30 Tage ab heute • Lieferung bis Ende März • Lieferung innerhalb 30 Tagen ab Bestelldatum	**Termingeschäft**[1] (Zeitkauf; kalendermäßig bestimmt bzw. bestimmbar)
• Lieferung zwischen 10. und 13. Oktober • Lieferung im Mai • Lieferung innerhalb von 10 Werktagen nach Abruf • Lieferung Anfang September • Lieferung 14 Tage nach Zugang der Rechnung	**Termingeschäft**[1] (Zeitkauf; kalendermäßig bestimmt bzw. bestimmbar)

oder

• Lieferung am 15. November fest (bestimmt, exakt, präzise) • Lieferung zur Geburtstagsfeier am 10. Juni 20.. um 18:00 Uhr	**Fixgeschäft**[2]

- Der Verkäufer will oder kann nicht liefern, weil er z. B. die für die Ausführung der Bestellung erforderlichen Materialien nicht rechtzeitig erhalten hat. Mit seiner Weigerung setzt er sich selbst in Verzug **(Selbstinverzugsetzung** = ernsthafte und endgültige Leistungsverweigerung).
- Es liegen besondere Umstände vor, die den sofortigen Eintritt des Verzugs rechtfertigen. Das ist beispielsweise der Fall bei besonderer Eilbedürftigkeit, z. B. bei Reparatur eines ausgefallenen Servers oder bei einem Wasserrohrbruch.
- Die verspätete Lieferung ergibt für den Kunden keinen Sinn mehr **(Zweckgeschäft).**

4. Haftungsverschärfung

Befindet sich der Verkäufer bereits im Lieferungsverzug, haftet er auch für Zufall und leichte Fahrlässigkeit, wenn der Schaden nicht auch bei rechtzeitiger Lieferung eingetreten wäre (= Haftungsverschärfung gemäß § 287 BGB).

BEISPIEL

Angenommen, die Ambiente Warenhaus AG setzt der Tischlerei Blühm eine Nachfrist von 14 Tagen, innerhalb derer die Sonderanfertigung auch angefertigt wird. Am Tag vor der Auslieferung brennt der Lagerraum der Tischlerei mitsamt den Möbelstücken für das Warenhaus aufgrund der Unachtsamkeit einer der Gesellen ab. Da die Tischlerei Hans G. Blühm sich bereits im Verzug befindet und da der Schaden nicht eingetreten wäre, wenn der Auftrag termingerecht Mitte März ausgeführt worden wäre, haftet der Inhaber der Tischlerei.

1 Ein Terminkauf liegt vor, wenn zwischen Käufer und Verkäufer vereinbart wird, dass die Ware zu einem bestimmten Termin oder innerhalb einer festgelegten Frist geliefert werden soll.

2 Beim Fixgeschaft (Fixkauf) muss unterschieden werden zwischen Fixhandelskauf (beide Parteien des Vertrages sind Kaufleute gem. § 376 HGB) und bürgerlich-rechtlichem Fixkauf (§ 323, Abs. 2 BGB).

Rechte des Käufers (Gläubigers)

Die Vorschriften über den Lieferungsverzug regeln die Fälle, in denen der Verkäufer (Schuldner) zu spät liefert.

Dabei kann der Käufer
- trotz der Verspätung noch an der Lieferung interessiert sein oder
- infolge der Verspätung sein Interesse verloren haben.

Beide Fälle unterscheiden sich in der Rechtsfolge.

Liegen die Voraussetzungen für den Eintritt des Lieferungsverzugs vor, so stehen dem Käufer **wahlweise** folgende Rechte zu:

Bei Lieferungsverzug kann der Käufer

- weiterhin **auf der Lieferung bestehen** und – wenn nachweisbar – außerdem
- **Schadensersatz wegen verspäteter Lieferung** verlangen

oder

- **vom Vertrag zurücktreten** und – wenn nachweisbar – außerdem
- **Schadensersatz statt der Lieferung** verlangen

oder

- **Ersatz der vergeblichen Aufwendungen** in Anspruch nehmen.

1. Bestehen auf Vertragserfüllung

Aus der Sicht des Käufers können folgende Gründe dafür sprechen, weiterhin auf Lieferung zu bestehen:
- Die Lieferungsverzögerung ist für ihn nicht bedeutsam.
- Zwischen Käufer und Verkäufer besteht eine langjährige Geschäftsbeziehung.
- Bei der Ware handelt es sich um eine Sonderanfertigung.
- Die Beschaffung der Ware ist bei einem anderen Lieferer nicht möglich.
- Die Ware ist bei anderen Lieferern teurer.
- Andere Lieferer haben längere Lieferfristen.

2. Erfüllung und Schadensersatz wegen verspäteter Lieferung

(Verspätungsschaden; Schadensersatz **neben** der Leistung)

Der Käufer (Gläubiger) besteht weiter auf die Lieferung, macht zusätzlich jedoch den durch die Verzögerung entstandenen Schaden geltend.

Voraussetzungen sind:
- das **Verschulden** (Vertretenmüssen) des **Lieferers**,
- **Fälligkeit** der Lieferung und
- eine **Mahnung** des Käufers (Gläubigers), soweit sie erforderlich ist (siehe § 286 BGB).

BEISPIEL

Die Ambiente Warenhaus AG kann kurzfristig keine ihren Vorstellungen entsprechende Einrichtung von einer anderen Tischlerei bekommen, sodass sie auf **Erfüllung des Kaufvertrags** besteht. Die Eröffnung der Filiale in Hannover kann daraufhin erst 14 Tage später als angekündigt erfolgen. Den entstandenen Schaden (Ersatz des Verzugsschadens) wie Kosten für die erneute Anzeigenkampagne, Telefonate, Porto, entgangenen Gewinn usw. will sie von dem Tischlermeister Blühm ersetzt haben.

3. Rücktritt vom Vertrag (§§ 323, 346 ff. BGB)

Voraussetzung für den Rücktritt ist
- die **Fälligkeit** und
- grundsätzlich der erfolglose Ablauf einer zuvor eingeräumten **angemessenen Frist.**

Die Nachfrist ist dann angemessen, wenn es dem Lieferer möglich ist, die Leistung (Ware) während dieser Zeit zu erbringen (zu liefern), ohne jedoch die Kaufsache erst bei einem anderen Lieferer beschaffen oder selbst anfertigen zu müssen.

Die Fristsetzung ist eine grundsätzlich formlose Erklärung des Käufers, die erkennen lassen muss, dass der Lieferer eine letzte Gelegenheit zur Leistungserbringung erhält. Sie kann mit einer Mahnung verbunden werden.

Ist dieser Termin verstrichen, kann der Käufer vom Vertrag zurücktreten.

3.1 Nachfrist

Die **Nachfristsetzung** ist in den folgenden vier Fällen **nicht erforderlich:**

- Der Verkäufer verweigert die Leistung ernsthaft und endgültig (**Selbstinverzugsetzung** = Lieferungsverweigerung; § 281 Abs. 2 BGB).
- Bei einem **Zweckkauf**
  Ein Zweckkauf liegt vor, wenn **eine Ware für einen ganz bestimmten Zweck** bestellt wurde, beispielsweise ein Brautkleid anlässlich einer Hochzeit.
  Kommt die Ware erst nach der Feier, hat sie ihren Zweck verfehlt, sie ist für den Käufer uninteressant geworden.

Zweckkauf

- Es liegt ein **Fixkauf** vor (als Handelskauf gemäß § 376 HGB).
  Soll ein Handelskauf als Fixgeschäft gelten, so bedarf es einer sehr **deutlichen Hervorhebung des Liefertermins** (Fixhandelskauf): Das Datum der Lieferung muss für die Vertragspartner eine überragende Bedeutung haben. Das bedeutet, dass mit der Einhaltung des festgelegten Termins der Vertrag steht oder fällt und der Gläubiger bei Terminüberschreitung kein Interesse mehr an der Lieferung hat.
  Äußerlich erkennbar gemacht werden kann das durch bestimmte Formulierungen (Fixklauseln) wie
  - Lieferung am 28. September exakt
  - fix
  - genau
  - prompt.

  Der Verkäufer gerät mit dem Überschreiten des vereinbarten Liefertermins automatisch in Verzug, auch wenn kein Verschulden vorliegt.

  Der Käufer kann **beim Fixkauf ohne Nachfristsetzung**
  - ohne Mahnung vom Vertrag zurücktreten oder
  - auf Lieferung bestehen, muss das aber dem Verkäufer **unverzüglich (sofort nach dem Stichtag)** mitteilen, und/oder
  - Schadensersatz wegen Nichterfüllung (statt der Lieferung) verlangen. Dann ist aber Voraussetzung das Verschulden des Verkäufers.

- Es liegen **besondere Umstände** vor, die den sofortigen Rücktritt bzw. die sofortige Geltendmachung des Schadensersatzanspruchs auch ohne vorherige Fristsetzung rechtfertigen, z.B. bei Just-in-time-Geschäften.

Das **Rücktrittsrecht** setzt, im Gegensatz zum Schadensersatzanspruch, kein Verschulden voraus; **es gilt auch bei unverschuldetem Lieferungsverzug.**

3.2 Ausschluss des Rücktrittsrechts

Der **Rücktritt** ist **ausgeschlossen**, wenn

- der Käufer (Gläubiger) für den Lieferungsverzug allein oder weit überwiegend verantwortlich ist oder
- der Käufer sich im Annahmeverzug befunden hat oder
- die Pflichtverletzung unerheblich ist.

Der Rücktritt erfolgt durch Erklärung gegenüber dem Verkäufer.

Von seinem Rücktrittsrecht wird der Käufer Gebrauch machen, wenn er die gleiche Ware inzwischen preisgünstiger und dennoch termingerecht einkaufen kann.

Trotz des Rücktritts vom Vertrag ist der Käufer berechtigt, für den verzugsbedingten Schaden Schadensersatz bzw. Aufwendungsersatz zu verlangen.

4. Schadensersatz statt der Lieferung

(Schadensersatz wegen Nichterfüllung; § 280 Abs. 1 und 3 i. V. m. § 281 BGB)

Der Käufer tritt, da er kein Interesses mehr an der Lieferung hat, vom Vertrag zurück und macht den ihm entstandenen Schaden geltend.

Voraussetzungen für Schadensersatz statt der Lieferung sind:

- **Fälligkeit,**
- **Verschulden** (Vorsatz und Fahrlässigkeit) und
- die **erfolglose Fristsetzung** oder die Entbehrlichkeit der Fristsetzung.

Die unter „Rücktritt vom Vertrag" genannten Entbehrlichkeitsgründe für die Nachfrist gelten – mit Ausnahme des Fixhandelskaufs – auch hier.

Von seinem Recht auf Schadensersatz, das **zusätzlich** zum Rücktrittsrecht geltend gemacht werden kann (§ 325 BGB), wird der Käufer bei einem Deckungskauf Gebrauch machen.

BEISPIEL

Die Ambiente Warenhaus AG will den Eröffnungstag ihrer Filiale in Hannover verständlicherweise nicht weiter verschieben. Nach Ablauf der gesetzten Nachfrist bestellt sie bei der Konkurrenz eine fast gleichwertige Einrichtung (= Deckungskauf).

Der neue Handwerksbetrieb liefert zwar pünktlich, doch muss das Einzelhandelsunternehmen nun

2.000,00 € mehr bezahlen. Den Preisunterschied muss der in Lieferungsverzug geratene Tischlermeister bezahlen.

Verlangt der Käufer Schadensersatz statt der Lieferung, kann er **auf der Lieferung nicht mehr bestehen.**

5. Ersatz vergeblicher Aufwendungen

Anstelle des Schadensersatzes statt der Lieferung ist der Ersatz der Aufwendungen, die der Käufer im Vertrauen auf den pünktlichen Erhalt der Ware gemacht hat, möglich. Diese Aufwendungen müssen angemessen sein und vom Käufer nachgewiesen werden.

BEISPIEL

Ein anderes Konkurrenzunternehmen kann der Ambiente Warenhaus AG eine gleichwertige Einrichtung zu einem sogar preisgünstigeren Preis liefern. Bei ihren Verhandlungen präsentiert der Geschäftsführer dieses Möbel- und Designer-Unternehmens sogar eine Lösung, die dem Ambiente-Warenhaus-AG-Chef Herrn Rischmüller besser gefällt als die ursprünglich von ihm geplante Variante.

Allerdings sind Anfang April von der Ambiente Warenhaus AG bereits spezielle Umbauarbeiten in den Geschäftsräumen der Filiale in Hannover vorgenommen worden, die auf die „alte" Einrichtung zugeschnitten waren. Da die Tischlerei Hans G. Blühm e. Kfm. innerhalb der Nachfrist nicht geliefert hat, kann die Ambiente Warenhaus AG vom Vertrag zurücktreten und die Kosten für die Umbauarbeiten verlangen.

Berechnung des Schadens beim Lieferungsverzug

Das BGB sieht vor, dass der Verkäufer dem Käufer den durch den Lieferungsverzug entstandenen Schaden ersetzen muss.

1. Konkrete Schäden

Von **konkreten** Schäden spricht man, wenn sie sich genau nachweisen lassen, z. B. die Mehrkosten beim Deckungskauf, Anwaltsgebühren, Mahnkosten, Telefonkosten.

BEISPIEL

Das Spielzeugwarenfachgeschäft Ackermann & Lange KG hat zum bevorstehenden Weihnachtsgeschäft beim Hersteller, der Weinmann OHG in Hildesheim, 50 Minimodelleisenbahnen zum Preis von 30,00 €/Stück bestellt: **Liefertermin 10. Dez. fix.**

Als die Ware am 10. Dez. nicht eintrifft, kauft Herr Lange die Eisenbahnen bei einem anderen Lieferer in Hamburg zum allerdings höheren Preis von 34,00 €/Stück.

Die Mehrkosten dieses Deckungskaufs von 200,00 € für die Eisenbahnen zuzüglich der Kosten für Telefonate und den Transport (von Hamburg) von 62,80 € stellt er der in Lieferungsverzug geratenen Weinmann OHG in Rechnung.

2. Abstrakte Schäden

Abstrakte Schäden liegen immer dann vor, wenn sie nur geschätzt werden können oder schwer zu beweisen sind.

BEISPIEL

Dem Käufer ist Gewinn entgangen, weil er durch die verzögerte Warenlieferung des Lieferers seinen Kunden gegenüber nicht lieferfähig war. Die Kunden haben deshalb bei der Konkurrenz bestellt. Die genaue Anzahl dieser Kunden kann allerdings nur geschätzt werden.

Kommt der Käufer (Warengläubiger) durch die Lieferungsverzögerung selbst in Lieferungsverzug, muss der säumige Lieferer auch diesen Schaden übernehmen.

Da derartige Probleme bei der Schadensberechnung häufig zu gerichtlichen Auseinandersetzungen führen, sollte der Käufer schon bei Vertragsabschluss eine **Konventionalstrafe** (= Vertragsstrafe) vereinbaren. Sie ist zu zahlen, sobald der Verkäufer in Lieferungsverzug gerät. Neben der Konventionalstrafe kann der Käufer weiterhin auf Lieferung bestehen.

Ambiente Warenhaus AG

Ambiente Warenhaus AG · Groner Straße 22–24 · 34567 Schönstadt

Einschreiben
Tischlerei G. Blühm e. Kfm.
Zeißstraße 84
30519 Hannover

Ihr Zeichen: bl-ji
Ihre Nachricht vom: 12.03.20..
Unser Zeichen: de-So
Unsere Nachricht vom: 16.03.20..

Name: Yasmin Sonntag
Telefon: 05121 83900-22
E-Mail: sonntag@ambiente-warenhaus-wvd.de
Internet: www.ambiente-warenhaus-wvd.de

Datum: 21.04.20..

Lieferungsverzug

Sehr geehrter Herr Blühm,

das von uns am 16. März bestellte Mobiliar für unsere Geschäftsräume in der Südstadt ist bis heute nicht bei uns eingetroffen, obwohl wir um Lieferung ab Mitte April gebeten hatten.

Da die aufwendige Werbekampagne zur Neueröffnung unserer Filiale bereits abgeschlossen ist, ist es unumgänglich notwendig, dass die Einrichtungsgegenstände unverzüglich eintreffen.

Wir setzen Ihnen nunmehr eine Nachfrist von 7 Tagen und erwarten daher die **Anlieferung am 28. April**.

Sollte wider Erwarten die Eröffnung unseres Hauses durch Ihre Lieferungsverzögerung nicht zum 2. Mai erfolgen können, werden wir den Auftrag an die Konkurrenz vergeben. Der Mehrpreis geht zu Ihren Lasten.

Außerdem werden wir wegen des entgangenen Gewinns ab 2. Mai für jeden Tag Schadensersatz fordern. Er kann für Sie erheblich werden, weil zusammen mit dem Eröffnungstermin am 2. Mai in der City ein Stadtfest stattfinden wird.

Wir hoffen, dass Sie Ihrer Lieferungsverpflichtung rechtzeitig nachkommen werden.

Hochachtungsvoll

Ambiente Warenhaus AG

Sonntag

Sonntag
Funktionsbereich Beschaffung

BEISPIEL

- Die Ambiente Warenhaus AG kauft für die Eingangshalle ihres Verwaltungsgebäudes von einem Kunst händler ein Bild eines bekannten Malers. Die Übergabe des Gemäldes soll am darauffolgenden Tag erfolgen. In der Nacht wird das Gemälde gestohlen.Die Lieferung ist für den Verkäufer nicht mehr nachholbar, d.h., es ist für ihn unmöglich geworden, die Ware zu liefern (= **nachträgliche Unmöglichkeit**).
- Verkäufer und Käufer schließen einen Kaufvertrag über ein goldenes Armband. Durch Unachtsamkeit fällt dem Verkäufer einen Tag vor der vereinbarten Übergabe das Armband auf einer Hochsee-Angeltour auf der Nordsee ins Meer. Da nun feststeht, dass er das Armband nicht mehr übergeben kann, weil er das Armband nicht mehr hat, steht auch die Unmöglichkeit der Lieferung fest.

Unmöglichkeit der Lieferung

Befindet sich der Lieferer in Lieferungsverzug, so bedeutet das, dass er zwar zum vereinbarten Termin nicht liefern kann, doch später seine Leistung ohne Weiteres erbringen könnte.

Ist die Lieferung allerdings auch später nicht mehr möglich, also nicht mehr nachholbar, so spricht man von **Unmöglichkeit der Lieferung**.

Bei Unmöglichkeit der Lieferung **entfällt der vertragliche Anspruch auf Lieferung** (§ 275 Abs. 1 BGB). Auch die Frage des Verschuldens (Vertretenmüssen der Unmöglichkeit) spielt in diesem Zusammenhang keine Rolle. Der Lieferer wird von der Lieferung frei.

Bei **nachträglicher Unmöglichkeit** (eingetreten nach Vertragsschluss) haftet der Lieferer dem Käufer allerdings auf **Schadensersatz statt der Lieferung** (§§ 280 Abs. 1 und 3, 283 BGB).

AUFGABEN

1. Herr Kaufmann, Einzelhändler für Feinkostwaren, bestellt am 15. Aug. bei dem Käsegroßhändler Bernd Wolf e. Kfm. 200 kg französischen Camembert zum Preis von 6,20 € pro kg. Die Lieferung soll unverzüglich erfolgen. Nach 4 Wochen ist der Käse immer noch nicht bei Kaufmann eingetroffen, weil in der Großhandlung Wolf ein Mitarbeiter den Auftrag versehentlich als erledigt abgelegt hatte.

222268100

a) Befindet sich der Käsegroßhändler Wolf in Lieferungsverzug? Begründen Sie Ihre Antwort.

b) Was sollte Herr Kaufmann unternehmen, wenn der Preis dieses Käses inzwischen um 17 % gestiegen ist?

c) Welche Voraussetzungen müssen für den Eintritt des Lieferungsverzugs im Allgemeinen vorliegen?

2. Welches der ihm zustehenden Rechte wird der Käufer beim Lieferungsverzug geltend machen?

3. Wie wird die Höhe eines Schadens berechnet?

4. Nach einer Ware besteht unerwartet große Nachfrage. Der Einzelhändler verkauft die erste Sendung innerhalb von nur 4 Tagen restlos. Daraufhin bestellt er weitere Sendungen beim Großhändler zur Lieferung „sobald wie möglich". Diese Sendung trifft jedoch später ein als üblich. Zwischenzeitlich hätte der Einzelhändler einen großen Teil der Ware verkaufen und einen erheblichen Gewinn machen können.

   Welches Recht kann er gegenüber dem Großhändler geltend machen?

5. Ein Lieferer der Einzelhandlung Paul Münch e. Kfm. befindet sich bereits im Lieferungsverzug (Nicht-Rechtzeitig-Lieferung). Daraufhin fordert der Einzelhändler Ersatz des Verzögerungsschadens und besteht aber weiterhin auf Lieferung (Erfüllung).

   In welchen Fällen könnte Herr Münch auf eine Mahnung als Voraussetzung für die Nicht-Rechtzeitig-Lieferung verzichten?

6. Nennen Sie drei Kaufvertragsvereinbarungen, bei denen der Verkäufer bei Nichterfüllung ohne Mahnung in Verzug gerät.

7. Wann kommt der Verkäufer bei folgenden Lieferterminen in Verzug?

   a) am 22. August 20..
   b) lieferbar ab Januar
   c) heute in 4 Monaten
   d) im Laufe der zweiten Novemberhälfte
   e) bis 30. November 20..
   f) 23. September 20.. fix
   g) 3 Wochen nach Abruf
   h) sofort

8. Ein Hotelier bestellt am 12. Sept. bei einem Supermarkt 120 Flaschen Rotwein, Liefertermin 26. Sept. Der Einzelhändler hat die Bestellung daraufhin unverzüglich an seinen Lieferer weitergeleitet. Aufgrund unvorhergesehener Zwischenfälle erhält der Supermarkt den Rotwein erst 3 Tage später, nämlich am 29. Sept.

   Welche Rechte hat der Hotelier gegenüber dem Supermarkt?

9. Die Spielwareneinzelhandlung Mönckemeyer OHG, Gartenstraße 26, 82481 Mittenwald, bestellt am 15. Nov. 20.. bei der Großhandlung Schroeder GmbH, Illingstraße 131, 81379 München, 100 Modelleisenbahn-Grundkästen „Tandem" für das Weihnachtsgeschäft.

   Großhändler Schroeder sagt die Lieferung bis Ende November zu. Am 2. Dez. sind die Kästen in der Spielwareneinzelhandlung Mönckemeyer immer noch nicht eingetroffen.

   Schreiben Sie für den Einzelhändler Mönckemeyer an den Großhändler Schroeder.

10. Die Textileinzelhandlung Kiehl OHG bestellt am 6. Juni für ihre internen Verkäuferschulungen ein neues Videosystem bei der ViTeMa GmbH. Es wird vertraglich festgelegt, dass die komplette Anlage bis zum 20. Juni geliefert werden soll, da am 21. Juni eine groß geplante Schulungsveranstaltung stattfinden soll, an der auch Personal von diversen Filialen teilnehmen wird.

    Als Frau Morgen von der Kiehl OHG am 20. Juni morgens bei ViTeMa anruft, teilt ihr der Verkaufschef mit, dass die Bestellung irrtümlich von einem Mitarbeiter falsch einkuvertiert wurde und so den eigenen Lieferer erst am 18. Juni erreicht habe. Die Anlage sei daher erst Ende Juni lieferbar. Damit die Schulung dennoch stattfinden kann, mietet die Kiehl OHG nun bei einem Fachgeschäft für Elektronik eine technisch vergleichbare Anlage zum Mietpreis von 250,00 € für den Schulungstag.

    a) Überprüfen Sie, ob sich die ViTeMa GmbH bereits in Lieferungsverzug befindet.

    b) Kann die Kiehl OHG Ersatz der Kosten für das ersatzweise Mieten der anderen Anlage von der ViTeMa GmbH verlangen?

11. Die in Aufgabe 10 von der Kiehl OHG bestellte Videoanlage wird – wie vom Hersteller zugesichert – am 19. Juni bei der ViTeMa GmbH angeliefert. Während der firmeneigenen Auslieferung

am nächsten Tag verunglückt der Transporter auf dem Weg zur Kiehl OHG wegen einer Ölspur auf der Bundesstraße. Die ViTeMa GmbH kann die gleiche Anlage nun nicht mehr beschaffen, da der Hersteller nur eine begrenzte Auflage angeboten hatte.

Wie beurteilen Sie die Rechtslage?

12. Die in Aufgabe 10 von der Kiehl OHG bestellte Videoanlage kann laut Aussage der ViTeMa GmbH aufgrund von Produktionsengpässen beim Hersteller vorläufig nicht geliefert werden Man glaubt allerdings die Anlage in 4 bis 5 Wochen nachliefern zu können. Da man in der Kiehl OHG verständlicherweise nicht so lange warten möchte, soll eine technisch baugleiche Kompaktanlage bei einem anderen Händler gekauft werden. Zuvor wird der ViTeMa GmbH eine Nachfrist von 14 Tagen (bis zum 5. Juli) zur Lieferung der am 6. Juni bestellten Videoanlage gesetzt. Als nach Ablauf der Frist die Anlage nicht eingetroffen ist, wird die Alternativanlage zu einem allerdings um 210,00 € höheren Preis gekauft.

Anschließend teilt die Kiehl OHG der ViTeMa GmbH mit, dass man auf die weitere Lieferung verzichtet und den bezahlten Mehrpreis erstattet haben möchte. Die ViTeMa GmbH weigert sich mit Hinweis auf die Regelungen des Schuldrechts.

Wie ist die Rechtslage?

13. Ein Einzelhändler tritt aufgrund der verspäteten Lieferung vom Kaufvertrag zurück und verlangt darüber hinaus Schadensersatz statt der Lieferung.

In welchen Fällen kann er auf das Setzen einer angemessenen Nachfrist verzichten?

14. Ein Einzelhändler schließt mit einem Großhändler einen Kaufvertrag über Pullover aus Merinowolle ab. Aufgrund der bevorstehenden Modemesse wurde zunächst auf die Festlegung eines Liefertermins verzichtet. Als einige Tage später der Preis für Merinowolle auf dem Weltmarkt ansteigt, weigert sich der Großhändler, die Sendung zu den ausgehandelten Konditionen auszuliefern.

Welche Rechte hat der Einzelhändler gegenüber dem Großhändler?

15. Eine Lebensmitteleinzelhandlung vereinbarte am 12. Mai mit einem Großhändler für russischen Kaviar die Lieferung von 10 Kartons bis spätestens 27. Mai. Als am 28. Mai die Sendung immer noch nicht eingetroffen ist, deckt sich der Einzelhändler zwei Tage später bei einem anderen Lieferer zu einem darüber hinaus wesentlich niedrigeren Preis mit Kaviar ein und verzichtet auf die weitere Erfüllung des Vertrags. Der Kaviarlieferer wird hierüber noch am gleichen Tag telefonisch informiert, wobei dieser allerdings unmissverständlich auf die Abnahme der bestellten 10 Kartons zum ursprünglich vereinbarten Preis besteht.

Wie beurteilen Sie den Sachverhalt?

16. Tim Schwarz und Herr Himler schließen am 28. April einen Leihvertrag über einen Smoking für den bevorstehenden Frühlingsball am 7. Mai. Vor der vereinbarten Übergabe am 6. Mai wird der Anzug durch einen Brand im Lager von Herrn Himler vernichtet. Der Brand, hervorgerufen durch einen Kurzschluss, wurde von Herrn Himler selbst leicht fahrlässig verursacht. Daraufhin muss sich Tim Schwarz nun für den Abschlussball einen Smoking für 150,00 € bei einem anderen Verleiher mieten. Wenige Tage nach dem Ball verlangt Tim diesen Betrag von Herrn Himler.

Hat er Aussicht, die 150,00 € ersetzt zu bekommen? Begründen Sie Ihre Stellungnahme.

17. Frau Hansen, Einzelhändlerin in Rostock, und der Dekorateur R. Clemens schließen am 14. April einen Kaufvertrag über diverse Dekorationsstücke für die Einweihung der neuen Geschäftsräume am 2. Mai ab. Vereinbart wird, dass Clemens die Kunstbäume, Banderolen, Ständer usw. zum 30. April liefert. Frau Hansen, Inhaberin des Geschäfts, weist ihn darauf hin, dass das Material für die Neueröffnung am 2. Mai unbedingt an diesem Tag benötigt wird, da eine Anlieferung wegen des arbeitsfreien 1. Mai ja wegfällt.

Herr Clemens liefert letztlich aber weder am 30. April noch am 2. Mai. Daraufhin setzt ihm Frau Hansen eine Frist bis zum 10. Mai, da wegen einiger Schwierigkeiten mit der Tischlerei, die für die Inneneinrichtung verantwortlich war, die Neueröffnung ohnehin auf den 12. Mai verschoben werden musste.

Clemens lässt aber auch bis zu diesem Termin nichts von sich hören. Als er schließlich am

222268102

22. Mai liefern will, lehnt Frau Hansen dies ab: Die Einzelhändlerin habe sich die notwendigen Ausrüstungsgegenstände für die Eröffnung inzwischen bei einem anderen Dekorationsunternehmen besorgen müssen, was das Unternehmen 120,00 € mehr gekostet habe, die Clemens nun ersetzen solle. Dekorateur Clemens beruft sich darauf, dass nicht er die Lieferung des Dekomaterials vergessen habe, sondern sein Angestellter Franz Lein.

a) Muss das Dekorationsunternehmen R. Clemens e. Kfm. die geforderten 120,00 € ersetzen?

b) Kann Einzelhändlerin Hansen Schadensersatz verlangen, wenn sie zuvor vom Vertrag zurückgetreten ist?

18. Ein Lebensmitteleinzelhändler bestellt bei einem Großhändler 40 Flaschen Rotwein Paul Masson Burgundy California für 288,00 €. Der Großhändler soll vereinbarungsgemäß am „12. September“ liefern, doch die Sendung bleibt aus. Daraufhin tritt der Einzelhändler vom Vertrag zurück und kauft den Wein, der mittlerweile aufgrund des stärker gewordenen Euro billiger geworden ist, bei einem anderen Spirituosengroßhändler für nur 244,80 € ein.

Am 14. Sept. liefert der ursprüngliche Großhändler die 40 Flaschen Rotwein und besteht auf Begleichung der Rechnung von 288,00 €.

Wird er sein Geld bekommen?

AKTIONEN

1. Lesen und bearbeiten Sie das Kapitel, indem Sie
   - Schlüsselbegriffe mit einem Textmarker markieren,
   - die wichtigsten Erläuterungen zu den Schlüsselbegriffen unterstreichen,
   - durch Merk- und Arbeitszeichen am Rand auf Besonderheiten hinweisen.
2. Erstellen Sie anschließend eine Mindmap, die alle wichtigen Informationen dieses Kapitels zum Lieferungsverzug (Nicht-Rechtzeitig-Lieferung) wiedergibt.
3. Informieren Sie sich in Ihrem Ausbildungsunternehmen über die dort angewandten Regelungen zum Lieferungsverzug.
4. Vergleichen Sie Ihre Ergebnisse mit den gesetzlichen Vorschriften. Benutzen Sie für diese Überprüfung das vorliegende Lehrbuch und ergänzend das Bürgerliche Gesetzbuch. Halten Sie Ihre Ergebnisse nach inhaltlichen Gesichtspunkten geordnet in einer Übersichtstabelle fest.
5. Begründen Sie Ihre Ergebnisse in Form eines Kurzreferats vor der Klasse. Wiederholen Sie zum Schluss die wichtigsten Erkenntnisse Ihrer Arbeit.
6. a) Erkundigen Sie sich in Ihrem Ausbildungsunternehmen nach einem authentischen Fall, bei dem einer Ihrer Lieferer Ware zu spät geliefert hat.

   b) Bereiten Sie Ihre Informationen mithilfe der Strukturgelenktechnik auf und fertigen Sie von dem Ergebnis eine Folie an.

   c) Formulieren Sie zusätzlich einen Ereignisbericht mithilfe folgender W-Fragen:
   - **Wann** geschah etwas?
   - **Wo** geschah es?
   - **Was** geschah?
   - **Wer** war an dem Geschehen beteiligt?
   - **Wie** kam es zu dem Ereignis?
   - **Warum** ist es zu dem Ereignis gekommen?
   - **Welche** wirtschaftlichen und rechtlichen Konsequenzen ergaben sich für die Beteiligten?

   Bei der Abfassung Ihres Berichts sollten in jedem Fall die vorhandenen rechtlichen Voraussetzungen und die von Ihrem Ausbildungsunternehmen in Anspruch genommenen Gewährleistungsrechte erwähnt und begründet werden.

   d) Präsentieren Sie die Fallstudie unter Verwendung der Ergebnisse aus Aufgabe b) und c) Ihren Klassenkameraden.

ZUSAMMENFASSUNG

Lieferungsverzug (Schuldnerverzug)
Nicht-Rechtzeitig-Lieferung = schuldhafte Nichtleistung trotz Fälligkeit und Mahnung

Voraussetzungen für den Eintritt

Fälligkeit
= Zeitpunkt, von dem an der Gläubiger die Lieferung verlangen kann

+

Mahnung
wenn der Liefertermin kalendermäßig nicht genau bestimmt ist.
Keine Mahnung ist erforderlich bei
- Fixgeschäften
- Leistungsverweigerung
- Zweckkäufen
- eilbedürftigen Pflichten

+

Nichtleistung
Die Nachholung der Leistung ist dennoch möglich.

+

Verschulden
Verzug ohne Verschulden
- bei Gattungsware
- bei Vertragsrücktritt
- beim Fixkauf

Lieferer haftet für fahrlässiges und vorsätzliches Handeln. Nicht zu vertreten hat er höhere Gewalt. Bei Gattungswaren (Schuldner trägt das Beschaffungsrisiko) liegt ein Verschulden grundsätzlich vor!

Rechte des Käufers

Ohne Nachfrist (vorrangig)

Bestehen auf nachträglicher Lieferung der Ware (Erfüllung des Vertrags)

und (falls nachweisbar)

Schadensersatz wegen Verzögerung (Verspätungsschaden; Schadensersatz neben der Leistung)

oder

Angemessene Frist setzen[1]

nach erfolglosem Ablauf der Nachfrist[2]

Rücktritt vom Vertrag (Verschulden ist nicht erforderlich)

und (falls nachweisbar)

Schadensersatz statt der Lieferung (Nichterfüllungsschaden)

wahlweise

Ersatz vergeblicher Aufwendungen

Schadensberechnung

abstrakt
Genauer Nachweis des Schadens ist nicht möglich, z. B. entgangener Gewinn aufgrund vermuteten Kundenausfalls

konkret
Höhe des Schadens wird genau nachgewiesen, z. B. Mehrpreis beim Deckungskauf oder Überstundenzuschläge

zu vermeiden durch zuvor vereinbarte

Konventionalstrafe
zu zahlen, sobald der Lieferer den Liefertermin überschritten hat

1 Das Setzen einer Nachfrist ist gleichzeitig mit der ersten Mahnung möglich.

2 Nachfristsetzung ist beim Rücktritt oder dem Schadensersatz statt Lieferung immer notwendig, auch wenn der Liefertermin genau bestimmbar ist. Die Nachfristsetzung entfällt allerdings beim Fix- und Zweckkauf sowie bei Selbstinverzugsetzung.

222268104

KAPITEL 5

Wir erfüllen im Lager verschiedene Aufgaben

Anja Maibaum ist im Rahmen ihrer Ausbildung seit Kurzem im Zentrallager eingesetzt. Mittlerweile hat sie dort schon verschiedene Tätigkeiten durchgeführt. Ihr Ausbilder, Herr Hintermeier, weist sie auf die Bedeutung von Lagern für Einzelhandelsunternehmen hin. Sie erfüllen für diese verschiedene Aufgaben.

Im Zentrallager werden die Waren an einem Ort gelagert.

1. Führen Sie auf, welche Funktionen Lager im Einzelhandel erfüllen.
2. Unterscheiden Sie am Beispiel Ihres Ausbildungsunternehmens Verkaufs- und Reservelager.
3. Suchen Sie Beispiele für Waren Ihres Ausbildungssortiments, bei denen das Lager
   a) die Zeitspanne zwischen Ein- und Verkauf überbrückt,
   b) der Umformung bzw. Pflege von Waren dient.

INFORMATION

Lagerhaltung

Unter einem Lager versteht man den Ort, an dem die Ware auf Vorrat aufbewahrt wird.

Kaum ein Einzelhändler ist in der glücklichen Lage, jede gerade gelieferte Ware sofort wieder verkaufen zu können. Da der Einzelhändler die Nachfrage der Verbraucher nicht vorhersehen kann, ist es nahezu unmöglich, die Beschaffung und den Absatz von Waren zeitlich und mengenmäßig genau aufeinander abzustimmen. Es gelingt einem Einzelhandelsbetrieb fast nie, nur so viel einzukaufen, wie für den Verkauf gerade benötigt wird. Daraus ergibt sich die Notwendigkeit der Lagerhaltung, die Spannungen zwischen Wareneinkauf und -verkauf möglichst vermeiden soll.

Lagerarten

Lager findet man im Einzelhandel in unterschiedlichen Formen und Größen. Grundsätzlich kann man aber zwei Arten von Lagern unterscheiden:

- das Verkaufslager und
- das Reservelager.

Die meiste Ware wird dort gelagert, wo sie dem Kunden angeboten wird. Jeder Einzelhandelsbetrieb benutzt also seine Verkaufsräume als sogenanntes **Verkaufslager.** Hier werden die Artikel verkaufsbereit gehalten. In Geschäften mit Vorwahl oder Selbstbedienung ermöglicht das Verkaufslager dem Verbraucher sogar einen unmittelbaren Zugriff auf die Ware. Die Anordnung der Artikel im Verkaufslager hat nach den Gesichtspunkten der Werbung zu erfolgen, da gerade hier der Kunde mit der Ware in engen Kontakt kommt.

Ein **Reservelager** findet man meist in der Nähe der Verkaufsräume. Hauptaufgabe dieser Lagerart ist die schnelle Ergänzung der Bestände im Verkaufslager. Hier werden aber auch Arbeiten durchgeführt, die den Verkauf stören würden: Die Ware wird angenommen, ausgepackt, geprüft, ausgezeichnet und gelagert, bis sie im Verkaufslager benötigt wird.

Ein kleines Reservelager hinter den Verkaufsräumen

Aufgaben der Lagerhaltung

Hauptziel der Lagerhaltung ist der Ausgleich zwischen Beschaffung und Absatz von Waren. In diesem Zusammenhang erfüllt das Lager verschiedene Aufgaben.

Lagerarten Gerade in großen Lagern des Einzelhandels (z. B. Zentrallager) kann man unterschiedliche Arten der Lagerhaltung unterscheiden:				
Nach dem Ort der Aufbewahrung	**Nach dem Grad der Aufteilung der Lagergüter**	**Nach ihrer Aufgabe**	**Nach Bauformen**	**Spezielle Lager**
• **Eigenlager** Lagerung in eigenen Geschäftsräumen • **Fremdlager** Lagerung bei fremden Unternehmen	• **Zentrales Lager** Lagerung der Waren an einem Ort • **Dezentrales Lager** Verteilung der Waren auf verschiedene Lager	• **Vorratslager** hohe Speicherkapazität für die Aufnahme von Waren • **Umschlagslager** Zwischenlagerung für den Wechsel von Transportmittel zu Transportmittel	• **Freilager** Lagerung im Außenbereich • **Flachlager** bis max. 7 m Höhe • **Etagenlager** Flachlager auf mehreren Stockwerken • **Hochflachlager** bis max. 12 m • **Hochregallager** von 12 m bis 45 m • **Bunker-/Silo-/Tanklager** spezielle Speicherbehältnisse zur Lagerung von Schüttgütern, Flüssigkeiten oder Gasen	• **Reservelager** Aufnahme von Sicherheitsbeständen zur Aufrechterhaltung der Verkaufsbereitschaft • **Wareneingangslager** Hier werden Waren gelagert, die noch nicht für die eigentliche Lagerung freigegeben worden sind. • **Kühllager** Aufbewahrung wärmeempfindlicher Waren • **Sonderlager durch gesetzliche Bestimmungen**

Sicherung der Verkaufsbereitschaft

Waren werden im Lager bereitgehalten, um die Verbraucher sofort und bedarfsgerecht versorgen zu können. Die Aufrechterhaltung des Verkaufsprozesses wird abgesichert: Das Lager soll also einerseits verhindern, dass Schwierigkeiten bei der Beschaffung von Waren (wie z. B. Lieferverzögerungen oder Transportschwierigkeiten) die Verkaufsbereitschaft stören. Andererseits werden aber auch Artikel auf Vorrat gehalten, um Nachfrageschwankungen abzufangen. Solche Unregelmäßigkeiten im Verkauf können aus modischen, saisonalen oder konjunkturellen Gründen auftreten.

Überbrückung der Zeit

Wenn Einkauf und Verkauf der Waren auseinanderfallen, dient das Lager dazu, die Zeit so lange zu überbrücken, bis die Waren vom Kunden benötigt werden. Das Lager ermöglicht also den zeitlichen Ausgleich zwischen Beschaffung und Absatz.

BEISPIEL

Bestimmte Waren können nur zu bestimmten Jahreszeiten beschafft werden, der Verkauf muss aber ganzjährig stattfinden (z. B. Obst und Gemüse).

Ausnutzung von Preisvorteilen

Das Lager ermöglicht Preis- und Kostenvorteile wahrzunehmen, die der Beschaffungsmarkt bietet. Sehr oft liegen die Preise der Lieferer niedriger, wenn die Nachfrage zu bestimmten Zeiten nicht so groß ist. Dann empfiehlt es sich für den Einzelhandel, die Waren günstig einzukaufen und auf Vorrat zu nehmen. Aber auch die Vorteile des Großeinkaufs kann man durch ein Lager nutzen. Die Einkaufspreise können sich erheblich verringern durch Mengenrabatte, die dem Einzelhandel gewährt werden. Oft erreicht man überdies durch den Einkauf größerer Mengen, dass die Verpackungs- oder Beförderungskosten sinken oder ganz vom Lieferer übernommen werden.

Pflege und Umformung von Waren

Eine weitere Aufgabe der Lagerhaltung ist die zweckmäßige Behandlung und Pflege der Ware, durch die deren Gebrauchsfähigkeit erhalten wird. Darüber hinaus wird im Lager oft noch nicht verwendungsfähige Ware in einen verkaufsfähigen Zustand gebracht. Hier finden Umpack-, Umfüll-, Misch- und Sortiervorgänge statt. Um den Kunden beispielsweise eine große Auswahl zu bieten, wird die Ware in den vom Verbraucher gewünschten Mengen bereitgestellt.

BEISPIEL

Tee wird im Lager in 1 000-kg-Säcken angeliefert und in kundenfreundliche 500-g-, 250-g- und 100-g-Tüten umgepackt.

Veredelung von Waren

In seltenen Fällen soll im Lager eine qualitative Veränderung der Ware bewirkt werden. So wird dort Obst aufbewahrt, um zu reifen. Wein gewinnt an Wert, wenn er sorgsam gelagert wird.

AUFGABEN

1. Warum sind Lager im Einzelhandel notwendig?
2. Was versteht man unter einem Lager?
3. Welche Lagerarten unterscheidet man im Einzelhandel?
4. Welche Aufgaben erfüllt das Lager im Einzelhandel?
5. In welcher Form hat Ihr Ausbildungsbetrieb Verkaufs- und Reservelager?
6. Erläutern Sie, ob bzw. wie in Ihrem Ausbildungsbetrieb Ware behandelt oder veredelt wird.
7. Finden Sie Beispiele für Umpack-, Umfüll-, Misch- und Sortiervorgänge in Einzelhandelsunternehmen.
8. Welche Aufgabe erfüllt das Zentrallager der Ambiente Warenhaus AG in den folgenden Fällen?
   a) Schon im August werden Schokoladenweihnachtsmänner gelagert.
   b) Emmentaler-Käselaibe werden in Scheiben geschnitten und in 100-g-Plastikpackungen verpackt.
   c) Vor den Weihnachtsfeiertagen werden bei vielen Warengruppen die Bestände erhöht.
   d) Gleich nach der Herstellung werden verschiedene Weinsorten bei den Erzeugern gekauft und auf Lager genommen.
   e) Aufgrund des Brandes bei dem weltweit führenden Prozessorhersteller wird mit einer Verknappung und damit Verteuerung der Prozessoren gerechnet, was nach Ansicht der Einkäufer der Ambiente Warenhaus AG zu einer Erhöhung der Einkaufspreise von Computern führen wird. Da gerade ein günstiges Angebot einer taiwanesischen Firma vorliegt, die sofort liefern kann, kauft man 200 Laptops sowie 400 Computer.

AKTIONEN

1. Schreiben Sie einen Fachbericht mit dem Thema „Unser Lager".

   Dem Fachbericht soll mindestens entnommen werden können, welche Lagerarten Ihr Ausbildungsbetrieb hat und welche Aufgaben das Lager für Ihren Betrieb erfüllt. Dabei kommt es vor allem auf die jeweilige Begründung an.
2. Lager im Einzelhandel sind in der Regel entweder Verkaufslager oder Reservelager. Es gibt daneben noch andere Lager:
   - Fremdlager
   - Wareneingangslager
   - Hochregallager

   Klären Sie diese Begriffe mithilfe einer Internetrecherche.
3. Erstellen Sie eine Wandzeitung. Sie soll am Beispiel eines Artikels aus Ihrem Ausbildungssortiment anschaulich erläutern, wie das Lager verschiedene Aufgaben erfüllt. Bereiten Sie sich darauf vor, dies zu präsentieren.
4. Um optimal – z. B. für Klassenarbeiten in der Berufsschule – lernen zu können, müssen Sie Ihren Arbeitsplatz so gestalten, dass dort optimal gearbeitet werden kann. Das gilt natürlich erst recht für jeden beruflichen Arbeitsplatz.

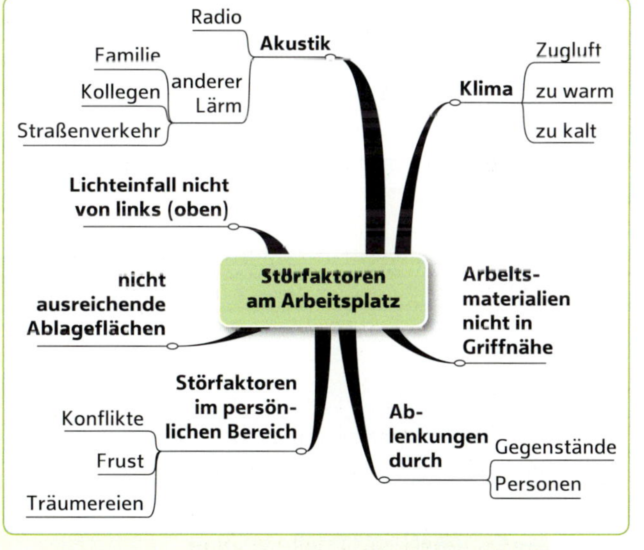

Versuchen Sie daher, jeden Störfaktor am Arbeitsplatz auszuschalten:

a) Überprüfen Sie, ob einer der vorgestellten Störfaktoren bei Ihnen am Arbeitsplatz vorkommt.
b) Überlegen Sie, ob das bei Ihnen negative Folgen gehabt haben könnte bzw. hat.
c) Versuchen Sie eine mögliche Lösung zu finden.

ZUSAMMENFASSUNG

Lager = Ort, wo die Ware aufbewahrt wird

Aufgaben des Lagers

Sicherung der Verkaufsbereitschaft	Überbrückung der Zeit	Ausnutzung von Preisvorteilen	Pflege und Behandlung der Ware	Veredelung
Das Lager gewährleistet eine optimale Belieferung des Kunden.	Das Lager ermöglicht den Zeitausgleich zwischen Einkauf und Verkauf.	Das Lager ermöglicht günstige Einkäufe.	Im Lager wird die Ware verkaufsfertig.	Im Lager gewinnt die Ware an Qualität.

Lagerarten

Verkaufslager	Reservelager
Die Ware wird in den Verkaufsräumen gelagert und dargeboten.	Ein weiteres Lager, das der schnellen Auffüllung des Verkaufslagers dient.

KAPITEL 6
Wir beachten allgemeingültige Grundsätze bei der Arbeit im Lager

Lagerleiter Hintermeier berichtet Anja Maibaum aus der Gründungszeit des Unternehmens:

„Damals hatten wir einige Schwierigkeiten. Unser Lager war zunächst einmal sehr klein. Ein Teil der Ware musste in den Kellerräumen eines anderen Gebäudes untergebracht werden. Auf der ungesicherten Kellertreppe kam es zu zwei Arbeitsunfällen. Oft musste Ware gesucht werden, weil wir nicht wussten, wo benötigte Artikel standen. Wertvolle Ware wurde offen in den Regalen aufbewahrt ...“

1. Stellen Sie fest, welche Gesichtspunkte bei der Lagerung von Waren beachtet werden müssen.
2. Geben Sie an, welche Tätigkeiten üblicherweise in Ihrem Lager durchgeführt werden.

INFORMATION

Um die Unternehmensziele zu erreichen, werden im Lager von Einzelhandelsunternehmen unterschiedliche Tätigkeiten durchgeführt.

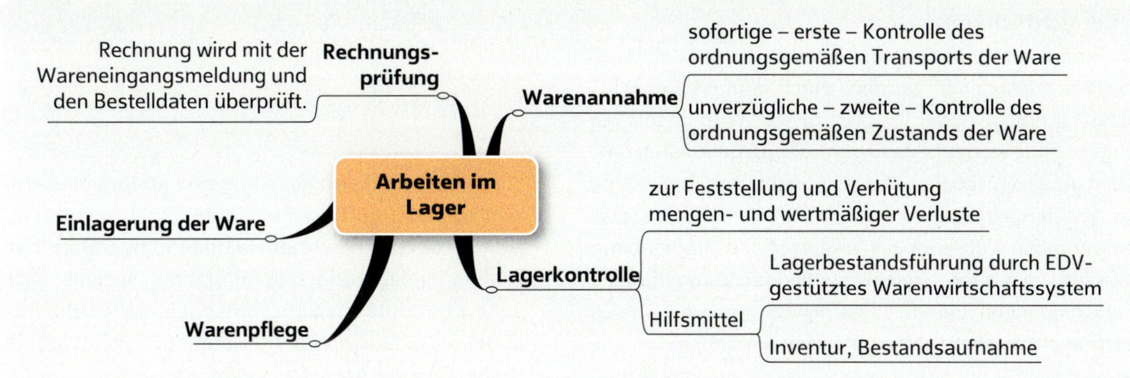

Ordnungsgemäße Durchführung aller im Zentrallager anfallenden Tätigkeiten

Die Lagerführung ist eine wesentliche Aufgabe vor allem der großen Zentrallager von Einzelhandelsunternehmen. Das Lager muss daher so organisiert sein, dass alle dort normalerweise anfallenden Vorgänge des Warenhandlings (Warenhandhabung) ordnungsgemäß durchgeführt werden können. Im Rahmen des Warendurchlaufs durch den Betrieb fallen folgende Tätigkeiten im Lager an:

Warenannahme und Eingangskontrolle

In fast allen Einzelhandlungen – mit Ausnahme der reinen Streckeneinzelhandlungen – wird eine Annahme der vom Lieferer ankommenden Waren durchgeführt. Das Personal des Einzelhandelsunternehmens hat die eintreffende Ware in der betrieblichen Anlieferzone zu übernehmen. Die nächsten im Lager zu organisierenden Schritte sind die zwei Wareneingangskontrollen.

Physische Lagerführung

Im Einzelhandel stellt die Lagerführung eine wesentliche Handelsfunktion dar. Dazu gehören im engeren Sinn die Teilaufgaben der

- Einlagerung der gelieferten Ware,
- eigentlichen Lagerhaltung,
- Warenpflege,
- körperlichen Inventurdurchführung.

Aufgrund der erheblichen Durchflussmengen an Waren im Einzelhandel können diese Handelsaufgaben nur noch bei Anwendung einer spezialisierten Technik (u. a. EDV-gestützte Warenwirtschaftssysteme) und Organisation wirtschaftlich bewältigt werden.

Kommissionierung

Kommissionieren bedeutet das Zusammenstellen von Aufträgen. Die zum Beispiel von Filialen benötigten Waren müssen im Lager gesammelt und bis zum Versandplatz transportiert werden.

Warenmanipulation

Sehr häufig müssen im Lager Tätigkeiten durchgeführt werden, um die Verwendungsreife der Waren zu erhöhen oder zu erhalten.

BEISPIELE

- Reifelagerung (Wein, Cognac)
- Mischung (Futtermittel, Tee)
- Vorverpackung (Obst, Gemüse)
- Sortierung (landwirtschaftliche Produkte)

Aufgrund der Vielzahl der Manipulationsvorgänge im Einzelhandel ergibt sich eine hohe Regelungsbedürftigkeit.

Lagergrundsätze

Damit die Aufgaben der Lagerhaltung optimal erfüllt werden können, müssen bei der Einrichtung und der Durchführung der Lagerhaltung bestimmte allgemeingültige Grundsätze beachtet werden.

Geräumigkeit

Das Lager sollte groß genug sein. Im Einzelhandel werden dort Waren angenommen, ausgepackt und geprüft. Anschließend sollen die Waren eventuell noch sortiert, abgepackt, umgefüllt oder abgewogen werden. Schließlich müssen die Artikel mühelos entnommen und transportiert werden können. Für all diese Arbeiten wird ausreichend

Platz benötigt. Ein zu enges oder zu kleines Lager würde zusätzliche Kosten durch Zeitverlust verursachen. Außerdem wäre der rationelle Einsatz von maschinellen Hilfsmitteln wie z. B. Gabelstaplern nicht möglich.

Übersichtlichkeit

Oft können im Einzelhandel Vorteile, die beim Einkauf der Ware gewonnen wurden, durch eine unübersichtliche Lagerung wieder verloren gehen. Wird in solchen Lagern ohne vorgeplante Lagerordnung gearbeitet, entsteht oft ein erhebliches Durcheinander. Das Lager sollte so gestaltet werden, dass die Ware schnell und sicher aufgefunden werden kann. In diesem Zusammenhang müssen im Lager eines Einzelhandelsunternehmens Entscheidungen über die Lagerplatzzuordnung und das Verbrauchsfolgeverfahren getroffen werden.

In einem unordentlichen Lager geht die Übersichtlichkeit verloren.

Ziel einer optimalen **Lagerplatzzuordnung** ist es, den einzelnen Artikeln jenen Lagerort zuzuordnen, der die gesamten Kosten des Warenflusses zwischen Ein- und Auslagerung minimiert. Es werden zwei Methoden unterschieden:

- Bei der **festen Lagerplatzzuordnung** ist stets jedem Artikel ein fester Lagerort zugewiesen. Der Platzbedarf orientiert sich dabei am Höchstbestand, weswegen ein hoher Raumbedarf anfällt. Die im Lager zu führenden Güter werden nach einem systematischen Lagerplatznummernsystem platziert. Dabei kann ein Lagerplatz in etwa wie folgt gekennzeichnet sein:

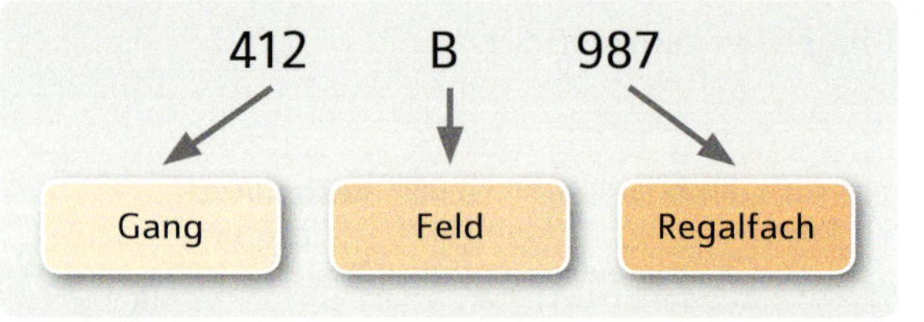

Vorteilhaft wirkt sich aus, dass eine große Übersichtlichkeit und Zugriffssicherheit im Lager besteht: Da jeder Artikel seinen angestammten Lagerplatz hat, können Einlagerung und Entnahme notfalls auch ohne EDV-Unterstützung durchgeführt werden. Es findet oft ein Lagerplan Anwendung. Er zeigt an, wo ein bestimmter Artikel zu finden ist.

- Bei der **chaotischen Lagerplatzzuordnung** wird jede Ware dort eingelagert, wo zufällig ein genügend großer Platz frei ist. Diese Form der Lagerung verfolgt das Ziel einer optimalen Ausnutzung der Lagerkapazität. Da es letztlich vom Zufall abhängt, welchen Lagerplatz ein Artikel erhält, kann gleiche Ware an weit auseinanderliegenden Stellen gelagert sein. Diese Form der Lagerordnung erfordert durch die große Anzahl von Lagerplätzen den Einsatz der EDV zur Steuerung der Kontrolle von Ein- und Auslagerung.

Im Rahmen der **Verbrauchsfolgeverfahren** wird die Reihenfolge der Güter bei den Einlagerungs- und Auslagerungsprozessen festgelegt. Die beiden wichtigsten Verfahren sind:

- **Fifo: „First in – first out"**
  Wenn nicht bestimmte Gründe dazu führen, ein anderes Verfahren zu verwenden, sollte der Einzelhandel stets das Prinzip „first in – first out" beachten: Um Veralterung und Verderb bzw. Ladenhüter zu vermeiden, sollten die zuerst eingelagerten Waren auch zuerst ausgelagert werden.

- **Lifo: „Last in – first out"**
  In einigen Fällen ist es empfehlenswert, die zuletzt eingelagerten Vorräte zuerst auszulagern, um einen

schnellen Zugriff zu ermöglichen. Das Lifo-Verfahren wird in der Regel nur bei Schüttgütern wie Kohle oder Getreide angewandt, im Einzelhandel also eher selten.

Artgemäße Lagerung

Oft kommt es zu erheblichen Lagerverlusten, weil die Ware nicht immer sachgerecht behandelt wird. Einige Waren haben bestimmte Eigenschaften, auf die man bei der Lagerung Rücksicht nehmen muss. Sind die Lagerbedingungen den Eigenschaften der Ware angepasst, dann wird ihr Alterungsprozess verzögert. Deshalb muss die Ware – je nach ihrer Beschaffenheit – geschützt werden vor:

- **Licht**
  Insbesondere die unmittelbar einfallenden Sonnenstrahlen wirken schädlich auf verschiedene Materialien wie beispielsweise auf Papiere, Bücher, bestimmte Nahrungsmittel, Gummi und Gummierzeugnisse, bunte Gewebe. Als Maßnahme empfiehlt sich eine Abdeckung bzw. Abdunklung.
- **Schädlingen**
  Verschiedene Insekten können Ware durch Verunreinigung, Fressen oder Nagen unbrauchbar machen. Ein Schutz wird erreicht durch strengste Sauberhaltung des Lagers. Darüber hinaus können chemische Mittel eingesetzt werden.
- **Geschmacksverlust oder -übertragung**
  Bestimmte Artikel (Käse, Wurst, Butter, Tee, Kaffee, Kakao usw.) können artfremde Gerüche annehmen. Um eine Geschmacksübertragung zu verhindern, sollten gefährdete Artikel getrennt aufbewahrt werden.
- **Wärme**
  Verschiedene Lebensmittel (Fleisch, Wurst, Fisch, Milchprodukte, Gemüse, Obst) müssen beispielsweise in Kühlräumen vor höheren Temperaturen geschützt werden.
- **Feuchtigkeit**
  Bücher, Papiere, Leder, Metall- und Holzartikel sowie bestimmte Lebensmittel reagieren empfindlich auf Nässe und Feuchtigkeit. Derart gefährdete Artikel sollten isoliert werden.
- **Austrocknung**
  Artikel wie Käse, Tabak, Gummi, Wolle usw. verlieren an Wert, wenn sich der Feuchtigkeitsgehalt im Material verringert. Abhilfe kann eine Klimaanlage schaffen.

Warenpflege als ständige Aufgabe im Einzelhandel

Die gelagerten Waren stellen Vermögenswerte dar. Um Verderb und Beschädigungen zu vermeiden, müssen sie gepflegt werden. Die Warenpflege gehört zu den täglich anfallenden Aufgaben der im Einzelhandel Beschäftigten. Die Warenpflege umfasst alle Arbeiten, um die Waren in einen verkaufsfähigen Zustand zu versetzen bzw. zu erhalten. Aufgaben im Rahmen der Warenpflege sind:

- Verbesserung der Umschlagshäufigkeit und Vermeidung von Bevorratungslücken

BEISPIELE

- Ständige Bestandskontrolle, damit keine Lücken entstehen.
- Kommt es dennoch einmal zu Lücken aufgrund fehlender Ware, sollte der Warenträger dennoch „vorübergehend" mit vorhandener Ware gefüllt werden – aber wirklich nur, bis der Fehlbestand behoben ist.

- Bestandsauffüllung (Nachfüllen)

BEISPIELE

- Die Warenanordnung beim Nachfüllen beibehalten.
- Waren übersichtlich stapeln, aneinanderreihen, auf Haken hängen.
- Stets das Packungsbild aus der Sicht des Kunden nach vorne platzieren.
- Mit Grifflücken den Kunden einladen und bequemes Entnehmen ermöglichen.

- Gewährleistung eines angemessenen Erscheinungsbildes des Angebots

BEISPIELE

- Nur einwandfreie Ware in die Warenträger bringen.
- Ware ständig auf Beschädigungen prüfen.
- Beschädigte oder verdorbene Ware aussortieren.
- Ware nur in der angemessenen Sauberkeit anbieten.
- Ware reinigen bzw. entstauben.
- Überprüfung von Ware auf Überschreitung des Verfalldatums und evtl. aussortieren.
- Überprüfung der Ware auf korrekte Preisauszeichnung.

Sachgerechte Lagereinrichtung

Eine grundlegende Aufgabe des Lagers besteht darin, alle Artikel so aufzubewahren, dass sie nicht beschädigt werden und dass alle Lagertätigkeiten reibungslos und wirtschaftlich ausgeführt werden können. Zu diesem Zweck ist jedes Lager mit verschiedenen Einrichtungen ausgestattet. Unter Lagereinrichtungen werden alle Hilfsmittel verstanden, die zum Aufbewahren der Artikel dienen. Jeder Einzelhändler weiß, dass die Wirtschaftlichkeit der Lagereinrichtung weniger von den Anschaffungskosten abhängig ist als vielmehr von der zweckmäßigen Planung, der leichten Bedienbarkeit und der Möglichkeit zum Umbauen.

Umweltschutz

Ein umweltbewusstes Lager muss so gestaltet sein, dass keine Stoffe bzw. Güter ungewollt – also durch Versickern, Abfließen oder Ausströmen – in die natürliche Umwelt gelangen. Um diese Anforderung zu erfüllen, können technische Maßnahmen (z. B. Auffangbecken, Verschalungen), aber auch organisatorische Maßnahmen (u. a. Einführung eines Überwachungssystems für eingehendes Gefahrgut) ergriffen werden.

Die Verordnung über die Vermeidung von Verpackungsabfällen (Verpackungsgesetz)
verpflichtet Hersteller und Vertreiber von Verpackungen zu deren Rücknahme und Verwertung[1].

Transportverpackungen[2]

sind Verpackungen, die im Handel verbleiben (B2B-Bereich), also nicht beim privaten Endverbraucher als Abfall anfallen, sondern beim Vertreiber. Sie dienen dazu, Waren auf dem Weg vom Hersteller zum Vertreiber (z. B. zum Einzelhändler) vor Schäden zu bewahren, die Handhabung und den Transport von Waren zu erleichtern sowie die Sicherheit des Transport zu gewährleisten.

BEISPIELE

- Container
- Versandkartons
- Versandpaletten

Umverpackungen

sind zusätzliche Umhüllungen um die Verkaufsverpackung, sozusagen als zweite Schicht ohne zusätzliche Schutzfunktion.
Sie sollen die Selbstbedienung erleichtern, Diebstähle erschweren oder für das Produkt werben.

BEISPIELE

- Schachteln um Cremetuben oder Flaschen
- Geschenkpapier um Packungen
- Karton um Zahnpastatube
- Klarsichtfolie um fünf einzeln verpackte Schokoriegel

Verkaufsverpackungen[3]

sind Verpackungen, die eine Ware unmittelbar umgeben. Sie werden dem privaten Endverbraucher als Verkaufseinheit aus Ware und Verpackung angeboten und verlieren erst beim Endverbraucher ihre Funktion.

BEISPIELE

- Joghurtbecher
- Dosen
- Flaschen
- Blister
- Zahnpastatuben
- Kanister

Die Sammlung dieser Verpackungen wird bundesweit von „Der Grüne Punkt – Duales System Deutschland (DSD)" über den gelben Sack organisiert.
Die Kosten des Rücknahmesystems sind im Warenverkaufspreis enthalten.
Der „Grüne Punkt" ist kein Umweltzeichen, sondern ein Zeichen für zu verwertende Einwegverpackungen.
Verkaufsverpackungen tragen normalerweise den „Grünen Punkt" und gehören in die entsprechenden Glassammelcontainer, Altpapiersammlungen oder gelben Wertstoffsäcke.

1 Ausführliche Erläuterungen zum Verpackungsgesetz und den weiteren Verpackungsarten einschl. Getränke- und Mehrwegverpackungen sind nachzulesen im Band 1, Kapitel 5.8.

2 **Abgrenzung:** Versandverpackung ist das gesamte Verpackungsmaterial inklusive des Füllmaterials, das beim Endverbraucher zur Entsorgung anfällt, wie z.B. Strechtfolien, Umreifungsbänder, Füllmaterial uvm.

3 **Abgrenzung:** Serviceverpackung ist eine Verpackung, die erst beim Endverbraucher mit Ware befüllt wird, um die Übergabe an den Kunden zu ermöglichen oder zu unterstützen, wie z.B. Coffee-to-go Becher, Tüten für Gemüse uvm.

222268112

Rücknahmepflicht		
Hersteller und Handel sind verpflichtet, Transportverpackungen zurückzunehmen. Die Entsorgung erfolgt in Eigenregie. Kunden haben das Recht, Transportverpackungen (z. B. Kartons, Kunststoffbehältnisse und Folien) im Geschäft zurückzulassen oder bei Lieferung am Ort der Übergabe zurückzugeben.	Der Handel ist verpflichtet, Umverpackungen beim Verkauf der Ware an den Endverbraucher zu entfernen oder ihm die Möglichkeit einzuräumen, sie kostenlos zurückgeben zu können. An den Kassen muss auf diese Möglichkeit hingewiesen werden.	Hersteller und Handel sind grundsätzlich verpflichtet, Verkaufsverpackungen nach Gebrauch vom Endverbraucher kostenlos zurückzunehmen. und fachgerecht zu entsorgen. Verbraucher können diesen Abfall haushaltsnah über das Duale System entsorgen.

Sicherheit

Durch bestimmte Vorsorge- und Sicherungsmaßnahmen kann im Lager die Gefahr eines Brandes, eines Diebstahls oder eines Unfalls vermindert werden.

Jeder **Brand** im Lager würde einen erheblichen wirtschaftlichen Verlust verursachen, weil gerade dort große Warenmengen vorrätig sind. Aus diesem Grund ist die Feuersicherung eine wichtige Aufgabe. Die Mehrzahl der Brandursachen lässt sich völlig beseitigen, wenn die geltenden **Brandschutzvorschriften** genau eingehalten werden. Darüber hinaus können auch technische Brandschutzvorrichtungen wie Feuerlöscher, Sprinkler- und Alarmanlagen die Brandgefahr vermindern.

Einbrüche und Diebstähle werden erschwert, indem das Lager beispielsweise durch Schlösser und Stahltüren besonders gesichert wird. Weiterhin empfehlen sich Kontrollen und **Überwachungsmaßnahmen** (im Verkaufslager z. B. Fernsehanlagen und Spiegel). Besonders ist darauf zu achten, dass außer dem Lagerpersonal niemand das Reservelager betritt.

Die Arbeitsbedingungen im Lager müssen den Vorschriften des **Arbeitsschutzes** entsprechen. Die Mitarbeiter des Lagers müssen so umfassend wie möglich vor Einflüssen geschützt werden, die schädlich für ihre Gesundheit sind oder sie anderweitig gefährden können. Für die Unfallverhütung haben die Berufsgenossenschaften Unfallverhütungsvorschriften ausgearbeitet, zu deren Bekanntmachung der Arbeitgeber verpflichtet ist.

Die Unfallverhütungsvorschriften enthalten Regelungen über
- das Verhalten, das die Arbeitnehmer zur Verhütung von Arbeitsunfällen im Lager an den Tag legen sollen,
- Einrichtungen, Anordnungen und Maßnahmen, die die Arbeitgeber in den Betrieben zu treffen haben.

Die Sicherheitskennzeichnung im Lager weist auf mögliche Gefahren und Risiken hin.

BEISPIELE

Verbotszeichen

Feuer, offenes Licht und Rauchen verboten

Warnzeichen

Warnung vor gefährlicher elektrischer Spannung

Gebotszeichen

Schutzschuhe tragen

Rettungszeichen

Richtungsangabe zur Ersten Hilfe

Brandschutz

Eine große Bedeutung kommt der Vermeidung von Feuer im Lager zu. Brände, die den Warenvorrat eines Unternehmens vernichten, können schnell dessen Existenz gefährden.

Brände können entstehen, wenn drei Faktoren zusammenkommen:
- Sauerstoff ist vorhanden.
- Es muss ein brennbarer Stoff vorhanden sein. Dabei hängt die Gefahr der Brandentstehung von der chemischen Fähigkeit des Stoffes ab, sich mit Sauerstoff zu verbinden.
- Eine Zündquelle, durch die der brennbare Stoff auf seine Zündtemperatur erhitzt wird, ist gegeben.

Um Brände zu verhindern, wird bereits beim Bau von Lagern darauf geachtet, dass durch bauliche Einrichtungen die Entstehung von Bränden vermieden oder die Ausweitung von Bränden zumindest eingedämmt wird. Dieser **bauliche Brandschutz** sieht z. B. vor:

- den Einsatz nicht brennbarer Stoffe und von Feuerschutztüren,
- die Errichtung und Ausweisung von Flucht- und Rettungswegen,
- den Einbau von Brandmeldern und Feuerlöschanlagen.

Zum **allgemeinen Brandschutz** gehören Maßnahmen, die bei der täglichen Arbeit Brände zu vermeiden helfen:

- Es wird darauf geachtet, dass im Lager nicht geraucht wird.
- Regelmäßige Brandschutzübungen lassen einerseits mögliche Schwachstellen erkennen, machen andererseits die im Lager arbeitenden Personen mit dem richtigen Verhalten im Brandfall vertraut.
- Ganz wichtig ist es, dass keine Notausgänge bzw. Fluchtwege verstellt sind.

Im Brandfall ist das **richtige Verhalten** für den Erfolg der Rettungsmaßnahmen wichtig:

- Es ist unbedingt Ruhe zu bewahren. Eine Panik ist zu vermeiden.
- Betroffene Personen müssen sich selbst und andere in Sicherheit bringen:
  - sich über die Fluchtwege unverzüglich zu den Sammelstellen begeben,

Dieses Schild weist auf den Fluchtweg hin.

  - andere Personen warnen und mitnehmen,
  - Brandschutztüren schließen,
  - keine Aufzüge nutzen,
  - wenn eine Person in Brand gerät, mithilfe von Decken und Kleidungsstücken (Sauerstoffentzug!) einen Löschungsversuch vornehmen.

	Richtig	Falsch
Brand in Windrichtung angreifen!		
Flächenbrände vorn und unten beginnend ablöschen!		
Tropf- und Fließbrände von oben nach unten löschen!	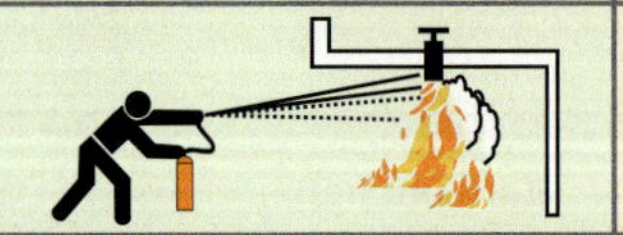	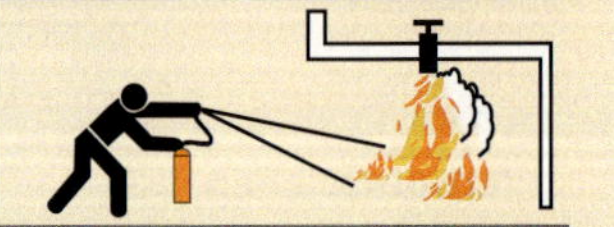
Wandbrände von unten nach oben löschen!	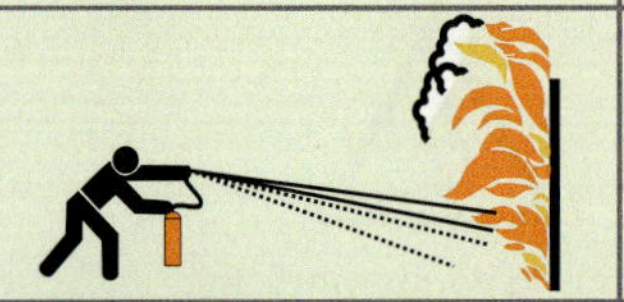	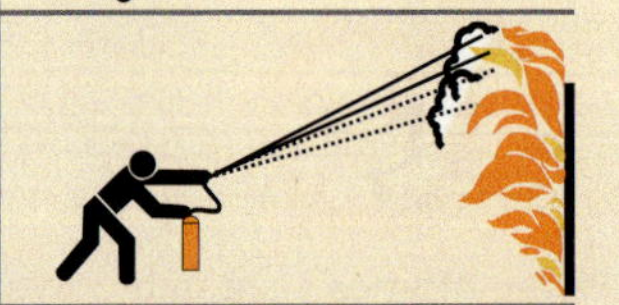
Ausreichend Feuerlöscher gleichzeitig einsetzen, nicht nacheinander!		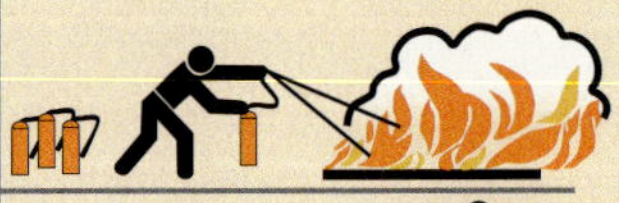
Rückzündung beachten!		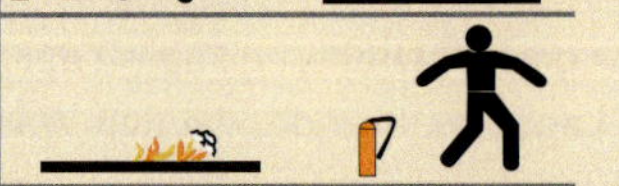
Nach Gebrauch Feuerlöscher nicht wieder an den Halter hängen. Neu füllen lassen!		

Bei der Brandbekämpfung geht es um jede Sekunde, die richtige Bedienung des Feuerlöschers ist äußerst wichtig.

Ein Feuermelder

- Die Feuerwehr muss über Feuermeldeeinrichtungen oder über den Notruf 112 alarmiert werden. Hilfreich sind dabei die folgenden vier Informationen:
  - Wo (Adresse) ist der Brand?
  - Was (Lager/Büro/Wohnhaus usw.) brennt?
  - Für wie viele Menschen besteht Gefahr?
  - Wer ist Melder des Brandes?
- Nur falls keine Gefahr mehr besteht, sind erste Löschmaßnahmen zu ergreifen.

AUFGABEN

1. Welche Arbeiten fallen typischerweise im Lager an?

2. Warum sollte ein Lager geräumig sein?

3. Wie kann ein übersichtliches Lager erreicht werden?

4. Was versteht man unter einer artgemäßen Lagerung von Waren?

5. Was gehört zur Warenpflege?

6. Wovor müssen die nachstehenden Waren geschützt werden?
- **a)** Papier
- **b)** Leder
- **c)** Käse
- **d)** Obst
- **e)** Tabak
- **f)** Filme
- **g)** Holz

7. Welche Maßnahmen unterstützen die Sicherheit im Lager?

8. Was ist unter chaotischer Warenlagerung zu verstehen?
- **a)** Bei der EDV-gestützten Warenlagerung erfolgt die Belegung des nächsten freien Regalplatzes durch das System.
- **b)** Wareneingänge können aufgrund geringer Lagerfläche nicht ordentlich erfasst werden.
- **c)** Das Warenvolumen ist so groß, dass keine systematische Lagerung mehr erfolgen kann.
- **d)** Die Warenlagerung erfolgt nur in Sortimentsgruppen.
- **e)** Die Warenlagerung erfolgt nach der Umschlagshäufigkeit der einzelnen Warengruppen.

9. Das Weihnachtsgeschäft steht vor der Tür. Für die großen Warenmengen, die deswegen eintreffen, wird im Lager der Ambiente Warenhaus AG sehr viel Platz benötigt. Bei welcher Verhaltensweise verstoßen die Mitarbeiter gegen einen der Grundsätze zur ordnungsgemäßen Lagerung?
- **a)** Sie lagern Kerzen nicht in der Nähe von Heizungen.
- **b)** Sie führen einen Lagerplan, um die Ware schneller wiederzufinden.
- **c)** Sie lagern die neue Ware hinter der älteren.
- **d)** Sie stellen neu eingetroffene Waren vor gleiche Artikel, um die Übersicht zu behalten.
- **e)** Sie decken Kleidungsstücke mit Folie ab, um sie vor Schmutz und Staub zu schützen.

10. Führen Sie drei Faktoren auf, die zusammenkommen müssen, damit Brände entstehen können.

11. Welche Maßnahmen gehören zum baulichen Brandschutz?

12. Erläutern Sie Maßnahmen des allgemeinen Brandschutzes.

13. Wie sollte man sich im Brandfall richtig verhalten?

14. Beurteilen Sie die folgenden Situationen:
- **a)** Im Lager der Spindler KG ist ein Brand entstanden. Frauke Schröder greift den Brand mit einem Feuerlöscher in Windrichtung an.
- **b)** Frauke Schröder bekommt nacheinander zwei weitere Feuerlöscher von zwei Kollegen gereicht, um den Brand weiter zu löschen.
- **c)** Bei einem Tropfbrand im Lager der Eggeling OHG wird von unten nach oben gelöscht.
- **d)** Ein Wandbrand in der Bauer GmbH wird von unten nach oben gelöscht.

AKTIONEN

1. a) Suchen Sie mithilfe der Kopfstandmethode Fehler, die man bei Tätigkeiten im Lager machen kann, bzw. Dinge, die dort schiefgehen können.
   b) Formulieren Sie für jeden gefundenen Fehler einen Oberbegriff, der ein positives Vorgehen kennzeichnet.
2. Führen Sie in Partnerarbeit/Gruppenarbeit eine Internetrecherche durch. Sammeln Sie Informationen über Sicherheitskennzeichnungen im Lager.
3. Erstellen Sie anschließend ein Wandplakat, das jeweils mindestens fünf
   - Verbotszeichen,
   - Gebotszeichen,
   - Warnzeichen,
   - Rettungszeichen

   und entsprechende Erläuterungen dazu enthält.
4. In dieser Aktion geht es darum, wie Sie eventuell effizienter lernen können.
   a) Schauen Sie sich mit Ihrem Partner die unten stehende Mindmap an.
   b) Überlegen Sie mit Ihrem Partner, wo Sie schon mit einem der Hinweise positive Lernerfahrungen gemacht haben.

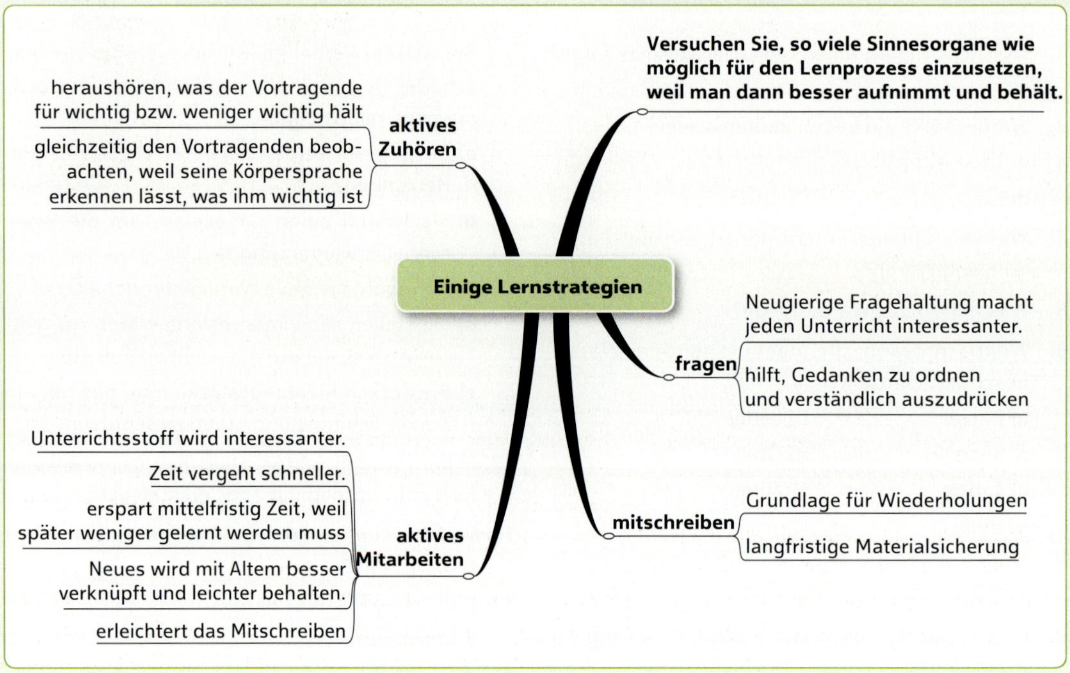

ZUSAMMENFASSUNG

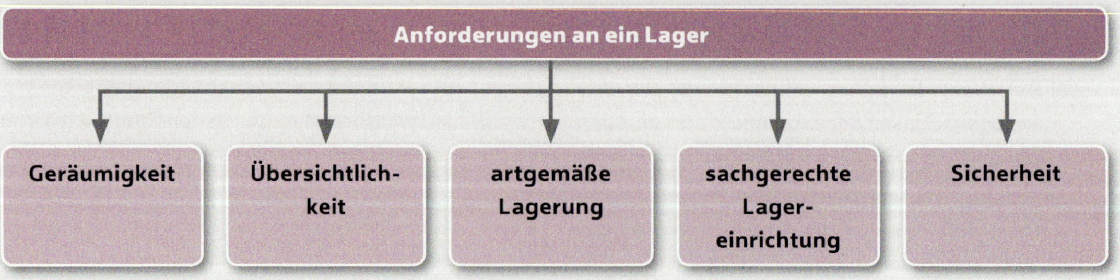

KAPITEL 7

Wir versuchen uns im Lager immer dem optimalen Lagerbestand zu nähern

Der Lagerleiter, Herr Hintermeier, und der Leiter der Einkaufsabteilung, Herr Schneider, sind unterschiedlicher Meinung:

Herr Schneider: „Aufgrund des vorhergesagten schönen Wetters ist mit einer verstärkten Nachfrage der Verbraucher zu rechnen. Wir wollen jeden möglichen Gewinn mitnehmen. Deshalb haben wir erheblich mehr als üblich bestellt."

Herr Hintermeier: „Aber wir haben keinen Platz mehr im Lager. Wo soll ich die Ware unterbringen?"

Herr Schneider: „In der Nachbarschaft ist doch ein Lagerraum frei."

Herr Hintermeier: „Das bedeutet aber zusätzliche Kosten."

1. Führen Sie auf, welche Kosten für einen zusätzlichen Lagerraum in der Nachbarschaft anfallen könnten.
2. Begründen Sie, wer von beiden recht hat.

INFORMATION

Der optimale Lagerbestand

Das Hauptproblem im Rahmen der Lagerhaltung ist die Ermittlung des optimalen Lagerbestands. Darunter versteht man den für den Einzelhandelsbetrieb günstigsten Lagervorrat. Er muss einerseits aus Kostengründen so klein wie möglich gehalten werden. Andererseits muss er aber auch groß genug sein, um die Lieferbereitschaft aufrechterhalten zu können. Optimal ist ein Lagerbestand dann, wenn die Nachteile eines zu großen sowie die eines zu niedrigen Lagerbestands vermieden werden können.

Nachteile eines unangemessenen Lagerbestands

Ein **zu großer Lagerbestand** würde zu unnötig hohen Lagerkosten führen. Eventuell müssten neue Lagerräume angemietet werden, neues Personal wäre einzustellen. Darüber hinaus besteht die Gefahr einer Wertminderung der Bestände. Liegt die Ware zu lange auf Lager, kann sie veralten, unmodern werden oder verderben. Auch darf der Einzelhändler nicht übersehen, dass er in dem hohen Warenvorrat Geld angelegt hat, das er anderswo im Betrieb hätte besser gebrauchen

Lagerkosten

Kosten für die Lagerbestände
- Zinsen für das in den Lagerbeständen gebundene Kapital
- Prämien für die Versicherung der Lagerbestände
- Wertminderung der Warenvorräte durch Diebstahl, Schwund, Veralten und Verderb

Kosten für die Lagerausstattung
- Raumkosten
- Instandhaltung, Strom, Heizung
- Abschreibungen auf Gebäude und Einrichtungen
- Verzinsung des Kapitals, das in Gebäude und Einrichtung investiert wurde

Kosten für die Lagerverwaltung
- Löhne und Gehälter des Lagerpersonals
- Büromaterial für die Lagerverwaltung

können. Da er dieses gebundene Kapital („totes Kapital“) überdies nicht gewinnbringend bei einer Bank anlegen kann, entgehen ihm mögliche Zinseinnahmen.

Bei einem **zu kleinen Lagerbestand** könnte der Fall eintreten, dass der Kunde Waren, die er benötigt, nicht kaufen kann. Abgesehen von dem entgangenen Gewinn besteht für den Betrieb die Gefahr, dass der Kunde in Zukunft andere Unternehmen bevorzugt. Ein weiterer möglicher Nachteil eines zu kleinen Lagerbestands sind höhere Kosten beim Bezug kleinerer Mengen. Kauft ein Einzelhändler nur eine geringe Stückzahl eines Artikels, muss er eventuell auf Mengenrabatt verzichten.

Der Einzelhändler und der optimale Lagerbestand

Der optimale, d.h. den gegebenen Umständen nach „beste“, Lagervorrat ist abhängig von der Marktlage, den Transportverhältnissen und auch von der Leistungsfähigkeit des Lieferers. Je besser diese Voraussetzungen sind, umso kleiner kann der Lagerbestand sein, da ja jederzeit nachgekauft werden kann. Der optimale Lagerbestand lässt sich nicht eindeutig berechnen, weil der Einzelhändler die Nachfrage der Verbraucher nicht voraussehen kann. Er wird aber immer versuchen, im Lager so wirtschaftlich wie möglich zu planen und sich damit weitgehend dem optimalen Lagerbestand anzunähern. Dazu müssen jedoch die Bestände ständig kontrolliert (vgl. Seite 120ff.) und Lagerkennzahlen (vgl. Seite 126ff.) gebildet werden.

Risiken der Lagerhaltung

Der optimale Lagerbestand gleicht nicht nur die Nachteile eines zu großen mit den Nachteilen eines zu kleinen Lagerbestands aus. Hier fallen auch die Risiken der Lagerhaltung in einem vertretbaren Ausmaß an.

Jedes Warenlager birgt Risiken, die durch keine Versicherung abzudecken sind. Deshalb müssen die Mitarbeiter im Einzelhandel darauf achten, diese Risiken gering zu halten.

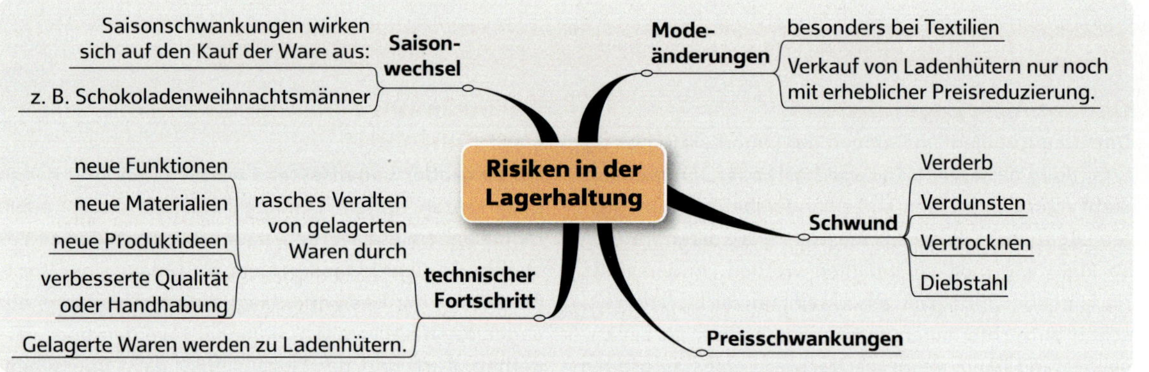

AUFGABEN

1. Was versteht man unter dem optimalen Lagerbestand?
2. Welche Nachteile hat ein zu großer Lagerbestand?
3. Welche Nachteile hat ein zu kleiner Lagerbestand?
4. Nennen Sie Beispiele für Lagerkosten.
5. Warum lässt sich der optimale Lagerbestand nicht eindeutig ermitteln?
6. Erläutern Sie den Begriff „totes Kapital“ in Zusammenhang mit den Lagerbeständen.
7. Welche Aussage über den optimalen Lagerbestand ist richtig?
   a) Der optimale Lagerbestand ermöglicht das Ausnutzen der günstigsten Einkaufskonditionen.
   b) Beim optimalen Lagerbestand werden Vergleiche zwischen Soll- und Ist-Beständen überflüssig.
   c) Der optimale Lagerbestand ermöglicht die größte Wirtschaftlichkeit der Lagerhaltung.
   d) Bei Erreichen des optimalen Lagerbestands muss neue Ware bestellt werden.
   e) Beim optimalen Lagerbestand ist die Umschlagshäufigkeit am geringsten.
8. Welche Kostenart müssen Sie den Lagerkosten zuordnen?
   a) Kosten für die Zustellungen von Waren an Ihre Kunden
   b) Schutzverpackungen bei bestimmten Warengattungen

222268118

c) Zinsen für das im Warenbestand gebundene Kapital
d) Entsorgungskosten von Batterien bzw. Sondermüll
e) Bezugskosten der Hausfracht bei Warenanlieferungen

AKTIONEN

1. Erstellen Sie eine PowerPoint-Präsentation, die die Kosten vorstellt, die im Lager vorkommen. Die einzelnen Kostenarten sollen durch entsprechende Abbildungen visualisiert werden.
2. Erstellen Sie zu dem unten stehenden Text, der die Problematik des optimalen Lagerbestands zusammenfasst, eine Mindmap.
3. Untersuchen Sie die GuV-Rechnung der Ambiente Warenhaus AG (siehe Seite 225).

   Stellen Sie dar, welche Posten Kosten der Lagerhaltung enthalten können.
4. Sie sind in der Geschäftsführung der Filiale der Ambiente Warenhaus AG in Stralsund. Zwei Warengruppen bereiten Ihnen Sorgen. Welche Entscheidungen könnten Sie treffen?

a) Im Frühjahr wurden große Mengen an Garten- und Grillbedarf bestellt. Dieser Sommer ist – anders als vorhergesagt – jedoch kalt und total verregnet. Die Artikel verzeichnen kaum einen Absatz.

b) Sehr beliebt bei Kindern ist die Fernsehserie „telehubbies“. Im Einkauf entscheidet man sich für den Kauf größerer Mengen an T-Shirts, Schlafanzügen, Bettwäsche und Handtüchern mit solchen Motiven. Nachdem ein anderer Sender zur gleichen Zeit „Die Sendung mit der Laus“ ausstrahlt, geht der Absatz dieser Artikel sprunghaft zurück.

Optimaler Lagerbestand

Gebundenes Kapital in Form eines hohen Lagerbestands ist totes Kapital. Der optimale Lagerbestand verursacht möglichst geringe Lagerkosten sowie einen reibungslosen Betriebsablauf, dazu muss die optimale Bestellmenge passend abgestimmt sein.

Niedrige Lagerbestände haben negative Auswirkungen wie:

1. Kundenverluste durch mangelnde Verkaufsbereitschaft und unvollständiges Sortiment – somit weniger Gewinn
2. keine Ausnutzung von Mengenrabatten, **„Im Einkauf liegt der Gewinn.“**

Hohe Lagerbestände haben ebenfalls negative Auswirkungen wie:

1. Flüssige Mittel werden weniger.
2. Lagerkosten sind hoch.
3. Hoch ist auch das Risiko durch Verderben, Modewechsel, Saison, Veralten und Diebstahl.

Gegenmaßnahmen der hohen Lagerbestände sind alle Instrumente des Marketingmix und Sonderverkäufe, wobei Letzteres auch Nachteile für das Unternehmen und den ganzen Markt mit sich bringt.

Das Ziel der Ermittlung optimaler Lagerbestände ist

1. eine Erhöhung der Lagerumschlagshäufigkeit,
2. eine Verringerung der durchschnittlichen Lagerdauer,
3. eine Verringerung des Lagerzinssatzes und der Lagerzinsen,
4. eine Verringerung der Versicherungsprämien,
5. eine Verringerung der allgemeinen Lagerrisiken,
6. eine Verringerung der Kapitalbindung,
7. eine Erhöhung des Risikos der eigenen Lieferbereitschaft.

Quelle: Hauernherm, Ingo: Warengerecht nach Art, Wert, Zugriff und Transport. In: www.weiterbildung-owl.de. www.weiterbildung-owl.de/bwl_owl/B/b_tests/lager.htm [12.05.2004].

ZUSAMMENFASSUNG

Optimaler Lagerbestand = Warenvorrat, bei dem die größte Wirtschaftlichkeit erreicht wird

vermeidet

Nachteile eines zu hohen Kapitalbestands
- Kapitalbindung
- Lagerkosten

Nachteile eines zu niedrigen Lagerbestands
- entgangener Gewinn
- Kundenverlust

KAPITEL 8

Wir kontrollieren die Bestände im Lager

Anja Maibaum erfährt in einem Gespräch mit dem Lagerleiter Hintermeier: „Seitdem wir unsere Lagervorräte systematisch kontrollieren, haben sie sich um ungefähr ein Drittel verringert. Dadurch konnte das im Lager gebundene Kapital erheblich gesenkt werden. Das bringt Liquidität und macht Mittel frei für andere Dinge, die wichtig sind ..."

Herr Hintermeier fährt fort: „Wir wollen den Teddybär ‚Klausi/ der Firma Schlie OHG neu ins Sortiment aufnehmen. Für unvorhergesehene Fälle sollen immer 150 Stück vorrätig sein. Die Firma Schlie OHG hat nach unserem Warenwirtschaftssystem eine Lieferzeit von 30 Tagen. Wir rechnen mit einem Absatz von 10 Stück pro Tag. Ich brauch jetzt die Bestandsgrößen ..."

1. Führen Sie auf, welche Bestände im Lager regelmäßig kontrolliert werden müssen.
2. Berechnen Sie die Bestandsgrößen.
3. Stellen Sie die Bestandsgrößen grafisch dar.

INFORMATION

Die rechtzeitige und mengenmäßig richtige Lagerergänzung ist eines der schwierigsten Probleme in einem Einzelhandelsbetrieb. Um einen angemessenen und wirtschaftlichen Lagervorrat zu erreichen, müssen die Bestände ständig überwacht werden. Die dazu notwendige Bestandskontrolle kann sowohl körperlich als auch buchmäßig mithilfe von Listen, Karteien und Bildschirmanzeigen erfolgen. Ziel der Bestandskontrolle ist eine möglichst genaue Ergänzung der Warenvorräte. Aus Kostengründen soll nur so viel Ware gelagert werden, wie in absehbarer Zeit benötigt wird. Um das zu erreichen, wird die Ware oft erst dann bestellt, wenn der Vorrat eines Artikels unter einen vorher festgelegten Bestand gesunken ist. Bei diesem häufig angewandten Verfahren sind verschiedene Bestandsarten zu unterscheiden.

Mindestbestand

Jeder Einzelhandelsbetrieb sollte immer über einen Reservebestand an Ware verfügen, der einen störungsfreien Ablauf der Betriebstätigkeit ermöglicht. Dieser Bestand wird oft auch **Mindestbestand** oder **eiserner Bestand** genannt.

Der Mindestbestand darf mit Zustimmung der Geschäftsleitung nur dann angetastet werden, wenn die Verkaufsbereitschaft gefährdet ist. Das kann der Fall sein, wenn

- der tatsächliche Absatz der Waren größer ist als der geplante Absatz,
- aus nicht vorhersehbaren Gründen die Beschaffung von Waren länger dauert als geplant. Hervorgerufen werden können solche Lieferstörungen beispielsweise durch Streiks oder schlechte Witterungsverhältnisse.

Der Mindestbestand wird aufgrund von Erfahrungswerten festgelegt. Der Einzelhändler sollte ihn jedoch nicht zu hoch ansetzen. Zu viel in der Ware gebundenes Kapital wäre praktisch stillgelegt und würde zudem Zinsen kosten.

Inventurliste — Tag der Inventur: — Blatt

Abteilung: | Lagerort: Lager | Aufgenommen am: 4. Jan. durch: Hühn/Lottermann | Preise einges.: | Ausgerechnet: | Nachgerechnet:

V	Nr.	Artikel	Größe	Anzahl	Einheit	Einzelpreis €	ct	Gesamtpreis Verkaufswert €	ct	Kalk.-Abschl. %	Inventurwert €	ct	Bemerkungen
		Messer		14									
		Schrauben		2	Pck.								
		Dübel, 6 mm		1	Pck.								
		Hammer		17									
		Zange		5									

Meldebestand

Neben dem Mindestbestand muss auch die Warenmenge berücksichtigt werden, die ausreicht, um die Zeitspanne zwischen Bestellung und Auslieferung einer Ware zu überbrücken. Bei Erreichen des sogenannten Meldebestands muss der Einzelhändler sofort nachbestellen. Zwar verkauft er während der Beschaffungszeit weiterhin Ware, bei einem pünktlichen Eintreffen der bestellten Artikel wird das Lager jedoch rechtzeitig wieder aufgefüllt. Der Mindestbestand muss also nicht angegriffen werden.

Der Meldebestand entspricht dem erfahrungsgemäßen Verkauf während der Beschaffungszeit zuzüglich des Mindestbestands, der ja immer gehalten werden soll.

Er lässt sich folgendermaßen berechnen:

Meldebestand =
(täglicher Absatz · Lieferzeit) + Mindestbestand

BEISPIEL

Ein Einzelhandelsbetrieb verkauft täglich durchschnittlich 40 Stück eines bestimmten Artikels. Die Lieferzeit für diesen Artikel beträgt 10 Tage. Als Mindestbestand wurden von der Unternehmensleitung 100 Stück festgelegt.
Meldebestand = (40 · 10) + 100 = 500 Stück
Ist der Lagerbestand auf 500 Stück gesunken, muss bestellt werden. Es wäre falsch, erst zu ordern, wenn der Artikel ausgegangen ist. Da der Artikel dann wegen der Lieferzeit 10 Tage nicht vorrätig wäre, würden die Kunden verärgert das Geschäft verlassen und bei der Konkurrenz kaufen.

Höchstbestand

Durch die Festlegung eines Höchstbestands soll ein überhöhter Lagervorrat vermieden werden, der zu einer extremen Steigerung der Lagerkosten führen würde.

Der Höchstbestand gibt an, welche Menge von Artikeln insgesamt auf Lager sein darf, ohne dass dem Betrieb unnötige Lagerkosten entstehen.

Der Höchstbestand ist abhängig von den Lagermöglichkeiten, die zur Verfügung stehen. Da er meist nach dem Eingang der bestellten Menge erreicht wird, lässt sich der Höchstbestand auch berechnen.

Höchstbestand = Mindestbestand + Bestellmenge

BEISPIEL

Nach Erreichen eines Meldebestands von 500 Stück werden 3 000 Stück neu bestellt. Nach 10 Tagen trifft die Ware ein. Beim Eintreffen der neuen Ware befindet sich nur noch der Mindestbestand von 100 Stück auf Lager.
Höchstbestand = 100 + 3 000 = 3 100

Bestandskontrolle und Bestellzeitpunkt

Für die Bestandskontrolle ist eine aktuelle und richtige Bestandsfortschreibung sehr wichtig. Dadurch wird auch eine Zeitplanung ermöglicht, mit der man den Bestellzeitpunkt für Waren optimal festlegen kann.

Der Bestellzeitpunkt ist der Tag, an dem der Meldebestand erreicht wird.

BEISPIEL

Ein Einzelhandelsbetrieb hat einen Artikel im Sortiment, von dem täglich durchschnittlich 20 Stück verkauft werden. Die Lieferzeit für diesen Artikel beträgt 5 Tage. Es soll ständig ein Mindestbestand von 40 Stück gehalten werden. Der Höchstbestand beträgt 400 Stück.

Die Bedingungen des Beispiels sind vereinfacht. In der Praxis sind solche Fälle nur selten anzutreffen. Bei vielen Artikeln im Einzelhandel kommt es nämlich zu stark schwankenden Umsätzen, wodurch die Arbeit des Einkäufers erschwert wird. Er muss seine Entscheidungen bei Unterschreiten des Meldebestands oft überdenken oder diesen auch neu festlegen.

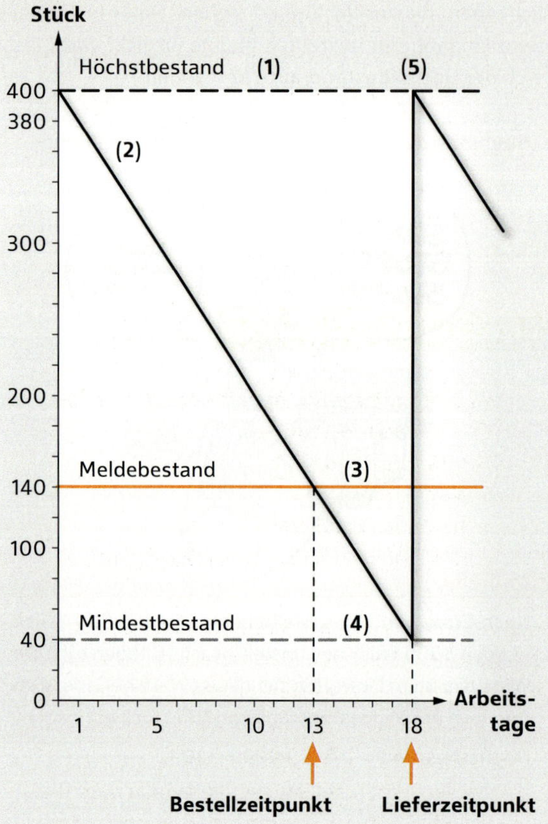

Erläuterung zum Schaubild:

Am Morgen des ersten Arbeitstages hat der Warenvorrat noch den Höchstbestand von 400 Stück (1). Setzt der Einzelhandelsbetrieb durchschnittlich 20 Stück pro Tag ab, dann befinden sich am Ende des 1. Tages nur noch 380 Stück auf Lager (2). Am Abend des 13. Tages wird der Meldebestand von 140 Stück erreicht (3). Dieser Tag ist der Bestellzeitpunkt. Innerhalb der Lieferfrist von 5 Tagen verkauft der Einzelhandelsbetrieb weitere 100 Stück der Ware, sodass am Ende des 18. Tages nur noch 40 Stück auf Lager liegen (4). Diese 40 Stück stellen den Mindestbestand dar, der unter normalen Umständen nicht unterschritten werden darf. Der Bestellzeitpunkt (bzw. Meldebestand) ist so gewählt, dass an dem Tag, an dem der Mindestbestand erreicht wird, neue Ware geliefert wird. Am Abend des 18. Tages – dem Lieferzeitpunkt – befinden sich wieder 400 Stück auf Lager (5).

AUFGABEN

1. Welche Aufgabe hat die Bestandskontrolle?
2. In welchen Fällen kann die Verkaufsbereitschaft gefährdet sein?
3. Wozu dient der Mindestbestand?
4. Welche Bedeutung hat der Meldebestand?
5. In einem Fachgeschäft werden täglich durchschnittlich 120 Stück eines bestimmten Artikels verkauft. Die Lieferzeit beträgt 20 Tage. Als Mindestbestand wurden 200 Stück festgelegt.

   Wie hoch ist der Meldebestand?
6. Die Ambiente Warenhaus AG verkauft von einer Ware täglich durchschnittlich 45 Stück. Die Lieferzeit beträgt 14 Tage.

   Wie viel Stück beträgt der Meldebestand, wenn der Mindestbestand (eiserner Bestand) für 10 Tage reichen soll?
7. Anja Maibaum hat für einen Artikel einen eisernen Bestand von 45 Stück ermittelt. Der Meldebestand für diesen Artikel wurde mit 144 Stück berechnet. Aus der Statistik ergab sich ein täglicher Absatz von 9 Stück.

   Von wie viel Tagen Lieferzeit war Anja bei der Berechnung des Meldebestands ausgegangen?
8. Welcher Zusammenhang besteht zwischen Lagerbestand und Lieferzeit?
   - **a)** Je höher der Lagerbestand ist, desto länger muss die Lieferzeit sein.
   - **b)** Je kürzer die Lieferzeit ist, desto größer muss der Lagerbestand sein.
   - **c)** Je kürzer die Lieferzeit ist, desto geringer kann der Lagerbestand sein.
   - **d)** Je länger die Lieferzeit ist, desto geringer kann der Lagerbestand sein.

222268122

e) Je niedriger der Lagerbestand ist, desto länger kann die Lieferzeit sein.

9. Welche Abhängigkeit besteht zwischen Meldebestand und anderen Lagerbestandszahlen?
   a) Der Meldebestand entspricht in der Regel dem durchschnittlichen Lagerbestand.
   b) Der Meldebestand wird auch als „eiserner Bestand" bezeichnet.
   c) Der Meldebestand und der Mindestbestand sind in der Regel gleich groß.
   d) Der Meldebestand ist in der Regel höher als der Mindestbestand.
   e) Der Meldebestand ist in der Regel niedriger als der Mindestbestand.
   f) Der Meldebestand wird auch als optimaler Lagerbestand bezeichnet.

AKTIONEN

1. Erstellen Sie eine Excel-Tabelle, die nach Eingabe des
   - Mindestbestands,
   - der Lieferzeit,
   - des Höchstbestands,
   - des täglichen Absatzes

   den Meldebestand berechnet.
2. Berechnen Sie mithilfe der Excel-Tabelle den Meldebestand bei Vorliegen folgender Bedingungen:
   - täglicher Absatz: 10 Stück
   - Lieferzeit: 5 Tage
   - Mindestbestand: 20 Stück
   - Höchstbestand: 200 Stück
3. Stellen Sie die Lösung der Aufgabe 2 mithilfe von Excel grafisch dar.
4. Web a) Ermitteln Sie mithilfe des Warenwirtschaftssystems:
   - Meldebestand,
   - Mindestbestand,
   - Höchstbestand und
   - den aktuellen Bestand des Damenpullovers „Elle".

   b) Nachdem in der Öffentlichkeit bekannt wurde, dass der Damenpullover von Karl Hagerfeld entworfen wurde, werden an einem Tag 400 Stück verkauft.
   Führen Sie die Verkäufe durch.
   Stellen Sie fest, welche Auswirkungen die Verkäufe im Warenwirtschaftssystem haben.

   c) Bestellen Sie 600 Stück nach.

ZUSAMMENFASSUNG

Bestandskontrolle

dient der rechtzeitigen und mengenmäßig richtigen Lagerergänzung

Mindestbestand	Meldebestand	Höchstbestand
Reserve zur Aufrechterhaltung der Verkaufsbereitschaft	• Bestand, bei dem bestellt werden muss, damit neue Ware spätestens beim Erreichen des Mindestbestands angeliefert wird. • Meldebestand = (täglicher Absatz · Lieferzeit) + Mindestbestand • Der Tag, an dem der Meldebestand erreicht wird, ist der Bestellzeitpunkt.	Bestand, bis auf dessen Höhe das Lager aufgefüllt werden darf

KAPITEL 9

Wir überprüfen mithilfe von Lagerkennzahlen die Wirtschaftlichkeit des Lagers

Herr Hintermeier, der Lagerleiter, liest in einer Unternehmensmitteilung, dass ein bestimmter Artikel im Durchschnitt aller Unternehmensfilialen 25 Tage auf Lager liegt. Herr Hintermeier untersucht daraufhin die Situation in seinem Lager. Die durchschnittliche Lagerdauer des Produkts beträgt hier 32 Tage.

1. Stellen Sie fest, welche Aussagen solche Kennzahlen zulassen.
2. Schlagen Sie Maßnahmen vor, wie die Ambiente Warenhaus AG betriebswirtschaftlich reagieren soll.
3. Berechnen Sie aus der jeweiligen durchschnittlichen Lagerdauer die Umschlagshäufigkeit.

INFORMATION

Ein Artikel verursacht umso mehr Lagerkosten, je länger er auf Lager liegt. Der Einzelhändler wird also versuchen, die Lagerdauer der Ware so kurz wie möglich zu halten. Um die Wirtschaftlichkeit der Vorratshaltung kontrollieren zu können, werden in der Praxis regelmäßig Lagerkennzahlen errechnet.

Lagerkennzahlen

Durchschnittlicher Lagerbestand
Wie hoch sind die Warenvorräte im Durchschnitt des Jahres?

Lagerumschlagshäufigkeit
Wie oft wird der durchschnittliche Lagerbestand pro Jahr ausgewechselt?

Durchschnittliche Lagerdauer
Wie lange liegen die Bestände auf Lager?

Lagerzins
Wie viel Zinsen würde das in den Beständen gebundene Kapital bei den Banken bringen?

Durchschnittlicher Lagerbestand

Während eines ganzen Jahres ergeben sich aufgrund von Lagerzu- oder -abgängen unterschiedliche, zum Teil stark voneinander abweichende Lagerbestände. Deshalb wird zur Übersicht aus Einzelwerten ein Mittelwert errechnet.

DEFINITION

Der **durchschnittliche Lagerbestand (DLB)** gibt für einen bestimmten Zeitabschnitt an, wie groß der Vorrat eines bestimmten Artikels im Durchschnitt ist. Zur Ausschaltung von Zufallsergebnissen wird in der Regel vom durchschnittlichen Jahresbestand ausgegangen.

Die Genauigkeit dieser Kennziffer hängt davon ab, wie viel Bestände zur Berechnung herangezogen werden. Werden die Vorräte im Lager nur im Rahmen einer Jahresinventur kontrolliert, dann stehen nur der Anfangsbestand zum 1. Januar des Jahres und der Endbestand zum 31. Dezember des Jahres zur Bildung des durchschnittlichen Lagerbestands zur Verfügung:

$$\text{Durchschnittlicher Lagerbestand} = \frac{\text{Anfangsbestand} + \text{Endbestand}}{2}$$

Der durchschnittliche Lagerbestand kann sowohl mengen- als auch wertmäßig errechnet werden.

Als **Mengenkennziffer** wird der durchschnittliche Lagerbestand in Stück angegeben.

BEISPIEL

Ein Schreibwarengeschäft vertreibt u. a. auch Aktenordner. Am Anfang des Jahres hatte der Betrieb einen Vorrat von 520 Stück, am Ende des Jahres betrug der Bestand 800 Stück.

$$DLB = \frac{520 + 800}{2} = 660 \text{ Stück}$$

Als durchschnittlicher Lagerbestand werden 660 Stück ermittelt.

Der durchschnittliche Lagerbestand als **Wertkennziffer** sagt dagegen aus, in welcher Höhe Kapital durch die Lagervorräte im Durchschnitt gebunden ist.

BEISPIEL

Am 1. Jan. eines Jahres hat ein Einzelhandelsbetrieb Batterien im Wert von 4.200,00 € auf Lager. Am 31. Dez. wird ein Bestand von 2.800,00 € ermittelt.

$$DLB = \frac{4.200{,}00 + 2.800{,}00}{2} = 3.500{,}00 \text{ €}$$

Es befinden sich also durchschnittlich Batterien im Wert von 3.500,00 € auf Lager.

Genauer und empfehlenswerter ist die Berechnung des durchschnittlichen Lagerbestands auf der Grundlage der 12 Monatswerte. Die Formel für den durchschnittlichen Lagerbestand lautet dann:

$$\text{Durchschnittlicher Lagerbestand} = \frac{\text{Jahresanfangsbestand} + 12 \text{ Monatsendbestände}}{13}$$

Artikel: CDs Gutton 90
Meldebestand: 210 | **Höchstbestand: 480**

Tag	Eingang	Ausgang	Bestand
1. Jan.			220
7. Jan.	230		450
3. Febr.		100	350
17. Febr.		138	212
9. März		20	192
23. März	150		342
25. März		31	311
7. April		13	298
20. Mai		118	180
25. Juni	180		360
28. Juni		8	352
15. Juli	100		452
21. Juli		39	413
28. Aug.		32	381
2. Sept.		153	228
5. Okt.		50	178
23. Okt.	67		245
11. Nov.		49	196
1. Dez.	150		346
15. Dez.		62	284

BEISPIEL

Im Sortiment einer Filiale der Ambiente Warenhaus AG befinden sich auch Musik-CDs. Aus der Lagerkartei ergaben sich während des Jahres folgende Bestände:

Anfangsbestand am 1. Jan.: 220 Stück

Monatsendbestände:

Jan.:	450	Mai:	180	Sept.:	228
Febr.:	212	Juni:	352	Oktober:	245
März:	311	Juli:	413	Nov.:	196
April:	298	Aug.:	381	Dez.:	284

$$DLB = (220 + 450 + 212 + 311 + 298 + 180 + 352 + 413 + 381 + 228 + 245 + 196 + 284) : 13$$

$$DLB = \frac{3770}{13} = 290 \text{ Stück}$$

Durchschnittlich lagen 290 Stück auf Lager.

$$\text{Durchschnittlicher Lagerbestand} = \frac{\text{Wareneinsatz}}{\text{Umschlagshäufigkeit}}$$

Lagerumschlagshäufigkeit

DEFINITION

Die **Lagerumschlagshäufigkeit (LUH)** gibt an, wie oft der Lagerbestand eines Artikels innerhalb eines Jahres erneuert wird.

Wurde der durchschnittliche Lagerbestand **mengenmäßig** ermittelt, dann lässt sich die Umschlagshäufigkeit nach folgender Formel berechnen:

$$\text{Umschlagshäufigkeit} = \frac{\text{Jahresabsatz}}{\text{durchschnittlicher Lagerbestand}}$$

BEISPIEL

Ein Einzelhandelsbetrieb hat während eines Jahres von einem Artikel 2320 Stück verkauft. Der durchschnittliche Lagerbestand dieser Ware betrug 290 Stück.

$$\text{Umschlagshäufigkeit} = \frac{2\,320}{290} = 8$$

Die Umschlagshäufigkeit dieses Produkts beträgt 8. Achtmal wurde der durchschnittliche Lagerbestand innerhalb eines Jahres verkauft und ersetzt.

Liegt der durchschnittliche Lagerbestand **wertmäßig** vor, wird die Umschlagshäufigkeit in folgender Form ermittelt:

$$\text{Umschlagshäufigkeit} = \frac{\text{Wareneinsatz}}{\text{durchschnittlicher Lagerbestand zu Einstandspreisen}}$$

BEISPIEL

Der Wareneinsatz eines Supermarktes für eine Warengruppe betrug 450.000,00 €. Der durchschnittliche Lagerbestand lag bei 75.000,00 €.

$$\text{Umschlagshäufigkeit} = \frac{450.000,00\ €}{75.000,00\ €} = 6$$

Der Warenvorrat dieser Warengruppe wurde also sechsmal im Jahr umgesetzt.

Durchschnittliche Lagerdauer

Kennt man die Umschlagshäufigkeit eines Artikels, kann man auch dessen durchschnittliche Lagerdauer angeben.

DEFINITION

Die **durchschnittliche Lagerdauer (DLD)** zeigt, wie lange Ware durchschnittlich bevorratet wird. Diese Kennziffer misst die Zeitspanne zwischen der Ankunft der Ware im Lager und der Ausgabe bzw. dem Verkauf.

$$\text{Durchschnittliche Lagerdauer} = \frac{360}{\text{Umschlagshäufigkeit}}$$

Eine Erhöhung der Umschlagshäufigkeit bewirkt eine Verkürzung der durchschnittlichen Lagerdauer.

BEISPIEL

- Ein bestimmter Artikel hat eine Umschlagshäufigkeit von 8.

  $$\text{Durchschnittliche Lagerdauer} = \frac{360}{8} = 45\ \text{Tage}$$

  Es ergibt sich eine durchschnittliche Lagerdauer von 45 Tagen.

- Die Umschlagshäufigkeit wurde von 8 auf 10 erhöht.

  $$\text{Durchschnittliche Lagerdauer} = \frac{360}{10} = 36\ \text{Tage}$$

  Wenn die Ware jetzt zehnmal im Jahr umgesetzt wird, liegt sie nur noch durchschnittlich 36 Tage auf Lager.

Lagerzinssatz

Eine ebenfalls häufig verwendete Lagerkennziffer ist der Lagerzinssatz.

DEFINITION

Mit dem **Lagerzinssatz** werden die Zinskosten erfasst, die durch die Investition in Warenvorräte entstehen. Diese Kennzahl gibt somit Auskunft über das in den Lagerbeständen angelegte Kapital.

Das dort gebundene, tote Kapital würde bei den Geschäftsbanken Zinsen erbringen.

Berechnungsmöglichkeiten für den Lagerzinssatz:

a) $= \dfrac{\text{Jahreszinssatz}}{\text{Umschlagshäufigkeit}}$

b) $= \dfrac{\text{Jahreszinssatz} \cdot \text{durchschnittliche Lagerdauer}}{360}$

c) $= \dfrac{\text{Jahreszinssatz} \cdot \text{durchschnittlicher Lagerbestand}}{\text{Wareneinsatz}}$

BEISPIEL

Ein Einzelhandelsunternehmen hat einen Wareneinsatz von 1.350.000,00 €. Der durchschnittliche wertmäßige Lagerbestand beträgt 180.000,00 €. Der Jahreszinssatz der Banken liegt bei 9 %.

Berechnung der Umschlagshäufigkeit:

$$\frac{1.350.000,00}{180.000,00} = 7,5$$

Berechnung der durchschnittlichen Lagerdauer:

$$\frac{360}{7,5} = 48\ \text{Tage}$$

222268126

Berechnung des Lagerzinssatzes nach Formel

a) $\frac{9}{7{,}5} = 1{,}2\ \%$ oder b) $\frac{9 \cdot 48}{360} = 1{,}2\ \%$

Je höher der Lagerzinssatz, desto größer ist der Zinsverlust infolge auf Lager liegender Ware.

Mithilfe des Lagerzinssatzes und des durchschnittlichen Lagerbestands können die Lagerzinsen ermittelt werden. Sie betragen 1,2 % von 180.000,00 €.

$$\text{Lagerzinsen} = \frac{180.000{,}00 \cdot 1{,}2}{100} = 2.160{,}00$$

Für die 180.000,00 €, die der Einzelhändler in Ware investierte, bekäme er Zinsen von 2.160,00 €, wenn er den Geldbetrag bei einer Bank zu 9 % anlegen würde.

Bedeutung der Lagerkennzahlen

Für den Einzelhändler sind die Lagerkennzahlen von besonderer Bedeutung. Im Zeitvergleich zeigen sie zunächst Entwicklungstendenzen des Betriebs, einer Warengruppe oder eines Artikels auf.

Die Umschlaggeschwindigkeit einzelner Warengruppen kann äußerst unterschiedlich sein. Branchenuntersuchungen zeigen, dass die Lagerumschlaggeschwindigkeit im Lebensmittelbereich etwa bei 14, bei Schuhen nur bei ca. 2 liegt.

BEISPIEL

Die durchschnittliche Lagerdauer für eine Warengruppe betrug im Vorjahr 45 Tage, in diesem Jahr liegt sie bei 50 Tagen.

Der Einzelhändler erkennt, dass sich die durchschnittliche Lagerdauer dieser Warengruppe verschlechtert hat. Er wird untersuchen, wie es zu dieser negativen Entwicklung kommen konnte, und eventuell Maßnahmen ergreifen.

Aber auch im überbetrieblichen Vergleich lassen sich interessante Erkenntnisse gewinnen. So wird für fast alle Branchen eine typische Umschlagshäufigkeit ermittelt, anhand der man die Wirtschaftlichkeit eines Betriebs beurteilen kann.

BEISPIEL

Als Lagerumschlagshäufigkeit einer Branche wurde die Kennzahl 12 ermittelt. Ein Einzelhandelsbetrieb dieser Branche hat die Umschlagshäufigkeit 8. Dieser Betrieb weist ein schlechteres Ergebnis als der Durchschnitt aller Unternehmen dieser Branche auf. Es müssen nun die Ursachen für diese Abweichung erforscht werden. Sie könnten u. a. liegen

- in einer schlechten Bestellorganisation,
- an zu hohen Mindestbeständen,
- an Ladenhütern,
- an einer Sortimentszusammensetzung, die sich vom Durchschnitt in der Branche unterscheidet.

Der Einzelhändler sollte immer versuchen, eine hohe Umschlagshäufigkeit zu erzielen. Diese bewirkt nämlich, dass der Einsatz von Kapital für den Warenvorrat geringer wird.

BEISPIEL

Zwei vergleichbare Betriebe einer Branche haben in einer Warengruppe einen Wareneinsatz von je 200.000,00 €. Für den ersten Betrieb wurde eine Umschlagshäufigkeit von 10, für den zweiten eine von 4 ermittelt.

1. Betrieb:

$$\text{Umschlagshäufigkeit} = \frac{\text{Wareneinsatz}}{\text{durchschnittlicher Lagerbestand}}$$

$$10 = \frac{200.000{,}00\ €}{\text{DLB}}$$

$$\text{DLB} = \frac{\text{Wareneinsatz}}{\text{Umschlagshäufigkeit}}$$

$$\text{DLB} = \frac{200.000{,}00\ €}{10} = 20.000{,}00\ €$$

2. Betrieb:

$$\text{Umschlagshäufigkeit} = \frac{\text{Wareneinsatz}}{\text{durchschnittlicher Lagerbestand}}$$

$$10 = \frac{200.000{,}00\ €}{\text{DLB}}$$

$$\text{DLB} = \frac{\text{Wareneinsatz}}{\text{Umschlagshäufigkeit}}$$

$$\text{DLB} = \frac{200.000{,}00\ €}{4} = 50.000{,}00\ €$$

Beim ersten Betrieb waren im Lager durchschnittlich nur 20.000,00 € gebunden, beim zweiten aber 50.000,00 €. Obwohl er im Jahr dieselbe Menge an Waren verkaufte, hat der erste Betrieb im Gegensatz zu seinem Mitbewerber 30.000,00 € Kapital zusätzlich frei für andere Zwecke.

Da durch eine höhere Umschlagshäufigkeit das in die Artikel investierte Kapital in kürzeren Abständen zurückfließt, werden auch die Lagerkosten geringer. Das wirkt sich positiv auf die Gewinnsituation des Betriebs aus.

BEISPIEL

Der erste Einzelhandelsbetrieb mit dem durchschnittlichen Lagerbestand von 20.000,00 € braucht für seine Warenvorräte weniger Verderb und Schwund zu fürchten als das zweite Unternehmen (mit durchschnittlichen 50.000,00 € auf Lager). Er wird auch weniger Lagerraum und Lagerpersonal benötigen.

Wenn sich die Ware nicht verkauft, sind möglicherweise zu viele Ladenhüter dabei.

Eine Erhöhung der Umschlagshäufigkeit bzw. eine Verkürzung der durchschnittlichen Lagerdauer kann u. a. erreicht werden durch

- eine permanente Lagerbestandsüberwachung,
- Festlegung von Höchstbeständen,
- Straffung des Warenangebots,
- Kauf auf Abruf.

AUFGABEN

1. Was versteht man unter dem durchschnittlichen Lagerbestand?

2. Worüber gibt die Lagerumschlagshäufigkeit Auskunft?

3. Wie wird die durchschnittliche Lagerdauer berechnet?

4. Aus der Lagerkartei des Textilfachgeschäfts „Erwin Lottermann" ergaben sich für Herrenanzüge einer bestimmten Größe während des Jahres folgende Bestände:

Anfangsbestand: 130 Stück

Monatsendbestände:

Januar:	**55**	Mai:	34	September:	27
Februar:	**12**	Juni:	37	Oktober:	28
März:	**40**	Juli:	32	November:	88
April:	**27**	August:	11	Dezember:	21

Der Jahresabsatz betrug 170 Stück.

Berechnen Sie:

a) den durchschnittlichen Lagerbestand

b) die Lagerumschlagshäufigkeit

c) die durchschnittliche Lagerdauer

5. Welche Aussage zum durchschnittlichen Lagerbestand ist richtig?

a) Es ist der Bestand, der immer vorhanden sein muss, um einen störungsfreien Betriebsablauf zu sichern.

b) Es ist der Bestand, der durch die Inventur festgestellt wird.

c) Es ist der Bestand, der aus dem Inventurbestand und den im Lauf des Jahres vorhandenen Monatsbeständen errechnet wird.

d) Es ist der Bestand, der am Jahresende vorhanden ist.

e) Es ist der Bestand, der aus Kostengründen nicht überschritten werden sollte.

6. Das Warenwirtschaftssystem sowie die Finanzbuchführung weisen für eine Abteilung der Ambiente Warenhaus AG die folgenden Zahlen aus:

Warenanfangsbestand	40.000,00 €
12 Monatsendbestände	545.000,00 €
Umsatz zu Einstandspreisen	350.000,00 €
Reingewinn	48.000,00 €
Eigenkapital	800.000,00 €

Wie viel Euro beträgt der durchschnittliche Lagerbestand?

7. Welche Angabe benötigt die Ambiente Warenhaus AG zur Berechnung der Umschlagshäufigkeit (Umschlaggeschwindigkeit) einer Warengruppe?

a) den Höchstbestand der Waren

b) den Mindestbestand der Waren

c) den Warenumsatz

d) den Wareneinsatz

e) den Meldebestand der Waren

8. Durch eine Marketingmaßnahme konnte die Ambiente Warenhaus AG den Warenabsatz innerhalb einer Warengruppe um 20 % steigern.

   Wie wirkt sich dies auf die Umschlagshäufigkeit aus?

   a) Eine Steigerung des Warenabsatzes bewirkt keine Veränderung der Umschlagshäufigkeit, weil sich verkaufte Mengen nur auf den Lagerbestand auswirken.
   b) Die Umschlagshäufigkeit steigt, wenn die durchschnittliche Lagerdauer entsprechend der Absatzsteigerung um 20 % steigt.
   c) Die Umschlagshäufigkeit sinkt, wenn der durchschnittliche Lagerbestand sich nicht verändert.
   d) Die Umschlagshäufigkeit steigt, wenn der durchschnittliche Lagerbestand entsprechend der Absatzsteigerung um 20 % steigt.
   e) Die Umschlagshäufigkeit steigt, wenn sich der durchschnittliche Lagerbestand nicht verändert.
   f) Die Umschlagshäufigkeit sinkt, wenn die durchschnittliche Lagerdauer entsprechend der Absatzsteigerung um 20 % sinkt.

9. Die Umschlagshäufigkeit einer Warengruppe ist 50.

   Wie viel Tage beträgt die durchschnittliche Lagerdauer?

10. Die Umschlagshäufigkeit eines Artikels soll in der Schönstädter Filiale der Ambiente Warenhaus AG verbessert werden, ebenso die davon abhängige durchschnittliche Lagerdauer.

    Durch welche Maßnahme kann die durchschnittliche Lagerdauer verkürzt werden?

    a) Sie nehmen Waren mit hoher Umschlagshäufigkeit aus dem Sortiment.
    b) Sie kaufen größere Mengen zur Nutzung der Nachlässe.
    c) Sie erhöhen die Mindestbestände.
    d) Sie vereinbaren mit unseren Lieferern möglichst Kauf auf Abruf.
    e) Sie erhöhen die Höchstbestände.

11. Zur Berechnung der Umschlagshäufigkeit liegen folgende Kennzahlen vor:

	Vorjahr	Aktuelles Jahr
Durchschnittl. Lagerbestand	1.600.000,00 €	1.800.000,00 €
Wareneinsatz	12.000.000,00 €	14.040.000,00 €
Umschlagshäufigkeit	7,5	

    Um wie viel Prozent hat sich die Umschlagshäufigkeit im aktuellen Jahr im Vergleich zum Vorjahr verändert?

AKTIONEN

1. EDV-gestützte WWS stellen im Rahmen von Auswertungen häufig auch Lagerkennzahlen zur Verfügung. Dazu gehört unter anderem auch der durchschnittliche Lagerbestand.

   $$\text{DLB} = \frac{\text{Jahresanfangsbestand} + \text{Jahresendbestand}}{2}$$

   Erstellen Sie mithilfe von Excel eine Tabelle zur Berechnung des durchschnittlichen Lagerbestands.

2. Web a) Ermitteln Sie mithilfe des Warenwirtschaftssystems den Artikel mit der höchsten Lagerumschlaggeschwindigkeit.
   b) Zeigen Sie auf, welche betriebswirtschaftlichen Maßnahmen sich für diesen gut gehenden Artikel anbieten.
   c) Stellen Sie mithilfe des Warenwirtschaftssystems alle Artikel fest, deren Lagerumschlagsgeschwindigkeit unter 5 liegt.
   d) Überlegen Sie, was bei diesen schlecht gehenden Artikeln gemacht werden kann.

3. Die Ausbildungsleiterin, Daniela Rosendahl, verteilt zur Vorbereitung der Zwischenprüfung, die aus Multiple-Choice-Aufgaben besteht, einen programmierten Test zum Thema Lagerkennzahlen.

   Lesen Sie sich die Erklärungen zu den Aufgabentypen durch und lösen Sie dann auch diesen Test (ab Seite 130).

PROGRAMMIERTE ÜBUNGSAUFGABEN

1. Verschaffen Sie sich zunächst einen kurzen Überblick über den Test mit den programmierten Übungsaufgaben.
2. Beginnen Sie mit solchen Aufgaben, die Ihnen leicht erscheinen. Wenden Sie sich erst dann den schwierigeren Aufgaben zu.
3. Bevor Sie Ihre Lösungsziffer in die dafür vorgesehenen Lösungskästchen eintragen, sollten Sie den Aufgabentext ganz genau lesen und jede mögliche Alternative sehr genau durchdenken. Beachten Sie, dass für die richtige Lösung manchmal ein einziges Wort ausschlaggebend sein kann.
4. Nicht an Aufgaben festbeißen, die zunächst als unlösbar erscheinen. Dadurch verlieren Sie zu viel Zeit. Übergehen Sie zunächst solche Aufgaben. Sie können am Schluss, wenn noch Zeit bleibt, weiterbearbeitet werden.
5. Nicht in Panik geraten, wenn eine Lösung nicht sofort einfällt. Oft bedarf es etwas Zeit, bis die richtige Antwort ihren Weg vom Langzeitgedächtnis ins Bewusstsein gefunden hat.
6. Die Lösungstechnik ist abhängig von den Aufgabenformen. Daher sollten Sie die verschiedenen Aufgabentypen kennen.

Mehrfachwahlaufgaben

Bei einer Mehrfachwahlaufgabe werden Ihnen verschiedene falsche Lösungen zusammen mit einer richtigen angeboten. Sie müssen die Lösungsziffer der richtigen Antwort in das Lösungskästchen eintragen. Wenn Sie nach dem Ausscheidungsprinzip zunächst die absolut unsinnigen Antworten suchen, steigt die Wahrscheinlichkeit, schließlich die richtige Antwort zu finden.

BEISPIEL

Welche Aussage über Lagerkennzahlen ist richtig?

1. Die Höhe des durchschnittlichen Lagerbestands hängt ausschließlich vom Umsatz ab.
2. Je länger die Lagerdauer, desto geringer ist das Lagerrisiko.
3. Die Lagerdauer ist für den Kaufmann gleichgültig, da ausschließlich der Umsatz zählt.
4. Je größer die Umschlagshäufigkeit, desto geringer ist der Kapitalbedarf für das Lager.
5. Je kürzer die Lagerdauer, desto größer ist das Lagerrisiko.

Zuordnungsaufgaben

Bei einer Zuordnungsaufgabe sind eigentlich sachlich zusammengehörende Begriffe, Vorgänge oder Sachverhalte – in zwei Reihen getrennt – gegenübergestellt. Ihre Aufgabe ist es, die zusammengehörenden Elemente zusammenzuführen.

BEISPIEL

Ordnen Sie zu, indem Sie die Lösungsziffern von 3 der insgesamt 6 Begriffe aus der Lagerhaltung in die Lösungskästchen bei den Erklärungen eintragen.

Begriffe aus der Lagerhaltung

1 Durchschnittlicher Lagerbestand
2 Umschlagshäufigkeit
3 Meldebestand
4 Eiserner Bestand
5 Lagerzinsen
6 Mindestbestand

Erklärungen

Wareneinsatz : durchschnittlicher Lagerbestand	☐
Kosten für das im Lager gebundene Kapital	☐
Menge, bei deren Erreichen neue Ware bestellt werden muss	☐

Offene Antwortaufgaben

Sie müssen die auszurechnende Größe in numerischer Form in das vorgegebene Lösungsfeld eintragen.

BEISPIEL

Am Morgen des 1. Arbeitstages eines Monats liegen von einem Artikel noch 150 Stück auf Lager. Der Mindestbestand beträgt 46 Stück. Im Durchschnitt werden täglich 8 Stück abgesetzt.

Nach wie vielen Arbeitstagen muss neue Ware bestellt werden, wenn die Lieferzeit 9 Tage beträgt? ☐ Tage

Kontierungsaufgaben

Zu den vorgegebenen Geschäftsfällen oder Belegen müssen Sie den Buchungssatz bilden. Die Kennziffern für die anzurufenden Konten werden in die Lösungskästchen eingetragen.

222268130

BEISPIEL

Ein Paketdienst liefert eine Warensendung in der Warenannahme des Lagers ab. Die Rechnung liegt dem Paket bei.

	Soll	Haben
1 Umsatzerlöse	☐	☐
2 Bank	☐	☐
3 Verbindlichkeiten a. LL		
4 Aufwendungen für Ware		
5 Umsatzsteuer		
6 Vorsteuer		

Reihenfolgeaufgaben

Bei Reihenfolgeaufgaben sind verschiedene betriebliche Vorgänge, die ungeordnet sind, vorgegeben. Gesucht ist dann die sinnvollste – also sachlich und zeitlich richtige – Reihenfolge der Vorgänge. Um eine solche Aufgabe zu lösen, sollten Sie mit dem Vorgang beginnen, der naturgemäß am Anfang der Arbeitsfolge stehen muss: Die übrigen Vorgänge müssen sich dann zwangsläufig ergeben.

BEISPIEL

Bringen Sie die folgenden Arbeitsvorgänge, die den Ablauf von der Bedarfsmeldung bis einschließlich Wareneingang aufzeigen, in die richtige Reihenfolge; bis 7 eintragen.

- Überprüfung des Wareneingangs auf Vollständigkeit ☐
- Einholen von Angeboten ☐
- Überwachung des Liefertermins ☐
- Bedarfsmeldung vom Lager ☐
- Bestellung nach Angebotsvergleich ☐
- Feststellung der Bezugsquellen ☐
- Wareneingangsmeldung ☐

Lösungen zu den Beispielen
Mehrfachwahlaufgabe: 4;
Zuordnungsaufgabe: 2, 5, 3;
offene Antwortaufgabe: 4 Tage;
Kontierungsaufgabe: 4 und 6 an 3;
Reihenfolgeaufgabe: 6, 3, 5, 1, 4, 2, 7.

Test

1. Vergleichen Sie die folgenden Zahlen für zwei Mitbewerber der Ambiente Warenhaus AG:

	Discountgeschäft Cheap Food	Fachgeschäft Heimann KG
Durchschnittlicher Lagerbestand	200.000,00	200.000,00
Umschlagshäufigkeit	60	16
Gesamtkosten/Jahr	600.000,00	600.000,00
Kalkulierter Gewinn	10 %	20 %

Welche Aussage ist richtig?

1 Der niedrigere Gewinnsatz des Discountgeschäfts führt trotz höherer Umschlagshäufigkeit zu einem niedrigeren Gewinn.
2 Die höhere Umschlagshäufigkeit des Discountgeschäfts ermöglicht trotz niedrigerem Gewinnsatz einen höheren Gewinn.
3 Der gleiche durchschnittliche Lagerbestand bei Discount- und Fachgeschäft führt bei beiden Geschäften zur gleichen Umschlagshäufigkeit.
4 Die höhere Gewinnkalkulation des Fachgeschäfts bringt trotz niedrigerer Umschlagshäufigkeit einen höheren Gewinn.
5 Die gleichen Gesamtkosten bei dem Discountgeschäft und dem Fachgeschäft verursachen trotz abweichender Umschlagshäufigkeit und unterschiedlichem Gewinnsatz keinen unterschiedlichen Gewinn.

☐

2. Wie wird der Kapitalbedarf von der Lagerumschlagshäufigkeit beeinflusst?

1 Lagerumschlagshäufigkeit und Kapitalbedarf stehen in keinem Zusammenhang.
2 Je geringer die Lagerumschlagshäufigkeit ist, desto geringer ist auch der Kapitalbedarf.
3 Je größer die Lagerumschlagshäufigkeit ist, umso mehr Kapital wird benötigt.
4 Nur die Preislage der gelagerten Ware beeinflusst den Kapitalbedarf.
5 Je größer die Lagerumschlagshäufigkeit ist, desto geringer ist der Kapitalbedarf.

☐

3. Bei der Ambiente Warenhaus AG werden für eine Warengruppe folgende Zahlen ermittelt:

Jahresanfangsbestand . . . . 70.000,00 €
Summe der
12 Monatsendbestände . . . . 450.000,00 €
Wareneinsatz
(= Umsatz zu Einstandspreisen) . . 400.000,00 €

Berechnen Sie den durchschnittlichen Lagerbestand.

Berechnen Sie die Umschlagshäufigkeit.

4. Die Lagerkarte für einen Artikel der Ambiente Warenhaus AG weist u. a. folgende Eintragungen auf:

Bestand am 31.12.09	48 Stück
Bestand am 31.03.10	136 Stück
Bestand am 30.06.10	124 Stück
Bestand am 30.09.10	172 Stück

Einstandspreis pro Stück: 44,45 €

Welche Kennzahl kann aus den oben stehenden Angaben ermittelt werden?

1 die durchschnittliche Lagerdauer
2 die durchschnittlichen Lagerkosten
3 der durchschnittliche Lagerbestand
4 die durchschnittlichen Verkaufserlöse
5 der durchschnittliche Bruttoumsatz pro Quartal

5. Was ist unter dem durchschnittlichen Lagerbestand zu verstehen?

1 der Durchschnitt der im Lauf eines Geschäftsjahres tatsächlich vorhandenen Lagerbestände
2 der Lagerbestand, bei dem eine Auffüllung des Lagers zu veranlassen ist
3 der Durchschnitt der in einem Geschäftsjahr verkauften Lagerbestände
4 der Durchschnitt der in einer Branche vorhandenen Lagerbestände
5 der Durchschnitt des Lagerumschlags eines Geschäftsjahres

6. Welche Aussage über die Lagerdauer ist richtig?

1 Lagerdauer und Kapitalbindung stehen in keinem Zusammenhang.
2 Eine niedrige Lagerdauer verursacht hohe Zinsen für gebundenes Kapital.
3 Eine niedrige Lagerdauer führt zu einer langen Kapitalbindung.
4 Eine hohe Lagerdauer verursacht keine Zinsen, wenn die Ware sofort bezahlt wird.
5 Eine hohe Lagerdauer verursacht hohe Zinsen für gebundenes Kapital.

7. Welchen Einfluss hat die Lagerdauer auf die Lagerzinsen?

1 Die Höhe der Lagerzinsen ist von der Lagerdauer unabhängig.
2 Die Lagerzinsen sind nur vom jeweiligen Zinssatz abhängig.
3 Je niedriger die Lagerdauer ist, desto höher sind die Lagerzinsen.
4 Je höher die Lagerdauer ist, desto niedriger sind die Lagerzinsen.
5 Je höher die Lagerdauer ist, desto höher sind die Lagerzinsen.

8. Für einen Artikel wird ein Lagerumschlag von 0,5 ermittelt.

Wie lange liegt dieser Artikel im Lager der Ambiente Warenhaus AG?

1 = 15 Tage, 2 = 250 Tage, 3 = 90 Tage,
4 = 500 Tage, 5 = 720 Tage

9. In Gesprächen verwendet Lagerleiter Hintermeier häufig die Begriffe „Meldebestand" und „Mindestbestand".

Welche Aussage hierzu ist richtig?

1 Der Meldebestand umfasst eine kleinere Stückzahl als der Mindestbestand.
2 Der Mindestbestand ist nur in Krisenzeiten von Bedeutung.
3 Mindestbestand und Meldebestand sind zwei verschiedene Begriffe für den gleichen Tatbestand.
4 Der Mindestbestand umfasst eine kleinere Stückzahl als der Meldebestand.
5 Der Meldebestand ist der Warenbestand, der bei der jährlichen Inventur gemeldet wird.

10. Ein Mitarbeiter in der Textilabteilung der Ambiente Warenhaus AG vergisst versehentlich den Tagesverkauf von 20 Anzügen buchhalterisch zu erfassen.

Welche Auswirkung hat dieser Fehler?

1 Der Meldebestand wird dadurch schneller erreicht.

222268132

2 Der Soll-Bestand ist zu hoch.
3 Der Ist-Bestand ist zu hoch.
4 Der Ist-Bestand stimmt mit dem Soll-Bestand überein.
5 Der Soll-Bestand wird niedriger ausgewiesen, als er ist.

11. Wodurch wird die Differenz zwischen Melde- und Mindestbestand bestimmt?
1 durch den Dispositionsrhythmus
2 durch die Lagergröße
3 durch den Wiederbeschaffungszeitraum
4 durch den Bestellvordruck
5 durch das Einkaufslimit

12. Welche Auswirkung hat eine Verkürzung der Lieferzeit?
1 Der Meldebestand kann gesenkt werden.
2 Der Meldebestand muss erhöht werden.
3 Der Tagesabsatz steigt.
4 Die Lagerkosten steigen.
5 Die Lagerdauer sinkt.

13. Welche Aussage über die Umschlagshäufigkeit ist richtig?
1 Erhöht sich die durchschnittliche Lagerdauer, nimmt im gleichen Umfang die Umschlagshäufigkeit zu.
2 Erhöht sich der Wareneinsatz bei gleichbleibendem durchschnittlichen Lagerbestand, vermindert sich die Umschlagshäufigkeit.
3 Erhöht sich der Wareneinsatz bei gleichbleibendem durchschnittlichen Lagerbestand, nimmt die Umschlagshäufigkeit zu.
4 Bleibt der Wareneinsatz bei erhöhtem durchschnittlichem Lagerbestand gleich, nimmt die Umschlagshäufigkeit zu.
5 Bleibt der Wareneinsatz bei vermindertem durchschnittlichem Lagerbestand gleich, vermindert sich die Umschlagshäufigkeit.

14. Welche der Kennziffern ist erforderlich, um die Umschlagshäufigkeit zu errechnen?
1 die Umsatzrentabilität
2 der Wert der verkauften Ware zum Verkaufspreis
3 der Wareneinsatz
4 der Rohgewinn
5 die Unternehmerrentabilität

15. Welcher Vorgang führt zu einer Erhöhung der Umschlagshäufigkeit bei der Warenlagerung?
1 Der Wareneinsatz nimmt ab, der durchschnittliche Lagerbestand nimmt zu.
2 Der Wareneinsatz nimmt im gleichen Verhältnis wie der durchschnittliche Lagerbestand zu.
3 Der Wareneinsatz bleibt gleich, der durchschnittliche Lagerbestand nimmt zu.
4 Der Wareneinsatz nimmt ab, der durchschnittliche Lagerbestand bleibt gleich.
5 Der Wareneinsatz nimmt zu, der durchschnittliche Lagerbestand bleibt gleich.

16. Ordnen Sie zu, indem Sie die Lösungsziffern von 3 der insgesamt 6 Aussagen in die Lösungskästchen bei den Tätigkeiten im Lager eintragen.

Aussagen
1 Die Bestände der gelagerten Waren werden in regelmäßigen Abständen überprüft.
2 Es wird veranlasst, dass die Waren bei Anforderung unverzüglich in den Verkaufsraum gelangen.
3 Die Waren werden in handelsübliche Packungsgrößen verpackt.
4 In regelmäßigen Abständen erfolgt eine Überprüfung der im Lager tätigen Mitarbeiter.
5 In regelmäßigen Abständen werden veraltete oder verdorbene Waren aussortiert.
6 Neu eingetroffene Warensendungen werden ausgepackt und kontrolliert.

Tätigkeiten im Lager
Warenannahme
Lagerkontrolle
Warenpflege

ZUSAMMENFASSUNG

Lagerkennzahlen

Durchschnittlicher Lagerbestand (DLB)

- gibt Auskunft über den durchschnittlichen Warenvorrat während eines Jahres
- Berechnungsmethoden:

$$\frac{\text{Anfangsbestand} + \text{Endbestand}}{2}$$

$$\frac{\text{Jahresanfangsbestand} + \text{12 Monatsendbestände}}{13}$$

$$\frac{\text{Wareneinsatz}}{\text{Umschlagshäufigkeit}}$$

Lagerumschlagshäufigkeit (LUH)

- informiert darüber, wie oft der Warenvorrat während eines Jahres umgesetzt wurde
- Berechnungsmethoden:

$$\frac{\text{Jahresabsatz}}{\text{durchschnittlicher Lagerbestand}}$$

$$\frac{\text{Wareneinsatz}}{\text{durchschnittlicher Lagerbestand zu Einstandspreisen}}$$

Durchschnittliche Lagerdauer (DLD)

- sagt aus, wie lange eine Ware auf Lager liegt
- Berechnungsmethode:

$$\frac{360}{\text{Lagerumschlagshäufigkeit}}$$

Lagerzinssatz

- erfasst die Zinskosten des in den Warenvorräten gebundenen Kapitals
- Berechnungsmethoden:

$$\frac{\text{Jahreszinssatz} \cdot \text{DLD}}{360}$$

$$\frac{\text{Jahreszinssatz}}{\text{LUH}}$$

$$\frac{\text{Jahreszinssatz} \cdot \text{DLB}}{\text{Wareneinsatz}}$$

KAPITEL 10
Wir verwenden EDV-gestützte Warenwirtschaftssysteme im Lager

Alle Auszubildenden werden während ihrer Ausbildung auch 14 Tage im Zentrallager eingesetzt, so auch Anja Maibaum. Ihr Ausbilder dort, Herr Werner, erklärt ihr gerade die Bedienung des im Lager eingesetzten EDV-Programms:

„In den Zentrallagern aller großen Einzelhandelsbetriebe bilden automatisch bediente Hochregallager das Zentrum komplexer Warenverteilsysteme, gesteuert von der EDV. Programmsysteme für den Lagerbereich im Rahmen EDV-gestützter Warenwirtschaftssysteme sorgen für einen mengen- und zeitgerechten Warenfluss im Lager zwischen Wareneingang und Versand. Automatisch erfolgt die Steuerung von Regalbediengeräten, Stetigförderern und fahrerlosen Transportsystemen."

222268134

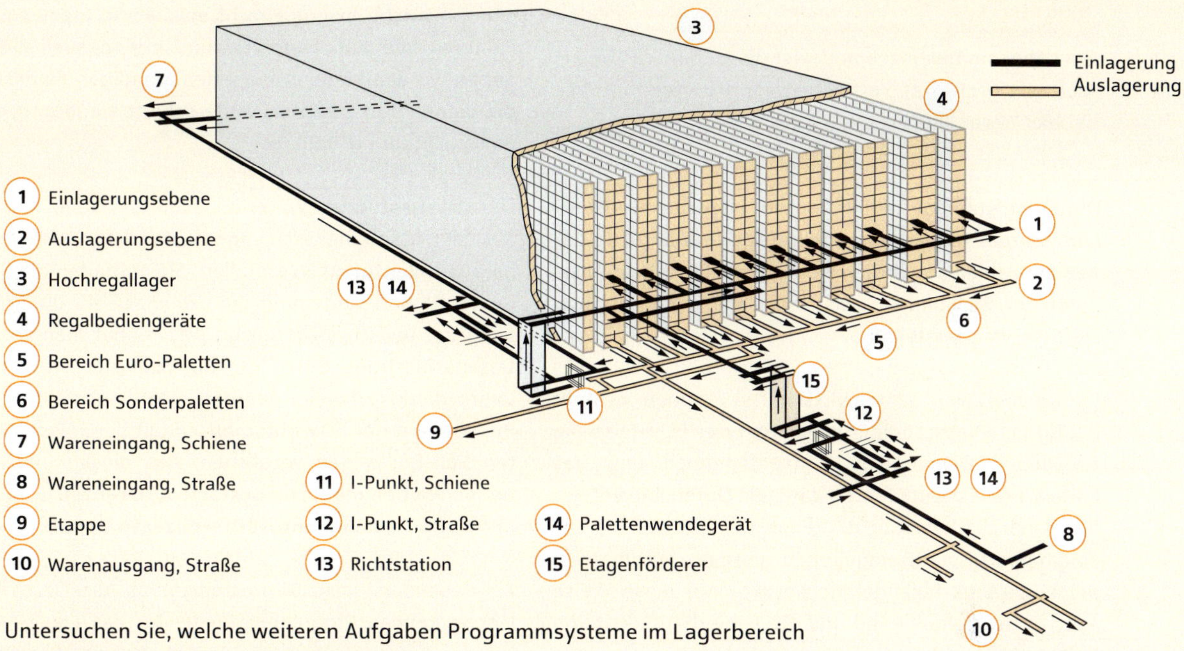

Untersuchen Sie, welche weiteren Aufgaben Programmsysteme im Lagerbereich eines Einzelhandelsunternehmens erfüllen.

INFORMATION

EDV-gestützte Lagerwirtschaftssysteme im Rahmen von Warenwirtschaftssystemen gehören heute in vielen Unternehmen des Einzelhandels zu den Anwendungen, die so selbstverständlich geworden sind, dass eine Unternehmensführung ohne die Informationen aus diesem Bereich unvorstellbar geworden ist. So stellt beispielsweise die **Lagerbestandsführung** die zentrale Schnittstelle zu vielen anderen Informationssystemen eines Einzelhandelsbetriebs dar.

Lagerbestandsführung

Das Lager ist die Drehscheibe, an der sich die Bereiche Vertrieb, Einkauf, Disposition sowie Finanzbuchführung treffen. Stets aktuelle und aufbereitete Informationen zum Lager, die durch die EDV zur Verfügung gestellt werden, sind von großer Bedeutung für einen ungestörten Betriebsablauf.

Die Aufgabe eines EDV-Systems für diesen Bereich besteht zunächst einmal darin, die Bestände artikelgenau zu verwalten. Die automatische Bestandsführung nach Artikeln bildet die Basis für alle weiteren Lagerauswertungen. Die Bestände können häufig auch mit Unterteilungen (Größen, Farben usw.) geführt werden. Auch die Führung verschiedener bzw. örtlich getrennter Lager ist oft möglich.

Programmsysteme für das Lager, die eine optimale Bestandsführung erlauben, helfen nicht nur, die Kapitalbindung zu verringern, sondern erhöhen auch den Servicegrad des Unternehmens. Kunden können schneller und zuverlässiger bedient werden, der gesamte Betriebsablauf wird transparenter.

Flexible Programmsysteme für das Lager ermöglichen es,
- Überbestände rechtzeitig zu erkennen,
- Bestände ohne Einschränkung des Servicegrades auf ein Minimum zu reduzieren und auch auf diesem niedrigen Niveau zu halten,
- auch später noch festzustellen, wann und von wem welche Artikel zu welchen Konditionen bezogen wurden.

BEISPIEL

Im Lebensmitteleinzelhandel ist die Gefahr des Verderbens groß. Das Vermeiden von Überbeständen ist hier besonders wichtig.

Durch die ständige Verfolgung der Lagerbestandsveränderungen können aussagekräftige und aktuelle Lagerkennzahlen angeboten werden, die Entscheidungshilfen im Zielkonflikt zwischen Lagerreduktion und Lieferservice darstellen.

Im Rahmen von Warenwirtschaftssystemen besteht häufig eine vollständige Integration der EDV-Systeme für den Wareneingangs-/Einkaufsbereich und das Lagerwesen. Das bedeutet, dass alle Daten, die entweder durch die Bestellbestätigung oder bei der Wareneingangserfassung eingegeben wurden, automatisch der Lagerdatei hinzugefügt werden. Auf diese Weise werden der Zeitaufwand und die Fehlerhäufigkeit von Mehrfacherfassungen deutlich vermindert.

Inventur[1]

Programmsysteme für das Lagerwesen helfen sehr häufig auch bei der Organisation und Durchführung der Inventur. Durch das ständige Erfassen aller Lagerzu- und -abgänge wird die Durchführung einer **permanenten Inventur** ermöglicht. Zwar kann eine permanente Inventur eine physische Inventur nicht vollständig ersetzen, da Faktoren wie z.B. Lagerschwund nur manuell eingegeben werden können. Für einen ständigen Einblick in die kompletten Lagerbestände schafft sie jedoch eine unverzichtbare Grundlage.

Die EDV-gestützten Warenwirtschaftssysteme können aus der permanenten Lagerbestandsfortschreibung heraus **Inventurlisten** erstellen. Sie enthalten die Soll-Bestände und sind somit die Grundlage für die Erfassung der Inventurdifferenzen. Verwendet man mobile Datenerfassungsgeräte, die die codierten Artikel im Lager direkt erfassen, werden die festgestellten Ist-Bestände in der EDV automatisch mit den gespeicherten Soll-Beständen verglichen. Aus diesen Informationen werden mögliche Bestandsdifferenzen ermittelt und daraus eine **Inventurdifferenzliste** erstellt.

Ein besonders flexibles Instrument für die Geschäftsleitung können Programmsysteme für das Lagerwesen bei der Inventurbewertung werden. Bei der Bestandsbewertung ist besonders problematisch, dass in vielen Unternehmen der Lagerbestand einen nicht unwesentlichen Faktor darstellt, mit dem im Rahmen gesetzlicher Bestimmungen auch das gesamte Betriebsergebnis beeinflusst wird. Abhängig von den mithilfe der Lagerprogramme durchgeführten Bewertungsverfahren können die Bestände einen höheren oder niedrigeren Wert aufweisen.

Mobile Datenerfassungsgeräte (MDE)

Für EDV-gestützte Warenwirtschaftssysteme bedeutsam werden auch mobile (bewegliche) Datenerfassungsgeräte. Dies sind kleine, taschenrechnerähnliche Geräte, mit denen an den Einsatzorten Lager, Wareneingang und Verkauf Daten in computergerechter Form gesammelt, gespeichert und an eine EDV-Anlage weitergeleitet werden. Bei diesen netz- und ortsunabhängigen Datenerfassungsgeräten wird die Mobilität durch ein geringes Volumen und Gewicht sowie durch den Einsatz von Batterien bzw. Akkus zur Energieversorgung gewährleistet. Die Eingabe der Daten kann entweder manuell (per Hand) über eine Tastatur oder optisch mithilfe eines Lesestiftes erfolgen, wofür die Daten jedoch in Form eines Strichcodes vorliegen müssen.

Die mobile Datenerfassung kommt in mehreren Bereichen der Warenwirtschaft zum Einsatz. Im Bereich des Lagers benutzt man die Geräte für die Erfassung von Warenbestandsdaten im Rahmen der Inventur. Die erfassten Daten lassen sich dann direkt – also zeit- und kostensparend – in die EDV einspielen. Im Bestellwesen wird die Abwicklung der Bestellungen zwischen Handelsbetrieben bzw. zwischen Handel und Industrie erleichtert. Die Bestelldaten werden dabei vom bestellenden Handelsbetrieb vor Ort, z. T. sogar am Regal, in das Erfassungsgerät eingegeben. Zur Übertragung der dezentral erfassten Daten kann die Vielzahl der Übertragungsnetze, die zur Verfügung stehen, genutzt werden. Im größeren Umfang wird die Datenfernübertragung z. B. auch im öffentlichen Fernsprechwählnetz angewandt. Verschiedene Geräte ermöglichen in diesem Zusammenhang die Umwandlung der in den Erfassungsgeräten gespeicherten Daten in eine Form, die wie das gesprochene Wort über die Tele-

1 siehe auch Lernfeld 8

222268136

fonleitungen übertragen werden kann. Auf der Empfangsseite erfolgt eine Rückumsetzung, damit die Daten in die EDV-Anlage eingegeben werden können.

Die Auswirkungen der mobilen Datenerfassung auf die Warenwirtschaft liegen in einer Effizienzsteigerung und in einer Beschleunigung der Informations- und Kommunikationsprozesse im Vergleich zu den herkömmlichen Möglichkeiten (Brief/Telefon/Telefax). So mussten z. B. Bestellungen bisher entweder langsam über Papiermedien oder aufwendig abgewickelt werden. Durch die mobile Datenerfassung ergeben sich daher mehrere Vorteile. Die schnellen Bestellungen ermöglichen kürzere Lieferzeiten, die Datenerfassungs- und Datenübermittlungskosten sinken usw.

MDE-Einsatzbereiche	
Filial-Anwendung	**Außendienst-Anwendung**
– Auftragsdatenerfassung – Artikelstammpflege – Bestellabwicklung mit allen Sonderfunktionen – Inventurerfassung – Wareneingangskontrolle, z. B. mit EAN-Überprüfung (GTIN) – Speichern von historischen Daten (Vortages-, Vorwochenbestellung)	– Tourenplanung – Wegeoptimierung – Speichern individueller Kundenstammdaten – Unterstützung der Konditionsfindung – Überprüfung des lagermäßig lieferbaren Sortiments während der Datenkommunikation – Spesenberichte

MDE-Gerät

Verwaltung von Lagerplätzen

Effektive Programmpakete für den Lagerbereich sollten dem Benutzer anzeigen können, welche Lagerplätze zum Abfragezeitpunkt als freie Lagerplätze zur Verfügung stehen. Dabei kann die Zuweisung der Artikel zu ihren Lagerplätzen entweder nach dem festen oder dem chaotischen Lagerordnungsverfahren erfolgen.

Abfragen und Statistiken

Fast alle Programmsysteme für das Lagerwesen enthalten umfassende Auskunftssysteme, die dem Einzelhändler das mühselige Ermitteln von Informationen (z. B. die Suche in unterschiedlichen Karteien und Unterlagen) abnehmen. Direkt am Bildschirm oder auf einer ausgedruckten Liste sind „auf Knopfdruck" alle wichtigen Daten verfügbar: Lagerdauer, Umschlagshäufigkeit und Lieferbereitschaft sowie Bestände und Verfügbarkeiten. Diese wesentlichen Kennzahlen entscheiden in manchen Fällen über Ausmusterung oder verstärkten Einkauf.

Handhabung des Warenflusses

In vielen Einzelhandelslagern besteht ein Nachholbedarf bei der Automatisierung der Handhabungs- und Warenflusstechnik. Vom reinen Handbetrieb über die Mechanisierung beispielsweise mit Gabelstaplern zur Teilautomatisierung mit Förderbändern bis zur Automatisierung eines Lagers kann die Entwicklung gehen. Einige Programmsysteme für das Lagerwesen können eine Optimierung innerbetrieblicher Transportvorgänge durchführen. Voraussetzung für solche intelligenten Lagersysteme sind

- die Aufrüstung konventioneller Arbeitsmittel durch Sensorik (Messfühler u. Ä.) und Steuerungstechnik oder
- der Einsatz mobiler Roboter.

Steuerungskonzept für die Automatisierung des Warenflusses im Lager

Die EDV verwaltet den Warenfluss im Lager und steuert die Lagergeräte (z. B. Stückgutförderer, Regalbediengeräte, fahrerlose Transportsysteme).

Im Automatisierungsstadium bewegen sich die Transportmittel bedienungslos und über Daten zielgesteuert: Bei Ein- und Auslagerungen erhält die Lagermaschine von der EDV die Koordinaten des Lagerfaches, aus dem beispielsweise ein Behälter zu entnehmen ist. Bei der Kommissionierung, wo die aus dem Lager entnommenen Materialien zu Versandgebinden zusammengestellt werden, ist eine Automatisierung ähnlich der Gepäckverteilung auf Flughäfen möglich. Die Lagerbehälter, die mit einem maschinenlesbaren Code versehen sein müssen, wandern z. B. auf Transportbändern an Lesestationen vorbei, werden nach den Kommissionierungsvorgaben selektiert (ausgewählt) und an Sortierplätzen abgelegt. Der innerbetriebliche Transport von und zu den Lagerorten kann zudem durch fahrerlose Transporteinheiten automatisiert werden. Sie werden durch in den Boden verlegte Induktionskabel geführt; Voraussetzungen dazu sind allerdings entsprechende Codierungen von Transporteinheiten und Empfangsorten.

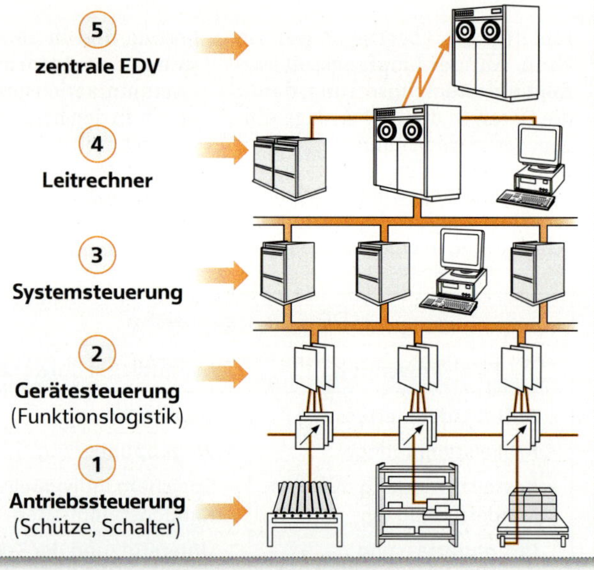

AUFGABEN

1. Erläutern Sie die Bedeutung der Lagerbestandsführung im Rahmen der EDV in Einzelhandelsbetrieben.
2. Warum fassen EDV-gestützte Warenwirtschaftssysteme sehr häufig den Einkaufsbereich und das Lagerwesen zusammen?
3. Wie können EDV-Systeme für das Lager die Inventur unterstützen?
4. Nach welchen Verfahren können Programmsysteme für das Lagerwesen den Artikeln Lagerplätze zuweisen?
5. Welche Vorteile hat ein automatisches Lager?
6. In welchen Bereichen werden mobile Datenerfassungsgeräte im Betrieb angewandt?
7. Die Ambiente Warenhaus AG wickelt ihre regelmäßige Warendisposition über die mobile Datenerfassung (MDE) ab.

   Welcher besondere Vorteil ergibt sich daraus?

   a) MDE hilft erheblich bei der Programmerstellung des Warenwirtschaftssystems.
   b) MDE erleichtert die Datenerfassung und -übertragung.
   c) MDE speichert die Daten immer langfristig.
   d) MDE sichert ohne zusätzliche Maßnahmen Dispositionsdaten entsprechend dem Datenschutz.
   e) MDE gibt die Umschlagshäufigkeit der einzelnen Artikel ein.
8. Um die Arbeiten im Lager zu vereinfachen, werden künftig elektronische Erfassungsgeräte anstelle von Lagerfachkarten eingesetzt.

   Welche Information können Sie **nicht** von der Lagerfachkarte in das mobile elektronische Erfassungsgerät übernehmen?

   a) Artikelbezeichnung
   b) Lagerort
   c) Fach
   d) Meldebestand
   e) Höchstbestand
   f) Verkaufspreis

AKTIONEN

1. Untersuchen Sie: Welche der in diesem Kapitel genannten Aufgaben der Datenverarbeitung im Lager erfüllt
   a) das in Ihrem Ausbildungsbetrieb verwendete Programmpaket für den Lagerbereich,
   b) das beiliegende Warenwirtschaftssystem?
2. Web Rufen Sie Ihr Warenwirtschaftssystem auf.
   a) Erläutern Sie am Beispiel des Artikels **„Die große Spielesammlung“**, wie der Meldebestand zustande kommt.
   b) Ermitteln Sie den Höchstbestand des Artikels.

c) Überprüfen Sie die verschiedenen Angaben zum Warenbestand des Artikels.
d) Ermitteln Sie, wie hoch momentan die Lagerumschlaggeschwindigkeit ist.
e) Führen Sie einen Kassiervorgang durch: Ein Kunde kauft 225 Stück des Artikels, um sie als Spende an verschiedene Kinderheime zu schicken.
f) Überprüfen Sie, wie sich die Angaben zum Warenbestand geändert haben.
Überlegen Sie, welche Folgen Sie daraus ziehen müssen.
g) Überprüfen Sie, wie sich die Lagerumschlagsgeschwindigkeit geändert hat.

3. In dieser Aktion geht es um die Auswertung des vergangenen Unterrichtsverlaufs für ein erfolgreiches Lernen in der Zukunft.

Viel kann man auch aus der Analyse eines gerade beendeten Lernfeldes lernen: Sie sollten die einzelnen Lernabschnitte und die Arbeit im Lernfeld insgesamt reflektieren. Aus der Auswertung des Unterrichtsverlaufs der vergangenen Zeit können Sie Rückschlüsse auf und Konsequenzen für eine erfolgreiche Arbeit in der Zukunft ziehen.

- Beantworten Sie den folgenden Fragebogen.
- Vergleichen und besprechen Sie die Ergebnisse anschließend mit den Mitgliedern Ihrer Arbeitsgruppe.
- Versuchen Sie aus Ihren Ergebnissen und aus den Rückmeldungen der anderen Arbeitsgruppenmitglieder Konsequenzen für Ihr Lernverhalten im weiteren Verlauf Ihrer Ausbildung zu erzielen.

Bei der Besprechung des Fragebogens in der Arbeitsgruppe sollte Folgendes immer beachtet werden:

1. Sind Sie zufrieden mit dem Ergebnis Ihrer Arbeitsgruppe?
2. Gab es Schwierigkeiten bei der Informationsbeschaffung?
3. Was ist besonders gut gelaufen?
4. Was ist besonders schlecht gelaufen?
5. War die Arbeit intensiv und ohne Ablenkung?
6. Wie beurteilen Sie die Arbeit in Ihrer Gruppe (Ausmaß der Beteiligung, dominierende oder „störende" Personen)?
7. Wo konnten Sie Lernzuwächse (Fach-, Methoden- und Sozialkompetenz) erzielen?
8. Was sollte in Ihrem Lernverhalten und in dem der Arbeitsgruppe in Zukunft verbessert werden?

- Formulieren Sie Ihre Rückmeldung sachlich und konstruktiv, sodass sie für andere annehmbar und nicht verletzend ist.
- Bekommen Sie Rückmeldung, nehmen Sie eine eventuelle Kritik nicht persönlich, sondern fassen Sie sie als persönliche Anregung auf.

ZUSAMMENFASSUNG

EDV-gestützte Warenwirtschaftssysteme im Lager

erfüllen folgende Funktionen

Bestandsführung	artikelgenaue Verwaltung der Bestände
Inventur	Unterstützung der Durchführung und Bewertung
Abfragen und Statistiken	Bereitstellung von Informationen für unterschiedliche Zwecke
Verwaltung von Lagerplätzen	Zuweisung von Lagerorten
Handhabung des Warenflusses	Optimierung innerbetrieblicher Transportvorgänge

GESCHÄFTSPROZESSE
ERFASSEN UND KONTROLLIEREN
8

Geschäftsprozesse erfassen und kontrollieren[1]

Lernsituation 1

Zu Beginn des laufenden Geschäftsjahres liegen in der Buchhaltung der Ambiente Warenhaus AG die folgenden Bilanzzahlen vor:

Aktiva	**Bilanz[2] der Ambiente Warenhaus AG zum 31.12.20.. (in €)**		Passiva
I. Anlagevermögen		**I. Eigenkapital**	544.338,00
1. Gebäude	880.000,00	**II. Fremdkapital**	
2. Fuhrpark	76.817,00	1. Hypothekenschulden	1.550.400,00
3. Betriebs- und Geschäftsausstattung	153.633,00	2. Darlehensschulden	65.784,00
II. Umlaufvermögen		3. Verbindlichkeiten a. LL	16.830,00
1. Waren	442.000,00		
2. Forderungen a. LL[3]	1.894,00		
3. Kasse	10.208,00		
4. Kreditinstitute	512.800,00		
5. Postbank	100.000,00		
	2.177.352,00		2.177.352,00

Schönstadt, den 05.01.20..

Michael Sauter Heinz Rischmüller *Andrea Bode*[4]

Britta Krombach hat bereits nach vier Wochen Einarbeitungszeit im Dezember vergangenen Jahres von der Chefin der Buchhaltung, Frau Fuhrmann, den Auftrag erhalten, ab Januar selbstständig die täglich anfallenden Geschäftsfälle auf der Grundlage der vorhandenen Belege in den Buchhaltungsbüchern schriftlich festzuhalten.

Einer dieser arbeitsreichen Vormittage von Britta Krombach gleich zum Jahresbeginn bescherte ihr die folgenden Geschäftsfälle:

1. Kauf von Waren auf Ziel (Beleg: siehe Eingangsrechnung rechts)
2. Bezahlung der Eingangsrechnung eines Lieferers durch Banküberweisung ..... 6.300,00 €
3. Bareinzahlung auf das Konto der Ambiente Warenhaus AG (Belege: Einzahlungsschein und Kontoauszug) . 3.500,00 €
4. Kauf von Büromaterial bar (Beleg: Quittung) .... 270,00 €

Pixelpoint
Stauffenbergstraße 62 · 64289 Darmstadt

aPixelpoint GmbH · Stauffenbergstraße 62 · 64289 Darmstadt
Ambiente Warenhaus AG
Groner Straße 22–24
34567 Schönstadt

Ihr Zeichen:	B/S
Ihre Bestellung vom:	18.12.20..
Kundennummer:	11253
Auftragsnummer:	20336
Versanddatum:	28.12.20..

Bitte bei Zahlung immer angeben:
Rechnungssnr. 4258
Rechnungsdatum: 28.12.20..

Rechnung

Sehr geehrte Damen und Herren,

Pos.	Bestell-Nr.	Bezeichnung der Ware	Menge	Preis je Einheit €	Betrag €
1	2280	DVD-Brenner (DVDR 1640K), 2,4-fache Dual-Layer Schreibgeschw. DVD Multinorm, 24-fach	120	62,50	7.500,00

Konto	Soll	Haben

Gebucht

Zahlbar rein netto innerhalb von 20 Tagen. Skontoabzug ist nicht möglich.

1 Die Umsatzsteuer bleibt aus methodischen Gründen im gesamten Lernfeld 8 unberücksichtigt.
2 Stark vereinfachte Darstellung. Große Kapitalgesellschaften müssen ihre Bilanzen unter Beachtung des § 266 Abs. 2 und 3 HGB aufstellen und veröffentlichen (siehe Aufstellung im Anhang des Lehrbuches).
3 a. LL = aus Lieferungen und Leistungen
4 Die Bilanz ist bei Aktiengesellschaften von allen Mitgliedern des Vorstands zu unterschreiben.

5. Eingang der Provision auf das Postbankkonto der Ambiente Warenhaus AG (Beleg: Provisionsabrechnung und Kontoauszug) .... 12.000,00 €
6. Zinsgutschrift der Commerzbank (Beleg: Kontoauszug) .... 10.000,00 €
7. Gehaltsvorauszahlungen durch Banküberweisung (Beleg: Gehaltsliste Schönstadt und Bankauszug) .... 18.000,00 €
8. Ein Kunde begleicht eine Rechnung durch Banküberweisung (Beleg: Kontoauszug) 1.300,00 €
9. Die Commerzbank belastet die Ambiente Warenhaus AG mit Darlehenszinsen (Beleg: Kontoauszug) .... 6.300,00 €
10. Die Reparatur des firmeneigenen Servers wird bar bezahlt (Beleg: quittierte Eingangsrechnung) .... 430,00 €
11. Kauf von Büromöbeln bar .... 4.000,00 € und gegen Bankscheck .... 10.000,00 € (Belege: Quittung und Kontoauszug)
12. Tilgung einer Darlehensschuld durch Banküberweisung .... 20.000,00 € und durch Postbanküberweisung ...... 10.000,00 € (Belege: Kontoauszüge der Commerzbank und der Postbank)
13. Kosten für eine Werbeanzeige – Abbuchung vom Bankkonto (Belege: Eingangsrechnung des Schönstädter Tageblatts und Kontoauszug) 220,00 €
14. Bezahlung der Telefonrechnung durch Banküberweisung (Belege: Eingangsrechnung und Kontoauszug) .... 8.300,00 €
15. Verkauf von Waren bar – Tageseinnahme der Warenwelt „Lesen" (Beleg: Kassenbericht) 22.000,00 €
16. Kauf eines neuen Pkw für den Kundenservice durch Postbanküberweisung (Belege: Eingangsrechnung und Kontoauszug) .. 36.000,00 €

1. Britta will zur eigenen Übung diesen einen arbeitsreichen Tag so behandeln, als sei innerhalb der 8 Stunden bereits ein Jahr vergangen und der Jahresabschluss aufzustellen.

Versetzen Sie sich daher in die Situation von Britta Krombach und folgen Sie ihrem aufgestellten Handlungsplan:

- Die Eröffnungsbilanz in aktive und passive Bestandskonten auflösen und gleichzeitig die entsprechenden Erfolgskonten einrichten.
- Mithilfe des Eröffnungsbilanzkontos die Anfangsbestände aus der Bilanz auf die Bestandkonten übertragen.
- Die Kontoeröffnungen unter der Rubrik „Eröffnungsbuchungen" in das Grundbuch (Journal) eintragen.
- Mithilfe von Buchungssätzen die Geschäftsfälle im Grundbuch und anschließend im Hauptbuch festhalten.
- Am **Geschäftsjahresende** die Erfolgskonten abschließen und
  - den Rohgewinn für das abgelaufene Geschäftsjahr sowie
  - mithilfe der Gewinn- und Verlustrechnung den Jahreserfolg der Ambiente Warenhaus AG ermitteln.

  Hinweis:
  Summe der übrigen Aufwendungen .... 20.980,00 €
  Summe der übrigen Erträge .... 30.000,00 €
- Anschließend sämtliche Bestandskonten über das Schlussbestandskonto abschließen.
- Alle Kontenabschlüsse zunächst unter der Rubrik „Abschlussbuchungen" im Grundbuch festhalten.
- Erstellen der Schlussbilanz.

2. Gehen Sie der Frage nach, welche Gründe es haben könnte, wenn die Werte der Schlussbilanz und die des Schlussbilanzkontos nicht übereinstimmen.

Lernsituation 2

Im Januar – 14 Tage später: Britta Krombach bekommt an einem Mittwochmorgen den Auftrag, die Zahlen für die Warenwelt „Schöner schlafen" des abgelaufenen Geschäftsjahres (Umsatzerlöse, Wareneinsatz und Handlungskosten) aus den Ambiente-Warenhaus-AG-Filialen Potsdam, Regensburg und Kiel abzurufen.

Bereits am späten Nachmittag hat Britta die Daten zusammengetragen. Die Zahl der Mitarbeiter und die Verkaufsfläche entnimmt sie den eigenen Unterlagen. Abschließend stellt sie alles in einer Tabelle übersichtlich geordnet dar.

Filiale	**Betriebliche Daten aus der Warenwelt „Schöner schlafen"** Datenerhebung: Januar – Dezember 20..				
	Umsatzerlöse	**Wareneinsatz**	**Handlungskosten**	**Zahl der Mitarbeiter**	**Verkaufsfläche**
Potsdam	9.300.000,00 €	5.100.000,00 €	1.890.000,00 €	64	3 100 m²
Regensburg	8.400.000,00 €	5.900.000,00 €	1.750.000,00 €	47	2 400 m²
Kiel	8.800.000,00 €	5.720.000,00 €	1.680.000,00 €	56	3 150 m²

222268142

1. Britta Krombach soll darüber hinaus laut Anweisung der Geschäftsleitung noch bestimmte betriebliche Kennzahlen vorlegen. Die Ergebnisse werden Montagmittag nächster Woche erwartet. Zu ermitteln sind im Einzelnen:
   - der Reingewinn (weitere Aufwendungen und Erträge liegen nicht vor),
   - der Rohgewinn,
   - die Handelsspanne,
   - der Wareneinsatz in Prozent vom Umsatz,
   - der Rohgewinn in Prozent des Wareneinsatzes,
   - die Personalproduktivität und
   - die Raumproduktivität.

   Versetzen Sie sich in die Situation von Britta Krombach und ermitteln Sie die von der Geschäftsleitung angeforderten Kennzahlen.

2. Stellen Sie zur optisch besseren Darstellung die Umsatzerlöse und den Wareneinsatz der drei Filialen in einem gemeinsamen Diagramm dar.

3. Gehen Sie abschließend der Frage nach, warum ein hoher Rohgewinn nicht zwangsläufig einen hohen Reingewinn zur Folge haben muss. Begründen Sie Ihre Stellungnahme.

KAPITEL 1
Wir informieren uns über die Grundlagen des Rechnungswesens und die Aufgaben der Buchführung

Ein umgangssprachlicher Leitgedanke zur Buchführung lautet:

„Wer schreibt, der bleibt."

Derartige plakative Aussagen hatte Britta Krombach früher schon des Öfteren im Zusammenhang mit der Buchführung gehört. Doch so richtig vorstellen konnte sie sich darunter nichts.

Jetzt, wo sie innerhalb ihrer Ausbildung zum ersten Mal mit den Aufgaben der Buchführung in Berührung gekommen ist, wird ihr zunächst noch verschwommenes Bild von der Buchführung immer klarer ... aber nach ihren eigenen Aussagen noch immer nicht klar genug.

Die Auszubildende Britta Krombach vor einem Problem

Auch den Unterschied zwischen Buchführung und Rechnungswesen hat sie in den ersten Wochen ihrer Ausbildung noch nicht klären können. Britta ist deshalb unzufrieden. Sie versucht daher schon in den nächsten Tagen, insbesondere diese beiden Fragenkomplexe für sich aufzuklären.

Helfen Sie Britta Krombach hierbei.

1. Geben Sie einen Überblick über die Aufgaben der einzelnen Bereiche des Rechnungswesens.

2. Stellen Sie stichwortartig dar, welche Aufgaben die Buchführung hat und inwieweit sie sich vom Rechnungswesen unterscheidet.

3. In der Verwaltung der Ambiente Warenhaus AG wurden nach 6 Jahren sämtliche PCs und Drucker gegen neue Geräte ausgewechselt. Prüfen Sie, inwieweit dieser betriebliche Vorgang das Rechnungswesen der Ambiente Warenhaus AG berührt.

INFORMATION

Aufgaben und Bereiche des Rechnungswesens

Bevor der Einzelhändler seinen Kunden Waren anbieten kann, fällt eine Fülle von zu erledigenden Aufgaben an: Beschaffung der Ware, Warenlagerung, Vertriebs- und Verwaltungsaufgaben, Werbemaßnahmen usw.

Neben diesen Aufgaben hat der Einzelhändler Kontakte zum Finanzamt, Kreditinstituten (Banken), Behörden, Lieferern, Kunden, sonstigen Partnern.

BEISPIELE

- Eingang von Liefererrechnungen
- Zahlung von Eingangsrechnungen
- Erstellung von Ausgangsrechnungen
- Zahlung von Löhnen und Gehältern an die Mitarbeiter
- Überweisung von Steuern und Beiträgen an das Finanzamt bzw. die Krankenkasse
- Aufnahme von Krediten bei Banken
- Kauf von Ausstattungsgegenständen für das Unternehmen

Das **Rechnungswesen** hat dabei die Aufgabe, die durch den betrieblichen Leistungsprozess entstehenden Geld- und Leistungsströme systematisch zu erfassen, aufzubereiten, auszuwerten und zu überwachen, und gewährleistet gleichzeitig einen umfassenden Informationsaustausch.

- Zum einen werden **Geld- und Güterströme** in einem Einzelhandelsunternehmen **dokumentiert,** um gegenüber Außenstehenden **Rechenschaft ablegen** zu können **(externes Rechnungswesen),** zum Beispiel gegenüber dem Finanzamt, den Banken, den Gläubigern, Lieferern, Kunden oder auch Kostenträgern im Gesundheitswesen (= **Rechenschaftslegung und Dokumentationsaufgabe).**
- Zum anderen soll das Rechnungswesen dem Einzelhändler aber auch die Daten liefern, die zur Steuerung, Planung und Kontrolle seines Unternehmens notwendig sind. Man spricht in diesem Zusammenhang von **internem Rechnungswesen,** da im Vordergrund die Überwachung der Zahlungsbereitschaft, der Wirtschaftlichkeit und der Rentabilität steht (= **Kontroll- und Dispositionsaufgabe).**

DEFINITION

Das **betriebliche Rechnungswesen** umfasst alle Vorgänge, mit deren Hilfe man die betrieblichen Informations- und Zahlungsströme nach Menge und Wert systematisch erfassen, aufbereiten und auswerten kann.

Die **Aufgaben** des Rechnungswesens sind im Einzelnen:

- Buchen der ein- und ausgehenden Belege
- Kontrolle der Zahlungsbereitschaft und der Außenstände
- periodische Erfolgsermittlung
- Verkehr mit den Finanzbehörden (Vorbereitung und Abgabe der Steuererklärungen, Überwachung der Steuertermine)
- monatliche, vierteljährliche und jährliche Abschlussarbeiten
- Aufarbeiten der Unterlagen für die Betriebsabrechnung und Kalkulation
- Auswertung der Zahlen für die Betriebsstatistik
- Vor- und Nachkalkulation
- Aufstellen der verschiedenen Teilpläne

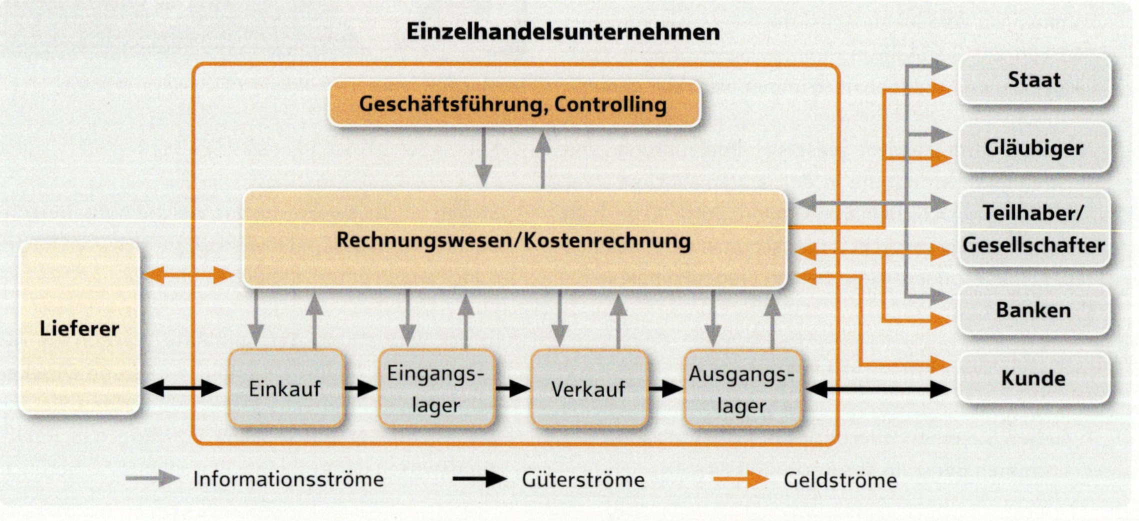

222268144

Das betriebliche Rechnungswesen untergliedert sich in vier Teilbereiche:

Rechnungswesen

Buchführung (Zeitraumrechnung)

Die **Geschäftsbuchführung** erfasst mithilfe von Belegen lückenlos sowie sachlich und zeitlich geordnet alle Geschäftsfälle in einem Einzelhandelsunternehmen,

im Einzelnen

- die Veränderungen des Vermögens
- die Veränderungen der Schulden

} **Bestandsrechnung**

- die Aufwendungen und Erträge
- den Gewinn oder Verlust

} **Erfolgsrechnung**

bezogen auf einen bestimmten **Zeitabschnitt** (Jahr, Quartal, Monat).

- Die Buchführung ist die wichtigste Grundlage des gesamten Rechnungswesens. Sie erfüllt:
  - Informations- und Dokumentationsaufgaben
  - Beweissicherungsaufgaben (Rechenschaftslegung)
- Die Buchführung ist die Grundlage für die Kosten- und Leistungsrechnung, die Statistik und die Planung.

Kosten- und Leistungsrechnung (Zeit- und Stückrechnung)

- Erfasst und überwacht die Kosten nach
  - **Art** (z. B. Gehälter, Büromaterial u. a.)
  - **Zeit** (häufig: pro Monat, daher **Zeitrechnung**) und
  - **Höhe.**
- Grundlage zur Berechnung (Kalkulation[1]) der Verkaufspreise (daher **Stückrechnung)**
- Berechnung des Betriebserfolgs
- Grundlage für unternehmerische Entscheidungen (**Dispositionsaufgabe**)

Statistik (Vergleichsrechnung)

- Aufbereitung und Auswertung der Zahlen der
  - Geschäftsbuchführung und
  - Kosten- und Leistungsrechnung (**Überwachungsaufgabe**)
- Vergleich der aufbereiteten Zahlen mit denen aus **vorangegangenen Perioden** des eigenen Unternehmens (**Zeitvergleich**) oder mit denen anderer **Unternehmen (Betriebsvergleich)**
- Erstellung betrieblicher Kennziffern (Statistiken über Kosten, Erfolg, Personal, Lager, Umsatz, Beschaffung, Reklamationen, Bilanz usw.)
- Grundlage für die unternehmerische Planung und Disposition

Planung (Vorausschaurechnung)

- Aufgrund der Zahlen der Buchführung, der Kosten- und Leistungsrechnung und der Statistik werden wichtige Erkenntnisse über die zukünftige betriebliche Entwicklung gewonnen.
- Aufgrund des Vergleichs der Soll-Zahlen (vorgegebene Zahlen) mit den Ist-Zahlen (tatsächliche Zahlen) werden Teilpläne erstellt, z. B.:
  - Investitionspläne
  - Beschaffungspläne
  - Absatzpläne
  - Finanzpläne
- Instrument zur Kontrolle und Führung des Unternehmens

1 Das Rechenverfahren, mit dem man vom Einkaufspreis zum Verkaufspreis gelangt, wird Kalkulation genannt.

Aufgaben der Buchführung

Der Handel diente ursprünglich dazu, Güter zu beschaffen, die man selbst nicht herstellen konnte (Tauschhandel). Stammesangehörige wurden mit selbst produzierten Gütern ausgeschickt, um sie gegen dringend benötigte fremde Güter zu tauschen. Der Handelserfolg bestand lediglich in der ausreichenden Beschaffung der fremden Güter.

Mit der Entwicklung der Währung entwickelte sich der Beruf des Kaufmanns, der Waren an einem Ort preisgünstig einkaufte, um sie an einem anderen Ort teurer zu verkaufen. Hierzu benötigte der Kaufmann Aufzeichnungen, die es ihm ermöglichten, den Preis für seine Ware festzusetzen und den Erfolg eines einzelnen Handelsgeschäfts festzustellen. Außerdem musste er offene Forderungen und Verbindlichkeiten verwalten und darüber hinaus seine Liquidität sicherstellen.

All dies erforderte zur Planung und Steuerung die laufende Information über seinen Handelserfolg und damit die **laufende Aufzeichnung aller Geschäftsfälle.** Die Buchhaltung wurde geboren. Die doppelte Buchführung schließlich ist eine Erfindung italienischer Kaufleute des 14. Jahrhunderts.

DEFINITION

Buchführung ist die
- lückenlose,
- zeitlich und sachlich geordnete und
- übersichtliche

Aufzeichnung der Geschäftsfälle aufgrund von Belegen.

Geschäftsfälle[1] sind alle Vorgänge, die das Vermögen und/oder die Schulden des Einzelhandelsunternehmens verändern.

> „Wer seine Buchführung nicht im Griff hat, hat auch sein Unternehmen nicht im Griff. Probleme im Unternehmen und ‚schlampige' Buchführung gehen meist Hand in Hand."
>
> *Aussage von Praktikern*

Die kaufmännische Buchführung ist der wichtigste Bestandteil des Rechnungswesens. Sie dient als **Grundlage für**
- die **Ermittlung des Betriebserfolgs** durch die Gegenüberstellung von Aufwendungen und Erträgen (positiver Erfolg = Gewinn; negativer Erfolg = Verlust),
- **die Vermögens- und Schuldenermittlung,**
- die **Aufzeichnung der Bestandsveränderungen** in einem bestimmten Zeitraum durch den Vergleich zwischen den Beständen am Anfang und am Ende des Geschäftsjahres.
- Die Buchführung dient zugleich als **Grundlage für die Unternehmensführung:** Der Einzelhändler erhält den notwendigen Überblick für seine unternehmerischen Entscheidungen, wie beispielsweise den Überblick über
  - die Kosten- und Umsatzentwicklung von Produkten oder Abteilungen,
  - die Höhe der Einkäufe und ihre Veränderungen im Zeitablauf oder
  - die Schulden gegenüber Lieferern.

Man spricht in diesen Zusammenhang oftmals auch von der Buchhaltung als Spiegelbild der Geschäftsabläufe.

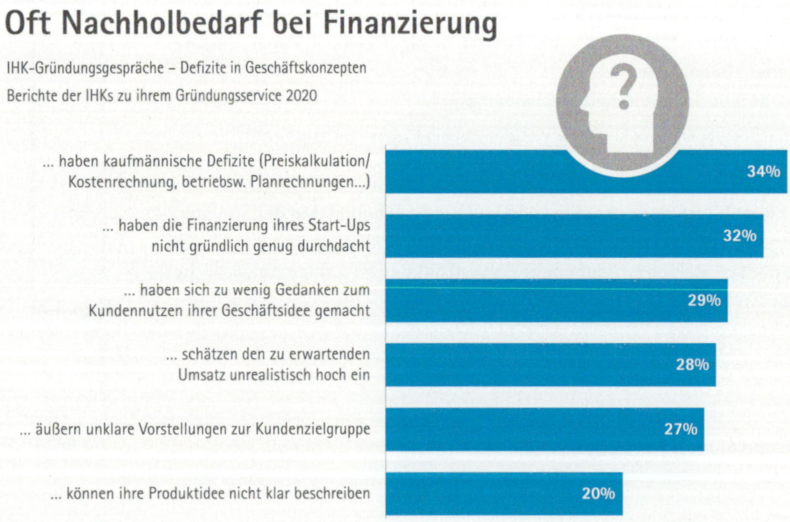

1 Auch als Geschäftsvorfälle bezeichnet (siehe § 238 HGB). In diesem Lehrbuch wird der Begriff „Geschäftsfall" verwendet.

- Bei Rechtsstreitigkeiten mit Kunden, Lieferern, Banken und Behörden (Finanzamt, Gerichte, Krankenkasse) liefert die Buchführung häufig wichtige **Beweismittel.** Selbst für den Fall einer Insolvenz oder eines Vergleichs ist eine ordnungsmäßige Buchführung unverzichtbar, um rechtzeitig feststellen zu können, ob der Einzelhändler überschuldet oder zahlungsunfähig ist.

Die Buchführung liefert wesentliche Daten bzw. Angaben für			
• die Erstellung des **Jahresabschlusses,** bestehend aus Bilanz, Gewinn- und Verlustrechnung. In der **Bilanz** werden Vermögensgegenstände und Finanzierungsmittel zum **Jahresabschlussstichtag gegenübergestellt.** In der **Gewinn- und Verlustrechnung** wird der Erfolg des Geschäftsjahres **dargestellt.**	• **das Finanzamt:** Aus den in der Buchhaltung verbuchten Ausgaben und Einnahmen werden die Steuern für das Unternehmen berechnet, u. a. Umsatzsteuer, Gewerbeertragsteuer, Körperschaftsteuer und Einkommensteuer.	• **Kreditinstitute:** Banken und Sparkassen werden einem Einzelhandelsunternehmen nur dann Kredite gewähren, wenn das Unternehmen kreditwürdig ist. Dies lässt sich aus den Zahlen der Buchführung ablesen. • **Lieferer** • **Arbeitnehmer** • **sonstige Gläubiger**	• die anderen Teile des betrieblichen Rechnungswesens wie Kosten- und Leistungsrechnung, Statistik und Planung (u. a. für inner- und zwischenbetriebliche Vergleiche)
	Buchführung als externe Informationsquelle		
Die Buchführung ist eine wichtige **Auskunftsquelle.** Ihre Daten müssen stets nachprüfbar sein (Nachweis mittels Belegen).			

Gesetzliche Grundlagen der Buchführung

Wegen des allgemeinen Interesses an den Buchführungsergebnissen hat der Staat Gesetze erlassen: Die handelsrechtlichen Vorschriften der Buchführung sind geregelt im Handelsgesetzbuch (HGB), die steuerrechtlichen im Einkommen-, Körperschaft-, Gewerbe- und Umsatzsteuergesetz und die Verpflichtungen zur ordnungsmäßigen Buchführung in der Abgabenordnung (AO; z. B. § 141 ff.). Sondervorschriften bezüglich des Jahresabschlusses sind abhängig von der Rechtsform des Unternehmens und sind zu finden im Genossenschafts-, Aktien- und GmbH-Gesetz.

Buchführungspflicht

Alle Kaufleute, deren Unternehmen eine bestimmte Größe erreicht hat, sind gemäß § 238 HGB gesetzlich zur **Buchführung verpflichtet.**[1] Sie müssen eine komplette doppelte Buchführung einschließlich Jahresabschluss mit Gewinn- und Verlustrechnung vorweisen.

Buchführungspflicht. (1) Jeder Kaufmann ist verpflichtet, Bücher zu führen und in diesen seine Handelsgeschäfte und die Lage seines Vermögens nach den Grundsätzen ordnungsmäßiger Buchführung ersichtlich zu machen. (§ 238 HGB)

Wichtige Grundsätze einer ordnungsmäßigen Buchführung (GoB)					
Übersichtlichkeit	**Vollständigkeit**	**Ordnung**	**Zeitgerechtigkeit**	**Nachprüfbarkeit**	**Richtigkeit**
Ein sachverständiger Dritter muss sich in der Buchführung in angemessener Zeit zurechtfinden und sich einen Überblick über die Geschäftsfälle und die Vermögenslage des Unternehmens verschaffen können.	Alle buchungspflichtigen Geschäftsfälle müssen richtig und vollständig erfasst sein. Das gilt auch für den Überblick über die Vermögens- und Ertragslage.	Geschäftsfälle müssen immer richtig zugeordnet werden.	Die Geschäftsfälle sind sofort zu erfassen. Das gilt vor allem für die monatliche oder quartalsmäßige Umsatzsteuervoranmeldung.	Buchungen müssen durch Belege (z. B. durchnummerierte Rechnungen, Quittungen) nachgewiesen werden. **Keine Buchung ohne Beleg!**	Einträge dürfen nicht nachträglich verändert werden. Der ursprüngliche Buchungsinhalt darf nicht unleserlich gemacht werden. Das bedeutet z. B.: kein Radieren, keine Bleistifteintragungen, kein Überkleben.

1 Unternehmen, die weniger als 500.000,00 € Umsatz im Jahr erwirtschaften bzw. deren Gewinn geringer ist als 50.000,00 €, sind von der Buchführungspflicht befreit. Sie können die weniger aufwendige Einnahmen-Überschuss-Rechnung verwenden (§ 241 a HGB).

Diese zu beachtenden Grundsätze ordnungsmäßiger Buchführung (GoB) basieren auf den gesetzlichen Vorschriften des Handelsgesetzbuches (HGB) und der Abgabenordnung (AO).

DEFINITION

Ordnungsmäßige Buchführung bedeutet, dass die gesetzlichen Vorschriften für die Buchführung, insbesondere die des Handelsgesetzbuches und der Abgabenordnung, eingehalten werden müssen. Diese **Grundsätze** stellen die Regeln dar, nach denen der Einzelhändler seine Geschäftsfälle aufzuzeichnen hat.

Des Weiteren ist von jedem Kaufmann zu beachten, dass

- bei der Gründung und
- nach Ablauf eines jeden Geschäftsjahres (höchstens 12 Monate)

eine **Inventur durchzuführen** ist und anschließend ein **Inventar und eine Bilanz** erstellt werden müssen (§§ 240, 242 HGB; siehe hierzu Kap. 8.2). Kasseneinnahmen und -ausgaben müssen täglich aufgezeichnet werden (Kassenbericht).

Aufbewahrungsfristen

Handelsbücher, Inventare, Bilanzen und Buchungsbelege müssen **10 Jahre** lang aufbewahrt werden. Gerechnet wird vom Schluss des Kalenderjahres, in dem die Unterlagen entstanden sind (§ 257 HGB). Handelsbriefe[1] sind **6 Jahre** lang aufzubewahren.

Mit Ausnahme der Eröffnungsbilanz und des Jahresabschlusses können alle Buchführungsunterlagen auf einem **Bildträger** (Mikrofilm) oder auf einem anderen **Datenträger** (USB-Stick, DVD u.a.) aufbewahrt werden. Die gespeicherten Daten müssen allerdings jederzeit durch Bildschirm oder Ausdruck lesbar zu machen sein. Für diese Form der Buchführung gelten die Grundsätze ordnungsmäßiger Speicherbuchführung (GoS).

Für die **Archivierung von E-Mails** gilt, kurz gesagt, Folgendes:

- E-Mails sind mindestens 6 Jahre aufzubewahren, wenn sie als Handelsbriefe zu qualifizieren sind. Zum Lesen der Dokumente muss der Einzelhändler auch nach Ablauf von Jahren Programme bereithalten. Das kann bei Änderungen des Betriebssystems zu Problemen führen.
- Einzelhandelsunternehmen sollten darauf achten, dass eingehende E-Mails, die Handelsbriefe darstellen, nicht etwa durch Spam- und Virenfilter abgefangen werden.
- Da der Gesetzgeber kein Ordnungssystem festgelegt hat, haben die Unternehmen bei der Umsetzung der Archivierungspflichten aus dem HGB Handlungsspielraum. Wichtig ist nur, dass sie die Archivierungspflichten ernst nehmen.

Straf- und Bußgeldvorschriften

Kommt ein Kaufmann seiner **Buchführungs- und Anzeigenpflicht** nicht nach, beispielsweise durch verspätete oder fehlende Buchungen, fehlende Belege usw., so ist dies handelsrechtlich nicht weiter sanktioniert. Allerdings ist nach der Rechtsprechung[2] die Aufbewahrungspflicht Bestandteil der Grundsätze ordnungsgemäßer Buchführung. Eine Verletzung stellt daher immer einen Verstoß gegen die Buchführungs- und Aufzeichnungspflicht dar. Der Kaufmann muss deshalb mit erhöhten Kosten rechnen, z.B. durch

- hohe Steuerschätzungen des Finanzamts, das zur Steuerfestsetzung keine konkreten Zahlen zur Verfügung hat (§ 152 AO),
- Säumniszuschläge sowie ggf.
- Steuernachzahlungen plus Zinsen.

Darüber hinaus sieht das Gesetz eine **Freiheitsstrafe bis zu 3 Jahren** oder eine **Geldstrafe** vor für die Verschleierung von Jahresabschlüssen bzw. die unrichtige Wiedergabe (§ 331 HGB). Im Insolvenzfall können Verstöße gegen die GoB Strafverfolgung nach sich ziehen.

1 Als Handelsbriefe gelten sämtliche Schriftstücke, die der Vorbereitung, Durchführung und dem Abschluss oder der Rückgängigmachung eines Geschäfts dienen. Dabei wird nicht zwischen Briefpost, Telefax-Nachricht oder E-Mail unterschieden.

2 BFH, BStBl. II 1976, 819

EDV-gestützte Warenwirtschaftssysteme im Rechnungswesen

Die Datenbestände der Warenwirtschaft dürfen im Handelsbetrieb nicht isoliert betrachtet werden. Vielmehr werden auch Daten aus anderen Bereichen des Handelsbetriebs verarbeitet. Umgekehrt fließen auch die in der Warenwirtschaft erfassten und ausgewerteten Daten in angrenzende Bereiche für eine weitere Verarbeitung. Besonders eng tauschen mit der Warenwirtschaft die folgenden vier Bereiche Daten aus:

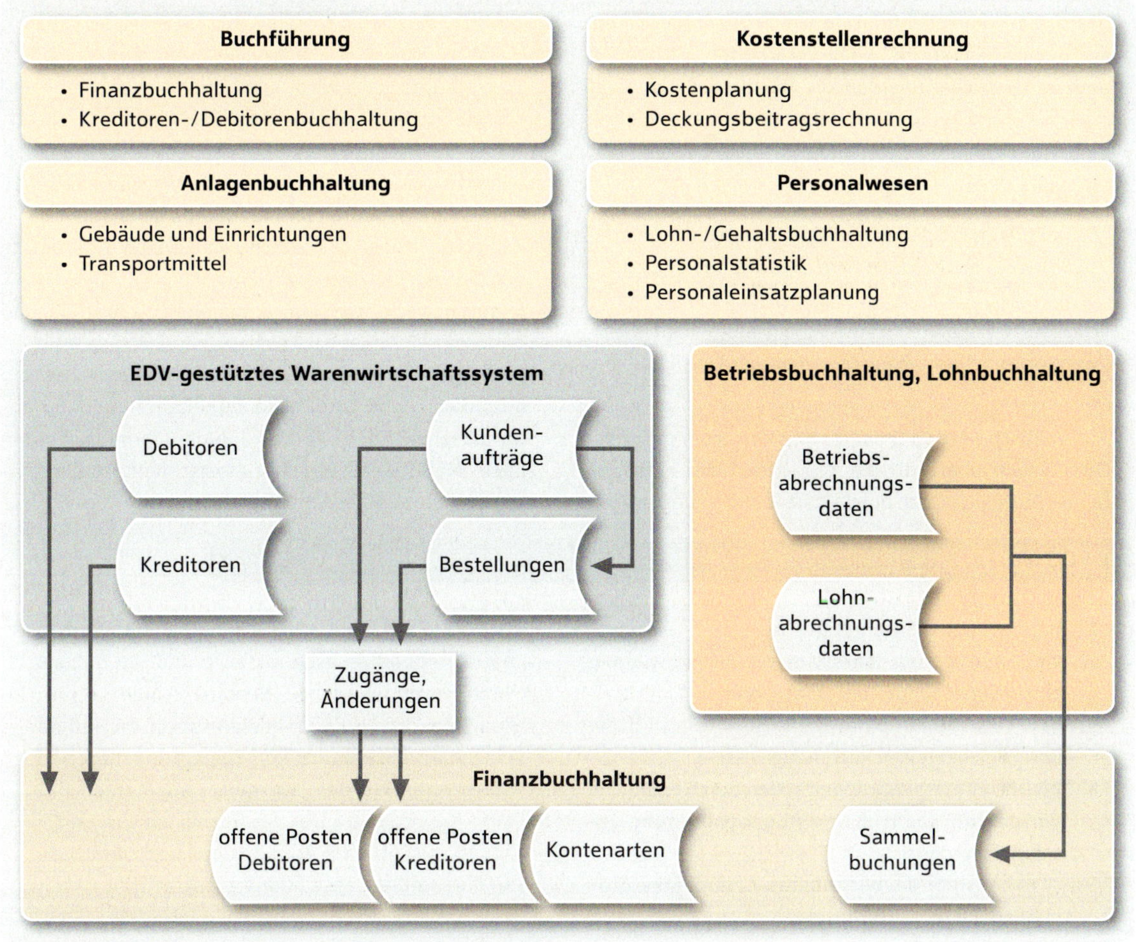

Das gesamte Rechnungswesen arbeitet mit dem Warenwirtschaftssystem zusammen. Sehr viele Daten aus der Finanzbuchhaltung werden aus der Warenwirtschaft übernommen.

In der Finanzbuchhaltung benötigt man im Bereich der Debitoren[1] und Kreditoren[2] deren Stammdaten und Bewegungen. So ist beispielsweise die Einkaufsabteilung diejenige, die den ersten Kontakt zum Lieferer hat. Hier werden die meisten Stammdaten angelegt. Wenn dann die Rechnung kommt, müssen in der Buchhaltung keine weiteren Stammdaten erfasst werden.

Die manuelle Erledigung der Buchführung findet man heute nur noch vereinzelt in Kleinbetrieben an. Die Regel ist die Abwicklung des Rechnungswesens über die EDV. Heute fallen in fast jedem Einzelhandelsunternehmen so viele Belege an, dass es wirtschaftlicher ist, die Buchführung mithilfe der EDV durchzuführen.

Dabei werden die Daten (in der Regel von den Belegen)

- geordnet,
- vorkontiert,
- im Dialogverfahren mit dem Bildschirm in den Computer eingegeben,
- dort verarbeitet und ausgewertet sowie
- über Bildschirm und Drucker ausgegeben.

1 In der Buchführung gebrauchter Ausdruck für Warenschuldner oder Kunden, die die Waren vom Lieferer auf Kredit beziehen.
2 Die Gläubiger (Lieferer) von Unternehmen, von denen der Einzelhändler Waren auf Kredit gekauft hat.

Das bringt im Vergleich zur herkömmlichen Buchführung vor allem **Zeitersparnis** und damit auch **Kostenersparnis:**

- Verkäufe werden vom Warenwirtschaftssystem automatisch an den Datenkassen erfasst und an die EDV-gestützte Finanzbuchführung weitergegeben, wo sie als Buchungen sofort weiterverarbeitet werden. In anderen Bereichen werden die Buchungssätze zwar noch von Hand vorkontiert, dabei werden aber gleichbeibende Buchungen vervielfältigt.

BEISPIEL

Bei mehreren Einkäufen müssen nur noch die unterschiedlichen Lieferernummern und Beträge eingegeben werden, die anderen Angaben des Einkaufsbuchungssatzes können sofort ohne weitere Tippereien vom vorher gebuchten übernommen werden.[1]

- Automatisch werden Umsatz- und Vorsteuer gebucht.
- Das System überprüft die Korrektheit der eingegebenen Buchungssätze durch Plausibilitätskontrollen.

BEISPIEL

Eine Buchungssatzeingabe „Aufwendungen für Ware und Umsatzsteuer an Verbindlichkeiten a. LL“ wird vom Finanzbuchführungsprogramm mit Sicherheit wegen des falsch gebuchten Mehrwertsteuerkontos (erwartet wird die Buchung der Vorsteuer) abgelehnt werden.

- Das Hauptbuch[2] wird nicht mehr – rechen- und schreibintensiv – per Hand geführt.
- Neben den automatischen Buchungen auf den Sammelkonten Forderungen a. LL und Verbindlichkeiten a. LL werden die Debitoren und Kreditoren gebucht.
- Zu jeder Tages- und Nachtzeit können Abschlüsse getätigt werden, wenn gewünscht.
- Skontobeträge werden automatisch ermittelt und gebucht.
- In vielen Finanzbuchführungsprogrammen ist ein automatisches Mahnwesen enthalten. Neben der automatischen Kontrolle der Zahlungstermine werden auch Mahnbriefe für die unterschiedlichen Mahnstufen vorgehalten.

AUFGABEN

1. Was verstehen Sie unter Buchführung?
2. Welche Aufgaben übernimmt die Buchführung in einem Einzelhandelsunternehmen?
3. Welche Bedeutung hat die Buchführung für die übrigen Zweige des Rechnungswesens?
4. Welche Interessengruppen sollen durch rechtliche Vorschriften wie HGB und Abgabenordnung geschützt werden?
5. Was besagen die wichtigsten Grundsätze ordnungsmäßiger Buchführung?
6. Wann gilt eine Buchführung als ordnungsgemäß?
7. Welchen Sinn haben die Vorschriften zur Buchführung im Handelsgesetzbuch und in der Abgabenverordnung?
8. Nennen Sie mindestens vier Geschäftsfälle mit den dazugehörenden Belegen.
9. In der Warenwelt „Wohnen“ der Ambiente Warenhaus AG wurde eine Einbauküche im Wert von 15.750,00 € an Familie Günther gegen Rechnung verkauft (es wurde Ratenzahlung vereinbart). Warum muss das Warenhaus eine Kopie dieser Ausgangsrechnung aufbewahren?
10. In der Ambiente Warenhaus AG werden Ende März die monatlichen Nettogehälter für die 27 000 Mitarbeiter überwiesen. Die vom Warenhaus einbehaltene Lohnsteuer und die Sozialversicherungsbeiträge (Renten-, Arbeitslosen-, Kranken- und Pflegeversicherung), die jedem einzelnen Mitarbeiter von seinem Bruttogehalt abgezogen werden, werden – zusammen mit dem Arbeitgeberanteil zur Sozialversicherung – am 10. des Monats April an das Finanzamt bzw. an die Krankenkasse überwiesen.
    Wer hat Ihrer Meinung nach ein Interesse daran, dass Bruttogehälter, einbehaltene und noch abzuführende Steuern und Beiträge sowie die Nettogehälter in der Buchführung des Warenhauses erfasst werden? Begründen Sie Ihre Stellungnahme.
11. Welche Besonderheiten gelten für die Speicherung der Buchführungsunterlagen auf anderen Medien als Papier?
12. Durch welche handels- und steuerrechtlichen Vorschriften werden die Bestimmungen zu Buchführung und Jahresabschluss geregelt?
13. Warum gibt es neben den handelsrechtlichen Vorschriften zusätzlich noch steuerrechtliche Buchführungsbestimmungen?

1 Buchungen = Bezeichnung für schriftliche Aufzeichnungen über die Wertveränderungen durch Geschäftsfälle, siehe insbesondere Kap. 8.5 und 8.6.
2 Im Hauptbuch werden die Buchungen auf „Einzelabrechnungen“ sachlich geordnet, z. B. Waren, Kasse, Darlehen.

222268150

AKTIONEN

1. a) Verschaffen Sie sich eine Übersicht zum Thema „Die Bereiche des Rechnungswesens".
   - Lesen Sie die Informationen dieses Kapitels mithilfe der Methode des aktiven Lesens.
   - Suchen Sie darüber hinaus im Internet nach Ausführungen zu den Rechnungswesen-Bereichen mit ihren zentralen Aufgabenbereichen.
   - Nutzen Sie für die weitere Informationsbeschaffung Nachschlagewerke, Auskünfte Ihres Ausbildungsunternehmens, Bibliotheken usw.

   b) Fassen Sie die Informationen dieses Teilkapitels und Ihrer Recherchen in einer Mindmap zusammen. Falls möglich verwenden Sie das Programm MindManager.

2. Jedes Einzelhandelsunternehmen ist auf ein leistungsfähiges Rechnungswesen angewiesen. In dieser Aufgabenstellung geht es um die zentralen Aufgaben der Buchführung.

   a) Sie sollen sich noch einmal die Bedeutung der Buchführung für ein Einzelhandelsunternehmen klarmachen. Erarbeiten Sie in Gruppen von vier bis sechs Teilnehmern das Themengebiet.

   b) Wenden Sie dabei die Kopfstandmethode (auch Umkehrmethode genannt) an:
   - Formulieren Sie gemeinsam das Problem.
   - Verkehren Sie die Problemstellung ins Gegenteil.
   - Führen Sie zur veränderten Problemstellung ein Brainstorming durch.
   - Suchen Sie zu jeder genannten Idee eine Gegenlösung, die sich auf die Ausgangsfragestellung bezieht.
   - Ordnen Sie die Gegenlösungen und untersuchen Sie, ob sie sich als Lösungsvorschläge eignen.
   - Entwickeln Sie Lösungsvorschläge.

   c) Halten Sie das Gesamtergebnis für Ihre eigenen Unterlagen mithilfe des Computers in einer entsprechenden Darstellung fest.

3. a) Erkundigen Sie sich vor dem Hintergrund der Inhalte dieses Kapitels in Ihrem Ausbildungsunternehmen nach dessen konkreter Umsetzung der „Grundsätze ordnungsmäßiger Buchführung".

   b) Stellen Sie Ihre Informationen anhand von einem oder zwei konkreten Fällen aus der betrieblichen Buchführungspraxis in einem Referat vor.

   c) Bereiten Sie sich darauf vor, dieses Referat Ihrer Klasse zu präsentieren.

ZUSAMMENFASSUNG

Betriebliches Rechnungswesen = wichtige Informationsquelle für das Einzelhandelsunternehmen

informiert über

Vermögenssituation | **Ertragssituation** | **Liquiditätssituation**

Grundlage für:
- Planungs- und Entscheidungsarbeit
- Preiskalkulation
- Planung des Angebotssortiments
- Ermittlung des Erfolgs (Gewinn und Verlust)

Aufgaben der Buchführung

- Feststellung des Vermögens- und Schuldenstands
- Aufzeichnung aller Veränderungen der Vermögens- und Schuldenwerte
- Ermittlung des Unternehmenserfolgs (Gewinn/Verlust)
- Grundlage zur Berechnung der Steuern
- Grundlage für die Preiskalkulation der Waren
- Grundlage für innerbetriebliche Kontrollen
- Grundlage für zukünftige unternehmerische Entscheidungen
- Auskunfts- und Beweismittel für außenstehende Personen und Institutionen

Grundsätze ordnungsmäßiger Buchführung (GoB)

Oberster Grundsatz:

Ein sachverständiger Dritter muss sich in angemessener Zeit einen Überblick über die Geschäftsfälle und die Lage des Unternehmens verschaffen können.

Hierzu gelten folgende Bestimmungen:

- Die Buchhaltung muss klar, wahr und übersichtlich sein.
- Alle Geschäftsfälle müssen fortlaufend und lückenlos aufgezeichnet werden.
- tägliches Aufzeichnen der Kassenbewegungen
- Buchungen nur aufgrund von Belegen
- Buchungen dürfen nicht unleserlich gemacht werden, keine Radierungen, keine Leerräume.
- Aufbewahrungsfristen: Handelsbücher, Inventare Bilanzen und Buchungsbelege 10 Jahre

Nur eine ordnungsgemäße Buchführung besitzt Beweiskraft.

Gesetzliche Vorschriften der Buchführung

Sondervorschriften
- Aktiengesetz
- GmbH-Gesetz
- Genossenschaftsgesetz

Handelsgesetzbuch (HGB)

Abgabenordnung (AO)

Umsatzsteuergesetz

Gewerbesteuergesetz

Einkommen- und Körperschaftsteuergesetz

Interessenten der Buchhaltung

Eigentümer des Einzelhandelsunternehmens
- Unternehmensleitung
- Anteilseigner

Außenstehende
- Lieferer
- Kunden
- Mitarbeiter
- Kreditinstitute
- Behörden
- Gerichte
- Öffentlichkeit
- fremde Unternehmen

Vorteile der EDV-Buchführung

- Rechenoperationen werden schneller erledigt.
- automatische Nebenrechnungen
- Datenaustausch durch Schnittstellen mit anderen Programmen
- Plausibilitätsprüfungen
- Sicherheit der Operationen: keine Rechen- oder Übertragungsfehler
- Bestimmte Daten (z. B. Konten) müssen nur einmal angelegt werden und können leicht korrigiert oder ergänzt werden.
- Abruf einer Vielzahl unterschiedlicher Auswertungen

222268152

KAPITEL 2

Wir ermitteln die Vermögenswerte und Schulden durch Bestandsaufnahme

Jens Lembke war viele Jahre, zuletzt als Abteilungsleiter, in der Ambiente Warenhaus AG in Schönstadt tätig. Da er sich während seiner langjährigen Tätigkeit in diesem Warenhaus intensive kaufmännische Kenntnisse aneignen konnte, beschließt er eines Tages, sich selbstständig zu machen.

In der Ambiente Warenhaus AG kennt man Herrn Lembke als ruhigen, verlässlichen und vorausschauenden Mitarbeiter. Daher ist der Vertrag schnell unterzeichnet, wonach die Ambiente Warenhaus AG Herrn Lembke auf der Grundlage des Shop-in-the-Shop-Konzepts die Eröffnung einer Kaffeebar anbietet.

Die für den unternehmerischen Anfang nötigen Geldmittel sind überwiegend vorhanden und die entsprechenden Gegenstände relativ schnell beschafft:

- Jens Lembke bringt in sein Unternehmen einen Pkw ein, mit dem er zukünftig seine geschäftlichen Besorgungen erledigen wird.
- Ein kleines Büro mit entsprechender Ausstattung richtet er in seinem Privathaus ein.
- Der Grundbedarf an Kaffee und sonstigen Waren wurde ihm von einem ihm aus seiner Abteilungsleitertätigkeit bekannten Großhändler bereits vor Geschäftseröffnung zur Verfügung gestellt.
- Die Anschaffung der Espressomaschine, der Einrichtungsgegenstände, des Geschirrs und des sonstigen Zubehörs hat er zum Teil mit einem Darlehen von seiner Bank und zum Teil mit eigenen Mitteln finanziert.

1. Jens Lembke möchte nun zu Beginn seiner Selbstständigkeit feststellen, wie hoch der Wert seines kleinen Unternehmens zum Zeitpunkt der Gründung ist. Machen Sie Vorschläge zur weiteren Vorgehensweise.
2. Erstellen Sie mithilfe des nachfolgenden Informationsteils das Inventar für die Kaffeebar von Jens Lembke. Informieren Sie sich zusätzlich mithilfe verschiedenster Informationsquellen über Sortiment und sonstiges notwendiges bzw. empfehlenswertes Zubehör einer Kaffeebar.

INFORMATION

Inventur

Jeder Kaufmann ist nach den gesetzlichen Vorschriften verpflichtet

- beim Beginn seines Handelsgewerbes Vermögen und Schulden seines Unternehmens festzustellen und
- mindestens einmal im Jahr **Inventur zu machen** und das Ergebnis seiner Bestandsaufnahme in ein Verzeichnis (Inventar) aufzunehmen.

DEFINITION

Die **Inventur** ist

- die Bestandsaufnahme aller Vermögensteile und Schulden
- durch Messen, Zählen, Wiegen, Schätzen und Bewerten
- zu einem bestimmten Stichtag.

Die Inventur wird regelmäßig **am Ende des Geschäftsjahres** durchgeführt. Dabei darf das Geschäftsjahr nicht mehr als 12 Monate betragen. Es braucht aber nicht mit dem Kalenderjahr übereinzustimmen.

Inventurverfahren (§§ 240, 241 HGB)

1. Körperliche Inventur

Die Inventur wird so vorgenommen, dass alle zählbaren (quantifizierbaren) Vermögensgegenstände und Schulden gezählt werden. Sie muss daher für alle körperlichen Vermögensgegenstände durchgeführt werden, wie z. B. Waren, Fuhrpark, Maschinen, Gebäude, Büroausstattung usw.

Dabei müssen alle diese Gegenstände von Personen durch Messen, Wiegen oder Zählen erfasst und ihr Wert muss bestimmt werden (= körperliche Bestandsaufnahme).

Bei der Art und Weise, die Bestandsaufnahme vorzunehmen, werden insbesondere **drei Verfahren** unterschieden:

1.1 Zeitnahe Stichtagsinventur

Bei der **Stichtagsinventur** handelt es sich in der Regel um eine Bestandsaufnahme zum Bilanzstichtag. An dem Tag, an dem das Geschäftsjahr endet oder ein Handelsgeschäft begonnen wird, wird eine Inventur gemacht. Der Inventuranfang darf **10 Tage vor** oder **nach** dem Bilanzstichtag liegen.

Nachteil: Großer Arbeitsanfall innerhalb weniger Tage zum Bilanzstichtag. Kann zu Störungen des betrieblichen Ablaufs führen, ggf. wird das Unternehmen für einige Tage geschlossen.

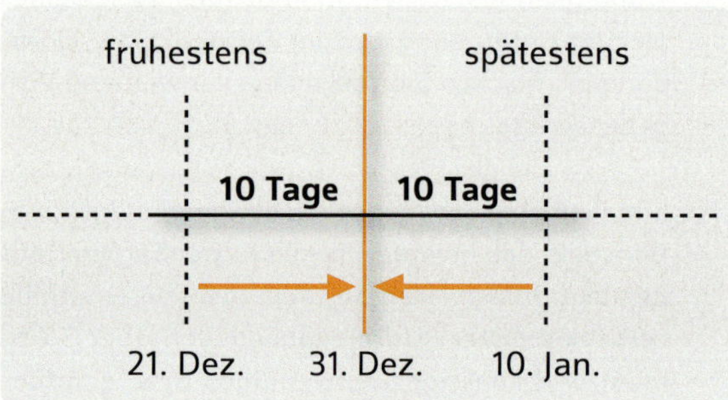

1.2 Zeitlich verlegte Inventur

Wird die Inventur **bis zu 3 Monate vor oder bis zu 2 Monate hinter den Bilanzstichtag** gelegt, ist dies eine vorverlegte oder eine nachverlegte Inventur. Allerdings muss bis zum Stichtag fortgeschrieben bzw. vom Stichtag aus zurückgerechnet werden.

Am Inventuraufnahmetag müssen nicht alle Vermögensgegenstände auf einmal aufgenommen werden. Es ist legal, z. B. verschiedene Warengruppen an verschiedenen Aufnahmetagen zu erfassen. Natürlich muss dann auch dementsprechend getrennt die Fortschreibung bzw. Rückrechnung zum Stichtag erfolgen.

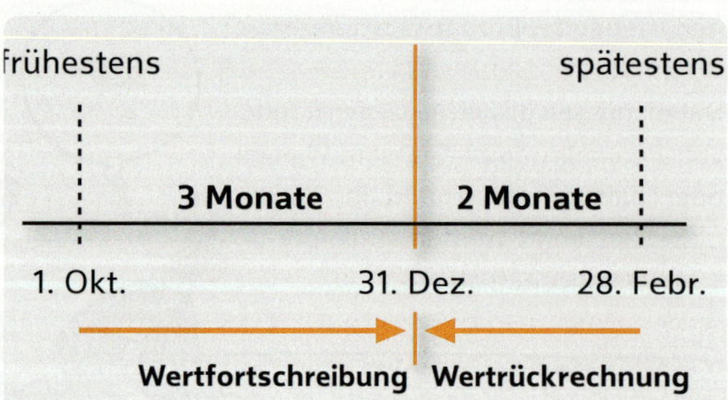

BEISPIELE

Wertmäßige Fortschreibung

In der Warenwelt „Damen" der Ambiente Warenhaus AG wird die Bestandsaufnahme, z. B. für den Damenpullover „Elle" (EAN 40240094941178), bereits am 15. Okt. durchgeführt. Die Bestände werden ab diesem Zeitpunkt fortgeschrieben. Der Einkaufspreis beträgt 15,00 €.

	Menge in Stück	Wert in €
Bestand gemäß Inventur am 15.10.	540	8.100,00
+ Zugänge vom 15.10. bis 31.12.	80	1.200,00
./. Abgänge (Verkäufe) vom 15.10. bis 31.12.	570	8.550,00
Inventurbestand am 31.12.	50	750,00

Wertmäßige Rückrechnung

In der Warenwelt „Moderne Küche" wird die Bestandsaufnahme, z. B. für die Espressomaschine „Enzo Galvan" (EAN 4021002125016), erst am 14. Jan. durchgeführt. Alle Warenzu- und -abgänge zwischen dem 1. Jan. und 14. Jan. werden anhand von Belegen mengen- und wertmäßig auf den 31. Dez. zurückgerechnet. Der Einkaufspreis beträgt 23,00 €.

	Menge in Stück	Wert in €
Bestand gemäß Inventur am 14.01.	318	7.314,00
./. Zugänge vom 01.01. bis 14.01.	50	1.150,00
+ Abgänge (Verkäufe) vom 01.01. bis 14.01.	12	276,00
Inventurbestand am 31.12.	280	6.440,00

1.3 Permanente Inventur

Übernahme der Bestandsmenge und -werte aus der Lagerkartei am Abschlussstichtag. Eine körperliche Bestandsaufnahme erfolgt daher nicht. Voraussetzung ist allerdings eine **Bestandskartei**, die jeden Zugang und Abgang erfasst. Aus dieser Kartei muss der jeweilige Bestand eines Vermögensgegenstandes zum Stichtag errechenbar sein, d. h., aus Anfangsbestand, Zugängen und Abgängen muss der Bestand am Stichtag ersichtlich sein. Die Wertfortschreibung erfolgt wie bei der zeitlich verlegten Inventur.

Die Lagerkartei muss einmal im Jahr durch eine körperliche Bestandsaufnahme überprüft werden. Das kann zu verschiedenen Zeitpunkten erfolgen.

222268154

Vorteil: Durch die Inventur während des ganzen Jahres wird der starke Arbeitsanfall der Stichtagsinventur auf das Jahr verteilt, sodass Betriebsunterbrechungen, übermäßige Belastungen des Personals und ggf. Umsatzrückgänge vermieden werden können.

2. Stichprobeninventur

Ein besonderes technisches Verfahren der Bestandsaufnahme ist die Stichprobeninventur.

§ 241 HGB Inventurvereinfachungsverfahren

(1) Bei der Aufstellung des Inventars darf der Bestand der Vermögensgegenstände nach Art, Menge und Wert auch mithilfe anerkannter mathematisch-statistischer Methoden aufgrund von Stichproben ermittelt werden. Das Verfahren muss den Grundsätzen ordnungsmäßiger Buchführung entsprechen. Der Aussagewert des auf diese Weise aufgestellten Inventars muss dem Aussagewert eines aufgrund einer körperlichen Bestandsaufnahme aufgestellten Inventars gleichkommen.

(2) Bei der Aufstellung des Inventars für den Schluss eines Geschäftsjahres bedarf es einer körperlichen Bestandsaufnahme der Vermögensgegenstände für diesen Zeitpunkt nicht [...].

Eine Kombination der Inventurverfahren ist zulässig.

3. Buchmäßige Inventur

Sie erstreckt sich auf alle nicht körperlichen Vermögensgegenstände und Schuldwerte, die aufgrund von Aufzeichnungen und Belegen mengen- und wertmäßig erfasst werden können. In diesen Fällen helfen Belege sowie Neben- und Hilfsbücher der Buchführung zur notwendigen Datenerfassung.

BEISPIELE

Vermögensgegenstände: Kundenkartei bzw. Ausgangsrechnungen für Forderungen gegenüber Kunden, Kontoauszüge für Bankguthaben.

Schuldwerte: Liefererkartei bzw. Eingangsrechnungen für Verbindlichkeiten gegenüber Lieferern, Kontoauszüge für Darlehens- und Hypothekenschulden.

Inventuraufnahme

Die Inventurarbeiten werden in folgenden Schritten durchgeführt:

- **Ernennung eines Inventurleiters** durch die Geschäftsleitung. Er erstellt einen **Aufnahmeplan,** in dem **klare Arbeitsanweisungen für die Mitarbeiter** sowie weitere Punkte der Durchführung geregelt sind:
  - der Termin,
  - die Inventurbereiche (Abgrenzung der Zählbereiche),
  - die personelle Besetzung (Mitarbeitereinsatzplan),
  - die verwendeten Hilfsmittel wie Erfassungsvordrucke (z. B. Zählzettel und Inventurlisten), Aufnahmegeräte usw.

- **Zählen, Messen und Wiegen der Warenbestände,** Eingabe der ermittelten Daten in den Rechner und Abgleich der Ist-Werte mit den Buchwerten (Soll-Werten); bei festgestellten Differenzen müssen die entsprechenden Korrekturen durchgeführt werden;

- **Erfassung der buchmäßigen Vermögensteile und Schulden;**

- **Erstellen von Inventurlisten.** Die Inventur soll nachprüfbar sein. Dazu gehören:
  - Angaben über Abteilung bzw. Lagerort,
  - ausreichend genaue Bezeichnung des Gegenstandes,
  - Mengenangaben nach Zahl, Maß, Gewicht usw.,
  - übersichtliche Einteilung nach Lagergruppen,
  - Inventurwerte pro Mengeneinheit und insgesamt,
  - Datum der Aufnahme und Unterschrift der mit der Aufnahme betrauten Personen auf dem Originalaufnahmezettel,
  - Kontrolle (Gesamt- oder Stichproben).

Als sinnvolles Hilfsmittel bei der Erfassung der Mengeneinheiten bieten sich **Inventuraufnahmelisten** an:
Die durch Inventur ermittelten Bestände sind **Ist-Bestände**. Bei der Bewertung von Vermögensgegenständen muss

der **Einkaufs- oder Beschaffungswert** verwendet werden.

Mehr und mehr setzt sich jedoch die **Verkaufspreis-Inventur** durch. Das hat den Vorteil, dass man auf umständliche Bezeichnungen der Sorten und Verpackungsgrößen (insbesondere im Lebensmittelhandel) verzichten kann und dadurch eine wesentliche Beschleunigung der Aufnahme erreicht. Die Bewertung wird später im Büro durchgeführt. Die **Aufnahme** zum Einkaufspreis kann daher nicht verlangt werden.

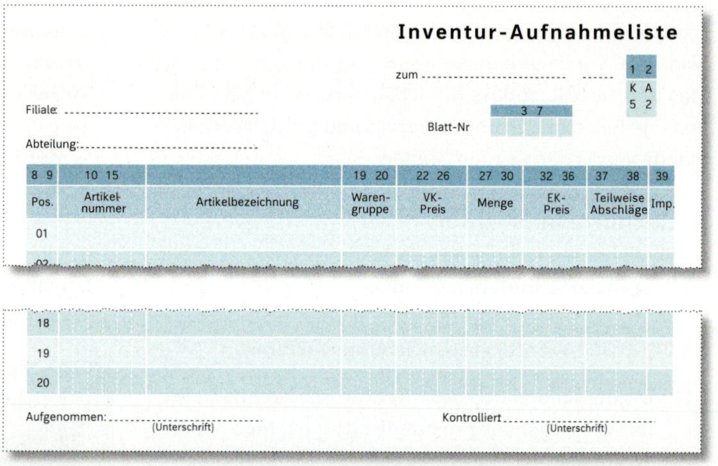

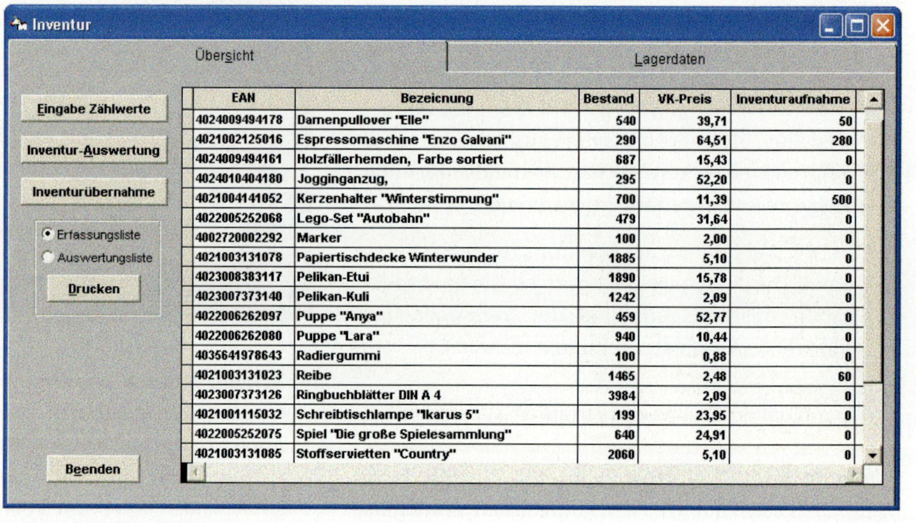

EAN	Bezeicnung	Bestand	VK-Preis	Inventuraufnahme
4024009494178	Damenpullover "Elle"	540	39,71	50
4021002125016	Espressomaschine "Enzo Galvani"	290	64,51	280
4024009494161	Holzfällerhemden, Farbe sortiert	687	15,43	0
4024010404180	Jogginganzug,	295	52,20	0
4021004141052	Kerzenhalter "Winterstimmung"	700	11,39	500
4022005252068	Lego-Set "Autobahn"	479	31,64	0
4002720002292	Marker	100	2,00	0
4021003131078	Papiertischdecke Winterwunder	1885	5,10	0
4023008383117	Pelikan-Etui	1890	15,78	0
4023007373140	Pelikan-Kuli	1242	2,09	0
4022006262097	Puppe "Anya"	459	52,77	0
4022006262080	Puppe "Lara"	940	10,44	0
4035641978643	Radiergummi	100	0,88	0
4021003131023	Reibe	1465	2,48	60
4023007373126	Ringbuchblätter DIN A 4	3984	2,09	0
4021001115032	Schreibtischlampe "Ikarus 5"	199	23,95	0
4022005252075	Spiel "Die große Spielesammlung"	640	24,91	0
4021003131085	Stoffservietten "Country"	2060	5,10	0

Zur Auswertung der Inventur ist es allerdings dann erforderlich, dass die Bestandsaufnahme getrennt nach den wichtigsten Waren- und Kalkulationsgruppen vorgenommen wird. Dann ist es rechnerisch möglich, durch Abwertung mit der Handelsspanne (Rohgewinn) auf den durchschnittlichen Einkaufspreis zu schließen:

	Verkaufserlöse
./.	durchschnittlicher Rohgewinn
=	Wert der verkauften Waren zu Einstandspreisen (= Wareneinsatz)

Warenwirtschaftssysteme können die Inventur hilfreich unterstützen. Inventurbestände sind über die EDV jederzeit abrufbar.

Das Inventar

Das Inventar gibt dem Einzelhändler wie auch außenstehenden Dritten Rechenschaft über die Lage des Unternehmens. Es ist zum Ende des Geschäftsjahres durch eine Inventur zu ermitteln (§ 240 HGB).

DEFINITION

Das **Inventar** ist das **Ergebnis** der Inventur. Es ist das vom Einzelhändler zu führende **Bestandsverzeichnis** aller Vermögensgegenstände und Schuldwerte.

1. Inhalt des Inventars

Das Resultat der Bestandsaufnahme wird in einem in drei Teile gegliederten Inventar niedergeschrieben:

A.	Vermögen
./. B.	Schulden
= C.	Reinvermögen

A. Vermögen

Die Vermögensgegenstände werden in **Anlagevermögen** und **Umlaufvermögen** unterteilt:

Vermögen

Anlagevermögen

Alle Gegenstände, die **dauerhaft** im Unternehmen eingesetzt werden, z. B.:

- Grundstücke
- Fuhrpark
- Geschäftsausstattung
- Maschinen

Das Anlagevermögen bildet die Grundlage für die betriebliche Tätigkeit.

Umlaufvermögen

Gegenstände, die nur **vorübergehend** dem Unternehmen dienen, z. B.:

- Waren
- Forderungen aus Lieferungen und Leistungen
- Bankguthaben

Durch die betriebliche Tätigkeit wird das Umlaufvermögen **ständig verändert.**

Im Rahmen eines Shop-in-Shop-Konzepts ist eine Kaffeebar entstanden.

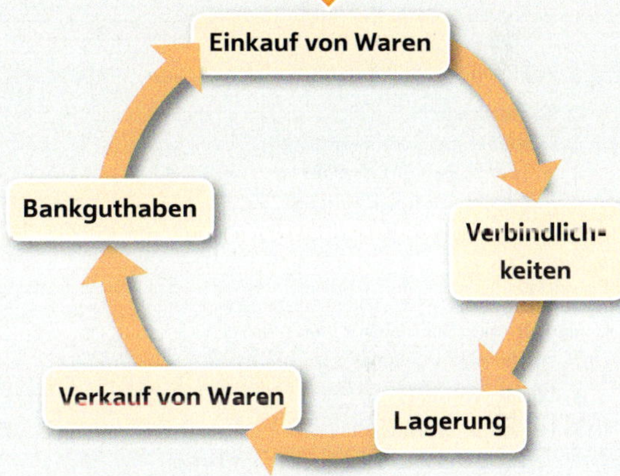

B. Schulden (= Fremdkapital)

Man teilt sie ein in langfristige und kurzfristige Schulden.

Schulden

Langfristige Schulden

- Hypothekenschulden
- Darlehensschulden
- Verbindlichkeiten gegenüber Kreditinstituten (langfristige Kredite)

Kurzfristige Schulden

- Verbindlichkeiten aus Lieferungen und Leistungen (Warenschulden)
- Bankschulden

C. Reinvermögen (= Eigenkapital)

ermittelt als Differenz von (A) Summe des Vermögens und (B) Summe der Schulden. Es gibt an, wie viel eigene Mittel der Einzelhändler am Ende des Geschäftsjahres in seinem Unternehmen eingesetzt hat.

1. Aufstellen eines Inventarverzeichnisses

Das Inventar, das sich aus einer Vielzahl von Einzelinventarlisten zusammensetzt, umfasst von oben nach unten:

Musterbeispiel eines Inventars[1]

Inventar des Lebensmittelhandels Uwe Blink e. K., Hannover, zum 31. Dez. 20..	€	€
A. Vermögen		
I. Anlagevermögen		
1. Grundstücke und Bauten		
– bebaute Grundstücke	250.000,00	
– unbebaute Grundstücke	650.000,00	900.000,00
2. Fuhrpark		
– Audi A6	50.000,00	
– Mitsubishi L 200	33.700,00	
– Smart	26.300,00	110.000,00
3. Betriebs- und Geschäftsausstattung (lt. bes. Verzeichnis, Anlage 1)		320.000,00
II. Umlaufvermögen		
1. Waren (lt. bes. Verzeichnis)		
– Lebensmittel (Anlage 2)	95.400,00	
– Genussmittel (Anlage 3)	98.900,00	
– sonstige Waren (Anlage 4)	5.700,00	200.000,00
2. Forderungen a. LL (lt. Kundenkartei)		
– Tim Bultmann, Hannover	155,00	
– Marvin Bärtz, Hildesheim	320,00	
– Stefanie Hinz, Wunstorf	185,00	660,00
3. Kassenstand		3.800,00
4. Guthaben bei Kreditinstituten		
– Sparda Bank, Hannover	70.000,00	
– Commerzbank, Hannover	210.000,00	280.000,00
Summe des Vermögens		1.814.460,00
B. Schulden		
I. Langfristige Schulden		
1. Hypothekenschulden der Commerzbank, Hannover		760.000,00
2. Darlehen der Sparda Bank, Hannover		30.000,00
II. Kurzfristige Schulden		
1. Verbindlichkeiten a. LL (lt. Liefererkartei)		
– Sachse AG, Mannheim	3.500,00	
– F. Kabus OHG, Göttingen	2.800,00	
– Heitmüller GmbH, Hannover	1.950,00	8.250,00
Summe der Schulden		798.250,00
C. Ermittlung des Reinvermögens		
Summe des Vermögens		1.814.460,00
./. Summe der Schulden		798.250,00
= Reinvermögen (Eigenkapital)		1.016.210,00

Aus Gründen der Übersichtlichkeit erscheint hinter einigen Inventarposten der Hinweis „lt. besonderem Anlagenverzeichnis". Er verweist auf die ausführliche Aufstellung des jeweiligen Einzelpostens. Lassen sich verschiedentlich Inventarposten in Teilposten unterteilen (z. B. Warenvorräte in Damenoberbekleidung, Herrenoberbekleidung, Kindergarderobe usw.), so sammelt man diese Teilposten in der sogenannten Vorspalte; die Summe der Teilposten wird dann in die Hauptspalte übertragen.

Das Inventar wird nicht unterzeichnet. Es ist **10 Jahre** lang aufzubewahren. Die Aufbewahrung kann auch auf einem Bildträger oder auf einem anderen Datenträger erfolgen.

2. Gliederungsgrundsätze

- Obwohl für das Inventar keine Gliederungsgrundsätze gesetzlich vorgeschrieben sind, werden die **Vermögensgegenstände** im Inventar **nach steigender „Flüssigkeit" (Liquidität)** geordnet. Damit ist die Schnelligkeit gemeint, mit der die Gegenstände zu Geld gemacht werden können.

1 stark vereinfacht wiedergegeben

Prinzip der zunehmenden Liquidität
Die Vermögensgegenstände sind nach ihrer **Nähe zum Geld** geordnet:
- Die am **entferntesten** zum Geld stehenden Gegenstände (am schwersten in Geld umzuwandeln) werden **zu Beginn** aufgelistet (z. B. Grundstücke).
- Die Gegenstände, die dem Geld am **nächsten** stehen (am leichtesten in Geld umzuwandeln), werden **am Ende** des Verzeichnisses aufgeführt (z. B. Kassenbestand und Bankguthaben).

- Die **Schulden** werden gegliedert in der **Reihenfolge steigender Fälligkeit (Dringlichkeit).**

Prinzip steigender Fälligkeit
Die Schulden werden nach ihrer **zunehmenden Dringlichkeit der Rückzahlung** geordnet:
- Die **langfristigen** Schulden werden im Inventar **zuerst** und
- die **kurzfristigen** (sie werden innerhalb einer Frist von höchstens 1 Jahr beglichen) **zuletzt** aufgeführt.

Inventurdifferenzen

DEFINITION
Inventurdifferenzen liegen vor, wenn die bei der Inventur ermittelten Bestände der tatsächlich vorhandenen Waren (Ist-Bestände) nicht mit den in der Buchführung ermittelten Schlussbeständen (Soll-Bestände) übereinstimmen.

1. Gründe für Inventurdifferenzen

Inventurdifferenzen können verursacht werden aufgrund von
- Fehlern beim Kassiervorgang,
- Beschädigungen an der Ware,
- Inventurfehlern bei Aufnahme, z. B. durch Doppelerfassung,
- Diebstahl durch Kunden oder Mitarbeiter,
- Fehlern beim Preisauszeichnen,
- Schwund,
- falscher Erfassung von Retouren,
- Verderb,
- nicht erfasstem Bruch (Verschrottung),
- Fehlern in der Buchhaltung, z. B. bei der falschen Erfassung der Wareneingänge bzw. -abgänge, nicht gebuchten Abschreibungen bei Anlagen oder Doppelbuchungen.

Hierdurch können **Differenzen** entstehen zwischen den **Ist-Beständen** der Inventur und den **Soll-Beständen**, die **in der Buchführung** aufgrund von Belegen gebucht wurden. Der Einzelhändler muss dann die Ursachen für derartige Abweichungen auffinden und, da die Inventurbestände für die Bilanz ausschlaggebend sind, seine Buchführung entsprechend den tatsächlich durch die Inventur ermittelten Werten mittels Korrekturbuchungen anpassen.[1]

Die Inventur hat daher eine wichtige **Kontrollaufgabe gegenüber der Buchführung** wahrzunehmen. Erst durch die Inventur können beispielsweise Ladendiebstähle oder Buchungsfehler entdeckt werden.

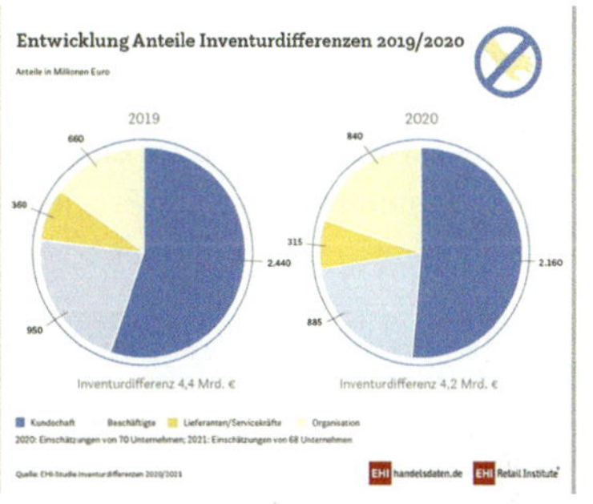

2. Mögliche Maßnahmen zur Vermeidung künftiger Inventurdifferenzen

- Schulung des Personals,
- offene Kameraüberwachung,
- Datenauswertung der Warenwirtschaft,
- Testkäufe,
- diebstahlhemmende Verkaufsträger,
- elektronische Artikelsicherung,
- Detektive,
- Doormen,
- Installation von Spiegeln,
- Verbesserung der Arbeitsabläufe.

Ermittlung des betrieblichen Erfolgs durch Vergleich des Eigenkapitals

Stellt der Einzelhändler dem Eigenkapital am Anfang des Geschäftsjahres das Eigenkapital am Ende des Geschäftsjahres gegenüber, so kann er die Kapitalveränderung während des Geschäftsjahres ermitteln. Eine **Vermehrung des Eigenkapitals** lässt auf einen erzielten **Gewinn** schließen, eine **Eigenkapitalverminderung** auf einen **Verlust.**

BEISPIEL

	Eigenkapital am Ende des Geschäftsjahres (31.12.)	13.500.000,00 €
./.	Eigenkapital am Anfang des Geschäftsjahres (01.01.)	12.800.000,00 €
=	Eigenkapitalmehrung (Gewinn)	700.000,00 €

1 Die buchhalterischen Konsequenzen werden in Kap. 8.7 behandelt.
2 Bei Kapitalgesellschaften (AG und GmbH) gibt es keine privaten Entnahmen und Einlagen. Hier wird der Gewinn lediglich durch den Vergleich des Eigenkapitals vom Ende mit dem vom Anfang des Geschäftsjahres ermittelt.

Privatentnahmen und Privateinlagen bei Einzelunternehmen und Personengesellschaften[2]

- **Private Entnahmen verringern das Eigenkapital:**
  Der Unternehmer entnimmt seinem Geschäft Geld und Waren für die private Lebensführung. Diese Privatentnahmen sind aber **kein Verlust,** sondern **entnommener Gewinn.**
  - Die privaten Entnahmen müssen daher bei der Ermittlung des Erfolgs zur **Eigenkapitalveränderung addiert** werden.
- Private Einlagen vermehren das Eigenkapital:
  Der Einzelhändler hat während des Geschäftsjahres aus seinem Privatvermögen Vermögensgegenstände wie beispielsweise einen Pkw oder einen Schreibtisch in das Unternehmen eingebracht. Privateinlagen stehen aber nicht mit der eigentlichen betrieblichen Tätigkeit in Verbindung und stellen somit keinen Gewinn dar.
  - Die privaten Einlagen müssen daher von der Eigenkapitalveränderung subtrahiert werden.

BEISPIEL

	Eigenkapital am Ende des Geschäftsjahres (31.12.)	13.500.000,00 €
./.	Eigenkapital am Anfang des Geschäftsjahres (01.01.)	12.800.000,00 €
=	Eigenkapitalmehrung (Gewinn)	700.000,00 €
+	private Entnahmen	120.000,00 €
./.	private Einlagen	50.000,00 €
=	Gewinn	770.000,00 €

AUFGABEN

1. Was verstehen Sie unter einer Inventur?
2. Nennen Sie die verschiedenen Inventurverfahren mit Blick auf den Zeitpunkt der Bestandsaufnahme.
3. Durch welche Merkmale lässt sich die permanente Inventur beschreiben?
4. Erklären Sie die Kontrollfunktion der Inventur.
5. Mit welchem Bestand sollte der Buchbestand auf den Lagerkarten immer übereinstimmen?
6. Die folgenden Inventurarbeiten sind in die richtige Reihenfolge zu bringen:
   - Eintragung der ermittelten Warenbestände in die Inventuraufnahmelisten
   - Zählen, Messen und Wiegen der Warenvorräte
   - Stichprobenkontrolle der eingetragenen Bestände
   - Niederschrift der Ergebnisse in Zählzettel
   - Einteilung des Personals und Erteilung genauer Arbeitsanweisungen
7. Erklären Sie, was Sie unter Buchinventur verstehen und für welche Inventarpositionen sie angewandt wird.
8. Was verstehen Sie unter einem Inventar und wie ist es gegliedert?
9. Erklären Sie den Gliederungsgesichtspunkt der steigenden Liquidität bei den Vermögensposten.
10. Erklären Sie den Unterschied zwischen
    a) Inventur und Inventar,
    b) Anlagevermögen und Umlaufvermögen,
    c) langfristigem und kurzfristigem Fremdkapital,
    d) körperlicher und buchmäßiger Inventur.
11. Die nachfolgend aufgeführten Vermögensposten sind nach Anlage- und Umlaufvermögen zu ordnen. Gleichzeitig ist das Ordnungsprinzip der steigenden Liquidität zu beachten.
    Warenvorräte, Kreditinstitute, Fuhrpark, Kassenbestand, Verwaltungsgebäude, Postbank, unbebautes Grundstück, Büromaschinen, Forderungen a. LL, Ladenausstattung.
12. a) Stellen Sie aufgrund der vorliegenden Inventurdaten das Inventar auf.

Grundstücke	212.000,00 €
Betriebs- und Geschäftsausstattung (lt. Anlagenverzeichnis 2)	236.000,00 €
Warenvorräte:	
– Damenoberbekleidung lt. Verzeichnis 3	110.000,00 €
– Wäsche lt. Verzeichnis 4	210.000,00 €
– Fashion lt. Verzeichnis 5	51.000,00 €
– Sport- und Freizeitbekleidung lt. Verzeichnis 6	120.000,00 €
Bankguthaben:	
– Stadtsparkasse	75.000,00 €
– Commerzbank	21.000,00 €
Gebäude:	
– Verwaltungsgebäude	240.000,00 €
– Lagergebäude	128.000,00 €
Forderungen a. LL:	
– Bruns GmbH, Freiburg	30.200,00 €
– SiBoLex KG, Lübeck	36.100,00 €
– Helen Villanueva, e. Kffr., Rostock	20.000,00 €
Fuhrpark lt. Anlagenverz. 1	160.000,00 €

222268160

Kassenbestand .... 13.700,00 €
Postbank .... 24.000,00 €
Verbindlichkeiten a. LL:
- Klages GmbH, Osnabrück . 129.000,00 €
- Mayer OHG, Gera .... 80.000,00 €
- Machmann KG, Heidelberg 150.000,00 €
Hypothek der Sparkasse ..... 225.000,00 €
Darlehen der Commerzbank . 200.000,00 €

b) Wie hoch ist jeweils das Anlage- und Umlaufvermögen prozentual am gesamten Vermögen beteiligt?

c) Wie hoch ist der Anteil des Fremdkapitals am gesamten Kapital (in Euro und Prozent)?

13. Welche Vermögensteile und Schulden gehören
- zum Anlagevermögen,
- zu den langfristigen Schulden,
- zum Umlaufvermögen,
- zu den kurzfristigen Schulden?

a) Lagerhaus
b) Einkaufswagen
c) Ladentheke
d) Warenbestände
e) Postbankguthaben
f) Verwaltungsgebäude
g) Büromöbel
h) Computer
i) Bargeld
j) Verbindlichkeiten a. LL
k) Bankguthaben
l) Forderungen a. LL
m) Darlehensschulden
n) Gabelstapler
o) Hypothekenschulden

14. In der Einzelhandlung für Stoffe Manfred Möller e. Kfm., Potsdam, hat man die folgenden Inventurbestände ermittelt. Stellen Sie unter Berücksichtigung der Gliederungsgrundsätze das Inventar auf. Postbankguthaben 7.000,00 €; Darlehensschulden (Stadtsparkasse Potsdam 320.000,00 €; Potsdamer Volksbank 170.000,00 €); Kassenbestand 4.300,00 €; Grundstücke und Gebäude (unbebautes Grundstück, Goethestr. 4 71.000,00 €; Betriebs- und Verwaltungsgebäude, Goethestr. 6 470.000,00 €); Guthaben bei Kreditinstituten (Stadtsparkasse Potsdam 98.000,00 €; Potsdamer Volksbank 77.000,00 €); Betriebs- und Geschäftsausstattung (lt. Anlagenverzeichnis 1) 210.000,00 €; Fuhrpark (BMW 318i 39.000,00 €; VW LT 48 28.000,00 €); Verbindlichkeiten a. LL (Lieferer Golec GmbH 15.600,00 €; Lieferer Russo AG 29.000,00 €; Lieferer M. Schweer e. Kfm. 4.300,00 €); Forderungen a. LL (Kunde Karl Redecker KG 1.640,00 €; Kunde Denise Elvers 430,00 €; Kunde J. Jänisch 550,00 €; Kunde Sven Dietrich 215,00 €); Warenvorräte (Baumwollstoffe lt. Anlagenverzeichnis 2 310.000,00 €; Gabardine lt. Anlagenverzeichnis 3 170.000,00 €; Tweed lt. Anlagenverzeichnis 4 213.200,00 €; Aachener Feintuch lt. Anlagenverzeichnis 5 296.000,00 €; Futterstoffe lt. Anlagenverzeichnis 6 87.000,00 €; Kleinmaterialien lt. Anlagenverzeichnis 7 56.300,00 €).

15. a) Stellen Sie für die Besteckgarnitur „Siebeck“ die Wertrückrechnung nach den Vorschriften der zeitlich verlegten Inventur auf. Der Bruttoverkaufspreis beträgt 114,67 €, der Bezugspreis 58,00 €. Der Bestand lt. Inventur am 16. Febr. betrug 80 Garnituren. Insgesamt wurden in der Zeit vom 2. Jan. bis 16. Febr. an Veränderungen festgehalten: Zugänge 15 Garnituren, Verkäufe 25 Garnituren.

Wie hoch waren der Inventurbestand und -wert der Besteckgarnitur am 31. Dez.?

b) Noch im September des letzten Jahres betrug der Bezugspreis der Besteckgarnitur 53,95 €. Berechnen Sie, um wie viel Prozent sich der Bezugspreis erhöht hat.

16. Ermitteln Sie für das folgende Handelsunternehmen die Inventurbestände zum Abschlussstichtag.

a) Die zeitlich vorverlegte Inventur am 5. Okt. hat einen Warenbestand von 96.500,00 € ergeben. In der Zeit bis zum Abschlussstichtag am 31. Dez. wurden lt. Eingangsrechnungen Waren im Wert von 36.000,00 € eingekauft. Innerhalb des gleichen Zeitraumes sind Waren im Wert von 79.000,00 € verkauft worden.

b) Die zeitlich nachverlegte Inventur am 15. Febr. des nachfolgenden Jahres hat wertmäßig einen Bestand von 81.000,00 € ergeben. In der Zeit vom 2. Jan. bis 15. Febr. wurden an Bestandsveränderungen festgehalten: Einkäufe 21.300,00 €, Verkäufe 36.000,00 €.

17. In einer Textileinzelhandlung hatte der Geschäftsinhaber zum Schluss des Geschäftsjahres 1 ein Eigenkapital von 799.000,00 € ermittelt.

Wie hoch ist der Erfolg des Unternehmens zum 31. Dez. des Geschäftsjahres 2, wenn folgende Vorgänge berücksichtigt werden müssen:
- Das Eigenkapital betrug am Ende des zweiten Geschäftsjahres 903.000,00 € (siehe Inventar aus Aufgabe 12);
- im Laufe des Geschäftsjahres 2 betrugen die Privateinlagen (= Geld- und Sachwerte, die nicht vom Unternehmen erwirtschaftet, sondern vom Unternehmer in das Unternehmen eingebracht wurden) 21.000,00 €;
- die Privatentnahmen (= Entnahmen für private Zwecke, z. B. für die Lebensführung usw.) beliefen sich insgesamt auf 60.000,00 €.

18. Warum müssen bei der Erfolgsermittlung Privatentnahmen addiert und Privateinlagen abgezogen werden?

19. Definieren Sie den Gewinn eines Einzelhandelsunternehmens.

20. Bei Inventurarbeiten in einem Lebensmittelgeschäft wurden bei der Quarkspeise „Sommergarten" Inventurdifferenzen festgestellt.
Was könnte der Grund hierfür gewesen sein?

21. a) Die Lagerbuchhaltung der Ambiente Warenhaus AG weist für den Artikel Lego-Set „Autobahn" einen Gesamtwert von 85.000,00 € aus. Während der Inventur wurde allerdings festgestellt, dass 1,2 % des Bestands fehlen.
Berechnen Sie den Wert des tatsächlich im Lager vorhandenen Warenbestands (Ist-Bestand) des Lego-Sets.

b) Wie könnte der Einzelhändler Inventurdifferenzen möglichst gering halten?

22. Die Inventurleitung in der Warenwelt „Pflanzen- und Blumencenter" informiert die zur Inventur eingeteilten Mitarbeiter, dass alle Waren zu den ausgezeichneten Verkaufspreisen erfasst werden sollen.
Durch entsprechende Abschläge werden in einem nächsten Schritt dann die Einstandspreise errechnet. Halten Sie dieses Vorgehen für empfehlenswert? Begründen Sie Ihre Meinung.

23. Berechnen Sie für die folgenden Waren die Inventurwerte (Bezugs- oder Einstandspreise) durch einen Abschlag vom ausgezeichneten Ladenpreis:

Artikel	Ladenpreis (€)	Abschlag in %
Digital SAT-Receiver DT-X1	79,99	30,0
Brasilianische Honigmelone	1,79	22,5
Herrenpullover/-Sweatshirt	39,95	24,0
Kaffeebecher 200 ml	0,79	22,3
Spanischer Gran Reserva D.O.	3,33	20,5
Light Chips 150-g-Beutel	1,19	19,5
Akku-Handsauger	29,99	26,0
Elektronik-Schlagbohrmaschine	44,99	27,5
Schulrucksack mit Logo-Stickerei	5,99	22,0

24. In der Ambiente Warenhaus AG in Schönstadt erledigten in der Vergangenheit 12 Mitarbeiter die Inventurarbeiten in der Warenwelt „Pflanzen- und Blumencenter" in 5 Tagen bei täglich 8 Stunden. Um das Kerngeschäft weniger stark zu stören, will man die Inventur zukünftig organisatorisch straffen.
Wie viele Tage werden benötigt, wenn neben der Reduzierung der täglichen Arbeitszeit auf 5 Stunden die Zahl der Inventurhelfer um 83,33 % heraufgesetzt wird?

AKTIONEN

1. a) Sammeln Sie in Partnerarbeit mithilfe der „ABC-Methode" Begriffe bzw. Einfälle zum Thema „Inventur und Inventar". Einigen Sie sich anschließend mit Ihrem Partner auf die zehn wichtigsten Begriffe.

b) Setzen Sie sich mit einer anderen Zweiergruppe zusammen und bearbeiten Sie die beiden Listen, um wiederum die insgesamt zehn wichtigsten Begriffe festzulegen.

c) Suchen Sie sich eine Vierergruppe und bilden Sie eine neue Gruppe. Einigen Sie sich auf zehn gemeinsame Begriffe bzw. Aussagen.

d) Stellen Sie Ihre Ergebnisse auf einem Plakat als Grundlage für die weitere Arbeit im Plenum dar.

e) Formulieren Sie als Klasse gemeinsam das Ergebnis Ihrer Auswertung.

2. a) Beschreiben Sie den Ablauf der Inventurdurchführung in Ihrem Ausbildungsunternehmen.

b) Erstellen Sie hierüber ein schriftliches Referat, in dem folgende Aspekte berücksichtigt werden sollten:

- das Inventurverfahren und die Begründung für diese Wahl,
- die Art und Weise der körperlichen und buchmäßigen Inventur (Durchführungsvorgaben),
- die Bewertungsrichtlinien der Vermögensgegenstände,
- das Verfahren bei Inventurdifferenzen.

c) Sammeln Sie verschiedene Hilfsmittel, die für den Inventureinsatz in Ihrem Ausbildungsunternehmen unerlässlich sind (z. B. Inventurlisten, Aufnahmeplan, Zählzettel).

d) Stellen Sie anschließend Ihre Ergebnisse aus den Aufgaben a) bis c) mithilfe von Folien dem Plenum vor und begründen Sie den Sinn/die Notwendigkeit des Einsatzes der vorhandenen Inventurunterlagen.

3. Erarbeiten Sie einen Vortrag über Aufbau und Bedeutung des Inventars. Benutzen Sie dabei das Mindmapping zum Aufschreiben Ihrer Gedanken.

222268162

4. a) Informieren Sie sich über die von Ihrem Ausbildungsunternehmen aufgestellten Inventare (mindestens zwei).
   b) Stellen Sie fest, inwieweit in den von Ihrem Unternehmen aufgestellten Inventaren die Gliederungsgrundsätze angewandt wurden.
   c) Vergleichen Sie zwei aufeinanderfolgende Inventare miteinander und ermitteln Sie den betrieblichen Erfolg.
   d) Stellen Sie anschließend mit dem Overheadprojektor Ihre Unterlagen der Klasse vor. Achten Sie dabei auf die Anwendung der Präsentationsregeln.

5. Web Anja Maibaum hat zum ersten Mal eine Inventur mitgemacht. Sie bekommt den Auftrag, die Inventur mithilfe des EDV-gestützten Warenwirtschaftssystems auszuwerten.
   a) Drucken Sie eine Inventurdifferenzliste aus.
   b) Finden Sie heraus, bei welchem Artikel jeweils mengen- und wertmäßig die größten Inventurdifferenzen bestehen.
   c) Drucken Sie eine Inventurerfassungsliste.
   d) Stellen Sie fest, worin der Unterschied zwischen einer Inventurdifferenzliste und einer Inventurerfassungsliste besteht.

ZUSAMMENFASSUNG

Inventur

= mengen- und wertmäßige Bestands**aufnahme** (= Tätigkeiten wie Zählen, Messen, Wiegen, Bewerten) aller Vermögens- und Schuldenwerte zu einem bestimmten Zeitpunkt
→ **Inventurbestand = Ist-Bestand**

- **zeitnahe Stichtagsinventur**
- **permanente Inventur**
- **vor- oder nachverlegte Inventur**
- **Stichproben-inventur**

Inventar

= ausführliches Bestands**verzeichnis** aller Vermögensteile und Schulden nach Art, Menge und Wert zu einem bestimmten Zeitpunkt (= Ergebnis der Inventur)

bei Beginn und Beendigung des Handelsgewerbes — **am Schluss eines Kalenderjahres**

A. Vermögen
   I. Anlagevermögen
   II. Umlaufvermögen
B. Schulden
   I. langfristige Schulden
   II. kurzfristige Schulden
C. Vermögen
   ./. Schulden
   = Reinvermögen (Eigenkapital)

- Bei der Aufstellung sind bestimmte Gliederungsgesichtspunkte zu beachten:
  - Vermögen = Anlage- und Umlaufvermögen:
    geordnet nach **steigender Flüssigkeit** (Liquidität), d. h. nach dem Grad, wie es in flüssige Mittel umgewandelt werden kann
  - Schulden = langfristige und kurzfristige Verbindlichkeiten:
    gegliedert nach **steigender Fälligkeit** (Dringlichkeit), d. h., wie lange sie als Fremdkapital zur Verfügung stehen
- **Reinvermögen** (Eigenkapital) = Summe des Vermögens ./. Summe der Schulden
- Die Aufbewahrungsfrist beträgt 10 Jahre.
- Das Inventar ist nicht zu unterschreiben.

ZUSAMMENFASSUNG

Erfolg der betrieblichen Tätigkeit

positiv → **Gewinn**

negativ → **Verlust**

Erfolgsermittlung durch Eigenkapitalvergleich

	Eigenkapital am Jahres**ende**
./.	Eigenkapital am Jahres**anfang**
=	Eigenkapitalmehrung oder -minderung
+	Privat**entnahmen**
./.	Privat**einlagen**
=	Gewinn bzw. Verlust

→ Privatentnahmen werden zur Kapitalveränderung hinzugerechnet.

→ Privateinlagen zieht man von der Kapitalveränderung ab.

KAPITEL 3
Wir stellen auf der Grundlage des Inventars die Vermögens- und Finanzlage des Unternehmens in übersichtlicher Form dar

Der Optimismus bei den Verantwortlichen der Ambiente Warenhaus AG und bei Jens Lembke hinsichtlich der Einrichtung einer Kaffeebar im Schönstädter Warenhaus war offensichtlich berechtigt. Gleich zu Beginn wurden auf der Grundlage des neuen Konzepts überraschend gute Umsätze erzielt. Da die besondere Art der Kundenansprache und des Kundenservice ankommt, scheint das Kaffeebarprojekt auch in der Zukunft für beide Geschäftspartner gesichert zu sein.

Der Vorstand der Ambiente Warenhaus AG macht daher nach einer längeren Beobachtungszeit Herrn Lembke den Vorschlag, das Modell auf weitere fünf Ambiente-Warenhaus-AG-Filialen in verschiedenen Städten (Testmärkte) auszudehnen.

Jens Lembke ist begeistert und stimmt zu. Zur Umsetzung benötigt er aber zusätzliches Personal sowie weitere Fahrzeuge und Ausstattungsgegenstände, die er aus eigenen Mitteln allerdings nicht mehr finanzieren kann. Für die geplante Geschäftserweiterung ist Jens Lembke daher auf weitere Kapitalgeber angewiesen.

Die Beschaffung der notwendigen Kredite stellt sich zunächst schwieriger dar, als er angenommen hatte. Bevor Herr Lembke mit seiner Hausbank und anderen Geldgebern, die er zwischenzeitlich angesprochen hat, die Kreditverträge abschließen kann, findet eine **Kreditprüfung** statt. Sie umfasst u.a. die Prüfung der **Kreditfähigkeit** und der **Kreditwürdigkeit (Bonität)**.

Bei der **Kreditwürdigkeit** wird geprüft, ob er seriös und gewissenhaft ist und ob er pünktlich zahlt. Da Gewissenhaftigkeit und pünktliche Zahlweise nicht vom Gesicht abzulesen sind, verlangen die Banken neben einer oftmals durchgeführten Betriebsbesichtigung schriftliche Geschäftsgrundlagen, wie z.B. Steuerunterlagen, Handelsregisterauszug, Grundbuchauszug, Geschäftsbücher, GuV-Rechnung, Auflistung von Vermögen und Schulden.

222268164

Herr Lembke möchte den Geldgebern natürlich seine Kreditwürdigkeit beweisen, aber ohne dabei grundlegende Einzelheiten und Geschäftsgeheimnisse offenzulegen. Darüber hinaus sind seiner Meinung nach das vorliegende Inventar und die zahlreichen Aufstellungen über die einzelnen Geschäftsausgaben und -einnahmen zu umfangreich und zu unübersichtlich.

1. Wie sollte Ihrer Meinung nach eine aussagekräftige Kurzdarstellung über Vermögen und Schulden des Unternehmens von Jens Lembke aussehen?
2. Stellen Sie fest, welche Aussagen sich aus einer derartigen Kurzdarstellung ableiten lassen.

INFORMATION

Die Bilanz

Pflicht zur Aufstellung. (1) Der Kaufmann hat **zu Beginn** seines Handelsgewerbes und **für den Schluss eines jeden Geschäftsjahres** einen das Verhältnis seines Vermögens und seiner Schulden darstellenden Abschluss (Eröffnungsbilanz, Bilanz) aufzustellen. (§ 242 Abs. 1 HGB)

Liegt das Inventar vor, ist es relativ einfach, daraus eine Bilanz zu bilden. Hierzu sind die folgenden Schritte notwendig:

- Die einzelnen Positionen des Inventars werden zu größeren Gruppen zusammengefasst. Hierbei fallen Spezifizierungen weg.
- Die Mengenangaben werden weggelassen. In die Bilanz gehen nur die Werte ein.
- Vermögens- und Schuldenteile werden wegen der besseren Übersicht gegenübergestellt.
- Das Eigenkapital wird ausgewiesen. In der Bilanz wird der Saldo (die Differenz) zwischen Vermögen und Schulden ermittelt und auf der Passiva (= Finanzierungsquellen) ausgewiesen.

Der Name Bilanz kommt aus dem Italienischen und bedeutet „Waage“ (bilancia). Die Waage ergibt sich dadurch, dass beide Seiten (Vermögen und Kapitel) **wertmäßig immer gleich groß** sind.

Die Vermögensseite wird auch **Aktiva** genannt. Sie zeigt auf, **wo** das Kapital im Unternehmen eingesetzt wurde (= Kapital- oder Mittelverwendung). Die Kapitalseite wird als **Passiva** bezeichnet. Sie gibt Auskunft auf die Frage, **woher** das eingesetzte Kapital eines Unternehmens kommt (= Kapitalherkunft oder Kapitalquellen).

Im Gegensatz zum Inventar, bei dem die Differenz aus Vermögen und Schulden das Reinvermögen ergibt, bezeichnet man in der Bilanz die Differenz aus Aktiva und Fremdkapital als **Eigenkapital** (Vermögen ./. Fremdkapital = Eigenkapital). Es stellt den Ausgleich der beiden Bilanzseiten her.

In der auf der Folgeseite abgebildeten Bilanz ist auf der Passiv-Seite der freie Raum unter den Verbindlichkeiten a. LL durch einen diagonalen Strich, die sogenannte „Buchhalternase“, entwertet worden.

Inventar

A. **Vermögen**
- I. Anlagevermögen
- II. Umlaufvermögen

B. **Schulden**
- I. langfristige Schulden
- II. kurzfristige Schulden

C. Vermögen
./. Schulden
= Reinvermögen (Eigenkapital)

in Kontenform (Bilanz als verkürztes Inventar)

Vermögen (Aktiva) Wo wurde das Kapital eingesetzt?	**Bilanz** **Woher** kommt das Kapital? **Kapital (Passiva)**
Vermögen • Anlagevermögen • Umlaufvermögen	**Eigenkapital** **Fremdkapital** (= Schulden) • langfristiges Fremdkapital • kurzfristiges Fremdkapital

Aktiva **Bilanz[1] der Ambiente Warenhaus AG zum 31.12.20.. (€)** Passiva

Aktiva		Passiva	
I. Anlagevermögen		**I. Eigenkapital**	544.338,00
1. Gebäude	880.000,00	**II. Fremdkapital**	
2. Fuhrpark	76.817,00	1. Hypothekenschulden	1.550.400,00
3. Betriebs- und Geschäftsausstattung	153.633,00	2. Darlehensschulden	65.784,00
II. Umlaufvermögen		3. Verbindlichkeiten a. LL	16.830,00
1. Waren	442.000,00		
2. Forderungen a. LL	1.894,00		
3. Kasse	10.208,00		
4. Kreditinstitute	512.800,00		
5. Postbank	100.000,00		
	2.177.352,00		2.177.352,00

Schönstadt, den 05.01.20..

Michael Sauter Heinz Rischmüller *Andrea Bode*

Aktiva	=	**Passiva**
Kapitalverwendung	=	Kapitalherkunft
Vermögensarten	=	Vermögensquellen

Bilanzgleichungen:

Vermögen = Anlagevermögen + Umlaufvermögen
Kapital = Eigenkapital + Fremdkapital

Eigenkapital = Vermögen ./. Fremdkapital
Fremdkapital = Vermögen ./. Eigenkapital

1 Stark vereinfachte Darstellung. Große Kapitalgesellschaften müssen ihre Bilanzen unter Beachtung des § 266 Abs. 2 und 3 HGB aufstellen und veröffentlichen (siehe Aufstellung im Anhang des Lehrbuches).

Das **Fremdkapital** ist dem Einzelhändler **befristet**, d.h., nur für bestimmte Zeit, von seinen Gläubigern zur Verfügung gestellt worden. Das **Eigenkapital** gehört dem Unternehmer. Es steht **unbefristet** zur Verfügung. Je höher der Anteil des Eigenkapitals am Gesamtkapital ist,

- desto unabhängiger ist der Einzelhändler gegenüber Gläubigern,
- desto geringer ist die Zinsbelastung und
- desto besser lassen sich Zeiten, in denen die Geschäfte nicht so gut laufen, überstehen.

Da Anlagevermögen langfristig gebundenes Vermögen darstellt, muss es durch langfristig gebundenes Kapital finanziert werden.

Aktiva	Bilanzstruktur der Ambiente Warenhaus AG		Passiva
Vermögensstruktur		Kapitalstruktur	
Anlagevermögen 1.110.450,00	51 %	Eigenkapital 544.338,00	25 %
Umlaufvermögen 1.066.902,00	49 %	Fremdkapital 1.633.014,00	75 %
Gesamtvermögen 2.177.352,00	100 %	Gesamtkapital 2.177.352,00	100 %

- **Kapitalstruktur**
  - Das Verhältnis von Eigen- und Fremdkapital zeigt eine ungünstige Kapitalstruktur, da das Warenhaus überwiegend mit fremden Mitteln arbeitet: Das Fremdkapital beträgt hohe 75 %, gemessen am Gesamtkapital.
  - Die Ambiente Warenhaus AG ist daher stark abhängig von ihren Geldgläubigern.
  - Darüber hinaus ist bei einem so hohen Fremdkapitalanteil die Zins- und Tilgungsbelastung sehr hoch und die Kreditwürdigkeit gering.
- **Vermögensstruktur**
  Auffällig ist der hohe Anteil des Anlagevermögens von 51 % am Gesamtvermögen. Normalerweise sind Handelsunternehmen vorratsintensiv und weisen im Vergleich zum Anlagevermögen ein höheres Umlaufvermögen auf. Höchstwahrscheinlich hat die Textilgroßhandlung verstärkt Investitionen im Anlagevermögen durchgeführt, um das Unternehmen wettbewerbsfähig zu halten (= Rationalisierungsinvestitionen).

Es fällt ferner auf, dass das Anlagevermögen nur zur Hälfte mit Eigenkapital finanziert ist und die andere Hälfte mit zurückzuzahlendem Fremdkapital. Damit kann für die Zukunft nicht sichergestellt sein, dass im Fall eines stärkeren Umsatzrückgangs Anlagevermögen, z.B. Maschinen oder Teile des Fuhrparks, verkauft werden muss, um z.B. Lieferer- und Bankschulden bezahlen zu können.

Das Verhältnis von Anlagevermögen und Umlaufvermögen wird überwiegend von der Branche und dem Grad der Mechanisierung bestimmt. Darüber hinaus gilt: Je niedriger das Anlagevermögen im Verhältnis zum Umlaufvermögen ist, desto geringer ist die Belastung des Einzelhändlers mit fixen Kosten.

Die **Bilanzgliederung**[1] erfolgt nach HGB und aktienrechtlichen Vorschriften:

Die Gliederung der Aktiva in der Bilanz erfolgt von oben nach unten nach **steigender Liquidität,** wobei die liquidesten Mittel ganz unten stehen (= Merkmal der Geldnähe). Meist sind das die Bankguthaben. Bei der Gliederung der Passiva geht es um die **Laufzeit der Verbindlichkeiten** (Gliederung nach steigender Fälligkeit), wobei nach unten die Laufzeit abnimmt, weshalb Lieferverbindlichkeiten meist am Ende der Aufstellung stehen.

Die Bilanz ist mit Ort und Datum zu versehen und beim Einzelunternehmen vom Inhaber persönlich zu unterschreiben.[2] Bilanzen müssen **10 Jahre** lang aufbewahrt werden.

Die Bilanz enthält also wie das Inventar alle Vermögensgegenstände und Schulden. Sie unterscheidet sich vom Inventar aber durch die folgenden Merkmale:

Inventar	Bilanz
• **ausführliche** (unübersichtliche) Aufstellung der Vermögens- und Schuldenwerte • Angabe von Mengen und Werten (Einzel- und Gesamtwerte) • Darstellung der Vermögens- und Schuldenwerte **untereinander** (Staffelform) • Vermögen ./. Schulden = **Reinvermögen** • Unterschrift des Kaufmanns ist nicht erforderlich	• **kurz gefasster** Überblick über Vermögen und Kapital • Angabe nur der Gesamtwerte; keine Mengen • Darstellung der Vermögens- und Schuldenwerte **nebeneinander** (Kontenform) • Vermögen ./. Schulden = **Eigenkapital** • Unterschrift(en) zwingend vorgeschrieben

1 Inhalts- und Gliederungsvorschriften für die Bilanz richten sich nach der Rechtsform des Unternehmens (§§ 247, 266 HGB).
2 Sind mehrere haftende Gesellschafter vorhanden (OHG und KG), so haben sie alle zu unterzeichnen (§ 245 HGB). Bei der AG müssen alle Vorstandsmitglieder und bei der GmbH die Geschäftsführer unterschreiben.

AUFGABEN

1. Was ist eine Bilanz und was unterscheidet die Bilanz vom Inventar?
2. In welcher Reihenfolge werden die Arbeiten zur Erstellung des Jahresabschlusses durchgeführt?
3. Wer ist zur Aufstellung einer Bilanz verpflichtet?
4. **§ 243 Aufstellungsgrundsatz.**

   (1) Der Jahresabschluss ist nach den Grundsätzen ordnungsmäßiger Buchführung aufzustellen.

   (2) Er muss klar und übersichtlich sein.

   (3) Der Jahresabschluss ist innerhalb der einem ordnungsmäßigen Geschäftsgang entsprechenden Zeit aufzustellen.

   Aus welchem Gesetzbuch stammt der zitierte § 243?
5. Nach welchen Gliederungsgesichtspunkten müssen die einzelnen Bilanzpositionen auf der Aktiv- und Passiv-Seite geordnet sein?
6. Warum sind Aktiva und Passiva der Bilanz immer gleich groß?
7. Wie lange müssen Bilanzen gesetzlich aufbewahrt werden und warum besteht diese Aufbewahrungspflicht?
8. Erstellen Sie auf der Grundlage des Inventars (siehe Kap. 8.2, Aufgabe 12) die Bilanz zum 31. Dez. 20...
9. Ihnen liegt die folgende Bilanz vor (Angaben in €):

Aktiva		Bilanz	Passiva
Anlageverm.	880.000,00	Eigenkapital	900.000,00
Umlaufvermögen	?	Fremdkapital	300.000,00

   Berechnen Sie
   a) das Umlaufvermögen in Euro;
   b) den prozentualen Anteil von Anlage- und Umlaufvermögen sowie von Eigen- und Fremdkapital;
   c) das Eigenkapital in Prozent, wenn die Vergleichsgröße, das Anlagevermögen, 100 % ist.
   d) Welche wirtschaftlichen Rückschlüsse können aus dem Verhältnis von Eigen- zu Fremdkapital gezogen werden?
   e) Warum wäre ein Einzelhändler schlecht beraten, sein Anlagevermögen mit kurzfristigem Fremdkapital zu finanzieren?
10. Ordnen Sie die folgenden Vermögens- und Schuldenwerte a) bis m) den Bilanzpositionen A) bis D) zu.

   a) EDV-Anlage
   b) Warenvorräte
   c) Pkw
   d) Bankguthaben
   e) Kasse
   f) Darlehensschulden
   g) Verbindlichkeiten a. LL
   h) unbebautes Grundstück
   i) Forderungen a. LL
   j) Büroausstattung
   k) Postbankguthaben
   l) Bürogebäude
   m) Fuhrpark

   A) Anlagevermögen
   B) Umlaufvermögen
   C) langfristige Schulden
   D) kurzfristige Schulden
11. Wie wird der Wert des Eigenkapitals ermittelt?
12. Erstellen Sie aus den folgenden Angaben zum 31. Dez. 20.. die Bilanz des Textileinzelhändlers Frank Münster e. Kfm., Rostock:

Verbindlichkeiten a. LL	45.000,00
Guthaben bei Kreditinstituten	23.500,00
Darlehensschulden	256.000,00
Kasse	2.800,00
Warenvorräte	476.000,00
Grundstück und Gebäude	415.000,00
Forderungen a. LL	12.700,00
Betriebs- und Geschäftsausstatt.	78.000,00

13. Beurteilen Sie die abgebildete Bilanz eines Computerfachgeschäfts.

Aktiva	Bilanz — Passiva
Anlagevermögen	Eigenkapital
	langfristiges Fremdkapital
Umlaufvermögen	kurzfristiges Fremdkapital
= Gesamtvermögen	= Gesamtkapital

14. Ergänzen Sie auf der Grundlage der Aussage „Vermögen = Kapital“ die folgenden Bilanzgleichungen:
   a) Vermögen = ...
   b) Eigenkapital = ...
   c) Fremdkapital = ...
15. Manfred Meinke, stolzer Jungunternehmer eines Einzelhandelsgeschäfts für Bürobedarf, hat nach Ablauf des ersten Geschäftsjahres seine erste selbst erstellte Bilanz vorgelegt. Leider sind ihm dabei einige Fehler unterlaufen.
   a) Suchen Sie nach den von Herrn Meinke gemachten Fehlern und erstellen Sie anschließend die fehlerfreie Bilanz.

222268168

Aktiva	Bilanz		Passiva
I. Anlagevermögen		**I. Fremdkapital**	
1. Gebäude	125.000,00	1. Verbindlichkeiten a. LL	33.000,00
2. Warenvorräte	86.000,00	2. Hypothekenschulden	160.000,00
3. Postbank	4.300,00	3. Darlehensschulden	80.000,00
4. Fuhrpark	42.900,00	**II. Eigenkapital**	35.730,00
II. Umlaufvermögen			
1. BGA	42.000,00		
2. Kasse	1.870,00		
3. Forderungen a. LL	376,00		
4. Kreditinstitute	6.284,00		
	308.730,00		308.730,00

b) Berechnen Sie nach der Berichtigung der Bilanz
- jeweils den Prozentanteil des Anlage- und Umlaufvermögens am Gesamtvermögen,
- den Prozentanteil des Eigen- und Fremdkapitals am Gesamtkapital.

(Hinweis: Die Bilanzsumme bildet den Grundwert = 100 %.)

c) Beurteilen Sie die Kapitalstruktur (Passiva) des vorliegenden Unternehmens.

d) Wodurch wird das Verhältnis von Anlage- und Umlaufvermögen überwiegend bestimmt?

16. Ein Unternehmer hat einen sehr großen Teil seines Anlagevermögens mit einem kurzfristigen Bankkredit seiner Hausbank finanziert. Beurteilen Sie sein Verhalten.

17. Welche der folgenden Bilanzgleichungen ist richtig?

a) Fremdkapital = (Anlagevermögen + Umlaufvermögen) ./. Eigenkapital

b) Umlaufvermögen = Bilanzsumme ./. Anlagevermögen

c) Anlagevermögen = Eigenkapital ./. Fremdkapital

d) Eigenkapital = Anlagevermögen + Umlaufvermögen

e) Anlagevermögen = Kapital ./. Umlaufvermögen

f) Umlaufvermögen = Kapital ./. Anlagevermögen

g) Fremdkapital = Bilanzsumme ./. Eigenkapital

h) Bilanzsumme Aktiva = Bilanzsumme Passiva

i) Eigenkapital ./. Fremdkapital = Anlagevermögen ./. Umlaufvermögen

j) Umlaufvermögen = Bilanzsumme Aktiva ./. Anlagevermögen

18. Folgende Bilanzwerte eines Einzelhandelsunternehmens sind gegeben:

Verbindlichkeiten	60.000,00 €
bebaute Grundstücke	600.000,00 €
Waren	240.000,00 €
Fuhrpark	180.000,00 €
Kasse	30.000,00 €
Darlehensschulden	270.000,00 €
Forderungen a. LL	150.000,00 €
Betriebs- und Geschäftsausst.	300.000,00 €

Ermitteln Sie:

a) die Höhe des Anlagevermögens

b) die Höhe des Eigenkapitals

c) die Höhe des Umlaufvermögens

d) die Höhe des Fremdkapitals

e) die Höhe des gesamten Kapitals

f) Wie viel Prozent beträgt das Eigen- und Fremdkapitel jeweils am Gesamtkapital?

g) Nehmen Sie Stellung zur Kapitalstruktur des vorliegenden Einzelhandelsunternehmens.

h) Mit wie viel Prozent ist das Anlagevermögen durch Eigenkapital gedeckt? Nehmen Sie Stellung zu diesem Ergebnis.

AKTIONEN

1. Erstellen Sie eine PowerPoint-Präsentation, die das Wesen und den Aufbau der Bilanz zum Inhalt hat. Die Gesamtdarstellung soll durch entsprechende Abbildungen visualisiert werden.

2. **a)** Erstellen Sie in einem ersten Schritt mithilfe des Tabellenkalkulationsprogramms Excel eine Bilanz, bei der nach Eingabe des Anlage- und Umlaufvermögens sowie der Schulden vom Programm die Bilanzsumme und das Eigenkapital berechnet werden.

b) In einem zweiten Schritt sollen Sie auf der Grundlage der erstellen Bilanz mit Excel mindestens zwei Bilanzgleichungen aufstellen.

3. a) Suchen Sie mithilfe unterschiedlicher Informationsquellen nach der Bilanz eines Warenhauses, eines Versandhauses und der eines Industrieunternehmens. Ermitteln Sie anschließend jeweils den prozentualen Anteil
   - des Anlagevermögens,
   - des Umlaufvermögens (ohne Forderungen a. LL) und
   - der Forderungen a. LL.

   b) Stellen Sie die prozentuale Zusammensetzung der Aktiva jeder der drei Bilanzen grafisch nebeneinander dar.

   c) Vergleichen Sie die „Prozent-Bilanzen" und geben Sie mögliche Gründe für deren unterschiedliche Zusammensetzung an.

ZUSAMMENFASSUNG

- Die Bilanz – abgeleitet aus dem Inventar – ist eine kurz gefasste Übersicht in kontenmäßiger Gegenüberstellung.

Aktiva Anlagevermögen Umlaufvermögen	**Passiva** Eigenkapital Fremdkapital
• zeigt die **Verwendung** des Kapitals (Mitteleinsatz) • ist gegliedert nach steigender **Flüssigkeit** (zunehmender Geldnähe)	• zeigt die **Herkunft** des Kapitals (Kapitalquellen) • ist gegliedert nach steigender **Fälligkeit**

Bilanz

- Beide Bilanzseiten sind wertmäßig immer gleich: Die Passiva (Seite der **Kapitalherkunft**) zeigt, **woher** die auf der Aktiva (Seite der Kapitalverwendung) aufgeführten Vermögenswerte stammen.
- Das **Anlagevermögen** ist auf längere Zeit im Einzelhandelsunternehmen gebunden. Es stellt die Voraussetzung für die Betriebsbereitschaft her.
- Das **Umlaufvermögen** ist kurzfristig im Unternehmen gebunden. Es unterliegt einem ständigen Wandlungsprozess.
- Das **Eigenkapital** wird vom Einzelhändler selbst erbracht.
- Das **Fremdkapital** kommt von unternehmenfremden Kapitalgebern. Es macht den Einzelhändler von seinen Kapitalgebern abhängig.
- Die Bilanz ist **bei der Eröffnung** eines Handelsgewerbes und **am Schluss eines jeden Geschäftsjahres** aufzustellen.
- Der Freiraum der Bilanz wird mit einer Buchhalternase entwertet, damit die Grundsätze ordnungsmäßiger Buchführung erfüllt werden.
- Der Unternehmer haftet für die Richtigkeit der Bilanzangaben mit seiner **eigenhändigen Unterschrift**.
- Bilanzen sind **10 Jahre** lang aufzubewahren.

222268170

Inventar des Lebensmittelhandels Uwe Blink e. K., Hannover, zum 31. Dez. 20..	€	€
A. Vermögen		
I. Anlagevermögen		
1. Grundstücke und Bauten		
– bebaute Grundstücke	250.000,00	
– unbebaute Grundstücke	650.000,00	900.000,00
2. Fuhrpark		
– Audi A6	50.000,00	
– Mitsubishi L 200	33.700,00	
– Smart	26.300,00	110.000,00
3. Betriebs- und Geschäftsausstattung (lt. bes. Verzeichnis, Anlage 1)		320.000,00
II. Umlaufvermögen		
1. Waren (lt. bes. Verzeichnis)		
– Lebensmittel (Anlage 2)	95.400,00	
– Genussmittel (Anlage 3)	98.900,00	
– sonstige Waren (Anlage 4)	5.700,00	200.000,00
2. Forderungen a. LL (lt. Kundenkartei)		
– Tim Bultmann, Hannover	155,00	
– Marvin Bärtz, Hildesheim	320,00	
– Stefanie Hinz, Wunstorf	185,00	660,00
3. Kassenstand		3.800,00
4. Guthaben bei Kreditinstituten		
– Sparda Bank, Hannover	70.000,00	
– Commerzbank, Hannover	210.000,00	280.000,00
Summe des Vermögens		**1.814.460,00**
B. Schulden		
I. Langfristige Schulden		
1. Hypothekenschulden der Commerzbank, Hannover		760.000,00
2. Darlehen der Sparda Bank, Hannover		30.000,00
II. Kurzfristige Schulden		
1. Verbindlichkeiten a. LL (lt. Liefererkartei)		
– Sachse AG, Mannheim	3.500,00	
– F. Kabus OHG, Göttingen	2.800,00	
– Heitmüller GmbH, Hannover	1.950,00	8.250,00
Summe der Schulden		**798.250,00**
C. Ermittlung des Reinvermögens		
Summe des Vermögens		1.814.460,00
./. Summe der Schulden		798.250,00
= **Reinvermögen (Eigenkapital)**		**1.016.210,00**

Aktiva		**Bilanz zum 31.12.20..**	Passiva
I. Anlagevermögen		**I. Eigenkapital**	1.016.210,00
1. Grundstücke und Bauten	900.000,00	**II. Fremdkapital**	
2. Fuhrpark	110.000,00	langfristiges Fremdkapital	
3. BGA	320.000,00	1. Hypotheken	760.000,00
II. Umlaufvermögen		2. Darlehen	30.000,00
1. Warenvorräte	200.000,00	kurzfrisitges Fremdkapital	
2. Forderungen a. LL	660,00	1. Verbindlichkeiten a. LL	8.250,00
3. Kasse	3.800,00		
4. Kreditinstitute	280.000,00		
	1.814.460,00		1.814.460,00
Hannover, den 12.01.20..		Uwe Blink[1]	

1 Die Bilanz ist bei einem Einzelunternehmen von dem Inhaber persönlich zu unterschreiben.

KAPITEL 4

Wir erkennen, wie Geschäftsfälle die Werte in der Bilanz verändern

Bilanz der Ambiente Warenhaus AG

Aktiva		**Bilanz[1] zum 31.12.20..**	Passiva
Betriebs- und Geschäftsausstattung	320.000,00	Eigenkapital	765.550,00
Waren	200.000,00	Darlehensschulden	30.000,00
Kasse	3.800,00	Verbindlichkeiten a. LL	8.250,00
Kreditinstitute	280.000,00		
	803.800,00		803.800,00

Schönstadt, den 04.01.20..

Michael Sauter Heinz Rischmüller Andrea Bode

Januar
Februar
März
April
Mai
Juni
Juli
August
September
Oktober
November
Dezember

Ein Jahr später: Zum Abschluss des Geschäftsjahres wird wieder Inventur gemacht und die notwendige Bilanz erstellt. Dabei ergibt sich eine neue Bilanz mit Abweichungen sowohl in einzelnen Positionen als auch in der Bilanzsumme.

Aktiva		**Bilanz zum 31.12.20..**	Passiva
Betriebs- und Geschäftsausstattung	390.000,00	Eigenkapital	765.550,00
Waren	120.000,00	Darlehensschulden	80.000,00
Kasse	5.000,00	Verbindlichkeiten a. LL	49.450,00
Kreditinstitute	380.000,00		
	895.000,00		895.000,00

Schönstadt, den 02.01.20..

Michael Sauter Heinz Rischmüller Andrea Bode

1. Benennen Sie die innerhalb dieses einen Jahres veränderten Bilanzpositionen.
2. Erklären Sie die Ursachen der eingetretenen Veränderungen bei den einzelnen Bilanzwerten.

1 Stark vereinfachte Darstellung sowohl bezüglich der Anzahl als auch der Höhe der Bilanzpositionen. Darüber hinaus handelt es sich im vorliegenden Lehrwerk stets um Handelsbilanzen gemäß § 266 HGB.

222268172

INFORMATION

Die in der Bilanz stehenden Vermögens- und Schuldenwerte sowie die Höhe des Eigenkapitals sind Zahlen, die zu einem bestimmten Zeitpunkt ermittelt wurden (Bilanz als Momentaufnahme oder Zeitpunktrechnung).

Durch Geschäftsfälle verändern sich die Bilanzwerte aber täglich. Im Folgenden soll daher aufgezeigt werden, welche grundsätzlichen Möglichkeiten der Bilanzveränderung es gibt und wie sie sich auf die Bilanz auswirken.

Dabei sollten stets die folgenden fünf Fragen beantwortet werden:

- Welche Bilanzpositionen werden durch den Geschäftsfall berührt?
- Auf welcher Seite der Bilanz sind die Bilanzpositionen zu finden?
- Vermehrt oder vermindert sich die jeweilige Bilanzposition?
- Welchen Wert haben die veränderten (neuen) Bilanzpositionen?
- Welche Auswirkungen haben die Veränderungen auf die Bilanzsumme?

1. Geschäftsfall: Bareinzahlung von 4.000,00 € auf das Bankkonto

Wirkung: Kasse (Aktivposten) **./. 4.000,00 €**
Kreditinstitute (Aktivposten) **+ 4.000,00 €**

Aktiva	1. veränderte Bilanz (€)		Passiva
Betriebs- und Geschäftsausstattung	390.000,00	Eigenkapital	765.550,00
Waren	120.000,00	Darlehensschulden	80.000,00
Kasse	1.000,00	Verbindlichkeiten a. LL	49.450,00
Kreditinstitute	384.000,00		
	895.000,00		895.000,00

Merke:
- Es hat ein Tausch auf der Aktiv-Seite stattgefunden **(Aktivtausch)**.
- Die **Bilanzsummen** haben sich **nicht verändert**.

2. Geschäftsfall: Eine kurzfristige Verbindlichkeit bei einem Lieferer von 5.000,00 € wird in ein langfristiges Darlehen umgewandelt.

Wirkung: Darlehen (Passivposten) **+ 5.000,00 €**
Verbindlichkeiten a. LL (Passivposten) **./. 5.000,00 €**

Aktiva	2. veränderte Bilanz (€)		Passiva
Betriebs- und Geschäftsausstattung	390.000,00	Eigenkapital	765.550,00
Waren	120.000,00	Darlehensschulden	85.000,00
Kasse	1.000,00	Verbindlichkeiten a. LL	44.450,00
Kreditinstitute	384.000,00		
	895.000,00		895.000,00

Merke:
- Es hat ein Tausch auf der Passiv-Seite stattgefunden **(Passivtausch)**.
- Die **Bilanzsummen** haben sich **nicht verändert**.

3. Geschäftsfall: Kauf von Waren im Wert von 20.000,00 €. Die Rechnung wird aber erst in 6 Wochen bezahlt.

Wirkung: Waren (Aktivposten) **+ 20.000,00 €**
Verbindlichkeiten a. LL (Passivposten) **+ 20.000,00 €**

Aktiva	3. veränderte Bilanz (€)		Passiva
Betriebs- und Geschäftsausstattung	390.000,00	Eigenkapital	765.550,00
Waren	140.000,00	Darlehen	85.000,00
Kasse	1.000,00	Verbindlichkeiten a. LL	64.450,00
Kreditinstitute	384.000,00		
	915.000,00		915.000,00

Merke:
- Es hat eine Mehrung auf beiden Seiten stattgefunden (**Aktiv-Passiv-Mehrung**).
- Die **Bilanzsummen** haben gleichmäßig um 20.000,00 € **zugenommen**.

4. Geschäftsfall: Begleichung einer Liefererrechnung von 25.000,00 € durch Banküberweisung

Wirkung: Bank (Aktivposten) **./. 25.000,00 €**
Verbindlichkeiten a. LL (Passivposten) **./. 25.000,00 €**

Aktiva	4. veränderte Bilanz (€)		Passiva
Betriebs- und Geschäftsausstattung	390.000,00	Eigenkapital	765.550,00
Waren	140.000,00	Darlehen	85.000,00
Kasse	1.000,00	Verbindlichkeiten a. LL	39.450,00
Kreditinstitute	359.000,00		
	890.000,00		890.000,00

Merke:
- Es hat eine Minderung auf beiden Seiten stattgefunden (**Aktiv-Passiv-Minderung**).
- Die **Bilanzsummen** haben gleichmäßig um 25.000,00 € **abgenommen**.

AUFGABEN

1. Nennen Sie je einen Geschäftsfall, der
   a) gleichzeitig zur Minderung eines Vermögensgegenstandes und zur Mehrung eines anderen Vermögensgegenstandes führt,
   b) sowohl zur Minderung des Vermögens als auch der Schulden führt,
   c) sowohl zur Mehrung der Schulden als auch des Vermögens führt.

2. Welcher Geschäftsfall vermindert die Bilanzsumme der unten abgebildeten Bilanz?
   a) Bareinzahlung der Tageseinnahmen auf das Bankkonto
   b) Banküberweisung an einen Lieferer
   c) Barzahlung eines Kunden für gekaufte Waren
   d) Kauf eines Geschäftswagens gegen Bankscheck

Aktiva	Bilanz (€)		Passiva
Fuhrpark	170.000,00	Eigenkapital	1.025.500,00
Betriebs- und Geschäftsausstattung	630.000,00	Darlehen	470.000,00
Waren	810.000,00	Verbindlichkeiten a. LL	210.000,00
Forderungen a. LL	44.000,00		
Kasse	2.500,00		
Kreditinstitute	49.000,00		
	1.705.500,00		1.705.500,00

222268174

e) Aufnahme eines Darlehens für den Kauf einer neuen Ladeneinrichtung

3. Für jeden der folgenden Geschäftsfälle a) bis h) sind die im Informationsteil (siehe Seite 173) aufgeführten fünf Fragen zu beantworten:

a) Bareinzahlung auf unser Postbankkonto .... 2.700,00 €
b) Kauf von Waren auf Ziel .... 2.600,00 €
c) Tilgung unserer Darlehensschuld durch Banküberweisung .... 15.000,00 €
d) Ein Kunde zahlt die fällige Rechnung durch Bankscheck...... 230,00 €
e) Verkauf von Waren auf Ziel ...... 1.200,00 €
f) Barabhebung vom Bankkonto..... 850,00 €
g) Ein Darlehen wird in eine Hypothek umgewandelt. .... 80.000,00 €
h) Wir begleichen eine Liefererrechnung durch Banküberweisung .... 9.000,00 €

4. a) Erstellen Sie aufgrund der folgenden Zahlen die Bilanz:

Verbindlichkeiten a. LL	56.000,00 €
Grundstücke und Gebäude	755.000,00 €
Darlehensschulden	210.000,00 €
Betriebs- und Geschäftsausstattung	475.000,00 €
Kasse	6.500,00 €
Waren	340.000,00 €
Forderungen a. LL	37.000,00 €
Hypothekenschulden	300.000,00 €
Kreditinstitute	101.000,00 €
Eigenkapital	? €

b) Erstellen Sie nach jedem Geschäftsfall eine neue Bilanz. Geben Sie dabei an, um welche der vier Bilanzveränderungsarten (Wertveränderungen) es sich jeweils handelt.

Geschäftsfälle:

1. Bareinzahlung auf das Bankkonto .... 2.100,00 €
2. Kauf eines neuen Fotokopierers gegen Bankscheck .... 3.600,00 €
3. Wareneinkauf auf Ziel .... 11.000,00 €
4. Tilgung des Darlehens durch Banküberweisung .... 5.000,00 €
5. Überweisung eines fälligen Rechnungsbetrags an unseren Lieferer durch die Bank .... 3.700,00 €
6. Eine kurzfristige Verbindlichkeit wird in ein Darlehen umgewandelt. .... 8.500,00 €

c) Wie wirken sich die sechs Geschäftsfälle jeweils auf die Bilanzsumme aus?

5. In der folgenden Übersicht finden Sie fünf Geschäftsfälle, die die Bilanz bereits verändert haben.

Beantworten Sie hierzu die folgenden Fragen:

a) Welche Art der Bilanzveränderung liegt jeweils vor?
b) Welcher Geschäftsfall hat die Wertveränderung verursacht?

Bilanzveränderungen:

1. Waren + 4.500,00 €; Verbindlichkeiten a. LL + 4.500,00 €
2. Darlehen ./. 12.000,00 €; Kreditinstitute ./. 12.000,00 €
3. Kasse + 1.200,00 €; Betriebs- und Geschäftsausstattung ./. 1.200,00 €
4. Forderungen a. LL + 890,00 €; Waren ./. 890,00 €
5. Betriebs- und Geschäftsausstattung + 5.000,00 €; Kreditinstitute ./. 5.000,00 €

6. Welche der folgenden Aussagen sind richtig? Geben Sie bei falschen Aussagen die richtige Lösung an.

a) „Zahlung einer Liefererrechnung durch Banküberweisung“ ist ein Aktivtausch.
b) Die Bilanz entspricht einer Waage.
c) Der Geschäftsfall „Bareinzahlung auf das Bankkonto“ löst nur Wertveränderungen auf der Aktiv-Seite aus.
d) Jeder Geschäftsfall verändert wertmäßig mindestens zwei Bilanzposten.
e) Das Gleichgewicht der Bilanz bleibt nur bei einem Aktiv- bzw. Passivtausch erhalten. Für eine Aktiv-Passiv-Mehrung und eine Aktiv-Passiv-Minderung gilt diese Aussage nicht.
f) Bei dem Geschäftsfall „Umwandlung einer Liefererschuld in eine Darlehensschuld“ verändert sich die Bilanzsumme.
g) Eine Aktiv-Passiv-Mehrung führt zu einer Erhöhung der Bilanzsumme.
h) Geschäftsfall heißt jeder Vorgang, der die Vermögens- und/oder Kapitalverhältnisse eines Unternehmens verändert.
i) Es gibt nur vier Möglichkeiten, wie Geschäftsfälle Bilanzen verändern können, ohne das Bilanzgleichgewicht aufzuheben.

7. Um wie viel Prozent haben sich durch den Geschäftsfall 4 (siehe Seite 174) die Bilanzsumme, die Verbindlichkeiten a. LL und das Bankguthaben jeweils verändert? Formulieren Sie Ihre Ergebnisse in einem Antwortsatz.

8. Für Schulungsgebühren seines fünfköpfigen Personals in der Abteilung Rechnungswesen bezahlt ein Handelsunternehmen insgesamt 1.375,00 €. Wie viel Euro müssten für acht Mitarbeiter gezahlt werden?

AKTIONEN

1. Sie sollen ein Kurzreferat über das Thema „Änderung der Bilanz durch Geschäftsfälle" halten.
   a) Zur Information nutzen Sie bitte das vorliegende Kapitel.
   b) Erstellen Sie eine Gliederung und formulieren Sie das Referat.
   Beachten Sie dabei die Grundregeln zur „Gestaltung schriftlicher Arbeiten".
   c) Nutzen Sie die Möglichkeit der Visualisierung. Wenn möglich benutzen Sie hierfür das Programm MindManager.
   d) Seien Sie darauf vorbereitet, Ihr Referat vorzutragen.
2. Sammeln Sie aus Ihrer betrieblichen Praxis acht verschiedene Geschäftsfälle.
   a) Entwerfen Sie mit dem Computer eine übersichtliche Tabelle, in der Sie die Geschäftsfälle aufführen unter zusätzlicher Angabe
      - ihrer Wirkung auf die einzelnen Bilanzpositionen,
      - der Wertveränderung (Bilanzveränderungsart),
      - der Auswirkung auf die Bilanzsumme und
      - der Auswirkung auf das Bilanzgleichgewicht.
   b) • Fertigen Sie über Ihr Arbeitsergebnis eine Folie an unter Beachtung der Grundregeln zur „Gestaltung von Folien".
      - Seien Sie darauf vorbereitet, Ihren Klassenkameraden Ihre Entscheidungen zu erläutern und Fragen zu beantworten.

   Beim Einsatz des Overheadprojektors sollten Sie beachten:
   - Prüfen Sie, ob der Inhalt der Folie auf der Projektionsfläche zu lesen ist.
   - Nennen Sie das Thema, über das Sie sprechen.
   - Zeigen Sie mit einem Zeigestift auf der Folie, nicht an der Projektionswand, worüber Sie gerade reden.
   - Halten Sie Blickkontakt zu Ihren Klassenkameraden.
   - Machen Sie eine kurze Pause, wenn Sie zu einem neuen Punkt auf der Folie kommen.

ZUSAMMENFASSUNG

- Jeder Geschäftsfall verändert **zwei** Bilanzpositionen. Dadurch bleibt das Bilanzgleichgewicht immer erhalten.
- Zu unterscheiden sind grundsätzlich **vier Möglichkeiten der Bilanzveränderung** (Wertveränderungen) durch Geschäftsfälle:

Veränderungen auf einer Bilanzseite

Aktivtausch
Die Wertveränderungen betreffen nur die Aktiv-Seite.

Passivtausch
Die Wertveränderungen betreffen nur die Passiv-Seite.

Veränderungen auf beiden Bilanzseiten

Aktiv-Passiv-Mehrung
Die Bilanzsumme nimmt auf beiden Seiten zu.

Aktiv-Passiv-Minderung
Die Bilanzsumme nimmt auf beiden Seiten ab.

Das Bilanzgleichgewicht bleibt immer erhalten.

222268176

KAPITEL 5

Wir lösen die Bilanz in aktive und passive Bestandskonten auf

Die Ambiente Warenhaus AG in Schönstadt weist zu Beginn des Geschäftsjahres die folgende Bilanz[1] auf:

Aktiva	Eröffnungsbilanz zum 01.01.20.. (€)		Passiva
Betriebs- und Geschäftsausstattung	390.000,00	Eigenkapital	765.550,00
Waren	120.000,00	Darlehensschulden	80.000,00
Kasse	5.000,00	Verbindlichkeiten a. LL	49.450,00
Kreditinstitute	380.000,00		
	895.000,00		895.000,00

Bereits am 2. Jan. des laufenden Jahres ereignen sich so viele Geschäftsfälle (Zieleinkäufe von Waren, Verkäufe bar und gegen ec-Karte, Überweisungen an Lieferer, Bargeldeinzahlungen auf das Bankkonto, Darlehensaufnahme usw.), dass schon nach nur einem Tag die Eröffnungsbilanz inhaltlich erheblich von ihrem Aussehen am Morgen abweicht.

Die Auszubildende Britta Krombach weiß nur zu genau, dass jeder der Geschäftsfälle dazu führt, stets eine neue, der aktuellen Situation angepasste Bilanz erstellen zu müssen. Als sie in einer stillen Minute über diese Situation nachdenkt, wird ihr sehr schnell klar, dass eine derartige Praxis in der Ambiente Warenhaus AG nicht durchführbar ist: Da stets eine große Anzahl von Geschäftsfällen die Bilanzpositionen verändern, wären die Nachteile des übergroßen Arbeitsaufwands und der damit einhergehenden Unübersichtlichkeit zu gravierend.

Da darüber hinaus ohnehin **Buchungen[2] in der Bilanz** nach den Grundsätzen ordnungsmäßiger Buchführung **nicht erlaubt** sind, muss es einen anderen Weg geben, die Buchführung übersichtlicher zu gestalten.

Überlegen Sie, welchen anderen Weg es geben könnte, die einzelnen Geschäftsfälle wesentlich klarer und nachvollziehbarer zu erfassen.

Konzentrieren Sie sich bei der Suche nach einer sinnvollen Lösung vor allen Dingen auf die sich durch den jeweiligen Geschäftsfall verändernden Bilanzpositionen.

INFORMATION

Bisher wurde nach jedem Geschäftsfall stets **eine neue Bilanz erstellt**. Obwohl sich immer nur zwei Bilanzpositionen verändert haben, musste die Bilanz mit allen ihren Positionen, also auch jenen, die sich nicht änderten, neu geschrieben werden. Das ist trotz Unterstützung durch die EDV sehr **arbeits- und zeitaufwendig** und darüber hinaus auch sehr **unübersichtlich**.

Dies umso mehr, wenn man bedenkt, dass heutzutage bereits ein mittelgroßes Einzelhandelsunternehmen ca. 500 bis 600 Geschäftsfälle (Überweisungen, Einkäufe, Gutschriften, Verkäufe, Umtausche usw.) täglich zu buchen hat und in der Praxis eine Bilanz wesentlich umfangreicher ist als das hier vorliegende Beispiel. Um Geschäftsfälle übersichtlicher zu erfassen, wird daher für jede Bilanzposition eine „Einzelabrechnung" geführt. Die folgende Situation soll das verdeutlichen:

1 Stark vereinfachte, insbesondere verkürzte Darstellung

2 Schriftliche Aufzeichnungen von Wertveränderungen in der Buchführung werden als **Buchungen** bezeichnet.

Situation:
Angenommen, Sie übernehmen zu Beginn der Woche bis zum Wochenende vorübergehend die Kasse Ihres Sportvereins. Sie wollen alle Veränderungen der Kasse schriftlich festhalten und legen sich deshalb einen Notizzettel (= Einzelabrechnung) an:

• In der Kasse befinden sich bei Übernahme	**Anfangsbestand (AB)**	2.000,00 €
• Einige Mitgliedsbeiträge werden bar eingezahlt, insgesamt	+	**750,00 €**
• Ausgabe für Ersatztrikots	./.	**200,00 €**
• Spende eines sponsors	+	**250,00 €**
• Zuschuss zum Vereinsfest	./.	**400,00 €**
Schlussbestand (SB) Ende der Woche		2.400,00 €

Vor der Kassenrückgabe wollen Sie feststellen, wie viel Euro Sie insgesamt ausgegeben und wie viel Sie insgesamt eingenommen haben. Hierzu müssen Sie die jeweiligen Einzahlungen und Auszahlungen getrennt mühsam aus Ihrer Übersicht heraussuchen und jeweils addieren.

Bessere Lösung:
Man schreibt gleich zu Beginn der Aufzeichnungen den Anfangsbestand und die Einnahmen auf einer Seite untereinander und die Ausgaben auf der anderen Seite. Dann zieht man von der Summe aus Anfangsbestand (AB) und Zugängen die Abgänge ab und erhält den Schlussbestand (SB).

Soll	Kasse		Haben	
AB	+ **2.000,00**		./. **200,00**	
	+ **750,00**		./. **400,00**	
	+ **250,00**			
	= 3.000,00	./.	= 600,00	= **2.400,00 € (SB)**

Diese Art der Übersicht nennt man **Konto**[1]; es ist eine Art Einzelabrechnung.

In Zukunft werden für **sämtliche Bilanzpositionen Konten eingerichtet.** Alle anfallenden Geschäftsfälle werden jetzt auf diesen besonderen Konten **außerhalb der Bilanz** erfasst. Dadurch wird es möglich, die durch die Geschäftsfälle verursachten Bewegungen aufzunehmen, ohne jedes Mal die Bilanz heranziehen zu müssen. Damit kann die **Bilanz** eine **Bestandsrechnung** bleiben, die nur noch zu einem bestimmten Stichtag aufgestellt wird. Die **Bewegungsrechnung** innerhalb eines Jahres hingegen wird zukünftig mithilfe der **Konten** durchgeführt.

Einrichten der Bestandskonten

Zu Beginn des Geschäftsjahres werden die einzelnen Konten eingerichtet, indem die Anfangsbestände aus der Bilanz auf die Konten übertragen werden. Nach den Bilanzseiten Aktiva und Passiva unterscheidet man **aktive Bestandskonten**[2] (auch Aktivkonten) und **passive Bestandskonten** (auch Passivkonten).

Regeln:
- Die aktiven Bestandskonten stehen in der Bilanz auf der linken Seite (Aktiva). Daher werden die **Anfangsbestände auf den aktiven Bestandskonten** ebenfalls auf der linken Kontoseite im **Soll** eingetragen.
- Die passiven Bestandskonten stehen in der Bilanz auf der rechten Seite (Passiva). Daher werden die **Anfangsbestände auf den passiven Bestandskonten** ebenfalls auf der rechten Kontoseite im **Haben** eingetragen.

1 Konto (ital. = Rechnung): In der Buchführung eine zur Aufnahme und wertmäßigen Erfassung von Geschäftsfällen bestimmte Rechnung. Jedes Konto hat eine Soll- und eine Haben-Seite (auch: Debit- und Kredit-Seite).

2 Da in der Bilanz die Inventurbestände stehen, nennt man die einzurichtenden Konten Bestandskonten.

222268178

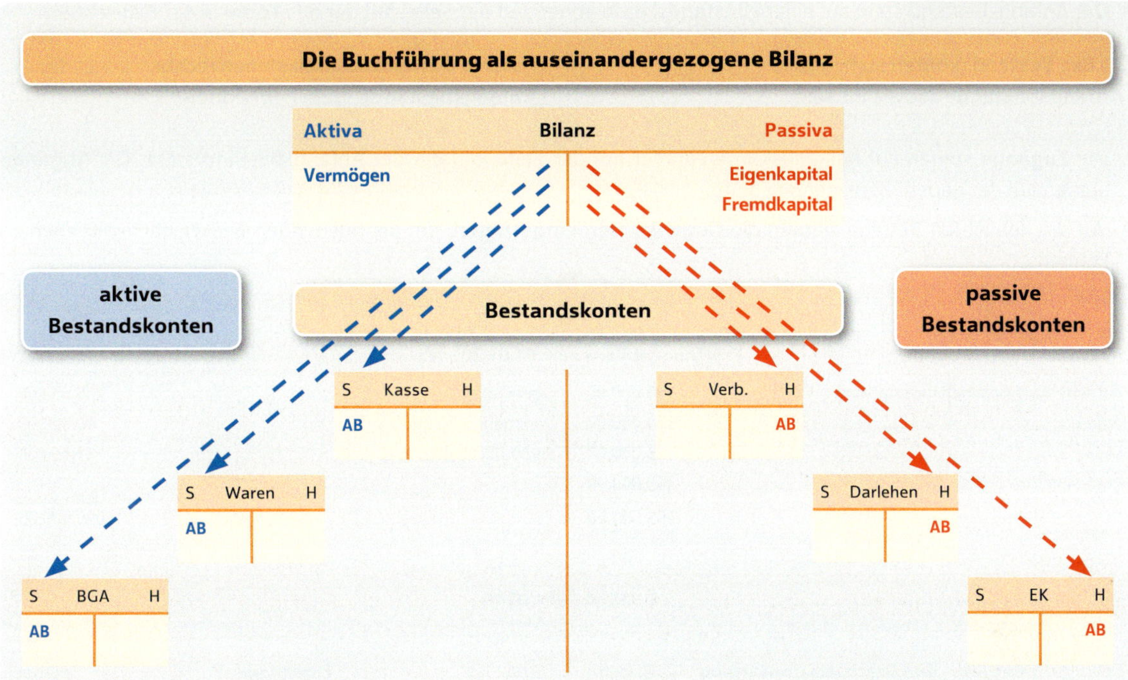

Buchen der Geschäftsfälle auf den Bestandskonten

Empfehlenswert ist es, bei jedem Geschäftsfall nach folgendem Fragenraster vorzugehen:

1. Welche Konten werden durch den Geschäftsfall berührt?
2. Sind es aktive oder passive Bestandskonten?
3. Liegt ein Zugang (+) oder ein Abgang (./.) auf dem Konto vor?
4. Auf welcher Kontenseite wird die Veränderung eingetragen (Soll oder Haben)?

Denkbare Geschäftsfälle in der Ambiente Warenhaus AG:

Geschäftsfall 1
Die Tageseinnahme von 1.300,00 € wird auf das Bankkonto bei der Postbank Schönstadt eingezahlt.

Geschäftsfall 2
Eine kurzfristige Verbindlichkeit von 5.000,00 € wird in ein langfristiges Darlehen umgewandelt.

Geschäftsfall 3
Aufnahme eines Darlehens von 30.000,00 € bei der Commerzbank und Gutschrift auf dem Geschäftskonto.

Geschäftsfall 4
Begleichung einer Liefererrechnung von 2.500,00 €. Die Waren, die jetzt zu Beginn des neuen Jahres bezahlt werden, wurden bereits im Dezember letzten Jahres geliefert.

Wir lösen die Bilanz in Konten auf und buchen auf Bestandskonten:

Buchungsregeln

Soll	**Aktivkonten** Haben
Anfangsbestand (AB) **+ Zugänge**	**./. Abgänge**

Soll	**Passivkonten** Haben
./. Abgänge	Anfangsbestand (AB) **+ Zugänge**

- Die aus der Aktiv-Seite der Bilanz entwickelten Konten heißen **aktive Bestandskonten**.
- Die aus der Passiv-Seite der Bilanz entwickelten Konten heißen **passive Bestandskonten**.

- Der Anfangsbestand steht auf einem Bestandskonto immer auf der Seite, auf der das Konto in der Bilanz steht:

Aktive Bestandskonten stehen links: **Anfangsbestände stehen im Soll.**	**Passive Bestandskonten** stehen rechts: **Anfangsbestände stehen im Haben.**

- Die **Zugänge** stehen auf Bestandskonten immer auf der Seite, auf der der Anfangsbestand steht. Die **Abgänge** stehen auf der gegenüberliegenden Seite.
- Vor die gebuchten Beträge werden die **Gegenkonten eingetragen**, um die Buchungen besser nachvollziehen zu können.

Aktiva	**Eröffnungsbilanz zum 01.01.20.. (€)**		Passiva
Betriebs- und Geschäftsausstattung	390.000,00	Eigenkapital	765.550,00
Waren	120.000,00	Darlehensschulden	80.000,00
Kasse	5.000,00	Verbindlichkeiten a. LL	49.450,00
Kreditinstitute	380.000,00		
	895.000,00		895.000,00

Bestandskonten

Soll	**Betriebs- und Geschäftsausstattung**		Haben
AB	390.000,00		

Soll	**Waren**		Haben
AB	120.000,00		

Soll	**Kasse**		Haben
AB	5.000,00	Ki	1.300,00

Soll	**Kreditinstitute**		Haben
AB	380.000,00	Verb. a. LL	2.500,00
Kasse	1.300,00		
Darlehen	30.000,00		

Soll	**Eigenkapital**		Haben
		AB	765.550,00

Soll	**Darlehensschulden**		Haben
		AB	80.000,00
		Verb. a. LL	5.000,00
		Ki	30.000,00

Soll	**Verbindlichkeiten a. LL**		Haben
Darlehen	5.000,00	AB	49.450,00
Ki	2.500,00		

- Jeder Geschäftsfall wird **doppelt gebucht**: Der Betrag wird auf einem Konto auf der Soll-Seite und auf einem anderen Konto auf der Haben-Seite festgehalten. Daher hat die **doppelte Buchführung** ihren Namen. Wird eine Liefererrechnung per Banküberweisung bezahlt, so wird das sowohl im Konto „Waren" als auch im Konto „Bank" festgehalten (Gegenbuchung).
- Die Buchungen auf Konten werden sachlich geordnet im sogenannten **Hauptbuch** (T-Konten-Buch) zusammengefasst.

Abschluss der Bestandskonten

Zum Schluss des Geschäftsjahres müssen sämtliche Bestandskonten abgeschlossen werden. Wie auch im Fall des dargestellten „Kassenkontos des Sportvereins" muss der Schlussbestand der einzelnen Bestandskonten festgestellt werden.

Reihenfolge beim Kontenabschluss:

1. Zu Beginn wird rechnerisch die größere Kontenseite ermittelt und die Summe eingetragen.
2. Zum Ausgleich des Kontos wird diese Summe auf die gegenüberliegende (kleinere) Kontenseite übertragen.
3. Es wird auf der wertmäßig kleineren Kontenseite die Differenz (= Saldo) ermittelt. Dieser Saldo stellt zugleich den Schlussbestand (SB) dar.
4. Der Saldo wird auf die Schlussbilanz übernommen.
5. Leerzeilen sind durch eine „Buchhalternase" zu entwerten. Die Abschlussstriche werden in gleicher Höhe gezogen.

222268180

Kassenanfangsbestand 2.000,00 € + Zugänge 1.000,00 € ./. Abgänge 600,00 € = Kassenschlussbestand 2.400,00 €

Allgemein gilt:

	Anfangsbestand (AB)
+	Bestandsmehrungen
./.	Bestandsminderungen
=	**Schlussbestand (SB)**

Ambiente Warenhaus AG

Ausgangssituation:

Soll	Kreditinstitute		Haben
AB	380.000,00	Verb. a. LL	2.500,00
Kasse	1.300,00		
Darlehen	30.000,00		

Erklärung:

Die Situation auf dem Konto „Kreditinstitute" zeigt, dass neben dem Anfangsbestand von 380.000,00 € insgesamt noch 31.300,00 € hinzugekommen sind. Da 2.500,00 € abgegangen sind, müssen sich noch 408.800,00 € auf dem Bankkonto befinden.

Die 408.800,00 € stellen den Schlussbestand dar. Der Schlussbestand bildet den Saldo[1], der zum Ausgleich der beiden Kontenseiten auf der wertmäßig kleineren Kontoseite eingetragen wird (im vorliegenden Beispiel 408.800,00 € auf der Haben-Seite).

Kontenabschluss:

Soll	Kreditinstitute		Haben
AB	380.000,00	Verb. a. LL	2.500,00
Kasse	1.300,00	SB	408.800,00
Darlehen	30.000,00		
	411.300,00		411.300,00

Ausgangssituation:

Soll	Darlehensschulden		Haben
		AB	80.000,00
		Verb. a. LL	5.000,00
		Ki	30.000,00

Erklärung:

Die Situation auf dem Konto „Darlehensschulden" zeigt, dass neben dem Anfangsbestand von 80.000,00 € insgesamt noch 35.000,00 € an Schulden hinzugekommen sind. Da keine Schulden zurückgezahlt wurden (es gibt keinen Abgang auf der Soll-Seite), beträgt der aktuelle Schuldenstand auf dem Darlehenskonto 115.000,00 €. Diese Summe stellt den Schlussbestand dar.

Der Schlussbestand bildet den **Saldo**, der zum Ausgleich der beiden Kontenseiten auf der wertmäßig kleineren Kontoseite eingetragen wird (im vorliegenden Beispiel 115.000,00 € auf der Soll-Seite).

Kontenabschluss:

Soll	Darlehensschulden		Haben
SB	115.000,00	AB	80.000,00
		Verb. a. LL	5.000,00
		Ki	30.000,00
	115.000,00		115.000,00

Soll	aktive Bestandskonten	Haben
	Anfangsbestand (AB) + **Zugänge**	**./. Abgänge** **= Schlussbestand (SB)**

Soll	passive Bestandskonten	Haben
	./. Abgänge **= Schlussbestand (SB)**	Anfangsbestand (AB) + **Zugänge**

Die ermittelten Schlussbestände (Salden) werden in die Schlussbilanz übertragen.

1 Saldo = Differenz zwischen den beiden Kontenseiten. Der Saldo stellt den Ausgleich eines Kontos dar. Leerzeilen sind beim Kontenabschluss durch eine „Buchhalternase" zu entwerten.

Abschluss der Bestandskonten

Soll	Betriebs- und Geschäftsausstattung		Haben
AB	390.000,00	SB	390.000,00

Soll	Waren		Haben
AB	120.000,00	SB	120.000,00

Soll	Kasse		Haben
AB	5.000,00	Ki	1.300,00
		SB	3.700,00
	5.000,00		5.000,00

Soll	Kreditinstitute		Haben
AB	380.000,00	Verb. a. LL	2.500,00
Kasse	1.300,00	SB	408.800,00
Darlehen	30.000,00		
	411.300,00		411.300,00

Soll	Eigenkapital		Haben
SB	765.550,00	AB	765.550,00

Soll	Darlehensschulden		Haben
SB	115.000,00	AB	80.000,00
		Verb. a. LL	5.000,00
		Ki	30.000,00
	115.000,00		115.000,00

Soll	Verbindlichkeiten a. LL		Haben
Darlehen	5.000,00	AB	49.450,00
Ki	2.500,00		
SB	41.950,00		
	49.450,00		49.450,00

Aktiva	Schlussbilanz zum 01.01.20.. (€)[1]		Passiva
Betriebs- und Geschäftsausstattung	390.000,00	Eigenkapital	765.550,00
Waren	120.000,00	Darlehensschulden	115.000,00
Kasse	3.700,00	Verbindlichkeiten a. LL	41.950,00
Kreditinstitute	408.800,00		
	922.500,00		922.500,00

Die Schlussbilanz nimmt auf der Aktiva die Schlussbestände der aktiven Bestandskonten und auf der Passiva die Schlussbestände der passiven Bestandskonten auf.

AUFGABEN

1. Warum wird die Bilanz in Konten aufgelöst?

2. Welche Bedeutung haben die Bestandskonten?

3. **a)** Wie bezeichnet man die zwei Seiten der Konten?
b) Was verstehen Sie unter einem Saldo?

4. Auf welcher Kontoseite werden die Anfangsbestände gebucht? Begründen Sie Ihre Antworten.

5. Welche der genannten Konten gehören zu der Gruppe der aktiven Bestandskonten und welche zur Gruppe der passiven Bestandskonten?

a) Betriebsgebäude
b) Waren
c) Verbindlichkeiten a. LL
d) Postbank
e) Hypothekenschulden
f) Eigenkapital
g) Büromaschinen
h) Kasse
i) kurzfristige Bankverbindlichkeiten
j) Ladenausstattung
k) Forderungen a. LL

6. Erklären Sie das Grundprinzip der doppelten Buchführung.

7. **a)** Wie werden am Jahresende die Bestandskonten abgeschlossen?
b) Wie lauten die entsprechenden Abschlussbuchungen?

1 Die Schlussbilanz wird zu einem späteren Zeitpunkt durch das Schlussbilanzkonto ersetzt.

222268182

8. Stellen Sie mithilfe der nachfolgenden Fragen a)–d) fest, wie die Geschäftsfälle 1.–5. zu buchen sind.

a) Welche Konten werden berührt?
b) Sind es aktive oder passive Bestandskonten?
c) Wie verändern sich die Kontenbestände (Zugang oder Abgang)?
d) Auf welcher Kontenseite ist zu buchen?

Geschäftsfälle:

1. Wir kaufen Ware und bezahlen mit einem Bankscheck. .... 3.000,00 €
2. Wir heben vom Bankkonto bar ab und legen das Geld in die Kasse. .... 1.500,00 €
3. Ein in Zahlungsrückstand geratener Kunde überweist auf unser Bankkonto. .... 2.000,00 €
4. Ein technisch veralterter Computer wird bar verkauft. Restwert .... 200,00 €
5. Wir verkaufen Ware und gestatten dem Kunden, die Rechnung 14 Tage später zu begleichen..... 370,00 €

9. Die folgenden Geschäftsfälle sind auf dem Konto „Kreditinstitute“, das einen Anfangsbestand von 7.400,00 € aufweist, zu buchen. Schließen Sie anschließend das Konto formal ordnungsgemäß ab; Gegenkonten sind nicht zu führen.

1. Aufnahme eines Darlehens, das auf dem Bankkonto gutgeschrieben wird .... 28.000,00 €
2. Ausgleich einer Liefererrechnung durch Banküberweisung ... 2.450,00 €
3. Tilgung eines Darlehens durch Banküberweisung .... 15.600,00 €
4. Abhebung von unserem Bankkonto bar .... 740,00 €

10. Sämtliche Veränderungen der Bestände werden in der Buchführung auf den Konten erfasst. Nennen Sie die Ursache für diese Veränderungen.

11. Richten Sie das Konto „Verbindlichkeiten a. LL“ ein. Buchen Sie anschließend die Geschäftsfälle und schließen Sie das Konto mit der Ermittlung des Endbestands ab.

1. Anfangsbestand .... 27.000,00 €
2. Überweisung einer Liefererrechnung durch Banküberweisung .... 1.250,00 €
3. Wareneinkauf auf Ziel .... 6.500,00 €
4. Umwandlung einer kurzfristigen Verbindlichkeit in ein langfristiges Darlehen .... 17.000,00 €

12. Berechnen Sie den neuen Kontostand:

ORALI Bankhaus Hannover

Konto-Nr.	BLZ: 231 311 11 • BIC: OBHHDEFF	Datum	Auszug-Nr.	Blatt
0218 435 717	IBAN: DE26 2313 1111 0218 4357 17	04.10.20..	66	1

Buch.-Tag	Wert	Buchungstext	Umsatz in €
		Kontostand in €, Auszug 65	**83.245,98 H**
01.10.	01.10.	Gerwien GmbH, Hofgeismar Rechnungs-Nr. 342R vom 28.09.20..	2.500,00 S
02.10.	02.10.	Bareinzahlung	3.132,14 H
		Kontostand in € am 04.10.20..	

Lebensmittelhandel
Uwe Blunk e. K.
Max-Müller-Str. 44
30179 Hannover

Kontoauzug

13. Eröffnen Sie die Konten mit den angegebenen Anfangsbeständen und buchen Sie die Geschäftsfälle 1.–5. für die Textileinzelhandlung Steven Vogt e. Kfm. in Gronau:
BGA 17.000,00 €; Forderungen a. LL 6.000,00 €; Kasse 2.600,00 €; Kreditinstitute 19.000,00 €; Darlehen 16.000,00 €; Eigenkapital ? €; Verbindlichkeiten a. LL 5.600,00 €

Geschäftsfälle:
1. Kauf von Büromöbeln gegen Banküberweisung .... 10.300,00 €
2. Überweisung einer fälligen Rate für das Darlehen .... 2.000,00 €
3. Ein Kunde zahlt seine Schulden bei uns bar. .... 1.500,00 €
4. Einzahlung der Tageseinnahme auf das Bankkonto .... 2.800,00 €
5. Barzahlung an einen Lieferer..... 840,00 €

- Ermitteln Sie die Schlussbestände und schießen Sie die Konten ordnungsgemäß ab.
- Erstellen Sie die Schlussbilanz zum 31.12.20...

14. Fertigen Sie eine Tabelle nach dem unten stehenden Muster an. Tragen Sie anschließend die Geschäftsfälle 1.–7. in die Übersicht ein.

Geschäftsfälle:
1. Bareinzahlung auf das Bankkonto.. 2.500,00 €
2. Umwandlung einer kurzfristigen Verbindlichkeit in ein langfristiges Darlehen................ 9.000,00 €
3. Darlehensaufnahme und Übertragung auf das Bankkonto ....38.000,00 €
4. Begleichung von Verbindlichkeiten a. LL durch Banküberweisung..... 7.300,00 €
5. Kauf eines neuen Kassensystems per Banküberweisung............32.000,00 €
6. Verkauf eines gebrauchten Pkw gegen Bankscheck............... 8.500,00 €
7. Banküberweisung an einen Lieferer .... 3.900,00 €

Mustertabelle zu Aufg. 14

Geschäftsfälle der Ambiente Warenhaus AG	I. Welche Konten werden berührt?	II. Sind es aktive und/oder passive Bestandskonten?	III. Liegt ein Zugang (+) oder ein Abgang (./.) auf dem Konto vor?	IV. Auf welcher Kontenseite wird die Veränderung eingetragen?	
				Soll (€)	Haben (€)
Beispiel: Wir kaufen für die Buchhaltung einen neuen PC und zahlen bar 1.100,00 €.	BGA	Aktivkonto	Zugang (+)	1.100,00	
	Kasse	Aktivkonto	Abgang (./.)		1.100,00

15. Formulieren Sie die Geschäftsfälle, die den fünf Buchungen im Konto „Kasse" und den vier Buchungen im Konto „Verbindlichkeiten a. LL" zugrunde liegen. Die beiden Aufgaben a) und b) sind getrennt und unabhängig voneinander zu lösen.

a)

Soll	**Kasse**		Haben
AB	21.700,00	BGA.........	7.500,00
Waren.......	3.230,00	Darlehen	12.000,00
Ford. a. LL ...	430,00	Waren.	1.760,00

b)

Soll	**Verbindlichkeiten a. LL**		Haben
Kreditinstitute	2.100,00	AB	44.000,00
Postbank	5.000,00	Fuhrpark	26.000,00
Darlehen	11.000,00		

16. Welche der folgenden Aussagen ist falsch? Geben Sie bei falschen Aussagen die richtige Lösung an.

a) Anfangsbestand + Mehrungen ./. Minderungen = Schlussbestand (SB)

b) Die Auflösung der Bilanz in aktive und passive Bestandskonten erfolgt zu Beginn des Geschäftsjahres.

c) Aktive und passive Bestandskonten werden als Bestandskonten bezeichnet, weil sie Bestände enthalten.

d) Auf den aktiven Bestandskonten werden die Anfangsbestände im Haben vorgetragen.

e) Zugänge erfasst man auf der gegenüberliegenden Kontenseite vom Anfangsbestand.

f) Abgänge (Minderungen) stehen auf den passiven Bestandskonten immer im Haben, weil dort auch die Anfangsbestände stehen.

g) Der Schlussbestand errechnet sich als Saldo auf der schwächeren Kontenseite.

h) Der Schlussbestand muss mit dem Inventurbestand übereinstimmen.

222268184

i) Der Schlussbestand steht auf aktiven Bestandskonten immer im Soll.

j) Die Eröffnungsbilanz eines Geschäftsjahres ist zugleich die Schlussbilanz des neuen Geschäftsjahres.

AKTIONEN

1. Klären Sie mithilfe der „Kopfstandmethode", warum es sinnvoll ist, nicht nach jedem Geschäftsfall eine neue Bilanz aufzustellen.
   a) Stellen Sie die Problemfrage auf den Kopf.
   b) Führen Sie zur geänderten Fragestellung ein Brainstorming in Kleingruppen (max. vier Personen) durch.
   c) Suchen Sie zu jeder genannten Idee eine Gegenlösung, die sich auf die Ausgangsfragestellung bezieht.
   d) Stellen Sie Ihre Lösungsvorschläge dem Plenum vor. Unterstützen Sie Ihren Vortrag durch den Einsatz einer Wandzeitung (Pinnwand, Flipchart).

2. Erstellen Sie eine Mindmap, die alle wichtigen Informationen dieses Kapitels zu den Bestandskonten und die Ergebnisse der Aktion 1 enthält. Verwenden Sie zur Anfertigung der Mindmap das Programm MindManager.

3. a) Erstellen Sie die Eröffnungsbilanz.
   b) Eröffnen Sie anschließend die entsprechenden Konten.
   c) Tragen Sie die Zugänge bzw. Abgänge aufgrund der Geschäftsfälle a) bis k) in die Konten ein unter Angabe der jeweiligen Gegenkonten. Beachten Sie dabei die Fragen 1 bis 4 des Fragenrasters (siehe Seite 179).
   d) Schließen Sie die Konten ab und erstellen Sie eine Schlussbilanz (unten stehende Geschäftsfälle).

   Warenvorräte 322.000,00 €; Fuhrpark 39.000,00 €; Betriebs- und Geschäftsausstattung 125.000,00 €; Kasse 4.750,00 €; Forderungen a. LL 1.320,00 €; Kreditinstitute 48.000,00 €; Verbindlichkeiten a. LL 133.000,00 €; Postbank 54.000,00 €; Eigenkapital ? €; Darlehen 167.000,00 €.

Geschäftsfälle:	1	2	3
a) Banküberweisung an einen Lieferer	1.200,00 €	4.300,00 €	790,00 €
b) Bareinzahlung auf das Bankkonto	3.700,00 €	3.550,00 €	900,00 €
c) Barabhebung vom Bankkonto	24.000,00 €	2.700,00 €	850,00 €
d) Verkauf einer technisch überholten Computeranlage gegen Entgegennahme eines Bankschecks	4.200,00 €	2.200,00 €	3.750,00 €
e) Kauf neuer Büromöbel gegen Postbankscheck	27.000,00 €	34.000,00 €	12.500,00 €
f) Kunde zahlt seine Rechnung per Banküberweisung	530,00 €	830,00 €	470,00 €
g) Ausgleich einer Liefererrechnung durch Banküberweisung	8.500,00 €	15.300,00 €	21.400,00 €
h) Zieleinkauf von Waren	15.000,00 €	17.300,00 €	5.300,00 €
i) Einkauf von Waren bar	22.000,00 €	3.340,00 €	2.000,00 €
j) Kauf einer Lagerausstattung mit unserer ec-Karte	25.000,00 €	18.000,00 €	24.000,00 €
k) Eine Verbindlichkeit a. LL wird in ein Darlehen umgewandelt	30.000,00 €	27.000,00 €	48.000,00 €

ZUSAMMENFASSUNG

- Die Bilanz bildet den Ausgangspunkt der Buchhaltung. Durch Zerlegen der Bilanz in Konten entsteht die Buchhaltung. Die Zusammenziehung der Konten führt wiederum zur Bilanz.
- Die zu Beginn des Geschäftsjahres aufgestellte Bilanz bezeichnet man als **Eröffnungsbilanz**. Aus ihr ergibt sich zum Ende des Jahres unter Berücksichtigung der Geschäftsfälle die **Schlussbilanz**.

Wegbeschreibung: Eröffnung → Konten → Schlussbilanz

1. Aufstellen der Eröffnungsbilanz
2. Auflösung der Eröffnungsbilanz in aktive und passive Bestandskonten
3. Übernahme der Anfangsbestände aus der Bilanz auf die Konten. Werte der **Aktiva** der Bilanz kommen auf die **Soll-Seite**, Werte der **Passiva** kommen auf die **Haben-Seite**.
4. Buchung der Geschäftsfälle mithilfe des Fragenrasters im **Hauptbuch**
5. Bei der Eintragung der Geschäftsfälle auf den Konten wird jeweils das **Gegenkonto** angerufen.
6. Abschluss der Konten am Jahresende
7. Übertragung der Schlussbestände in die Schlussbilanz

Buchungsregeln für

aktive Bestandskonten
- Der **Anfangsbestand** steht im **Soll**.
- **Zugänge** werden im **Soll** erfasst (dort, wo der Anfangsbestand steht).
- **Abgänge** werden im **Haben** gebucht.
- Der **Schlussbestand** steht im **Haben**.

passive Bestandskonten
- Der **Anfangsbestand** steht im **Haben**.
- **Zugänge** werden im **Haben** erfasst (dort, wo der Anfangsbestand steht).
- **Abgänge** werden im **Soll** gebucht.
- Der **Schlussbestand** steht im **Soll**.

Jeder Geschäftsfall wird **doppelt** erfasst:
Auf einem Konto auf der Soll-Seite und auf einem anderen Konto auf der Haben-Seite.

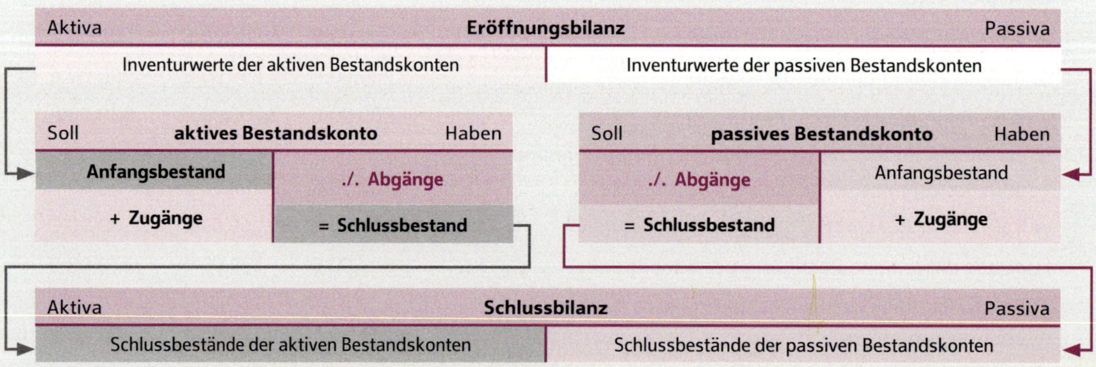

- In der Bilanz werden die Bestände zu einem bestimmten **Zeitpunkt** erfasst.
- Auf den Konten werden die Wertbewegungen über einen bestimmten **Zeitraum** aufgezeichnet.
- Die Systematik der Buchführung beruht auf dem Grundgedanken der Doppik (= doppelte Buchführung).
- **Doppik** bedeutet, dass bei jeder Buchung stets zwei Konten betroffen sind und die Buchung im Soll gleich hoch sein muss wie die Buchung im Haben.

KAPITEL 6

Auf der Grundlage von Belegen schreiben wir die Geschäftsfälle in Kurzform auf und bereiten damit die Buchung vor

Britta Krombach erhält den folgenden Beleg von Lars Panning, der eben von einem Geschäftsgang zur Bank aus der Stadt zurückgekommen ist, zur buchhalterischen Erfassung.

Bankhaus Delfs
Schönstadt

Einzahlung auf eigenes Konto
(Für Einzahlungen auf fremde Girokonten bitten wir, Zahlscheinvordrucke zu verwenden.)

IBAN: DE43 5594 3200 0006 3436 82
lautend auf: Name, Vorname/Firma: Ambiente Warenhaus AG

(falls erforderlich) Einzahlung durch: Name, Vorname/Firma

EUR: 3.000,00--------

Datum: 27.10.20..
Unterschrift: Kurz

81

Bitte dieses Feld nicht beschriften und nicht bestempeln

Dabei geht sie nach den folgenden vier Fragen vor:

1. Welche Konten sind betroffen?
2. Sind es aktive oder passive Bestandskonten?
3. Liegt ein Zugang oder ein Abgang auf dem Konto vor?
4. Auf welcher Kontenseite wird die Veränderung eingetragen (Soll oder Haben)?

Im vorliegenden Geschäftsfall erhält Britta die folgenden acht Antworten:

1.	Konto Kreditinstitute	Konto Kasse
2.	aktives Bestandskonto	aktives Bestandskonto
3.	Zugang	Abgang
4.	Soll	Haben

Anschließend erfolgt die Übertragung in das Hauptbuch auf die entsprechenden Konten:

Soll	Kreditinstitute		Haben
AB	36.000,00		
Ka	3.000,00		

Soll	Kasse		Haben
AB	4.500,00	Ki	3.000,00

Britta Krombach weiß bereits, dass bei einem Geschäftsfall **immer im Soll und im Haben** gebucht wird. Um zukünftig bei der buchungsmäßigen Erfassung der Belege nicht mehr so umfangreiche Vorbereitungsarbeiten wie im obigen Fall zu haben, sucht sie nach einer praktikableren Lösung. Sie möchte die acht Antworten in einer Kurzform zusammenfassen.

Formulieren Sie den Geschäftsfall in einer kürzeren Form, ohne dass wichtige Informationen dabei verloren gehen.

INFORMATION

Der einfache Buchungssatz

In der Buchhaltung der Ambiente Warenhaus AG werden – **auf der Grundlage von Belegen** – die einzelnen Geschäftsfälle, so u.a. auch der tägliche Warenverkauf bar, von Britta Krombach nach den im Einstiegsfall erwähnten vier Fragen gebucht. Für die Buchung dieses Geschäftsfalles benötigte Britta Krombach bisher acht Informationen.

Da diese detaillierten Überlegungen viel zu arbeitsaufwendig sind, hat man in der Praxis eine **Kurzfassung** entwickelt, den sogenannten **Buchungssatz**.

Man reduziert die Arbeit auf **zwei Angaben:**

- die **Konten,** auf denen zu buchen ist
- die Angabe der **Kontenseite**, auf der jeweils zu buchen ist (Soll oder Haben)

Bezogen auf den Geschäftsfall „Verkauf von Waren bar für 150,00 €“ lautet der **Buchungssatz:**

Konten	Soll	Haben
Kasse	150,00	
an **Waren**		150,00

Es wird **zuerst** das Konto mit der **Soll-Buchung** genannt („Kasse“), dann das Konto mit der **Haben-Buchung** („Waren“) und dann verbindet man beide mit dem Wort **„an“**.

DEFINITION

Der **Buchungssatz** ist die kurz gefasste Kennzeichnung eines Geschäftsfalles. Er gibt die Konten an, auf denen der Geschäftsfall im Hauptbuch festgehalten werden soll.

Der Buchungssatz lautet allgemein immer wie folgt:

Britta Krombach schreibt in Zukunft nur noch die Buchungssätze auf die Belege. Diese Tätigkeit nennt man in der Fachsprache der Buchführung **kontieren.**

Um auch dabei noch rationeller vorgehen zu können, benutzt man in der Buchhaltung der Ambiente Warenhaus AG einen Kontierungsstempel, der wie folgt aufgebaut ist:

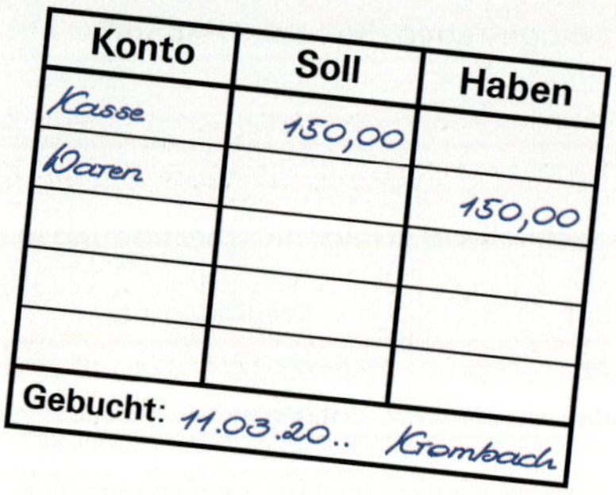

(sprich: Kasse 150,00 € an Waren 150,00 €)

Grundbuch und Hauptbuch

Außer im Hauptbuch (T-Konten-Buch; siehe Kap. 8.5) werden die Geschäftsfälle in zeitlicher Reihenfolge im **Grundbuch**[1] oder Tagebuch erfasst:

Tag	Beleg	Buchungssatz	Soll	Haben
11.03.20..	385	Kasse	150,00	
		an Waren		150,00

Die anschließende Eintragung auf den Sachkonten im **Hauptbuch** sieht wie folgt aus:

Soll	**Kasse**		Haben
Waren	150,00		

Soll	**Waren**		Haben
		Kasse	150,00

1 Da im Französischen der Tag „le jour“ heißt, nennt man dieses Buch auch Journal.

- Im **Grundbuch** oder **Journal** werden alle Geschäftsfälle in **zeitlicher** (chronologischer) **Reihenfolge** in Form von **Buchungssätzen** fortlaufend erfasst.
- Im **Hauptbuch** werden alle Geschäftsfälle auf **Konten** gebucht, die unter **sachlichen Gesichtspunkten** geordnet sind.
- Grundbuch und Hauptbuch[1] gewährleisten, dass die gesetzliche Pflicht der Buchführung erfüllt wird.

Der zusammengesetzte Buchungssatz

Es gibt zahlreiche Geschäftsfälle, zu deren Buchung man mehr als zwei Konten benötigt:

Situation:

Eine Kundin zahlt an der Kasse ihre Gesamtrechnung von 780,00 €. Einen Teil des Rechnungsbetrags begleicht sie mit Bargeld 180,00 € und den Rest von 600,00 € mit einem Scheck.

Bisher hat Britta Krombach den Geschäftsfall wie folgt gebucht:

Tag	Beleg	Buchungssatz	Soll	Haben
18.05.20..	917	Kasse	180,00	
		an Waren		180,00
	918	Kreditinstitute	600,00	
		an Waren		600,00

Um den Arbeitsaufwand zu verringern, bildet man in der Praxis einen **zusammengesetzten Buchungssatz:**

Tag	Beleg	Buchungssatz	Soll	Haben
18.05.20..	917	Kasse	180,00	
	918	Kreditinstitute	600,00	
		an Waren		780,00
			= 780,00 €	= 780,00 €

Bei jedem einfachen wie auch zusammengesetzten Buchungssatz muss die **Summe im Soll mit der im Haben eingetragenen Summe übereinstimmen.**

Die Eintragung auf den Sachkonten im **Hauptbuch** sieht wie folgt aus:

Soll	Kasse		Haben
Waren	180,00		

Soll	Waren		Haben
		Ka, Ki	780,00

Soll	Kreditinstitute		Haben
Waren	600,00		

AUFGABEN

1. Welche Aufgaben erfüllt das Grundbuch?

2. Bilden Sie zu den folgenden Geschäftsfällen die Buchungssätze im Grundbuch:

1. Umwandlung einer Liefererschuld in eine Darlehensschuld .... 5.900,00 €
2. Banküberweisung an einen Lieferer .... 16.700,00 €
3. Tilgung eines Darlehens durch Postbanküberweisung .... 6.100,00 €
4. Verkauf von Waren bar .... 790,00 €
5. Kauf eines neuen Kassensystems gegen Banküberweisung .... 28.000,00 €
6. Aufnahme einer Hypothek bei der Bank .... 120.000,00 €
7. Kauf eines Kundendienstfahrzeugs gegen Bankscheck .... 19.300,00 €
8. Begleichung einer Liefererrechnung durch Banküberweisung ... 2.500,00 €
9. Wareneinkauf auf Ziel .... 4.690,00 €
10. Verkauf eines nicht mehr benötigten Monitors bar .... 260,00 €

1 Liegen heutzutage nicht mehr in Buchform vor, sondern werden auf Datenträgern geführt.

11. Ein Kunde begleicht seine noch offene Rechnung bar. .... 1.100,00 €
12. Barabhebung vom Postbankkonto .... 600,00 €
13. Tageslosung .... 1.356,00 €

3. Nennen Sie die Geschäftsfälle, die mit den folgenden Buchungssätzen im Grundbuch gebucht wurden:

1. Kasse an Kreditinstitute .... 2.630,00 €
2. Darlehen an Kreditinstitute .... 11.200,00 €
3. Kreditinstitute an Forderungen a. LL .... 1.250,00 €
4. BGA an Kreditinstitute .... 9.200,00 €
5. Kreditinstitute an Kasse .... 3.050,00 €
6. Fuhrpark an Kreditinstitute .... 29.500,00 €
7. Verbindlichkeiten a. LL an Postbank .... 6.400,00 €
8. Waren an Verbindlichkeiten a. LL .... 12.000,00 €
9. Kasse an BGA .... 2.300,00 €
10. Kreditinstitute an Hypothekenschulden .... 150.000,00 €
11. Forderungen a. LL an Ladenausstattung .... 4.300,00 €
12. Kreditinstitute an Postbank .... 5.300,00 €
13. Kasse an Waren .... 2.750,00 €

4. Nennen Sie den Geschäftsfall mit dem dazugehörigen Buchungssatz, der jeweils den Buchungen ❶–❻ zugrunde liegt.

Soll	**Waren**		Haben
AB	46.000,00	❺ Ki	3.200,00
❶ Verb. a. LL.	6.500,00		

Soll	**Verbindlichkeiten a. LL**		Haben
❹ Ki	4.100,00	AB	16.300,00
		❶ Waren	6.500,00

Soll	**Kreditinstitute**		Haben
AB	86.000,00	❸ Fuhrpark	39.000,00
❷ Darlehen	40.000,00	❹ Verb. a. LL	4.100,00
❺ Waren	3.200,00	❺ Darlehen	16.000,00

Soll	**Darlehen**		Haben
❻ Ki	16.000,00	AB	170.000,00
		❷ Ki	40.000,00

Soll	**Fuhrpark**		Haben
AB	78.000,00		
❸ Ki	39.000,00		

5. Wie lauten die Buchungssätze zu den folgenden Geschäftsfällen?

1. Wir kaufen eine Ladenausstattung für 16.000,00 € und bezahlen sie mit einem Bankscheck über 12.500,00 € und den Rest bar.
2. Wir zahlen einen Teil unserer Tageseinnahme auf unser Bankkonto ein 2.700,00 € und den anderen Teil auf unser Postbankkonto 2.000,00 €.
3. Kauf von Waren auf Ziel 12.300,00 € und gegen Barzahlung 450,00 €.
4. Verkauf einer gebrauchten Scannerkasse bar 120,00 € und gegen Bankscheck 1.680,00 €.
5. Tilgung einer Hypothek durch Postbanküberweisung 18.000,00 €, durch Banküberweisung 9.000,00 € und bar 3.000,00 €.
6. Ein Kunde begleicht seine Rechnung durch Postbanküberweisung 570,00 € und Barzahlung 200,00 €.
7. Kauf eines Grundstücks gegen Bankscheck 80.000,00 € und Postbanküberweisung 70.000,00 €.
8. Wir begleichen die Rechnung unseres Lieferers durch Postbanküberweisung 1.900,00 €, durch Bankscheck 2.000,00 € und bar 450,00 €.
9. Kauf eines Gabelstaplers für das Lager bar 1.000,00 € und gegen Banküberweisung 13.500,00 €.
10. Tilgung eines Darlehens durch Postbanküberweisung 11.000,00 € und durch Banküberweisung 7.000,00 €.
11. Einkauf von Waren auf Ziel 6.000,00 €, bar 2.000,00 € und gegen Bankscheck 4.500,00 €.
12. Wir kaufen einen neuen Lieferwagen für 40.000,00 € gegen Barzahlung 3.000,00 €, durch Postbanküberweisung 8.000,00 €, durch Banküberweisung 20.000,00 €; die verbleibende Schuld wird in 6 Wochen beglichen.

222268190

6. Nennen Sie den Geschäftsfall mit dem dazugehörigen Buchungssatz, der jeweils den Buchungen ❶–❺ zugrunde liegt.

Soll	Waren		Haben
AB	57.000,00	❹ Ki/Ka	1.200,00
❸ Ki/Verb. a. LL	14.500,00		

Soll	Verbindlichkeiten a. LL		Haben
❺ Ki	5.000,00	AB	9.500,00
		❸ Waren	12.000,00

Soll	Kreditinstitute		Haben
AB	67.000,00	❶ Laden	32.000,00
❷ Hypothek	46.000,00	❸ Waren	2.500,00
❹ Waren	1.100,00	❺ Verb. a. LL	5.000,00

Soll	Hypothek		Haben
		AB	230.000,00
		❷ Ki/Ka	50.000,00

Soll	Kasse		Haben
AB	4.500,00	❶ Laden	4.000,00
❷ Hypothek	4.000,00		
❹ Waren	100,00		

Soll	Ladenausstattung		Haben
AB	218.000,00		
❸ Ki/Ka	36.000,00		

7. Nennen Sie die Geschäftsfälle, die mit den folgenden Buchungssätzen im Grundbuch gebucht wurden (Angaben in €):

	Buchungssatz	Soll	Haben
a)	Kasse	1.500,00	
	Bank	4.000,00	
	an BGA		5.500,00
b)	Kasse	500,00	
	Bank	2.100,00	
	Postbank	800,00	
	an Forderungen a. LL		3.400,00
c)	Verwaltungsgebäude	300.000,00	
	an Bank		80.000,00
	an Hypotheken		220.000,00
d)	Verbindlichkeiten a. LL	3.600,00	
	an Kasse		900,00
	an Postbank		2.000,00
	an Bank		700,00
e)	Fuhrpark	28.000,00	
	an Kasse		3.000,00
	an Postbank		25.000,00
f)	Kasse	1.100,00	
	Forderungen a. LL	1.300,00	
	an Waren		2.400,00

	Buchungssatz	Soll	Haben
g)	Kassensysteme	19.000,00	
	an Kasse		4.000,00
	an Bank		15.000,00
h)	Darlehen	240.000,00	
	an Kasse		5.000,00
	an Bank		136.000,00
	an Postbank		99.000,00
i)	Waren	8.500,00	
	an Kasse		1.500,00
	an Verb. a. LL		7.000,00
j)	BGA	13.700,00	
	an Postbank		5.300,00
	an Bank		8.400,00

8. Britta Krombach – zurzeit in der Buchhaltung der Ambiente Warenhaus AG tätig – erhält die folgenden Belege zur Buchung.

a) Formulieren Sie den Geschäftsfall, der dem jeweiligen Beleg zugrunde liegt.

b) Nennen Sie die Buchungssätze.

MEWAX GmbH
Damenbekleidung

Mewax GmbH • Goethestraße 137 • 31135 Hildesheim
Ambiente Warenhaus AG
Groner Straße 22–24
34567 Schönstadt

Konto	Soll	Haben

Gebucht

EINGEGANGEN
18. Febr. 20..
Erl. ....

ER 3195

Goethestraße 137
31135 Hildesheim
Tel.: 05121 47118
Fax: 05121 47110

Kunden-Nr.: 2119
Rechnungs-Nr.: 40 109
bitte stets angeben!

Hildesheim, 16. Febr. 20..

Rechnung

Artikel-Nr.	Menge	Artikelbezeichnung	Einzelpreis/€	Gesamtpreis/€
505-T	400	Leggins, schwarz, Gr. 42/44	10,90	4.360,00
510-Gi	600	BH-Garnitur, oliv bedruckt, Cup A	16,50	9.900,00
416-Pt	250	Damenpullover, Länge 70 cm, Gr. 46,48	35,10	8.775,00
426-St	350	Strickjacke, apricot, Gr. 50, 52, 54	59,30	20.755,00
518-SG	500	Stringbody, silber, Gr. 75, 80, 85, 90	20,10	10.050,00
				53.840,00

Bezahlung innerhalb von 10 Tagen – 2 % Skonto;
innerhalb von 40 Tagen netto.

Beleg 1

Beleg 2

Scheck-Einlieferung **599 432 00**
Bankhaus Delfs
Schönstadt

27.03.20.. Jonas
Datum Unterschrift für nachstehenden Auftrag

Ziehen Sie zu Gunsten des unten angegebenen Kontos die beigefügten Schecks ein. Die Gutschrift erfolgt Eingang vorbehalten.

	Scheck-Nummer	Konto-Nummer des Ausstellers	Bankleitzahl bezogenes Institut	Betrag: Euro, Cent
1	922711	154 032	Deutsche Bank	6.340,00
2	6279435	268 613 407	Noris Bank	12.870,00
3				
4				
5				

Bitte alle Schecks mit dem Vermerk >Nur zur Verrechnung< versehen.

Stückzahl: 2 EUR Gesamtbetrag: Euro, Cent: 19.210,00

Kontoinhaber: Name, Vorname/Firma (max. 27 Stellen): AMBIENTE WARENHAUS AG

IBAN: DE43559432000006343682 80

22640010⑆80H

...en und nicht bestempeln

Kontoauszug BLZ: 599 432 00
Bankhaus Delfs
Schönstadt

Konto-Nr. 0006 343 682 **Datum** 31.03.20.. **Ausz.-Nr.** 68 **Blatt** 1

Text	Buch.-Tag	Wert	Umsatz/€
Scheckeinlieferung	31.03.	28.03.	19.210,00 S

Konto	Soll	Haben

Gebucht:

Alter Saldo/€ 68.733,05 H
Neuer Saldo/€ 87.943,05 H

Ambiente Warenhaus AG
Groner Straße 22-24
34567 Schönstadt

BIC: BADEDEFF
IBAN: DE43 5594 3200 0006 3436 82

Kontoauszug zu Beleg 2

222268192

Beleg 3

€uro-Überweisung BADEDEFF

Für Überweisungen in Deutschland und in andere EU-/EWR-Staaten in Euro.
Bitte Meldepflicht gemäß Außenwirtschaftsverordnung beachten!

Bankhaus Delfs
Schönstadt

Angaben zum Zahlungsempfänger: Name, Vorname/Firma (max. 27 Stellen, bei maschineller Beschriftung max. 35 Stellen)
MEWAX GmbH Hildesheim

IBAN
DE13 2595 0130 0096 7662 18

BIC des Kreditinstituts/Zahlungsdienstleisters (8 oder 11 Stellen)
NOLADE21HIK

Betrag: Euro, Cent
54.340,00

Kunden-Referenznummer - Verwendungszweck, ggf. Name und Anschrift des Zahlers - (nur für Zahlungsempfänger)
Kunden-Nr. 2119

noch Verwendungszweck (insgesamt max. 2 Zeilen à 27 Stellen, bei maschineller Beschriftung max. 2 Zeilen à 35 Stellen)
Rechnung 40 109 vom 16.02.20..

Angaben zum Kontoinhaber: Name, Vorname/Firma, Ort (max. 27 Stellen, keine Straßen- oder Postfachangaben)
Ambiente Warenhaus AG Schönstadt

IBAN
D E 43 5594 3200 0006 3436 82 16

SEPA

Datum
20.03.20..

Unterschrift(en)
Gruner

Bankhaus Delfs
Schönstadt

Kontoauszug

BLZ: 599 432 00

Konto-Nr. 0006 343 682	**Datum** 20.03.20..	**Ausz.-Nr.** 45	**Blatt** 1

Text	Buch.-Tag	Wert	Umsatz/€
MEWAX GMBH, Hildesheim Kd.-Nr. 2119, Rg.-Nr. 40 109 vom 16.02.20..	22.03.	22.03.	54.340,00 S

Konto	Soll	Haben

Gebucht:

Alter Saldo/€ 98.534,07 H
Neuer Saldo/€ 44.194,07 H

Ambiente Warenhaus AG
Groner Straße 22-24
34567 Schönstadt

BIC: BADEDEFF
IBAN: DE43 5594 3200 0006 3436 82

Kontoauszug zu Beleg 3

Ambiente Warenhaus AG

Ambiente Warenhaus AG · Groner Straße 22–24 · 34567 Schönstadt
Familie
Frank
Rembrandtstr. 1
34567 Schönstadt

Ihr Auftrag vom: 02.02.20..
Kundennr.: 3810 M

Tel.: 05121 839001
Fax: 05121 839002
E-Mail: zentrale@ambiente-warenhaus-wvd.de
Internet: www.ambiente-warenhaus-wvd.de

Datum: 03.04.20..

Durchschrift

Rechnung Nr. 44 356

Artikel-Nr.	Artikelbezeichnung	Menge	Einzelpreis/€	Gesamtpreis/€
	Polsterecke, Stoffbezug in Anthrazit	1		2.299,00
	Couchtisch, Platte Eiche furniert natur, Gestell Chrom Hochglanz, höhenverstellbar 30–35 cm, ca. 110 x 110 cm	1		699,00
	Gesamt			2.998,00
	Anzahlung			498,00
	Rechnungsbetrag/Restzahlung			2.500,00

Konto	Soll	Haben

Gebucht

Damit Ihre Zahlung verbucht werden kann, bitten wir Sie, Kunden- und Rechnungs-Nr. stets anzugeben.

Zahlbar rein netto innerhalb von 20 Tagen, Skontoabzug ist nicht möglich.

Beleg 4

Bankhaus Delfs
Schönstadt

Einzahlung auf eigenes Konto
(Für Einzahlungen auf fremde Girokonten bitten wir, Zahlscheinvordrucke zu verwenden.)

IBAN: DE43 5594 3200 0006 3436 82
lautend auf: Name, Vorname/Firma: Ambiente Warenhaus AG

(falls erforderlich) Einzahlung durch: Name, Vorname/Firma: Einzahlung aus der Geschäftskasse

EUR: 13.600,00-------

26.09.20.. Günther
Datum Unterschrift

81

Bitte dieses Feld nicht beschriften und nicht bestempeln

Beleg 5

Bankhaus Delfs
Schönstadt

Kontoauszug BLZ: 599 432 00

Konto-Nr. 0006 343 682 **Datum** 31.03.20.. **Ausz.-Nr.** 68 **Blatt** 1

Text	Buch.-Tag	Wert	Umsatz/€
Einzahlung	26.09.	27.09.	13.600,00 H

Konto	Soll	Haben

Gebucht:

Alter Saldo/€ 103.796,05 H
Neuer Saldo/€ 117.396,07 H

Ambiente Warenhaus AG
Groner Straße 22-24
34567 Schönstadt

BIC: BADEDEFF
IBAN: DE43 5594 3200 0006 3436 82

Kontoauszug zu Beleg 5

Bankhaus Delfs
Schönstadt

Kontoauszug BLZ: 599 432 00

Konto-Nr. 0006 343 682 **Datum** 03.06.20.. **Ausz.-Nr.** 86 **Blatt** 1

Text	Buch.-Tag	Wert	Umsatz/€
Fam. Frank, Schönstadt Rechn.-Nr. 44 356 vom 03.04.20..	03.06.	03.06.	2.500,00 H

Konto	Soll	Haben

Gebucht:

Alter Saldo/€ 76.503,00 H
Neuer Saldo/€ 79.003,00 H

Ambiente Warenhaus AG
Groner Straße 22-24
34567 Schönstadt

BIC: BADEDEFF
IBAN: DE43 5594 3200 0006 3436 82

Beleg 6

222268194

Beleg 7[1]

Georg Schwarzer GmbH
BÜROEINRICHTUNGEN

Georg Schwarzer GmbH · Ahornweg · 31139 Hildesheim
Ambiente Warenhaus AG
Groner Straße 22–24
34567 Schönstadt

Ihr Auftrag vom:	20.08.20..
Kundennr.:	KV 7 3/11
Rechnungsnr.:	412-V
Lieferdatum:	26.08.20..
Tel.:	05121 6529-0
Fax:	05121 6529-30
Datum:	30.08.20..

Konto | Soll | Haben
Gebucht

EINGEGANGEN
2. Sept. 20..
Erl. ....

Rechnung

Wir lieferten am 26.08. d. J. für Ihre Rechnung und auf Ihre Gefahr

4 PC-Tische "Novoplex" KMR 116 á 390,00 EUR **1.560,00 €**

9. In der Ambiente Warenhaus AG wurde versehentlich die Postbanküberweisung an einen Lieferer mit „Postbank an Verbindlichkeiten a. LL" gebucht.

Wie wirkt sich dieser Irrtum aus auf

a) den Saldo des Kontos „Postbank",
b) den Saldo des Kontos „Verbindlichkeiten a. LL",
c) die Gesamtsumme im Schlussbilanzkonto?

AKTIONEN

1. Verschaffen Sie sich eine Übersicht zu dem vorliegenden Thema „Buchungssätze".

a) Bearbeiten Sie dazu das vorliegende Kapitel unter Anwendung der SQ3R-Methode.
b) Halten Sie beim Lesen die wichtigen Informationen auf Karteikarten im A5-Format fest.
c) Suchen Sie arbeitsteilig nach weiteren Informationen zu diesem Thema. Nutzen Sie dazu verschiedene Informationsquellen eigener Wahl.
d) Fassen Sie Ihre gesammelten Informationen in anschaulichen und einprägsamen Darstellungen zusammen.
e) Tragen Sie – mit Unterstützung Ihrer angefertigten Darstellungen – die Ergebnisse Ihrer Arbeit dem Plenum vor.

2. Bearbeiten Sie gemeinsam die folgenden fünf Geschäftsfälle.

a) Beantworten Sie die fünf bekannten Fragen aus der Zusammenfassung dieses Kapitels („Denkschritte, um zum Buchungssatz zu kommen") für jeden Geschäftsfall. Stellen Sie die Buchungssätze auf.

Geschäftsfälle für die Gruppenarbeit:

1. Wir kaufen Waren, bar	600,00 €
auf Ziel	4.700,00 €
2. Kauf einer EDV-Anlage gegen Bankscheck	1.700,00 €
gegen Postbanküberweisung	800,00 €
bar	300,00 €
3. Lastschrift der Bank für Tilgungsrate des Darlehens	5.500,00 €
4. Ein Kunde zahlt einen Rechnungsbetrag durch Banküberweisung	700,00 €
5. Eine Liefererrechnung wird beglichen durch Banküberweisung	2.000,00 €
durch Postbanküberweisung	1.500,00 €
bar	400,00 €

b) Übertragen Sie pro Gruppe einen Buchungssatz auf Karten, die dann von Ihnen an die Pinnwand geheftet werden:
- Gruppe 1: präsentiert den 1. Buchungssatz.
- Gruppe 2: präsentiert den 2. Buchungssatz usw.

c) Erläutern Sie anhand der bekannten Fragen den von Ihnen aufgestellten Buchungssatz.

3. Zur Vertiefung und zur Lernkontrolle dieses Kapitels soll abschließend eine Fragerunde durchgeführt werden:

a) Bilden Sie zunächst Kleingruppen zu etwa vier bis sechs Personen.

1 Die gesetzlich vorgeschriebenen Angaben am Ende dieser Rechnung sind aufgrund der Darstellung als Abriss hier nicht zu sehen, müssen in der Praxis jedoch aufgenommen werden.

b) Erstellen Sie in der Gruppe mithilfe von Arbeitsunterlagen (Fachbücher, Internet usw.) mehrere Fragen zum Thema auf Karten und formulieren Sie auf der Rückseite der Karten eine Musterlösung.

c) Im Plenum zieht jeweils ein Team eine Karte und versucht, die Frage zu beantworten.

d) Die Klasse baut abschließend mit den so entstandenen Karten (Fragen mit dazugehörigen Antworten) eine Lerndatenbank auf.

ZUSAMMENFASSUNG

- Der **Buchungssatz** ist die kürzeste Fassung eines Geschäftsfalles.
- Jeder Buchung muss ein Beleg zugrunde liegen.
- **Keine Buchung ohne Gegenbuchung.** Der Buchungssatz lautet immer:

Soll
an Haben

- Es wird immer **zuerst** das **Soll-Konto** (bei mehreren Soll-Buchungen werden zuerst die Soll-Konten), **dann** das oder die **Haben-Konten** genannt.
- Vor die Nennung des oder der Haben-Konten wird das Wort **„an“** gesetzt.

- Der **einfache Buchungssatz** berührt immer **zwei Konten**.
- Der **zusammengesetzte Buchungssatz** berührt **mehr als zwei Konten**.
- Bei allen Buchungssätzen gilt: **Summe der Soll-Buchung(en) = Summe der Haben-Buchung(en)**.
- Die Buchungssätze werden in einem ersten Schritt in das Grundbuch eingetragen. In einem zweiten Schritt folgt die Eintragung auf Konten in das Hauptbuch.
- **Denkschritte, um zum Buchungssatz zu kommen:**
  1. Welche Konten werden berührt?
  2. Um welche Kontenarten handelt es sich bei den angesprochenen Konten?
  3. Wie verändert sich das jeweilige Konto (Zugang oder Abgang)?
  4. Auf welcher Kontenseite ist zu buchen (Soll oder Haben)?
  5. Wie lautet der Buchungssatz?
-

Belege (Geschäftsfälle)	Vorkontierung der Belege: **Keine Buchung ohne Beleg!**
Grundbuch (Journal)	Enthält Geschäftsfälle gegliedert nach **zeitlicher Reihenfolge** in Form von **Buchungssätzen**. **Soll-Buchung an Haben-Buchung**
Hauptbuch (T-Konten-Buch)	enthält auf Konten die Buchungen nach **sachlicher Zugehörigkeit**.
Schlussbilanz	

KAPITEL 7

Wir verwenden in der Buchhaltung ein Eröffnungsbilanzkonto und ein Schlussbilanzkonto

Bisher hat Britta Krombach zu Beginn des Geschäftsjahres die Konten wie folgt eröffnet (Auszug):

Aktiva	**Eröffnungsbilanz zum 01.01.20.. (€)**		Passiva
Betriebs- und Geschäftsausstattung	39.000,00	Eigenkapital	78.000,00
Waren	**12.000,00**	Darlehen	**8.000,00**
Kasse	7.000,00	Verbindlichkeiten a. LL	10.000,00
Kreditinstitute	38.000,00		
	96.000,00		96.000,00

Soll	**Waren**		Haben
AB	**12.000,00**		

Soll	**Darlehen**		Haben
		AB	**8.000,00**

Sie hat stets den Betrag des betreffenden Bestandskontos aus der Bilanz auf das betreffende Konto übertragen und anschließend mit dem Kürzel AB (= Anfangsbestand) versehen. Eine Gegenbuchung (im Soll bzw. im Haben eines zweiten Kontos) hat die Auszubildende dabei niemals berücksichtigt.

In der doppelten Buchführung muss aber einer Soll-Buchung auch immer eine Haben-Buchung in gleicher Höhe gegenüberstehen. Dieses grundlegende Prinzip der doppelten Buchführung muss auch bei der Eröffnung aller Bestandskonten beachtet werden.

Machen Sie Vorschläge, wie das Prinzip der Doppik bei der Einrichtung der aktiven und passiven Bestandskonten zu Beginn des Geschäftsjahres berücksichtigt werden kann.

INFORMATION

Doppelte Buchführung (auch **Doppik** genannt) bedeutet, dass jeder Geschäftsfall **doppelt gebucht** wird: Der Betrag wird auf einem Konto auf der **Soll-Seite** und auf einem anderen Konto auf der **Haben-Seite** festgehalten. **Keine Buchung ohne Gegenbuchung.**

BEISPIEL

Werden Waren auf Ziel gekauft, so wird dies sowohl im Konto „Waren" als auch als **Gegenbuchung** im Konto „Verbindlichkeiten a. LL" festgehalten.

Dieser Grundsatz der Doppik blieb allerdings bislang **bei der Eröffnung** der aktiven und passiven Bestandskonten zum Jahresbeginn unbeachtet. Denn die Anfangsbestände wurden lediglich von der Eröffnungsbilanz in die einzelnen Konten mit dem Vermerk „AB" übertragen (ohne Gegenbuchung!) und nicht im Sinne der Doppik gebucht.

Um das System der doppelten Buchführung in Zukunft durchgehend zu gewährleisten, wird im Hauptbuch ein Hilfskonto mit Namen

Eröffnungsbilanzkonto (EBK)[1]

eingerichtet.

1 In der Buchreihe „Handeln im Handel" wird zukünftig auf die Führung des Eröffnungsbilanzkontos verzichtet.

Situation:
Das Konto „Betriebs- und Geschäftsausstattung“ mit einem Betrag von 39.000,00 € in der Eröffnungsbilanz sowie das Konto „Verbindlichkeiten a. LL“ mit 10.000,00 € sollen eröffnet werden.

Buchungssätze für die Eröffnung:

Tag	Beleg	Buchungssatz	Soll	Haben
I. Eröffnungsbuchungen				
02.01.20..		Betriebs- und Geschäftsausstattung (BGA)	39.000,00	
		an Eröffnungsbilanzkonto		39.000,00
		Eröffnungsbilanzkonto	10.000,00	
		an Verbindlichkeiten a. LL		10.000,00

Damit sind die beiden Bestandskonten „BGA“ und „Verbindlichkeiten a. LL“ ordnungsgemäß im Sinne der doppelten Buchführung eröffnet: Einer Buchung im **Soll** folgt eine **Gegenbuchung** im **Haben.**

↓

Eröffnungsbuchungen für die aktiven und passiven Bestandskonten:
- Aktive Bestandskonten an Eröffnungsbilanzkonto (EBK)
- Eröffnungsbilanzkonto (EBK) an passive Bestandskonten

Wenn das Eröffnungsbilanz**konto** genau das **Spiegelbild** der Eröffnungs**bilanz** darstellt, kann man sichergehen, dass sämtliche Bestandskonten eröffnet wurden. Dann stehen alle aktiven Bestandskonten im Haben und die passiven Bestandskonten im Soll (siehe auch nachfolgende Kontenübersicht auf Seite 199).

Am Ende des Geschäftsjahres werden sämtliche Bestandskonten durch Saldenermittlung über das **Schlussbilanzkonto (SBK)** abgeschlossen.

Tag	Beleg	Buchungssatz	Soll	Haben
III. Abschlussbuchungen				
31.12.20..		**Schlussbilanzkonto**	49.000,00	
		an Betriebs- und Geschäftsausstattung		49.000,00
		Verbindlichkeiten a. LL	2.500,00	
		an Schlussbilanzkonto		2.500,00

↓

Abschlussbuchungen für die aktiven und passiven Bestandskonten:
- Schlussbilanzkonto (SBK) an aktive Bestandskonten
- Passive Bestandskonten an Schlussbilanzkonto (SBK)

- Das **Schlussbilanzkonto** nimmt beim Abschluss der aktiven und passiven Bestandkonten als Gegenkonto die rechnerischen Schlussbestände auf.
- Das Schlussbilanzkonto stimmt inhaltlich mit der Schlussbilanz überein.

222268198

Demonstrationsbeispiel mit EBK, bereits verbuchten Geschäftsfällen und SBK

Aktiva	Eröffnungsbilanz zum 01.01.20.. (€)		Passiva
Betriebs- und Geschäftsausstattung	39.000,00	Eigenkapital	78.000,00
Waren	12.000,00	Darlehensschulden	8.000,00
Kasse	7.000,00	Verbindlichkeiten a. LL	10.000,00
Kreditinstitute	38.000,00		
	96.000,00		96.000,00

Schönstadt, den 01.01.20..

Michael Sauter   Heinz Rischmüller   Andrea Bode

Hauptbuch

Soll	Eröffnungsbilanzkonto		Haben
Eigenkapital	78.000,00	Betriebs- und Geschäftsausstattung	39.000,00
Darlehensschulden	8.000,00	Waren	12.000,00
Verbindlichkeiten a. LL	10.000,00	Kasse	7.000,00
		Kreditinstitute	38.000,00
	96.000,00		96.000,00

Soll	Betriebs- und Geschäftsausstattung		Haben
EBK	39.000,00	SBK	49.000,00
Ki	10.000,00		
	49.000,00		49.000,00

Soll	Waren		Haben
EBK	12.000,00	Kasse	5.000,00
		SBK	7.000,00
	12.000,00		12.000,00

Soll	Kasse		Haben
EBK	7.000,00	Ki	1.300,00
Waren	5.000,00	SBK	10.700,00
	12.000,00		12.000,00

Soll	Kreditinstitute		Haben
EBK	38.000,00	Verb. a. LL	2.500,00
Kasse	1.300,00	BGA	10.000,00
Darlehen	30.000,00	SBK	56.800,00
	69.300,00		69.300,00

Soll	Eigenkapital		Haben
SBK	78.000,00	EBK	78.000,00

Soll	Darlehensschulden		Haben
SBK	43.000,00	EBK	8.000,00
		Verb. a. LL	5.000,00
		Ki	30.000,00
	43.000,00		43.000,00

Soll	Verbindlichkeiten a. LL		Haben
Darlehen	5.000,00	EBK	10.000,00
Ki	2.500,00		
SBK	2.500,00		
	10.000,00		10.000,00

Soll	Schlussbilanzkonto (€)		Haben
Betriebs- und Geschäftsausstattung	49.000,00	Eigenkapital	78.000,00
Waren	7.000,00	Darlehensschulden	43.000,00
Kasse	10.700,00	Verbindlichkeiten a. LL	2.500,00
Kreditinstitute	56.800,00		
	123.500,00		123.500,00

Aktiva	Schlussbilanz zum 31.12.20.. (€)		Passiva
Betriebs- und Geschäftsausstattung	49.000,00	Eigenkapital	78.000,00
Waren	7.000,00	Darlehensschulden	43.000,00
Kasse	10.700,00	Verbindlichkeiten a. LL	2.500,00
Kreditinstitute	56.800,00		
	123.500,00		123.500,00
Schönstadt, den 31.12.20..		Michael Sauter Heinz Rischmüller Andrea Bode	

Die Schlussbilanz ist zugleich die Eröffnungsbilanz des neuen Geschäftsjahres (Bilanzidentität).

Abstimmung der Daten der Buchführung mit den Daten der Inventur

Beim jährlichen Abschluss muss allerdings zuvor immer noch wegen möglicher Fehlerquellen das **Schlussbilanzkonto** mit seinen Buch- oder Soll-Beständen mit den Werten der **Schlussbilanz**, die durch die Inventur ermittelt wurden (= tatsächliche oder Ist-Bestände), **abgeglichen** werden. Sind Differenzen festgestellt worden, müssen sie mithilfe von Berichtigungsbuchungen korrigiert werden, bis das SBK und die Schlussbilanz identisch sind (siehe auch „Inventurdifferenzen" in Kap. 8.2).

Stimmen hingegen die in der Finanzbuchhaltung ermittelten Schlussbestände mit den Inventurergebnissen überein, dann werden unverzüglich die Werte aus dem SBK in die Schlussbilanz übertragen.

Situation:

Kassenbestand gemäß Inventur (Ist-Bestand) 3.866,45 €

vorläufiger Schlussbestand des Bestandskontos „Kasse" (Soll-Bestand) 3.916,45 €

→ **Inventurdifferenz (Fehlbetrag) 50,00 € (Soll-Bestand ./. Ist-Bestand)**

wird gebucht als

Ursache:

Differenz lässt sich auf eine nicht gebuchte Privatentnahme zurückführen.

Erfolgsneutrale Nachbuchung:

Buchungssatz	Soll	Haben
Privatkonto[1]	50,00	
an Kasse		50,00

Erläuterung:

Entscheidend für die Werte in der Bilanz sind die bei der Inventur ermittelten Bestände.
Da das Bestandskonto „Kasse" im Vergleich zum bei der Inventur ermittelten Kassenbestand einen um 50,00 € höheren Bestand ausweist, muss der Sollbestand in Höhe von 3.916,45 € um 50,00 € reduziert werden (→ Buchung im Haben des Kontos Kasse).

1 Bei Personengesellschaften und Einzelunternehmen

AUFGABEN

1. Erklären Sie den Unterschied zwischen
- **a)** Eröffnungsbilanz und Eröffnungsbilanzkonto,
- **b)** Inventarbuch und Bilanzbuch,
- **c)** Schlussbilanz und Schlussbilanzkonto.

2. **a)** Erstellen Sie die Eröffnungsbilanz.
- **b)** Richten Sie die entsprechenden Konten ein und buchen Sie die Anfangsbestände mithilfe des Eröffnungsbilanzkontos.
- **c)** Tragen Sie die Buchungssätze in das Grundbuch ein.
- **d)** Buchen Sie die Geschäftsfälle 1 bis 12 auf den Konten im Hauptbuch und im Grundbuch.
- **e)** Schließen Sie die Konten über das Schlussbilanzkonto (SBK) ab.
- **f)** Tragen Sie die Abschlussbuchungen in das Grundbuch ein.
- **g)** Stellen Sie abschließend für das Bilanzbuch die nach handelsrechtlichen Vorschriften gegliederte Schlussbilanz auf. (Hinweis: Es wurden keine Differenzen zwischen den Buchwerten der Finanzbuchhaltung und den Ist-Werten der Inventur festgestellt.)

I. Anfangsbestände

BGA	180.000,00 €
Kasse	12.600,00 €
Waren	98.000,00 €
Eigenkapital	? €
Kreditinstitute	71.000,00 €
Hypothek	160.000,00 €
Forderungen a. LL	17.000,00 €
Verbindlichkeiten a. LL	39.000,00 €

II. Geschäftsfälle (in €)

	a)	b)
1. Wareneinkauf auf Ziel	12.000,00	15.700,00
2. Barkauf einer neuen Verkaufstheke	8.000,00	6.500,00
3. Warenverkauf gegen Barzahlung	1.600,00	950,00
4. Ausgleich einer Kundenrechnung durch Banküberweisung	850,00	11.600,00
5. Tilgung einer Hypothekenschuld durch Banküberweisung	65.000,00	30.000,00
6. Barabhebung vom Bankkonto	900,00	1.850,00
7. Barverkauf eines gebrauchten Warenregals	630,00	1.430,00
8. Wir zahlen eine Liefererrechnung durch Bankscheck	3.050,00	2.900,00
9. Aufnahme einer Hypothek und Gutschrift auf dem Bankkonto	80.000,00	110.000,00
10. Ein Kunde begleicht seine Rechnung bar.	1.500,00	430,00
11. Barzahlung an einen Lieferer	2.200,00	830,00
12. Einzahlung der Tageslosung auf das Bankkonto	7.000,00	4.300,00

3. Gehen Sie nach den gleichen Lösungsschritten vor wie in Aufgabe 2a) bis g).

I. Anfangsbestände

Grundstücke und Gebäude	340.000,00 €
Kasse	9.700,00 €
Fuhrpark	86.000,00 €
Kreditinstitute	236.000,00 €
BGA	170.000,00 €
Eigenkapital	? €
Waren	115.000,00 €
Darlehen	350.000,00 €
Forderungen a. LL	26.000,00 €
Verbindlichkeiten a. LL	92.000,00 €

II. Geschäftsfälle (in €)

	a)	b)
1. Bareinzahlung auf das Bankkonto	1.400,00	570,00
2. Tilgung eines Darlehens		
– durch Banküberw.	80.000,00	40.000,00
– und bar	2.000,00	1.700,00
3. Warenverkauf		
– auf Ziel	900,00	2.100,00
– gegen Bankscheck	1.000,00	800,00
4. Eine kurzfristige Verbindlichkeit von	8.000,00	4.000,00
– wird umgewandelt in ein Darlehen	6.000,00	3.500,00
– der Rest wird per Banküberweisung beglichen.	2.000,00	500,00
5. Kauf eines Baugrundstücks: Die Finanzierung erfolgt durch Begleichung		
– per Banküberweisung	120.000,00	90.000,00
– der Rest wird in 2 Monaten bezahlt.	20.000,00	8.000,00

6. Begleichung einer Rechnung unseres Lieferers

– durch Banküberweisung	3.000,00	2.500,00
– bar	250,00	300,00

7. Ein Kunde begleicht seine Rechnung

– bar	3.700,00	630,00
– durch Bankscheck	2.500,00	870,00

8. Kauf einer neuen Telefonanlage

– gegen Banküberw.	15.000,00	12.100,00
– bar	1.200,00	2.000,00

9. Verkauf eines gebrauchten Pkw

– auf Ziel	3.000,00	2.000,00
– bar	1.000,00	500,00
– gegen Bankscheck	20.000,00	16.000,00

10. Kauf von Waren

– bar	400,00	250,00
– auf Ziel	3.000,00	4.700,00
– gegen Banküberw.	2.500,00	1.600,00

11. Kauf von neuen Büromöbeln: 25.000,00 14.000,00
    - Bezahlung erfolgt zu 70 % per Bankscheck,
    - der Rest wird bar bezahlt.

4. Welche der folgenden Aussagen ist richtig? Geben Sie bei falschen Aussagen die richtige Lösung an.

a) Das Schlussbilanzkonto muss mit der Schlussbilanz, die aufgrund der Zahlen aus der Finanzbuchhaltung aufgestellt wird, übereinstimmen.

b) Das Schlussbilanzkonto ist das Abschlusskonto sämtlicher aktiven und passiven Bestandskonten.

c) Die Schlussbilanz wird auf der Grundlage des Inventars erstellt.

d) Das Eröffnungsbilanzkonto ist ein Hilfskonto zur buchhalterischen Eröffnung der Bestandskonten im Hauptbuch.

e) Die Schlussbilanz ist zugleich die Eröffnungsbilanz des neuen Geschäftsjahres.

f) Das Eröffnungsbilanzkonto ist identisch mit der Eröffnungsbilanz.

g) Die Seiten des Eröffnungsbilanz- und Schlussbilanzkontos heißen Aktiva und Passiva.

h) Bilanzidentität bedeutet, dass die Schlussbilanz des abgeschlossenen Geschäftsjahres zugleich die Eröffnungsbilanz des neuen Geschäftsjahres darstellt.

i) Erst das Eröffnungsbilanzkonto ermöglicht die doppelte Buchführung, weil es als Gegenkonto die Schlussbestände aller Bestandskonten aufnimmt.

AKTIONEN

1. Sie sollen zum gegenwärtigen Wissensstand ein Referat über „Das System der doppelten Buchführung" halten.

a) Beschaffen Sie sich Informationen:
- Greifen Sie auf vorliegende Materialien zurück sowie auf die Informationen dieses Kapitels und der Kap. 8.4 bis 8.6.
- Gehen Sie in die Schulbibliothek.

b) Erstellen Sie eine Gliederung und formulieren Sie das Referat:
- Wählen Sie die wesentlichen Informationen aus.
- Bringen Sie die ausgewählten Informationen in eine schlüssige Reihenfolge. Schreiben Sie eine Gliederung Ihres Referats auf.
- Erstellen Sie eine Langfassung des Referats und einen Stichwortzettel für den Vortrag.
- Fassen Sie die wesentlichen Aussagen schriftlich für Ihre Klasse zusammen.

c) Seien Sie darauf vorbereitet, Ihr Referat vorzutragen:
- Fassen Sie sich kurz; reden Sie max. 15 Minuten.
- Reden Sie laut und deutlich und schauen Sie die Zuhörer an.

d) Veranschaulichen Sie Ihre Ausführungen mithilfe der verfügbaren Medien (Overheadprojektor/Folie, Tafel, Plakate, Wandzeitungen, Bilder aus dem Internet usw.).

e) Fragen Sie die Zuhörer, ob sie noch Fragen haben.

2. a) Bilden Sie Arbeitsgruppen und informieren Sie sich über das vorliegende Kapitel „Eröffnungsbilanz- und Schlussbilanzkonto". Bearbeiten Sie dazu das Kapitel unter Anwendung der SQ3R-Methode.

b) Fassen Sie Ihre Informationen unter zusätzlicher Berücksichtigung des Kapitels „Bestandskonten" (siehe Kap. 8.5) schriftlich zusammen.

222268202

c) Zur Vertiefung und Gesamtwiederholung sollen Sie Ihr Ergebnis mit den anderen Gruppen austauschen. Gehen Sie dabei nach der **Fishbowl**-Methode vor:

- Bilden Sie einen Innenkreis und einen oder mehrere Außenkreise.
- Im Innenkreis befinden sich jeweils ein Gruppensprecher sowie der Moderator; ein oder zwei Stühle bleiben frei (siehe Abbildung unten).
- Im Außenkreis sitzen die restlichen Teilnehmer.
- Der Moderator erläutert das Thema, im Innenkreis diskutieren die Anwesenden das bearbeitete Themengebiet.
- Möchte ein Teilnehmer des Außenkreises sich an dem Gedankenaustausch beteiligen, so kann er auf einen der freien Stühle des Innenkreises wechseln. Er erhält dann als Nächster das Wort. Danach setzt er sich wieder in den Außenkreis zurück.

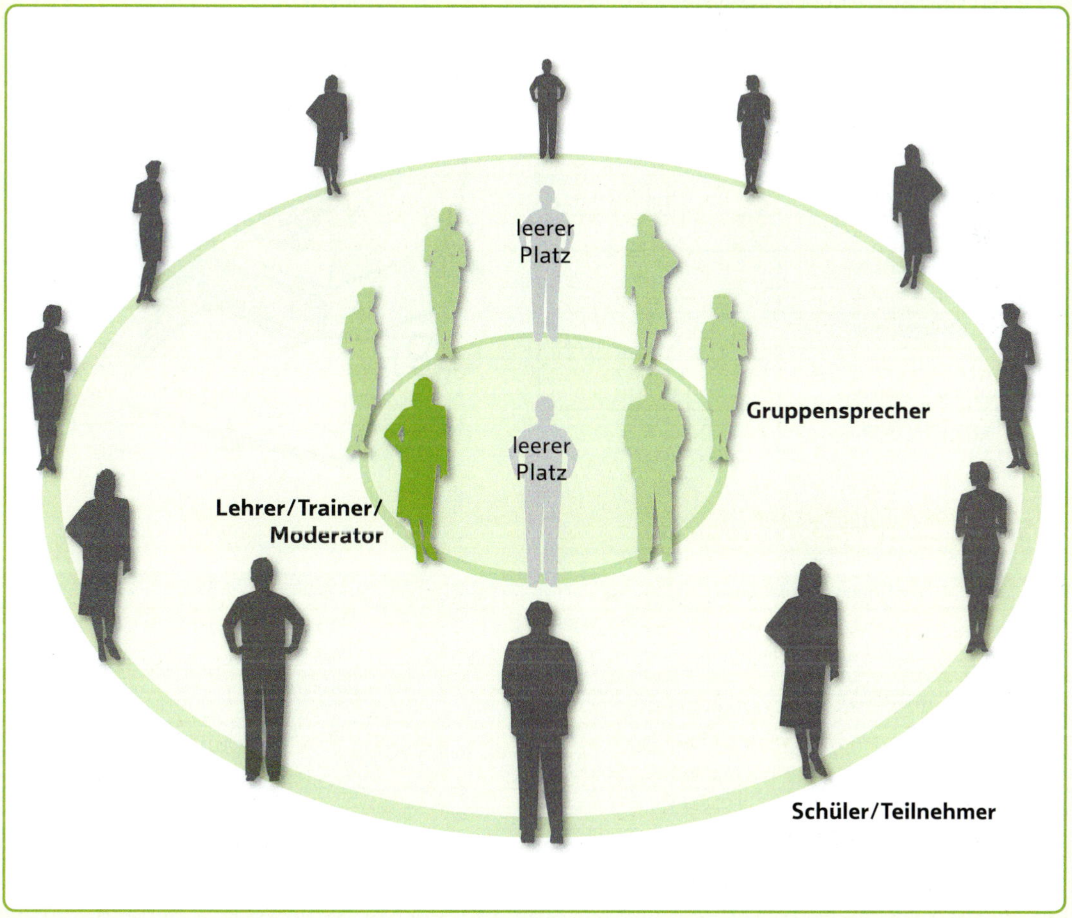

ZUSAMMENFASSUNG

Der Weg von der Eröffnungsbilanz zur Schlussbilanz

und

Das Kontensystem der doppelten Buchführung

Grund- und Hauptbuch

Grundbuch

	Soll	Haben
I. Eröffnungsbuchungen		
aktive Bestandskonten an EBK		
EBK an passive Bestandskonten		
II. laufende Buchungen		
Buchung der Geschäftsfälle auf Bestandskonten		
III. Abschlussbuchungen		
SBK an aktive Bestandskonten		
passive Bestandskonten an SBK		

Hauptbuch

Soll	Eröffnungsbilanzkonto		Haben
Eigenkapital	90.000,00	Waren	50.000,00
Verb. a. LL	36.000,00	Kreditinstitute	76.000,00
	126.000,00		126.000,00

=

Eröffnung der Bestandskonten

Buchung der Geschäftsfälle auf Bestandskonten

Soll	Schlussbilanzkonto		Haben
Waren	35.000,00	Eigenkapital	90.000,00
Kreditinstitute	98.000,00	Verb. a. LL	43.000,00
	133.000,00		133.000,00

=

Inventar- und Bilanzbuch

Aktiva	Eröffnungsbilanz		Passiva
Waren	50.000,00	Eigenkapital	90.000,00
Kreditinstitute	76.000,00	Verb. a. LL	36.000,00
	126.000,00		126.000,00
Ort, Datum		Unterschrift	

Inventur

Inventar

Abstimmung

Aktiva	Schlussbilanz		Passiva
Waren	35.000,00	Eigenkapital	90.000,00
Kreditinstitute	98.000,00	Verb. a. LL	43.000,00
	133.000,00		133.000,00
Ort, Datum		Unterschrift	

222268204

- Die beiden Bilanz**konten** EBK und SBK werden im **Hauptbuch** geführt. Ihre Werte erhalten sie aus den Schlussbeständen der Bestandskonten.
- Das **Eröffnungsbilanzkonto** (EBK) ist ein Hilfskonto (Zwischenkonto). Es dient dem Zweck, die Eröffnungsbuchungen nach dem Prinzip der doppelten Buchführung durchzuführen.
- Das Eröffnungsbilanzkonto nimmt die Gegenbuchungen für die Eröffnung aller Bestandskonten im Hauptbuch auf. Es ist das **Spiegelbild** der Eröffnungsbilanz.
- Das **Schlussbilanzkonto** ist am Jahresende das Gegenkonto für den Abschluss der aktiven und passiven Bestandskonten im Hauptbuch. Es ist **identisch mit der Schlussbilanz**.
- Die Buchungen erfolgen immer in der Reihenfolge:

Eröffnungsbuchungen

↓

laufende Buchungen

↓

Abschlussbuchungen

- Die Schlussbilanz des abgeschlossenen Geschäftsjahres ist gleichzeitig die Eröffnungsbilanz des neuen Geschäftsjahres (= Bilanzidentität).
- Die **Bilanzen** werden im **Inventar- und Bilanzbuch** geführt. Die Schlussbilanz wird auf der Grundlage des **Inventars** erstellt.

KAPITEL 8
Wir erfassen Erfolgsvorgänge mithilfe von Aufwands- und Ertragskonten

Britta Krombach hat am heutigen Tag eine Vielzahl von Geschäftsfällen zu buchen. Dabei sind vier Geschäftsfälle übrig geblieben, die sie auf der Grundlage des bisherigen Kontensystems nicht zuordnen konnte:

- Gehaltszahlung (Abschlag) bar ..... 400,00 €
- Mieteinnahme bar .... 1.000,00 €
- Kosten für eine Werbeanzeige – Abbuchung vom Bankkonto .... 250,00 €
- Zinserträge – Gutschrift auf dem Bankkonto .... 500,00 €

Schon beim ersten Geschäftsfall stellt sie fest, dass zwar der Kassenbestand abnimmt, ohne dass aber ein anderer Bestand sich verändern würde. Genauso im zweiten Fall: Zwar nimmt die Kasse zu, aber kein anderer Bestand nimmt ab. Für die Geschäftsfälle drei und vier stellt sich die Situation ähnlich dar.

Unterbreiten Sie Britta Krombach Vorschläge, wie diese Geschäftsfälle nun zu buchen sind.

INFORMATION

Aufwands- und Ertragskonten

Alle Geschäftsfälle, mit denen Britta Krombach Probleme hat, beeinflussen das **Eigenkapital**. Es handelt sich hierbei um **Erfolgsvorgänge**. Erfolgsvorgänge können das Eigenkapital vermindern oder vermehren:

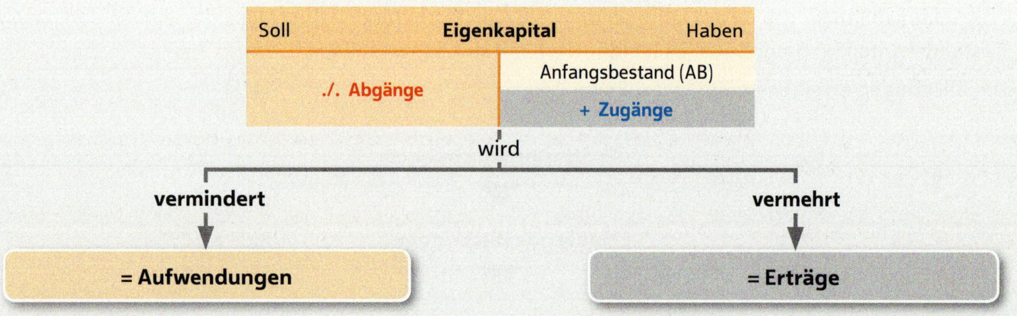

BEISPIELE

- Büromaterial
- betriebliche Steuern
- Löhne und Gehälter
- Mietaufwendungen

BEISPIELE

- Zinserträge
- Provisionserträge
- Mieterträge

Erfolgsvorgänge, die das Eigenkapital verändern, werden auf dem Eigenkapitalkonto **nicht direkt** erfasst. Ein solches Vorgehen hätte zur Folge, dass

- das Eigenkapitalkonto aufgrund der Fülle von Buchungen überlastet und daher zu unübersichtlich würde und
- die Gründe des Unternehmenserfolgs nicht mehr deutlich erkennbar wären: Aufwendungen (z. B. die Summe der gesamten Telefonkosten) und Erträge (z. B. die Summe aller Warenverkäufe) sind weder in ihrer Art noch in ihrer gesamten Höhe sofort und unmittelbar aus dem Eigenkapitalkonto zu ersehen.

Aus diesem Grund wird das Eigenkapitalkonto zerlegt:

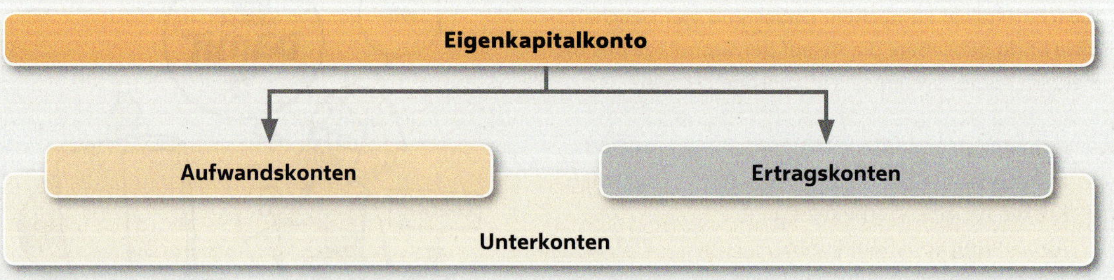

Für jede Aufwendungs- und Ertragsart wird nun ein **eigenes Konto** eingerichtet.

Buchen der Geschäftsfälle auf Aufwands- und Ertragskonten

Situation:

Britta Krombach muss, um die vier Geschäftsfälle buchen zu können, folgende Unterkonten einrichten: Gehälter – Mieterträge – Werbungskosten – Zinserträge.

222268206

Lösung:

Buchungen			
direkt auf dem Eigenkapitalkonto		auf **Unterkonten** des Eigenkapitalkontos	
Eigenkapital an Kasse	400,00 €	**Gehälter** an Kasse	400,00 €
Kasse an **Eigenkapital**	1.000,00 €	Kasse an **Mieterträge**	1.000,00 €
Eigenkapital an Kreditinstitute	250,00 €	**Werbungskosten** an Kreditinstitute	250,00 €
Kreditinstitute an **Eigenkapital**	500,00 €	Kreditinstitute an **Zinserträge**	500,00 €

Die Unterkonten „bewegen" sich ebenso wie das Konto „Eigenkapital". Daher werden **Aufwendungen immer im Soll** und **Erträge immer im Haben** gebucht.

Soll	Aufwandskonten	Haben
Aufwendungen		

Soll	Ertragskonten	Haben
		Erträge

Buchungssätze bei Erfolgskonten:

- **Aufwandskonto (Soll)** an Bestandskonto (Haben)
- Bestandskonto (Soll) an **Ertragskonto (Haben)**

- Aufwands- und Ertragskonten bilden zusammen die Gruppe der **Erfolgskonten**.
- Sie haben im Gegensatz zu den Bestandskonten **keinen Anfangsbestand**.

In der Finanzbuchhaltung muss Britta Krombach in den nächsten Tagen weitere erfolgswirksame Geschäftsfälle buchen:

Buchungen auf Erfolgskonten			
Geschäftsfälle	Bestands- und Erfolgsänderungen	Buchungssätze	
1. Wir belasten einen Kunden wegen zu später Zahlung mit Verzugszinsen: 156,00 €.	Erhöhung (+) eines aktiven Bestandskontos Erhöhung (+) eines Ertragskontos	Forderungen a. LL an **Zinserträge**	156,00 € **156,00 €**
2. Wir erhalten eine Provisionsgutschrift von unserem Lieferer: 2.750,00 €.	Verminderung (./.) eines passiven Bestandskontos Erhöhung (+) eines Ertragskontos	Verbindlichkeiten a. LL an **Provisionserträge**	2.750,00 € **2.750,00 €**
3. Das Gehalt einer unserer Angestellten wird durch Banküberweisung gezahlt: 1.800,00 €.	Erhöhung (+) eines Aufwandskontos Verminderung (./.) eines aktiven Bestandskontos	**Gehälter** an Kreditinstitute	**1.800,00 €** 1.800,00 €
4. Die Rechnung für die Miete der Lagerhalle trifft im Juni ein, wird aber von uns erst im August bezahlt: 200,00 €.	Erhöhung (+) eines Aufwandskontos Erhöhung (+) eines passiven Bestandskontos	**Mietaufwendungen** an Verbindlichkeiten a. LL	**200,00 €** 200,00 €

Soll		Mietaufwendungen	Haben
Verb. a. LL	200,00		

Soll		Verbindlichkeiten a. LL	Haben
		EBK	3.000,00
		Mietaufw.	200,00

Abschluss der Erfolgskonten

Damit der Einzelhändler seinen Erfolg ermitteln kann, müssen die Erfolgskonten (Aufwands- und Ertragskonten) am Ende des Geschäftsjahres abgeschlossen werden. Die geschieht mithilfe eines sogenannten Zwischen- oder Sammelkontos, das **Gewinn- und Verlustkonto (GuV)** genannt wird.

- Das GuV-Konto nimmt auf der **Soll-Seite die Aufwendungen** auf, während auf der **Haben-Seite die Erträge** stehen.
- Der Saldo ergibt den Gewinn oder den Verlust.

Soll	**GuV-Konto**	Haben
Aufwendungen		Erträge
Gewinn		

Erträge > Aufwendungen = **Gewinn**

Soll	**GuV-Konto**	Haben
Aufwendungen		Erträge
		Verlust

Erträge < Aufwendungen = **Verlust**

Abschlussbuchungen für die Aufwands- und Ertragskonten:
- GuV-Konto an Aufwandskonten
- Ertragskonten an GuV-Konto

- Das **Gewinn- und Verlustkonto** ist wie die Erfolgskonten ein **Unterkonto des Eigenkapitalkontos**. Die Differenz (Saldo) auf dem GuV-Konto wird auf das Eigenkapitalkonto übertragen:

Der im vorliegenden Beispiel ermittelte **Gewinn** von 906,00 € (siehe nachfolgende Kontenübersicht) ist daher dem Eigenkapitalkonto zuzuführen mit der Buchung:

Tag	Beleg	Buchungssatz	Soll	Haben
III. Abschlussbuchungen				
(...)				
31.12.20..		**Gewinn- und Verlustkonto**	906,00	
		an Eigenkapital		906,00

Abschlussbuchungen für das Gewinn- und Verlustkonto:
- bei einem **Gewinn**: GuV-Konto an Eigenkapital
- bei einem **Verlust**: Eigenkapital an GuV-Konto

Die Buchung der oben genannten vier erfolgswirksamen Geschäftsfälle (Anfangsbestand des Eigenkapitals: 700.000,00 €):

Soll	**Gehälter**		Haben
Ki	1.800,00	GuV	1.800,00

Soll	**Mietaufwendungen**		Haben
Verb. a. LL	200,00	GuV	200,00

Soll	**Zinserträge**		Haben
GuV	156,00	Ford. a. LL	156,00

Soll	**Provisionserträge**		Haben
GuV	2.750,00	Verb. a. LL	2.750,00

Soll	**Gewinn- und Verlustkonto**		Haben
Gehälter	1.800,00	Zinserträge	156,00
Mietaufwendungen	200,00	Provisionserträge	2.750,00
Gewinn	906,00		
	2.906,00		2.906,00

Soll	**Eigenkapital**		Haben
SBK	700.906,00	EBK	700.000,00
		GuV	906,00
	700.906,00		700.906,00

Geschäftsgang mit Bestands- und Erfolgskonten

I. Anfangsbestände

Kreditinstitute 91.000,00 €, Kasse 3.000,00 €, Eigenkapital 77.000,00 €, Darlehensschulden 15.000,00 €, Verbindlichkeiten a. LL 2.000,00 €.

II. Geschäftsfälle

1. Gehaltszahlung durch Banküberweisung .... 5.000,00 €
2. Provisionen werden unserem Bankkonto gutgeschrieben. .... 14.000,00 €
3. Kauf von Büromaterial bar .... 80,00 €
4. Banküberweisung der Miete .... 6.000,00 €
5. Zinsgutschrift auf unser Bankkonto .... 1.000,00 €
6. Eingangsrechnung für die Miete eines kleinen Lagerhauses; Bezahlung erfolgt in 4 Wochen .... 1.000,00 €

Reihenfolge der buchhalterischen Arbeiten im Grund- und Hauptbuch:

I. Eröffnungsbuchungen

1. Erstellen Sie das Eröffnungsbilanzkonto.
2. Richten Sie die aktiven und passiven Bestandskonten mithilfe des EBK ein.

II. Buchung der Geschäftsfälle im Grundbuch

Nr.	Buchungssatz	Soll	Haben
1.	Gehälter an Kreditinstitute	5.000,00	 5.000,00
2.	Kreditinstitute an Provisionserträge	14.000,00	 14.000,00
3.	Büromaterial an Kasse	80,00	 80,00
4.	Mietaufwendungen an Kreditinstitute	6.000,00	 6.000,00
5.	Kreditinstitute an Zinserträge	1.000,00	 1.000,00
6.	Mietaufwendungen an Verbindlichkeiten a. LL	1.000,00	 1.000,00
		27.080,00	27.080,00

III. Abschlussarbeiten

1. Schließen Sie die Erfolgskonten über das Gewinn- und Verlustkonto ab.
2. Schließen Sie das GuV-Konto über das Eigenkapitalkonto ab.
3. Schließen Sie die Bestandskonten über das Schlussbilanzkonto (SBK) ab.

(Anm.: Es haben sich keine Abweichungen zwischen den Buchbeständen der Buchführung und den Ist-Beständen der Inventur ergeben.)

Erstellung der Schlussbilanz mit Ort, Datum und Unterschrift
Die Schlussbilanz wird aufgrund der Inventurwerte erstellt. Schlussbilanz und SBK stimmen im vorliegenden Fall inhaltlich überein.

Zusammenhang zwischen Erfolgs- und Bestandskonten

Aktiva	Eröffnungsbilanz zum 01.01.20.. (€)		Passiva
Kreditinstitute	91.000,00	Eigenkapital	77.000,00
Kasse	3.000,00	Darlehen	15.000,00
		Verbindlichkeiten a. LL	2.000,00
	94.000,00		94.000,00

Bestandskonten

Soll	EBK		Haben
Eigenkapital	77.000,00	Kreditinstitute	91.000,00
Darlehen	15.000,00	Kasse	3.000,00
Verbindlichkeiten a. LL	2.000,00		
	94.000,00		94.000,00

aktive Bestandskonten

Soll	Kreditinstitute		Haben
EBK	91.000,00	Geh.	5.000,00
ZE	1.000,00	Miete	6.000,00
Prov.	14.000,00	SBK	**95.000,00**
	106.000,00		106.000,00

Soll	Kasse		Haben
EBK	3.000,00	Bürom.	80,00
		SBK	**2.920,00**
	3.000,00		3.000,00

passive Bestandskonten

Soll	Verb. a. LL		Haben
SBK	**3.000,00**	EBK	2.000,00
		Miete	1.000,00
	3.000,00		3.000,00

Soll	Darlehen		Haben
SBK	**15.000,00**	EBK	15.000,00

Soll	Eigenkapital		Haben
SBK	**79.920,00**	EBK	77.000,00
		GuV	2.920,00
	79.920,00		79.920,00

3

Soll	SBK		Haben
Ki	**95.000,00**	Eigenkapital	**79.920,00**
Kasse	**2.920,00**	Darlehen	**15.000,00**
		Verb. a. LL	**3.000,00**
	4 97.920,00		4 97.920,00

Erfolgskonten

Aufwandskonten

Soll	Gehälter		Haben
Ki	5.000,00	GuV	**5.000,00**

Soll	Büromaterial		Haben
Kasse	80,00	GuV	**80,00**

Soll	Mietaufwendungen		Haben
Bank	6.000,00	GuV	**7.000,00**
Verb. a. LL	1.000,00		
	7.000,00		7.000,00

1

Ertragskonten

Soll	Zinserträge		Haben
GuV	**1.000,00**	Ki	1.000,00

Soll	Provisionserträge		Haben
GuV	**14.000,00**	Ki	14.000,00

1

Soll	Gewinn- und Verlust		Haben
Gehälter	**5.000,00**	Zinserträge	**1.000,00**
Büromaterial	**80,00**	Provisionserträge	**14.000,00**
Mietaufwendungen	**7.000,00**		
EK	2.920,00		
	15.000,00		15.000,00

2

1. Abschluss der Aufwands- und Ertragskonten über das GuV-Konto
2. Übertragung des Saldos auf dem GuV-Konto auf das Eigenkapitalkonto
3. Abschluss der aktiven und passiven Bestandskonten
4. Addition der Positionen auf der Soll-Seite des SBK und anschließend der auf der Haben-Seite. Das Konto muss sich im Gleichgewicht befinden (es ist kein Saldo vorhanden).

222268210

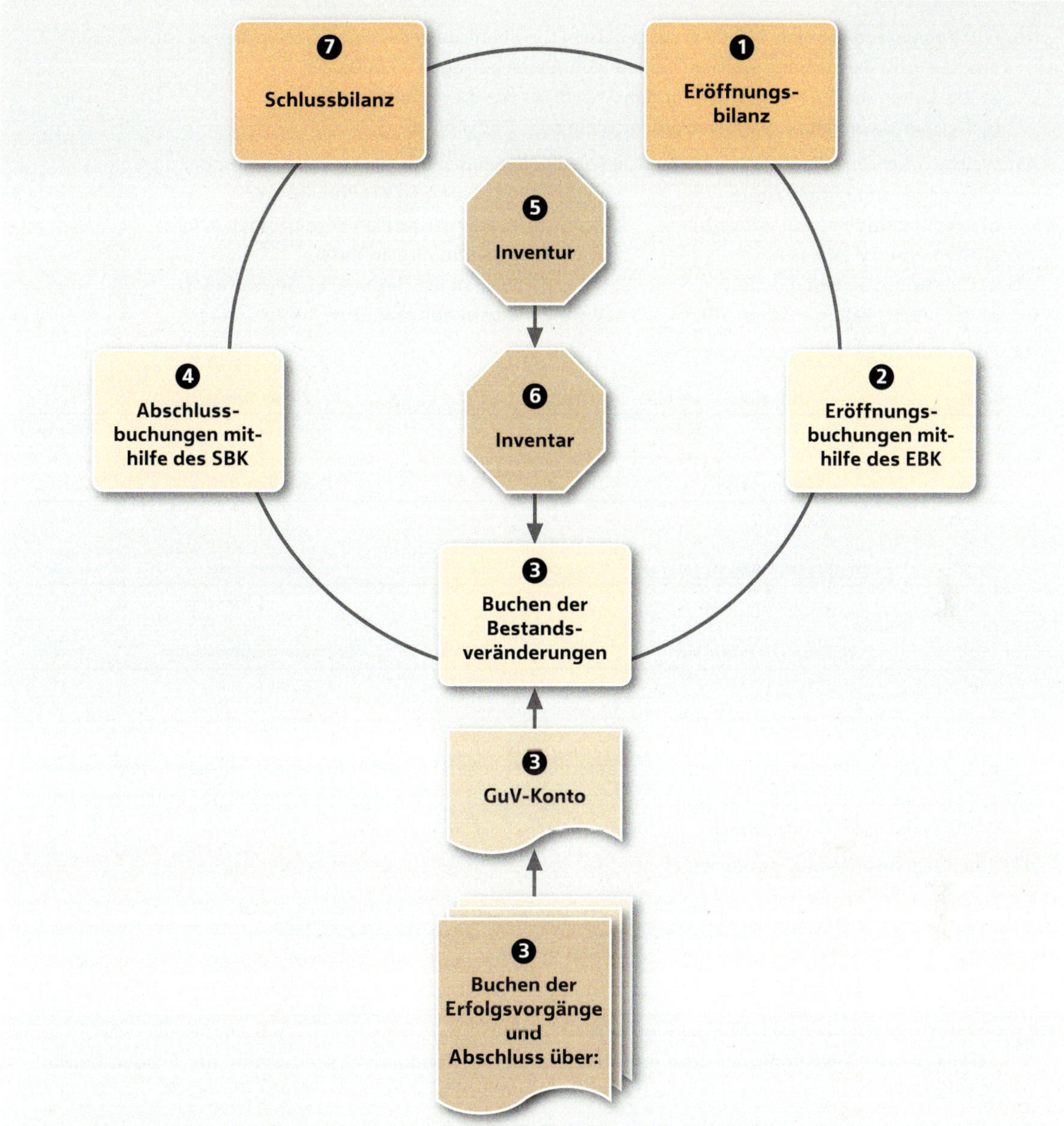

AUFGABEN

1. Warum werden die Bilanzpositionen nach ihrer Auflösung in Konten als (aktive bzw. passive) Bestandskonten bezeichnet?
2. Definieren Sie den Begriff „Aufwendungen“.
3. Was verstehen Sie unter Erträgen?
4. Nennen Sie Aufwands- und Ertragskonten.
5. Warum werden die Aufwendungen und Erträge nicht direkt auf dem Eigenkapitalkonto erfasst?
6. Wo bucht man auf den Ertragskonten die Minderungen, wo die Mehrungen des Eigenkapitals?
7. Wie wird der Reingewinn bzw. der Verlust ermittelt?
8. Welche Aufgabe kommt dem Gewinn- und Verlustkonto zu?
9. Erklären Sie, warum die Erfolgskonten keinen Anfangsbestand haben.

10. Für Büromaterial wurden 400,00 € ausgegeben. Die Lohnliste weist einen Gesamtbetrag von 46.500,00 € aus. Die Provisionserträge aus dem Verkauf von Waren betrugen 80.000,00 €.

a) Wie lauten die Buchungssätze für den Abschluss der drei Erfolgskonten?

b) Welcher Gewinn bzw. Verlust ergibt sich auf dem GuV-Konto?

11. Welche Geschäftsfälle bzw. Sachverhalte liegen den folgenden Buchungssätzen zugrunde?

a) Gehälter an Kreditinstitute

b) Kreditinstitute an Zinserträge

c) Büromaterial an Kasse

d) GuV-Konto an Eigenkapital

e) Verbindlichkeiten a. LL an SBK

f) Gebühren an Kreditinstitute

g) Kreditinstitute an Forderungen a. LL

h) Postentgelte an Kasse

i) Verbindlichkeiten a. LL an Postbank

j) Eigenkapital an GuV-Konto

12. Es sind die folgenden Konten gegeben:

Soll	Gehälter		Haben
Ki	5.000,00		

Soll	Zinserträge		Haben
		Ki	2.850,00

Soll	Büromaterial		Haben
Kasse	450,00		

Soll	Provisinserträge		Haben
		Ki	2.600,00

Soll	Postentgelte, Telefon, Telefax		Haben
Kasse	230,00		

Soll	Mieterträge		Haben
		Kasse	3.600,00

Soll	Werbung, Dekoration		Haben
Postbank	2.700,00		

Soll	Fremdinstandhaltung		Haben
Ki	375,00		

a) Schließen Sie die Konten ab.

b) Ermitteln Sie den Erfolg auf dem GuV-Konto und schließen Sie das Konto ebenfalls ordnungsgemäß ab.

c) Formulieren Sie für jeden vorgenommenen Abschluss bei den Aufgaben a) und b) den entsprechenden Buchungssatz im Grundbuch.

13. Ihnen liegt das folgende Konto vor:

Soll	Eigenkapital		Haben
SBK	454.000,00	AB	430.000,00
		GuV	24.000,00
	454.000,00		454.000,00

Stellen Sie das GuV-Konto auf und ermitteln Sie die Aufwendungen. Die Summe der Erträge beträgt 316.000,00 €.

14. a) Richten Sie die folgenden Konten ein und buchen Sie anschließend ohne Gegenbuchungen die Geschäftsfälle 1. bis 7. auf den Konten.

Geschäftskonten:

Zinserträge, Fremdinstandsetzung, Provisionserträge, Gehälter, Zinsaufwendungen, Mietaufwendungen, Werbung/Dekoration

Geschäftsfälle:

1. Wir erhalten Provision durch Postbanküberweisung. . . . . 5.500,00 €
2. Barzahlung für Reparaturarbeiten an der EDV-Anlage . . . . 450,00 €
3. Die Bank schreibt uns auf unserem Bankkonto Zinsen gut. . . . . 1.840,00 €
4. Wir zahlen Miete für ein Ersatzlager durch Banküberweisung. . . . . 1.300,00 €
5. Die Bank belastet uns mit Darlehenszinsen. . . . . 910,00 €
6. Wir überweisen Gehälter per Postbanküberweisung. . . . . 2.800,00 €
7. Die Rechnung für die Werbeanzeige wird zugestellt. . . . . 120,00 €

222268212

b) Schließen Sie die Konten über das GuV-Konto ab.

c) Ermitteln Sie den Erfolg mithilfe des GuV-Kontos.

15. Im Einzelhandelsunternehmen Andreas Kellermann e. Kfm. wies im letzten Geschäftsjahr die Buchhaltung die folgenden Zahlen auf den Konten „GuV“ und „Eigenkapital“ aus:

Soll	GuV		Haben
∑ Aufw.	85.000,00	∑ Erträge	120.000,00

Soll	Eigenkapital		Haben
		AB	217.000,00

Während des gleichen Zeitraumes konnte man im Konkurrenzunternehmen W. Bunales OHG die folgenden Zahlen ermitteln: Eigenkapitalzuwachs 37.500,00 €, Summe der Erträge 92.000,00 €.

a) Ermitteln Sie die Erfolgssituation in beiden Einzelhandelsunternehmen unter Berücksichtigung der jeweiligen Aufwendungen, Erträge und des Gewinns.

b) Formulieren Sie das Ergebnis Ihres Vergleichs mit einem oder mehreren Antwortsatz/-sätzen.

16. Wie lauten die Abschlussbuchungssätze für die folgenden Konten (Angabe der Salden)?

a) Mieterträge .... 2.400,00 €

b) Darlehen..................... 135.000,00 €

c) Gehälter .... 28.000,00 €

d) Provisionserträge .... 3.700,00 €

e) Eigenkapital.................. 36.000,00 €

f) Zinsaufwendungen .... 1.830,00 €

g) Betriebliche Steuern............ 2.900,00 €

h) GuV-Konto.................... 5.000,00 €
(bei einem Verlust)

i) Forderungen a. LL .... 12.500,00 €

17. Britta Krombach – zurzeit in der Buchhaltung der Ambiente Warenhaus AG tätig – erhält die folgenden Belege zur Buchung.

a) Formulieren Sie den Geschäftsfall, der dem jeweiligen Beleg zugrunde liegt.

b) Nennen Sie die Buchungssätze.

Beleg 1

```
Deutsche Post AG
34567 Schönstadt
82062580 29.12.20..

7204
Postwertzeichen ohne Zuschlag
*340,00 EUR                       A

Bruttoumsatz           *340,00 EUR
umsatzsteuerbefreit nach §4 UStG
A
Nettoumsatz A          *340,00 EUR
Steuernummer der Deutschen Post
AG:
5205/5777/1510

Vielen Dank für Ihren Besu
Ihre Deutsche Post AG
```

Konto | Soll | Haben
Gebucht

Beleg 2

RUDOLF BECKER
Bezirks-Schornsteinfegermeister
34567 Schönstadt
Goethestr. 5 – Telefon 05121 234123

QUITTUNG
RECHNUNG

Firma/Herrn/Frau *Ambiente Warenhaus AG, Schönstadt*

Rauchgasanalyse	*30,00*
Reinigung der Zentralheizung	*90,00*

Konto | Soll | Haben
Gebucht:

Datum/Betrag erhalten:

06.03.20.. *Becker* — Bezirks-Schornsteinfegermeister

120,00 — Betrag (€)

Anlage: Bescheinigung über das Messergebnis Steuer-Nr. 065 312 2658 7

Bankkonto: Deutsche Bank, Schönstadt BIC: DEUTDEDB117
Konto-Nr. 104 900 700, BLZ 226 700 05 IBAN: DE87 2267 0005 0104 9007 00

Fachgerechte Reinigung spart Heizkosten.

Beleg 3

Grün&Gut Bank
Schönstadt

Kontonummer	erstellt am	Auszug	Blatt
0007 166 707	27.03.20..	36	1/1

BLZ 588 900 01 — **Kontoauszug**

Bu.-Tag	Wert	Vorgang	alter Kontostand	28.100,00 +
27.03.	28.03.	Lastschrift Deutsche Telekom AG		607,17 -
			neuer Kontostand vom 27.03.20..	27.492,83 +

Konto | Soll | Haben
Gebucht:

Ambiente
Warenhaus AG
Groner Straße 22-24
34567 Schönstadt

IBAN: DE76 5889 0001 0007 1667 07 BIC: GUGBDE2H

Beleg 4

Ambiente
Warenhaus AG
Groner Straße 22–24
34567 Schönstadt

EINGEGANGEN
31. März 20..
Erl. ....

Konto | Soll | Haben
Gebucht:

Geschäftsführer:
Karl Schmitt

Registergericht:
Schönstadt 90 766

USt-IdNr.: DO 345 197 786
Steuernr.: 89/101/0122/4

Rechnung Nr. 4112 **Datum** 29.03.20.. **Kd.-Nr.** H/3121

Wir lieferten am	Art	Menge/l	Einzelpreis	Betrag
25.03.20..	Heizöl	15 000	0,35	5.250,00 €

Beleg 5

Werkstatt
Sander GmbH

Werkstadt Sander GmbH, Industriestr. 164 a, 34567 Schönstadt
Ambiente Warenhaus AG
Groner Straße 22–24
34567 Schönstadt

Industriestraße 164 a
34567 Schönstadt
Tel.: 05121 4490-0
Fax: 05121 4490-75

Geschäftsführer
Werner Sander

Registergericht
Schönstadt 49 705
USt-IdNr.: DK 343 795 252
Steuernr.: 67/332/2886/3

Konto | Soll | Haben
Gebucht

Rechnung

Auftrag vom: 15.07.20.. **Kunden-Nr.:** 11 347 **Rechnungs-Nr.:** 13 146

Leistung	Betrag in €
Inspektion Ihres Lkw SS-RV 613	376,00
+ Materialverbrauch gem. Anlage	
+ Arbeitslohn	205,00
	281,00

EINGEGANGEN
18. Juli 20..
Erl. ....

HypoVereinsbank Schönstadt
Konto: 1533 794 • BLZ: 226 300 12
BIC: HYVEDEMM122 • IBAN: DE83 2263 0012 0001 5337 94

Sparkasse Schönstadt
Konto: 4 032 655 • 226 501 20
BIC: NOLADE21STA • DE23 2265 0120 0004 0226 55

Beleg 6

Bürobedarf PAPYRUS GmbH

Papyrus GmbH, Kurt-Schuhmacher-Str. 69, 34567 Schönstadt
Ambiente Warenhaus AG
Groner Str. 22–24
34567 Schönstadt

Kurt-Schuhmacher-Str. 69
34567 Schönstadt
Tel.: 05121 198273
Fax: 05121 732189

E-Mail: papyrus@papyrus-wvd.de

Geschäftsführerin: Dagmar Jähnel
Registergericht: Schönstadt 64 881

Deutsche Bank Schönstadt
Konto 45 497 822 • BLZ 226 700 05
BIC: DEUTDEDB117
IBAN: DE34 2267 0005 0045 4978 22

Konto | Soll | Haben
Gebucht

Barverkauf Nr. 312 — Schönstadt, 16. April 20..

Menge	Einheit	Artikel	Einzelpreis	Betrag
100	Rollen	Fax-Papier	2,00 €	200,00 €
				20,00 €
				180,00 €

Betrag erhalten
Jähnel

Kundendurchschrift GUGBDE2H

Grün&Gut Bank
Schönstadt

Für Überweisungen in Deutschland und in andere EU-/EWR-Staaten in Euro.
Bitte Meldepflicht gemäß Außenwirtschaftsverordnung beachten!

Angaben zum Zahlungsempfänger: Name, Vorname/Firma (max. 27 Stellen, bei maschineller Beschriftung max. 35 Stellen)
Nagel OHG, München

IBAN
DE24 2501 0030 2833 3371 00

BIC des Kreditinstituts/Zahlungsdienstleisters (8 oder 11 Stellen)
PBNKDEFF250

Betrag: Euro, Cent
40.240,00

Kunden-Referenznummer - Verwendungszweck, ggf. Name und Anschrift des Zahlers - (nur für Zahlungsempfänger)
Re 73A-14 vom 5. März 20..

noch Verwendungszweck (insgesamt max. 2 Zeilen à 27 Stellen, bei maschineller Beschriftung max. 2 Zeilen à 35 Stellen)

Angaben zum Kontoinhaber: Name, Vorname/Firma, Ort (max. 27 Stellen, keine Straßen- oder Postfachangaben)
Ambiente Warenhaus AG Schönstadt

IBAN
DE 76 5889 0001 0007 1667 07 — 16

SEPA

Datum 22. März. 20..
Unterschrift(en) Kramer

Beleg 7

Kontoauszug zu Beleg 7

Grün&Gut Bank
Schönstadt

Kontonummer	erstellt am	Auszug	Blatt
0007 166 707	29.03.20..	41	1/1

BLZ 588 900 01 — **Kontoauszug**

Bu.-Tag	Wert	Vorgang	alter Kontostand
			60.482,24 +
29.03.	29.03.	Nagel OHG, München RE 73A-14 vom 5. März 20..	40.240,00 -
		neuer Kontostand vom 29.03.20..	**20.242,24 +**

Konto | Soll | Haben
Gebucht

Ambiente
Warenhaus AG
Groner Straße 22–24
34567 Schönstadt

IBAN: DE76 5889 0001 0007 1667 07 BIC: GUGBDE2H

18. Erstellen Sie die Eröffnungsbilanz. Zur Lösung der Aufgabe gehen Sie nach folgenden fünf Schritten vor.

1. Richten Sie die Bestandskonten ein und übertragen Sie die Anfangsbestände.
2. Bilden Sie die Buchungssätze zu den Geschäftsfällen 1. bis 19. im Grundbuch und übertragen Sie sie anschließend auf die Bestands- und Erfolgskonten im Hauptbuch.
3. Schließen Sie die Konten in der folgenden Reihenfolge ab:
   a) Abschluss der Erfolgskonten über Gewinn- und Verlustkonto
   b) Abschluss des Gewinn- und Verlustkontos über das Eigenkapitalkonto
   c) Abschluss der Bestandskonten zum Schlussbilanzkonto (SBK)
4. Bilden Sie die entsprechenden Abschlussbuchungssätze und tragen Sie sie in das Grundbuch ein.
5. Ermitteln Sie den Erfolg des Unternehmens.

Anfangsbestände

Fuhrpark	73.000,00 €
Betriebs- und Geschäftsausstatt.	86.000,00 €
Waren	95.000,00 €
Forderungen a. LL	24.000,00 €
Kasse	10.500,00 €
Postbankguthaben	8.500,00 €
Kreditinstitute	48.000,00 €
Eigenkapital	? €
Darlehen	48.000,00 €
Verbindlichkeiten a. LL	18.000,00 €

Erfolgskonten

Betriebliche Steuern, Zinsaufwendungen, Löhne, Mietaufwendungen, Gebühren, Aufwendungen für Reinigungsmaterial, Büromaterial, Postentgelte – Telefon – Telefax, Werbung, Zinserträge, Provisionserträge, Mieterträge

Geschäftsfälle

1. Der Industrie- und Handelskammerbeitrag wird durch Banküberweisung bezahlt.	1.000,00 €
2. Bezahlung des Büromaterials bar	260,00 €
3. Löhne werden durch Banküberweisung gezahlt.	5.600,00 €
4. Ein Kunde zahlt die fällige Rechnung durch Banküberweisung.	870,00 €
5. Reinigungsmaterial wird bar eingekauft.	125,00 €
6. Wir erhalten Provision durch Postbanküberweisung.	4.200,00 €
7. Barzahlung für Porto	250,00 €
8. Werbekosten werden per Bankscheck bezahlt.	500,00 €
9. Die Telefonrechnung wird per Banküberweisung beglichen.	1.700,00 €
10. Wareneinkauf auf Ziel	24.000,00 €
11. Wir erhalten Miete auf unser Bankkonto.	1.400,00 €
12. Begleichung einer Liefererrechnung durch Bankscheck	7.300,00 €
13. Belastung unseres Bankkontos mit Zinsen	830,00 €
14. Überweisung der Kfz-Steuer an das Finanzamt	1.600,00 €
15. Wir zahlen Miete für Geschäftsräume per Banküberweisung.	4.000,00 €
16. Kauf eines Monitors für den PC, bar	350,00 €
17. Verkauf eines Lieferwagens gegen Bankscheck	12.000,00 €
18. Darlehenszinsen werden von unserem Bankkonto abgebucht	430,00 €
19. Wir zahlen die vor 6 Wochen eingegangene Rechnung unseres Lieferers durch Postbanküberweisung.	3.900,00 €

Abschlussangabe

Die Buchbestände stimmen mit den Inventurwerten überein.

19. Welche der folgenden Aussagen sind falsch? Geben Sie bei falschen Aussagen die richtige Lösung an.

a) Die Erfolgskonten sind unterteilt in Aufwands- und Ertragskonten.

b) Erfolgskonten werden über das Eigenkapitalkonto abgeschlossen.

c) Der Gewinn vermindert das Eigenkapital, der Verlust erhöht es.

d) Im Konto „Gewinn und Verlust" wird der Erfolg ermittelt.

e) Ein Verlust steht im GuV-Konto auf der Haben-Seite.

f) Wenn die Aufwendungen größer sind als die Erträge, dann liegt ein Gewinn vor.

222268216

g) Bei einem Gewinn lautet die Abschlussbuchung des GuV-Kontos: Eigenkapital an GuV-Konto.

h) Die Abschlussbuchungssätze für die Aufwandskonten lauten: GuV-Konto an alle Aufwendungen.

i) Das GuV-Konto ist das unmittelbare Unterkonto des Eigenkapitalkontos.

j) Auf dem GuV-Konto stehen sich die Aufwendungen im Haben und die Erträge im Soll gegenüber.

k) Der Saldo auf dem GuV-Konto kann entweder ein Gewinn oder ein Verlust sein.

l) Auf Aufwandskonten wird immer im Haben gebucht, weil sie Unterkonten des Eigenkapitalkontos sind.

20. Die Kostenstruktur eines Handelsunternehmens (hier nur ein Ausschnitt) sieht wie folgt aus:

Kostenarten	Kosten in €
Zinsaufwendungen	26.000,00
Mietaufwendungen	77.500,00
Gehälter	295.000,00
Betriebliche Steuern	76.300,00
Werbungskosten	62.000,00
Büromaterial	12.100,00

Berechnen Sie den prozentualen Anteil dieser Kostenarten an den Gesamtkosten.

AKTIONEN

1 Für ein Einzelhandelsunternehmen liegt folgende Eröffnungsbilanz vor. Sie ist mit den darunter aufgeführten Geschäftsfällen 1.–10. die Ausgangsbasis für verschiedene Buchungen, die in den nachfolgenden Aufgaben auszuführen sind.

Aktiva	Bilanz zum 01.01.20.. (2. Geschäftsjahr)		Passiva
I. Anlagevermögen		**I. Eigenkapital**	776.500,00
1. Gebäude	470.000,00	**II. Fremdkapital**	
2. Fuhrpark	260.000,00	1. Darlehensschulden	190.000,00
3. BGA	175.000,00	2. Verbindlichkeiten a. LL	145.000,00
II. Umlaufvermögen			
1. Waren	87.000,00		
2. Forderungen a. LL	63.000,00		
3. Kasse	1.500,00		
4. Bankguthaben	55.000,00		
	1.111.500,00		1.111.500,00

Geschäftsfälle:

1. Kauf eines Computertisches gegen Bankscheck ... 180,00 €
2. Ausgleich einer Liefererrechnung durch Banküberweisung ... 1.200,00 €
3. Bareinzahlung auf unser Bankkonto ... 700,00 €
4. Banküberweisung für Gehälter ... 2.500,00 €
5. Eingang der Miete für März auf unser Bankkonto ... 600,00 €
6. Wir zahlen Darlehenszinsen durch Banküberweisung. ... 200,00 €
7. Eine Zeitungsannonce wird von uns bar beglichen. ... 100,00 €
8. Wir erhalten eine Bankgutschrift wegen Provisionszahlung. ... 170,00 €
9. Ein Kunde begleicht Rechnung durch Banküberweisung. ... 1.800,00 €
10. Bareinkauf von Büromaterial ... 70,00 €

Aufgaben:

a) Richten Sie die Bestandskonten ein und übertragen Sie die Anfangsbestände.

b) Bilden Sie die Buchungssätze zu den Geschäftsfällen 1.–10. im Grundbuch und übertragen Sie sie anschließend auf die Bestands- und Erfolgskonten im Hauptbuch.

c) Schließen Sie die Konten in der folgenden Reihenfolge ab:
- Abschluss der Erfolgskonten über Gewinn- und Verlustkonto
- Abschluss des Gewinn- und Verlustkontos über das Eigenkapitalkonto
- Abschluss der Bestandskonten zum Schlussbilanzkonto (SBK)

d) Bilden Sie die entsprechenden Abschlussbuchungssätze und tragen Sie sie in das Grundbuch ein.

e) Ermitteln Sie den Erfolg des Unternehmens.

2. Stellen Sie die Schlussbilanz zur Aufgabe 1 auf und schließen Sie diese ordnungsgemäß ab.

3. a) Sammeln Sie möglichst viele Belege, die die Grundlage entweder für Aufwands- oder Ertragsbuchungen bilden.

   b) Stellen Sie anschließend Ihre Unterlagen mithilfe von Folien dem Plenum vor. Erläutern Sie, welcher Geschäftsfall dem jeweiligen Beleg zugrunde liegt.

   c) Nennen Sie die Buchungssätze.

   d) Seien Sie darauf vorbereitet, Ihren Klassenkameraden Ihre Ergebnisse zu erläutern und Fragen zu beantworten.

4. a) Erstellen Sie eine PowerPoint-Präsentation, die über den Unterschied zwischen Bestands- und Erfolgskonten informiert.
   - Verwenden Sie möglichst auch freie Symbole sowie Piktogramme und Bilder, um Ihre Arbeit noch stärker zu visualisieren.
   - Überladen Sie die Präsentation nicht.
   - Wenig Text – sprechende Überschriften – klare Gliederung! Faustregel: 2–3 Minuten pro Folie.

   b) Bereiten Sie sich darauf vor, Ihre Präsentation vorzustellen.

5. Zur Vertiefung und zur Lernkontrolle dieses Kapitels soll abschließend eine Fragerunde durchgeführt werden:

   a) Bilden Sie zunächst Kleingruppen zu etwa zwei bis sechs Personen.

   b) Erstellen Sie in der Gruppe mithilfe von diversen Arbeitsunterlagen mehrere Fragen zum Thema „Erfolgskonten" auf Karten und formulieren Sie auf der Rückseite der Karten eine Musterlösung.

   c) Im Plenum zieht jeweils ein Team eine Karte und versucht die Frage zu beantworten.

   d) Die Klasse baut abschließend mit den so entstandenen Karten (Fragen mit dazugehörigen Antworten) eine Lerndatenbank auf.

6. Führen Sie nach der Fragerunde innerhalb Ihres Teams eine Nachbereitung durch in Form eines Feedbacks mit einem Blitzlicht.

   Das Blitzlicht dient dazu, sich gegenseitig über das Auskunft zu geben, was die einzelnen Teammitglieder gerade fühlen und denken. Beachten Sie die Blitzlichtregeln.

ZUSAMMENFASSUNG

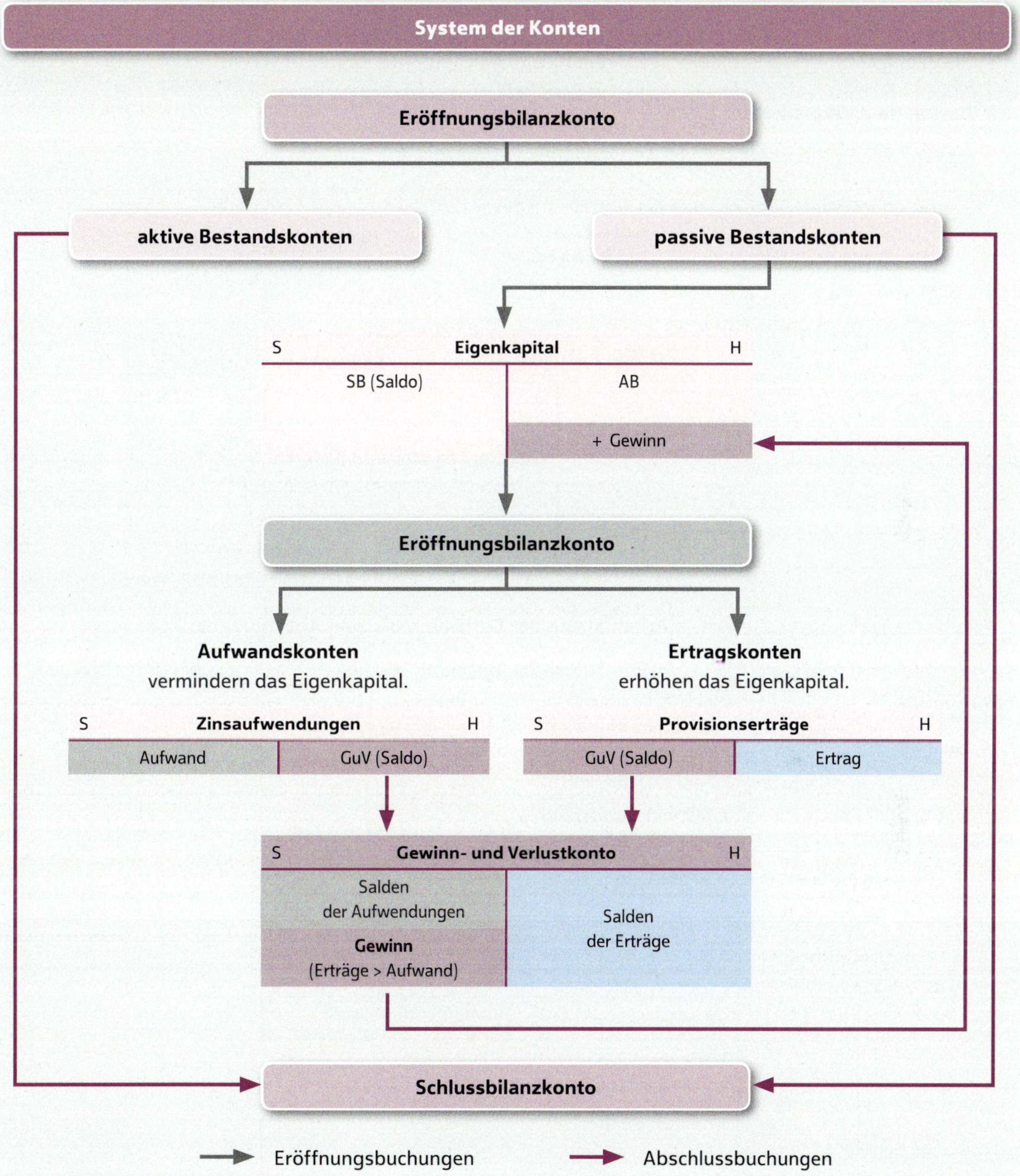

- Auf dem passiven Bestandskonto „Eigenkapital“ stehen die Mehrungen (Zugänge) im Haben und die Minderungen (Abgänge) im Soll.
- **Erfolgskonten sind Unterkonten des Eigenkapitalkontos**, auf denen genauso gebucht wird wie auf dem Eigenkapitalkonto:
  - Erträge mehren das Eigenkapital im Haben. Demzufolge wird auf **Ertragskonten im Haben** gebucht.
  - Aufwendungen vermindern das Eigenkapital im Soll. Daher bucht man auf Aufwandskonten im Soll.

- Aufwands- und Ertragskonten werden zusammen als **Erfolgskonten** bezeichnet.
- Buchungen im Erfolgskontenbereich beeinflussen Gewinn und Verlust.
- **Alle Erfolgskonten werden über das Gewinn- und Verlustkonto abgeschlossen.**
- **Gewinn- und Verlustkonto**
  - → Auf der Soll-Seite werden die Aufwendungen erfasst.
  - → Auf der Haben-Seite werden die Erträge ausgewiesen.
  - → Der Saldo ergibt den **Reingewinn** oder **Verlust**.

Reingewinn → **Erträge > Aufwendungen** → Das Eigenkapital wird dadurch → **erhöht**

Verlust → **Erträge < Aufwendungen** → Das Eigenkapital wird dadurch → **verringert**

- Reihenfolge der buchhalterischen Arbeiten **von der Eröffnung bis zum Abschluss** der Konten:

Tag	Beleg	Buchungssatz	Soll	Haben
I. Eröffnungsbuchungen				
02.01.20..		aktive Bestandskonten an Eröffnungskonto	(...)	(...)
31.12.20..		Eröffnungsbilanzkonto an passive Bestandskonten	(...)	(...)
II. Buchung der laufenden Geschäftsfälle				
(...)	(...)	(...)	(...)	(...)
III. Abschlussbuchungen				
02.01.20..		Gewinn- und Verlustkonto an Aufwandskonten		
		Ertragskonten an Gewinn- und Verlustkonto		
		bei einem Gewinn: Gewinn- und Verlustkonto an Eigenkapitalkonto	Saldenermittlung (...)	
		bei einem Verlust: Eigenkapitalkonto an Gewinn- und Verlustkonto		
		Schlussbilanzkonto an aktive Bestandskonten		
		passive Bestandskonten an Schlussbilanzkonto		

KAPITEL 9

Wir informieren uns über die Warengeschäfte unseres Unternehmens und ermitteln den unternehmerischen Erfolg

In der Ambiente Warenhaus AG hat man sich entschlossen, in der Warenwelt „Computer" das Sortiment um das neu auf dem Markt erschienene externe Speichermedium **provocation** zu erweitern.

Die Verantwortlichen möchten nach Ablauf eines Monats wissen, ob sich der Verkauf des Zubehörteils für die Ambiente Warenhaus AG in dieser Einführungsphase gelohnt hat und ob man das Produkt endgültig in das Sortiment aufnehmen soll.

Die Einführung eines neuen Produkts kann mit hohen Kosten verbunden sein. Wenn es sich am Markt nicht durchsetzt, kann das darüber hinaus zu einem negativen Image für die Ambiente Warenhaus AG und deren andere Produkte beim Verbraucher führen; unter Umständen entstehen sogar hohe Verluste. Diese Risiken werden gemindert, wenn das Produkt vor seiner flächendeckenden Einführung auf einem Testmarkt erprobt wird. Neben seinem Anklang bei den Verbrauchern können auch die weiteren absatzpolitischen Maßnahmen wie Werbung, Verkaufsförderung und Preispolitik für das neue Produkt getestet werden. Erst wenn das Produkt die Erwartungen der Geschäftsleitung auf dem Testmarkt erfüllt hat, wird es in das Sortiment aufgenommen.

Auf dem Testmarkt in Frankfurt am Main liegen für den Monat Juni die folgenden Daten aus der Buchhaltung der dortigen Filiale vor:

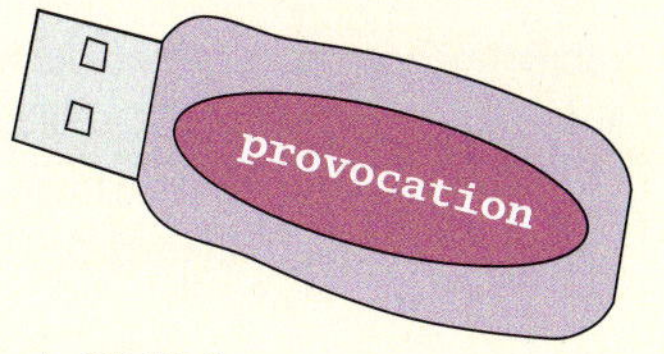

Wareneinkäufe:
30 Stück provocation zu je 33,70 €
90 Stück provocation zu je 29,90 €

Warenverkäufe:
120 Stück provocation zu je 78,00 €

1. Machen Sie Vorschläge, wie man mithilfe des vorliegenden Datenmaterials zu einem rechnerischen Ergebnis kommt, das anschließend der Abteilungsleitung für ihre weiteren unternehmerischen Entscheidungen dienen kann.
2. Stellen Sie fest, wie die vorliegenden Geschäftsfälle in der Ambiente Warenhaus AG buchhaltungstechnisch erfasst werden.

INFORMATION

Wareneinkauf und -verkauf

In einem Einzelhandelsunternehmen steht die Erzielung des **Gewinns** im Mittelpunkt der wirtschaftlichen Tätigkeit. Um dieses unternehmerische Ziel zu erreichen, müssen u. a. die Waren preisgünstiger eingekauft werden, als sie später wieder verkauft werden.

Um nun im vorliegenden Fall ermitteln zu können, ob sich die Sortimentserweiterung für das Einzelhandelsunternehmen im Monat Juni gerechnet hat und ob sich der Massenspeicher möglicherweise zukünftig **gewinnbringend** verkaufen lässt, müssen den Waren**verkäufen** die Waren**einkäufe** gegenübergestellt werden.

Situation:
Im vorliegenden Fall stellt sich die erste Monatsabrechnung für den Speicher **provocation** wie folgt dar:

	Warenverkäufe (120 Stück) zu Verkaufspreisen	9.360,00 €
./.	Wareneinkäufe (120 Stück) zu Einkaufspreisen	3.702,00 €
=	Waren- bzw. Rohgewinn	5.658,00 €

Absatz = die **Menge** (120 Stück) der innerhalb eines bestimmten Zeitraumes verkauften Waren.

Umsatz = **Gegenwert in Euro**, den der Einzelhändler für seine verkauften Waren erhält: Absatzmenge multipliziert mit ihrem Verkaufspreis (120 Stück · 78,00 € = 9.360,00 €).

Die wichtigsten Erträge in einem Einzelhandelsunternehmen sind die Erträge aus den Warenverkäufen, auch **Umsatzerlöse** genannt. Zieht man von den Umsatzerlösen (= verkaufte Waren zu Verkaufspreisen) den Einkaufswert **dieser verkauften Waren (= Aufwendungen für Waren)** ab, so erhält man den **Warenrohgewinn**.

Von Rohgewinn spricht man deshalb, weil er noch weitere Aufwendungen, wie z. B. Gehälter, Post und Telekommunikation, Werbung, decken muss. Erst nach Abzug dieser weiteren Kosten erhält man den Reingewinn.

Die **Differenz zwischen Verkaufspreis und Einkaufspreis** ergibt sich dadurch, dass der Einzelhändler auf den Bezugspreis (= Einstandspreis) noch

- die durch den Einkauf, die Lagerung und den Verkauf der Waren entstehenden Kosten hinzuschlägt (= Handlungskosten) und
- einen angemessenen Gewinn bei seiner Preisberechnung berücksichtigt, z. B. für die Verzinsung seines eingesetzten Kapitals und für seine Arbeit im Unternehmen.

	Listeneinkaufspreis	37,69 €	
./.	Rabatt 25 % (wird z. B. gewährt bei der Abnahme großer Mengen)	9,42 €	
=	Zieleinkaufspreis	28,27 €	
./.	Skonto 2 % (wird gewährt bei vorzeitiger Zahlung)	0,57 €	
=	Bareinkaufspreis	27,70 €	
+	Bezugskosten	2,20 €	
=	**Bezugspreis oder Einstandspreis**	29,90 €	→ Die Ware wird zu diesem Preis **eingekauft**.
+	**Handlungskosten**[1]	11,96 €	
=	Selbstkosten	41,86 €	
+	**Gewinn**	36,14 €	
=	**Verkaufspreis**	78,00 €	→ Die Ware wird zu diesem Preis **verkauft**.

Da die **Verkaufspreise höher** sind als die **Bezugspreise**, sollten die Warenverkäufe und die Wareneinkäufe **nicht** auf ein und demselben Warenkonto erfasst werden.

Einrichten der Warenkonten

Die buchhalterische Darstellung dieses Sachverhalts lässt sich mithilfe des einen Kontos „Waren" schlecht darstellen, da wir unterschiedliche Preise erfassen müssen:

- **auf der Soll-Seite** alle Warenbestände sowie Einkäufe zu Bezugspreisen (= Aufwendungen) und
- auf der **Haben-Seite** alle Verkäufe von Waren zu Verkaufspreisen (= Erträge).

Die Beibehaltung nur dieses einen Warenkontos wäre mit folgenden Nachteilen verbunden:

- Die Mischung von Beständen, Aufwendungen und Erträgen erschwert die Kontrolle der Erfolge und Bestände.
- Auf dem Warenkonto befinden sich zu viele Buchungen.
- Das Warenkonno ist dadurch zu unübersichtlich.
- Gemischte Konten sind nach den Buchhaltungsrichtlinien nicht erwünscht.

Aus Gründen der Übersichtlichkeit und für Zwecke der Kostenrechnung, Planung und Kalkulation wird daher das Warenkonto in mehrere Konten aufgeteilt:

- Das **Konto „Waren"** wird als **aktives Bestandskonto** geführt.
- Auf dem **Konto „Umsatzerlöse für Waren"** (Warenverkaufskonto) werden alle Einnahmen aus dem Warenverkauf gebucht. Die Erfassung erfolgt zu Verkaufspreisen.
- Der Einkauf von Waren zu Einstandspreisen wird auf dem **Konto „Aufwendungen für Waren"** erfasst (Just-in-time-Buchung).

1 Handlungskosten (auch allgemeine Geschäftskosten) = sämtliche Aufwendungen, die durch Lagerung, Verwaltung und den Verkauf der Ware entstehen. Beispiele: Lagerkosten, Gehälter, Werbe- und Reisekosten, Abschreibungen, Mieten, Büromaterial, Stromkosten, Instandhaltung, Steuern. Die Handlungskosten werden durch einen Prozentaufschlag auf den Einstandspreis berücksichtigt. Die Höhe des Prozentsatzes wird in der Buchhaltung ermittelt.

222268222

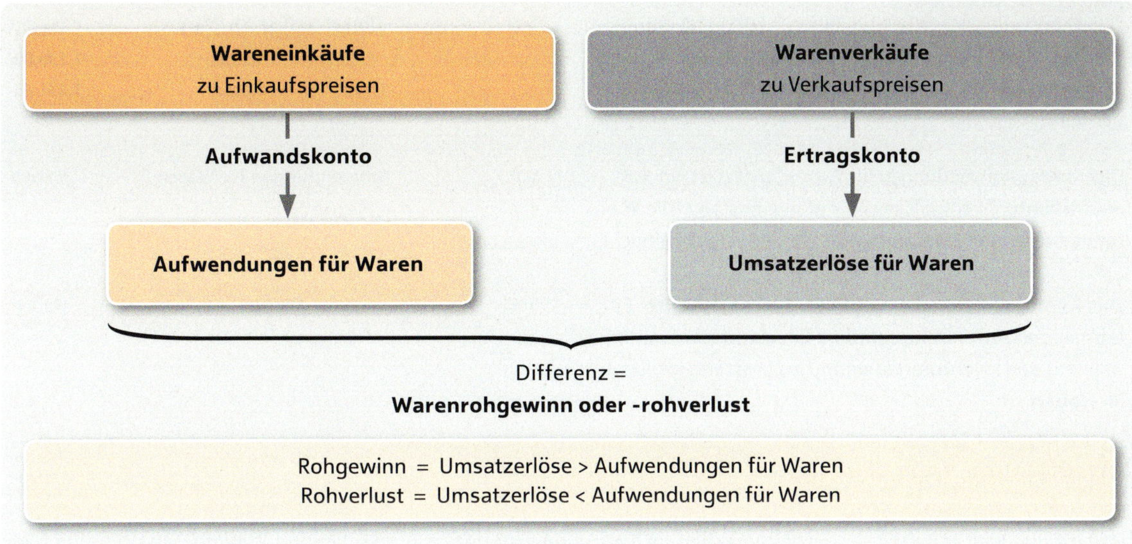

Ein **Reingewinn** (Unternehmergewinn) liegt erst vor, wenn nach Abzug aller weiteren Aufwendungen und unter Berücksichtigung aller übrigen Erlöse noch ein restlicher Gewinn vorhanden ist (= Saldo im Haben auf dem GuV-Konto; siehe Kap. 8.8).

Buchen der Geschäftsfälle auf Warenkonten

Situation:
In der Warenwelt „Papierwaren" der Ambiente Warenhaus AG hat man von den Pelikan-Etuis einen Anfangsbestand von 30 Stück ermittelt; Einstandspreis je Etui 10,50 €.

Geschäftsfälle:

1. Kauf von 100 Stück Pelikan-Etuis zum Einstandspreis von 10,50 € je Stück gegen Banküberweisung
2. Barverkauf von 70 Etuis zum Verkaufspreis von 15,90 €
3. Kauf von weiteren 60 Etuis zu je 10,50 € auf Ziel
4. Verkauf von 90 Etuis bar zu je 15,90 €

Der während der Inventur am Ende des Geschäftsjahres festgestellte Endbestand beträgt 30 Etuis.

In der Ambiente Warenhaus AG hat man für diese Warenbewegungen drei Konten eingerichtet: **„Aufwendungen für Waren"**, **„Umsatzerlöse für Waren"** und das Konto **„Waren"**. Gebucht werden die vier Geschäftsfälle daraufhin wie folgt:

Tag	Beleg	Buchungssatz	Soll	Haben
II. Buchungen der laufenden Geschäftsfälle				
24.05.20..	459	**Aufwendungen für Waren** an Kreditinstitute	**1.050,00 €**	 1.050,00 €
27.05.20..	783	Kasse an **Umsatzerlöse für Waren**	1.130,00 €	 **1.130,00 €**
01.06.20..	502	**Aufwendungen für Waren** an Verbindlichkeiten a. LL	**630,00 €**	 630,00 €
04.06.20..	855	Kasse an **Umsatzerlöse für Waren**	1.431,00 €	 **1.431,00 €**

Das Konto „Umsatzerlöse für Waren" (UfW) ist ein **Ertragskonto.** Es enthält keinen Anfangsbestand. Die **Warenverkäufe zum Verkaufspreis** werden im Haben gebucht.

Soll		Umsatzerlöse für Waren	Haben
		Kasse	1.130,00
		Kasse	1.431,00

Das Konto „Aufwendungen für Waren" (AfW) ist ein **Aufwandskonto.** Es enthält keinen Anfangsbestand. Die **Wareneinkäufe zum Einstandspreis** werden im Soll gebucht.

Soll	Aufwendungen für Waren		Haben
Ki	1.050,00		
Verb. a. LL	630,00		

Das Konto „Waren" ist ein **aktives Bestandskonto**. Es enthält den **Anfangsbestand zu Einstandspreisen** im Soll und den Inventurendbestand zu Einstandspreisen im **Haben**.

Soll	Waren		Haben
AB	315,00		

Abschluss der Warenkonten

Der Einzelhändler ermittelt den erzielten Erfolg (Warenrohgewinn oder -verlust) bei den Warengeschäften durch die Gegenüberstellung von Umsatzerlösen und Aufwendungen. Dazu müssen die beiden Konten am Ende des Geschäftsjahres abgeschlossen werden.

Der Abschluss erfolgt über das Gewinn- und Verlustkonto:

Soll	Aufwendungen für Waren		Haben
Ki	1.050,00	GuV	1.680,00
Verb. a. LL	630,00		
	1.680,00		1.680,00

Im Konto **„Aufwendungen für Waren"** sind die Wareneinkäufe zu Einstandspreisen im Soll erfasst. Der Saldo im Haben wird als **Aufwand** über das GuV-Konto abgeschlossen.

Buchungssatz	Soll	Haben
GuV an **AfW**	1.680,00 €	1.680,00 €

Soll	Umsatzerlöse für Waren		Haben
GuV	2.561,00	Kasse	1.130,00
		Kasse	1.431,00
	2.561,00		2.561,00

Im Konto **„Umsatzerlöse für Waren"** sind die Warenverkäufe zu Verkaufspreisen im Haben erfasst. Der Saldo im Soll wird als **Ertrag** über das GuV-Konto abgeschlossen.

Buchungssatz	Soll	Haben
UfW an **GuV**	2.561,00 €	2.561,00 €

Soll	Gewinn- und Verlustkonto		Haben
Aufwendungen für Waren (= Wareneinsatz)	1.680,00	Umsatzerlöse für Waren	2.561,00
(...)		(...)	

Die Differenz zwischen UfW und AfW (Wareneinsatz) ist der **Rohgewinn** = 881,00 €.

Auf dem GuV-Konto stehen sich gegenüber:

verkaufte Waren (120 Stück) bewertet zu **Einstandspreisen (= Wareneinsatz)**	**verkaufte** Waren (120 Stück) bewertet zu **Verkaufspreisen**

Soll	Waren		Haben
AB	315,00	SBK	315,00

Das **Warenkonto** ist ein **aktives Bestandskonto** und wird in Höhe des Inventurbestands über das SBK abgeschlossen.

Soll	SBK		Haben
(...)		(...)	
Waren	315,00		

Buchungssatz	Soll	Haben
SBK an Waren	315,00 €	315,00 €

222268224

Buchen von Warengeschäften im Rahmen der übrigen Bestands- und Erfolgskonten

Reihenfolge der Buchungen

❶ Eröffnung der Bestandskonten

❷ Buchung der Geschäftsfälle während des Geschäftsjahres

Abschlussbuchungen:

❸ Abschluss der Erfolgskonten über das GuV-Konto

❹ Abschluss des GuV-Kontos über das Konto „Eigenkapital“

❺ Abschluss aller Bestandskonten über das SBK

Auszug aus dem Hauptbuch (vereinfachte Übersicht)

Bestandskonten

aktive Bestandskonten (❶ ❷)

Soll		**Waren**	Haben
AB	46.000,00	SBK	46.000,00[1]

Soll		**Kreditinstitute**	Haben
AB	120.000,00	Gehälter	75.000,00
Zinserträge	2.000,00	Zinsaufw.	12.000,00
Mieterträge	3.000,00	Verb. a. LL	30.000,00

Soll		**Kasse**	Haben
UfW	790.000,00	sonst. Aufw.	9.000,00

passive Bestandskonten

Soll		**Eigenkapital**	Haben
SBK	599.000,00	AB	550.000,00
		GuV	49.000,00 ❹
	599.000,00		599.000,00

Soll		**Verbindlichkeiten a. LL**	Haben
Ki	30.000,00	AB	20.000,00
		AfW	650.000,00

❺

Soll		**Schlussbilanzkonto**	Haben
(...)		Eigenkapital	599.000,00
Waren	46.000,00	(...)	

Erfolgskonten

Aufwandskonten (❷)

Soll		**Aufwendungen für Waren (AfW)**	Haben
Verb. a. LL	650.000,00	GuV	650.000,00

Soll		**Gehälter**	Haben
Ki	75.000,00	GuV	75.000,00

Soll		**Zinsaufwendungen**	Haben
Ki	12.000,00	GuV	12.000,00

Soll		**Sonstige Aufwendungen**	Haben
Kasse	9.000,00	GuV	9.000,00

Ertragskonten

Soll		**Umsatzerlöse für Waren (UfW)**	Haben
GuV	790.000,00	Kasse	790.000,00

Soll		**Zinserträge**	Haben
GuV	2.000,00	Ki	2.000,00

Soll		**Mieterträge**	Haben
GuV	3.000,00	Ki	3.000,00

❸

Soll (Aufwendungen)		**Gewinn- und Verlustkonto**	(Erträge) Haben
Aufwendungen für Waren	650.000,00	Umsatzerlöse für Waren	790.000,00
Gehälter	75.000,00	Zinserträge	2.000,00
Zinsaufwendungen	12.000,00	Mieterträge	3.000,00
sonstige Aufwendungen	9.000,00		
EK (Reingewinn) .... ❹	49.000,00		
	795.000,00		795.000,00

1 Der Anfangsbestand stimmt mit dem Inventurbestand überein.

Soll	GuV-Konto	Haben
Aufwendungen		Erträge
Gewinn		

Erträge > Aufwendungen = **Gewinn**

Soll	GuV-Konto	Haben
Aufwendungen		Erträge
		Verlust

Erträge < Aufwendungen = **Verlust**

Ausgesuchte Kennzahlen der Warenwirtschaft

Das Rohergebnis lässt wichtige Rückschlüsse über die **Wirtschaftlichkeit des Warengeschäfts** zu.

BEISPIEL

Aufwendungen für Waren (Wareneinsatz) 830.000,00 €

Umsatzerlöse für Waren 1.210.000,00 €

↓

Rohgewinn
380.000,00 €

↓

Wirtschaftlichkeit des Warengeschäfts
(Verhältnis zwischen Wareneinsatz und Rohgewinn)

830.000,00 € = 100 %
380.000,00 € = x %

$$x = \frac{380.000{,}00}{830.000{,}00} \cdot 100 = \mathbf{45{,}8\ \%} \longrightarrow x = \frac{\text{Rohgewinn}}{\text{Wareneinsatz}} \cdot 100$$

Der Rohgewinn beträgt 45,8 % des Wareneinsatzes.

Weitere ausgewählte Kennzahlen der Ambiente Warenhaus AG	Ist ⟵ Vergleich ⟶	Soll
Handelsspanne $x = \frac{\text{Rohgewinn}}{\text{Warenverkauf (Umsatzerlöse)}} \cdot 100$	→ $\frac{380.000{,}00}{1.210.000{,}00} \cdot 100 = \mathbf{31{,}4\ \%}$	→ $\frac{400.000{,}00}{1.000.000{,}00} \cdot 100 = \mathbf{40{,}0\ \%}$
	Die Handelsspanne hat sich verschlechtert (von 40 % auf 31,4 %) aufgrund des relativen **Anstiegs des Wareneinsatzes**. Das ist nach Aussage des Leiters Beschaffung, Herrn Otte, darauf zurückzuführen, dass die Ambiente Warenhaus AG höhere Einkaufspreise hinnehmen musste. Diese Preiserhöhungen ihrer Lieferer konnte das Warenhaus nicht durch interne oder externe Maßnahmen (z. B. durch Kostensenkungen, eigene Preiserhöhungen) auffangen.	
Wareneinsatz in % vom Umsatz $x = \frac{\text{Wareneinsatz}}{\text{Umsatz}} \cdot 100$	→ $\frac{830.000{,}00}{1.210.000{,}00} \cdot 100 = \mathbf{68{,}6\ \%}$	→ $\frac{650.000{,}00}{1.000.000{,}00} \cdot 100 = \mathbf{65{,}0\ \%}$
	Aufgrund des gestiegenen Wareneinsatzes ist gleichzeitig sein prozentualer Anstieg am Umsatz gestiegen. Je höher der Prozentsatz, desto geringer fällt in der Regel der Gewinn des Unternehmens aus.	

AUFGABEN

1. Welches sind die wichtigsten Erfolgskonten eines Einzelhandelsbetriebs?

2. Wie ermittelt man in einem Handelsunternehmen das Warenrohergebnis?

3. Erklären Sie, was Sie unter dem „Absatz" von Waren verstehen.

4. Warum werden die Wareneinkäufe und Warenverkäufe auf getrennten Konten erfasst?

5. Eine Ware wird zum Listeneinkaufspreis von 450,00 € angeboten. Der Lieferer gewährt 12,5 % Rabatt und 2,5 % Skonto; an Bezugskosten fallen 12,70 € an.

Berechnen Sie den Bezugs- bzw. Einstandspreis.

6. Warum wird der Warengewinn als Rohgewinn bezeichnet?

7. Erklären Sie den Unterschied zwischen Rohgewinn und Reingewinn.

8. Was verstehen Sie unter dem Wareneinsatz?

9. Welches der folgenden Konten ist ein Bestandskonto und welches ein Erfolgskonto?

a) Umsatzerlöse für Waren (UfW)

b) Waren

c) Aufwendungen für Waren (AfW)

10. Auf welchem Konto und auf welcher Kontenseite erscheint der Warenanfangsbestand?

11. Buchen Sie die folgenden Vorgänge aus der Sicht eines Textileinzelhandelsunternehmens im Grundbuch:

1. Warenverkauf bar .... 750,00 €
2. Eingangsrechnung über die installierte neue Telefonanlage .... 1.750,00 €
3. Abbuchung des Stromverbrauchs vom Postbankgirokonto (eine vorherige Rechnungsbuchung wurde nicht vorgenommen) .... 1.300,00 €
4. Überweisung der Gehälter für unsere Angestellten .... 7.400,00 €
5. Eingangsrechnung über Damenpullover .... 2.400,00 €
6. Schlussbestand an Herrenanzügen gemäß Inventur .... 15.000,00 €
7. Schlussbestand an Betriebs- und Geschäftsausstattung gemäß Inventur .... 88.000,00 €
8. Abschlussbuchung des Kontos „Aufwendungen für Waren" .... 54.000,00 €
9. Abschlussbuchung des Kontos „Umsatzerlöse für Waren" ..... 93.000,00 €
10. Kauf von Waren auf Ziel .... 2.100,00 €
und gegen Bankscheck .... 3.700,00 €
11. Kauf von Aktenschränken per Banküberweisung .... 1.450,00 €
12. Wir erhalten Bankgutschriften für Provisionen .... 1.600,00 €
und Zinsen.................. 580,00 €
13. Postbanküberweisungen für Kfz-Steuer Pkw, ... 530,00 €
für Liefererrechnung .... 4.700,00 €
und Teiltilgung des Darlehens .. 20.000,00 €
14. Verkauf von Waren auf Ziel ..... 1.560,00 €
15. Zeitungsinserat wird bar bezahlt. .... 80,00 €
16. Überweisung der Zinsen für das Darlehen .... 420,00 €
17. Reparatur des Kassensystems per Postbanküberweisung ..... 370,00 €

12. a) Richten Sie die Konten ein und buchen Sie die folgenden Geschäftsfälle A) bis C) (ohne Gegenbuchung) auf den Warenkonten.

b) Schließen Sie alle Warenkonten ab.

c) Ermitteln Sie den Rohgewinn oder -verlust in Euro und in Prozent vom Wareneinsatz sowie

d) die Handelsspanne.

	1	2
Warenanfangsbestand	36.000,00 €	15.000,00 €
A) Warenverkäufe bar	5.600,00 €	8.100,00 €
B) Wareneinkauf auf Ziel	4.900,00 €	6.000,00 €
C) Warenverkauf gegen Bankscheck	1.300,00 €	950,00 €
Warenendbestand lt. Inventur	36.000,00 €	15.000,00 €

13. Wie hoch ist bei Aufgabe 12 der Reingewinn bzw. der Reinverlust, wenn die folgenden Zahlen noch zu berücksichtigen sind:

- übrige Aufwendungen .... 7.000,00 €,
- übrige Erträge .... 9.800,00 €.

14. Welcher Fehler ist dem Buchhalter auf dem nachfolgenden Konto unterlaufen?

Soll	Waren		Haben
AB	85.000,00	SBK	100.000,00
Ki	15.000,00		
	100.000,00		100.000,00

15. Wie ist es zu erklären, dass das Einzelhandelsunternehmen Jessica Mohmeyer e. Kffr. einen Rohgewinn von 37.000,00 € erzielt hat, am Jahresende aber das GuV-Konto einen Reinverlust von 8.000,00 € ausweist?

16. Folgende Zahlen liegen Ihnen für ein Sportfachgeschäft vor:

- **Umsatzerlöse für Waren** + 3,4 %ige Steigerung gegenüber dem Vorjahr, jetziger Stand: 1.240.800,00 €.
- **Aufwendungen für Waren:** Zunahme gegenüber dem Vorjahr um 8,1 %, dieses Jahr: 810.750,00 €.
- **Gewinnsituation:** Der Reingewinn ist im Vergleich zum letzten Jahr um 6,3 % gestiegen; er betrug nach Abschluss des laufenden Jahres 59.528,00 €.

a) Berechnen Sie für Umsatz, Wareneinsatz und Reingewinn die Zahlen des Vorjahres.

b) Wie hoch ist der Wareneinsatz in Prozent vom Umsatz?

17. a) Buchen bzw. übertragen Sie die folgenden Vorgänge auf den/die Warenkonten.

	1		2	
	Stück	€/St.	Stück	€/St.
Warenanfangsbestand	450	12,50	900	124,00
A) Warenverkäufe bar	390	21,30	750	189,00
B) Wareneinkauf auf Ziel	500	12,50	1050	124,00
C) Warenverkauf gegen Bankscheck	110	23,40	300	193,00
Warenendbestand lt. Inventur	450	12,50	900	124,00

b) Schließen Sie die Warenkonten ordnungsgemäß ab.

c) Ermitteln Sie den Roherfolg (Rohgewinn oder -verlust).

d) Wie hoch ist

- der Absatz,
- der Umsatz,
- der Wareneinsatz in Euro und in Prozent vom Umsatz sowie
- die Handelsspanne?

18. Die Handelsspanne der Ambiente Warenhaus AG hat sich innerhalb eines Jahres aufgrund des Anstiegs des Wareneinsatzes verschlechtert.

Welche Maßnahmen schlagen Sie den Verantwortlichen des Warenhauses vor, damit im nächsten Jahr wieder bessere Zahlen geschrieben werden können?

19. Welche der folgenden Aussagen sind falsch? Geben Sie bei falschen Aussagen die richtige Lösung an.

a) Auf dem Konto „Waren“ wird der Schlussbestand an Waren lt. Inventur mit dem Buchungssatz „SBK an Waren“ erfasst.

b) Wird das Konto „Umsatzerlöse für Waren“ abgeschlossen, lautet der Buchungssatz: „Umsatzerlöse für Waren an GuV-Konto“.

c) Der Wareneinkauf wird als Aufwand direkt auf dem Konto „Aufwendungen für Waren“ gebucht.

d) Der Warenverkauf wird immer aufgrund einer Eingangsrechnung gebucht.

e) Die Abschlussbuchung für das Konto „Aufwendungen für Waren“ lautet: SBK an AfW.

f) Die beiden Konten „Umsatzerlöse für Waren“ und „Aufwendungen für Waren“ gehören zur Gruppe der Erfolgskonten.

g) Der Reingewinn ergibt sich als Saldo zwischen Umsatzerlösen und Wareneinsatz.

h) Der Schlussbestand an Waren wird zum 31. Dez. auf dem Konto „Waren“ erfasst.

i) Das Konto „Waren“ ist ein Aufwandskonto und wird über das GuV-Konto abgeschlossen.

j) Das Konto „Waren“ ist ein aktives Bestandskonto. Es übernimmt zu Beginn des Geschäftsjahres im Soll den Anfangsbestand an Waren.

20. In einem Einzelhandelsunternehmen mit 20 Mitarbeitern sind im Abstand von jeweils 2 Monaten die folgenden sechs Umsatzzahlen erfasst worden:

28.02.20..	232.700,00 €	31.08.20..	264.339,00 €
30.04.20..	211.385,00 €	31.10.20..	246.938,00 €
30.06.20..	206.902,00 €	31.12.20..	334.773,00 €

222268228

Berechnen Sie

a) die durchschnittlichen Umsatzerlöse bezogen auf den Erfassungszeitraum von 2 Monaten,

b) den durchschnittlichen Tagesumsatz bei 242 Arbeitstagen pro Jahr,

c) den durchschnittlichen Monatsumsatz pro Mitarbeiter,

d) die prozentuale Differenz zwischen dem umsatzschwächsten und dem umsatzstärksten Zwei-Monats-Ergebnis,

e) den durchschnittlichen Umsatz pro Mitarbeiter vom 1. September bis 31. Oktober.

f) Wie hat sich prozentual der durchschnittliche Umsatz pro Mitarbeiter im letzten Abrechnungszeitraum gegenüber dem des zweiten verändert?

21. Ermitteln Sie anhand des Gewinn- und Verlustkontos auf Seite 229

a) den Reingewinn in Prozent von den Umsatzerlösen für Waren,

b) den Rohgewinn und die Handelsspanne in Euro und Prozent einerseits sowie den Wareneinsatz in Prozent vom Umsatz andererseits.

c) Um welchen Betrag in Euro würden sich die Umsatzerlöse für Waren verändern, wenn der Reingewinn um 3.000,00 € ansteigt? (Anmerkung: Der unter der Aufgabenstellung a) ermittelte Prozentsatz bleibt unverändert; die zwangsläufig eintretenden Veränderungen bei den Aufwendungen sollen nicht weiter untersucht werden.)

AKTIONEN

1. a) Erstellen Sie in Gruppenarbeit eine Collage zum Thema „Warengeschäfte in einem Einzelhandelsunternehmen". Besorgen Sie sich hierzu alte Zeitungen, Prospekte, Scheren, Klebstoff, farbige Filzstifte usw.

b) Stellen Sie anschließend der Klasse mithilfe Ihrer Collage den betriebswirtschaftlichen und den buchhalterischen Zusammenhang zwischen Warenlagerung sowie von Wareneinund -ausgang vor.

2. a) Stellen Sie in Gruppenarbeit mithilfe der **Netzwerktechnik (Strukturgelenktechnik)** die Konsequenzen dar, die sich aus der **Forderung nach getrennten Warenkonten** ergeben:

- Suchen Sie die Konsequenzen aus dieser Forderung.
- Verbinden Sie die Beziehungen zweier Wirkungen mit einem Pfeil in die entsprechende Richtung.

b) Fertigen Sie eine Folie Ihrer Arbeit (z. B. durch die Benutzung eines Flussdiagramms) mithilfe des Computers und geeigneter Software an. Beachten Sie dabei die Tipps zur Gestaltung von Folien und Plakaten.

c) Bereiten Sie sich darauf vor, Ihr Arbeitsergebnis mittels Overheadprojektor vorzutragen. Achten Sie auf die Anwendung der Präsentationsregeln.

d) Wiederholen Sie zum Schluss die wichtigsten Erkenntnisse Ihrer Arbeit.

3. Betrachten Sie das Schaubild zur Umsatzveränderung im Einzelhandel (siehe unten). Bearbeiten Sie anschließend die Fragen a) bis c) in Partner- oder Gruppenarbeit.

a) • Suchen Sie nach möglichen Gründen für den Umsatzeinbruch im Einzelhandel insbesondere im Jahr 2009. Gehen Sie dabei auch auf einzelne Bereiche ein, in denen die Umsatzeinbußen besonders auffällig waren.

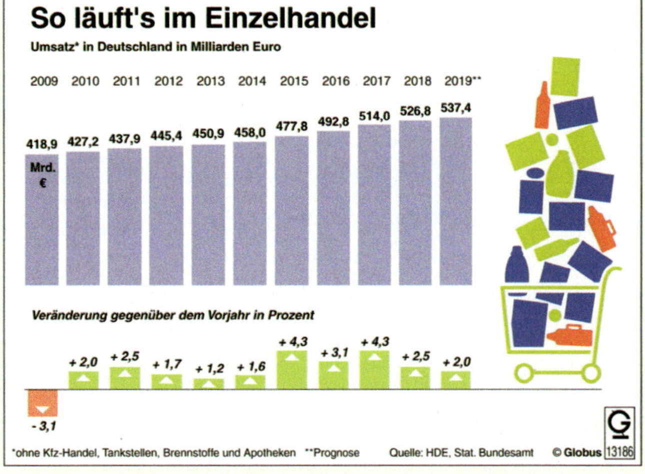

- Gehen Sie ins Internet und recherchieren Sie mithilfe von Suchmaschinen (Google, Yahoo, Lycos, Metager usw.).
- Übernehmen Sie Texte über die Zwischenablage in Ihre Textverarbeitung.

b) Fassen Sie die Informationen Ihrer Recherchen in einer Mindmap zusammen. Falls möglich, verwenden Sie das Programm MindManager.

c) Erläutern Sie den möglichen Zusammenhang zwischen Umsatzentwicklung, steigender Arbeitslosigkeit und zunehmender Zahl an Insolvenzen.

4. Führen Sie eine Kartenabfrage durch.
Ausgangsfrage: Welche Maßnahmen sollten in Zukunft in unserem Modellunternehmen, der Ambiente Warenhaus AG, durchgeführt werden, um dem allgemeinen Trend des Umsatzrückgangs entgegenwirken zu können?
   - Sammeln Sie sämtliche Vorschläge und systematisieren Sie sie an der Pinnwand.
   - Halten Sie das Gesamtergebnis für Ihre eigenen Unterlagen mithilfe des Computers in einer entsprechenden Darstellung fest.

5. Zur Vertiefung und zur Lernkontrolle dieses Kapitels soll abschließend eine Fragerunde durchgeführt werden:
   a) Bilden Sie zunächst Kleingruppen zu etwa vier bis sechs Personen.
   b) Erstellen Sie in der Gruppe mithilfe von Arbeitsunterlagen (Fachbücher, Internet usw.) mehrere Fragen zum Thema „Warengeschäfte" auf Karten und formulieren Sie auf der Rückseite der jeweiligen Karte eine Musterlösung. Mischen Sie danach die Karten.
   c) Im Plenum zieht jeweils ein Team eine Karte und versucht, die Frage zu beantworten.
   d) Die Klasse baut abschließend mit den so entstandenen Karten (Fragen mit dazugehörigen Antworten) eine Lerndatenbank auf.

ZUSAMMENFASSUNG

- Das Konto **„Waren"**
  - → ist ein **aktives Bestandskonto**,
  - → erfasst den Anfangsbestand im Soll und den durch Inventur ermittelten Endbestand im Haben zu Einstandspreisen,
  - → wird über das Schlussbilanzkonto abgeschlossen.
- Der Warenverkehr wird auf zwei **Erfolgskonten** gebucht:
  - Konto **„Aufwendungen für Waren" (= Aufwandskonto)**
    - → Erfasst werden die Wareneinkäufe zu Einstandspreisen.
    - → Die Buchungen erfolgen im Soll.
    - → Der Saldo ist der Wareneinsatz (= verkaufte Waren bewertet zum Einstands- bzw. Bezugspreis).
    - → zeigt den Warenverkehr mit den Lieferern des Einzelhändlers
    - → wird über das GuV-Konto abgeschlossen
  - Konto **„Umsatzerlöse für Waren" (= Ertragskonto)**
    - → Erfasst werden die Wareneinkäufe zu Verkaufspreisen.
    - → Die Buchungen erfolgen im Haben.
    - → zeigt den Warenverkehr mit den Kunden des Einzelhändlers
    - → wird über das GuV-Konto abgeschlossen

222268230

- **Buchungen:**

	Buchungssatz
Wareneinkäufe werden im **Soll** erfasst:	**Aufwendungen für Waren** an Bestandskonto
Abschluss über GuV-Konto:	GuV-Konto an **Aufwendungen für Waren**
Warenverkäufe werden im **Haben** erfasst:	Bestandskonto an **Umsatzerlöse für Waren**
Abschluss über GuV-Konto:	**Umsatzerlöse für Waren** an GuV-Konto
Warenbestände **Anfangsbestand:**	Waren an Eröffnungsbilanzkonto
Schlussbestand lt. Inventur:	Schlussbilanzkonto an Waren

- **Ermittlung des Reingewinns**

	Umsatzerlöse (= verkaufte Waren zum Verkaufspreis)
./.	Wareneinsatz (= verkaufte Waren zum Einstandspreis)
=	**Warenrohgewinn** (bzw. Warenrohverlust)
+	übrige Erträge
./.	übrige Aufwendungen
=	**Reingewinn** (bzw. Reinverlust)

- Der auf dem Konto „Aufwendungen für Waren" ermittelte **Wareneinsatz** stellt für den Einzelhändler **Aufwand** dar.

KAPITEL 10

Wir bereiten die aus der Erfolgsrechnung stammenden Daten statistisch auf, ermitteln Kennziffern und werten sie aus

Der Vorstandsvorsitzende, Herr Rischmüller, möchte über bestimmte Größen der Filiale in Rostock eine Aufstellung haben. Die Ambiente-Warenhaus-AG-Filiale in Rostock weist mit ihren 12 000 m² Verkaufsfläche innerhalb der letzten 4 Jahre die folgenden Zahlen auf:

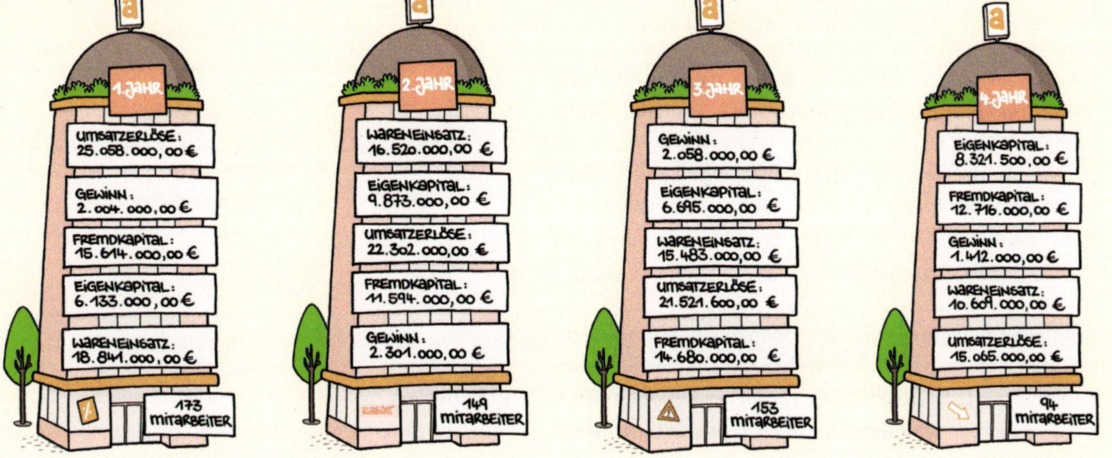

Die Unternehmensleitung beauftragt Sie, eine Informationsmappe zu erstellen, die ihr als zusätzliche Grundlage für wichtige demnächst anstehende Entscheidungen auf der nächsten Vorstandssitzung dienen soll.

Gleichzeitig bittet man Sie, getrennt für die 4 Geschäftsjahre die folgenden Kennzahlen zu ermitteln:
a) den Rohgewinn,
b) den Reingewinn,
c) den Umsatz pro Mitarbeiter und
d) den Umsatz pro Quadratmeter
und diese Ergebnisse den übrigen Unterlagen beizufügen.

1. Bereiten Sie das Zahlenmaterial der 4 Jahre übersichtlich geordnet in einer Tabelle auf.
2. Stellen Sie die Umsatz- und Gewinnentwicklung in einem optisch aussagekräftigen Kurvendiagramm dar.
3. Begründen Sie, worauf die Schwankungen des Umsatzes zurückzuführen sind.
4. Führen Sie auf, welche Gefahren Sie in ständig abnehmenden Umsatzerlösen sehen.
5. Machen Sie Vorschläge, was die Unternehmensleitung zur Erhöhung und Stabilisierung der Umsatzzahlen unternehmen könnte.

INFORMATION

Kontrolle und Auswertung von erfassten Unternehmensdaten

Für die von Herrn Rischmüller geforderten Aufstellungen benötigt man Daten. Neben der Buchführung, der Kosten- und Leistungsrechnung und der Planungsrechnung ist die **betriebliche Statistik** ein wichtiger Teil des Rechnungswesens (siehe Kap. 8.1). Hier wird wirtschaftlich wichtiges **Datenmaterial gesammelt, erfasst, aufbereitet und ausgewertet**. Die aus der Auswertung abzuleitenden unternehmerischen Maßnahmen können für den Einzelhändler von allergrößter Bedeutung sein, insbesondere in den Unternehmensbereichen Produktpolitik, Verkaufspolitik und Personalpolitik.

Die Statistik bedient sich verschiedenster Methoden und bietet verschiedene Darstellungsformen an.
Eine der wichtigsten Quellen für die Darstellung des Zahlenmaterials ist neben der **Bilanz** die **Gewinn- und Verlustrechnung**. Aus ihr lassen sich wichtige Daten entnehmen wie

- die Höhe der angefallenen Aufwendungen und Erträge,
- die Höhe des Erfolgs (Gewinn oder Verlust) sowie
- die einzelnen Veränderungen der Aufwendungen und Erträge im Zeitvergleich.

Auf der Grundlage der aus der Finanzbuchhaltung stammenden Zahlen werden **betriebswirtschaftliche Kennzahlen** ermittelt und mit denen früherer Perioden **(Zeitvergleich)** oder denen der gleichen Branche **(Branchenvergleich)** verglichen.

Dadurch erhält die Unternehmensführung wichtige Informationen über vergangene Entwicklungen und zukünftige Tendenzen in allen Unternehmensbereichen. Es können ferner betriebliche und außerbetriebliche Ursachen und wirtschaftliche Zusammenhänge besser erkannt und Maßnahmen zu ihrer Beseitigung oder Förderung eingeleitet werden.

Darstellungsformen statistischer Zahlen

Statistische Zahlen können in tabellarischer und in grafischer Form dargestellt werden.

1. Tabellen

Tabellen sind das meistbenutzte und zugleich einfachste Darstellungsmittel der Statistik. Sie werden eingesetzt, um Zahlen geordnet und übersichtlich darzustellen. Jede Tabelle hat einen Textteil (Überschrift, Kopf, Vorspalte) und einen Zahlenteil (Zellen).

Überschrift						
Zeile	Kopf zur Vorspalte					
	0	1	2	3	...	n
1					...	
2	Vorspalte		Zellen		...	
...					...	
n					...	

Kostenstruktur der Ambiente-Warenhaus-AG-Filiale in Nürnberg	
Aufwendungen für Waren	1.400.000,00 €
Werbungskosten	60.000,00 €
Betriebliche Steuern	80.000,00 €
Gehälter/Löhne	300.000,00 €
Mietaufwendungen	75.000,00 €
Zinsaufwendungen	25.000,00 €
	∑ 1.940.000,00 €

Dieses Zahlenmaterial kann allerdings mithilfe verschiedener Darstellungstechniken noch besser optisch aufbereitet werden.

2. Linien- oder Kurvendiagramme

In Linien- und Kurvendiagrammen („line-charts") lassen sich in erster Linie **zeitliche Entwicklungen** zeigen. Sie sollen den Zusammenhang zwischen unabhängigen Größen (z. B. Monaten) und abhängigen Werten (z. B. Absatz) darstellen (siehe auch Aufgabenteil Nr. 6).

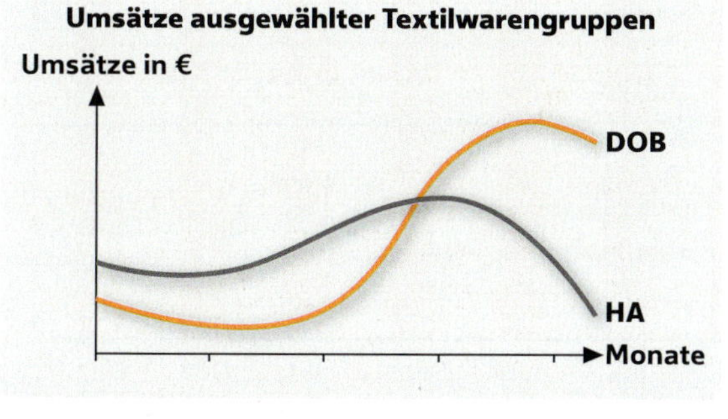

In ein Koordinatensystem werden die Zahlenwerte als Punkte oder kleine Kreuze eingetragen und dann durch Linien verbunden. Auf der **waagerechten Achse** (x-Achse oder Abszisse) wird das **statistische Merkmal Zeit** (z. B. Tage, Monate, Quartale, Jahre) festgehalten. Auf der **senkrechten Achse** (y-Achse oder Ordinate) findet man den **statistischen Zahlenwert** (z. B. Euro, Absatzmenge, Prozent, Umsatz).

Sollen in einem Koordinatensystem mehrere Entwicklungen bzw. Abläufe dargestellt werden, so werden die verschiedenen Linien entweder durch eine unterschiedliche Linien- und/oder Strichart oder durch unterschiedliche Farben sichtbar voneinander abgehoben.

3. Flächendiagramme

Flächendiagramme (Quadrat, Rechteck, Kreis, Dreieck) sind besonders geeignet, um **Anteile an einem Ganzen** zu veranschaulichen. Diese Form der grafischen Umsetzung eignet sich **nicht** für die Darstellung von Zeitreihen.

Kreisdiagramm (Tortendiagramm):
Diese Grafik macht Anteile von Teilbereichen (ggf. unter Angabe von absoluten Beträgen oder Prozentzahlen) sichtbar. Von der Möglichkeit des Heraushebens eines Kreissegments wird häufig Gebrauch gemacht.

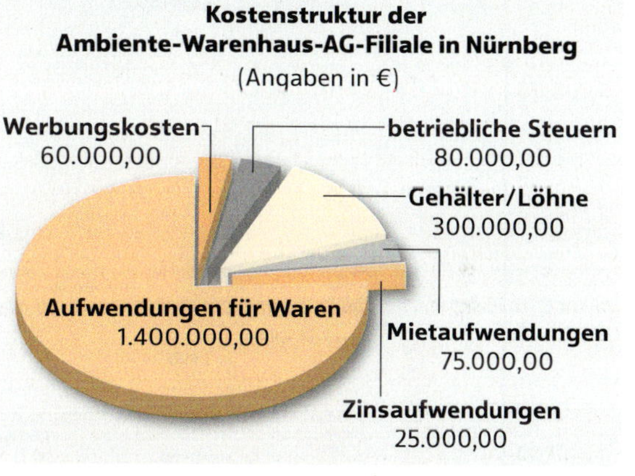

Das Kreisdiagramm veranschaulicht die Zusammensetzung der gesamten Kosten. Die Gesamtfläche des Kreises stellt die Gesamtkosten (= 1.940.000,00 €) dar. Bei einem Kreisdiagramm sind 360° = 100 %. Die Größe der einzelnen Kostenarten lässt sich mithilfe der Dreisatzrechnung errechnen.

BEISPIEL

1.940.000,00 € (Summe der Kosten) = 360° (oder 100 %)

1.400.000,00 € (Aufwendungen für Waren) = x° (oder x %)

$$x = \frac{360 \cdot 1.400.000,00}{1.940.000,00} = \underline{\underline{259,79°}}$$

4. Stab-, Säulen und Balkendiagramme

Wie beim Kurvendiagramm werden statistische Zusammenhänge in einem Koordinatensystem veranschaulicht.

Säulendiagramme

- zeigen Veränderungen über einen bestimmten Zeitraum oder
- ziehen Vergleiche zwischen zwei oder mehr untereinander in Beziehung stehenden Größen.

Daher sind diese Diagramme sehr gut geeignet, um

- die absolute Höhe der einzelnen Werte optisch hervorzuheben sowie
- mehrere abhängige Werte gleichzeitig und überschaubar darzustellen.

Die y-Achse sollte grundsätzlich bei null beginnen.

4.1 Stabdiagramm

Umsatzentwicklung für den Artikel „Ringbuchblätter A4" in der Ambiente-Warenhaus-AG-Filiale in Hannover

(Angaben in €)

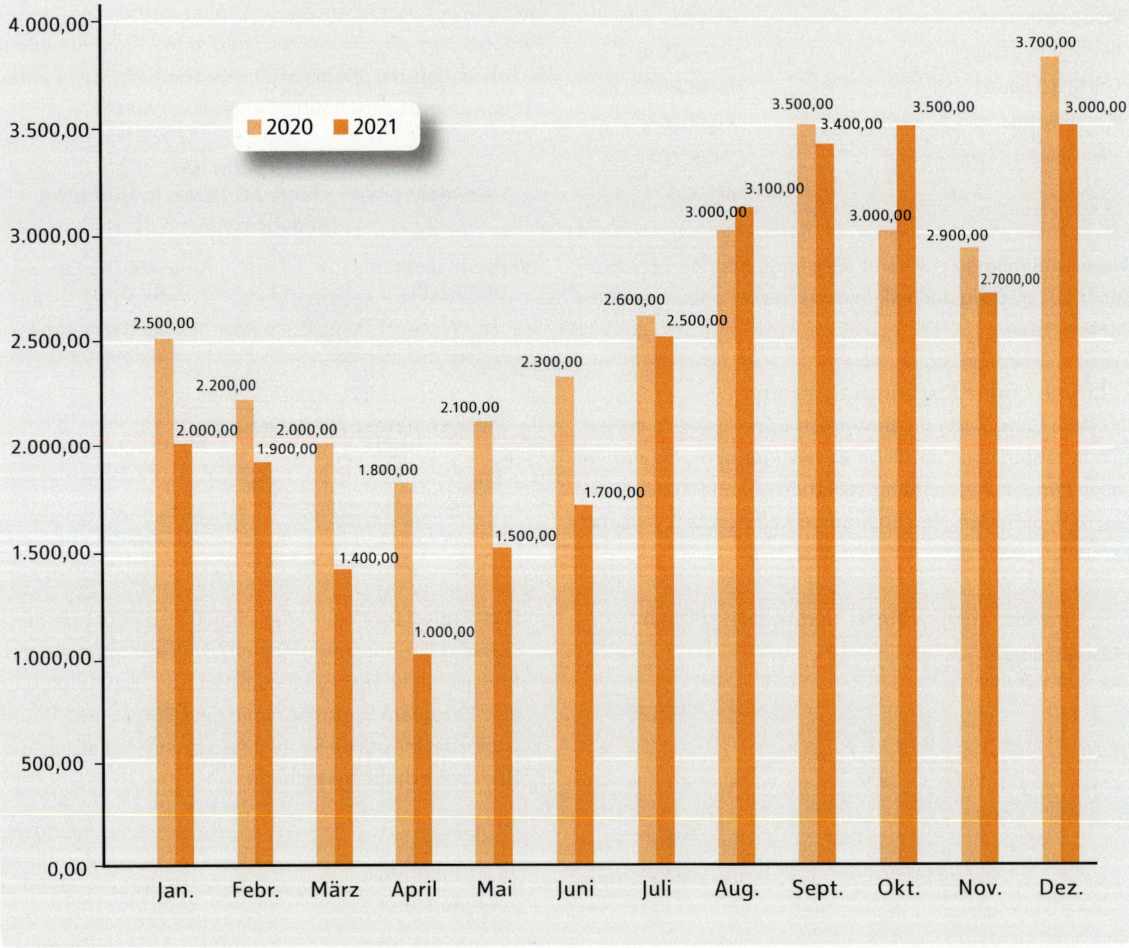

Die Höhe der abhängigen Werte ist durch die Höhe der rechteckigen Balken im Koordinatenkreuz dargestellt.

Durch unterschiedliche Farben oder unterschiedliche Schraffur der Balken ist es möglich, eine größere Anzahl von abhängigen Werten (nebeneinander) in einer Darstellung unterzubringen.

222268234

4.2 Säulen- oder Balkendiagramm

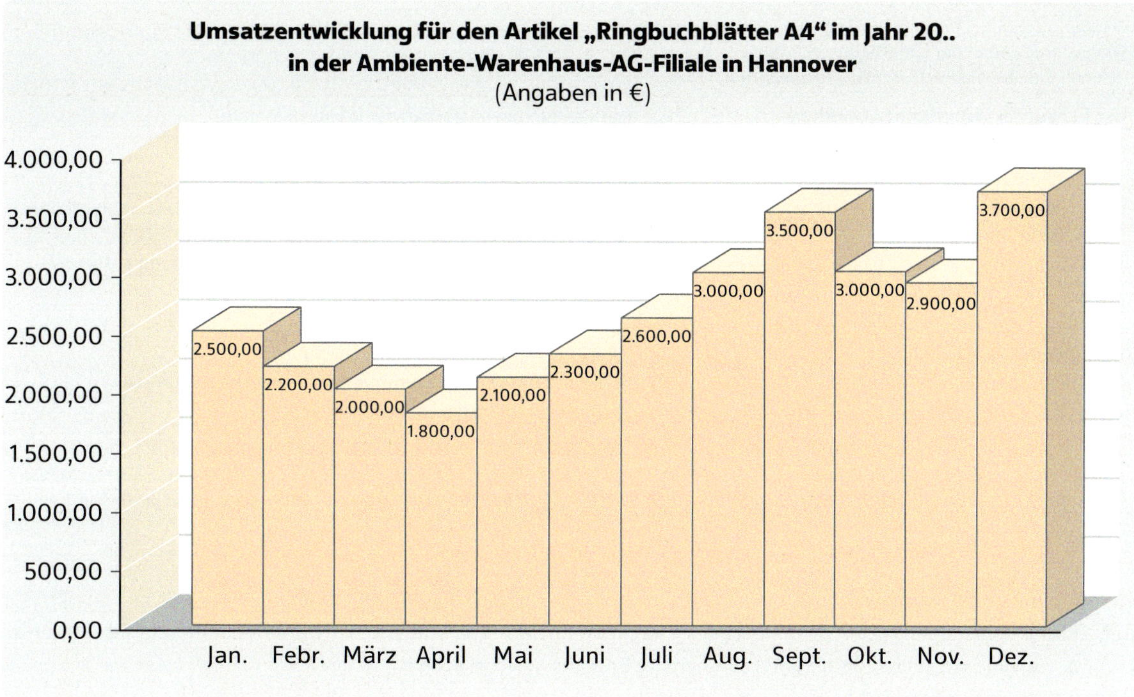

4.3 Gestapeltes Balkendiagramm

Beim gestapelten Balkendiagramm werden die einzelnen Balken mithilfe unterschiedlicher Schraffur oder Farbe in Teilflächen zerlegt.

Das Diagramm zeigt die Umsatzentwicklung der Warenwelten „Computer", „Hobby" und „Schöner schenken" in unterschiedlichen Farben.

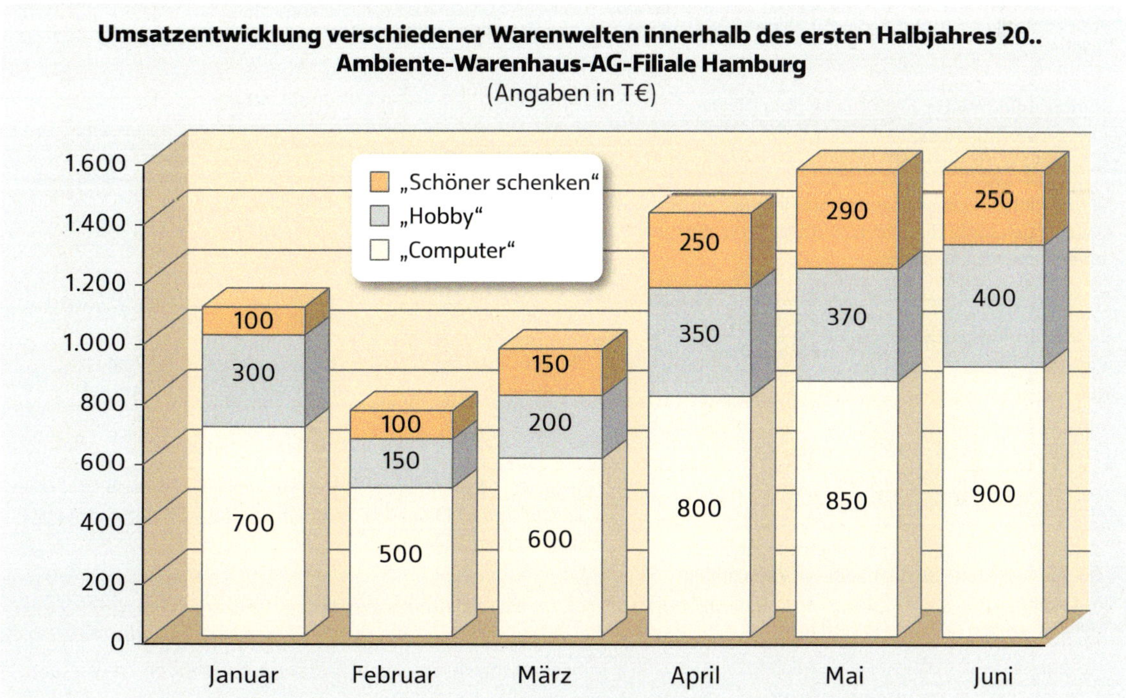

Bedeutung von Diagrammen

Nachdem die Aufbereitung der Daten abgeschlossen ist, folgt in einem zweiten Schritt die Auswertung.

Diagramme geben der Unternehmensleitung schnell und übersichtlich wichtige Hinweise auf:	BEISPIELE
den Verlauf der **bisherigen** Entwicklung	• Schwankungen im Verlauf der letzten 6 Monate • steigende oder fallende Umsatzraten • kontinuierlich steigende Personalkosten
die möglicherweise **zukünftig** eintretende Entwicklung (Trend)	• Einstellung von Zusatzpersonal für die stets umsatzstarken Monate November und Dezember • Sortimentserweiterungen bzw. Sortimentsbereinigung aufgrund veränderten Nachfrageverhaltens
den Zeitpunkt von auffälligen Bewegungen/ Veränderungen	• umsatzstärkster Wochentag • Tageszeit mit größtem Kundenandrang • Verkaufserfolge bei bestimmten Sonderveranstaltungen • Kundenreaktionen auf Werbemaßnahmen
den Zeitpunkt, zu dem Änderungen aufgrund eigener Zielvorgaben eingetreten sind	• Steigerung der Umsatzrentabilität ab Juni von 3,1 % (Ist-Wert) auf 4,5 % (Soll-Wert) • Senkung der Personalkosten ab Geschäftsjahr 3 um jährlich 4 %

Betriebliche Kennzahlen

Betriebliche Kennzahlen bieten die Möglichkeit, durch die Entwicklung statistischer Daten Abläufe und Strukturen zu kontrollieren und sich mit anderen Unternehmen der Branche zu vergleichen.

Kennzahlen im Bereich des Absatzes[1]	BEISPIELE
Personalproduktivität (Umsatz je Mitarbeiter) $= \frac{\text{Umsatzerlöse}}{\text{Anzahl der Verkaufsmitarbeiter}}$ • dient zur Mitarbeiterbeurteilung • Voraussetzung: Der Umsatz ist abhängig von der Leistung.	Der Umsatz in der Filiale Rostock im 2. Jahr wurde mit 149 Mitarbeitern erzielt: $\rightarrow \frac{22.302.000{,}00\ €}{149} = \underline{\underline{149.677{,}85\ €}}$ Das bedeutet, dass jeder Mitarbeiter im Durchschnitt fast 150.000,00 € Umsatz pro Jahr erzielt hat.
Raumproduktivität (Umsatz je m^2 Raumfläche) $= \frac{\text{Umsatzerlöse}}{\text{Verkaufsfläche in } m^2}$ • wird ermittelt für das gesamte Unternehmen, für einzelne Abteilungen sowie für unterschiedliche Verkaufsregale innerhalb einer Abteilung	$\rightarrow \frac{22.302.000{,}00\ €}{12\,000} = \underline{\underline{1.858{,}50\ €}}$ Pro m^2 Verkaufsfläche wurde ein Umsatz von 1.858,50 € pro Jahr erzielt.
Kundenproduktivität $= \frac{\text{Umsatzerlöse}}{\text{Kundenanzahl}}$	$\rightarrow \frac{22.302.000{,}00\ €}{106\,200} = \underline{\underline{210{,}00\ €}}$ Bei 106 200 Kunden pro Jahr hat jeder Kunde in der Rostocker Filiale im Durchschnitt Waren im Wert von 210,00 € gekauft.
Anzahl der Kunden pro Mitarbeiter (Kasse) $= \frac{\text{Anzahl der Kunden}}{\text{Anzahl der Mitarbeiter (Kassen)}}$ • dient zur Erstellung von Kassenbelegungsplänen • soll zur Auslastung der vorhandenen Kapazitäten beitragen • soll Wartezeiten der Kunden verringern	$\rightarrow \frac{106\,200}{149} = 712{,}8 = \underline{\underline{713}}$ Jeder der 149 Mitarbeiter im Verkauf hat in der Rostocker Filiale im Durchschnitt 713 Kunden innerhalb des Betrachtungszeitraumes (hier: 2. Jahr) bedient.

1 Rentabilitätskennzahlen und Wirtschaftlichkeit werden im Lernfeld 11 im 3. Band von „Handeln im Handel" thematisiert.

222268236

AUFGABEN

1. In der Ambiente Warenhaus AG stellt sich der Umsatz des Jogginganzuges „Ambi-Pro" (EAN 4024010404180) in den ersten Monaten wie folgt dar:

Monat	Umsatzerlöse in €
Januar	22.000,00
Februar	21.000,00
März	18.000,00
April	24.000,00
Mai	27.000,00
Juni	36.000,00

a) Berechnen Sie die Veränderungen von einem Monat zum nächsten
- in Euro,
- in Prozent.

b) Wie viel Prozent liegen die Umsatzerlöse im Juni über denen im Januar?

c) Stellen Sie die Umsatzentwicklung (in Euro) der Monate Januar bis Juni dar in Form
- eines Kurvendiagramms,
- eines Balkendiagramms.

d) Nehmen Sie Ihr Ergebnis der vorherigen Aufgabe c) (Darstellung mithilfe des Balkendiagramms) als Grundlage, um nun zusätzlich die monatlichen Umsatz**zuwächse** grafisch zu veranschaulichen.
Benutzen Sie für die gestalterische Umsetzung das **gestapelte Balkendiagramm**.

2. Aus der Buchhaltung der Ambiente Warenhaus AG sind für das zweite Halbjahr der Wareneinsatz und die Umsatzerlöse für die Warengruppe Büromaterial entnommen worden:

Monat	Warenerlöse in €	Umsatzerlöse in €
Juli	135.000,00	225.000,00
August	150.000,00	240.000,00
September	135.000,00	210.000,00
Oktober	155.000,00	223.000,00
November	150.000,00	265.000,00
Dezember	145.000,00	233.000,00

a) Stellen Sie den Wareneinsatz und die Umsatzerlöse in einem **gemeinsamen Balkendiagramm** dar.

b) Erläutern Sie die Kurvenverläufe.

c) Berechnen Sie die prozentualen Veränderungen der Wareneinsätze und der Umsatzerlöse.

d) Stellen Sie beide unter c) ermittelten Zahlenreihen in **getrennten Liniendiagrammen** dar.

e) Berechnen Sie
- den prozentualen Anteil des Rohgewinns am Wareneinsatz,
- die Handelsspanne,
- den Wareneinsatz in Prozent vom Umsatz.

3. a) Ermitteln Sie die Prozentanteile der auf Seite 233 im Kreisdiagramm dargestellten Kostenarten („Kostenstruktur der Ambiente-Warenhaus-AG-Filiale in Nürnberg").

b) Stellen Sie die ermittelten Prozentsätze mithilfe eines Stabdiagramms dar.

c) Welche Kosten würden Sie reduzieren, um die Konkurrenzfähigkeit des Unternehmens zu erhöhen? Machen Sie Vorschläge zur Kostensenkung im von Ihnen ausgewählten Bereich (oder in mehreren Bereichen).

4. Der Absatz der Espressomaschine „Enzo Galvani" (EAN 4021002125016) hatte in der Ambiente Warenhaus AG bisher die folgende Absatzentwicklung:

Monat	Stückzahl
März	83
April	110
Mai	400
Juni	420
Juli	350
August	200
September	130

a) Berechnen Sie den Gesamt**umsatz** von März bis September, wenn der Verkaufspreis 65,00 € pro Stück beträgt.

b) Wie lautet der Buchungssatz für den Abschluss des Kontos „Umsatzerlöse für Waren", wenn im September ein vorläufiges Zwischenergebnis ermittelt werden soll? (Hinweis: Es wird angenommen, dass die Summe der Verkaufserlöse auf dem Konto UfW aus dem unter a) errechneten Gesamtumsatz besteht.)

c) Wie hoch ist der Rohgewinn, der mit der Espressomaschine in diesem Zeitraum erzielt wurde? Der Einkaufspreis für den Kaffeeautomaten beträgt 36,00 €.

d) Stellen Sie die Entwicklung des Absatzes in einem **Liniendiagramm** dar.

e) Worauf führen Sie die Absatzschwankungen bei der Espressomaschine zurück?

f) Die Konkurrenz der Ambiente Warenhaus AG hat die gleiche Maschine im Sortiment. Aufgrund einer in Auftrag gegebenen Marktforschung hat ein Vergleich mit der Konkurrenz ergeben, dass diese den Artikel insbesondere in den letzten 14 Tagen preisgünstiger anbietet.
   - Welche betrieblichen Maßnahmen würden Sie der Ambiente-Warenhaus-AG-Geschäftsführung empfehlen, um den Absatz dieses Küchengeräts wieder anzukurbeln?
   - Nennen Sie zu Ihren Vorschlägen auch die möglichen wirtschaftlichen Konsequenzen für die Ambiente Warenhaus AG.

5. Für die sich in 80 Städten befindenden 133 Filialen der Ambiente Warenhaus AG liegen die folgenden Durchschnittwerte pro Filiale – bezogen auf die letzten 4 Jahre – vor:
   - 11 280 m^2 Verkaufsfläche
   - 203 Mitarbeiter
   - Umsatz 29.324.000,00 €.

   a) Ermitteln Sie für die Rostocker Filiale (siehe Einstiegsbeispiel) den durchschnittlichen Wert aller vier Berichtsjahre für:
      - den Umsatz,
      - die Mitarbeiterzahl,
      - den Umsatz pro Mitarbeiter,
      - den Umsatz pro m^2 Verkaufsfläche.

   b) Ermitteln Sie den Umsatz pro Mitarbeiter und pro Quadratmeter für das gesamte Unternehmen (Grundlage sind die Durchschnittswerte pro Filiale).

   c) Stellen Sie anschließend in einer Tabelle Ihre Ergebnisse aus Aufgabe a) den Durchschnittswerten aus Aufgabe b) gegenüber.

   d) Ermitteln Sie die Abweichungen in Euro und in Prozent im Rahmen der erstellten Tabelle. Benutzen Sie das Tabellenkalkulationsprogramm Excel.

   e) Stellen Sie den durchschnittlichen Umsatz pro Mitarbeiter und Jahr in Rostock in einem **Liniendiagramm** dar (Grundlage sind die 4 Jahre des Einstiegsfalles).

   f) Stellen Sie **im gleichen Diagramm** den statistischen Durchschnittsumsatz pro Mitarbeiter aller 133 Filialen als Liniendiagramm grafisch dar und vergleichen Sie den Verlauf beider Kurven. Welche Schlussfolgerungen lassen sich hieraus ableiten?

6. Für die einzelnen Monate des abgelaufenen Geschäftsjahres ist mithilfe der betrieblichen Kennzahl der Umsatz pro Mitarbeiter und Tag festgestellt worden:

Monat		Monat	
Januar	430,00 €	Juli	570,00 €
Februar	470,00 €	August	530,00 €
März	478,00 €	September	620,00 €
April	490,00 €	Oktober	580,00 €
Mai	420,00 €	November	590,00 €
Juni	530,00 €	Dezember	690,00 €

   a) Stellen Sie die Entwicklung der Umsatzzahlen **in Prozent** in einem Säulendiagramm dar.

   b) Welche Entwicklung (Trend) lässt sich aus dem Gesamtverlauf der Umsätze pro Mitarbeiter feststellen?

   c) Welche Gründe können für diese Entwicklung maßgebend sein?

7. Am Umsatz eines Einzelhandelsunternehmens sind beteiligt: die Warengruppen A mit 55 %, B mit 30 % und C mit 15 %.

   Stellen Sie die einzelnen Umsatzteile mithilfe eines **Flächendiagramms** nach folgendem Muster dar:

   Anteil der Waren A, B, C und D am Jahresumsatz:

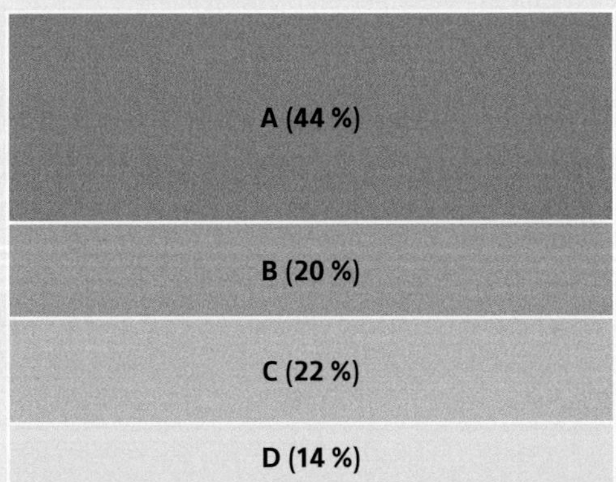

8. Betrachten Sie die Darstellung (siehe folgende Seite oben) über den Umsatz im Onlinehandel.

   a) Berechnen Sie,
      - wie hoch der Umsatz in den Warengruppen „Bekleidung“ und „Bücher, E-Books, Hörbücher“ im Vorjahr (2019) war,
      - um wie viel Prozent der Umsatz im Jahr 2020 in der Warengruppe „Elektronik, Telekommunikation“ über dem Umsatz der Warengruppe „Computer, Zubehör, Software “ lag.

222268238

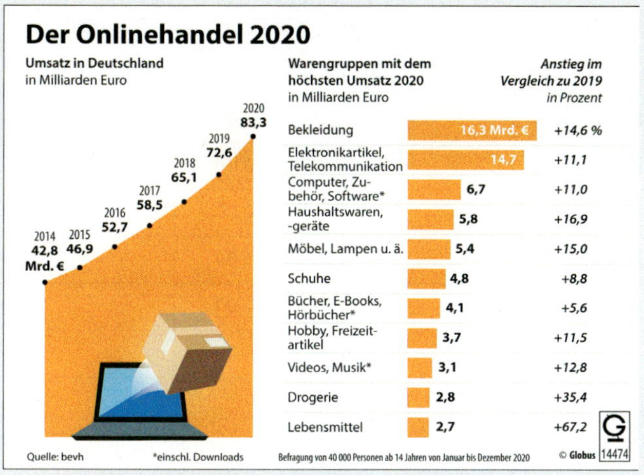

b) Berechnen Sie den prozentualen Anteil der drei umsatzschwächsten Warengruppen, gemessen am Umsatz aller elf Warengruppen zusammengenommen.

c) Berechnen Sie
- den durchschnittlichen Umsatz sowohl der beiden umsatzstärksten Warengruppen als auch der vier umsatzschwächsten Warengruppen und anschließend
- die prozentuale Differenz zwischen diesen beiden Durchschnittswerten.

d) Warum ist es nicht möglich, die Kundenproduktivität der einzelnen Warengruppen zu ermitteln?

9. Betrachten Sie die unten stehende **Verkaufsstatistik:**

a) Ermitteln Sie die fehlenden Zahlen.

b) Errechnen Sie die innerhalb dieses Jahres stattgefundene prozentuale Veränderung von „Anzahl der Verkäufer" und „Umsatz je Verkäufer".

c) Vergleichen Sie die beiden Ergebnisse aus Aufgabe b) und erklären Sie den Zusammenhang zwischen den beiden stattgefundenen Wertveränderungen.

d) Erklären Sie im Bereich V (Fläche) die wertmäßigen Veränderungen und ihren möglichen Zusammenhang.

e) Nennen Sie allgemeine Gründe für eine Veränderung der Kundenzahl. Wie sieht die Situation im vorliegenden Beispiel aus?

f) Worauf könnte es zurückzuführen sein, dass die Kundenzahl abnimmt und dennoch der Umsatz pro Verkäufer ansteigt?

10. Ihnen liegt die auf der folgenden Seite stehende **Kostenstatistik** vor:

a) Ermitteln Sie die fehlenden Prozentsätze unter Beachtung der Zahlen aus Aufgabe 9.

b) Stellen Sie die Kostenarten der beiden August-Monate unter Zugrundelegung der ermittelten Prozentsätze in einem Kreisdiagramm dar.

c) Berechnen Sie den jeweils erzielten Reingewinn in den beiden vorliegenden Monaten.

d) Wie hoch ist die prozentuale Veränderung des Reingewinns?

e) Ermitteln Sie für beide Monate den Rohgewinn.

f) Worauf führen Sie die vorliegende Veränderung des Rohgewinns zurück?

Verkaufsstatistik zu Aufgabe 9.:

		August letzten Jahres	August dieses Jahres
I	Gesamtumsatz	1.100.000,00 €	900.000,00 €
II	Verkaufstage	27	?
	Umsatz je Verkaufstag	?	32.142,86 €
III	Kundenzahl	4 608	?
	Umsatz je Kunde	?	300,00 €
IV	Anzahl der Verkäufer	6	?
	Umsatz je Verkäufer (im Monat)	?	225.000,00 €
	Kundenzahl je Verkäufer (pro Tag)	?	?
V	Verkaufsfläche in m^2	355	?
	Umsatz je m^2	?	3.103,45 €

Kostenstatistik zu Aufgabe 10.:	August letzten Jahres		August dieses Jahres	
Kostenarten	**€**	**% vom Umsatz**	**€**	**% vom Umsatz**
Aufwendungen für Waren	640.000,00		600.000,00	
Gehälter/Löhne	50.000,00		39.600,00	
Betriebliche Steuern	12.000,00		9.000,00	
Mietaufwendungen	20.000,00		14.000,00	
Werbungskosten	15.000,00		18.000,00	
Zinsaufwendungen	6.000,00		7.500,00	
Gesamtkosten				

g) Machen Sie Vorschläge, wie das Unternehmen seine wirtschaftliche Situation in Zukunft erhöhen könnte.

11. Die „Aufwendungen für Waren" haben sich in einem Einzelhandelsunternehmen innerhalb des letzten halben Jahres wie folgt entwickelt:

Monat	€
Januar	40.300,00
Februar	38.000,00
März	35.000,00
April	42.000,00
Mai	43.500,00
Juni	45.000,00

Im gleichen Zeitraum des Jahres zuvor zeigten die Aufwendungen für den Einkauf das folgende Bild:

Monat	€
Januar	34.700,00
Februar	36.000,00
März	38.900,00
April	39.500,00
Mai	37.000,00
Juni	35.500,00

a) Worauf führen Sie die Schwankungen innerhalb der ersten 6 Monate in beiden Jahren zurück?

b) Stellen Sie die Entwicklung der Aufwendungen beider Jahre **nebeneinander** in einem Blockdiagramm dar.

12. In den Fachgeschäften des Einzelhandels entfielen von jeweils 100,00 € auf

- Aufwendungen für Waren .... 62,30 €
- Personalkosten .... 10,20 €
- Umsatzsteuer .... 11,30 €
- Miete .... 2,95 €
- sonstige Aufwendungen .... 9,40 €
- Gewinn .... 3,85 €

Stellen Sie diese Zahlenwerte mithilfe eines aussagekräftigen Diagramms dar.

13. Welche betrieblichen Statistiken können durch das Warenwirtschaftssystem bereitgestellt werden?

14. Für welche Bereiche des Einzelhandelsunternehmens ist die Erstellung und Auswertung von statistisch aufbereitetem Datenmaterial von Bedeutung?

15. In der Frankfurter Ambiente-Warenhaus-AG-Filiale wurden in der Warenwelt „Dessous" für den Monat Mai die auf der folgenden Seite stehenden Tagesumsätze registriert (Angaben in T€):

a) Ermitteln Sie für den Monat Mai des lfd. Geschäftsjahres die Höhe der durchschnittlichen Umsätze pro Wochentag (Mo.–Sa.). Ergebnisse bis 2 Stellen nach dem Komma.

b) Stellen Sie die durchschnittlichen Tagesumsätze des Monats Mai von Vor- und Berichtsjahr in einem Diagramm Ihrer Wahl dar.

c) Begründen Sie die Wahl Ihrer grafischen Darstellung.

16. Betrachten Sie die Umsatzentwicklung der „Ringbuchblätter", dargestellt im Stabdiagramm auf Seite 234. Nennen Sie mindestens drei mögliche außerbetriebliche und drei mögliche innerbetriebliche Ursachen für den Umsatzrückgang von Januar bis April 2021 im Vergleich zum gleichen Zeitraum des Jahres 2020.

222268240

Übersicht zu Aufgabe 15

Tag	⌀ Tagesumsätze im Mai des Vorjahres	Tagesumsätze im Mai während des laufenden Geschäftsjahres			
		1. Woche	2. Woche	3. Woche	4. Woche
Mo.	3	2	4	4	3
Di.	4	6	3	5	3
Mi.	5	3	5	4	6
Do.	3	2	3	3	4
Fr.	6	6	8	5	6
Sa.	4	3	5	5	2

AKTIONEN

1. Die Gewinnentwicklung im Einzelhandel war bis 2021 rückläufig. Um die Ursachen hierfür festzustellen, lässt Herr Manzau von der Radsport Manzau OHG von seiner Mitarbeiterin im Rechnungswesen, Frau Vogt, eine Grafik mit der prozentualen Gewinnentwicklung für sein Unternehmen seit dem Jahr 2017 erstellen.
   a) Worin könnten Ihrer Meinung nach die Ursachen für den rückläufigen Gewinn liegen?
   b) Berechnen Sie den Gewinn der Jahre 2017 bis 2021 in Euro, wenn 2022 die Gewinn- und Verlustrechnung des Einzelhändlers einen Reingewinn von 39.000,00 € ausgewiesen hat.

2. Für drei Kassenzonen der Ambiente-Warenwelt „Lesen" in Schönstadt liegen die auf der nächsten Seite folgenden Zahlen vor (Tabelle).

   Stellen Sie die Daten wie folgt grafisch dar:
   a) die Jahresumsätze aller drei Kassenzonen in einem Kreisdiagramm,
   b) die monatlichen Umsätze für jede Kasse als Balkendiagramm,
   c) die Kundenzahlen für jede Kassenzone im Ablauf des Jahres (Januar bis Dezember) in einem gemeinsamen mehrfarbig gestalteten Stabdiagramm,

Entwicklung des Reingewinns der Radsport Manzau OHG (Angaben in %)

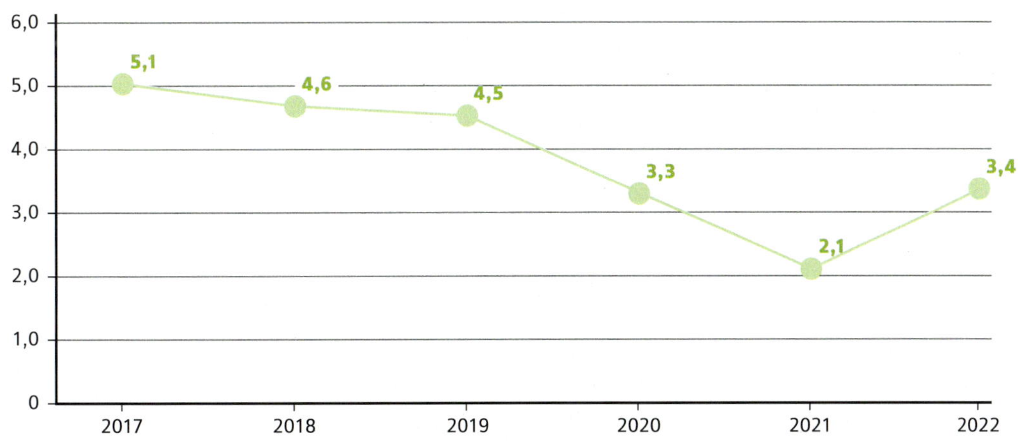

(Der Gewinn in Euro ergibt sich aus der Differenz von Erlös [Umsatz] und Kosten: Gewinn = Umsatz ./. Kosten.)

zu 2.:	Kassenzone I		Kassenzone II		Kassenzone III	
	Kundenzahl	Umsatz in €	Kundenzahl	Umsatz in €	Kundenzahl	Umsatz in €
Jan.	1 728	24.200,00	1 620	26.300,00	1 172	13.200,00
Febr.	1 530	22.600,00	1 440	18.400,00	989	10.500,00
März	1 620	23.700,00	1 170	21.000,00	960	11.600,00
April	1 710	28.400,00	1 710	23.200,00	725	9.500,00
Mai	1 890	21.600,00	1 350	21.100,00	920	13.200,00
Juni	1 440	23.200,00	990	16.800,00	998	13.700,00
Juli	1 080	20.500,00	1 890	24.200,00	1 180	20.600,00
Aug.	1 893	22.600,00	1 350	21.200,00	975	15.800,00
Sept.	1 625	21.600,00	1 440	22.600,00	1 080	18.400,00
Okt.	1 398	18.400,00	635	10.500,00	830	14.700,00
Nov.	1 085	14.700,00	825	13.200,00	385	5.300,00
Dez.	1 980	25.800,00	1 715	25.300,00	1 200	10.600,00
Summe						

d) den Umsatz je Kunden und Monat für jede Kassenzone in drei getrennten Liniendiagrammen.

e) Ermitteln Sie die (auf das Jahr bezogene) Kundenproduktivität der Kassenzonen I, II und III.

3. Lesen Sie den folgenden Auszug aus einer Pressemeldung:

> **Weniger Geld für Konsum**
>
> **Umsätze im Einzelhandel sinken weiter/ Kaufhäuser mit 5,5 % im Minus**
>
> Wiesbaden/Berlin (afp/hk). Die Rekordarbeitslosigkeit und die Furcht vor Jobverlust hat die Kauflaune der Bundesbürger zu Jahresbeginn weiter getrübt. Die Umsätze im Einzelhandel gingen im Januar um 0,2 % im Vergleich zum Vorjahresmonat zurück [...]. Volle Tüten werden seltener: Die Verbraucher sparen auch beim Lebensmitteleinkauf [...]. Für den Einzelhandel eine tragische Entwicklung [...].

Informieren Sie sich angesichts der Bedeutung des Konsumverhaltens der Verbraucher für den Einzelhandel auf der Homepage des Statistischen Bundesamtes über die **monatlichen Ausgaben für den privaten Konsum** (aktuelles Jahr).

a) Stellen Sie die einzelnen Ausgabenbereiche der Konsumenten fest und übertragen Sie sie – ausgedrückt in Euro – in eine übersichtliche Tabelle.

b) Stellen Sie anschließend die Einzelposten der Konsumausgaben in einem gestapelten Balkendiagramm dar. Ermitteln Sie zuvor für die verschiedenen Ausgabenpositionen die Prozentsätze (rechnerische Bezugsgrundlage: die Gesamtsumme, die den Haushalten für den privaten Konsum zur Verfügung steht).

c) Vergleichen Sie Ihre Werte mit den entsprechenden Monatsdaten in den beiden Jahren vor diesem Betrachtungszeitraum. Welche Schlussfolgerungen lässt dieser Zeitvergleich zu?

4. Betrachten Sie das Schaubild auf Seite 243 oben.

a) Beschreiben Sie die grafische Darstellung.

b) Führen Sie mögliche Gründe an für die gegensätzliche Entwicklung bei den Werbeeinnahmen für die Werbeträger „Zeitungen" einerseits und „Online" andererseits.

222268242

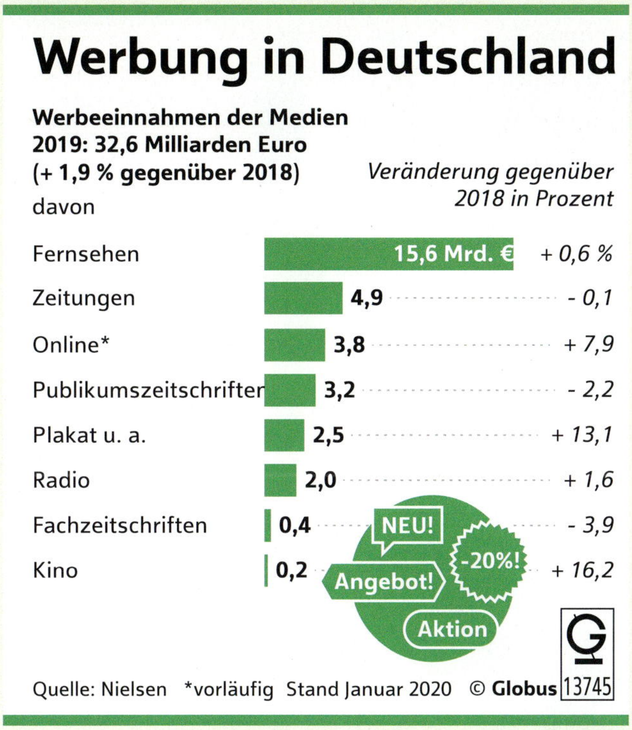

ZUSAMMENFASSUNG

- **Kennzahlen des Absatzbereichs**

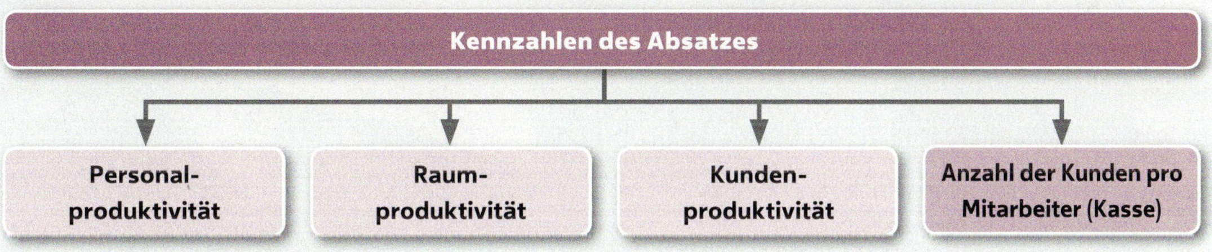

- **Grafische Darstellungen:**
  - **Linien- oder Kurvendiagramme**
    - eignen sich, wenn viele zeitabhängige Daten dargestellt bzw. zwei oder mehr Datenreihen verglichen werden sollen,
    - sind gut geeignet, um Trends aufzuzeigen.
  - **Flächendiagramme** (Quadrat, Rechteck, Kreis, Dreieck)
    eignen sich, wenn die Struktur eines Gesamtwertes dargestellt werden soll (nicht einsetzbar zur Veranschaulichung von Zeitreihen!).
  - **Stab-, Säulen- und Balkendiagramme**
    heben die absolute Höhe der Einzelwerte besonders gut hervor.
  - **gestapelte Balkendiagramme**
    demonstrieren die Entwicklung eines Gesamtwertes. Gleichzeitig ist es möglich, die den Gesamtwert ausmachenden **Einzelwerte** darzustellen.

9 PREISPOLITISCHE MASSNAHMEN VORBEREITEN UND DURCHFÜHREN

Preispolitische Maßnahmen vorbereiten und durchführen

Lernsituation

Die Larstadt AG ist der größte Mitbewerber der Ambiente Warenhaus AG in Schönstadt. Durch die folgende Preisaktion versucht die Larstadt AG Kunden zu gewinnen und ihren Umsatz zu erhöhen:

Besteck-Garnitur LINDAU
68-teilig, für 12 Personen
Cromargan
im Aluminium-Koffer
~~621,70* €~~
349,00 €

Besteck-Garnitur CAPRICCIO
30-teilig, für 10 Personen
Cromargan
im Geschenkkarton
~~292,20* €~~
99,00 €

Besteck-Garnitur BRÜSSEL
68-teilig, für 12 Personen
Cromargan
im Geschenkkarton
~~756,90* €~~
299,00 €

Mikrofaser-Top
Mit Spaghettiträgern,
in vielen modischen Farben
Gr. 38–48
nur in Ihrer Filiale erhältlich
9,95 €

Krempel-Jeans
Stretch-Denim mit
dekorativen Gürtelschlaufen
Gr. 36–46
nur in Ihrer Filiale erhältlich
35,95 €

Feinstrick-Pulli
Edle Viskose-
Mischung,
rosé,
3/4 Arm
19,95 €

Die Leiterin des Funktionsbereichs Verkauf/Absatz der Ambiente Warenhaus AG, Bärbel Hauck, weiß, dass sich die Preisaktion des Mitbewerbers negativ auf den Umsatz der Ambiente Warenhaus AG auswirken kann, wenn die Ambiente Warenhaus AG auf diese Aktion nicht angemessen reagiert.

Frau Hauck bittet deshalb die Auszubildenden Britta Krombach, Robin Labitzke, Anja Maibaum und Lars Panning, eine Preisaktion der Ambiente Warenhaus AG vorzubereiten.

Versetzen Sie sich in die Rolle von Britta Krombach, Robin Labitzke, Anja Maibaum oder Lars Panning und erarbeiten Sie gemeinsam mit drei Schülerinnen und Schülern Ihrer Klasse ein Konzept für diese Preisaktion.

1. Wählen Sie dazu aus der Artikelübersicht des Warenwirtschaftssystems der Ambiente Warenhaus AG Artikel für eine Preisaktion aus.
2. Ermitteln Sie die Bezugs- und Selbstkostenpreise für diese Artikel. Nutzen Sie dazu das Warenwirtschaftssystem.
3. Legen Sie die Verkaufspreise für diese Artikel fest.
4. Gestalten Sie eine Anzeige für die Preisaktion.
5. Bereiten Sie die Preisauszeichnung der Aktionsartikel vor.

Preiskalkulation

Artikelübersicht | Verkaufspreis | Bezugspreis

Artikel suchen
- EAN
- Bezeichnung

EAN	Bezeichnung	VK-Preis	Rabatt	EK-Preis
4021003131030	Besteckgarnitur "Siebeck"	133,34	15,00	45,60
4021003131061	Blumentopf "Madeira"	27,73	5,00	11,16
4021003131078	Papiertischdecke Winterwunder	4,40	20,00	1,23
4021003131085	Stoffservietten "Country"	4,40	10,00	1,23
4021004141052	Kerzenhalter "Winterstimmung"	9,82	20,00	3,06
4022004141097	Verstärkungsringe	3,25	0,00	1,35
4022005252068	Lego-Set "Autobahn"	27,28	20,00	8,50
4022005252075	Spiel "Die große Spielesammlung	21,47	10,00	7,99
4022006262080	Puppe "Lara"	9,00	5,00	3,15
4022006262097	**Puppe "Anya"**	45,49	12,00	16,38
4023007373126	Ringbuchblätter A4	1,80	10,00	0,55
4023007373140	Pelikan-Kuli	1,80	12,00	0,51
4023008383117	Pelikan-Etui	13,60	15,00	3,69
4024009494161	Holzfällerhemden, Farbe sortier	13,30	15,00	3,91
4024009494178	Damenpullover "Elle"	34,23	10,00	12,75
4024010404159	Boxershirts, Gr. L 100 % Baum	8,85	10,00	2,68
4024010404180	Jogginganzug,	45,00	5,00	23,75
4035641978643	Radiergummi	0,76	0,00	0,33
4045678876546	Tipp-Ex	1,72	0,00	0,72

Hinweis

Hier kann der Artikel für die Kalkulation gesucht werden.

Die Suche kann über die EAN oder über die Artikelbezeichnung erfolgen. Markieren Sie die entsprechende Option und geben Sie den Suchbegriff ein.

Die Bezugskalkulation für diesen Artikel erfolgt im Register "Bezugspreis". Der Verkaufspreis kann im Register "Verkaufspreis" kalkuliert werden.

Bei der Lösung des Arbeitsauftrags helfen Ihnen die Informationen in den folgenden Kapiteln.

KAPITEL 1

Bei der Festlegung unserer Verkaufspreise beachten wir betriebsexterne Einflussgrößen

In der Ambiente Warenhaus AG werden in der Warenwelt „Lebensmittel“ Kartoffeln aktuell zu 0,70 € je 2,5-kg-Beutel angeboten. Das war nicht immer so, wie man in der Verwaltung (Preiskalkulation) der Ambiente Warenhaus AG weiß und was die folgende Übersicht nachhaltig belegt:

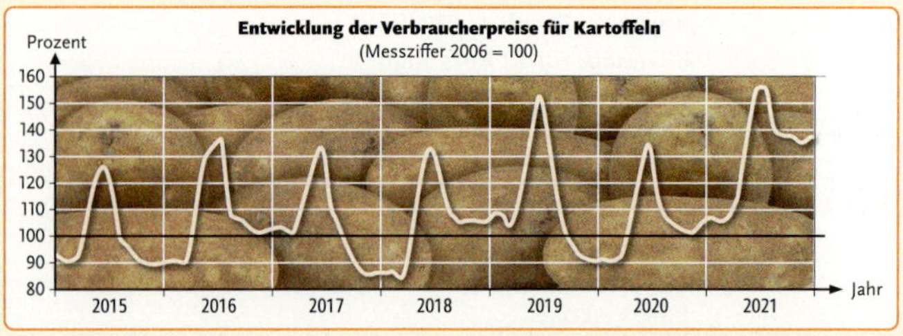

Erklären Sie, wie man in der Ambiente Warenhaus AG bei der Preisgestaltung für Kartoffeln zu einem derartigen Auf und Ab der Angebotspreise kommt.

1. Betrachten Sie bei Ihrer Antwort insbesondere die Einflüsse auf die Verkaufspreise, die nicht innerhalb der Ambiente Warenhaus AG zu finden sind, sondern von außen auf das Unternehmen wirken.

2. Stellen Sie heraus, auf welche Art und Weise diese betriebsexternen Größen (die Sie unter 1. genannt haben) die Preispolitik des Unternehmens beeinflussen können.

INFORMATION

Bei der Festlegung der Verkaufspreise muss die Kostensituation des Einzelhandelsbetriebs berücksichtigt werden. Grundsätzlich müssen die Verkaufspreise langfristig die Gesamtkosten (Einstandspreise zuzüglich Handlungskosten) decken.

Bei der Preisgestaltung muss der Einzelhändler neben seiner **innerbetrieblichen Kostensituation** eine Reihe **außerbetrieblicher Einflussgrößen** beachten. Dazu gehören besonders

- die Beschaffungskosten,
- Preisempfehlungen der Hersteller,
- die Marktstruktur,
- das Verhalten der Kunden, das in den Elastizitäten der Nachfrage zum Ausdruck kommt,
- die gesamtwirtschaftliche Entwicklung und
- gesetzliche Bestimmungen.

Preisempfehlungen des Herstellers

Preisempfehlungen des Herstellers sind unverbindliche Empfehlungen an den Handel, zu diesen Preisen zu verkaufen. Der Händler ist an diese Empfehlung nicht gebunden. Unverbindliche Preisempfehlungen sind gesetzlich zulässig. Eine verbindliche **Preisbindung** durch den Hersteller ist gesetzlich nur noch bei Verlags- und Pharmaerzeugnissen erlaubt.

Marktstruktur

DEFINITION

Unter einem **Markt** versteht man jedes Zusammentreffen von Angebot und Nachfrage für ein bestimmtes Wirtschaftsgut.

Die Marktstruktur ist durch die Anzahl der sich auf einem Markt gegenüberstehenden Anbieter und Nachfrager gekennzeichnet.

Auf einem Markt können Waren von **vielen, wenigen** oder nur **einem Anbieter** angeboten und von vielen, wenigen oder nur **einem Nachfrager** nachgefragt werden.

Die Kombination der drei Möglichkeiten der Nachfrage- und Angebotsseite ergibt folgendes **Marktformenschema**:

Anbieter / Nachfrager	viele	wenige	einer
viele	vollständige Konkurrenz (Polypol)	Angebotsoligopol	Angebotsmonopol
wenige	Nachfrageoligopol	zweiseitiges Oligopol	beschränktes Angebotsmonopol
einer	Nachfragemonopol	beschränktes Nachfragemonopol	zweiseitiges Monopol

Typische Marktformen für den Handel sind die **vollständige Konkurrenz** und das **Angebotsoligopol**:

- Bei der **vollständigen Konkurrenz** ist der Einfluss des einzelnen Anbieters auf das Zustandekommen des Marktpreises so gering, dass von ihm vorgenommene Preisänderungen keine Auswirkungen auf die Mitbewerber haben.
- Beim **Angebotsoligopol** ist der Marktanteil eines Anbieters so groß, dass seine preispolitischen Maßnahmen den Absatz der Mitanbieter fühlbar beeinflussen. In diesem Fall muss der Einzelhändler damit rechnen, dass seine Mitanbieter seine preispolitischen Maßnahmen mit Gegenmaßnahmen (z. B. ebenfalls mit Preissenkungen) beantworten.

Angebot und Nachfrage bestimmen den Preis

Betrachtet werden soll ein Markt mit vielen Anbietern und vielen Nachfragern (= **vollständige Konkurrenz; Marktform des Polypols).**

Zwischen Anbieter und Nachfragern besteht ein **Spannungsverhältnis:**

Anbieter
wollen ihr Produkt möglichst **teuer** verkaufen.
→ **Gewinnmaximierung**

Nachfrager
sind bestrebt, das Produkt möglichst **preisgünstig** zu erwerben.
→ **Nutzenmaximierung**

Die Preisbildung auf den einzelnen Märkten hängt sowohl vom Umfang des Angebots als auch von der Nachfrage ab.

Zur Verdeutlichung ist es notwendig, das Angebot des Unternehmens und die Nachfrage des privaten Haushalts am Beispiel eines beliebigen Konsumgutes näher zu betrachten:

Die Nachfrage der Haushalte
Ziel: Nutzenmaximierung

→ **Merke:**
1. Je niedriger der Preis (P_3), desto größer die Nachfrage.
2. Bei steigenden Preisen (→ P_1) sinkt die Nachfrage.
3. Verlauf der Nachfragekurve: von links oben nach rechts unten

→ **Die (individuelle) Nachfragekurve**

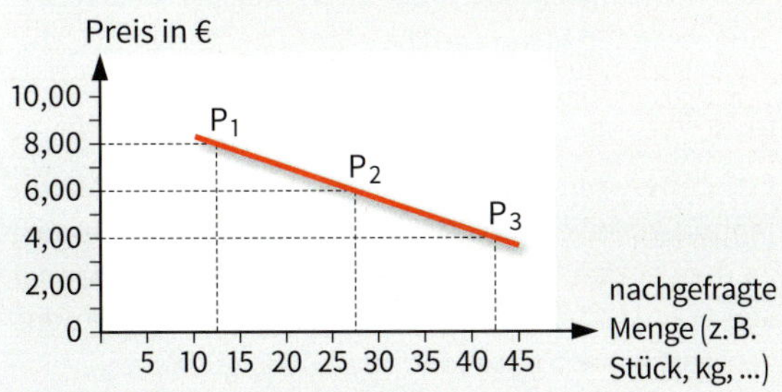

Das Angebot der Unternehmen
Ziel: Gewinnmaximierung

→ **Merke:**
1. Je niedriger der Preis (P_1), desto geringer das Angebot.
2. Mit steigendem Preis (→ P_3) steigt das Angebot.
3. Verlauf der Angebotskurve: von links unten nach rechts oben

→ **Die (individuelle) Angebotskurve**

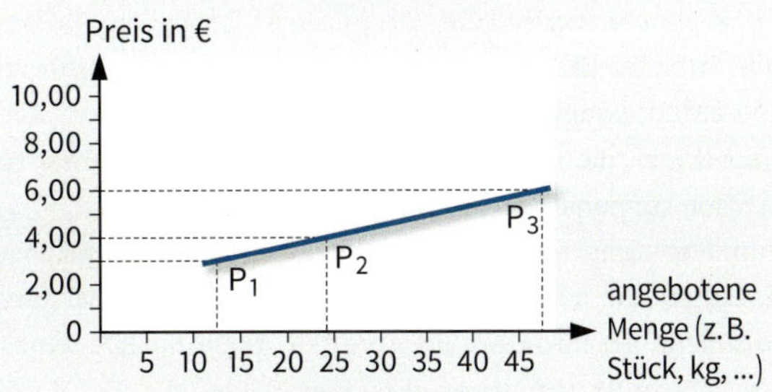

Überträgt man beide Kurven in ein Koordinatensystem, so ergibt sich folgendes Bild:

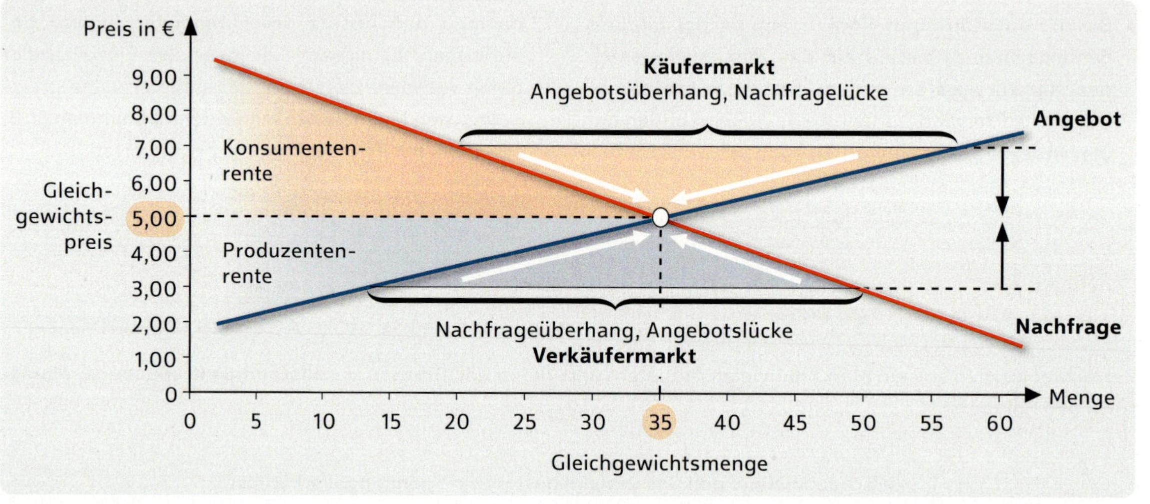

Erklärung:

Angebots- und Nachfragekurve

Bei einem Marktpreis von beispielsweise 7,00 € besteht ein Überangebot (Angebot 57 Stück/Nachfrage 20 Stück), die Anbieter können nicht sämtliche Güter absetzen, sie müssen den Preis senken (= **Käufermarkt**).

Der Marktpreis von 3,00 € hingegen erscheint den Nachfragern so günstig, dass sie 50 Stück erwerben möchten, die Anbieter bieten aber nur 12 Stück an; der Preis wird steigen (= **Verkäufermarkt**).

In beiden Fällen herrscht kein Gleichgewicht. Die Pfeile verdeutlichen, wie sich in einem ständigen Anpassungsprozess der Preis dem Gleichgewichtspreis nähert.

Gleichgewichtspreis und **Gleichgewichtsmenge** schneiden sich bei einem Preis von 5,00 €/Stück. Bei diesem Preis werden 35 Stück des Gutes angeboten und 35 Stück des Gutes nachgefragt.

Im Schnittpunkt beider Kurven sind Angebot und Nachfrage im Marktgleichgewicht. Lediglich bei diesem Preis stimmen angebotene und nachgefragte Menge überein. Dieser Preis wird daher als **Gleichgewichtspreis** bezeichnet, die Menge nennt man **Gleichgewichtsmenge**.

Alle Anbieter, die bereit sind, zum **Gleichgewichtspreis** zu verkaufen, können ihr gesamtes Angebot absetzen. Alle Nachfrager, die bereit sind, zum **Gleichgewichtspreis** zu kaufen, können ihre gesamten Wünsche realisieren.

Vom Marktgeschehen ausgeschlossen sind daher all jene Anbieter, die einen höheren Marktpreis erzielen, und sämtliche Nachfrager, die ihren Nutzen mittels eines niedrigeren Marktpreises maximieren wollen.

DEFINITION

Die **Konsumentenrente** macht die Differenz aus, die sich zwischen dem höheren Betrag, den ein Nachfrager zu zahlen bereit ist, und dem tatsächlichen Marktpreis multipliziert mit der nachgefragten Menge ergibt.

BEISPIEL

Eine Textileinzelhändlerin ist bereit, für einen bestimmten Pullover 47,00 € zu bezahlen. Sie bestellt 90 Stück und kann letzlich einen Kaufvertrag zum Stückpreis von 36,00 € abschließen. Damit hat sie eine Konsumentenrente in Höhe von 990,00 € erzielt (11,00 € · 90 Stück).

DEFINITION

Grenznachfrager ist der Marktteilnehmer, dessen Konsumentenrente null beträgt. Der Betrag, den dieser Nachfrager höchstens zu zahlen bereit ist, entspricht dem Marktpreis. Eine noch so geringfügige Erhöhung des Marktpreises hätte ein Ausscheiden des Grenznachfragers zur Folge.

Die **Produzentenrente** macht die Differenz aus, die sich zwischen dem niedrigsten Preis, zu dem dieser Anbieter ein bestimmtes Gut noch anbieten würde, und dem tatsächlichen Marktpreis multipliziert mit der angebotenen Menge ergibt.

BEISPIEL

Ein Lebensmittelgroßhändler ist bereit, 10 Kisten Joghurt zu jeweils 26,00 € anzubieten. Der Marktpreis, zu dem er den Joghurt schließlich an den Einzelhandel verkaufen kann, liegt jedoch bei 32,00 €. Seine Produzentenrente beträgt somit: 10 · 6,00 € = 60,00 €.

DEFINITION

Grenzanbieter ist der Marktteilnehmer, der zu einem Marktpreis anbietet, der seine Gesamtkosten gerade noch deckt. Seine Produzentenrente ist gleich null. Bei einer noch so geringen Preissenkung würde er als Anbieter ausscheiden.

Der **Gleichgewichtspreis** (hier 5,00 €) ist ein Kompromiss aus den Preisvorstellungen der Anbieter und der Nachfrager. Beim Gleichgewichtspreis wird auf dem Markt der größte Umsatz erzielt. Der Markt wird geräumt und es besteht kein Angebotsüberschuss oder Nachfrageüberhang mehr.

DEFINITION

Gleichgewichtspreis ist der Preis, bei dem die angebotene Menge und die nachgefragte Menge eines Gutes auf einem Markt übereinstimmen.

Preis in €	Nachfrage/Stück	Angebot/Stück	Differenz/Stück	möglicher Absatz/Stück	Marktlage
2,00	57	3	54	3	**Nachfrageüberhang**
3,00	50	12	38	12	(= Verkäufermarkt)
5,00	**35**	**35**	**0**	**35**	**Gleichgewichtspreis**
7,00	20	57	37	20	**Angebotsüberhang**
8,00	14	68	54	14	(= Käufermarkt)

Preismechanismus

Das Modell zur Bildung des Gleichgewichts zeigt folgende Gesetzmäßigkeiten:

1. **Ist das Angebot größer als die Nachfrage, dann bleiben Warenrückstände am Markt und der Preis sinkt.**

BEISPIEL

Aufgrund des milden Klimas reifen große Mengen an Birnen. Das Angebot ist hoch, die Preise sinken.

2. **Änderung der Angebotssituation**

2.1 Erhöhen andererseits die Unternehmen ihr **Angebot** bei gleichbleibender Nachfrage, **verschiebt sich die Angebotskurve nach rechts**.
Die Rechtsverschiebung der Angebotskurve bedeutet, dass das Angebot bei jedem möglichen Preis höher ist als vor der Verschiebung der Angebotskurve. **Das Marktgleichgewicht verschiebt sich nach rechts unten** (siehe Abb. 1).

Anbieter und Nachfrager treffen sich auf Märkten.

Gründe können z. B. sein, dass die Gewinnerwartungen steigen, dass eine modernere Technik eingeführt wird oder dass die Preise der Produktionsfaktoren sinken. In dem neuen Gleichgewicht ist der Preis gesunken ($p_0 \rightarrow p_1$), die abgesetzte Menge hat zugenommen ($m_0 \rightarrow m_1$).

2.2 Verringert sich das Angebot, verschiebt sich die Angebotskurve nach links: Der Preis steigt, die Menge geht zurück (p_2/m_2).

Die Linksverschiebung der Angebotskurve bedeutet, dass das Angebot bei jedem möglichen Preis geringer ist als vor der Verschiebung der Angebotskurve. **Das Marktgleichgewicht verschiebt sich nach links oben** (siehe Abb. 1).

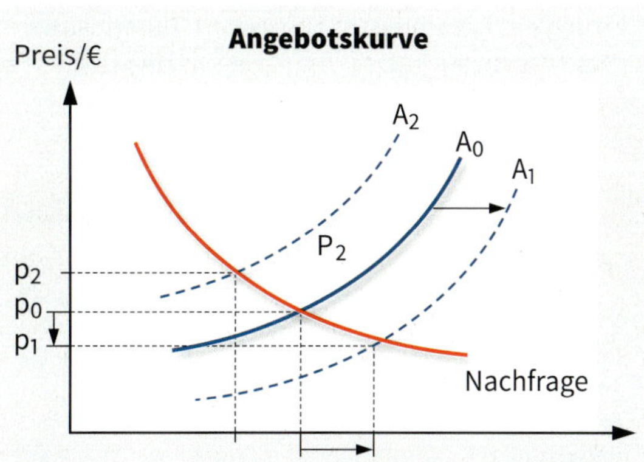

Abb. 1

3. **Ist die Nachfrage größer als das Angebot, dann bleibt ungedeckte Nachfrage und der Preis steigt.**

BEISPIEL

Wegen der kalten Witterung ist das Angebot an Spargel nur gering. Wollen vor Pfingsten viele Menschen Spargel essen, steigt aufgrund des knappen Angebots der Preis. (Der Markt wird geräumt, bevor die Nachfrage gedeckt ist.)

4. Änderung der Nachfragesituation

4.1 Falls die Nachfrage bei gleichbleibendem Angebot steigt, dann **verschiebt sich die Nachfragekurve nach rechts**, es entsteht ein neuer Gleichgewichtspreis p_1. Bei diesem höheren Preis wird mehr abgesetzt (m_1). Die Rechtsverschiebung der Nachfragekurve bedeutet, dass generell die Nachfrage bei jedem möglichen Preis höher ist als vor Verschiebung der Nachfragekurve. **Das Marktgleichgewicht verschiebt sich nach rechts oben** (Abb. 2).

4.2 Bei einem **Nachfragerückgang** erfolgt die **Verschiebung der Nachfragekurve nach links**: Der Preis sinkt, die Menge geht zurück (p_2/m_2).
Die Linksverschiebung der Nachfragekurve bedeutet, dass generell die Nachfrage bei jedem möglichen Preis geringer ist als vor der Verschiebung der Nachfragekurve. **Das Marktgleichgewicht verschiebt sich nach links unten** (siehe Abb. 2). Gründe für die Nachfragesteigerung können beispielsweise sein: höheres Einkommen, Änderung der Bedarfsstruktur oder die Preise anderer Güter.

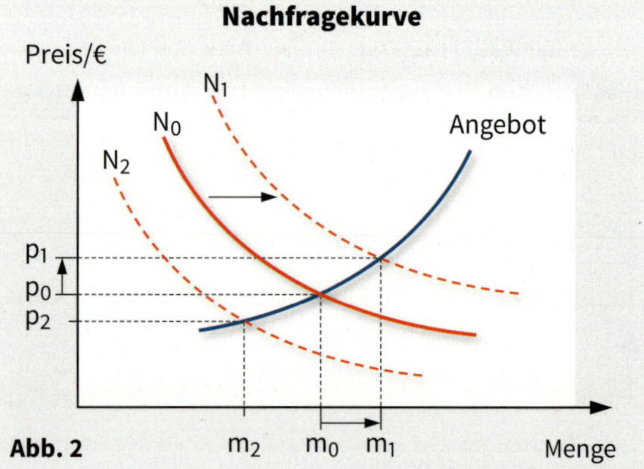

Abb. 2

5. **Entsprechen sich Angebot und Nachfrage beim Gleichgewichtspreis, dann wird der Markt geräumt.** Zu diesem Preis ist die Mehrzahl der Anbieter und Nachfrager zu einem Geschäftsabschluss bereit. Es wird die größtmögliche Gütermenge umgesetzt.

Wichtig ist, zwischen **zwei Bewegungen** zu unterscheiden:

Bewegung auf (entlang) der Kurve	**Bewegung der gesamten Kurve (Verschiebung)**
Das geschieht auf die Fragestellung: „Wie ändert sich die nachgefragte Menge bei Änderung des Güterpreises?" (Stichwort: Gütermenge)	Diese Verschiebungen sind abhängig von bestimmten Einflussgrößen, denen die Marktteilnehmer bei ihren Entscheidungen unterliegen.

Gründe für Verhaltensänderungen

Welche Größen bestimmen das Verhalten der	
Nachfrager?	**Anbieter?**
• Preis des angebotenen Gutes • Preise anderer Güter • verfügbares Einkommen (Kaufkraft) der Haushalte • Erwartungen über die zukünftige wirtschaftliche Entwicklung • Art der Bedürfnisse und ihrer Dringlichkeit (abhängig von Geschlecht, Alter, Beruf, gesellschaftlichem Umfeld, Ausstattung mit Gütern, Einkommen usw.) • Anzahl der Nachfrager	• Preis des angebotenen Gutes • Gewinnerwartung • Kosten der Produktionsfaktoren (z. B. Arbeitskosten, Kapitalkosten) • Preise anderer Güter • Unternehmensziele (z. B. Gewinnmaximierung, Existenzerhaltung, Vergrößerung des Marktanteils) • Stand der technischen Entwicklung • Wettbewerbssituation • Einschätzung der zukünftigen wirtschaftlichen Entwicklung

222268250

AUSGEWÄHLTE BEISPIELE FÜR DAS VERHALTEN DER

Nachfrager	Anbieter
• Steigen die Preise für Rindfleisch, so nimmt die Nachfrage nach Schweinefleisch zu (die von Rindfleisch ab). • Steigt der Preis von Schuhen, so nimmt unter Umständen nicht nur die Nachfrage nach Schuhen ab, sondern auch die Nachfrage nach Schuhputzmitteln. • Bei niedrigem (hohem) Einkommen wird eine kleine (größere) Menge des Gutes nachgefragt. • Obwohl die Eintrittskarten für ein Popkonzert regulär 20,00 € kosten, ist Kathy bereit, den Schwarzmarktpreis von 45,00 € zu zahlen. • Der sehr durstige Tim bezahlt im Fußballstadion für eine Dose Limonade 2,50 €, obwohl er sie zu Hause für 0,45 € bekommen könnte.	• Technischer Fortschritt senkt die Kosten der Produktion; das kann zu sinkenden Preisen führen. • Steigende Preise der Produktionsfaktoren, z. B. für Zinsen, führen zu steigenden Kosten und eventuell zu einer Verringerung des Angebots. • Steigt der Preis für Benzin ständig an, wird verstärkt über die Herstellung Benzin sparender Autos nachgedacht. • Tritt ein neuer Anbieter auf dem Markt auf, werden sich die Altanbieter mittels Preissenkungen wehren.

Verschiebungen der Angebots- bzw. Nachfragefunktion

Angebotsfunktion	Ursachen	Nachfragefunktion
positiv	• Erwartungen über die wirtschaftliche Entwicklung	negativ
angebotserhöhend	• Veränderungen der Unternehmensziele	–
–	• Haushaltseinkommen	sinkt
sinken	• Kosten der Produktionsfaktoren	–
–	• Wertschätzung des Gutes	sinkt
steigt	• Preis eines Substitionsgutes	sinkt
sinkt	• Preis eines Komplementärgutes	steigt
steigt	• Zahl der Anbieter bzw. Nachfrager	sinkt
↓		↓
Erhöhung des **Angebots** Verschiebung nach rechts [$A_0 \rightarrow A_1$]		Senkung der **Nachfrage** Verschiebung nach links [$N_1 \leftarrow N_0$]

↓ ↓

Es entsteht ein neuer Gleichgewichtspreis, der **unter** dem ursprünglichen Preis liegt.

Nachfrageverhalten bei Veränderung der Preise anderer Güter

Der Preis eines nachgefragten Gutes wird sich entsprechend verändern, wenn der Preis eines anderen Gutes sich verändert, das zu dem betrachteten Gut in gewisser Abhängigkeit steht.

Die Preisveränderung ist dabei abhängig von der Art des anderen Gutes. Betrachtet werden sollen in diesem Zusammenhang die dem untersuchten Gut zugehörigen Substitutions- und Komplementärgüter.

1. Substitutionsgüter

Diese können sich aufgrund des gleichen Nutzens bzw. Ertrags gegenseitig ersetzen. Da sie bei der Bedürfnis-

222268251

befriedigung alternativ nachgefragt werden, stehen sie aus der Sicht der Nachfrager in Konkurrenz zueinander.

BEISPIELE

Butter/Margarine, Öl/Gas, Blech/Kunststoff, Zucker/Süßstoff, Reis/Nudeln, Kaffee/Tee, Rindfleisch/Schweinefleisch

Preiserhöhungen bei Butter führen zu einer Erhöhung des Margarineabsatzes, wenn die Margarinepreise nicht gleichzeitig angehoben werden.

Die Haushalte substituieren demnach Butter gegen Margarine. Man spricht in diesem Fall von **Kreuzpreiselastizität**.

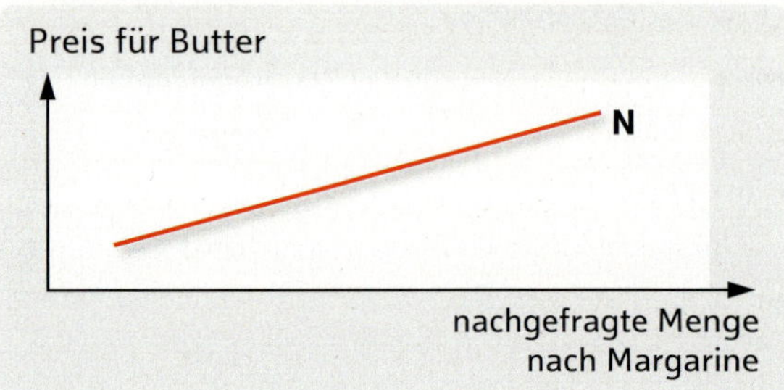

Bei steigenden Personalkosten wird der Produktionsfaktor Arbeit zunehmend durch den Produktionsfaktor Kapital (z. B. Maschinen) ersetzt (substituiert).

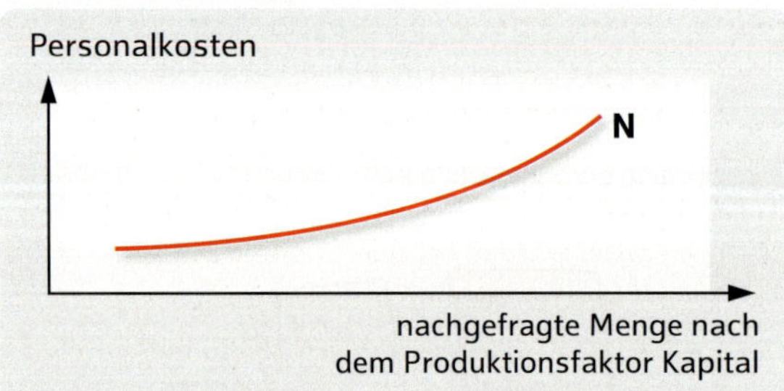

2. Komplementärgüter

Diese ergänzen sich und werden nur zusammen nachgefragt bzw. nur gemeinsam mit anderen Gütern genutzt. Die Nachfrage nach einem Gut beeinflusst direkt die Nachfrage nach dem Komplementärgut.

BEISPIELE

Auto und Benzin, Computer/Hardware und Software, Pfeife und Tabak, Digitalkamera und Speicherchips, Kaffeemaschine und Filterpapier, Kugelschreiber und Mine, Trockenrasierer und Rasierklingen

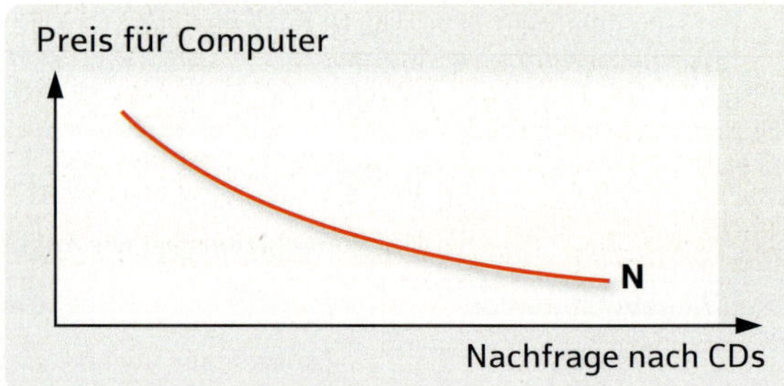

Steigt der Preis für Computer, dann hat das einen Nachfragerückgang bei PCs zur Folge; gleichzeitig werden auch weniger CDs nachgefragt.

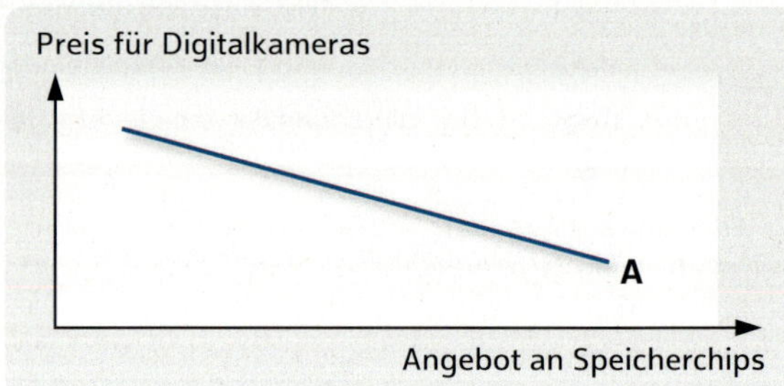

Sinkt der Preis für Digitalkameras, werden die Anbieter von Speicherchips mit einer steigenden Nachfrage nach Digitalkameras rechnen und ihr Angebot an Speicherchips ebenfalls ausweiten.

Komplementärgut Digitalkamera und Speicherchip

Aufgaben (Funktionen) des Gleichgewichtspreises

Verschiedene Güterpreise

Bei polypolistischer Konkurrenz (Modell) hat der Preis folgende Aufgaben:

1. Informationsaufgabe (Signalfunktion)

Der Preis eines Gutes steigt, wenn

- die Nachfrage bei gleichbleibendem Angebot steigt oder
- sich das Angebot bei gleichbleibender Nachfrage verknappt hat.

Lässt z. B. das Interesse der Nachfrager an einem Gut nach, sinkt dessen Preis. Der Preis zeigt den Marktteilnehmern demzufolge an, wie dringlich der Bedarf einzuschätzen bzw. wie knapp das Gut ist. Ändert sich der Preis, deutet das auf eine veränderte Güterknappheit hin. Damit wird es den Anbietern und Nachfragern ermöglicht, sich möglichst schnell an die veränderte Situation anzupassen. Aus diesem Grund spricht man auch von der **Signalfunktion** des Preises.

2. Lenkungsaufgabe

Die Unternehmen werden in den Bereichen ihre Güter anbieten, in denen sie sich den größtmöglichen Gewinn versprechen. Ist der Preis hoch, deutet das auf hohe Wertschätzung bei den Nachfragern hin. Die Gewinnaussichten sind in diesem Wirtschaftsbereich größer. Hohe Gewinne regen die Anbieter an, ihr Angebot zu steigern.

Die Produktionsfaktoren werden in diesem Erfolg versprechenden Produktionsbereich verstärkt eingesetzt (Produktionslenkung durch den Preis), in einem Bereich, in dem die Güter von den Nachfragern auch tatsächlich verlangt werden. Das zeigt sich besonders bei Nachfrageverschiebungen.

BEISPIEL

Steigt die Nachfrage nach MP3-Playern mit Display und damit der Preis (und sinkt die Nachfrage nach konventionellen MP3-Playern), so können auf dem Markt für MP3-Player mit der neuesten Technologie höhere Gewinne erzielt werden. Die Unternehmen werden die Produktion der innovativen MP3-Player erhöhen. Es werden Arbeitskräfte und andere Produktionsfaktoren von der Produktion an MP3-Playern abgezogen und vermehrt im Produktionsbereich der neuen Geräte eingesetzt. Dadurch passt sich das Angebot der veränderten Nachfragesituation an. Es wird von den technologisch hochwertigen Geräten mehr angeboten als bisher und von den konventionellen MP3-Playern entsprechend weniger.

Versucht ein einzelner Anbieter das Angebot zu verknappen, um seinen Gewinn hoch zu halten, ruft er die Konkurrenz auf den Plan. Andere Anbieter werden in diese Angebotslücke springen, sodass sich die überhöhten Preise des ursprünglichen Anbieters nicht mehr halten lassen.

3. Ausgleichsaufgabe (Markträumungsfunktion)

Der Gleichgewichtspreis räumt den Markt. In dieser Situation besteht ein Gleichgewicht zwischen Angebot und Nachfrage. Sämtliche Marktteilnehmer sind zufrieden: Alle von den Anbietern angebotenen Güter werden von den Nachfragern restlos aufgekauft.

Weniger kaufkräftige Nachfrager und nicht konkurrenzfähige Anbieter werden bei dem zustande gekommenen Gleichgewichtspreis vom Markt ferngehalten. Insofern sind Ausgleichs- und Ausleseaufgabe eng verknüpft.

4. Ausleseaufgabe (Selektionsfunktion)

Nicht wettbewerbsfähig ist ein Anbieter, der mit überhöhten Kosten arbeitet. Er müsste, um wirtschaftlich, d. h. kostendeckend, zu arbeiten, seinen Preis heraufsetzen.

Folge: Der Anbieter wird vom Markt gedrängt, da er zur Kostendeckung zu hohe Preise verlangt. Auf diese Weise bewirkt die Auslesefunktion des Preises, dass sich die jeweils kostengünstigere Produktionstechnik durchsetzt.

Auf der Seite der Nachfrager wird derjenige vom Markt verdrängt, der zum Gleichgewichtspreis nicht mehr zahlungsfähig oder zahlungswillig ist.

Einfluss der gesamtwirtschaftlichen Entwicklung auf die Preisentwicklung

Ein Handelsunternehmen sollte seine preispolitischen Entscheidungen nicht loslösen von der wirtschaftlichen Entwicklung in dem Land, in dem es seine Produkte absetzen will.

Im Zeitablauf ist die wirtschaftliche Entwicklung einer Volkswirtschaft aber ständigen Schwankungen unterworfen. Die wiederum können das verfügbare Einkommen der Kunden und deren Verhalten auf Preisänderungen mehr oder weniger stark beeinflussen.

DEFINITION

Konjunkturelle Schwankungen:
Mittelfristige Auf- und Abwärtsbewegungen der wirtschaftlichen Aktivität, die überwiegend gemessen werden an den Wachstumsraten des Bruttoinlandsprodukts.

Der Konjunkturverlauf lässt sich in vier Phasen unterteilen:
- Aufschwung,
- Hochkonjunktur,
- Abschwung und
- Tiefstand.

1. Aufschwung (Expansion)

Der Aufschwung setzt nach der Überwindung des Tiefstandes der wirtschaftlichen Aktivität ein – die Konjunktur beginnt sich zu erholen. Er wird ausgelöst durch Nachfragesteigerungen in einzelnen Wirtschaftsbereichen. Die Zunahme der Nachfrage kann hervorgerufen worden sein durch staatliche Aufträge (Bau von Schulen, Krankenhäusern, Straßen), durch das Ausland und/oder durch die privaten Haushalte.

Wirtschaftliche Folgen:
- Die Unternehmen investieren mehr.
- Die Lagervorräte werden abgebaut.
- Die Produktion wird erhöht (insgesamt werden die Produktionskapazitäten besser ausgelastet).
- Es werden zusätzliche Arbeitskräfte eingestellt.
- Durch den höheren Bedarf an Arbeitskräften **steigt das gesamtwirtschaftliche Einkommen**.
- Die Einkommenssteigerung lässt zusammen mit der zunehmenden Produktion sowohl die **private Nachfrage nach Konsumgütern** (z. B. Autos, Fernseher, Mikrowelle u. v. m.) als auch die **Nachfrage der Unternehmer nach Investitionsgütern** (z. B. neue und/oder zusätzliche Maschinen) **ansteigen**.
- Der Aufschwung greift nun auch auf andere Branchen über und führt dort ebenfalls zu weiteren Einstellungen und Investitionen. Löhne und Preise bleiben in dieser Konjunkturphase noch relativ stabil. Der Aufschwung endet meist im Boom.

2. Hochkonjunktur (Boom)

In dieser Phase steigt die Nachfrage so stark, dass die Produktion nicht mehr mitkommt (die Nachfrage übersteigt das Angebot). Die Produktionskapazitäten sind voll ausgelastet.

Wirtschaftliche Folgen:
- **Starke Lohnerhöhungen:** Auf dem Arbeitsmarkt herrscht Vollbeschäftigung, sodass der Produktionsfaktor Arbeit knapp geworden ist (Arbeitskräftemangel).
- **Steigende Preise:** Die Nachfrage der privaten Haushalte wächst schnell wegen der kräftig gestiegenen Einkommen.

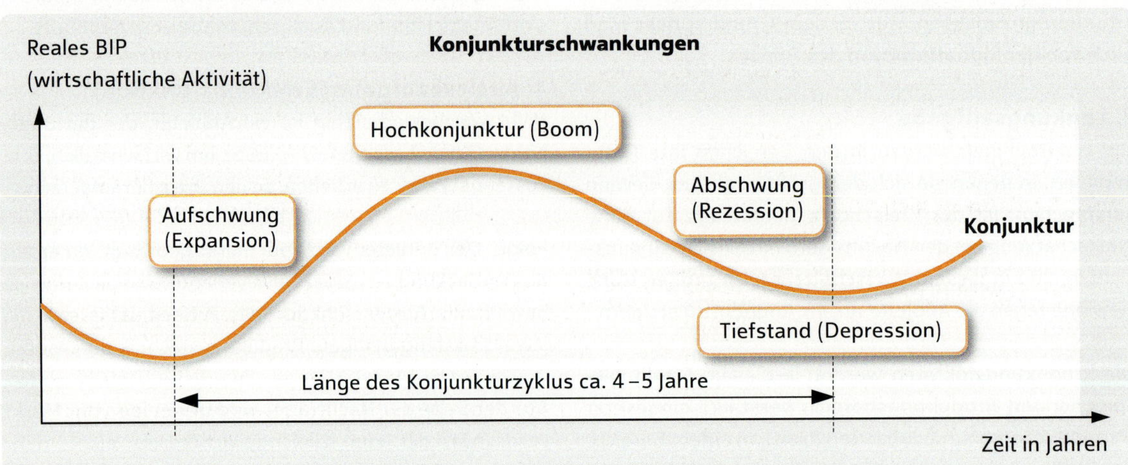

222268254

3. Abschwung (Rezession)

Der Boom wird vom Abschwung abgelöst – der obere Wendepunkt ist überschritten. Aufgrund der pessimistischen Gewinnerwartungen schwächt sich die Investitionstätigkeit weiter ab. Die Produktion von Investitionsgütern unterschreitet bald das Vorjahresniveau, sodass die Produktionskapazitäten stark unausgelastet sind (**die Nachfrage ist kleiner als das Angebot**).

Damit verändern sich auch die anderen Bestimmungsgrößen der Konjunktur:

- Es kommt zu Entlassungen, zunächst in der Investitionsgüterindustrie. Die Einkommen und somit auch die Nachfrage der Beschäftigten in dieser Branche gehen zurück, sodass es als Folge zu Produktionseinschränkungen und Entlassungen in der Konsumgüterindustrie kommt mit ihren Folgewirkungen auf die Gesamtwirtschaft.
- **Löhne:** sinkende Zuwachsraten
- **Preise:** abnehmende Steigerungen bis hin zu Preissenkungen
- Die Zukunft wird pessimistisch beurteilt; die Wirtschaft rutscht in die nächste Phase.

4. Tiefstand (Depression)

Die Depression kann als Tief der Produktion und des Absatzes bezeichnet werden.

Die einzelnen Begleiterscheinungen sind:

- unausgelastete Produktionskapazitäten
- hohe Lagerbestände
- **hohe Arbeitslosigkeit**
- **zurückgehende Löhne** (Kürzungen bei den sogenannten betrieblichen Zusatzleistungen)
- **geringe Konsumgüternachfrage**
- **niedrige Preise**

AUFGABEN

1. Von welchen Größen wird die Festsetzung der Verkaufspreise eines Einzelhandelsbetriebs beeinflusst?
2. Welche Marktformen liegen in folgenden Fällen vor?
   a) In einer Stadt bieten zwei Textilgroßhandlungen Tennisbekleidung an.
   b) Die Post bietet allen Interessenten Telefonanschlüsse an.
   c) Die Verbraucher können in der Innenstadt einer Großstadt an vielen Blumenständen Blumen kaufen.
3. Bei welchen der folgenden Waren verhalten sich Kunden beim Einkauf besonders preisbewusst? Begründen Sie Ihre Meinung.
   a) Büroeinrichtungen
   b) modische Kleidung
   c) Brot
   d) Waschmittel
   e) Schmuck
   f) Pkw
   g) Schuhe
   h) Unterwäsche
   i) Gemüsekonserven
   j) Werkzeugmaschinen
   k) Kameras
   l) Batterien
4. Ein **Anbieter** bietet seine Ware mit nachstehender Preis-/Mengenvorstellung an:

Menge in kg	Preis in €
3	14,00
1	7,00
1,5	9,00
0,5	3,00

Ein **Nachfrager** hat von der gleichen Ware folgende Preis-/Mengenvorstellung:

Menge in kg	Preis in €
4	2,00
3,25	4,00
2,5	6,00
1,5	9,00
0,75	11,00

   a) Stellen Sie den Angebots- und Nachfrageverlauf zeichnerisch dar.
   b) Deuten Sie den Schnittpunkt der beiden Kurven.
5. Der Absatz von Frischkartoffeln geht zurück. Verzehrte 2011/12 ein Bundesbürger pro Kopf und Jahr noch etwa 65,7 kg Kartoffeln, so waren es 2020/21 nach Angaben des Bundesministeriums für Ernährung im Durchschnitt 8,3 kg weniger.
   a) Stellen Sie fest, ob ein Käufer- oder Verkäufermarkt vorliegt. Begründen Sie Ihr Ergebnis.
   b) Warum könnte sich der Preis verändern, wenn die Anbieter von Kartoffeln wieder qualitativ höherwertige Ware anbieten würden?
6. a) Beschreiben Sie das Nachfrageverhalten, das in den beiden auf der Folgeseite abgebildeten Kurven zum Ausdruck kommt.
   b) Worauf ist der unterschiedliche Verlauf der dargestellten Nachfragekurven zurückzuführen?

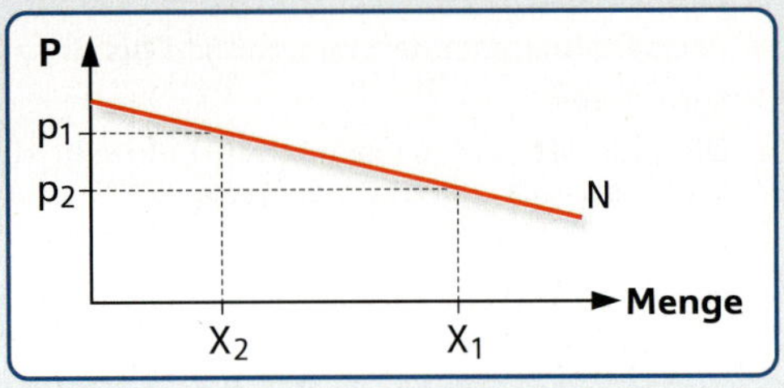

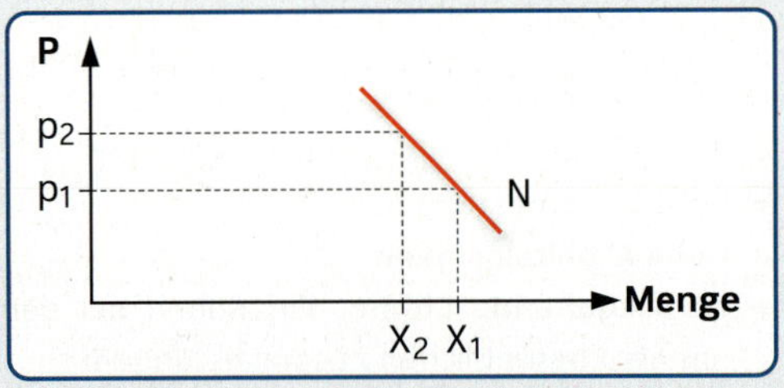

7. Welche Änderung erfolgt beim Preis?
- **a)** Konstante Nachfrage → Angebot wird größer → Preis?
- **b)** Konstantes Angebot → Nachfrage wird kleiner → Preis?
- **c)** Konstante Nachfrage → Angebot wird kleiner → Preis?
- **d)** Konstantes Angebot → Nachfrage wird größer → Preis?

8. Was verstehen Sie unter der „Markträumungsaufgabe" des Gleichgewichtspreises?

9. Auf dem Urlaubsmarkt übersteigt die Nachfrage nach Amerika-Reisen das Angebot beträchtlich. Erklären Sie in diesem Fall die verschiedenen Aufgaben des Preises.

10. Beschreiben Sie, wie der Preis die Produktionsfaktoren lenkt.

11. Welche Ursachen führen zu einer Linksverschiebung der Nachfrage- bzw. der Angebotskurve?

12. Nennen Sie jeweils vier Bestimmungsgrößen, die sich auf das Angebots- bzw. Nachfrageverhalten auswirken.

13. Was verstehen Sie unter
- **a)** Konsumentenrente,
- **b)** Grenznachfrager,
- **c)** Produzentenrente,
- **d)** Grenzanbieter?

14. Es gilt zu unterscheiden zwischen einer Bewegung
→ **auf der Kurve:**
- **a)** Bewegung auf der Nachfragekurve nach oben
- **b)** Bewegung auf der Nachfragekurve nach unten
- **c)** Bewegung auf der Angebotskurve nach oben
- **d)** Bewegung auf der Angebotskurve nach unten

→ **der gesamten Kurve:**
- **e)** Verschiebung der Nachfragekurve nach links
- **f)** Verschiebung der Nachfragekurve nach rechts
- **g)** Verschiebung der Angebotskurve nach links
- **h)** Verschiebung der Angebotskurve nach rechts

Ordnen Sie die Auswirkungen a) bis h) den folgenden Ursachen 1.–13. zu.

Ursachen:
1. Der Preis des angebotenen Konsumgutes sinkt.
2. Das verfügbare Einkommen der Haushalte steigt.
3. Die Währung des Importlandes ist gegenüber dem Euro um 5,4 % abgewertet worden.
4. Der Preis eines Substitutionsgutes steigt.
5. Aufgrund der gestiegenen Mineralölsteuer geben die Haushalte weniger Geld für den Konsum aus.
6. Die Preise für komplementäre Güter sinken.
7. Aufgrund anziehender Preise wird das Angebot vergrößert.
8. Wegen der drastisch gestiegenen Benzinpreise müssen die Anbieter erheblich höhere Bezugskosten zahlen.
9. Die Bedarfsstruktur ändert sich zugunsten eines anderen angebotenen Gutes.
10. Die Erwartungen über die zukünftige Entwicklung der Wirtschaft sind negativ.
11. Aufgrund neuer Technologien konnte die Produktivität deutlich erhöht und die Angebotspreise konnten dementsprechend gesenkt werden.
12. Die Wertschätzung eines Gutes steigt bei den Verbrauchern.
13. Aufgrund der jüngsten Steuerreform geben die Haushalte merklich mehr Geld für den Konsum aus.

15. Legen Sie bei der Beantwortung der nachfolgenden Fragen die folgende Abbildung zugrunde.

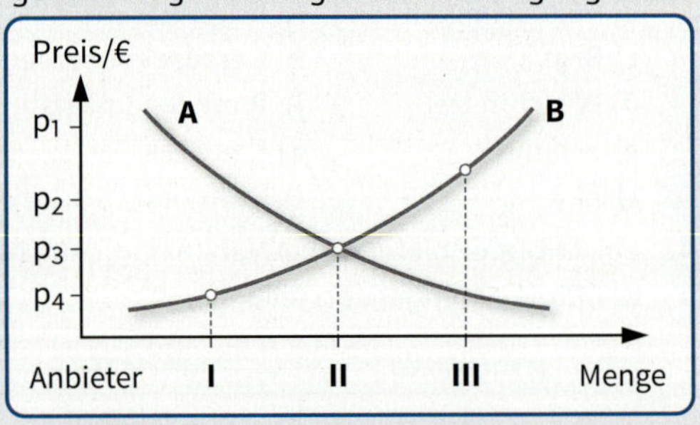

- **a)** Durch welche Kurve (A oder B) wird das Verhalten der Anbieter wiedergegeben?
- **b)** Welcher Anbieter (I/II/III) wird durch den Gleichgewichtspreis vom Markt verdrängt?

c) Welcher Anbieter wird beim vorhandenen Gleichgewichtspreis eine Produzentenrente erzielen?

d) Welcher der Anbieter I, II und III wird als Grenzanbieter bezeichnet?

e) Bei welchem Preis (p_1, p_2, p_3, p_4) kann die größtmögliche Warenmenge umgesetzt werden?

f) Bezeichnen Sie den Gleichgewichtspreis.

g) Zeichnen Sie in das Koordinatensystem die Nachfragelücke ein.

h) Bei welcher Preissituation bietet Anbieter I an?

i) Bei welcher Preissituation findet Umsatz statt und die angebotene Menge ist kleiner als die nachgefragte?

16. Wie wirken sich die folgenden Sachverhalte a) bis j) auf die Nachfragekurve für grünen Tee aus? Begründen Sie Ihre Antwort.

a) Der Preis für grünen Tee fällt.

b) Der Preis für grünen Tee steigt.

c) Einige Teetrinker bevorzugen aus geschmacklichen Gründen schwarzen Tee.

d) Das verfügbare Einkommen steigt an.

e) Die Bevölkerungsentwicklung ist rückläufig.

f) Der Preis für Rotwein steigt.

g) Das verfügbare Einkommen nimmt ab.

h) Der Preis für qualitativ hochwertigen grünen Tee steigt.

i) Die Bevölkerung wächst unaufhörlich.

j) Der Preis für hochwertigen grünen Tee sinkt.

17. Wie wirken sich die folgenden Sachverhalte a) bis f) auf die Angebotskurve für Seidenblusen aus? Begründen Sie Ihre Antworten.

a) Immer mehr Textileinzelhändler bieten Seidenblusen an.

b) Aufgrund von Kostensenkungen bei der Herstellung von Seide kauft ein Handelsbetrieb Seidenblusen preisgünstiger ein; der Preisvorteil wird an die Kunden weitergegeben.

c) Immer weniger Fachgeschäfte bieten Seidenblusen an.

d) Immer mehr Textileinzelhändler bieten Seidenbettwäsche an.

e) Gestiegene Einkaufspreise für Seidenblusen gibt der Einzelhändler an seine Kunden weiter.

f) Die Ambiente Warenhaus AG erweitert ihre Lagerkapazitäten für Seidenblusen um 50 %.

18. Beachten Sie das dargestellte Koordinatensystem auf Seite 248 bzw. die Tabelle auf Seite 249 und beantworten Sie die folgenden Fragen:

a) Um wie viel Prozent ist die angebotene Menge von 20 Stück von der Gleichgewichtsmenge noch entfernt?

b) Wie hoch ist der Abstand in Euro und Prozent zwischen Angebots- und Nachfragepreis bei einer angebotenen Menge von 57 Stück?

19. Die folgenden Daten sollen zur Ermittlung der Konsumentenrente zugrunde gelegt werden:

- Ein Händler wäre grundsätzlich bereit, für einen bestimmten Artikel 28,50 € zu bezahlen;
- er ist an einer Menge von 230 Stück interessiert;
- letztlich kann er mit seinem Lieferer den Kaufvertrag über die von ihm gewünschte Menge zu einem Preis von 25,30 € abschließen.

Ermitteln Sie das entsprechende Ergebnis.

20. Formulieren Sie ein eigenes Rechenbeispiel, das die Berechnung der Produzentenrente zum Ziel hat.

AKTIONEN

1. Ein Rohstoffmakler an einer Warenterminbörse stellt folgende Kauf- und Verkaufsaufträge für 100 kg einer Ware zusammen:

Preis für 100 kg/€	Kaufaufträge in kg	Verkaufsaufträge in kg
300,00	40000	19000
301,00	38000	22000
302,00	35000	26000
303,00	31000	31000
304,00	26000	36000
305,00	20000	44000
306,00	13000	52000

Der Rohstoffmakler will den Preis so festsetzen, dass er den höchsten Umsatz erzielt.

a) Ermitteln Sie den Preis, zu dem der höchste Umsatz erzielt werden kann. Stellen Sie für die Lösung die möglichen Geschäftsabschlüsse und den Umsatz in einer Übersicht zusammen. Verwenden Sie hierfür das Tabellenkalkulationsprogramm Excel.

b) Warum kann der von Ihnen unter a) ermittelte Preis als „Gleichgewichtspreis" bezeichnet werden?

c) Positive Nachrichten über den betreffenden Rohstoffmarkt lassen die Erwartungen der

Käufer steigen. Der Makler stellt bei der nächsten Preisermittlung fest, dass bei jedem Preis für 100 kg des Rohstoffes die bereits eingegangenen Kaufaufträge um 5000 kg zugenommen haben. Bei den Verkäufen hingegen nahmen die Aufträge gegenüber der bisherigen Situation um 5000 kg ab.

- Ermitteln Sie den neuen Preis.
- Zeigen Sie die Änderung der Marktlage in einem Koordinatensystem ohne die Benutzung von Zahlenwerten schematisch auf.

d) Begründen Sie, warum der Makler den in c) ermittelten Preis festlegen wird.

e) Welche Aufträge werden bei dem vom Makler festgesetzten Preis berücksichtigt?

f) Wie viel Euro beträgt die gesamte Konsumentenrente des Käufers, der bereit ist, die Ware zum Preis von 306,00 € je 100 kg zu kaufen?

g) Welche Anbieter erhalten eine Produzentenrente?

2. Lesen Sie die folgende Pressemeldung.

Kartoffelpreise weiterhin sehr, sehr niedrig

Die Organisation der nordwest-europäischen Kartoffelanbauer (NEPG) rechnet mit einem dramatischen Rückgang des Kartoffelanbaus aufgrund von Corona. Die Ursachen sind die weiterhin deutlich kleinere Nachfrage aufgrund von Covid-Auflagen im Gastronomiesektor und das extrem niedrige Preisniveau. [...]

Europäische Kartoffel-Verarbeiter sitzen weiterhin auf sehr großen Lagerbeständen an Fertigprodukten in ihren Kühlhäusern. Sie benötigen über einen längeren Zeitraum deutlich weniger Rohstoffe. Es wird erwartet, dass sie das Volumen ihrer Verträge mit den Erzeugern im nächsten Jahr deutlich reduzieren. Aufgrund der tatsächlichen Kosten für den Anbau und die Lagerung von Kartoffeln ist nach Einschätzung von NEPG deshalb auch keine größere Veränderung der Vertragspreise zu erwarten. [...]

Der niederländische Börsenmakler De Vries & Westermann berichtet, dass zusätzlich zu den Corona-Problemen die zuletzt verbesserten Erntebedingungen für eine Marktsituation mit einem gut ausreichenden Angebot sorgen. Dies setzt die Kartoffelpreise noch stärker unter Druck. [...]

Quelle: Dr. Zinke, Olaf: Kartoffelanbau bricht drastisch ein – wegen Corona, In: www.agrarheute.com. 26.10.2020. https://www.agrarheute.com/markt/marktfruechte/kartoffelanbau-bricht-drastisch-wegen-corona-574327 [12.04.2022]. verändert

a) Skizzieren Sie die Wirkung „der großen Ernte und des starken Wettbewerbs im Handel" und unabhängig davon die zu erwartende Nachfragesteigerung nach Kartoffeln in einem Schaubild. Gehen Sie von einem normalen Verlauf der Angebots- und Nachfragekurve aus.

b) Erläutern Sie die Anpassungsreaktionen sowohl für die Nachfrage als auch für das Angebot auf dem Kartoffelmarkt.

c) Präsentieren Sie das Ergebnis mithilfe von mehreren erstellten Overlay-Farbfolien Ihrer Klasse.

3. a) Bestimmen Sie ein beliebiges Produkt aus dem Sortiment Ihres Ausbildungsunternehmens und erläutern Sie anschließend Ihren Klassenkameraden das Zustandekommen des von Ihrem Unternehmen festgelegten Verkaufspreises.

b) Führen Sie hierzu eine Expertenbefragung in Ihrem Ausbildungsunternehmen durch. – Arbeiten Sie sich gründlich in das Thema ein, damit bei der Befragung auch Nachfragen oder Hintergrundfragen möglich sind.

- Bereiten Sie in Kleingruppen eine Liste mit sorgfältig formulierten Fragen vor und ordnen Sie sie nach logischen, zielorientierten Abläufen.
- Berücksichtigen Sie bei der Konzeption des Fragebogens, inwieweit bei der Preisgestaltung
  - Kostenorientierung,
  - Nachfrageverhalten der Kunden sowie
  - die Stellung der Konkurrenz

  eine Rolle gespielt haben.
- Führen Sie die Befragung ggf. unter Zuhilfenahme einer Videokamera, eines Aufnahmegerätes oder eines Fotoapparates durch.

c) Präsentieren Sie Ihre Ergebnisse vor der gesamten Klasse.

d) Bereiten Sie sich – z.B. organisiert zu einem Rundgespräch – auf eine fachlich geführte Diskussion mit Ihren Klassenkameraden vor.

4. a) Wählen Sie zwei Produkte Ihrer Wahl (Produkt 1 + 2) und ermitteln Sie mithilfe verschiedener Informationsquellen deren

- jährliche Preisveränderungen in den letzten 6–10 Jahren (für Produkt 1),
- tägliche Preisveränderungen der letzten 7 Tage (für Produkt 2).

b) Stellen Sie die Preisveränderungen der beiden Produkte mithilfe des Tabellenkalkulationsprogramms Excel grafisch dar. Wählen Sie hierzu das Säulendiagramm (für Produkt 1) bzw. das Kurvendiagramm (für Produkt 2) und bereichern Sie die Darstellungen mit freien Symbolen (Pfeile, Umrahmungen, Ovale, Wolken usw.) sowie Piktogrammen und Bildern.

c) Geben Sie mögliche Gründe für die aufgezeigten preislichen Veränderungen an.

d) Berechnen Sie für die beiden Produkte jeweils

- den Durchschnittspreis bezogen auf die betrachtete Periode,

222268258

- die prozentuale Veränderung zwischen Beginn und Ende des Untersuchungszeitraumes,
- die prozentualen Veränderungen von jeweils einem Jahr (Tag) zum nächsten Jahr (Tag).

e) Stellen Sie abschließend Ihr Gesamtergebnis unter Beachtung der Präsentationsregeln Ihren Klassenkameraden vor.

ZUSAMMENFASSUNG

Betriebsexterne Einflüsse auf die preispolitischen Maßnahmen des Einzelhandelsunternehmens

- **Preisempfehlung der Hersteller**
- **gesamtwirtschaftliche Entwicklung**
- **gesetzliche Bestimmungen**
- **Marktstruktur**
- **Beschaffungskosten**
- **Verhalten der Kunden**

Bei vollständiger Konkurrenz gilt:

- Der Gleichgewichtspreis bildet sich im Schnittpunkt von Angebots- und Nachfragekurve.
- Der Gleichgewichtspreis räumt den Markt.
- Zum Gleichgewichtspreis wird die größtmögliche Warenmenge abgesetzt.
- Der Gleichgewichtspreis ist der Preis, bei dem sich Anbieter und Nachfrager in ihren Kaufhandlungen einig sind.
- Liegt der Marktpreis über dem Gleichgewichtspreis, so existiert ein Käufermarkt, denn das Angebot ist größer als die Nachfrage.
- Liegt der Marktpreis unter dem Gleichgewichtspreis, so existiert ein Verkäufermarkt, da die Nachfrage größer ist als das Angebot.

Unternehmen (Angebot) → **Markt – Angebot und Nachfrage regeln den Preis.** ← **Haushalte (Nachfrage)**

Preis ...

- **... Untergrenze:** Herstellungskosten der Erzeugnisse
- **... Obergrenze:** Kaufkraft der Nachfrager

Aufgaben des Gleichgewichtspreises

- Information
- Lenkung
- Ausgleich
- Auslese

Marktgesetze

1. Ist die Nachfrage größer als das Angebot (**Nachfrageüberhang**), steigt der Marktpreis.
Beispiel: Aufgrund seiner spektakulären Erfolge wird ein junger Tennisspieler zum Idol. Daraufhin steigt die Nachfrage nach der Marke seines Tennisschlägers → der Hersteller kommt mit der Produktion nicht nach → der Preis steigt (≙ **Verkäufermarkt**).

große Nachfrage + **geringes Angebot** = **steigender Preis** ↑

2. Ist das Angebot größer als die Nachfrage (**Angebotsüberhang**), sinkt der Marktpreis.
Beispiel: Aufgrund des sehr milden Winters sind die Lager der Textilunternehmen mit Wintergarderobe voll. Das Angebot übersteigt die Nachfrage → die Preise sinken (≙ **Käufermarkt**).

geringe Nachfrage + **großes Angebot** = **sinkender Preis** ↓

Angebot + **Nachfrage**

Das Verhalten der Marktteilnehmer ist abhängig von verschiedenen **Bestimmungsgrößen**, u. a.:

Angebot:
- Preis des angebotenen Gutes
- Gewinnerwartungen
- (...)

Nachfrage:
- Preis des nachgefragten Gutes
- verfügbares Einkommen
- (...)

Verschiebungen der Kurven ergeben sich, wenn sich die Bestimmungsgrößen des Angebots- bzw. Nachfrageverhaltens ändern, z. B. **nach rechts**, wenn ...

Angebot:
- die Preise von Komplementärgütern sinken.
- die Produktionsfaktoren preisgünstiger werden.
- moderne Technologie eingesetzt wird.
- die Gewinnerwartungen steigen.

Nachfrage:
- die Preise für ähnliche Güter steigen oder für ergänzende Güter sinken.
- die Bedarfsstruktur sich zugunsten des Gutes ändert.
- das kaufkräftige Einkommen steigt.

(Die Angebots- bzw. Nachfragekurve **verschiebt sich nach links**, wenn sich z. B. das Angebot verringert bzw. die Nachfrage zurückgeht.)

KAPITEL 2

Wir kalkulieren Verkaufspreise und wenden unterschiedliche Preisstrategien an

Die Ambiente Warenhaus AG bezieht Badetücher von ihrem Lieferer zu einem Bezugspreis von 10,00 € je Stück. Sie kalkuliert diese Ware mit 30 % Handlungskosten sowie 19 % Umsatzsteuer und bietet sie ihren Kunden zum Bruttoverkaufspreis von 22,46 € an. Bei diesem Preis verkauft sie von dieser Ware monatlich durchschnittlich 100 Stück.

Der Leiter der Ambiente-Warenhaus-AG-Filiale in Schönstadt, Herr Rischmüller, überlegt, ob er den Bruttoverkaufspreis auf 21,50 € senken soll. Bei diesem Preis erwartet er einen durchschnittlichen Absatz von 130 Stück monatlich.

Wie würden Sie anstelle von Herrn Rischmüller entscheiden?

INFORMATION

Die **Preispolitik** umfasst alle Entscheidungen, die sich mit der Festsetzung der Preise für die vom Einzelhandelsunternehmen angebotenen Leistungen beschäftigen.

Bei der Festlegung der Verkaufspreise muss die Kostensituation des Einzelhandelsbetriebs berücksichtigt werden. Grundsätzlich müssen die Verkaufspreise langfristig die Gesamtkosten (Einstandspreise zuzüglich Handlungskosten) decken.

Ermittlung des Verkaufspreises (Verkaufskalkulation)

Bei der Preisbildung werden von Einzelhandelsbetrieben Verfahren eingesetzt, die einfach und wirtschaftlich anzuwenden sind. Die drei wesentlichen Grundformen der Preisbildung im Handel sind

- **Vorwärtskalkulation** (= progressive Preisbildung),
- **Rückwärtskalkulation** (= retrograde Preisbildung),
- **Differenzkalkulation** (= Differenzpreisbildung).

Vorwärtskalkulation

Die Vorwärtskalkulation wird von Einzelhandelsbetrieben bei der Preisbildung angewandt, wenn es für eine Ware keinen feststehenden Absatzmarktpreis gibt.

BEISPIELE

- Einer im Ausland eingekauften Ware stehen keine im Inland hergestellten, unmittelbar vergleichbaren Waren gegenüber.
- Ein Händler handelt mit Spezialprodukten, für die keine am Markt bekannten Verkaufspreise existieren.

DEFINITION

Bei der **Vorwärtskalkulation** wird der **Verkaufspreis**, zu dem die Ware mindestens verkauft werden soll, ausgehend von einem **vorgegebenen Bezugspreis** (= Einstandspreis) berechnet.

BEISPIEL

Die Ambiente Warenhaus AG bezieht Herrenoberhemden zum Bezugspreis von 30,00 € je Stück. Sie kalkuliert den Bruttoverkaufspreis mit 50 % Handlungskosten, 5 % Gewinn und 19 % Umsatzsteuer.

	Bezugspreis (Einstandspreis)	30,00 €	
+	50 % Handlungskosten	15,00 €	①
=	Selbstkostenpreis	45,00 €	②
+	5 % Gewinn	2,25 €	③
=	Nettoverkaufspreis	47,25 €	④
+	19 % Umsatzsteuer	8,98 €	⑤
=	**Bruttoverkaufspreis**	**56,23 €**	⑥

① **Handlungskosten**

$$= \frac{\text{Bezugspreis} \cdot \text{Handlungskosten (\%)}}{100\ \%}$$

$$= \frac{30{,}00\ € \cdot 50\ \%}{100\ \%} = \underline{\underline{15{,}00\ €}}$$

② **Selbstkostenpreis**

= Bezugspreis + Handlungskosten

= 30,00 € + 15,00 € = 45,00 €

③ **Gewinn**

$$= \frac{\text{Selbstkostenpreis} \cdot \text{Gewinn (\%)}}{100\ \%}$$

$$= \frac{45{,}00\ € \cdot 5\ \%}{100\ \%} = \underline{\underline{2{,}25\ €}}$$

④ **Nettoverkaufspreis**

= Selbstkostenpreis + Gewinn

= 45,00 € + 2,25 € = 47,25 €

⑤ **Umsatzsteuer**

$$= \frac{\text{Nettoverkaufspreis} \cdot \text{Umsatzsteuer (\%)}}{100\ \%}$$

$$= \frac{47{,}25\ € \cdot 19\ \%}{100\ \%} = \underline{\underline{8{,}98\ €}}$$

⑥ **Bruttoverkaufspreis**

= Nettoverkaufspreis + Umsatzsteuer

= 47,25 € + 8,98 € = 56,23 €

Der Bruttoverkaufspreis beträgt 56,23 €.

Vereinfachte Verfahren der Vorwärtskalkulation

Wenn die Bruttoverkaufspreise für das gesamte Sortiment, einzelne Warengruppen oder Warenarten eines Einzelhandelsbetriebs mit gleichen Zuschlägen für Handlungskosten, Gewinn und Umsatzsteuersatz kalkuliert werden, kann man diese Zuschlagssätze zu einem einzigen Zuschlagssatz (= **Kalkulationszuschlag**) zusammenfassen. Dadurch wird die Preisberechnung erheblich vereinfacht.

Ermittlung des Kalkulationszuschlags

DEFINITION

Der **Kalkulationszuschlag** ist die Differenz zwischen Bezugspreis (Einstandspreis) und Bruttoverkaufspreis, ausgedrückt in Prozent des Bezugspreises (Bezugspreis = 100 %).

BEISPIEL

Die Ambiente Warenhaus AG bezieht Herrenoberhemden zum Bezugspreis von 30,00 € je Stück und bietet sie zum Bruttoverkaufspreis von 48,00 € je Stück an.

a)		Bruttoverkaufspreis	48,00 €
	./.	Bezugspreis	30,00 €
	=	Differenz	18,00 €

b) 30,00 € = 100 %

18,00 € = x %

$$= \frac{18{,}00\ € \cdot 100\ \%}{30{,}00\ €} = \underline{\underline{\mathbf{60\ \%}}}$$

Der Kalkulationszuschlag beträgt 60 %.

Kalkulationszuschlag

$$= \frac{(\text{Bruttoverkaufspreis ./. Bezugspreis}) \cdot 100\ \%}{\text{Bezugspreis}}$$

Man kann den Kalkulationszuschlag auch berechnen, wenn nur die einzelnen Zuschlagssätze bekannt sind. In diesem Fall wird der Bezugspreis = 100,00 € gesetzt.

BEISPIEL

Die Ambiente Warenhaus AG kalkuliert die Bruttoverkaufspreise für die Warenart Herrenoberhemden mit 50 % Handlungskosten, 5 % Gewinn und 19 % Umsatzsteuer. Die Auszubildende Britta Krombach erhält den Auftrag, den Kalkulationszuschlag für die Warenart Herrenoberhemden zu ermitteln.

a)		Bezugspreis (Einstandspreis)	100,00 €
	+	50 % Handlungskosten	50,00 €
	=	Selbstkostenpreis	150,00 €
	+	5 % Gewinn	7,50 €
	=	Nettoverkaufspreis	157,50 €
	+	19 % Umsatzsteuer	29,93 €
	=	**Bruttoverkaufspreis**	**187,43 €**

222268262

b)

	Bruttoverkaufspreis	187,43 €
./.	Bezugspreis	100,00 €
=	**Differenz**	**87,43 €**

c) 100,00 € = 100 %
87,43 € = x %

$$x = \frac{87{,}43\ € \cdot 100\ \%}{100{,}00\ €} = \underline{\underline{87{,}43\ \%}}$$

Der Kalkulationszuschlag beträgt 87,43 %.

Anwendung des Kalkulationszuschlags

Ist der Kalkulationszuschlag für eine Warengruppe oder Warenart ermittelt worden, kann die Verkaufskalkulation in einem Rechenschritt durchgeführt werden.

BEISPIEL

Die Ambiente Warenhaus AG kalkuliert alle Artikel der Warenart Herrenoberhemden mit einem Kalkulationszuschlag von 87,43 %. Der Auszubildende Robin Labitzke erhält den Auftrag, den Bruttoverkaufspreis für ein Herrenoberhemd zu ermitteln, das zum Bezugspreis von 40,00 € eingekauft wurde.

a) 100,00 % = 40,00 €
87,43 % = x €

$$x = \frac{40{,}00\ € \cdot 87{,}43\ \%}{100{,}00\ \%} = \underline{\underline{34{,}97\ €}}$$

b)

	Bezugspreis	40,00 €
+	87,43 % Kalkulationszuschlag	34,97 €
=	**Bruttoverkaufspreis**	**74,97 €**

Der Bruttoverkaufspreis beträgt 74,97 €.

Bruttoverkaufspreis
= Bezugspreis + Kalkulationszuschlag

Ermittlung des Kalkulationsfaktors

Die Verkaufskalkulation kann durch die Anwendung des **Kalkulationsfaktors** weiter vereinfacht werden.

Zur Ermittlung des Kalkulationsfaktors wird der Bruttoverkaufspreis durch den Bezugspreis geteilt.

BEISPIEL

Der Auszubildende Robin Labitzke soll den Kalkulationsfaktor für die Warenart Herrenoberhemden ermitteln. Die Ambiente Warenhaus AG kalkuliert diese Warenart mit einem Kalkulationszuschlag von 87,43 %.

a)

	Bezugspreis	100,00 €
+	87,43 % Kalkulationszuschlag	87,43 €
=	**Bruttoverkaufspreis**	**187,43 €**

b) **Kalkulationsfaktor**

$$= \frac{187{,}43\ €}{100{,}00\ €} = \underline{\underline{1{,}8743}}$$

Der Kalkulationsfaktor beträgt 1,8743.

Kalkulationsfaktor

$$= \frac{\text{Bruttoverkaufspreis}}{\text{Bezugspreis}}$$

Anwendung des Kalkulationsfaktors

Um den Bruttoverkaufspreis mithilfe des Kalkulationsfaktors zu ermitteln, muss man den Bezugspreis mit dem Kalkulationsfaktor multiplizieren.

BEISPIEL

Die Ambiente Warenhaus AG kalkuliert Damenblusen mit einem Kalkulationsfaktor von 1,852. Die Auszubildende Anja Maibaum erhält den Auftrag, den Bruttoverkaufspreis für eine Bluse zu kalkulieren, die zum Bezugspreis von 50,00 € eingekauft wurde.

Bruttoverkaufspreis

$$= 50{,}00\ € \cdot 1{,}852 = \underline{\underline{92{,}60\ €}}$$

Der Bruttoverkaufspreis beträgt 92,60 €.

Rückwärtskalkulation

Die Rückwärtskalkulation wird von Einzelhandelsbetrieben dann angewandt, wenn der Verkaufspreis einer Ware durch die Verkaufspreise der Mitwettbewerber oder aufgrund gesetzlicher Preisvorschriften vorgegeben ist.

DEFINITION

Bei der **Rückwärtskalkulation** wird der Bezugspreis (= Einstandspreis), zu dem die Ware höchstens eingekauft werden darf, ausgehend von einem **vorgegebenen Verkaufspreis** berechnet.

BEISPIEL

Jeans der Marke Lumex 203 können von der Ambiente Warenhaus AG aufgrund der Konkurrenzsituation höchstens zu einem Bruttoverkaufspreis von 129,92 € je Stück verkauft werden. Der Einkäufer der Ambiente Warenhaus AG, Herr Otte, ermittelt den Bezugspreis, zu dem er die Hosen höchstens einkaufen darf, damit sich der Handel mit diesen Jeans für die Ambiente Warenhaus AG lohnt. Er kalkuliert dabei mit 50 % Handlungskosten, 5 % Gewinn und 19 % Umsatzsteuer.

	Bezugspreis (Einstandspreis)	69,32 €	⑥
+	50 % Handlungskosten	34,66 €	⑤
=	Selbstkostenpreis	103,98 €	④
+	5 % Gewinn	5,20 €	③
=	Nettoverkaufspreis	109,18 €	②
+	19 % Umsatzsteuer	20,74 €	①
=	**Bruttoverkaufspreis**	**129,92 €**	

① **Umsatzsteuer**

$$= \frac{\text{Bruttoverkaufspreis} \cdot \text{Umsatzsteuer (\%)}}{(100\,\% + \text{Umsatzsteuer [\%]})}$$

$$= \frac{129{,}92\,€ \cdot 19\,\%}{(100\,\% + 19\,\%)} = \underline{\underline{20{,}74\,€}}$$

② **Nettoverkaufspreis**

= Bruttoverkaufspreis ./. Umsatzsteuer

= 129,92 € ./. 20,74 € = $\underline{\underline{109{,}18\,€}}$

③ **Gewinn**

$$= \frac{\text{Nettoverkaufspreis} \cdot \text{Gewinn (\%)}}{(100\,\% + \text{Gewinn [\%]})}$$

$$= \frac{109{,}18\,€ \cdot 5\,\%}{(100\,\% + 5\,\%)} = \underline{\underline{5{,}20\,€}}$$

④ **Selbstkostenpreis**

= Nettoverkaufspreis ./. Gewinn

= 109,18 € ./. 5,20 € = $\underline{\underline{103{,}98\,€}}$

⑤ **Handlungskosten**

$$= \frac{\text{Selbstkostenpreis} \cdot \text{Handlungskosten (\%)}}{(100\,\% + \text{Handlungskosten [\%]})}$$

$$= \frac{103{,}98\,€ \cdot 50\,\%}{(100\,\% + 50\,\%)} = \underline{\underline{34{,}66\,€}}$$

⑥ **Bezugspreis**

= Selbstkostenpreis ./. Handlungskosten

= 103,98 € ./. 34,66 € = $\underline{\underline{69{,}32\,€}}$

Der Bezugspreis (= Einstandspreis) für die Jeanshosen darf höchstens 69,32 € betragen.

Vereinfachtes Verfahren der Rückwärtskalkulation

Die Berechnung des aufwendbaren Bezugspreises bei vorgegebenem **Bruttoverkaufspreis** lässt sich durch die Anwendung des **Kalkulationsabschlags** vereinfachen. Bei vorgegebenem **Nettoverkaufspreis** lässt sich die Berechnung des aufwendbaren Bezugspreises durch die Anwendung der **Handelsspanne** vereinfachen.

Ermittlung des Kalkulationsabschlags

DEFINITION

Der **Kalkulationsabschlag** ist die Differenz zwischen Bezugspreis (Einstandspreis) und Bruttoverkaufspreis, ausgedrückt in Prozent des Bruttoverkaufspreises (Bruttoverkaufspreis = 100 %).

BEISPIEL

Die Ambiente Warenhaus AG kalkuliert die Bruttoverkaufspreise für die Warenart Bettwaren mit 40 % Handlungskosten, 10 % Gewinn und 19 % Umsatzsteuer.

a)		Bezugspreis (Einstandspreis)	100,00 €
	+	40 % Handlungskosten	40,00 €
	=	Selbstkostenpreis	140,00 €
	+	10 % Gewinn	14,00 €
	=	Nettoverkaufspreis	154,00 €
	+	19 % Umsatzsteuer	29,26 €
	=	**Bruttoverkaufspreis**	**183,26 €**
b)		Bruttoverkaufspreis	183,26 €
	./.	Bezugspreis	100,00 €
	=	**Differenz**	**83,26 €**

c) 183,26 € = 100 %

83,26 € = x %

$$x = \frac{83{,}26\,€ \cdot 100\,\%}{183{,}26\,€} = \underline{\underline{\mathbf{45{,}4\,\%}}}$$

Der Kalkulationsabschlag beträgt 45,4 %.

Kalkulationsabschlag

$$= \frac{(\text{Bruttoverkaufspreis ./. Bezugspreis}) \cdot 100\,\%}{\text{Bruttoverkaufspreis}}$$

Anwendung des Kalkulationsabschlags

Ist der Kalkulationsabschlag für eine Warenart ermittelt worden, lässt sich der Bezugspreis ausgehend vom Bruttoverkaufspreis in einem Schritt errechnen.

222268264

BEISPIEL

Spannbetttücher der Marke Exklusiv können von der Ambiente Warenhaus AG höchstens zu einem Bruttoverkaufspreis von 34,80 € verkauft werden. Der Leiter des Funktionsbereichs Beschaffung der Ambiente Warenhaus AG, Herr Otte, ermittelt den Bezugspreis, zu dem die Spannbetttücher höchstens eingekauft werden können. Er kalkuliert dabei mit einem Kalkulationsabschlag von 45,4 %.

a) 100,0 % = 34,80 €
45,4 % = x €

$$x = \frac{34{,}80\ € \cdot 45{,}4\ \%}{100{,}00\ \%} = \mathbf{15{,}80\ €}$$

b)

	Bruttoverkaufspreis	34,80 €
./.	45,4 % Kalkulationsabschlag	15,80 €
=	**Bezugspreis**	**19,00 €**

Der Bezugspreis darf höchstens 19,00 € betragen.

Bezugspreis
= Bruttoverkaufspreis ./. Kalkulationsabschlag

Ermittlung der Handelsspanne

DEFINITION

Die **Handelsspanne** ist die Differenz zwischen Bezugspreis (Einstandspreis) und Nettoverkaufspreis, ausgedrückt in Prozent des Nettoverkaufspreises (Nettoverkaufspreis = 100 %).

BEISPIEL

Die Ambiente Warenhaus AG kalkuliert die Nettoverkaufspreise für die Warenart Bettwaren mit 40 % Handlungskosten und 10 % Gewinn.

a)

	Bezugspreis (Einstandspreis)	100,00 €
+	40 % Handlungskosten	40,00 €
=	Selbstkostenpreis	140,00 €
+	10 % Gewinn	14,00 €
=	Nettoverkaufspreis	154,00 €

b)

	Nettoverkaufspreis	154,00 €
./.	Bezugspreis	100,00 €
=	**Differenz**	**54,00 €**

c) 154,00 € = 100 %
54,00 € = x %

$$x = \frac{54{,}00\ € \cdot 100\ \%}{154{,}00\ €} = \mathbf{35{,}06\ \%}$$

Die Handelsspanne beträgt 35,06 %.

Handelsspanne

$$= \frac{(\text{Nettoverkaufspreis ./. Bezugspreis}) \cdot 100\ \%}{\text{Nettoverkaufspreis}}$$

Anwendung der Handelsspanne

Ist die Handelsspanne für eine Warenart ermittelt worden, lässt sich der Bezugspreis ausgehend vom Nettoverkaufspreis in einem Schritt errechnen.

BEISPIEL

Bettbezüge der Marke Exklusiv können von der Ambiente Warenhaus AG höchstens zu einem Nettoverkaufspreis von 30,00 € verkauft werden. Der Leiter des Funktionsbereichs Beschaffung der Ambiente Warenhaus AG, Herr Otte, ermittelt den Bezugspreis, zu dem die Bettbezüge höchstens eingekauft werden können. Er kalkuliert dabei mit einer Handelsspanne von 35,06 %.

a) 100,00 % = 30,00 €
35,06 % – x €

$$x = \frac{30{,}00\ € \cdot 35{,}06\ \%}{100{,}00\ \%} = \mathbf{10{,}52\ €}$$

b)

	Nettoverkaufspreis	30,00 €
./.	35,06 % Handelsspanne	10,52 €
=	**Bezugspreis**	**19,48 €**

Der Bezugspreis darf höchstens 19,48 € betragen.

Bezugspreis
= Nettoverkaufspreis ./. Handelsspanne

Differenzkalkulation

Die Differenzkalkulation wendet ein Einzelhandelsbetrieb an, wenn er den Verkaufspreis und den Einstandspreis einer Ware wenig oder gar nicht beeinflussen kann. Die Kalkulation dient in diesem Fall dazu, festzustellen, ob es sich lohnt, die Ware in das Sortiment aufzunehmen oder im Sortiment zu belassen.

DEFINITION

Bei der **Differenzkalkulation** wird der **Gewinn,** der sich durch den Verkauf einer Ware erzielen lässt, bei **vorgegebenem Bezugspreis** (= Einstandspreis) **und Verkaufspreis** ermittelt.

BEISPIEL

Die Ambiente Warenhaus AG kann Walkfrottiertücher bei einem Lieferer zum Bezugspreis von 5,00 € je Stück beziehen. Aufgrund der Konkurrenzsituation kann sie die Frottiertücher zum Bruttoverkaufspreis von 11,60 € je Stück verkaufen.

Die Mitarbeiterin im Funktionsbereich Beschaffung der Ambiente Warenhaus AG, Frau Lorenz, prüft, ob sich die Aufnahme dieses Artikels in das Sortiment lohnt. Sie kalkuliert mit 50 % Handlungskosten und 19 % Umsatzsteuer.

	Bezugspreis (Einstandspreis) ..	5,00 €	
+	50 % Handlungskosten	2,50 €	① ↓
=	Selbstkostenpreis	7,50 €	②
+	**Gewinn**	**2,25 €**	⑤
=	Nettoverkaufspreis	9,75 €	④ ↑
+	19 % Umsatzsteuer	1,85 €	③
=	Bruttoverkaufspreis	11,60 €	

① **Handlungskosten**

$$= \frac{\text{Bezugspreis} \cdot \text{Handlungskosten (\%)}}{100\ \%}$$

$$= \frac{5{,}00\ € \cdot 50\ \%}{100\ \%} = \underline{\underline{2{,}50\ €}}$$

② **Selbstkostenpreis**

= Bezugspreis + Handlungskosten

= 5,00 € + 2,50 € = 7,50 €

③ **Umsatzsteuer**

$$= \frac{\text{Bruttoverkaufspreis} \cdot \text{Umsatzsteuer (\%)}}{(100\ \% + \text{Umsatzsteuer [\%]})}$$

$$= \frac{11{,}60\ € \cdot 19\ \%}{(100\ \% + 19\ \%)} = \underline{\underline{1{,}85\ €}}$$

④ **Nettoverkaufspreis**

= Bruttoverkaufspreis ./. Umsatzsteuer

= 11,60 € ./. 1,85 € = 9,75 €

⑤ **Gewinn**

= Nettoverkaufspreis ./. Selbstkostenpreis

= 9,75 € ./. 7,50 € = 2,25 €

Mit den Walkfrottiertüchern kann die Ambiente Warenhaus AG bei den gegebenen Bezugs- und Verkaufspreisen einen **Gewinn von 2,25 €** je Stück erzielen. Die Aufnahme dieses Artikels in das Sortiment der Ambiente Warenhaus AG ist damit lohnend.

Mischkalkulation

Die Marktsituation (Preise der Konkurrenz, Kundenverhalten) zwingt Einzelhändler häufig, Artikel ihres Sortiments mit unterschiedlichen Handelsspannen zu kalkulieren:

- einige Artikel mit einer Handelsspanne, die nicht zur Deckung der Handlungskosten und zur Erwirtschaftung eines angemessenen Gewinns ausreicht **(Ausgleichsnehmer)**,
- andere Artikel mit einer überdurchschnittlichen Handelsspanne zum Ausgleich der Ausgleichsnehmer **(Ausgleichsträger)**.

Dieses Verfahren nennt man **Misch- oder Ausgleichskalkulation**.

BEISPIEL

		Artikel 1 (Ausgleichsnehmer)	Artikel 2 (Ausgleichsträger)
	Einstandspreis	100,00 €	140,00 €
+	Handlungskosten	40,00 €	60,00 €
=	Selbstkostenpreis	140,00 €	200,00 €
	Nettoverkaufspreis	130,00 €	210,00 €
	Überschuss/Fehlbetrag .	− 10,00 €	+ 10,00 €

Ausgleichsnehmer sind häufig Artikel, bei denen sich die Käufer sehr preisbewusst verhalten. Das sind insbesondere Waren des lebensnotwendigen und täglichen Bedarfs und Artikel mit aufgedruckten Preisempfehlungen, durch deren Unterbietung der Handelsbetrieb seine Preiswürdigkeit verdeutlichen kann.

Als Ausgleichsträger eignen sich besonders Artikel, bei denen sich die Kunden weniger preisbewusst verhalten,

222268266

weil sie bei diesen Artikeln nur einen geringen Marktüberblick haben. Das ist häufig bei Waren des aperiodischen und gehobenen Bedarfs der Fall, z. B. bei Wohnzimmereinrichtungen, hochwertiger Kleidung.

Sonderangebote

Während bei der Mischkalkulation bestimmte Artikel langfristig mit geringen Spannen kalkuliert werden, werden bei Sonderangeboten einzelne normal kalkulierte Waren für kurze Zeit zu vergleichsweise niedrigen Preisen angeboten.

Sonderangebote dienen dazu,
- die Preiswürdigkeit des Sortiments des Anbieters zu verdeutlichen,
- den Verkauf von möglichen Ladenhütern zu beschleunigen und damit zusätzliche Kosten (Lagerkosten, Kapitalbindung, Verderb) zu vermeiden.

Gelegentlich werden Sonderangebote auch dazu benutzt, die Liquiditätslage des Anbieters kurzfristig zu verbessern.

Preisdifferenzierung

Preisdifferenzierung liegt vor, wenn ein Unternehmen die gleiche Ware oder Dienstleistung zu unterschiedlichen Preisen anbietet. Ziel der Preisdifferenzierung ist es, sich mit der Preisstellung unterschiedlichen Marktgegebenheiten anzupassen.

Formen der Preisdifferenzierung sind
- die räumliche Preisdifferenzierung,
- die personelle Preisdifferenzierung,
- die zeitliche Preisdifferenzierung,
- die mengenmäßige Preisdifferenzierung.

Bei der **räumlichen Preisdifferenzierung** wird die gleiche Ware an verschiedenen Orten zu verschiedenen Preisen angeboten.

BEISPIEL

Ein Filialunternehmen bietet seine Waren an Orten mit vielen Konkurrenzbetrieben günstiger an als an Orten ohne Konkurrenzbetriebe.

Bei der **personellen Preisdifferenzierung** wird die gleiche Ware unterschiedlichen Kundengruppen zu unterschiedlichen Preisen angeboten.

BEISPIEL

Ein Händler gibt Ware an Handwerker preiswerter ab als an andere Kunden.

Bei der **zeitlichen Preisdifferenzierung** wird die gleiche Ware oder Dienstleistung zu verschiedenen Zeiten zu unterschiedlichen Preisen angeboten.

BEISPIEL

Zur zeitlichen Preisdifferenzierung gehören verbilligte Angebote von Saisonwaren außerhalb der Saison (z. B. günstigere Preise für Kohle und Heizöl im Sommer).

Bei der **mengenmäßigen Preisdifferenzierung** wird bei Abnahme größerer Mengen einer Ware ein günstigerer Preis gewährt.

BEISPIEL

Eine 100-Gramm-Tafel Schokolade kostet 0,60 €. Beim Kauf von fünf Tafeln dieser Schokolade bezahlt der Kunde nur 0,50 € je Tafel.

Rabattgewährung

Der einmal von einem Einzelhändler festgelegte Preis für eine Ware kann durch die Gewährung von Rabatten (als prozentuale Abschläge) oder Naturalrabatten verändert werden.

Rabatte (als prozentuale Abschläge) sind Nachlässe von einheitlich festgelegten Bruttopreisen.

Sie können u. a. gewährt werden

- für die Abnahme größerer Mengen (Mengenrabatt),
- an langjährige Kunden (Treuerabatt),
- an Händler und Produktionsbetriebe (Wiederverkäuferrabatt),
- an Betriebsangehörige (Personalrabatt),
- für vorzeitige Zahlung (Skonto),
- wenn der Kunde am Ende eines Jahres einen bestimmten Mindestumsatz erreicht oder überschritten hat (Bonus).

Naturalrabatte sind Rabatte, die in Form von Waren gewährt werden. Sie können in Form einer Draufgabe oder Dreingabe gewährt werden.

Bei der **Draufgabe** muss der Kunde die bestellte Waren bezahlen und erhält zusätzliche Ware gratis. Bei der **Dreingabe** muss der Kunde nur einen Teil der gewünschten Ware bezahlen, der Rest ist gratis.

BEISPIEL

Ein Kunde kauft 120 Flaschen Wein. Der Einzelhändler gewährt einen Naturalrabatt von 10 Flaschen.

Draufgabe: Kunde wünscht 120 Flaschen, Kunde erhält 130 Flaschen, Kunde bezahlt 120 Flaschen.

Dreingabe: Kunde wünscht 120 Flaschen. Kunde erhält 120 Flaschen, Kunde bezahlt 110 Flaschen.

AUFGABEN

1. Der Bezugspreis für einen Artikel beträgt 227,50 €, der Nettoverkaufspreis 399,00 €.

   Wie viel Prozent beträgt die Handelsspanne?

2. Eine Ware soll für 151,80 € verkauft werden. Der Kalkulationsfaktor beträgt 1,765.

   Wie viel Euro darf der Einstandspreis der Ware höchstens betragen?

3. In einem Betrieb wird mit 40 % Handlungskosten, 6 % Gewinn und 7 % Umsatzsteuer kalkuliert.
   a) Wie groß ist der Kalkulationsfaktor?
   b) Wie viel Prozent beträgt die Handelsspanne?
   c) Wie viel Prozent beträgt der Kalkulationszuschlag?
   d) Wie viel Prozent beträgt der Kalkulationsabschlag?

4. Der Bezugspreis eines Artikels beträgt 27,80 €. Die Handelsspanne des Betriebs wurde mit 33 1/3 % ermittelt.

   Wie viel Euro beträgt der Nettoverkaufspreis für diesen Artikel?

5. Eine Kalkulation für einen Büroschreibtisch enthält folgende Beträge:

Listenpreis	840,00 €
Bareinkaufspreis	798,00 €
Bezugspreis	820,00 €
Selbstkostenpreis	984,00 €
Nettoverkaufspreis	1.082,00 €
Bruttoverkaufspreis	1.287,58 €

   a) Wie viel Prozent beträgt der Kalkulationszuschlag?
   b) Wie viel Prozent beträgt die Handelsspanne?
   c) Wie groß ist der Kalkulationsfaktor?
   d) Wie viel Prozent beträgt der Kalkulationsabschlag?

6. Der Bezugspreis einer Ware beträgt 42,00 €, der Kalkulationsfaktor 1,54.

   Wie viel Euro beträgt der Bruttoverkaufspreis?

7. Für eine Ware beträgt der Nettoverkaufspreis 171,00 €.

   Wie viel Euro darf der Bezugspreis höchstens betragen, wenn mit einer Handelsspanne von 30 % kalkuliert wird?

8. Ein Einzelhändler erhält ein Angebot über eine Ware. Der Listenpreis ist mit 160,00 € pro Stück angegeben. Sein Lieferer gewährt ihm 4 % Rabatt und 2 % Skonto. Die Bezugskosten für 100 Stück betragen 35,00 €. Der Einzelhändler kalkuliert mit 10 % Handlungskosten, 10 % Gewinn und 19 % Umsatzsteuer.

   Zu welchem Bruttoverkaufspreis kann er die Ware anbieten?

9. Der Bezugspreis für eine Ware beträgt 200,00 €. Der Händler kalkuliert mit einem Kalkulationszuschlag von 35 %.

   Wie viel Euro beträgt der Bruttoverkaufspreis?

222268268

10. Der Bruttoverkaufspreis einer Ware beträgt 276,08 €. Der Einzelhändler kalkuliert mit 10 % Gewinn, 30 % Handlungskosten und 19 % Umsatzsteuer.

Wie viel Euro darf der Bezugspreis höchstens betragen?

11. Ein Lebensmitteleinzelhändler kalkuliert die Artikel der Warengruppe Nährmittel mit einem Kalkulationszuschlag von 70 %.

Mit wie viel Prozent Gewinn kalkuliert er, wenn er mit 20 % Handlungskosten und 7 % Umsatzsteuer rechnet?

12. Der Bruttoverkaufspreis für einen Blu-Ray-Player beträgt 700,00 €, sein Selbstkostenpreis 450,00 €.

Mit welchem Kalkulationsfaktor wurde kalkuliert, wenn mit einem Handlungskostenzuschlag von 30 % gerechnet wurde?

13. Der Bruttoverkaufspreis für ein Paar Herrensocken beträgt 5,80 €. Die Ambiente Warenhaus AG hat diesen Artikel mit einem Kalkulationsfaktor von 1,52 kalkuliert.

Wie viel Euro beträgt der Bezugspreis für diesen Artikel?

14. Ein Elektrogerätehändler kauft bei einem Hersteller 20 Gefrierschränke zum Einstandspreis von 420,00 € je Stück.

Wie viel Euro beträgt der Bruttoverkaufspreis je Stück, wenn der Elektrogerätehändler die Gefrierschränke mit einem Kalkulationszuschlag von 60 % kalkuliert?

15. Aufgrund der Konkurrenzsituation kann ein Einzelhändler für einen Artikel nur einen Bruttoverkaufspreis von 99,06 € fordern.

Welcher Bezugspreis ergibt sich für ihn als Preisobergrenze, wenn er mit 20 % Handlungskosten, 10 % Gewinn und 19 % Umsatzsteuer kalkuliert?

16. Eine Sanitärhandlung bietet eine Badewanne zum Bruttoverkaufspreis von 204,16 € an.

Wie viel Euro beträgt der Bezugspreis für die Wanne, wenn die Sanitärhandlung mit einer Handelsspanne von 30 % und 19 % Umsatzsteuer kalkuliert?

17. Ein Rundfunk- und Fernsehhändler bietet ein Fernsehgerät, das er zum Einstandspreis von 850,00 € eingekauft hat, zum Nettoverkaufspreis von 920,00 € an.

Wie viel Euro beträgt sein Verlust, wenn er das Fernsehgerät mit 30 % Handlungskosten kalkuliert hat?

18. Ein Einzelhändler verkauft eine Ware, die er zum Einstandspreis von 1.025,00 € bezogen hat, zum Nettoverkaufspreis von 1.650,00 €. Dabei kalkuliert er mit 40 % Handlungskosten.

Wie viel Prozent beträgt seine Gewinnspanne?

19. Die Ambiente Warenhaus AG bezieht Damenblusen zum Einstandspreis von 24,40 € je Stück. Der Handlungskostenzuschlag beträgt 35 %.

Wie viel Prozent Gewinn bleiben der Ambiente Warenhaus AG, wenn sie aus Wettbewerbsgründen nur einen Nettoverkaufspreis von 38,00 € je Stück verlangen kann?

20. a) Was versteht man unter Mischkalkulation?

b) Warum wenden Handelsbetriebe bei der Preisgestaltung die Mischkalkulation an?

21. Nennen Sie Artikel im Sortiment Ihres Ausbildungsbetriebs, die sich als Ausgleichsträger eignen.

22. Welche Artikel Ihres Ausbildungsbetriebs sind häufig Ausgleichsnehmer?

23. Welche Ziele verfolgen Einzelhandelsbetriebe mit Sonderangeboten?

24. Um welche Formen der Preisdifferenzierung handelt es sich in den folgenden Fällen?

a) Skier werden im Sommer zu günstigeren Preisen angeboten als zur Weihnachtszeit.

b) Der Preis für eine Normalpackung beträgt 2,58 €. Der Preis für eine Doppelpackung beträgt nur 4,98 €.

c) Die Obst- und Gemüsehandlung „Frischkauf" bietet in ihrer Münchener Zweigniederlassung Blumenkohl für 2,00 € je Kopf an. In ihrer Görlitzer Zweigniederlassung verlangt sie nur 1,50 € je Kopf.

25. Beim Kauf von zehn Apfelsinen erhalten Kunden in einem Supermarkt eine Apfelsine gratis.

Um welche Rabattart handelt es sich in diesem Fall?

AKTIONEN

1. Das Warenhaus Larstadt bietet in seiner Damenoberbekleidungsabteilung die folgenden Artikel preisgünstig an:
   - Damenblazer in Bouclé-Optik, Gr. 36–46, zum Preis von 49,95 €
   - Denim-Blazer, Gr. 36–46, zum Preis von 45,95 €
   - Jacke im aktuellen Trench-Stil, Gr. 36–46, zum Preis von 59,95 €
   - Baumwoll-Stretch-Hose zum Preis von 29,95 €
   - Krempel-Jeans zum Preis von 39,95 €

   Die Ambiente Warenhaus AG möchte mit einer Sonderaktion auf das Angebot ihres Mitbewerbers Larstadt reagieren. Die Leiterin des Funktionsbereichs Verkauf bittet die Auszubildenden Anja Maibaum und Lars Panning, eine entsprechende Sonderaktion vorzubereiten.

   Versetzen Sie sich in die Rolle von Anja Maibaum oder Lars Panning.

   a) Entwickeln Sie ein schlüssiges Konzept für die Sonderaktion.
   b) Präsentieren Sie das Konzept Ihren Mitschülerinnen und Mitschülern.

2. a) Informieren Sie sich über aktuelle Sonderangebote Ihres Ausbildungsbetriebs.
   b) Informieren Sie sich über Gründe für diese Sonderangebote.
   c) Stellen Sie die Ergebnisse in Ihrer Klasse vor. Benutzen Sie dabei ein Präsentationsmittel Ihrer Wahl.

3. Seit der Abschaffung des Rabattgesetzes werden in sehr vielen Einzelhandelsunternehmen in erheblichem Umfang Rabattaktionen durchgeführt. Diese Rabattaktionen bieten Einzelhandelsunternehmen Chancen und Risiken.

   Führen Sie eine Pro-und-Kontra-Diskussion zum Thema „Rabattaktionen im Einzelhandel" durch.

ZUSAMMENFASSUNG

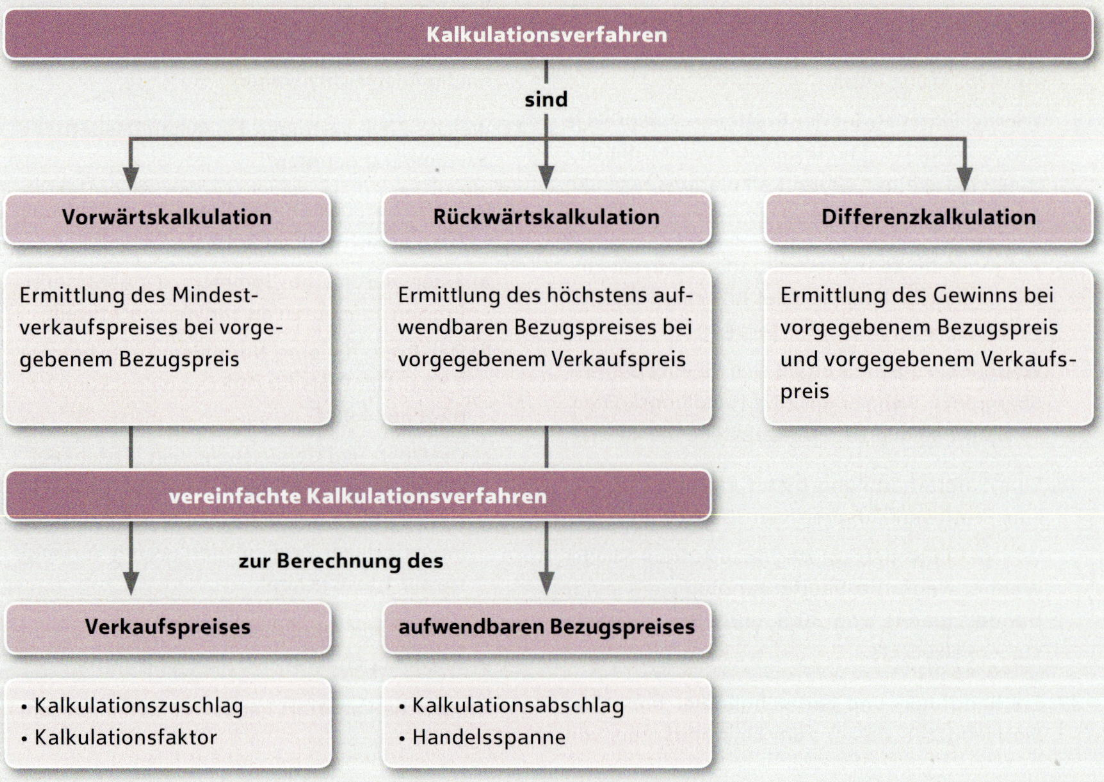

Maßnahmen der Preispolitik

sind

- **Mischkalkulation**
  = Ausgleichskalkulation
- **Sonderangebote**
  = Angebot einzelner Artikel zu reduzierten Preisen ohne Fristsetzung
- **Preisdifferenzierung**
  = Angebot gleicher Waren und Dienstleistungen zu unterschiedlichen Preisen:
  - räumliche Preisdifferenzierung
  - personelle Preisdifferenzierung
  - zeitliche Preisdifferenzierung
  - mengenmäßige Preisdifferenzierung
- **Rabattgewährung**
  = Gewährung von Preisnachlässen:
  - Mengenrabatt (Bar- und Naturalrabatt)
  - Wiederverkäuferrabatt
  - Treuerabatt
  - Personalrabatt
  - Skonto
  - Bonus

KAPITEL 3
Wir beachten die gesetzlichen Vorschriften zur Preisauszeichnung

Der junge Leiter der in Hannover neu eröffneten Filiale der Ambiente Warenhaus AG startet eine Werbekampagne und lässt in der Innenstadt Handzettel mit folgendem Inhalt verteilen:

> **Achtung: Ihr Vorteil!**
>
> Wir zeichnen die Ware nicht mehr einzeln mit Preisen aus. Das bedeutet für uns Kosten- und Zeitersparnis und für Sie:
>
> **absolute Niedrigpreise**
>
> Am Eingang links: Handtaschen aus echtem Leder nur **32,95 €** + 19 % Umsatzsteuer
>
> Auf dem gleichen Tisch: Handtaschen aus hochwertigem Kunststoff – von echtem Leder nicht zu unterscheiden – jedoch **viel billiger!**
>
> Im hinteren Eingangsbereich in einer Gondel: Echte Ledergürtel in unterschiedlichen Längen von **4,25 €** bis **19,00 €**
>
> **Vergleichen – Kaufen – Sparen**
>
> **Ambiente Warenhaus AG**

Stellen Sie mithilfe der Preisangabenverordnung fest, inwieweit derartige Preisangaben zu den angebotenen Handtaschen und Ledergürteln zulässig sind. Argumentieren Sie dabei gleichzeitig aus der Sicht eines Verbrauchers.

INFORMATION

Preisauszeichnungspflicht

Die Vielfalt der angebotenen Waren und Dienstleistungen nimmt ständig zu. Für den Verbraucher wird es dadurch zunehmend schwieriger, sich einen Marktüberblick zu verschaffen. Aus diesem Grund ist es wichtig und notwendig, dass die Waren mit Preisen ausgezeichnet werden.

Durch die **Preisangabenverordnung** (PAngV) ist der Einzelhändler, der dem Endverbraucher Waren anbietet oder unter Angabe von Preisen wirbt, **zur Preisauszeichnung** seiner Waren **verpflichtet**.

Diese Vorschrift gilt für alle Waren, die in Schaufenstern oder Schaukästen, auf Verkaufsständen oder in sonstiger Weise innerhalb oder außerhalb des Verkaufsraumes für den Kunden sichtbar ausgestellt sind oder die vom Verbraucher unmittelbar entnommen werden können (Selbstbedienung).

Bei anderen Formen der Produktdarstellung müssen die Preise entweder an Regalen oder in einem Preisverzeichnis aufzufinden sein.

Wichtig ist, dass ein Preis immer einer Ware eindeutig zugewiesen werden kann. Dies gilt auch für Kataloge und Onlineshops.

Im Interesse der **Preisklarheit** und **Preiswahrheit** soll es dem Verbraucher ermöglicht werden, Gesamt- bzw. Endpreise
- leicht zu erkennen,
- deutlich lesen zu können und
- eindeutig einer Ware, einem Angebot, einer Werbung oder Dienstleistung zuordnen zu können.

Sollte ein Endpreis in mehrere Einzelpreise aufgeteilt worden sein, dann muss jeder Einzelpreis die Mehrwertsteuer sowie andere Preisbestandteile beinhalten.

Des Weiteren muss der Gesamtpreis (Summe aller Einzelpreise) deutlich hervorgehoben werden.

Durch die Pflicht zur Preisauszeichnung soll insgesamt die Möglichkeit eines **optimalen Preisvergleichs** für die Verbraucher geschaffen werden. Gute Preisvergleichsmöglichkeiten sind eine entscheidende Voraussetzung für das Funktionieren der marktwirtschaftlichen Ordnung. Daher fördert die Preisangabenverordnung zusätzlich den Wettbewerb.

Grundvorschriften

Jeder, der Letztverbrauchern[1] gewerbsmäßig Waren oder Dienstleistungen anbietet oder unter Angabe von Preisen dafür wirbt, ist nach der Preisangabenverordnung verpflichtet, den **Preis einschließlich Umsatzsteuer** und sonstiger Preisbestandteile (= **Gesamtpreise**) anzugeben.

Auch weitere Preisbestandteile sind bei der Preisangabe zu berücksichtigen:
- Eine Pfandforderung ist gesondert anzugeben.
- Bestehen für Waren oder Leistungen Liefer- oder Leistungsfristen von mehr als 4 Monaten, können Preise mit einem Änderungsvorbehalt angegeben werden.
- Bei Leistungen können auch Stunden-, Kilometer- und andere Verrechnungssätze angegeben werden, die alle Leistungselemente einschließlich der anteiligen Umsatzsteuer enthalten.

Wer einem Verbraucher eine für den Geschäftsabschluss wesentliche Information vorenthält, verhält sich wettbewerbswidrig. Als wesentliche Information ist u. a. der Gesamtpreis sowie alle zusätzlichen Fracht-, Liefer- und Zustellkosten anzusehen.

Pflichtangaben

1. Gesetzlich vorgeschriebene Angaben

1.1 Gesamtpreis

Mit Gesamtpreis ist der Bruttoverkaufspreis (Endpreis) gemeint. Dieser beinhaltet:
- den Preis der Ware,
- sonstige Preisbestandteile, z. B. Liefer- und Versandkosten, sofern diese im Voraus berechnet werden können,
- Umsatzsteuer,
- Pfandbeträge müssen neben dem Gesamtpreis gesondert angegeben werden, da das Pfand kein Bestandteil des Preises ist.

Die Auszeichnung durch Preisschilder oder Beschriftung der Waren gilt auch für das sichtbare Anbieten von Waren in Schaufenstern, Schaukästen oder Regalen innerhalb und außerhalb des Verkaufsraumes.

1 Letztverbraucher ist jeder, der eine Ware oder Dienstleistung für den privaten Verbrauch erwirbt.

222268272

1.2 Mengeneinheiten

Mengeneinheiten sind z. B. 5 Stück, 3 m, 0,7 l, 1 kg. Unbestimmte Mengenangaben wie z. B. „300 g bis 350 g“ oder „ca. 10 Stück“ sind unzulässig.

1.3 Grundpreis

Es besteht die Pflicht, Waren, die nach Gewicht, Volumen, Länge oder Fläche angeboten werden neben der Angabe des Gesamtpreises mit einem **Grundpreis** unmissverständlich, klar erkennbar und gut lesbar auszuzeichnen(§ 4 PAngV). Hierzu zählen Waren in Fertigverpackungen, in offenen Verpackungen und Waren, die als Verkaufseinheiten ohne Umhüllungen abgegeben werden.

Pfandbeträge dürfen bei der Bestimmung des Grundpreises nicht berücksichtigt werden.

DEFINITION

Die verbindliche **Mengeneinheit für den Grundpreis** ist jeweils 1 Kilogramm, 1 Liter, 1 Kubikmeter, 1 Meter oder 1 Quadratmeter der Ware (§ 5 PAngV) einschließlich der Umsatzsteuer und sonstiger Preisbestandteile (Bruttopreis).

Gesamtpreis ist der Preis, den der Verbraucher für die **gesamte Verpackungseinheit** der Ware zu zahlen hat einschließlich Umsatzsteuer und sonstiger Preisbestandteile (§ 3 PAngV).

Preisinformation Aufkleber

1.4 Ausnahmen

(ausgewählte Beispiele gem. §§ 4, 5 u. 9 PAngV):

- Wenn Grund- und Gesamtpreis (Endpreis) identisch sind, muss der Grundpreis nicht gesondert angegeben werden. Wer einen Karton Milch mit einem Liter Inhalt verkauft, muss also den Grundpreis nicht angeben, denn dieser ist, da auf ein Liter bezogen, identisch mit dem Gesamtpreis.
- Bei **loser Ware** genügt die Angabe des Grundpreises; als Mengeneinheit ist für den Grundpreis entweder 1 Kilogramm oder 100 Gramm oder 1 Liter oder 100 Milliliter zu verwenden.
- Beim Verkauf **leicht verderblicher Lebensmittel** entfällt die Angabe eines neuen Gesamtpreises oder Grundpreises, wenn der geforderte Gesamtpreis wegen einer drohenden Gefahr des Verderbs oder eines drohenden Ablaufs der Haltbarkeit herabgesetzt wird und dies für die Verbraucher kenntlich gemacht wird (§ 9 Abs. 3 Nr. 3 PAngV).
- Bei **Haushaltswaschmitteln** sowie bei **Wasch- und Reinigungsmitteln** kann als Mengeneinheit für den Grundpreis eine übliche Anwendung verwendet werden. Die Hersteller geben auf den Packungen freiwillig eine Reichweitenangabe in Form von Messbecherfüllungen an.

Preisinformation Flyer

Die Angabe eines Grundpreises wird ferner nicht gefordert für Waren,

- die über ein Nenngewicht oder -volumen von weniger als 10 Gramm oder Milliliter verfügen;
- die verschiedenartige Erzeugnisse enthalten, die nicht miteinander vermischt oder vermengt sind;
- die von kleinen Direktvermarktern oder Einzelhandelsgeschäften mit weniger als 200 m² Verkaufsfläche (z. B. Kiosken) angeboten werden, bei denen die Warenausgabe überwiegend im Wege der Bedienung erfolgt;
- die in Getränke- und Verpflegungsautomaten angeboten werden.

Des Weiteren kann auf einen Grundpreis verzichtet werden bei

- Kau- und Schnupftabak mit Nenngewicht bis 25 g
- kosmetischen Färbemitteln für Haut, Haare oder Nägel
- Parfüms und parfümierten Duftwässern

Die gesetzliche Verpflichtung, den Grundpreis anzugeben, soll dem Verbraucher einen leichteren Preisvergleich ermöglichen, insbesondere bei Packungen mit unterschiedlicher Füllmenge.

Die Pflichten der PAngV gelten nur im Verhältnis Unternehmer/Verbraucher (B2C). Unternehmer/Unternehmer Geschäfte (B2B) sind nicht von den Vorschriften betroffen.

1.5 Zusätzliche Preisangabenpflicht bei Preisermäßigungen (§ 11 PAngV)

Bei der **Werbung einer Preisermäßigung** für eine Ware ist der vorherige Verkaufs- bzw. Gesamtpreis zwingend anzugeben. Dabei richtet sich dieser anzugebende vorherige Preis nach dem niedrigsten Gesamtpreis, den der Händler innerhalb der letzten 30 Tage vor der Anwendung der Preisermäßigung für die entsprechende Ware verlangt hat. Für die Berechnung der 30-Tagesfrist ist auf den Tag der Preisermäßigung abzustellen. Der Tag, an dem die Reduzierung in Kraft tritt, wird nicht mit einberechnet.

Die 30-Tages-Frist wird kalendermäßig bestimmt und nicht anhand der Verkaufstage. Werden unterschiedliche Vertriebskanäle genutzt, so ist für die Bestimmung des niedrigsten Gesamtpreises der letzten 30 Tage derjenige Kanal maßgeblich, für den die Bekanntgabe der Preisermäßigung erfolgt. Insofern ist jeder Vertriebskanal für sich selbst zu betrachten.

Wird eine Ware im Preis reduziert, die seit **weniger als 30 Tagen** angeboten wurde, so bemisst sich der anzugebende Gesamtpreis anhand des bis dahin vom Händler am niedrigsten geforderten Preises.

BEISPIELE

Eine Ware soll mit Wirkung 01.10. zu einem ermäßigten Preis angeboten werden. Der anzugebende Gesamtpreis ist dann am niedrigsten Preis zu messen, der im Zeitraum vom 01.09. bis zum 30.09. gefordert wurde.

Eine Ware, die ein Händler im Rahmen einer Werbemaßnahme zu einem reduzierten Preis anbieten möchte, wird erst seit 20 Tagen angeboten. Als Referenzpreis ist daher der niedrigste Preis der letzten 20 Tage von ihm anzugeben.

Bei einer **schrittweisen, ohne Unterbrechung ansteigenden Preisermäßigung** sieht die Verordnung vor, dass der Händler hinsichtlich des niedrigsten Vergleichspreises auf denjenigen Preis abstellen kann, den er vor Beginn der ersten Ermäßigung gefordert hat, auch wenn dieser Preis länger als 30 Tage zurück liegt. Diese Regelung ist vor allem bei Lagerräumungs- und Ausverkäufen von Bedeutung.

Der Vergleich von Ursprungspreis und Rabattpreis kann durch Gegenüberstellung der Preise erfolgen oder durch Information über den prozentualen Unterschied.

Mit dieser zusätzlichen Preisangabenpflicht soll verhindert werden, dass Händler auf Preise Bezug nehmen, die so zuvor von Verbrauchern nie verlangt wurden und das dadurch Verbraucher Preisermäßigungen besser einschätzen und Preise aufgrund einheitlicher Informationen besser bewerten können.

Die Regelung gilt sowohl für die Waren im Ladengeschäft als auch für Waren im Online-Handel, sind aber nur auf Preisermäßigungen von Waren im B2C-Bereich anwendbar.
Nicht in den Anwendungsbereich fallen Werbeformulierungen beispielsweise wie *Sale, Niedrigpreis, 1+1 gratis* oder *Kaufe 2 zahl nur für 1*.

Ausgenommen von der Regelung bei Preisermäßigungen sind schnell verderbliche Waren, die für den Abverkauf vor Ablauf des Haltbarkeitsdatums reduziert ausgezeichnet werden. Ebenso wenig findet die Vorschrift Anwendung, wenn mit UVPs geworben wird.

Ein Online-Händler kann daher weiterhin mit Preisvergleichen werben, wenn im Rahmen der Werbung klar erkennbar ist, dass es sich nicht um eine Reduzierung des eigenen Preises, sondern um einen Preisvergleich mit einer UVP handelt.

1.6 Handelsübliche Gütebezeichnung/Warenbezeichnung

Damit ist die Benennung der Ware gemeint, wie z.B. „Deutsche Markenbutter“, „Gewürzgurken“, „Vollkornschnitten-Roggenschrotbrot“ oder „Handelsklasse I a“.

Fantasienamen, wie z.B. „Pusta-Salat“, dürfen allein nicht benutzt werden, da sie keinen genauen Rückschluss auf den Inhalt ermöglichen.

222268274

1.7 Etikettierung von Lebensmitteln

Folgendes muss auf verpackten Lebensmitteln stehen:

- **Verkehrsbezeichnung:** Das ist der Begriff, unter dem ein Lebensmittel verkauft wird. Rechtsvorschriften oder die Leitsätze des Deutschen Lebensmittelbuchs (www.dlmbk.de) beschreiben, was etwa unter Spätzle, Fruchtsaft und Lebkuchen zu verstehen ist. Nicht zu verwechseln ist die Verkehrsbezeichnung mit dem vom Hersteller gegebenen (meist auffälligen) Marken- oder Produktnamen. Dieser dient in erster Linie Werbezwecken.
- **Zutatenverzeichnis:** Sämtliche Zutaten werden absteigend nach Gewichtsanteilen zum Zeitpunkt ihrer Herstellung aufgelistet. Der prozentuale Gewichtsanteil muss angegeben werden, wenn die Zutat auf dem Etikett hervorgehoben wird, z. B. bei Abbildung dieser Zutaten. Kein Zutatenverzeichnis benötigen Lebensmittel mit nur einer Zutat wie natürliches Mineralwasser.
- **Allergenkennzeichnung:** Angegeben werden müssen die vierzehn häufigsten Stoffe, die Allergien oder Unverträglichkeiten auslösen, wie Sellerie, Erdnüsse, Milchzucker, Gluten, Soja oder Ei, unabhängig von ihrer zugesetzten Menge. Diese Stoffe müssen durch Fettdruck hervorgehoben werden.
- **Nettofüllmenge:** Sie gibt an, wie viel Gramm, Liter oder Stück in der Packung stecken. Produkte können dadurch leichter miteinander verglichen werden.
- **Haltbarkeit:** Das **Mindesthaltbarkeitsdatum** (MHD) gibt an, bis wann ein Lebensmittel unter geeigneten Lagerbedingungen seine charakteristischen Eigenschaften wie Farbe, Konsistenz und Geschmack mindestens behält. Ein **Verbrauchsdatum** gehört auf leicht verderbliche Lebensmittel wie Hackfleisch oder Räucherlachs. Diese Lebensmittel sollten nach Ablauf des Verbrauchsdatums nicht mehr verzehrt werden, da sie dann eine unmittelbare Gefahr für die Gesundheit darstellen können. Ein **Verfallsdatum** steht nur auf Medikamenten und ein **Einfrierdatum** ist bei eingefrorenem Fleisch, eingefrorenen Fleischzubereitungen und eingefrorenen unverarbeiteten Fischereierzeugnissen anzugeben.
- **Anbieter:** Dazu gehören Name und Anschrift des Herstellers, des Verpackers oder Verkäufers in der EU.
- **Nährwertangaben:** Die Nährwerttabelle gibt Auskunft über den Energiegehalt (kJ/kcal) und enthaltene Nährstoffe eines Lebensmittels. Vorverpackte Lebensmittel müssen grundsätzlich eine Nährwertkennzeichnung tragen. Vorgeschrieben sind Inhalt und Darstellungsform der Nährwertkennzeichnung.
  Zur besseren Vergleichbarkeit müssen die Nährstoffgehalte immer bezogen auf 100 Gramm (g) oder 100 Milliliter (ml) angegeben werden, eine zusätzliche Angabe pro Portion ist zulässig. Die Tabelle muss Angaben zum Energiegehalt und zu den Mengen an Fett, gesättigten Fettsäuren, Kohlenhydraten, Zucker, Eiweiß und Salz enthalten. Bei diesen Nährwerten darf angegeben werden, wie viel Prozent der empfohlenen Tagesmenge davon im Produkt stecken. Vitamine und andere Nährwerte (z. B. Ballaststoffe) müssen dann angegeben werden, wenn sie auf der Verpackung herausgestellt werden.
  Zur Angabe von Nährwertangaben sind ebenfalls die Online-Händler verpflichtet.
  Da die Nährwertkennzeichnung grundsätzlich nur für vorverpackte Ware gilt, ist sie nicht anzuwenden bei loser Ware und Lebensmitteln, die auf Wunsch des Verbrauchers am Verkaufsort verpackt werden, Lebensmitteln, die zum unmittelbaren (am selben oder spätestens am nächsten Tag) Verkauf vorverpackt werden (z. B. Pralinen oder Teegebäck von einer Konditorei) und Getränke mit einem Alkoholgehalt von mehr als 1,2 Volumenprozent.

Für Pflichtangaben auf Verpackungen gilt eine Mindestschriftgröße: Das kleine „x" muss mindestens 1,2 Millimeter groß sein.

Auf Lebensmittelverpackungen dürfen keine Abbildungen von Zutaten vorhanden sein, die nicht enthalten sind. Es ist z. B. untersagt weil irreführend, wenn auf der Verpackung eines Früchtetees Himbeeren und Vanilleblüten abgebildet, aber nicht im Tee enthalten sind.

Zu den allgemeinen Bestimmungen für die Kennzeichnung kommen für einige Lebensmittel produktspezifische Pflichtangaben hinzu. Geregelt wird dies u. a. in speziellen Produktverordnungen.
Die richtige Kennzeichnung wird durch die amtliche Lebensmittelüberwachung kontrolliert.

2. Weitere freiwillige Angaben und Zeichen

Neben den Produktinformationen, die bei bestimmten Produkten gesetzlich vorgeschrieben sind, findet man noch weitere Zeichen wie Gütezeichen (z. B. Reine Schurwolle), Namens- und Warenzeichen (z. B. Coca-Cola), Schutz- und Prüfzeichen (z. B. VDE) oder Warnzeichen (z. B. Explosionsgefahr oder giftig).

Aus Gründen der innerbetrieblichen Organisation sind vorzufinden:
- **Eingangsdatum** zur Kontrolle der Lagerdauer
- **Lieferernummer** für Nachbestellungen, Mängelrügen
- **Artikel- und Lagernummer**
- **Einkaufspreis** zur Erleichterung der Inventur

Durchführung

1. Ladenhandel
- Gut lesbare Preisschilder oder Etiketten an jeder einzelnen Ware
- Besteht an der Ware selbst keine Auszeichnungsmöglichkeit, sind die Behälter oder Regale, in denen sich die Ware befindet, mit Preisschildern zu versehen.

Preisinformation Preisschild

- Beschriftung der Ware selbst
  Der EAN-Strichcode (European Article Number, EAN-13) ist ein genormter Handels-Strichcode, der vom Hersteller vor allem zur Produktkennzeichnung verwendet wird. Die 13-stellige Ziffernfolge gibt Auskunft über das Land, die Betriebs- und Artikelnummer sowie die Prüfziffer, mit der der EAN-Code auf Richtigkeit geprüft wird. Für kleine Produkte gibt es eine kurze Version mit 8 Ziffern.

Heute heißt der EAN-Strichcode GTIN (Global Trade Item Number). Eine GTIN (EAN)-Nummer wird weltweit nur einmal vergeben und ist ohne zeitliche Begrenzung gültig. Aus diesen Gründen dürfen nur einzelne Vergabestellen die Barcodes zuteilen, damit es zu keinen Überschneidungen von Strichcodes kommt. Etwa 90 Prozent aller Produkte weltweit verfügen heute über eine GTIN.
Die größten Vorteile des Barcodes liegen in der hohen Einlesegeschwindigkeit und in der Vermeidung von Eingabefehlern. Darüber hinaus ermöglichen sie es:
- Warenströme zu steuern,
- die Lagerhaltung zu automatisieren,
- Waren oder Versendungen zu verfolgen und
- Prozesse im Unternehmen zu optimieren: Daten können platzsparend gedruckt und zentral aktualisiert werden.

Der Produktcode identifiziert nur noch das Produkt, die Produkteigenschaften und der Preis sind zentral im Warenwirtschaftssystem hinterlegt. Eine Preisänderung hat somit keine Nachetikettierung der gesamten Ware mehr zur Folge.

13-stellige EAN(GTIN)-Nummer

Die Nummer am Strichcode gibt allerdings keine Auskunft über die Herkunft des Produkts. Wenn z. B. ein deutscher Hersteller eine Nummer beantragt, bekommt sie eine deutsche Länderkennung. Er kann die Produktnummer dann aber auch für Produkte verwenden, die er in China fertigen lässt.

- Waren, die nach Musterbüchern angeboten werden, z. B. Tapeten, Gardinen, Stoffe oder Teppichfliesen, sind mit Preisen auf den Mustern zu versehen oder in Preisverzeichnissen aufzuführen.

2. Preisangaben für Leistungen
Dienstleistungsbetriebe wie Friseure, Hotels u. a. sowie handwerkliche Einzelhandelsbetriebe (Tankstellen siehe § 15 PAngV) müssen ein gut sichtbares Preisverzeichnis über die Preise für die wesentlichen Leistungen oder über die Verrechnungssätze in den Geschäftsräumen oder am sonstigen Ort des Leistungsangebots anbringen. (§ 12 PAngV).
Gaststättenbetriebe haben Preisverzeichnisse für Speisen und Getränke gut lesbar anzubringen, auf den Tischen auszulegen oder jedem Gast vor Entgegennahme von Bestellungen und auf Verlangen bei der Abrechnung der Bestellung vorzulegen (§ 13 PAngV). Neben dem Eingang der Gaststätte ist ein Preisverzeichnis anzubringen.

3. Preisangaben bei Fernabsatzverträgen
Bei Verträgen, die über das Internet abgeschlossen werden, muss ausdrücklich darauf hingewiesen werden, dass der Gesamtpreis die Umsatzsteuer und sonstige Preisbestandteile enthält, damit sichergestellt ist, dass den Kunden nicht irgendwelche (versteckten) Mehrkosten treffen, mit denen er nicht gerechnet hat.
Außerdem ist anzugeben, ob und ggf. in welcher Höhe zusätzliche Fracht-, Liefer- oder Versandkosten anfallen (§ 6 Abs. 1 PAngV). Die Preise müssen neben den

222268276

Warenabbildungen oder Warenbeschreibungen, in Anmerkungen oder in einem Preisverzeichnis stehen.

Dabei ist zu beachten, den Gesamtpreis dort anzugeben, wo der Verbraucher Waren in den Warenkorb legen kann, d.h. er muss vor Einleiten seiner Bestellung über den Gesamtpreis vom Verkäufer informiert werden.

Darüber hinaus ist es online unzulässig, Grundpreise erst über einen separaten Link oder durch ein Mouse-Over sichtbar zu machen. Gesamt- und Grundpreis müssen auf einen Blick wahrnehmbar sein.

Ausnahmen von der Auszeichnungspflicht

(§ 10 PAngV)

Die Auszeichnungspflicht entfällt u.a. bei:

- Kunstgegenständen, Sammlerstücken und Antiquitäten, da es sich um Einzelstücke handelt;
- Waren, die in Werbevorführungen angeboten werden, sofern der Preis der jeweiligen Ware bei deren Vorführung und unmittelbar vor Abschluss des Kaufvertrags genannt wird;
- Blumen und Pflanzen, die unmittelbar vom Freiland, Treibbeet oder Treibhaus verkauft werden;
- Waren, die ausschließlich solchen Letztverbrauchern angeboten werden, die die Waren in ihrer beruflichen Tätigkeit verwerten (z.B. Schneiderinnen);
- Waren bei Versteigerungen.

Im Einzelhandel ist es allgemein nicht üblich, Preise einzeln auszuhandeln. Dennoch findet das in einigen Branchen (z.B. Gebrauchtwagenhandel, Immobilien) täglich statt. Daher kann die Bereitschaft, über einen Preis zu verhandeln, durch entsprechende Hinweise bei der Preisangabe („Verhandlungssache") dem Kunden signalisiert werden, vorausgesetzt es werden keine anderen Rechtsvorschriften dadurch verletzt. Auch bei Preisen, die als Verhandlungsbasis gekennzeichnet sind, muss es sich um Gesamtpreise einschließlich Umsatzsteuer und anderer eventuell hinzukommender Preisbestandteile handeln.

Etikettenarten geordnet nach		
Art der Beschriftung	**Art der Befestigung**	**Art der Verwendung**
• handgeschriebenes Etikett • gestempeltes Etikett • maschinengeschriebenes Etikett • mit Auszeichnungsmaschine bedrucktes Etikett • elektronische Preisschilder Handelsketten können durch die neue Technik schneller und zuverlässiger ihre Preise anpassen und entlasten dadurch ihre Mitarbeiter.	• Stecketikett • Nadeletikett • Hängeetikett • Klebeetikett • Stelletikett	• Einfachetikett (einteilig) • Mehrfachetikett (mehrteilig) Das Einfachetikett wird lediglich für die Preisauszeichnung verwendet, während das Mehrfachetikett im Unternehmen organisatorischen Zwecken dient, z.B. als Kassenzettel.

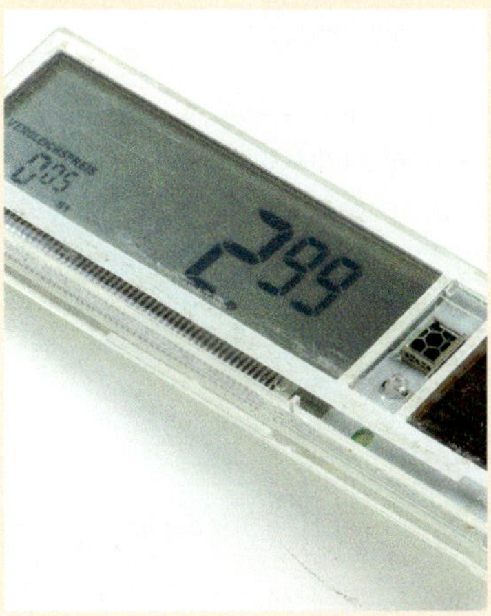

elektronisches Preisschild

Hängeetikett

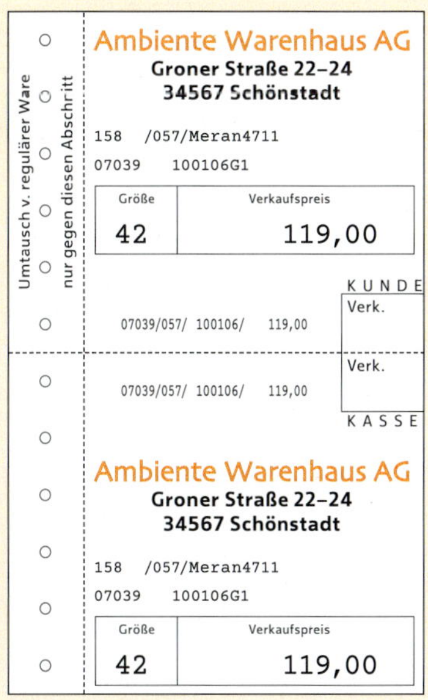

Vorteile der Preis- und Warenauszeichnung für den		
Einzelhändler	**Verbraucher**	**Mitarbeiter im Handel**
• Die Ware wird nicht zu einem anderen Preis als dem vorgesehenen verkauft. • Bei Nachbestellungen sind alle wichtigen Daten schnell zur Hand. • Anhand des Eingangsdatums sind Ladenhüter leicht zu erkennen. • Informative Etiketten können die Beratung durch einen Verkäufer ersetzen. • Durch den verschlüsselten Einkaufspreis kann der Inventurwert bei der Bestandsaufnahme schnell ermittelt werden. • Warenbewegungen werden leicht erfasst (Warenwirtschaft). • In bestimmten Fällen bieten Etiketten auch einen Diebstahlschutz.	• Preisinformation und -vergleich bereits bei Waren im Schaufenster • Preisvergleiche sind leichter und schneller möglich. • Preiskontrolle beim Bezahlen an der Kasse 	• schnelle Einarbeitung, da nicht sämtliche Preise auswendig gelernt werden müssen • kein Handeln mit dem Kunden • Die Auszeichnung gibt nützliche Hinweise für die Kundenberatung (Größe, Qualität, Material u. v. m.).

Ordnungswidrigkeiten

Die Einhaltung der Preisangabenverordnung wird vom Gewerbeaufsichtsamt überwacht. Vorsätzliche oder fahrlässige Verstöße werden mit Bußgeldern bis zu einer Höhe von 25.000,00 € geahndet und können außerdem von Wettbewerbsvereinen und Mitbewerbern nach § 1 UWG im Rahmen eines Unterlassungsanspruchs verfolgt werden.

Sonstiges

- Ein niedriger Preis darf mit einem höheren Preis überklebt werden und umgekehrt. Der gültige Preis muss aber auf jeden Fall deutlich erkennbar sein.
- Dekorationsstücke sind keine Waren. Dagegen unterliegen Attrappen der Preisangabepflicht.
- In einem Selbstbedienungsgeschäft kommt der Kaufvertrag erst an der Kasse zustande. Insofern kann dort ein höherer Preis verlangt werden als der, der z. B. am Regal angebracht war. Das Gleiche gilt, wenn zwei Preisschilder mit unterschiedlichen Preisen auf der Ware kleben. Aber auch in diesem Fall wird vorsätzliches Handeln bestraft.
- Übernimmt der Einzelhändler vom Hersteller einen unverbindlich empfohlenen Preis unverändert, gilt der aufgedruckte Preis als Preisangabe. Der Händler kann aber auch mehr oder weniger fordern. Dann muss er die Ware allerdings neu auszeichnen.

AUFGABEN

1. Welche Bedeutung hat die Preisangabenverordnung für den Verbraucher?
2. Welche gesetzlich vorgeschriebenen Angaben muss ein Preisschild enthalten (ohne Berücksichtigung der Etikettierung bei Lebensmitteln)?
3. Welche Angaben werden häufig aus betrieblich-organisatorischen Gründen in Ihrem Ausbildungsunternehmen zusätzlich aufgenommen?
4. Welche Waren sind ganz von der Preisangabenpflicht ausgenommen?
5. Ihre Eltern bitten Sie, einen Weihnachtsbaum für das Weihnachtsfest zu besorgen. In die engere Wahl ist eine Edeltanne gekommen, weil die ihre Nadeln nicht so schnell verliert.
   Warum könnten Sie Schwierigkeiten beim Preisvergleich bekommen?
6. Nennen Sie die Angaben, mit denen die folgenden Waren gemäß Preisangabenverordnung ausgezeichnet werden müssen:
   a) antike Kommode
   b) 7 abgepackte Bananen
   c) 3 Paar Socken als Paket zum Sonderpreis
   d) 1 Becher Joghurt
   e) Yucca vom Treibhaus

f) ein zur Versteigerung stehendes Teeservice
g) Herrenanzug

7. Worin besteht der Unterschied zwischen Grundpreis und Gesamtpreis?

8. Errechnen Sie den Gesamtpreis bzw. den Grundpreis für die folgenden Waren:
   a) 220 g Goudakäse; Preis für 100 g: 3,49 €
   b) 0,75 l Rotwein; Preis für 1 Liter: 8,50 €
   c) 54 Meter Spezialtapete; Preis für den lfd. Meter: 5,24 €
   d) Badfliesen 30 x 30 cm; Preis pro m^2: 28,50 €
   e) 350 g Bonbonmischung zum Preis von 4,03 €
   f) 0,250 l Olivenöl zum Preis von 3,80 €

9. Bestimmen Sie die einzelnen gesetzlichen Vorschriften, die beim Abdruck des nebenstehenden Lebensmitteletiketts beachtet wurden.

10. Eine Ware wurde bis zum 18. Mai für mehrere Monate für 97,00€ angeboten; zwischen dem 19. Mai und dem 25. Mai für 146,00€ und ab dem 25. Mai lediglich für 65,00€. Mit welchem Preis ist die darzustellende Preisreduzierung vom Händler anzugeben?

AKTIONEN

1. a) Führen Sie in einzelnen Gruppen eine Erkundung durch und stellen Sie dabei sicher, dass unterschiedliche Betriebsformen des Einzelhandels (siehe LF 1) besucht werden.
   b) Stellen Sie fest, wie die Preisauszeichnung der Waren vom jeweiligen Einzelhandelsgeschäft vorgenommen wurde.
   Unterscheiden Sie dabei nach
   - der Warenart,
   - der Etikettenart,
   - dem Etiketteninhalt und
   - (soweit für Sie als Kunden erkennbar) der Zusatzfunktionen, die das jeweilige Etikett dem Einzelhandelsgeschäft bzw. dem Verkaufspersonal möglicherweise bietet.
   c) Halten Sie Ihre Ergebnisse in einer Tabelle fest.
   d) Stellen Sie anschließend die Ergebnisse unter Beachtung der Präsentationsregeln in der Klasse den anderen Gruppen vor. Verwenden Sie hierfür farbige Pappe und eine Plakatwand.

2. a) Erstellen Sie eine kleine PowerPoint-Präsentation, die über die Inhalte zur Preisangabenverordnung informiert.
   Beachten Sie dabei die Grundregeln zur Präsentationserstellung mit PowerPoint:
   - Überladen Sie die Präsentation nicht!
   - wenig Text
   - sprechende Überschriften
   - klare Gliederung
   - 2 bis 3 Minuten pro Folie
   - Alle Folien brauchen ein identisches Grundmuster, das sich wie ein roter Faden durch die gesamte Präsentation zieht.
   - Der Hintergrund sollte schlicht und nicht zu dominierend sein.
   b) Benutzen Sie zur Informationsgewinnung das vorliegende Kapitel, das Internet, den Gesetzestext und Verbandinformationen (z. B. HDE).

3. a) Besorgen Sie sich aus Ihrem Ausbildungsunternehmen die dort überwiegend verwendeten Etiketten.
   b) Erklären Sie Ihren Mitschülerinnen und Mitschülern die Angaben auf den Etiketten im Hinblick auf die Preisangabenverordnung.
   c) Erstellen Sie für diesen Vortrag aussagekräftige Folien (pro Etikett mit Erklärungen eine Folie) und präsentieren Sie sie mithilfe des Overheadprojektors.

Bei der Arbeit mit dem Overheadprojektor beachten:

- Prüfen Sie, ob der Inhalt der Folie auf der Projektionsfläche zu lesen ist.
  - Nennen Sie das Thema, über das Sie sprechen werden.
  - Zeigen Sie mit einem Zeigestift auf der Folie, nicht an der Projektionswand, worüber Sie gerade reden.
- Halten Sie Blickkontakt zum Publikum – sprechen Sie zum Publikum gewandt.
- Machen Sie eine kurze Pause, wenn Sie zu einem neuen Punkt auf der Folie wechseln.

ZUSAMMENFASSUNG

Preisangabenverordnung

Grundsatz: Der Einzelhändler ist gesetzlich verpflichtet, seine Waren bzw. Leistungen mit Preisen auszuzeichnen.

WO muss die Ware mit Preisen versehen werden?	**WIE sollen die Preise angebracht sein?**	**WAS für Angaben müssen gemacht werden?**
• Schaufenster/Schaukästen • Regale, Ständer usw. • innerhalb und außerhalb des Verkaufsraumes Bei Dienstleistungs- und handwerklichen Betrieben in Form von: • Preisverzeichnissen • Preisschildern Im Versandhandel: • neben den Warenabbildungen oder Warenbeschreibungen • in Anmerkungen • in einem Preisverzeichnis Ausnahmen von der generellen Auszeichnungspflicht u. a.: • Kunstgegenstände • Sammlerstücke • Antiquitäten • Waren bei Werbevorführungen • Blumen und Pflanzen aus Freilandverkauf	• leicht erkennbar • deutlich lesbar • dem Angebot deutlich zugeordnet	Gesetzlich vorgeschrieben: • **Gesamtpreis** (Endpreis) (Bruttoverkaufspreis einschließlich Umsatzsteuer), • **Grundpreis** (Preis für 1 m, 1 m^2, 1 m^3, 1 l) und – soweit üblich – • **Gütebezeichnung** (z. B. Handelsklasse A) freiwillig: • Eingangsdatum • Lieferernummer • Artikel- und Lagernummer • Einkaufsdatum

Im Interesse der

Preiswahrheit und Preisklarheit

mit dem Ziel,

- die Möglichkeit eines optimalen Preisvergleichs für den Verbraucher zu schaffen,
- den Wettbewerb zu fördern.

222268280

KAPITEL 4

Wir nutzen das Warenwirtschaftssystem für preispolitische Maßnahmen

EDV-gestützte Warenwirtschaftssysteme stellen neben vielen anderen Auswertungen z. T. auch Preislagen- und Altersstatistiken zur Verfügung:

Paul Winkelmann, Abteilungsleiter Herrenoberbekleidung der Ambiente Warenhaus AG, lässt sich eine Statistik für die Hauptwarengruppe Herrenanzüge ausdrucken.

PREISLAGENSTATISTIK MONAT 07 STAND 10.07.

HAUPTWARENGRUPPE 10 HERRENANZUEGE

PREISLAGE VON EUR	BIS EUR	VERKAUF ---MONAT--- MENGE	%WGR	VERKAUF ---JAHR--- MENGE	%WGR	LUG	LAGER MENGE	%WGR	BESTELLTE MENGEN NACH LIEFERTERMIN FAELL.	-1MON	-2MON	SPAET.	LAGER+ BE-STELLT	ALTERSGLIEDERUNG DES LAGERBESTANDES 1/4 JAHR MENGE	%3STD	1/2 JAHR MENGE	%8STD	BIS 1 JAHR MENGE	%3STD	UEB. 1 JAHR MENGE	%8STD
75-	99	1	1,3	18	2,1	2,8	14	2,0	0	0	0	0	14	0	0,0	0	0,0	2	14,3	12	85,7
100-	199	3	2,5	24	2,9	2,6	23	3,1	15	35	27	24	124	0	0,0	15	63,8	6	24,5	2	11,7
200-	299	8	7,8	103	12,4	3,2	70	9,5	28	41	49	43	231	19	26,7	36	52,1	11	16,2	4	5,0
300-	399	29	28,4	219	26,3	2,6	205	27,8	12	23	14	13	267	71	34,5	87	42,6	39	18,9	8	4,0
400-	499	40	38,4	298	35,7	2,7	269	36,6	9	21	4	4	307	100	37,3	106	39,4	41	15,2	22	8,1
500-	699	19	12,9	146	17,5	2,7	131	17,8	12	27	18	16	204	41	31,2	68	51,9	15	11,3	7	5,7
700-		3	2,7	26	3,1	2,8	24	3,2	2	16	4	3	49	8	33,8	12	49,5	4	16,7	0	0,0
SUMME/ DURCHSCHNITT		103		834		2,7	736		78	163	116	103	1196	239	32,5	324	44,0	118	16,0	55	7,5

Durch die Preislagenstatistik kann der Einzelhändler zwei Fragen klären:

- Welche Preislage läuft in welcher Warengruppe am besten?
- Entspricht der Anteil der Preislage am Lagerbestand den Umsätzen?

Die Altersstatistik gibt dagegen Auskunft über die aktuelle Altersgliederung des Lagerbestands.

1. Stellen Sie fest, wie die Altersstatistik für preispolitische Maßnahmen herangezogen werden kann.
2. Untersuchen Sie, wie Warenwirtschaftssysteme preispolitische Maßnahmen unterstützen.

INFORMATION

Für Einzelhandelsunternehmen ist die Kalkulation ein unverzichtbares Instrument der Existenzsicherung: Jederzeit müssen im Bereich der Preisfindung die richtigen Entscheidungen getroffen werden.

Optimale Entscheidungen im Bereich der Preispolitik von Einzelhandelsunternehmen basieren auf umfassenden Informationen, wie sie rationell und wirtschaftlich durch neueste Informationstechnologien bereitgestellt werden. Um verlässlich zu kalkulieren, gibt es verschiedene Wege: Einer davon ist der **Aufbau eines Kalkulationssystems mithilfe von PC-Programmen** in eigener Regie. Auf vielen PCs sind Tabellenkalkulationen wie MS-Excel bereits vorhanden.

Der zweite, komfortablere und auch professionellere Weg führt über den **Einsatz spezieller Kalkulationsmodule in einem modularen Warenwirtschaftssystem**. Eine solche Lösung kann über ihre angestammte Aufgabe, die Preisfindung, hinaus noch weitere wichtige Funktionen erfüllen. Dabei geht es darum, die Steuerung des Warenflusses vom Wareneingang über Lagerung bis zum Verkauf weitgehend zu automatisieren, um unproduktive Umwege zu vermeiden.

Die laufende Speicherung und Integration aller relevanten Daten ermöglicht betriebswirtschaftlich fundierte Aussagen über den aktuellen Unternehmenserfolg. Veränderungen der Ertragssituation oder der Erfolg von Preisaktionen werden nur im gezielten Rückblick sichtbar, was natürlich keine Fehler rückgängig machen kann, aber vielleicht deren Wiederholung verhindert. Aus betriebswirtschaftlicher Sicht werden demnach die Leistungsfähigkeit und die Bedeutung einer Kalkulationssoftware maßgeblich durch die Einbindung in die Warenwirtschaft mitbestimmt.

Die Hauptaufgabe der Warenwirtschaftssysteme im Bereich der Preispolitik ist die **Preisfindung**. **Bei der Kalkulation der Verkaufspreise müssen viele Größen**

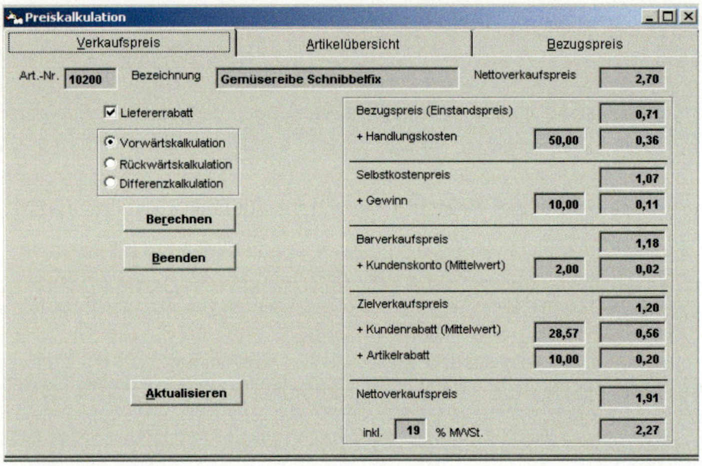

Preiskalkulation am PC

berücksichtigt werden. Es müssen z. B. Kosten, Umsatzsteuern, Gewinne, Umsätze, Marktchancen usw. beachtet werden, um die richtigen Verkaufspreise zu ermitteln. Die Software liefert alle benötigten Daten in jeder gewünschten Form. Anschließend werden alle Kalkulationen schnell und komfortabel durchgeführt.

Zur Begründung weiterer preispolitischer Entscheidungen liefern EDV-gestützte Warenwirtschaftssysteme Informationen in mehrfacher Hinsicht.

So informiert das Warenwirtschaftssystem im Rahmen der kurzfristigen Erfolgsrechnung warengruppen- oder artikelgenau über die durchschnittlich erzielte Handelsspanne. Es bietet damit dem Einzelhändler eine **laufende Kontrolle,** ob in dem Unternehmen bisher kosten- und gewinndeckend kalkuliert worden ist.

Bei vielen Artikeln besteht ein Kalkulationsspielraum, der nicht immer genutzt wird. Der Einzelhändler muss sich also fragen: Wo liegt die **Obergrenze des Verkaufspreises**, ohne dass Umsatz und Gewinn negativ beeinflusst werden? Der infrage kommende Artikel wird durch das Warenwirtschaftssystem über mehrere Perioden hinweg mit einem unterschiedlichen Verkaufspreis (und Gewinn) ermittelt. Gerade bei hochpreisigen und hochwertigen Artikeln, die nicht so sehr im Preisbewusstsein der Kunden verankert sind, sollte durch Untersuchungen der richtige Preis ausgelotet werden. Jede vertretbare Erhöhung des Verkaufspreises bei gleichbleibenden Kosten bedeutet einen wesentlichen Beitrag zur Erfolgssicherung des Unternehmens.

EDV-gestützte Warenwirtschaftssysteme geben auch wertvolle Hinweise für eine geeignete Mischkalkulation **(Kompensationskalkulation)**. Es wird deutlich, welche Artikel mit einer sehr hohen Stückspanne belegt werden können, um niedrig kalkulierte Artikel zu unterstützen (z. B. Sonderangebote oder Ladenhüter, die verramscht werden sollen).

Mit EDV-gestützten Warenwirtschaftssystemen lassen sich ferner **Sonderangebote** genau kontrollieren. Sonderangebote sollen Kunden in den Laden ziehen. Sie dienen also hauptsächlich dazu, den Gesamtumsatz eines Betriebs anzuheben. Solche Sonderaktionen müssen gut vorbereitet sein:

- sorgfältige Auswahl der infrage kommenden Artikel,
- exakte Preiskalkulation,
- günstiger Platz, an dem die Ware präsentiert wird, und
- gut vorbereitete Werbeaktion.

Über diese notwendigen Maßnahmen darf jedoch die Rentabilität der Sonderangebote nicht außer Acht gelassen werden. Hier können Verluste entstehen, die auf die Dauer untragbar sind und auch durch Mehrumsatz in anderen Sortimentsgruppen nicht ausgeglichen werden. Der Einzelhändler muss sich daher die Frage stellen: Wie hoch muss die Umsatzzunahme beim betreffenden Artikel sein, um die Verringerung der Handelsspanne bei diesem Artikel wieder auszugleichen?

Heute in meiner Lieblingseisdiele: der Erdbeerbecher ist der beste des Universums. Für den würde ich sogar neun Euro statt sieben Euro hinlegen.

Warum wird der Erdbeerbecher aber nicht für neun Euro angeboten? Eventuell wäre ich dann der einzige Gast, der diesen Eisbrecher kaufen würde – von meinen Bestellungen allein kann das Eiscafé nicht leben.

Der Inhaber muss auf dem Markt wie alle anderen Anbieter auch bestehen. Und dazu muss er die Preisbildung beachten. Und ihm ist klar, dass auf dem Markt gilt: mit jedem Euro, den er bei der Kalkulation auf den Verkaufspreis draufschlägt, wird die Gruppe der möglichen Kunden kleiner, und die Gefahr, dass ich meinen Erdbeerbecher hier nicht mehr genießen kann, größer.

Das Warenwirtschaftssystem kann die erforderliche Umsatzzunahme für jeden Artikel errechnen.

SONDERANGEBOTSBERICHT PERIODE 1 FILIALE: 0001

ARTIKEL-NR.	BEZEICHNUNG	VK-PREIS	VK-STCK	BESTAND VK	UMSATZ	LAG.%
INTERNE NR.		EK-PREIS	BESTAND	BESTAND EK	GEWINN	ERZ.%
		SOND.PREIS	VK-STCK	UMSATZSONDERPR.		
40128474	DEOSTIFT	2,49	136	34,88	299,64	22,11
10035		1,689	16	27,17	44,12	14,73
		2,19	130	284,70		
54490109	COLA	0,49	501	46,01	226,65	22,08
10025		0,335	107	35,85	48,57	21,43
		0,45	471	211,95		
4000417029003	SCHOKOLADE	1,19	111	43,29	122,19	19,37
10015		0,895	39	34,91	15,89	13,00
		1,09	99	107,91		

Sonderangebote können auch Umsatz- und Ertragsverluste bei vergleichbaren Artikeln, die nicht in die Aktion einbezogen wurden, mit sich bringen. Es ist deshalb zu empfehlen, bei Sonderaktionen nicht nur den eigentlichen Aktionsartikel zu beobachten, sondern auch die vergleichbare Ware durch ein Warenwirtschaftssystem zu kontrollieren. Dadurch lassen sich evtl. Umsatz- und Ertragsverluste auch des vergleichbaren Sortiments feststellen und somit die Gesamtauswirkung des Sonderangebots besser beurteilen.

Warenwirtschaftssysteme zeigen auch auf, bei welchen Sortimentsteilen bzw. Artikeln **Preisnachlässe** zu gewähren sind, weil z. B. Verderb oder technische bzw. modische Veralterung droht: Es kann eine Liste gedruckt werden, die genau Auskunft über das Alter der Artikel im Sortiment gibt. Der Einzelhändler kann somit eine genaue **Altwarenkontrolle** vornehmen und entsprechende Maßnahmen treffen.

Schließlich lässt sich durch Warenwirtschaftssysteme auch die **Wirksamkeit psychologischer Preisgestaltungsprinzipien** sehr leicht überprüfen. Es wird untersucht, ob glatte Preise (z. B. 30,00 €) verkaufswirksamer sind als gebrochene (29,90 €) oder ob die Endziffer des Preises (z. B. 0,95 oder 0,99) Einfluss auf die Verkaufswirksamkeit hat.

AUFGABEN

1. Welche Vorteile bringt die Berechnung der Verkaufspreise durch ein EDV-gestütztes Warenwirtschaftssystem?
2. Warum versuchen Einzelhandelsbetriebe die Obergrenze von Verkaufspreisen auszuloten?
3. Welche Rolle spielen EDV-gestützte Warenwirtschaftssysteme für die Mischkalkulation?
4. Warum müssen Sonderangebote durch EDV-gestützte Warenwirtschaftssysteme genau kontrolliert werden?
5. Führen Sie auf, welche Rolle EDV-gestützte Warenwirtschaftssysteme bei der Gewährung von Preisnachlässen spielen.
6. Wie überprüfen Warenwirtschaftssysteme die Wirksamkeit psychologischer Preisgestaltungsprinzipien?

AKTIONEN

1. Web Führen Sie für den Artikel „Jogginganzug" eine Berechnung des Verkaufspreises durch.

   Kalkulieren Sie mithilfe eines Warenwirtschaftssystems oder mit einer selbst erstellten Excel-Tabelle.

   Sie rechnen bei diesem Artikel jetzt mit einem Handlungskostenzuschlag von 35 % und möchten einen Gewinnzuschlag von 15 % erzielen. Der Bezugspreis beträgt aufgrund einer Preissenkung nur noch 10,00 €. (Die für den Rechnungsverkauf vorgegebenen Werte für Kundenskonto sowie Kunden- und Artikelrabatt übernehmen Sie.)

   Stellen Sie fest, welcher Ladenpreis zunächst vorgeschlagen wird.

2. Web Der Mitbewerber der Ambiente Warenhaus AG, der Warenhauskonzern Larstadt, bietet den Artikel Blumentopf „Madeira“ für 24,00 € an. Aufgrund vieler positiver Kundenmeinungen soll dieser Artikel weiterhin im Sortiment der Ambiente Warenhaus AG bleiben. Morgen hat sich der Vertreter des Lieferers angesagt. Unser Ziel wird sein, den Artikel zum gleichen Preis wie Larstadt anzubieten.

a) Stellen Sie zunächst fest, zu welchem Ladenpreis die Ambiente Warenhaus AG den Artikel momentan verkauft.

b) Führen Sie eine Rückwärtskalkulation durch: Wie hoch darf der Bezugspreis maximal sein, um beim gleichen Verkaufspreis wie Larstadt einen Handlungskostenzuschlag von 30 % und einen Gewinnzuschlag von 5 % zu erzielen?

3. Web Die Ambiente Warenhaus AG erhält für den Artikel „Ringbuchblätter A4“ ein Angebot des neuen Lieferers Mittermaier. Er bietet den Artikel frei Haus zu einem Listenpreis von 0,70 € an. Er gewährt 30 % Rabatt sowie 3 % Skonto.

Berechnen Sie mithilfe des Warenwirtschaftssystems den Bezugspreis.

ZUSAMMENFASSUNG

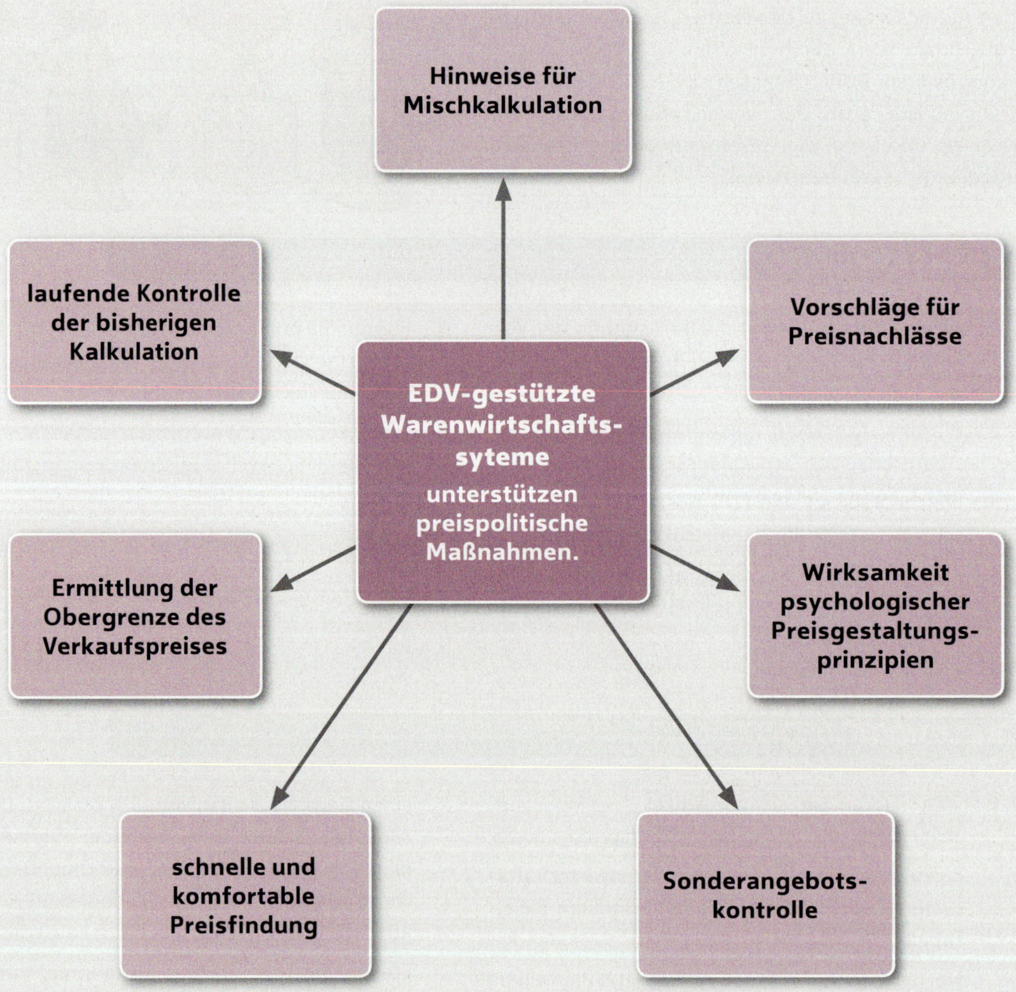

BESONDERE

VERKAUFSSITUATIONEN BEWÄLTIGEN

10

Besondere Verkaufssituationen bewältigen

Lernsituation

Seit Beginn ihrer Ausbildung hat Anja Maibaum inzwischen unzählige Verkaufsgespräche geführt. Da sie sich alle Regeln modernen Verkaufens angeeignet hat und diese in jeder Verkaufsphase beachtet, stellt sie sowohl den Kunden als auch ihren Ausbildungsbetrieb zufrieden. Mittlerweile hat sie sich auch auf die Spezialfälle im Rahmen von Verkaufshandlungen eingestellt.

1. Ein ausländischer Tourist verlangt auf Englisch einen Artikel Ihres Ausbildungssortiments.
   a) Stellen Sie heraus, was beim Verkauf an Ausländer beachtet werden muss.
   b) Führen Sie ein Verkaufsgespräch durch.

2. Der achtjährige Nils möchte im Beisein seiner Eltern einen Artikel in der Spielwarenabteilung der Ambiente Warenhaus AG einkaufen.
   a) Erläutern Sie die Bedeutung von Kindern und Jugendlichen für Einzelhandelsunternehmen.
   b) Geben Sie an, welche Regeln bei Verkaufsgesprächen mit Kindern und Jugendlichen gelten.
   c) Stellen Sie die rechtliche Problematik beim Verkauf an Kinder und Jugendliche dar.

3. Ein 85-jähriger Kunde betritt Ihr Ausbildungsunternehmen.
   a) Erläutern Sie die Bedeutung von Senioren für Einzelhandelsunternehmen.
   b) Geben Sie an, welche Regeln bei Verkaufsgesprächen mit Senioren gelten.

4. Planen Sie jeweils ein Rollenspiel, bei dem ein Artikel Ihres Ausbildungssortiments
   a) an Spätkunden,
   b) bei Hochbetrieb,
   c) an Kunden in Begleitung

   verkauft wird. Beachten Sie dabei alle notwendigen Regeln.

5. Nach einem Verkaufsgespräch beobachtet Anja Maibaum, wie eine Kundin einen Ladendiebstahl begeht. Geben Sie an, wie Anja Maibaum vorgehen muss.

6. Ein Kunde kommt zu Ihnen und reklamiert drei Artikel:
   1. Der erste Artikel wurde vor 5 Monaten gekauft. Aufgrund eines versteckten Mangels ist er nun defekt.
   2. Der zweite Artikel wurde vor 5 Tagen gekauft. Er ist einwandfrei, aber „gefällt" dem Kunden nicht mehr.
   3. Der dritte Artikel wurde vor 3 Jahren gekauft. Eine im Rahmen der 5-jährigen Garantie zugesicherte Eigenschaft ist nicht mehr gegeben.

   a) Zeigen Sie, wodurch sich die drei Fälle unterscheiden.
   b) Klären Sie die rechtliche Situation in allen drei Fällen.
   c) Bereiten Sie ein Rollenspiel vor, in dem Sie unter Beachtung der Regeln der Reklamationsbehandlung das Gespräch mit dem Kunden führen.

KAPITEL 1

Wir erkennen unterschiedliche Kundentypen

Anja Maibaum und Lars Panning unterhalten sich beim Mittagessen in der Kantine über ihre Verkaufserlebnisse:

1. Führen Sie Beispiele für Verkaufsgespräche mit Kunden auf, die ein spezielles Verhalten Ihrerseits als Verkäufer/Verkäuferin erforderlich machten.
2. Untersuchen Sie, in welche Kundentypen spezielle Kundengruppen eingeteilt werden können.
3. Führen Sie auf, welches Kundenverhalten sich jeweils empfiehlt.

INFORMATION

Kunden verhalten sich unterschiedlich

Kunden unterscheiden sich stark in ihren Verhaltensweisen. Erfahrene Verkäufer erkennen schon in der Kontaktphase, zu welcher Kundenart der potenzielle Käufer, der zu Beginn des Verkaufsgesprächs vor ihnen steht, gehört. Solche Kundengruppen zeichnen sich durch typische **Eigenarten** der Kunden aus. Gute Verkäufer achten sorgfältig auf das Kundenverhalten und versuchen zu vermeiden, dass Vorurteile und Fehleinschätzungen zu einer falschen Zuordnung eines Kunden führen. Das hätte fatale Auswirkungen auf das Verkaufsgespräch.

Gute Verkäufer wissen, dass jeder Kunde individuell bedient werden muss. Sie haben jedoch auch durch Beobachtung und Erfahrung gelernt, dass es bei der Bedienung verschiedener Kundengruppen allgemeine Regeln gibt. Wenn man seine Kunden und die Bedürfnisse nicht kennt, so kann Kundenzufriedenheit zwangsläufig nicht entstehen.

Sehr oft wird man Kunden finden, die nicht eindeutig einer Kundengruppe zuzuordnen sind. Weitgehend herrschen Mischformen vor.

Eine mögliche – unter vielen denkbaren, meistens nach einem groben Raster vorgenommenen – Aufteilung von Kunden in Kundengruppen, die im Detail etwas übertrieben sind, unterscheidet die folgenden Kundenarten:

- **Der sichere Kunde**
  Der sichere Kunde ist normalerweise sachkundig. Er bringt einen klaren Kaufwunsch vor und verträgt als sachverständiger Kunde nicht unbedingt Widerspruch und keine Belehrung. Der Verkäufer sollte ohne viele Worte auf die Kundenwünsche eingehen. Allerdings wissen sachverständige Kunden eine Beratung oft auch zu schätzen, wenn ihnen neue bzw. neuartige Waren vorgestellt werden.

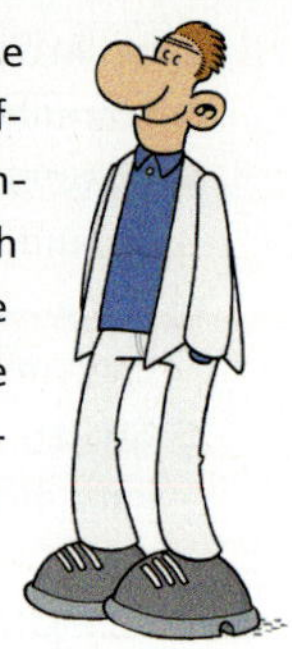

- **Der unentschlossene Kunde**
  Ist der Kunde unentschlossen, sind häufig seine Kaufwünsche noch unklar. Ein unentschlossener Kunde verlässt sich gerne auf den Rat eines Verkäufers. Dieser sollte deshalb versuchen, etwaige Bedenken in Erfahrung zu bringen und sie aus dem Weg zu räumen. Ein solcher Kunde muss durch die Sicherheit des Verkäufers in seinem Kaufentschluss gestärkt werden. Man wird ihm in einer nicht zu großen Auswahl unterschiedliche Ware vorzeigen und durch Beratung und Empfehlung dem Kunden die Qual der Wahl abnehmen.

222268288

- **Der entschlossene Kunde**
  Ein entschlossener Kunde betritt sehr zielstrebig die Verkaufsräume und trägt nach kurzer Orientierung kurz und knapp seine Wünsche vor. Eine aufwendige Beratung ist fehl am Platz, da dieser Kunde weiß, was er will.

- **Der eilige Kunde**
  Verhält sich der Verkäufer betont ruhig, wird ein eiliger Kunde nur noch nervöser und gereizter. Der Verkäufer sollte das gesamte Verkaufsgespräch beschleunigen. Er kann beispielsweise schneller sprechen und die Ware schneller vorlegen.

- **Der bedächtige Kunde**
  Entschließt sich ein Kunde nur schwer zum Kauf, behandelt ihn der Verkäufer dennoch mit großer Geduld und drängt ihn nicht. Solche Kunden wünschen oft eine eingehende Beratung. Zum Ende des Verkaufsgesprächs empfiehlt sich für den Verkäufer die Anwendung von Abschlusstechniken.

- **Der schweigsame Kunde**
  Der schweigsame Kunde ist wortkarg und hält sich sprachlich zurück. Der Verkäufer stellt kurze und sachliche Fragen, um das auszugleichen.

- **Der misstrauische Kunde**
  Der misstrauische Kunde vertraut nicht so ohne Weiteres den Beratungen des Verkaufspersonals. Er fragt öfter zweifelnd nach. Häufig glaubt er sich übervorteilt. Bei der Bedienung sollte der Verkäufer nicht zu viel sprechen, dafür aber umso mehr sachliche Argumente in den Vordergrund stellen. Gerade dieser Kunde sollte Gelegenheit bekommen, die Ware möglichst selbst zu prüfen und zu erproben. Alle Möglichkeiten müssen ausgeschöpft werden, um das Misstrauen des Kunden zu beseitigen (z. B. Hinweise auf Umtauschrecht, Qualitätsmarke, Garantiezeiten usw.).

- **Der gesprächige Kunde**
  Dieser Kundentyp ist mitteilungsbedürftig. Sein Kaufwunsch wird von einer Vielzahl allgemeiner Themen begleitet. Im Prinzip ist seine Bedienung unproblematisch, wenn auf seine Gesprächigkeit eingegangen wird und er sich damit zufrieden fühlt. Der Verkäufer sollte sich jedoch aus Klatsch über persönliche Dinge heraushalten. Der Kunde darf nicht den zügigen Geschäftsablauf stören: Während des Gesprächs darf der eigentliche Verkaufsvorgang nicht vergessen werden. Bei allzu langer Gesprächsdauer sollte durch Abschlusstechniken das Verkaufsgespräch beendet werden.

- **Der rechthaberische Kunde**
  Einige Kunden wissen in Verkaufsgesprächen – häufig aus übertriebenem Geltungsbedürfnis – alles besser. Auch wenn es ihm schwerfällt, sollte der Verkäufer sich großmütig verhalten: Er sollte den Kunden reden lassen und ihm so weit wie möglich zustimmen.

- **Der unfreundliche Kunde**
  Die arroganten bis beleidigenden Äußerungen unfreundlicher Kunden lassen einen erheblichen Mangel an Selbstkritik erkennen. Mit lautstarkem Sprechen begleitet, sollen dadurch häufig Kenntnisse vorgetäuscht oder der Verkäufer eingeschüchtert werden. Ein guter Verkäufer zeichnet sich durch Selbstbeherrschung aus. Das Verkaufsgespräch ist mit

größter Zurückhaltung und neutraler Höflichkeit zu führen. Durch ein betont sachliches Verhalten sollte dem Kunden signalisiert werden, dass seine Unfreundlichkeit keinen Eindruck hinterlässt. Lässt ein Verkäufer sich in solchen Fällen nicht provozieren, kann er sehr stolz auf sich sein.

- **Der freundliche Kunde**
  Dieser nicht seltene Kundentyp ist für den Verkäufer der angenehmste. Beratungen sind unproblematisch. Seine höflich formulierten Wünsche können vom Verkaufspersonal meist ebenso freundlich erfüllt werden.
- **Der sachverständige Kunde**
  Dieser Kundentyp verwendet als Experte Fachbegriffe und teilt dem Verkaufspersonal einen klaren Kaufwunsch mit. Da der Kunde sich bereits auskennt, können auch Fachbegriffe verwendet werden. In der Verkaufsargumentation reicht die Nennung von Produktmerkmalen aus.
- **Der sparsame Kunde**
  Dieser Kundentyp achtet nur auf den günstigsten Preis. Zudem hält er alle Preise generell für zu hoch. Das Verkaufspersonal sollte bei der Warenvorlage den Schwerpunkt auf preisgünstigere Ware legen und besonders auf Sonderangebote hinweisen.

Kundentypen

DEFINITION

Unter **Kundentypen** versteht man Gruppen von Kunden des Einzelhandelsunternehmens, die sich hinsichtlich des **Lebensstils** unterscheiden.

Gehört ein Kunde also einem bestimmten Kundentyp an, hat er ähnliche

- Interessen,
- Werte,
- Einstellungen,
- Meinungen,
- Einkaufsverhalten
- und Persönlichkeitsmerkmale

wie andere Kunden, die zu dieser Gruppe gehören. Das Erkennen des jeweiligen Kundentyps ist wichtig für die spezielle Ansprache des Kunden in Verkaufsgesprächen, ist aber auch für die Sortimentsbildung und Werbung von Bedeutung.

Kundentypen lassen sich bilden

- nach formalen demografischen Kriterien,
- nach dem Einkaufsverhalten der Kunden
- oder nach sozialen Milieus, zu denen die Kunden gehören.

Es gibt grundlegende Typologiebildungen, die die Basis für branchenorientierte Kundentypologien darstellen, an denen sich dann die Zielgruppenpolitik der Einzelhandelsunternehmen orientieren kann.

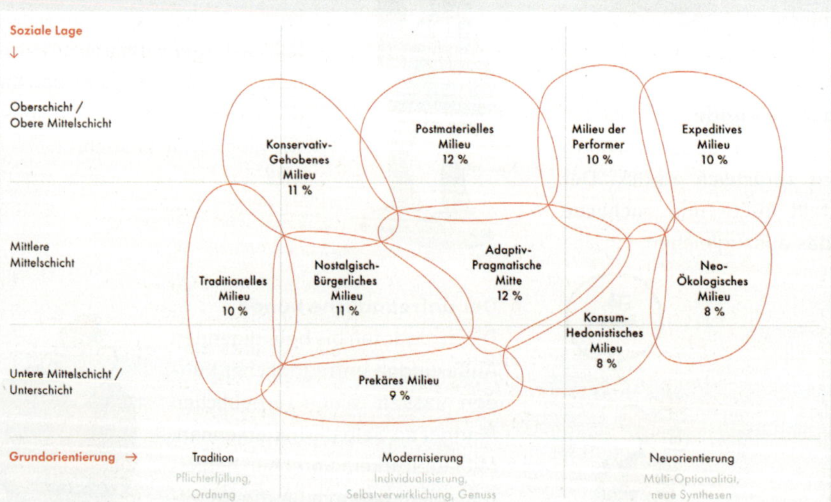

Es gibt sehr viele Kundentypologien. Eine sehr bekannte Kundentypologie stellen die Sinus-Milieus dar. Die Kunden werden nach ihrem Lebensstil unterschieden und den einzelnen Milieus zugeordnet.

Von oben nach unten: nach sozialer Lage in Schichten, auf der Grundlage von Alter, Bildung, Beruf und Einkommen

Von links nach rechts: nach der Grundorientierung, in einem Spannungsbogen von traditionell bis postmodern

Oben sind die gesellschaftlichen Leitmilieus angesiedelt, am linken Rand die traditionellen Milieus, in der Mitte die Mainstream-Milieus und rechts die hedonistischen (am Genuss orientierten) Milieus.

In Anlehnung an Materialien der Sinus Sociovision GmbH, Heidelberg

Konservativ-Gehobenes Milieu	Die alte strukturkonservative Elite: klassische Verantwortungs-und Erfolgsethik sowie Exklusivitäts-und Statusansprüche; Wunsch nach Ordnung und Balance; Selbstbild als Fels in der Brandung postmoderner Beliebigkeit; Erosion der gesellschaftlichen Führungsrolle
Postmaterielles Milieu	Engagiert-souveräne Bildungselite mit postmateriellen Wurzeln: Selbstbestimmung und -entfaltung sowie auch Gemeinwohlorientierung; Verfechter von Post-Wachstum, Nachhaltigkeit, diskriminierungsfreien Verhältnissen und Diversität; Selbstbild als gesellschaftliches Korrektiv
Milieu der Performer	Die effizienzorientierte und fortschrittsoptimistische Leistungselite: globalökonomisches und liberales Denken; gesamtgesellschaftliche Perspektive auf der Basis von Eigenverantwortung; Selbstbild als Stil-und Konsum-Pioniere; hohe Technik-und Digital-Affinität
Expeditives Milieu	Die ambitionierte kreative Bohème: Urban, hip, digital, kosmopolitisch und vernetzt; auf der Suche nach neuen Grenzen und unkonventionellen Erfahrungen, Lösungen und Erfolgen; ausgeprägte Selbstdarstellungskompetenz, Selbstbild als postmoderne Elite
Neo-Ökologisches Milieu	Die Treiber der globalen Transformation: Optimismus und Aufbruchsmentalität bei gleichzeitig ausgeprägtem Problembewusstsein für die planetaren Herausforderungen; offen für neue Wertesynthesen: Disruption und Pragmatismus, Erfolg und Nachhaltigkeit, Party und Protest; Selbstbild als progressive Realisten; Umwelt-und klimasensibler Lebensstil
Adaptiv-Pragmatische Mitte	Der moderne Mainstream: Anpassungs-und Leistungsbereitschaft, Nützlichkeitsdenken, aber auch Wunsch nach Spaß und Unterhaltung; starkes Bedürfnis nach Verankerung und Zugehörigkeit; wachsende Unzufriedenheit und Verunsicherung aufgrund der gesellschaftlichen Entwicklung; Selbstbild als flexible Pragmatiker
Konsum-Hedonistisches Milieu	Die auf Konsum und Entertainment fokussierte (untere) Mitte: Spaßhaben im Hier und Jetzt; Selbstbild als cooler Lifestyle-Mainstream; starkes Geltungsbedürfnis; berufliche Anpassung vs. Freizeit-Eskapismus; zunehmend genervt vom Diktat der Nachhaltigkeit und Political Correctness
Prekäres Milieu	Um Orientierung und Teilhabe bemühte Unterschicht: Dazugehören und Anschlusshalten an Lebensstandard der breiten Mitte, aber Häufung sozialer Benachteiligungen und Ausgrenzungen; Gefühl des Abgehängtseins, Verbitterung und Ressentiments; Selbstbild als robuste Durchbeißer
Nostalgisch-Bürgerliches Milieu	Die harmonieorientierte (untere) Mitte: Wunsch nach gesicherten Verhältnissen und einem angemessenen Status; Selbstbild als Mitte der Gesellschaft, aber wachsende Überforderung und Abstiegsängste; gefühlter Verlust gelernter Regeln und Gewissheiten; Sehnsucht nach alten Zeiten
Traditionelles Milieu	Die Sicherheit und Ordnung liebende ältere Generation: verhaftet in der kleinbürgerlichen Welt bzw. traditionellen Arbeiterkultur; anspruchslose Anpassung an die Notwendigkeiten; steigende Akzeptanz der neuen Nachhaltigkeitsnorm; Selbstbild als rechtschaffene kleine Leute

Quelle: SINUS Markt- und Sozialforschung GmbH: Deutschland im Umbruch. SINUS-Institut stellt aktuelles Gesellschaftsmodell vor: Die Sinus-Milieus® 2021. PRESSEMITTEILUNG, Heidelberg/Berlin, 01.10.2021. Seite 6. https://www.sinus-institut.de/media-center/presse/sinus-milieus-2021 [10.05.2022].

Eine andere bekannte Kundentypologie unterscheidet Schnäppchenjäger, Qualitätskäufer und Smartshopper bei den Kunden.

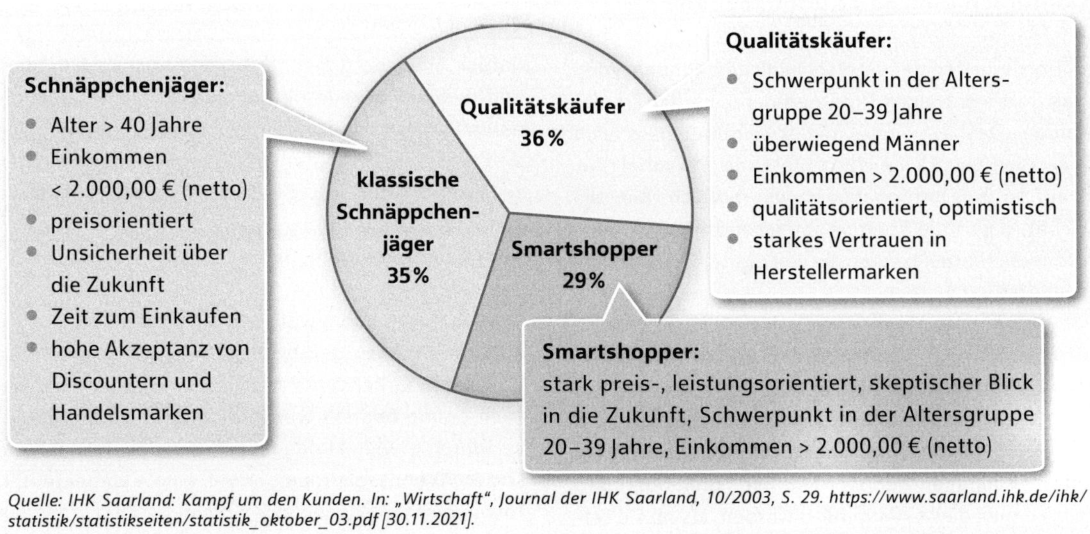

Quelle: IHK Saarland: Kampf um den Kunden. In: „Wirtschaft", Journal der IHK Saarland, 10/2003, S. 29. https://www.saarland.ihk.de/ihk/statistik/statistikseiten/statistik_oktober_03.pdf [30.11.2021].

Einzelhandel: Smarte Kunden – harte Kunden?

Billig ist heute angesagt in Deutschland, denn: Geiz ist geil.

Für ein Tablett möchte man nicht mehr als 800,00 € zahlen, ansonsten schaut man bei einem Discounter. Die Familienkutsche nehmen wir nur mit einem Rabatt von 30 %. Da gibt's ja noch die Direktimporteure aus Dänemark, zu denen wir sonst gehen würden.

Früher musste die Familie in schwierigen Zeiten ernährt und es musste gespart werden, da viele nur über ein geringes Einkommen verfügten. Doch dann erschienen Discounter wie Lidl und Aldi auf dem Markt. Diese sorgten dafür, dass Luxusgüter immer erschwinglicher wurden. Viele Kunden gewöhnten sich immer mehr an, bestmögliche Warenqualität zum günstigsten Preis zu kaufen. In diesem Zusammenhang sprechen Einzelhändlern von Smart Shoppern. Der Begriff Smart Shopper steht für eine Art „schlauen" Käufer, für den besonders das Preis-Leistungs-Verhältnis von Waren wichtig ist. Sie informieren sich bewusst über die Artikel, die sie kaufen möchten. Sie verfügen daher über eine große Informationsbreite in den Bereichen Preise, Angebote, Marken und Qualität. Ein weiteres Merkmal dieser Käufer ist auch, dass sie einerseits möglichst günstig einzukaufen versuchen (zum Beispiel Lebensmittel) beim Discounter, andererseits sich aber auch größere Ausgaben für den Kauf höherwertiger Ware leisten.

Smart Shopper sind nicht zu verwechseln mit Schnäppchenjägern, die wenig Geld zur Verfügung haben und deshalb bewusst nach günstigen Angeboten aus dem unteren Preissegmenten suchen . Für den Einzelhandel relevant ist die Tatsache, dass immer mehr Kunden sich mittlerweile zu Smart Shoppern entwickelt haben. Viele Verkäufer fürchten Verkaufsgespräche mit ihnen.

Neues Kundenverhalten im Einzelhandel		
Smartshopper	**Auswirkungen auf den Einzelhandel**	**Instrumente von Smartshoppern**
• selbstbewusst • markenorientiert • aufgeklärt • rabattorientiert • taktlos → Kunden, die bestmögliche Qualität zum niedrigstmöglichen Preis kaufen möchten	• Immer mehr Kunden werden zu Smartshoppern. • Rendite im Handel sinkt. • Markentreue sinkt. • Immer mehr Kunden haben einen totalen Marktüberblick und reagieren sofort auf jede Preisänderung (homo oeconomicus).	• Auktionen (Ebay) • Coshopping; Powershopping • Fabrikverkauf • Factory-Outlet-Center • Kundenkarten • Preisagenturen • Schnäppchenführer • Verbraucherportale • Verbraucherzentrale • Mobiles Informieren vor dem Kauf mit Smartphones

Digitale Technik zur Unterstützung der Verkäufer in Verkaufsgesprächen mit unterschiedlichen Kundentypen

Die Anforderungen der unterschiedlichen Kundentypen an das Sortiment eines Unternehmens werden immer vielfältiger. Deshalb wird es immer wichtiger, dass auch das Verkaufsgespräche durchführende Personal Zugriff auf so viele Informationen wie möglich über die Ware hat, damit die Kunden umfassend beraten werden können. Hierbei können sie von digitalen Technologien unterstützt werden.

Integration von E-Commerce-Funktionalitäten in das Ladengeschäft

Verkäufer im Ladengeschäft werden mit Videokamera und Headsets ausgerüstet. Über diese kann mit Kunden im Internet kommuniziert werden. Alle Funktionen und Details können diesen vorgeführt werden, als ob sie selber im Geschäft wären. Das Einkaufserlebnis im Internet kann sich so dem des Ladengeschäfts annähern.

BEISPIEL

Patrick Amelsberg möchte einen Sportschuh kaufen und besucht gerade den Onlineshop eines stationären Sportgeschäfts. Dieses bietet den Service an, sich mit einem Verkäufer im Ladengeschäft verbinden zu lassen Hierfür drückt Patrick Amelsberg einen bestimmten Button auf der Internetseite. Der Verkäufer trägt eine Datenbrille, die Video- und Audioaufnahmen überträgt und mit der er auch die Stimme des Kunden hören kann, während dieser per Livestream durch den Laden geführt wird. Hier präsentiert der Verkaufsmitarbeiter die Produkte und erklärt, welche auch online bestellt werden können. Durch dieses Verfahren erweitert das Einzelhandelsunternehmen seinen Aktionsspielraum, indem es als kompetenter Touchpoint für Onlinekunden dient.

222268292

Mithilfe einer App und der Datenbrille Google Glass kann der Kunde Produktinformationen, wie Allergene und Inhaltsstoffe, abrufen.

Tablets in Verkaufsgesprächen

Immer mehr Händler gehen dazu über, ihre Verkäufer mit Tablets auszustatten. Dies bringt verschiedene Vorteile:

1. Bessere Beratung durch den Verkäufer

Mit einem Tablet werden die Beratungsmöglichkeiten des Verkäufers gegenüber dem Kunden ausgeweitet: Der Verkäufer bekommt präzise Produktbeschreibungen in Wort und Bild, wie z. B. über

- verfügbare Größen und Farben,
- Produktvarianten,
- detaillierte Pflegehinweise,
- Bewertungen von Verbraucherschutzorganisationen oder anderen Kunden
- sowie Vorschläge zu ergänzenden oder alternativen Waren.

Er sieht über die Kundenkarte auch die Kaufhistorie seines Kunden und kann so den Beratungs- und Verkaufsvorgang mit passenden Tipps oder auch weiteren Produktempfehlungen anreichern.

BEISPIEL

Wenn ein Geschäft 10.000 Produkte führt, ist es für Verkäufer nicht mehr möglich, über alle diese Produkte detailliert Bescheid zu wissen. Die Kunden sind heute aber vom Onlineshopping sehr umfassende Informationen zu Produkten gewohnt. Sie erwarten diese also auch von den Verkäufern. Tablets stellen eine gute Möglichkeit dar, dem Verkaufsmitarbeiter schnell Zugriff auf die nötigen Informationen zu ermöglichen.

Auf den Tablets installiert, kann Software den Verkäufer im Verkaufsgespräch unterstützen. Solche „Guided-“ bzw. „Assisted-selling“-Programme führen den Mitarbeiter über eine vorgegebene Struktur und die dazugehörenden Fragestellungen durch den Verkaufsprozess.

Assisted selling
Der Verkäufer wird mit Informationen für jede Phase des Verkaufsgesprächs versorgt.

Guided selling
Das Programm steuert mit entsprechenden Fragen den Ablauf des Verkaufsgesprächs.

2. Tablets als zusätzliches Mittel der Warenpräsentation

Mithilfe von Tablets kann den Kunden die Ware besser erlebbar gemacht werden. Die Möglichkeiten der Warenpräsentation und Kundenansprache erweitern sich. Kunden können verschiedene Vorteile eines Artikels visuell gezeigt und demonstriert werden.

BEISPIEL

In der Ambiente Warenhaus AG wird gerade mit einem Tablet eine Rundum-Ansicht eines Kleidungsstücks an der Kundin Elke Beck gezeigt. Durch diese Spiegelfunktion bekommt sie einen besseren Eindruck, ob ihr das Kleidungsstück steht. Auf Wunsch kann der Verkäufer Elke Beck auch ein Foto davon auf ihr Handy verschicken.

3. Personalisierte Kundenansprache

Verschiedene digitale Technologien versuchen, die Interessen, Wünsche und Bedürfnisse der Kunden zu verstehen. Ziel ist es, die Kommunikation mit den Händlern personalisierter zu gestalten.

BEISPIEL

Sind die Verkäufer beispielsweise mit Tablets ausgestattet, können sie während der Verkaufsgespräche die Einkaufsgeschichte des Kunden und Details der ihn interessierenden Produkte abrufen. Der Kunde kann sich dadurch individuell angesprochen fühlen und erhält passgenaue Angebote. Man kann dem Kunden Artikel vorschlagen, die dieser noch nicht kennt, aber eine hohe Relevanz aufweisen.
Ganz starke Bedeutung hat bei der personalisierten Kundenansprache der Datenschutz.

4. Erweiterung des Sortiments

Das Tablet ist ein unkompliziertes und vielseitiges Instrument, um das Sortiment des stationären Geschäfts quasi auszuweiten. Der Verkäufer hat die Möglichkeit, fehlende Artikel aus anderen Filialen, einem Zentrallager oder direkt beim Lieferer zu bestellen.

BEISPIEL

Das sofort verfügbare Sortiment bei Sportschuhen ist in einer Filiale der Ambiente Warenhaus AG begrenzt, ein Sportschuh, der dem Kunden Adrian Sieg gefällt, fehlt gerade. Dennoch präsentiert ein Verkäufer das gesuchte Model am Tablet. Adrian Sieg wird angeboten:

- Bestellung des Artikels aus dem Zentrallager
- Wahlweise:
- Schnellster Versand zum Kunden: Adrian Sieg wird um die gewünschte Lieferzeit gebeten.
- Reservierung des Sportschuhs in (dieser oder einer) anderen Filiale zur Anprobe bzw. zum Abholen.

Diese Erweiterung der Auswahl, die ein Geschäft anbieten kann, wird “endloses Verkaufsregal“ (endless aisle) genannt: Sie sorgt dafür, dass Kunden im Geschäft auch das kaufen können, was gerade nicht am Lager ist.

5. Nutzung des Tablets im Rahmen einer Multichannel-Strategie

Früher wurde Ware von einem stationären Einzelhandelsgeschäft nur über den Laden vertrieben. Ein modernes Unternehmen nutzt heute jedoch eine Vielzahl unterschiedlicher Vertriebskanäle, um seine Kunden zu erreichen. Dieses Vorgehen nennt man Multichannel-Strategie (unter einem Channel versteht man einen Vertriebskanal).

BEISPIEL

Die Ambiente Warenhaus AG bietet Ware neuerdings nicht nur über die Filiale, sondern auch über den eigenen Onlineshop sowie über Online-Plattformen wie ebay oder Amazon an.

Tablets im Verkauf ermöglichen es, die Vertriebskanäle miteinander zu verknüpfen. Ein Vorteil liegt darin, dass man die bisherigen Kunden besser erreichen und neue Kunden gewinnen kann. Aber auch die Kostenstruktur des Einzelhandelsunternehmens verbessert sich.

BEISPIEL

Die Ambiente Warenhaus AG, die ihre Waren über mehrere Kanäle vertreibt, muss insgesamt weniger Kosten aufbringen als verschiedene getrennt agierende Einzelhandelsunternehmen, die nur jeweils einen der Kanäle nutzen.

6. Nutzung der Tablets als Kasse

Tablets können zudem oft auch als mobile Kasse benutzt werden. Dies kann z. B. in Spitzenzeiten hilfreich sein. Die wichtigste Transaktion ist hierbei die Abwicklung des Bezahlvorgangs. Auch die Erledigung von Reklamations- und Retourenprozessen kann via Tablet erfolgen

Tablets bieten fundierte Beratungsmöglichkeiten

AUFGABEN

1. Warum sollte ein Verkäufer schon in der Kontaktphase darauf achten, zu welcher Kundengruppe ein Kunde eventuell gehört?
2. Führen Sie verschiedene Kundengruppen auf.
3. Wie sollte man sich gegenüber unfreundlichen Kunden verhalten?
4. a) Welche Kundengruppe wird hier beschrieben? „Er würde sich am liebsten dafür entschuldigen, dass er auf die Welt gekommen ist. Er bedauert es sehr, in der Rolle des Einkäufers zu sein. Er ist leicht zu irritieren, insgesamt sehr zurückhaltend und wird oft rot.“
   b) Wie sollte sich der Verkäufer verhalten?
5. Wonach lassen sich Kundentypologien bilden?
6. Kennzeichnen Sie die Kundentypen
   a) des Qualitätskäufers,
   b) des „Schnäppchenjägers“.
7. Welche Merkmale zeichnen einen „smart“en Kunden aus?
8. Mit welchen Instrumenten arbeiten Smartshopper?
9. Welche Auswirkungen hat das Verhalten von Smartshoppern auf den Einzelhandel?
10. Welche Vorteile bringt der Einsatz von Tablets im Verkauf?
11. Erläutern Sie den Begriff „Multichannel-Strategie“.

AKTIONEN

1. a) Erstellen Sie in Einzelarbeit mithilfe selbst mitgebrachter oder zur Verfügung gestellter Materialien eine Collage, die eine Kundengruppe und deren Verhalten darstellen soll.

Collage erstellen

Die Collage ist eine gestalterisch-künstlerische Methode, mit der viele Fragestellungen ideen- und abwechslungsreich bearbeitet werden können. Damit ist die Collage ein Verfahren der produktiven Informationsbearbeitung. Aus alten Zeitschriften, Zeitungen, Bildern usw. wird ein neues Werk erstellt, indem Teile entnommen und neu geordnet, gruppiert und bebildert werden.

Mit Collagen können Sie
- Begriffe erklären,
- Ereignisse kommentieren,
- Fragen stellen,
- Antworten geben,
- Aussagen ergänzen, korrigieren, kontrastieren,
- gegenwärtige Sichtweisen und Stimmungen ausdrücken.

Vorgehensweise bei der Erstellung:

1. **Aufgabenstellung:** Bestimmen Sie das Thema und das Ziel der Collage.
2. **Vorbereitung:** Besorgen Sie alte Zeitungen, Zeitschriften, Kataloge, Prospekte, Tapeten, Scheren, Klebstoff usw.
3. **Durchführung:** In Einzel-, Gruppen- oder Partnerarbeit erstellen Sie aus dem vorher besorgten Material die Collage.
4. **Auswertung:** Die Hersteller der Collage erläutern und kommentieren ihr Werk.

b) Fragen Sie Ihre Klasse, welche Kundengruppe Sie darstellen wollten.

c) Anschließend stellen Sie selbst Ihre Collage vor. Gehen Sie besonders darauf ein, wie Sie die Merkmale der von Ihnen ausgewählten Kundengruppe dargestellt haben.

2. a) Führen Sie in Partnerarbeit als Rollenspiel ein Verkaufsgespräch mit einem Kunden einer bestimmten Kundengruppe auf. Der Spieler, der den Kunden darstellt, soll die Merkmale der Kundengruppe herausstellen. Der Verkäufer soll ein Verhalten spielen, wie der entsprechende Kunde angemessen behandelt werden kann.

b) Fragen Sie Ihre Mitschülerinnen und Mitschüler, welche Kundengruppe Sie darstellen wollten.

3. Das Hauptproblem in der weltweiten Riesendatenbank WWW ist, dass man oft **keine genauen Adressen** hat, um die Dokumente anzusteuern, die die benötigten Informationen enthalten. Die Lösung dieses Problems sind Suchmaschinen.

Arten von Suchmaschinen

Reine Suchmaschinen

- Datenbank in Form eines Stichwortverzeichnisses
- Nach Eingabe eines Stichwortes wird
  - der Titel der Internetseite,
  - ein „abstract“ (eine Zusammenfassung oder Inhaltsangabe),
  - ein Hyperlink (Adressverweis), der direkt zu der betreffenden Seite führt,

  präsentiert.

→ **www.google.de**

Kataloge

- Redaktionell bearbeitete Verzeichnisse, die thematisch vorsortierte Informationen anbieten.
- Von allgemeinen Kategorien auf der Eingangsseite kann man über verschiedene Hierarchiestufen das spezielle Themengebiet mit den gesuchten Informationen ansteuern.

→ **www.yahoo.de**

Metasuchmaschinen

- Suchmaschinen, die mithilfe einer zentralen Eingabemaske mehrere einzelne Suchmaschinen abfragen.

→ **www.metager.de**

Suchmaschinen sind Werkzeuge, um Daten und Informationen im Internet **schnell** finden zu können. Eine Suchmaschine kann man sich vorstellen als eine Art Datenbank, die Stichworte (Zusammenfassungen/Inhaltsangaben) zu verfügbaren Informationen im Internet enthält: Sie sammelt Hyperlinks, die nach Eingabe von Suchbegriffen direkt zu den betreffenden Seiten führen.

Als Instrumente von Smartshoppern gelten u. a.:

- Powershopping
- Auktionen
- Preisagenturen
- Factory-Outlet-Center
- Verbraucherportale

a) Wählen Sie für Ihre Gruppe einen der Begriffe aus.

b) Informieren Sie sich im Internet über die Bedeutung der Begriffe.

c) Erstellen Sie in Gruppenarbeit eine Wandzeitung, die den Begriff anschaulich erläutert.

d) Bereiten Sie sich darauf vor, den jeweils anderen Gruppen Ihre Wandzeitung vorzustellen.

4. Vor allem junge Kunden nutzen mobile Geräte wie Smartphones oder Tablets zur Vorabinformation bei einem beabsichtigten Kauf.

   a) Lesen Sie die Studie über das mobile Informieren unter der Internetadresse http://shopbetreiber-blog.de/2014/02/10/mobile-commerce-informieren-statt-kaufen/.

   b) Erstellen Sie eine Mindmap, die die wichtigsten Merkmale des mobilen Informierens vor einem Kauf enthält.

ZUSAMMENFASSUNG

Zugehörigkeit der Kunden zu unterschiedlichen ...

... Kundengruppen
Eigenarten der Kunden

... Kundentypen
unterschiedliche Lebensstile der Kunden

erkennbar an unterschiedlichem Kundenverhalten

erfordert unterschiedliche Behandlung von Kunden in Verkaufsgesprächen

222268296

KAPITEL 2

Wir beachten spezielle Kundengruppen

Bärbel Hauck, zuständig für den Funktionsbereich Absatz/Verkauf, entdeckt im Internet den folgenden Artikel:

Die Innovation für moderne Eltern

So gelingt das Einkaufen wie im Spiel

Viele Eltern kennen diese Situation: Es muss am Nachmittag noch etwas eingekauft werden, aber für die Kinder ist dies unheimlich langweilig. Die würden lieber auf den Spielplatz gehen.

Ein bayerisches Spezialunternehmen für Einkaufswagen hat gerade eine neue Erfindung vorgestellt, die dieses Problem lösen könnte: Dabei handelt es sich um einen Einkaufswagen, in dem verschiedene Gimmicks wie DVD- und CD-Player so wie ein Bildschirm eingebaut sind. Die Eltern kaufen ungestört in den Einkaufsgängen ein. Die Kleinen schauen sich währenddessen Filme an und genießen Hörspiele. Resultat: Für die Kinder sind Einkaufstouren nun etwas Besonderes. Sie langweilen sich nicht mehr. Englische Studien bescheinigen, dass sich über 85 % der Eltern gern dabei unterstützen lassen, die Kinder während ihres Einkaufs zu beschäftigen. Die ersten Experimente in deutschen Supermärkten sind geplant.

Quelle: Bild am Sonntag vom 15. Aug. 2004

Sie überlegt daraufhin, in der nächsten Abteilungsleitersitzung vorzuschlagen die Eignung eines solchen Einkaufswagens für die Warenwelt „Lebensmittel“ prüfen zu lassen.

1. Stellen Sie fest, welche Maßnahmen in Einzelhandelsunternehmen getroffen werden können, um mit Eltern und Kindern in einer angenehmen Atmosphäre Verkaufsgespräche durchführen zu können.
2. Führen Sie Beispiele dafür auf, wie Ihr Ausbildungsunternehmen mit verschiedenen Maßnahmen auf spezielle Kundengruppen reagiert.

INFORMATION

Die meisten Verkaufsgespräche laufen in der Praxis ohne besondere Probleme ab. Es gibt jedoch immer wieder Situationen, die sich als schwierig herausstellen. Das Verkaufspersonal muss sich in Verkaufsgesprächen deshalb auf bestimmte Anlässe (z. B. Hochbetrieb, Geschenkverkäufe) oder spezielle Kundengruppen (z. B. Ausländer, Kinder und Jugendliche, Senioren, Kunden in Begleitung) besonders vorbereiten und einstellen.

Kinder und Jugendliche

Kinder und Jugendliche stellen für den Einzelhandel eine äußerst wichtige Kundengruppe dar. Das nicht nur, weil diese Zielgruppe heute schon als Kunden für die Einzelhandelsunternehmen eine wichtige Rolle spielt, sondern auch, weil sie die Kunden von morgen umfasst. Darüber hinaus haben Kinder und Jugendliche erheblichen Einfluss auf die Kaufentscheidungen ihrer Eltern.

Kinder sind wichtige Kaufentscheider.

Mehrere Untersuchungen zeigen, dass sich viele Einzelhändler und Verkäufer dieser Tatsache offenbar nicht immer bewusst sind und der wichtigen Kundengruppe Kinder und Jugendliche nicht gerecht werden.

BEISPIEL

Kinder und Eltern berichteten in Interviews immer wieder davon, dass Kindern und Jugendlichen in vielen Geschäften ein grundsätzliches und vielfach kränkendes Misstrauen entgegengebracht wird. Kinder werden hier offenbar vielfach nur als potenzielle Ladendiebe und Störenfriede betrachtet, die man nicht gerne und vielfach auch nicht freundlich bedient.

„Einkaufsautos" werden von Kindern, die ihre Eltern beim Einkauf begleiten, gern genutzt.

Auch wenn Kinder und Jugendliche in der Regel nur mit kleineren Geldbeträgen in die Geschäfte kommen, verfügen sie doch insgesamt über eine gewaltige Kaufkraft.

BEISPIEL

Zum monatlichen Taschengeld von knapp 10,00 € bei den Sechs- bis Neunjährigen kommen die Geldgeschenke von Omas und Tanten – im Durchschnitt 32,00 € zum Geburtstag und 38,00 € zu Weihnachten. Mit wachsendem Alter steigert sich das persönliche Budget des Nachwuchses erheblich. Nach Schätzungen des Werbefachblattes „werben & verkaufen" addiert sich bei Kindern und Jugendlichen die Kaufkraft auf 18 Milliarden Euro im Jahr.

Im Gegensatz zu erwachsenen Kunden ist für Kinder und Jugendliche das folgende Verhalten typisch:

- Sie sind zum Teil schüchtern und unsicher.
- Sie können sich nicht immer eindeutig ausdrücken.
- Ihnen fehlt häufig eine ausreichende Warenkenntnis.
- Sie verfügen noch nicht über ausreichend Erfahrung.
- Sie sind sehr markenbewusst.

Jugendliche kaufen gern Marken; Auswahlgründe:

- Marke hat Kultstatus.
- Marke hat hohes Ansehen.
- Marke definiert Zugehörigkeit zu einer Gruppe, der man angehören möchte.

Qualität und Preis sind nachrangig.

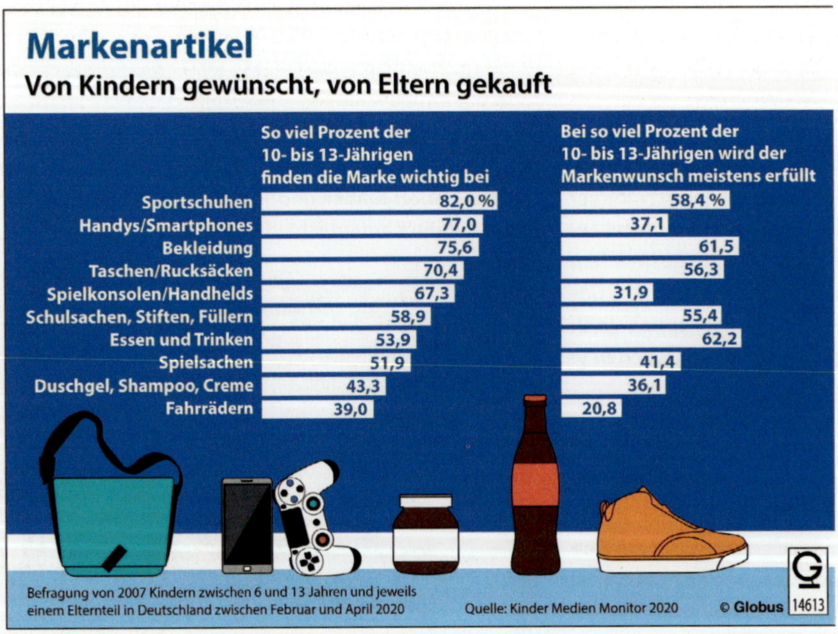

Wie wichtig sind Kindern Markenartikel? Ergebnisse dazu liefert eine neue Studie von fünf führenden Verlagshäusern. Für den Kinder Medien Monitor 2020 wurden über 2000 Doppelinterviews mit je einem Kind zwischen sechs und 13 Jahren und einem Elternteil geführt.

222268298

Kinder/Jugendliche

- haben ein spontanes Einkaufsverhalten
- sind in ihrem Kaufverhalten durch Werbung und Medien extrem stark beeinflussbar
- beeinflussen die Einkaufsentscheidungen ihrer Familien
- entwickeln durch den Einfluss der Medien ein ausgeprägtes Marken- und Konsumbewusstsein

Kinder

- entscheidender Faktor bei Einkäufen
- beeinflussen Einkaufsentscheidungen der Eltern stark

↔

- können Eltern beim Einkauf stören

↓

Eltern erwarten fachkundige Beratung und ansprechende Einkaufsatmosphäre.

↓

Verkäuferverhalten:

- Kindern zeigen, dass sie im Geschäft willkommen sind.
- Kinder ablenken und beschäftigen mit
  - Malmöglichkeiten,
  - Spielzeug,
  - Proben usw.,

  damit die Eltern ungestört Einkaufsentscheidungen treffen können: Die Kinder sind nicht gelangweilt.
- Im Zweifel die Eltern den Kindern bei der Anprobe helfen lassen und nicht selbst handeln.

Im Umgang mit Kindern und Jugendlichen sollten deshalb folgende Regeln gelten:

- Kinder und Jugendliche sollten immer genauso freundlich wie Erwachsene begrüßt werden. So bekannt, sollte man Kinder mit dem Vornamen ansprechen, um Vertrauen aufzubauen bzw. Hemmungen zu vermindern (Achtung bei älteren Jugendlichen). Die jungen Käufer müssen spüren, dass sie willkommen sind.
- Von Vorteil ist es auch, vor allem Kinder auf ihre Erlebniswelt anzusprechen.

BEISPIEL

- Womit spielst du denn?
- Kannst du mir den Namen deines Teddys nennen?

- Den Kindern und Jugendlichen muss Verständnis und Geduld entgegengebracht werden.
- Die Beratung muss dem Kind bzw. Jugendlichen angemessen erfolgen. Die Verkaufsargumente müssen also individuell formuliert sein.
- Ist bei einem von vornherein feststehenden Kaufwunsch des Kindes die Ware nicht vorrätig, sollte zwar ein Alternativangebot gemacht werden. Die Eltern sollten jedoch gefragt werden, ob sie damit einverstanden sind.
- Gerade bei kleineren Kindern sollte genau beobachtet werden, ob das Rückgeld auch sicher eingesteckt wird. Damit die verkauften Produkte unbeschädigt nach Hause kommen, sollten sie angemessen eingepackt werden.
- Beim Verkauf von Waren an Kinder und Jugendliche müssen verschiedene rechtliche Vorschriften beachtet werden.

BEISPIEL

Es gibt gesetzliche Abgabeverbote an Jugendliche für bestimmte Waren, wie u.a.:

- alkoholische Getränke
- Zigaretten, Zigarren, Tabak usw.
- Waffen
- Feuerwerkskörper

Viele Einzelhandelsunternehmen bieten den Kindern ihrer Kunden Spielmöglichkeiten an.

Nur wer volljährig, also 18 Jahre alt ist, ist voll geschäftsfähig. Grundsätzlich müssen die Erziehungsberechtigten Kaufverträge, die Jugendliche im Alter von 7 bis 17 Jahren abschließen, genehmigen. Solange das noch nicht geschehen ist, sind die Kaufverträge „schwebend unwirksam".

Nur im Rahmen der freien Verwendung des Taschengeldes (**„Taschengeldparagraf"**; § 110 BGB) kann ohne Einwilligung der Erziehungsberechtigten etwas gekauft werden. Die Vorschrift hat bei den Kleingeschäften des täglichen Lebens (Essen, Kleidung, Musik-CDs usw.) ganz erhebliche Bedeutung. Die Wertgrenze, bis zu der Rechtsgeschäfte des Minderjährigen ohne Weiteres wirksam sind, dürfte in etwa bei maximal 100,00 € (z. B. kleine Stereoanlage) liegen, wobei es nach der Rechtsprechung stets auf die Umstände des Einzelfalles ankommt.

Wird ein Einzelhandelsunternehmen der Zielgruppe Kinder und Jugendliche gerecht?

- Stimmt die **Kundenansprache** für diese Zielgruppe?
- Kommen Kinder und Jugendliche gern in das Geschäft?
- Werden diese Kunden gut und **freundlich bedient**?
- Wird auf die Bedürfnisse der Kinder und Jugendlichen geduldig eingegangen?
- Stimmen die **Öffnungszeiten** im Geschäft? (Hat es dann geöffnet, wenn Kinder und Jugendliche unterwegs sind?)
- Bietet das **Sortiment** Kindern und Jugendlichen eine breite und abwechslungsreiche Auswahl an attraktiven Produkten?
- Gibt es genügend Artikel zum **Taschengeldpreis**?
- Wird auf **Kundenwünsche** aus dieser Zielgruppe reagiert?

Senioren

Senioren gewinnen als Nachfrager von Produkten und Dienstleistungen in vielen Wirtschaftsbereichen immer mehr an Bedeutung. Zu der Personengruppe der Senioren werden alle Personen gezählt, die 60 Jahre und älter sind. Der Anteil der Senioren an der Gesamtbevölkerung wird in Deutschland von heute etwa 20 % auf 34 % im Jahr 2040 ansteigen.

Alt und jung

Bevölkerung Deutschlands nach Altersgruppen*, Anteile in Prozent

	80 und älter	75 bis 80	70 bis 75	65 bis 70	60 bis 65	jünger als 60
Sachsen-Anhalt	8	6	5	8	8	65 %
Thüringen	8	6	5	8	8	66
Sachsen	9	6	5	7	7	66
Mecklenburg-Vorp.	8	5	4	8	8	66
Brandenburg	8	6	4	7	8	67
Saarland	8	5	5	7	8	68
Schleswig-Holstein	7	5	5	6	7	70
Niedersachsen	7	5	5	6	7	71
Rheinland-Pfalz	7	4	5	6	7	71
Deutschland	7	5	4	6	7	72
Nordrhein-Westf.	7	4	4	6	7	72
Bremen	7	5	5	5	6	73
Hessen	6	4	5	6	7	73
Baden-Württemb.	7	4	4	5	7	73
Bayern	6	4	4	5	7	73
Berlin	6	5	4	5	6	75
Hamburg	6	4	4	4	5	77

*am 31.12.2019 Werte gerundet/rundungsbedingte Differenz

dpa•101806 Quelle: Statistisches Bundesamt

Wenn in Hamburg 77% der Bevölkerung jünger als 60 Jahre ist, bedeutet dies im Umkehrschluss, dass 23% der Hamburger über 60 Jahre alt sind. Fast jeder vierte Hamburger gehört also zur Kundengruppe der Senioren. In anderen Bundesländern gehören erheblich mehr Menschen zu dieser Kundengruppe. In Sachsen-Anhalt ist es sogar schon fast jeder dritte. Ein Blick in die Zukunft: 2040 muss die Hälfte der Bevölkerung für die Pflege beziehungsweise Erziehung der anderen Hälfte aufkommen.

Aus dieser demografischen Entwicklung heraus können für den Einzelhandel Perspektiven und Chancen, aber andererseits auch Risiken entstehen, auf die er jeweils im Verkauf reagieren muss. Gefahren für Einzelhandelsunternehmen ergeben sich vor allem dann, wenn diese Zielgruppe mit ihren speziellen Bedürfnissen vernachlässigt wird.

Bei Verkaufsgesprächen mit älteren Kunden sollte Folgendes beachtet werden:

- Ältere Kunden möchten gerne namentlich angesprochen werden. Zudem kommunizieren sie gern.
- Sie bevorzugen kleine Mengen von Artikeln bzw. kleine Packungsgrößen.

222268300

Senioren – eine wichtige und kaufkräftige Kundengruppe

- Verkaufsgespräche dauern manchmal länger als normal. Dafür sollte das Verkaufspersonal Verständnis zeigen und entsprechend Geduld aufbringen.
- Gerade Senioren sind nicht nur am Produkt, sondern verstärkt auch am Service interessiert.
- Senioren sollte man auf Artikel hinweisen, die leicht zu bedienen sind.
- Senioren, bei denen das Hör- und Sehvermögen nachlässt, sollte geholfen werden.

BEISPIELE

- Bei schwerhörigen Kunden laut, etwas langsamer und deutlich sprechen.
- Sehschwachen Kunden Informationen auf der Ware vorlesen.

- Ältere Kunden beurteilen Geschäfte häufig nach der Freundlichkeit des Verkaufspersonals.

BEISPIELE

Senioren freuen sich über
- das Anbieten von Sitzplätzen,
- das Einpacken von Waren,
- das Tragen schwerer Einkaufstaschen,
- Serviceleistungen wie telefonische Bestellannahme oder Ins-Haus-Lieferservice.

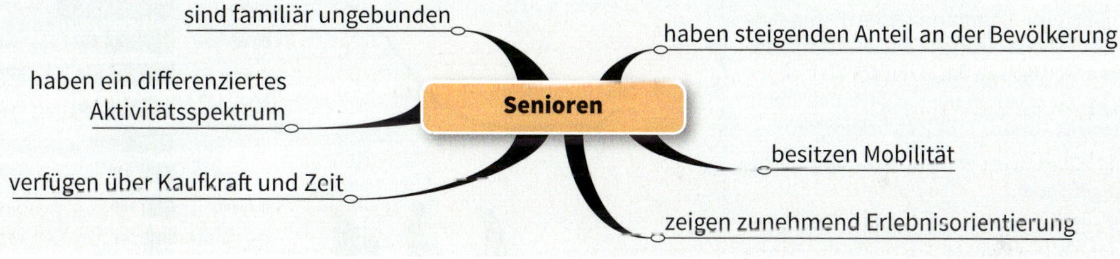

Ausländer

In Deutschland gibt es rund 1,9 Millionen ausländische Arbeitnehmer. Fast jeder dritte hat seinen Arbeitsplatz in einem Industrieunternehmen. Über 400 000 sind als Dienstleister tätig. Handel und Kfz-Gewerbe beschäftigen 236 000 ausländische Arbeitskräfte; im Gastgewerbe sind es fast 169 000. In den letzten Jahren sind auch Migranten aus verschiedenen Ländern nach Deutschland gezogen. Diese sind vom Einzelhandel ebenfalls als Kundengruppe zu beachten.

Es besteht zudem eine große Verbindung zwischen Fremdenverkehr und Einzelhandel. Sind ausländische Touristen einmal am Zielort angelangt, geben sie dort mehr Geld in Einzelhandelsgeschäften aus als beispielsweise in der Gastronomie.

Ausländische Kunden sind zum Teil mit dem deutschen Warenangebot nicht vertraut. Sie haben auch häufig Sprachprobleme. Es ist klar, dass das Verkaufspersonal Verständnis für die Situation, Tradition, Religion und Mentalität der ausländischen Kunden aufbringen sollte.

Beim Verkauf an ausländische Kunden sollte beachtet werden:

- Bei Verkaufsgesprächen sollte langsam und deutlich in einwandfreiem Deutsch gesprochen werden.

- Um die Verständlichkeit zu erhöhen, sollten bei der Warenvorlage möglichst alle Sinne angesprochen werden.
- Verkäufer sollten sich – wenn möglich – Fremdsprachenkenntnisse aneignen. Grundkenntnisse in Englisch gehören heute zum Standardrepertoire erfolgreicher Verkäufer. Für die exportorientierte Wirtschaft ist die interkulturelle Verständigung mithilfe von Fremdsprachen überlebenswichtig. Nur Deutsch sprechende Mitarbeiter können einem Unternehmen auf lange Sicht enorme Reibungsverluste und finanzielle Einbußen einbringen.

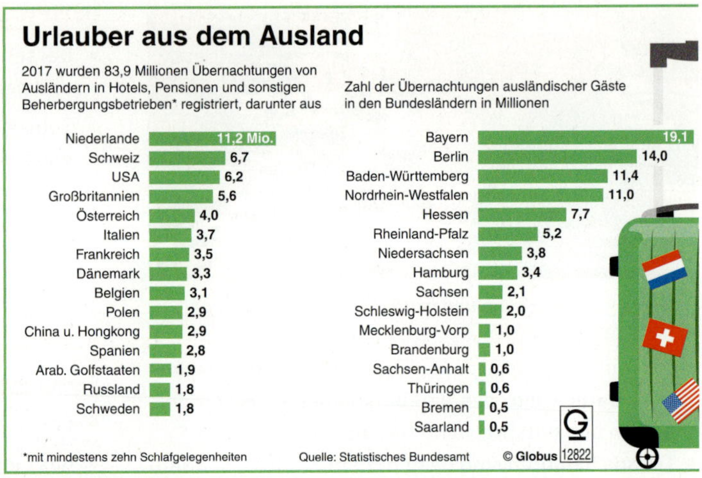

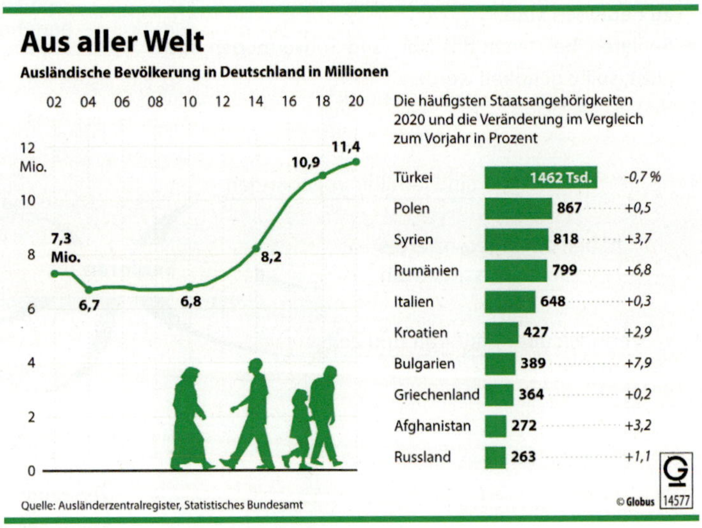

Sie wollen ein Produkt oder einen Service bei einer Zielgruppe bewerben, die sich nicht entlang von Geschlecht, Milieu- oder Altersgrenzen definieren lässt, sondern primär durch die ethnische Herkunft? [...]

Was ist nun zu berücksichtigen, wenn es darum geht, für eine so definierte Zielgruppe eine Kommunikationskampagne zu entwickeln? Die größte Gefahr im Ethnomarketing liegt darin, an der Zielgruppe vorbei zu arbeiten oder, schlimmer noch, sie durch Unsensibilität zu beleidigen. [...]

Was haben wir neu erfahren oder bestätigt gefunden?

- Familie ist vielen Türken in Deutschland wichtiger als den Deutschen ohne Migrationshintergrund. Gemeinschaft ist wichtiger Teil der Kultur und sollte in der Motivwelt berücksichtigt werden.
- Der soziale Zusammenhalt innerhalb der Community ist stark, und häufig sind die Hausärztin oder der Anwalt der Familie ebenfalls türkischstämmig. Da überrascht es auch nicht, dass Mund-zu-Mund-Propaganda im Vergleich einen hohen Stellenwert im Informationsverhalten hat.
- Die große Mehrheit bezeichnet sich als Muslime. Ein Kopftuch ist jedoch keine fixe Norm.
- Die jüngeren Generationen der Türken in Deutschland sprechen fließend Deutsch, wohingegen sich vor allem die Großelterngeneration, erst recht im spezifisch medizinischen Kontext, mit der Sprache schwerer tut. [...]

Quelle: Rhein, Stefan: Ethnomarketing: Wie Sie auch ethnische Gruppen in der Marketingkommunikation zielsicher erreichen. In: www.spiritlink.de. 27.05.2020. https://www.spiritlink.de/blog/ethnomarketing-ethnische-gruppen-in-der-marketingkommunikation-zielsicher-erreichen [12.05.2022].

„Die soll erst mal Deutsch lernen!"

Mit diesen Worten ließ die Verkäuferin einer Supermarktkette ihre ausländische Kundin stehen, mit der sie kurz zuvor eine Auseinandersetzung gehabt hatte.

Zu Recht beschwerte sich die Kundin beim Marktleiter, und als dieser der noch immer aufgebrachten Verkäuferin ein versöhnendes Gespräch mit der Kundin in einem Nebenraum vorschlug, weigerte sich die Mitarbeiterin: „Mit dieser Person gehe ich in keinen Raum!"

Der Supermarkt kündigte daraufhin das Arbeitsverhältnis mit der Verkäuferin fristlos.

Gegen diese fristlose Kündigung zog die Verkäuferin vor das hessische Landesarbeitsgericht. Das Gericht befand jedoch, dass unhöfliches Verhalten gegen ausländische Kunden die fristlose Kündigung rechtfertigen könne, zumal die Klägerin eine Klärung und Entschuldigung abgelehnt habe.

Supermarkt und Klägerin einigten sich auf einen Vergleich: Die ehemalige Angestellte akzeptierte die sofortige Kündigung, und der Supermarkt erklärte sich bereit, ihr aus „sozialen Gründen" eine Abfindung zu zahlen.

222268302

Ausschnitte aus einem Verkaufsgespräch mit einem ausländischen Kunden				
Phase des Verkaufsgesprächs	**Shop Assistant**	**Verkäufer**	**Customer**	**Kunde**
Kontaktphase	Guten Morgen!			
			Good Morning! Do you speak English?	Guten Morgen! Sprechen Sie Englisch?
	Yes of course! May (can) I help you?	Ja, natürlich! Darf (kann) ich Ihnen helfen?		
			I am looking for a raincoat.	Ich suche einen Regenmantel.
Bedarfsermittlung	What size do you take?	Welche Größe haben Sie?		
			Medium (small, large extra large, size 48) please.	Medium (small, large, extra large, Größe 48) bitte.
	What colour do you prefer?	Welche Farbe bevorzugen Sie?		
			Yellow or blue.	Gelb oder Blau.
Warenvorlage	How do you like this one?	Wie gefällt Ihnen denn dieser?		
			That is alright. I would like to try it on.	Der ist in Ordnung. Ich würde ihn gern anprobieren.
Argumentations-phase	Feel the material. The raincoat is made with waterproof, windproof and breathable Goretex-fabrics. The weather is no longer a topic to discuss for you.	Fühlen Sie einmal das Material. Der Regen-mantel ist mit wasser-festem, windundurch-lässigem und atmungs-aktivem Goretex-Gewebe. Das Wetter ist damit kein Thema mehr für Sie.		
			You are right, but I am afraid the raincoat is too narrow across the shoulders.	Sie haben recht, aber ich fürchte, der Regenman-tel ist um die Schultern herum etwas zu eng.
	Why don't you try a large size?	Nehmen Sie doch die Größe L.		
Preisnennung			How much is it?	Wie viel kostet er?
	It costs 250,00 €.	Er kostet 250,00 €.		
Einwand-behandlung			I had thought more of a raincoat for approximately 150,00 €.	Ich hatte mehr an einen Regenmantel für 150,00 € gedacht.
	Yes, but it is a real bargain: The regular price of this raincoat is more than 400,00 € ...	Ja, aber der ist ein rich-tiges Schnäppchen. Die-ser Regenmantel kostet sonst über 400,00 € ...		
Herbeiführen des Kaufentschlusses	Can I take the raincoat to the cash desk for you?	Kann ich den Regen-mantel für Sie zur Kasse mitnehmen?		
			Yes, I think I take it.	Ja, ich glaube, ich nehme ihn.
Kaufabschluss	Goodbye!	Auf Wiedersehen!		
			Bye-bye.	Auf Wiedersehen!

Neue Kundengruppen

Neben den aufgeführten speziellen Kundengruppen entwickeln sich ständig neue Nachfragestrukturen im Einzelhandel, die die Unternehmen kennen und genau beobachten müssen: Ein Einzelhandelsunternehmen kann nur dann erfolgreich sein, wenn es alle Verkaufstätigkeiten auf die Bedürfnisse der unterschiedlichen Kundengruppen ausrichtet. Durch

- die Verkleinerung der durchschnittlichen Haushaltsgrößen,
- den wachsenden Anteil berufstätiger Frauen,
- die Pluralisierung der Lebensstile,
- Verschiebungen in der Bevölkerungsstruktur entstehen neue Konsumentengruppen mit eigenem Konsumverhalten. Die mögliche Zugehörigkeit von Kunden zu solchen Gruppen muss sowohl in der Verkaufsargumentation als auch im Bereich des Marketings immer beachtet werden (vgl. auch Kap. 10.1).

BEISPIEL

Ist die Zugehörigkeit von Kunden zu einer Konsumentengruppe erkannt, kann sich das Einzelhandelsunternehmen gut auf sie einstellen:

- Welche Probleme und Bedürfnisse möchten diese Angehörigen einer Kundengruppe mit dem Kauf von Produkten in den verschiedenen Sortimentsbereichen lösen bzw. befriedigen?
- Welche Wünsche und Anregungen für Verbesserungen werden von ihnen genannt?
- Zeigen die Angehörigen einer Kundengruppe in den verschiedenen Produktgruppen deutliche Präferenzen für bestimmte Hersteller und Marken?
- Welche Zusatzartikel und Serviceleistungen wünschen sich diese Konsumenten?

AUFGABEN

1. Warum sind Kinder und Jugendliche für den Einzelhandel eine äußerst wichtige Zielgruppe?
2. Was bedeutet der Taschengeldparagraf?
3. Wie werden Kinder und Jugendliche in Verkaufsgesprächen behandelt?
4. Zeigen Sie Merkmale der Zielgruppe „Senioren“ auf.
5. Was sollte bei Verkaufsgesprächen mit Senioren beachtet werden?
6. Welche Rolle spielt die Warenvorlage bei Verkaufsgesprächen mit Ausländern?
7. Ein ausländisches Ehepaar, das kaum Deutsch spricht, möchte einen erklärungsbedürftigen Artikel kaufen. Worauf sollte der Verkäufer bei der Bedienung achten?
8. Ausländische Touristen sind ein entscheidender Wirtschaftsfaktor.
   a) Wie viele ausländische Touristen übernachten jährlich in der Bundesrepublik?
   b) Wie viele ausländische Touristen übernachten jährlich in Ihrem Bundesland?
9. Was versteht man unter „Ethno-Marketing"?
10. Beurteilen Sie die folgenden Aussagen.
    a) Zeigt man Ausländern Ware anschaulich, kann das fehlende Sprachkenntnisse ersetzen.
    b) Kinder beeinflussen häufig die Kaufentscheidung der Eltern.

222268304

AKTIONEN

1. a) Bereiten Sie sich auf die Durchführung eines Rollenspiels vor. Lassen Sie sich dazu von Ihrer Lehrerin/Ihrem Lehrer jeweils eine Rolle zuteilen.

   Rollenspiel:

   - **Herbert Mörsch**
     Sie sind Herbert Mörsch, 35 Jahre alt, Bauingenieur und Vater Ihres 5 Jahre alten Sohnes Nils. Sie achten beim Einkauf auf Qualität und Preis der Ware. Heute sind Sie mit Ihrem Sohn unterwegs, um ihm ... zu kaufen. Daher wenden Sie sich an die Verkäuferin Simone Naumann der Ambiente Warenhaus AG.
   - **Nils Mörsch**
     Sie sind Nils Mörsch, 5 Jahre alter Sohn des Bauingenieurs Herbert Mörsch. Als klassischer Vertreter Ihrer Altersgruppe sind Sie:
     - neugierig, wollen alles anfassen,
     - quirlig,
     - ungehalten, wenn Sie sich längere Zeit langweilen.
   - **Simone Naumann**
     Sie sind Simone Naumann, 18 Jahre alt, Verkäuferin in der Abteilung ... der Ambiente Warenhaus AG. Ihre Aufgabe ist es, den Kunden beim Kauf behilflich zu sein und beratend zur Seite zu stehen.

   b) Führen Sie das Rollenspiel durch.

   c) Beobachten Sie jeweils genau das Verkäuferverhalten. Wichtig: An welcher Stelle sind Probleme für den Verkäufer aufgetaucht?

2. a) Bilden Sie in Ihrer Klasse mehrere Gruppen.

   b) Stellen Sie für eine der speziellen Kundengruppen die für diese geltenden Verkaufsregeln übersichtlich auf einer Wandzeitung dar. Versuchen Sie die Regeln zu visualisieren.

   c) Stellen Sie den anderen Gruppen Ihre Wandzeitung vor.

3. In jeder Phase des Verkaufsgesprächs werden von Verkäufern typische Formulierungen verwendet. Erstellen Sie einen solchen Katalog mit entsprechenden Sätzen in Englisch.

   Nutzen Sie als Hilfe dazu das in Ihrer Klasse eingeführte Englischbuch. Unterstützung können Sie auch im Internet finden. Unter https://translate.google.com/ können Sie englische Entsprechungen für deutsche Begriffe nachschlagen oder sogar ganze Sätze ins Englische übersetzen lassen (manchmal nicht ganz korrekt, aber fast immer verständlich).

4. Führen Sie ein Rollenspiel durch:

   Ein ausländischer Kunde ohne Deutschkenntnisse betritt Ihr Geschäft. Sie verkaufen ihm – unter Beachtung aller Phasen – in einem Verkaufsgespräch auf Englisch einen Artikel Ihres Ausbildungssortiments.

   a) Erstellen Sie in Partnerarbeit ein Drehbuch für dieses Verkaufsgespräch. Verwenden Sie dazu das in Ihrer Klasse eingeführte Englischbuch bzw. das Internet (vgl. Aktion 3).

   b) Führen Sie das Rollenspiel vor.

   c) Halten Sie bei den anderen Rollenspielen fest,
      - ob die Verkaufsphasen verkaufstechnisch einwandfrei durchgeführt worden sind,
      - ob das Rollenspiel für Sie neue Formulierungen enthält, die Sie in Verkaufsgesprächen verwenden können.

ZUSAMMENFASSUNG

Kinder/Jugendliche | **Senioren** | **Ausländer**

↓

Spezielle Kundengruppen

↓

erfordern:
- spezielles Vorgehen in Verkaufsgesprächen.
- Beachtung bestimmter Eigenschaften.

KAPITEL 3

Wir führen Verkaufsgespräche in besonderen Verkaufssituationen

In der Abteilung Herrenkonfektion der Ambiente Warenhaus AG: Der Verkäufer Roland Zschornak sortiert gerade neu eingetroffene Jacken auf einen Ständer, als zielstrebig ein Paar mittleren Alters auf ihn zukommt.

Frau Schröder: „Guten Morgen, junger Mann."

Roland Zschornak: „Guten Morgen, was kann ich für Sie tun?"

Herr Schröder: „Ich suche einen Blouson für mich."

Roland Zschornak: „Haben Sie an etwas Bestimmtes gedacht?"

Frau Schröder: „Mein Mann hätte gerne eine elegante Jacke."

Roland Zschornak *(dabei auf einzelne Jacken weisend):* „Hier haben wir etwas Passendes; seriös und in gedeckten Farben. Damit sind Sie auch bei festlichen Anlässen gut gekleidet."

Herr Schröder: „Eigentlich hatte ich an ein etwas sportlicheres Modell gedacht; etwas bunter dürfte es auch sein."

Frau Schröder: „Aber Hans Werner, das passt doch wohl kaum zu deiner Position! Willst du etwa im Büro wie einer von diesen Gebrauchtwagenhändlern aussehen?"

Herr Schröder: „Aber ich habe doch schon so viele dunkle Jacken im Schrank, etwas Sportliches und Bequemeres fehlt mir noch."

Roland Zschornak: „Soll ich Ihnen vielleicht einige Sportjacken zeigen?"

Frau Schröder: „Bloß nicht, auf keinen Fall!"

Herr Schröder: „Ja gerne!"

Roland Zschornak *(ungehalten):* „Ja, was denn nun, wie jetzt?"

Frau Schröder: „Mein Mann ist kein sportlicher Typ und Schwarz steht ihm sehr gut. Er möchte jetzt eine von diesen dunklen Jacken anprobieren."

(Frau Schröder nimmt eine Jacke aus dem Ständer und reicht sie ihrem Mann.) „Die passt doch sehr gut zu dir!"

Herr Schröder: „Aber ..."

Roland Zschornak: „Meinen Sie nicht, dass Ihr Mann besser weiß, welche Jacke zu ihm passt?"

1. Untersuchen Sie kritisch das Verhalten des Verkäufers. Welche Fehler unterlaufen dem Verkäufer in diesem Verkaufsgespräch?
2. Erarbeiten Sie gemeinsam mit Ihrem Partner Verbesserungsvorschläge.

INFORMATION

Geschenkverkäufe

Jeder Bundesbürger gibt im Schnitt etwa 350,00 € im Jahr für Geschenke aus. Das ist natürlich eine große Verkaufschance für Einzelhandelsunternehmen. Geschenkverkäufe bereiten dann keine Schwierigkeiten, wenn die Kunden genau wissen, was sie schenken wollen. Auch wenn die Kunden schon bestimmte Vorstellungen, Vorschläge oder Ideen haben, kann das Verkaufspersonal die Verkaufsgespräche relativ leicht durchführen.

Viel problematischer sind Kunden, die nicht genau wissen, was sie schenken sollen. Die Verkaufsmitarbeiter müssen solchen Kunden Geschenkvorschläge machen, sonst verlassen diese in den meisten Fällen das Geschäft, ohne etwas gekauft zu haben. Diese Kunden erwarten nämlich vom Verkaufspersonal Anregungen und Vorschläge für interessante Geschenke.

Die Verkaufsmitarbeiter sollten bei Geschenkverkäufen folgende Punkte beachten:

- Statt unschlüssige Kunden aufzufordern, sich in Ruhe umzusehen, sollten ihnen gezielt Geschenkvorschläge unterbreitet werden.
- Zunächst sollte in Erfahrung gebracht werden, wer der Beschenkte ist. Daraus lassen sich in der Regel viele Informationen ziehen. Mit offenen Fragen (W-Fragen) bekommt man dann weitere Informationen über den Empfänger des Geschenkes.

BEISPIEL

- Wenn eine etwa 25-jährige Frau zu Beginn eines Verkaufsgesprächs äußert: „Ich suche ein Geschenk für meinen Freund“, hat man mindestens die Information über Geschlecht und etwaiges Alter des Beschenkten. Daraus ergeben sich andere Geschenkvorschläge, als wenn die Frau gesagt hätte: „Ich weiß nicht, was ich meinem Großvater schenken soll ...“
- Anschließend sollte versucht werden, Wünsche, Interessen und Hobbys des Beschenkten herauszubekommen:
  - „Welches Hobby hat denn Ihre Tochter?“
  - „Welche Interessen hat Ihr Mann?“

- Die Verkaufsmitarbeiter sollten sich von vornherein schon Gedanken machen, welche Artikel des von ihnen betreuten Sortiments sich als Geschenke eignen. Haben sie diese Kenntnisse, fällt es leicht, dem Kunden Vorschläge zu machen.
- Die Verkäufer sollten relativ schnell mehrere Artikel vorlegen. Dabei sollten sie auf die Reaktionen des Kunden achten, um das passende Geschenk – was Idee und Preis betrifft – zu finden.
- Favorisiert der Kunde einen Geschenkvorschlag, ist aber noch unsicher, kann auf die Umtauschmöglichkeit (und die entsprechenden Regelungen des Einzelhandelsunternehmens) hingewiesen werden. Häufig erleichtert das die Kaufentscheidung.
- Kann sich der Kunde trotz aller Bemühungen des Verkaufspersonals nicht entscheiden, kann man ihn auch über die Möglichkeit von Geschenkgutscheinen informieren.
- Nach Abschluss des Verkaufsgesprächs sollte der Verkaufsmitarbeiter dem Kunden anbieten, den Artikel als Geschenk zu verpacken. Vor dem Einpacken müssen unbedingt die Preisetiketten entfernt werden.

Spätkunden

Als Spätkunden bezeichnet man Käufer, die kurz vor Ladenschluss in das Geschäft kommen.
Anlässe für solche Spätkäufe können sein:

- Die Kunden mussten selbst lange arbeiten.
- Aufgrund von Verkehrsproblemen kamen die Kunden verspätet zum Einkauf.
- unvorhergesehene Ereignisse, die die Kunden ungeplant zu Nachfragern werden lassen

BEISPIEL

Klaus Mayer fiebert dem Fußballendspiel, das abends übertragen wird, entgegen. Um 19:00 Uhr guckt seine Frau noch eine Quizsendung. Bei der 1-Million-Euro-Frage fällt der Fernseher aus: Ein Bauteil ist durchgeschmort. Kurz entschlossen fährt Klaus Mayer in die Innenstadt. Um 19:54 Uhr spricht er in der Unterhaltungselektronikabteilung der Ambiente Warenhaus AG einen Verkäufer an.

- Gedankenlosigkeit bzw. mangelhafte Zeiteinteilung aufseiten der Kunden
- manchmal Kunden ohne Feingefühl

Die meisten Spätkunden sind sehr entschlussfreudig und kaufbereit. Diese Verkaufschancen sollten die Verkaufsmitarbeiter in jedem Fall nutzen. Eine gute Kundenbetreuung in solchen Fällen wird von den Käufern sehr geschätzt (und spricht sich auch herum, was für das Image des Unternehmens positiv ist). Deshalb ist es selbstverständlich, dass Kunden, die sich beim Laden-

schluss noch nicht für den Kauf eines Artikels entschieden haben, weiter bedient werden.

Da einerseits eine gute Kundenbetreuung von Spätkunden im Interesse des Einzelhandelsunternehmens liegt, andererseits aber die Mitarbeiter sich auch erholen müssen und ein Recht auf ihren Feierabend haben, sollte Folgendes beachtet werden:

- Das Verkaufspersonal sollte in jedem Fall Verständnis für die Situation der Spätkunden aufbringen und sie freundlich bedienen.
- Die Phasen der Kontaktaufnahme und der Bedarfsermittlung sollten wie in normalen Verkaufsgesprächen durchgeführt werden. Verbunden mit einer Bitte um Verständnis sollte dann allerdings ein freundlicher Hinweis auf den Ladenschluss und eine Entschuldigung für die daraus resultierende verkürzte Beratung folgen.
- Die Phasen der Warenvorlage und Verkaufsargumentation sollten also auf das Wesentliche verkürzt werden. Sollte das für einen Kunden nicht ausreichend sein, sollte man ihn freundlich auffordern, doch ein anderes Mal für eine ausführliche Beratung wiederzukommen.
- Hat ein Verkaufsmitarbeiter einen wichtigen Grund, genau zum Ladenschluss das Geschäft zu verlassen, sollte er im Falle eines Spätkunden einen Kollegen das Verkaufsgespräch übernehmen lassen.
- Um einen frühen Feierabend zu bekommen, sollten alle Verkaufsmitarbeiter, z.B. einer Abteilung, eine effiziente Arbeitsorganisation absprechen, beispielsweise wie man die Arbeit nach Ladenschluss erledigt.

Verkauf bei Hochbetrieb

Das Verkaufen bei Hochbetrieb stellt für die Verkaufsmitarbeiter eine schwierige Situation dar. Der große Kundenandrang führt dazu, dass man dem einzelnen Kunden nicht so viel Zeit widmen kann wie an normalen Geschäftstagen. Hochbetrieb herrscht in der Regel

- vor Feiertagen (die gesamte Adventszeit) wie Weihnachten und Ostern sowie vor Festen,
- an den Wochenenden,
- nach Feierabend (also ab ca. 16:30 Uhr),

So sollte man nicht auf Spätkäufer reagieren.

- bei Schlussverkäufen,
- bei Aktionen und Sonderveranstaltungen,
- bei starker saisonaler Nachfrage.

BEISPIEL

Nach dem ersten Schnee Mitte November ist der Kundenandrang in der Sportabteilung (Schlitten usw.) und der Abteilung für Autozubehör (Winterreifen/Türschlossenteiser) stark angestiegen.

Grundsätzlich sollte auch bei starkem Kundenandrang versucht werden, jeden Kunden einzeln zu bedienen. Es dürfte (auch den Kunden) klar sein, dass in solchen Situationen keine ausführlichen Verkaufsgespräche, sondern eher kurze Beratungen mit zeitlich nicht aufwendigen Hinweisen durchgeführt werden. Dafür kann man sich beim Kunden entschuldigen und wird in den meisten Fällen mit Sicherheit auch Verständnis bekommen.

Bei Hochbetrieb wird jedoch in den meisten Unternehmen des Einzelhandels die gleichzeitige Bedienung mehrerer Kunden notwendig. Bei großem Kundenandrang muss der geschickte Verkaufsmitarbeiter allen Kunden das Gefühl geben, individuell und sorgfältig bedient und beraten zu werden: Er muss eine **Mehrfachbedienung** durchführen. Das bedeutet für ihn, dass er mehrere Verkaufsgespräche – zeitlich so wenig aufwendig wie möglich – gleichzeitig führen muss.

BEISPIEL

21. Dez. 20.., 18:00 Uhr in der Ambiente Warenhaus AG:

Barbara Kesemeyer sieht sich einem großen Kundenandrang gegenüber. Sie ist gerade in einem Verkaufsgespräch, der nächste Kunde naht. Um sich ihm zuwenden zu können, sagt sie: „Vergleichen Sie doch in Ruhe diese drei Artikel! Dürfte ich wohl in der Zwischenzeit anfangen, den Herrn zu bedienen? Ich stehe Ihnen sofort wieder zur Verfügung."

Während sie dem anderen Kunden schon Ware vorlegt, muss sie den ersten Kunden weiter beobachten. Zeigt dieser an, dass er wieder Beratung wünscht oder dass er kaufen möchte, sollte mit einer Entschuldigung das zweite Verkaufsgespräch unterbrochen werden, um ihm wieder zur Verfügung zu stehen: „Entschuldigung, ich bin gleich wieder bei Ihnen ..."

Generell sollten die Verkaufsmitarbeiter folgendes Verhalten bei Hochbetrieb zeigen:

- Fast alle Kunden reagieren empfindlich, wenn sie nicht der Reihe nach bedient werden. Kann der Verkaufsmitarbeiter die Reihenfolge nicht übersehen, fragt er am besten, wer der nächste Kunde ist.

BEISPIEL

„Wen darf ich jetzt bedienen?"

- Einen eiligen Kunden sollte der Verkäufer nur dann vorziehen, wenn er dem wartenden oder gerade von ihm bedienten Kunden die Bevorzugung erklären kann. Er bittet um sein Einverständnis. Der Verkauf muss schnell abgewickelt werden.
- Ein aufmerksamer Verkaufsmitarbeiter wird gelegentlich von sich aus um bevorzugte Bedienung eines Kunden bitten, wenn er einen Schwerbeschädigten, eine werdende Mutter oder einen alten Menschen im Geschäft bei Hochbetrieb warten sieht.
- Wenn der Kunde sich zum Kauf entschlossen hat, muss das Verkaufspersonal dafür sorgen, dass der Kunde schnell zahlen und die Ware erhalten kann. Der Kunde darf aber nach dem Abschluss des Verkaufsvorgangs nicht den Eindruck gewinnen, dass man nun für ihn keine Zeit mehr habe.

Eine gute Vorbereitung auf den Hochbetrieb hilft den Kundenandrang besser zu bewältigen. Die vermehrte Einführung des Vorwahl- und Selbstbedienungsprinzips erleichtert die Doppelbedienung sehr. Der sich im Hintergrund haltende und beobachtende Verkäufer kann dann von vornherein mehrere Kunden zugleich beraten. Das Unternehmen kann außerdem weitere Kassen öffnen

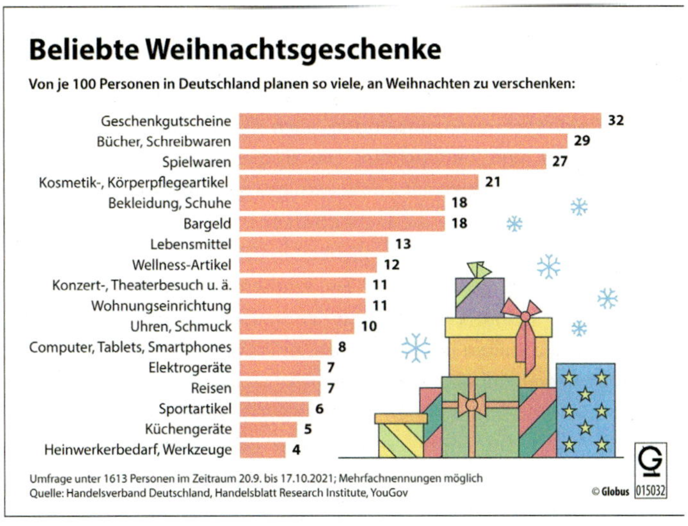

oder zusätzliches Personal einsetzen. Die Verkaufsmitarbeiter sollten darauf achten, dass alle Tätigkeiten, die nicht zur Beratung gehören (Auffüllung der Regale/Ware verkaufsfertig machen usw.), so weit wie möglich schon vor der Hochbetriebsphase erledigt worden sind. Viele Kunden haben es bei Hochbetrieb eilig. Sie sind deshalb auf schnellen Service ohne Wartezeiten und ein übersichtliches, leicht zu erfassendes Angebot im Geschäft angewiesen. Hier müssen sich die Produkte über die Warenpräsentation so weit wie möglich selbst verkaufen, denn Zeit für Beratungs- oder Verkaufsgespräche gibt es kaum.

Kunden in Begleitung

Sehr oft werden Kunden von anderen Personen begleitet. Dafür gibt es verschiedene Gründe:

- Den meisten Spaß macht vielen Kunden der Einkauf, wenn sie vom Lebenspartner oder (einem oder mehreren) Freunden bzw. Freundinnen begleitet werden. Der gemeinsame Einkauf stellt ein Vergnügen dar.
- In einigen Fällen werden Begleiter aus Unsicherheit mitgenommen.
- Die ganze Familie entscheidet häufig über hochwertige und langlebige Anschaffungen.
- Beabsichtigen Kunden einen Artikel zu kaufen, mit dem sie sich fachlich nicht auskennen, bringen sie gern einen sachverständigen Experten mit. Diese vom Kunden akzeptierte Person soll ihn bei der Auswahl beraten und vor einem unüberlegten Kauf bewahren. Die Begleitperson soll also die Sicherheit geben, keinen Fehleinkauf vorzunehmen.
- Gefällt beim Geschenkkauf für eine dritte Person das Geschenk sowohl dem Kunden als auch der Begleitperson, steigt die Wahrscheinlichkeit, dass dem Beschenkten der ausgewählte Artikel gefällt.

Der Verkaufsmitarbeiter muss in Situationen, in denen Kunden Begleitpersonen mitbringen, auch diese besonders beachten und beobachten: Die Begleitpersonen haben in der Regel einen mehr oder weniger großen Einfluss auf den Kunden. Da die Begleitpersonen den Kunden kennen, sollten sie nach Möglichkeit in die Verkaufsgespräche einbezogen werden. Sie können wertvolle Hinweise für einen erfolgreichen Verkaufsabschluss geben. Deshalb sollten für die Mitarbeiter im Verkauf die folgenden Regeln gelten:

- **Sachkundige Begleiter** erkennt man daran, dass sie die mit der Ware verbundenen Fachausdrücke beherrschen oder in der Phase der Warenvorlage die Ware richtig handhaben. Das Verkaufspersonal sollte deren Fachkenntnis uneingeschränkt anerkennen. Positive Äußerungen über die Ware sollten zur Unterstützung der eigenen Verkaufsargumentation herangezogen werden, Einwände dagegen vorsichtig entkräftet werden.

Regeln für die Behandlung sachkundiger Begleiter:

- Stellen Sie Ihre Fachkenntnis unauffällig unter Beweis.
- Beschränken Sie Ihre Argumente auf das Wesentliche.
- Was Sie nicht wissen, verschleiern Sie auch nicht.
- Beziehen Sie den Fachmann mit ein.
- Gewinnen Sie das Vertrauen des Begleiters, er wird vielleicht ein künftiger Kunde.
- Sind Sie dem Fachmann nicht gewachsen, lassen Sie die Ware sprechen, holen Sie eventuell einen weiteren Kollegen hinzu.

- **Interessierte Begleiter,** die aktiv am Verkaufsgespräch teilnehmen, sollten in die Verkaufsgespräche einbezogen werden, wodurch die Abschlusswahrscheinlichkeit gesteigert wird. Ist der Begleiter nicht sachverständig, sollte er in keinem Fall bloßgestellt werden, sondern höflich und unauffällig berichtigt werden.

- **Passiven Begleitern** sollte durch freundliche körpersprachliche Signale (z. B. Lächeln) gezeigt werden, dass sie die Aufmerksamkeit des Verkäufers besitzen. Die Begleitperson muss also so versorgt werden, dass sie den Kunden während des Verkaufsgesprächs nicht ablenkt: Der Kunde muss sie gut aufgehoben wissen.

BEISPIELE

Der Verkäufer sollte

- die Begleiter auf Sitzgelegenheiten hinweisen,
- Lektüre anbieten,
- Kindern Mal- oder Bastelutensilien an die Hand geben oder ihnen – falls vorhanden – eine Spielecke zeigen. Für die Betreuung kleinerer Kinder eventuell einen Kollegen hinzuziehen.

Bei **Kindern** als Begleiter sollte beachtet werden, dass es ihnen bei lang andauernden Verkaufsgesprächen langweilig werden kann. Oft machen sie sich dann selbstständig und gehen auf Entdeckungsreise. In

222268310

vielen Fällen fangen sie auch an zu quengeln. Als vorbeugende Maßnahmen sollte man Beschäftigungsmöglichkeiten für die kleineren Kinder anbieten.

- Der **Begleiter** ist **Partner im Verkaufsgespräch** und nicht Gegner. Er wird ebenso ernst genommen wie der Kunde und ebenso freundlich und aufmerksam behandelt. Sind sich Kunde und Begleiter nicht einig, sollte der Verkäufer nicht Partei ergreifen oder versuchen, beide gegeneinander auszuspielen.

AUFGABEN

1. Führen Sie verschiedene Artikel Ihres Sortiments auf, die sich als Geschenke eignen.
2. Nennen Sie Gründe für Spätkäufe.
3. Wie bedient man Spätkunden?
4. Geben Sie mögliche Hochbetriebszeiten an, die in Ihrem Ausbildungsunternehmen auftreten können.
5. a) Woran erkennt man sachkundige Begleitpersonen?
   b) Wie verhält man sich diesen gegenüber?
6. Wie sollte das Verkäuferverhalten aussehen, wenn die Begleitpersonen am Verkaufsgespräch nicht interessiert sind?
7. Das Ehepaar Müller kauft gemeinsam ein. Während des Verkaufsgesprächs treten unterschiedliche Auffassungen zwischen den Ehepartnern auf. Wie sollte sich der Verkäufer verhalten?
8. Beurteilen Sie die folgende Aussage.
   Begleiter sind an Verkaufsgesprächen generell nicht interessiert, weil sie die Ware immer sehr genau kennen.
9. In einem Einzelhandelsgeschäft herrscht starker Kundenandrang. Mehrere Kunden warten auf eine Beratung.
   a) Wie sollte man sich gegenüber diesen wartenden Kunden verhalten?
   b) Ein Kunde ist sehr ungeduldig. Machen Sie einen Formulierungsvorschlag, wie dieser Kunde angesprochen werden könnte.

AKTIONEN

1. Bei einem Mitbewerber der Ambiente Warenhaus AG hat man nicht unbedingt Verständnis für die Kundenorientierung bei Verkaufsgesprächen mit speziellen Kundengruppen oder in besonderen Verkaufssituationen. Das zeigt ein Ausschnitt aus der internen Dienstanweisung für das Verkaufspersonal:

> [...]
>
> 7. Es gehört zu Ihrer Pflicht, im Sinne individueller Kundenbetreuung bestimmte Kunden gegenüber anderen vorzuziehen. Charmante junge Damen z. B. danken es Ihnen, zum Platznehmen aufgefordert worden zu sein. Ältere Personen haben Verständnis für diese Kavalierspflicht.
> 8. Kurz vor Dienstschluss auftauchenden Kunden machen Sie durch einen betont unlustigen Gesichtsausdruck und durch eine möglichst schnelle Abfertigung am besten klar, dass es besser wäre, künftig früher zu kommen.
> 9. Hartnäckigen Spätkunden zeigt man durch Öffnen der Eingangstür, Schließen der Schalter und kräftiges Gähnen an, dass Dienstschluss ist. Sollte der Kunde diese Anzeichen ignorieren, kann die Skala der Aufforderungen zum schnellstmöglichen Verlassen des Geschäftslokals bis zum stilvollen Gebrauch des Götzzitats gesteigert werden.
>
> [...]

a) Wenden Sie die „Kopfstandmethode“ an, indem Sie die oben angeführte Dienstanweisung ergänzen und erweitern.
Die Ausgangsfrage ist, was ein Verkäufer bei Verkaufsgesprächen mit speziellen Kundengruppen oder in besonderen Verkaufssituationen machen kann, um Kunden zu vergraulen. Formulieren Sie Ihre Antworten in Form von weiteren Punkten der Dienstanweisung.

b) Suchen Sie für jede Formulierung eine positive Gegenlösung.

2. a) Suchen Sie sich zwei Partner (nach Möglichkeit aus der gleichen Branche).

b) Entwerfen Sie in **Stichworten** als Rollenspiel ein Verkaufsgespräch zwischen einem Verkäufer Ihrer Branche und einem Kunden. Das Rollenspiel soll die Verkaufssituation und eine entsprechende Problemlösung durch den Verkäufer darstellen.

c) Führen Sie mit Ihren Partnern das Verkaufsgespräch möglichst frei vor.

Situation A:
Hochbetrieb in einem Einzelhandelsgeschäft. Ein Verkäufer berät gerade einen Kunden. Er bemerkt, dass ein weiterer Kunde beraten werde möchte.

Situation B:
19:55 Uhr. Ein Kunde möchte noch bedient werden.

3. a) Bereiten Sie sich auf die Durchführung eines Rollenspiels vor. Lassen Sie sich dazu von Ihrer Lehrerin/Ihrem Lehrer jeweils eine Rolle zuteilen.

Rollenspiel

– **Marie-Luise Heinemann**

Sie sind Marie-Luise Heinemann, 45 Jahre alt, Hausfrau und Mutter von zwei Kindern. Sie wohnen mit Ihrer Familie in der Vorstadt und haben sich diesen Vormittag für einen Einkaufsbummel freigenommen. Da Sie schon seit Längerem für Ihren Haushalt ein ... benötigen, suchen Sie zum Einkauf dieser Ware die Ambiente Warenhaus AG gemeinsam mit Ihrer Freundin Rosalinde Nolte auf. Sie soll Ihnen beim Kauf beratend zur Seite stehen.

– **Rosalinde Nolte**

Sie sind Rosalinde Nolte, 46 Jahre alt, Mutter einer erwachsenen Tochter. Gelegentlich arbeiten Sie zur Aushilfe im Geschäft Ihres Ehemannes mit. Daher verfügen Sie über gute Warenkenntnisse. Heute besuchen Sie mit Ihrer Freundin Marie-Luise die Ambiente Warenhaus AG, um sie dort beim Einkauf zu beraten.

– **Ingo Höper**

Sie sind Ingo Höper, 19 Jahre alt, Verkäufer in der Abteilung ... der Ambiente Warenhaus AG. Ihre Aufgabe ist es, den Kunden beim Kauf behilflich zu sein und beratend zur Seite zu stehen.

b) Führen Sie das Rollenspiel durch.

c) Beobachten Sie jeweils genau das Verkäuferverhalten. Wichtig vor allem ist dabei, an welcher Stelle Probleme für den Verkäufer aufgetaucht sind.

ZUSAMMENFASSUNG

Kundenorientierung

↓

Besondere Verkaufssituationen machen ein spezielles und überlegtes Vorgehen in Verkaufsgesprächen notwendig.

↓

- **Hochbetrieb**
- **Spätkäufe**
- **Geschenkverkäufe**
- **Kunden in Begleitung**

222268312

KAPITEL 4

Wir bieten unseren Kunden Kaufverträge mit der Möglichkeit der Ratenzahlung an

Frauke Krüger hat momentan etwas Schwierigkeiten mit ihren Finanzen. Andererseits möchte sie sich aber unbedingt einen DVD-Rekorder kaufen, um sich mit Freunden zu Hause hin und wieder einen interessanten Film ansehen zu können.

In der Ambiente Warenhaus AG kennt man derartige Situationen der Kunden und kann entsprechend dieser Bedürfnisse reagieren.

Kaufvertrag

zwischen

Ambiente Warenhaus AG, Groner Str. 22-24, 34567 Schönstadt
– nachstehend „Verkäufer" genannt –

und

Frau Frauke Krüger, Hauptstraße 7, 31036 Eime
– nachstehend „Käufer" genannt –

§ 1 Kaufgegenstand

Der Verkäufer verkauft den nachfolgend näher beschriebenen DVD-Rekorder an den Käufer:

Modell Shibato RD-XS 32 mit 1 Terrabyte Festplatte und Automatikfunktion, Aufnahme auf DVD-RAM, DVD-RW und DVD-R, abspielbare Formate: DVD-Video, DVD-RAM, DVD-RW, DVD-R, DVD+RW; Aufnahme: Video-Equalizer, digitale Rauschunterdrückung; Anschlüsse: 2x Scart; AV-Ein-/Ausgang nebst zugehörigem Netzteil und Bedienungsanleitung („Kaufgegenstand").

§ 2 Kaufpreis und Zahlung

2.1 Der Kaufpreis beträgt 480,00 € (in Worten: vierhundertundachtzig EUR). Der Käufer wird diesen Betrag in sechs Raten zu je 80,00 € (in Worten: achtzig EUR) ab dem 1. Juni 20.. zahlen.

2.2 Die jeweilige Rate wird spätestens am dritten Werktag eines jeden Kalendermonats und der Zins (Teilzahlunqsaufschlag) zusätzlich zur letzten Rate fällig.

Kauf eines DVD-Rekorders	480,00 €
Zahlung in	6 Monatsraten
Teilzahlungsaufschlag pro Monat	0,72 % vom Barzahlungspreis
Barzahlungspreis	480,00 €
+ 0,72 % pro Monat für 6 Monate	20,74 € [1]
Teilzahlungspreis	500,74 €
Effektiver Jahreszins	14,81 %

2.3 Für die Rechtzeitigkeit von Zahlungen ist die Gutschrift auf dem Konto IBAN: DE43 2264 0010 0006 3436 82 des Verkäufers bei der Commerzbank Schönstadt, BIC: COBADEST, maßgebend.

2.4 Der Käufer kann die jeweils ausstehenden Raten jederzeit vollständig oder teilweise vorzeitig tilgen. In diesem Fall werden anteilige Zinsen in entsprechender Anwendung von § 501 BGB vergütet. Das Bearbeitungsentgelt wird nicht anteilig zurückvergütet.

2.5 Wenn eine Kaufpreisrate nicht zu den jeweils unter § 2.2 vereinbarten Fälligkeitsterminen gutgeschrieben ist, kommt der Käufer in Verzug, ohne dass es einer Mahnung bedarf. Im Falle des Verzugs ist der Käufer zur Zahlung von Verzugszinsen i.H.v. fünf Prozentpunkten p.a. über dem jeweils gültigen Basiszinssatz verpflichtet.

§ 3 Übergabe und Eigentumsvorbehalt

3.1 Der Kaufgegenstand wird am 3. Mai 20.. übergeben.

3.2 Der Kaufgegenstand bleibt bis zur vollständigen Zahlung des Kaufpreises einschließlich der vereinbarten Teilzah lungszuschläge sowie sämtlicher sonstigen Forderungen des Verkäufers aus diesem Kaufvertrag Eigentum des Verkäufers.

1 So errechnen Sie Ihren Aufpreis: (Kaufpreis : 100) x monatlicher Aufpreis x Anzahl Monatsraten

3.3 Solange der Eigentumsvorbehalt besteht, darf der Käufer weder über den Kaufgegenstand verfügen noch Dritten vertraglich eine Nutzung einräumen. Er ist darauf hingewiesen worden, dass Verfügungen über den Kaufgegenstand durch den Käufer nach § 246 StGB als Unterschlagung bestraft werden können.

3.4 Der Käufer ist verpflichtet, den Kaufgegenstand pfleglich zu behandeln und notwendige Wartungs- und Reparaturarbeiten auf eigene Kosten rechtzeitig durchführen zu lassen. (...)

§ 4 Kündigungsmöglichkeiten

4.1 **Für den Käufer:** Der Käufer kann aufgrund der vereinbarten festen Laufzeit nicht ordentlich kündigen. Es besteht aber die Möglichkeit zur vollständigen oder teilweisen vorzeitigen Rückzahlung (s. § 2.4).

4.2 **Für den Verkäufer:** Der Verkäufer ist berechtigt,

a) den Kreditvertrag außerordentlich zu kündigen, wenn in den Vermögensverhältnissen des Käufers eine wesentliche Verschlechterung eintritt oder einzutreten droht, durch die die Ratenzahlung gefährdet wird;

b) vom Vertrag zurückzutreten oder vom Käufer die Zahlung des gesamten, noch offenen Kaufpreises einschließlich etwaiger Verzugszinsen zu verlangen, wenn

- der Kreditnehmer mit mindestens zwei aufeinander folgenden Teilzahlungen ganz oder teilweise und mit mindestens 10 %, bei einer Laufzeit des Vertrages von mehr als drei Jahren mit mindestens 5 %, des Nennbetrages in Verzug ist und
- der Verkäufer dem Käufer erfolglos eine zweiwöchige Frist zur Zahlung des rückständigen Betrags mit der Erklärung gesetzt hat, dass er nach Ablauf der gesetzten Frist die gesamte Restschuld verlange. Der Verkäufer wird dem Käufer spätestens mit der Fristsetzung ein Gespräch über die Möglichkeiten einer einvernehmlichen Regelung anbieten.

....	....	....
Ort, Datum	Verkäufer	Käufer

1. Stellen Sie fest, was das Besondere dieses Geschäfts im Vergleich zu den sonst üblichen Verkäufen im Einzelhandel ausmacht.
2. Erläutern Sie, warum die Ambiente Warenhaus AG ihrer Kundin Frauke Krüger derart entgegenkommt.
3. Prüfen Sie die rechnerische Richtigkeit der in der Kaufvereinbarung ausgewiesenen Rechnung einschließlich des ermittelten effektiven Jahreszinssatzes.

INFORMATION

Man kann nach dem Zeitpunkt der Zahlung unterschiedliche Kaufverträge unterscheiden.

Ratenkredit

(Ratenzahlung über einen Kooperationspartner)

Kann vom Käufer der Kaufpreis nicht sofort in voller Höhe bezahlt werden, so kann der Verkäufer mit ihm vereinbaren, den Kaufpreis **in gleichbleibenden Raten** zu begleichen, die Zahlung also über einen längeren Zeitraum zu verteilen.

Man spricht dann von einem **Ratenkredit (Finanzierungskauf)**, wenn der Kaufpreis in **mindestens zwei Raten** bezahlt wird und die Finanzierung durch gleichzeitiges Abschließen eines Kredits bei einer Partnerbank oder einem Zahlungsdiensteanbieter erfolgt, mit dem der Einzelhändler zusammenarbeitet (z. B. Consors Bank oder Santander Consumer Bank).

Es kommt so ein Kreditvertrag zwischen Bank und Verbraucher zustande.

Rechtlich handelt es sich dabei um eine Verbindung eines **Kaufvertrages** mit einem **Verbraucherdarle-**

222268314

hensvertrag (= Verbraucherdarlehen nach § 491 BGB). Der Darlehensvertrag dient dabei der Finanzierung des Kaufvertrages und bildet mit ihm eine wirtschaftliche Einheit (verbundenes Geschäft). Meist werden solche Darlehen vom Einzelhändler bzw. Onlineshop vermittelt. Möglich ist der Abschluss eines Ratenkredits aber auch direkt bei einem unabhängigen Kreditinstitut. Banken vergeben Ratenkredite für gewöhnlich in 12 bis 120 Monatsraten.

Bevor Kreditinstitute einen Ratenkredit genehmigen, prüfen sie die **Bonität** des Antragstellers.

Dazu sind sie gesetzlich verpflichtet. Einen Kredit erhält nur, wer sich auch die monatlichen Raten voraussichtlich über die gesamte Laufzeit hinweg leisten kann.
Diese Bonitätsprüfung soll einerseits die Bank vor Kreditausfällen schützen, aber auch Verbraucher vor einer Überschuldung bewahren.

Zu den wichtigsten Kriterien für die Beurteilung der Kreditwürdigkeit eines Antragstellers zählt, wie hoch sein verfügbares Einkommen und wie sicher sein Arbeitsplatz sind. Probezeiten und befristete Anstellungen erschweren die Kreditaufnahme.

Bei der Bonitätsprüfung stellen Banken auch eine Anfrage bei Auskunfteien wie der **Schufa**. Dort sind umfangreiche Daten zu bisherigen Verträgen und Zahlungen gespeichert. Auf Basis der gesammelten Informationen berechnet die Schufa die Wahrscheinlichkeit eines Kreditausfalls und teilt sie der Bank auf Anfrage mit.

Wer seine Rechnungen sowie Kreditraten stets pünktlich bezahlt, hat in der Regel auch einen hohen Schufa-Score. Zahlungsausfälle, Mahnverfahren oder Einträge in öffentlichen Schuldnerverzeichnissen beeinflussen den Score negativ. Ein Negativmerkmal in der Schufa-Auskunft erschwert die Kreditvergabe.

Die Zahlung des Kaufpreises in Raten nehmen vor allem solche Käufer in Anspruch, die Urlaubsreisen oder lang-

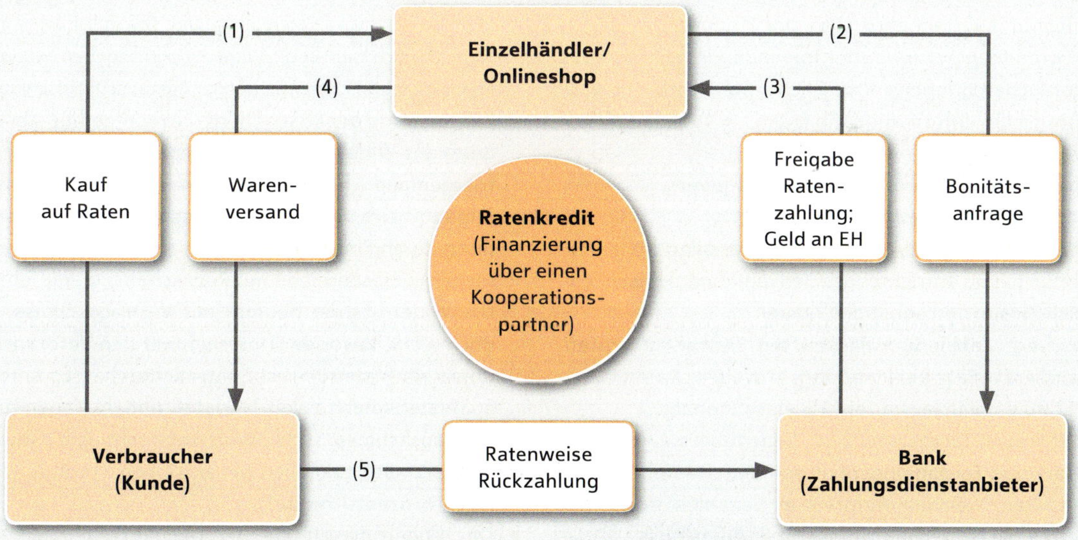

1. Der Kunde (Endverbraucher) möchte ein bestimmtes Konsumgut bei einem Einzel- bzw. Onlinehändler auf Raten kaufen.
2. Der Händler prüft die Bonität des Kunden durch Anfrage bei seiner Partnerbank bzw. seinem Zahlungsdiensteanbieter (= Kooperationspartner). Möglich ist der Abschluss eines Ratenkredits aber auch direkt bei einem **unabhängigen** Kreditinstitut.
3. Der Zahlungsdiensteanbieter bzw. das Kreditinstitut prüft die Bonität und gibt die Zahlung frei. Die Kreditsumme zur Finanzierung des Konsumguts wird durch die Bank direkt an den Händler gezahlt. (Möglich ist allerdings auch, dass die Kreditsumme nach erfolgter Bonitätsprüfung dem Kreditnehmer direkt zur Verfügung gestellt wird.)
4. Der Einzel- bzw. Onlinehändler verschickt die Ware an den Verbraucher.
5. Der Verbraucher zahlt die kreditfinanzierte Kaufpreissumme zuzüglich Zinsen ratenweise an die finanzierende Bank zurück.

lebige Gebrauchsgüter wie Möbel, Kraftfahrzeuge oder Fernsehgeräte finanzieren wollen, aber den Kaufpreis nicht auf einmal aufbringen können.[1]

Bis zur vollständigen Bezahlung des Kaufpreises kann sich das Unternehmen das Eigentum an der Kaufsache vorbehalten (Eigentumsvorbehalt). Erst mit der Zahlung der letzten Rate geht das Eigentum an der Sache auf den Käufer über.

Ist der **Käufer ein Verbraucher**, so wird ein Finanzierungskauf auf Raten nur wirksam, wenn bestimmte Mindestanforderungen eingehalten werden. Erforderlich ist die **Schriftform** des Vertrags.

Der Händler, der für den Abschluss eines Verbraucherdarlehens wirbt, muss den Verbraucher zusätzlich über die Inhalte des Kreditvertrages gem. § 6a PAngVO informieren und diesen anhand eines repräsentativen Beispiels erläutern. Um diese Pflichten zu erfüllen, sind Händler auf Informationen ihres Kooperationspartners angewiesen.

Beim **Verbrauchsdarlehensvertrag** muss vor Vertragsschluss der Kreditgeber, also der Finanzdienstleister, den Kreditnehmer u.a. über folgende Einzelheiten des Verbraucherdarlehens schriftlich unterrichten (= vorvertragliche Informationspflichten; § 491a BGB/Art. 247, § 3 EGBGB[2]):

- Name und Anschrift des Darlehensgebers,
- Art des Darlehens,
- Gesamtbetrag von Anzahlung und allen vom Verbraucher zu entrichtenden Teilzahlungen einschließlich Zinsen und sonstigen Kosten,
- Betrag, Zahl und Fälligkeit der Teilzahlungsraten, z.B. erste Rate bei Lieferung, 17 weitere Raten von je 92,00 €, fällig jeweils am 15. eines Monats.
- Effektiver Jahreszins. Die Gegenüberstellung von Bar- und Teilzahlungspreis soll dem Käufer deutlich machen, welchen Aufpreis er bezahlen muss; der effektive Jahreszins gibt hierüber Aufschluss.
- Nettodarlehensbetrag / Barzahlungspreis
- Sollzinssatz
- Vertragslaufzeit
- Auszahlungsbedingungen
- Kosten einer Versicherung, die im Zusammenhang mit dem Teilzahlungsgeschäft abgeschlossen wird, z.B. eine Restschuldversicherung. Die Prämie für eine Restschuldversicherung muss mit in den Effektivzinssatz eingerechnet werden.
- Kosten im Zusammenhang mit dem Kredit, z.B. für Buchungen oder Kontoführungsgebühr.
- Kosten bei Zahlungsverzug: Für verspätete Zahlungen werden Verzugszinsen in Höhe von 5 % über dem jeweils aktuellen Basiszinssatz berechnet.
- Vereinbarung eines Eigentumsvorbehalts oder einer anderen zu bestellenden Sicherheit.
- Warnhinweis zu den Folgen ausbleibender Zahlungen
- Bestehen oder Nichtbestehen eines Widerrufsrechts. Bei Einräumung eines Widerrufsrechts bei einem Verbraucherdarlehensvertrag: Sein **Recht auf Widerruf des Kreditvertrages** kann der Käufer **innerhalb von 2 Wochen** ohne Angaben von Gründen **aber ausdrücklich** wahrnehmen (§ 355 und § 495 BGB). Diese Erklärung kann sowohl schriftlich als auch mündlich erfolgen. Da es sich um verbundene Verträge handelt, genügt der Widerruf entweder des Kaufvertrages oder des Darlehensvertrages, damit auch der andere Vertrag unwirksam bleibt (§ 358 Abs. 1 und 2 BGB). Der Kunde kann die Ware zurückgeben und braucht keine Raten zu zahlen. Das gilt aber nur 14 Tage. Danach kann er die Ware nur zurückgeben, wenn sie Mängel hat und Reparaturen oder Austausch fehlschlagen. Zur Wahrung der Frist genügt die rechtzeitige Absendung des Widerrufs.[3] Allerdings muss der Käufer die fristgemäße Absendung des Widerrufs und dessen Zugang beim Verkäufer beweisen. Allein die Absendung durch Einschreiben reicht nicht aus, es ist vielmehr ein Einschreiben mit Rückschein zu empfehlen. Die Widerrufsfrist beginnt mit Vertragsschluss, jedoch nicht, bevor der Unternehmer den Verbraucher über sein Widerrufsrecht unterrichtet hat. Es erlischt spätestens nach zwölf Monaten und 14 Tagen nach Vertragsschluss. Das Widerrufsrecht gilt sowohl bei verzinsten als auch bei zinslosen Krediten (sog. „Null-Prozent-Kredite").
- Das Widerrufsrecht für Verbraucherkredite gilt u.a. nicht für Kleinkredite, bei denen der Nettodarlehensvertrag über 200,00 € liegt (§ 491 Abs. 2 BGB).
- Recht auf vorzeitige Rückzahlung: Kunden können Verbraucherdarlehnsverträge, bei denen eine Zeit für die

1 Dient der Abschluss des Kredits der Finanzierung eines Konsumguts, ist häufig von einem sogenannten **Konsum- oder Privatkredit** die Rede. Dieser unterscheidet sich durch den Verwendungszweck der Kreditsumme von anderen Kreditformen, z.B. von einem Baufinanzierungskredit.

2 Die vollständige Aufzählung ist nachzulesen in der Anlage 4 EGBGB.

3 Muster für die Wiederrufsinformation siehe Anlage 7 EGBGB.

Renate Götting
Ringstraße 8
30084 Teichstadt

20.06.20..

Einschreiben-Rückschein
Ambiente Warenhaus AG
Groner Straße 22–24
34567 Schönstadt

Widerruf

Sehr geehrte Damen und Herren,

hiermit widerrufe ich den am 15. Juni d. J. geschlossenen Ratenvertrag über den Kauf eines Fernsehgeräts TV X 700.

Sollte das Gerät trotzdem geliefert werden, werde ich die Annahme verweigern.

Mit freundlichen Grüßen

Renate Götting

Renate Götting

Rückzahlung nicht bestimmt ist, jederzeit und ohne Einhaltung einer Kündigungsfrist kündigen. Sie dürfen dann den Restbetrag sofort zurückzahlen, ohne Kündigungsfrist. Zwar darf das Kreditinstitut eine **Vorfälligkeitsentschädigung** berechnen, jedoch maximal 1 % des zurückgezahlten Betrags und nur 0,5 %, wenn die Restlaufzeit bereits unter einem Jahr liegt (§ 502 BGB).

BEISPIEL

Stehen von einem 10.000,00 €-Kredit noch 7.000,00 € aus, sind maximal 70,00 € Entschädigung zu zahlen. Das kann sich besonders dann lohnen, wenn ein neuer Ratenkredit zinsgünstiger zu bekommen wäre.

Wird die vorgeschriebene Schriftform nicht eingehalten oder fehlt im Vertrag eine Pflichtangabe, ist das Teilzahlungsgeschäft nichtig, es sei denn, der Verbraucher hat die gekaufte Ware bereits erhalten. (§ 492 BGB).

Kreditgeber dürfen darüber hinaus nicht mit sogenannten Superzinsen werben, die am Ende kaum jemand vereinbaren kann. Stattdessen muss mit einem Effektivzins geworben werden, den mindestens **zwei Drittel der Kunden tatsächlich auch erhalten** (§ 6a PangV). Damit soll verhindert werden, dass Kreditinstitute mit entsprechenden Zinssätzen werben, die nur Kunden mit bester Kreditwürdigkeit angeboten werden.

Der Kreditgeber (Verkäufer) kann vom Vertrag nur zurücktreten (§§ 498 und 508 BGB), wenn der Kunde

- mit mindestens zwei aufeinanderfolgenden Raten in Verzug ist,
- mit mindestens 10 % (bei mehr als dreijähriger Laufzeit 5 %) des gesamten Teilzahlungsdarlehens in Rückstand ist und
- nach Androhung der Kreditkündigung eine Nachfrist von 2 Wochen zur Zahlung des rückständigen Betrags hat verstreichen lassen. Zuvor soll der Darlehensgeber seinem Kunden noch ein Gespräch über eine einverständliche Regelung seiner Zahlungsprobleme anbieten.

Um den Käufer durch einen Rücktritt nicht unangemessen zu benachteiligen, schreibt das Gesetz genau vor, welche Ansprüche die Beteiligten haben. Der Käufer muss dem Verkäufer die infolge des Vertrags gemachten Aufwendungen ersetzen: Porto, Transportkosten, Versicherungsprämien usw.

Der Verkäufer muss die vom Käufer gemachte Anzahlung und die geleisteten Raten zurückzahlen, soweit sie nicht durch seine Gegenansprüche auf dem Weg der Verrechnung verbraucht sind.

Beide Parteien haben nach Rücktritt ein **Zurückbehaltungsrecht**. Sie brauchen ihre Leistungen nur Zug um Zug gegen die Leistung des anderen Teils zu erbringen. Dadurch haben beide ein wirksames Druckmittel in der Hand, das verhindert, dass der eine seine Pflicht erfüllt, während der andere das nicht tut.

Kommt es bei einem Ratenkreditgeschäft zum Rechtsstreit, ist das Gericht am Wohnsitz des Käufers zuständig.

Entscheidend ist der effektive Jahreszins

Ein niedriges Zinsniveau macht die Kauffinanzierung mit Darlehen für potenzielle Kunden grundsätzlich interessant. Beim **Abzahlungsgeschäft** oder **Ratenkredit** wird jedoch der Monatszinssatz manchmal so in den Vordergrund gestellt, dass andere Belastungen kaum ins Bewusstsein dringen. Zur Belastung gehören aber auch die **Gebühren** und **Nebenkosten**. Erst alles zusammen ergibt unter Berücksichtigung der Kreditlaufzeit den **Effektivzins pro Jahr**.

Die Berechnung des Effektivzinssatzes bei Abzahlungsgeschäften

Die Angabe eines relativ niedrigen Monatszinssatzes bei Teilzahlungskäufen täuscht häufig über die tatsächliche Verzinsung hinweg. Sie ist in Wirklichkeit höher, da die monatlichen Zinsen während der gesamten Teilzahlungszeit **vom gesamten Barzahlungspreis** berechnet werden. Tatsächlich vermindert sich jedoch der Kredit bei Teilzahlungskrediten stetig durch die monatlichen Raten, wie die folgende Berechnung deutlich macht:

	Kredit	625,00 €
·/.	1. Rate	125,00 €
=	Restkapital	500,00 €
·/.	2. Rate	125,00 €
=	Restkapital	375,00 €
·/.	3. Rate	125,00 €
=	Restkapital	250,00 €
·/.	4. Rate	125,00 €
=	Restkapital	125,00 €
·/.	5. Rate	125,00 €
=	Restkapital	0,00 €

Gerechterweise müssten die monatlichen Zinsen von dem sich stetig vermindernden Kapital berechnet werden. Da die Zinsen jedoch vom Anfangskapital berechnet werden, übersteigt der effektive Jahreszinssatz erheblich das Zwölffache des in den Angeboten genannten Monatszinssatzes.

Wenn ein Ratenkredit beispielweise für *„monatlich 0,4 %"* angeboten wird, dann ist das nicht der wirkliche Kostensatz. Würde man die 0,4 % einfach mit 12 Monaten multiplizieren, ergäbe sich ein Jahreszins von 4,8 %. Das wäre ausgesprochen billiges Geld. Aber die Rechnung sieht anders aus:

Die 0,4 % werden nämlich die ganze Laufzeit hindurch vom ursprünglichen Kreditbetrag berechnet, obwohl Monat für Monat in Raten zurückgezahlt wird (siehe Rechnung weiter unten). So sind im letzten Monat ebenfalls 0,4 % auf den gesamten Kreditbetrag fällig, auch wenn nur noch eine einzige Rate als Kreditschuld besteht. Im gleichen Maße, wie sich der eigentliche Kreditbetrag durch Rückzahlung ermäßigt, erhöht sich in der Rate der Zinsanteil. Dadurch ergibt sich beim 24-Monate-Kredit eine Zinsbelastung von 9,22 %.

Es ist gesetzlich vorgeschrieben, dem Kreditnehmer alle mit der Aufnahme des Kredits verbundenen Kosten und Beiträge insgesamt addiert und in Prozent als effektiven Jahreszins vorzurechnen.

Situation:
Eine Kücheneinrichtung wird für 4.500,00 € angeboten. Der Kaufpreis soll in 10 Monatsraten abgezahlt werden. Der Einzelhändler berechnet 0,6 % je Monat. Der effektive Jahreszinssatz ist zu berechnen.

$$Z = \frac{K \cdot p \cdot t\,(\text{Monate})}{100 \cdot 12}$$

$$= \frac{4.500{,}00 \cdot 7{,}2\,\%\ \text{p. a.} \cdot 10\ \text{Monate}}{100 \cdot 12}$$

$$= \mathbf{270{,}00\ €\quad Zinsen}$$

$$\text{Ø Kapital} = \frac{\text{Anfangskapital} + \text{letzte Rate}}{2}$$

$$= \frac{4.500{,}00 + 450{,}00}{2}$$

$$= \mathbf{2.475{,}00\ €}$$

$$p = \frac{Z \cdot 100 \cdot 12}{\text{Ø Kapital} \cdot \text{Monate}}$$

$$= \frac{\mathbf{270{,}00} \cdot 100 \cdot 12}{\mathbf{2.475{,}00\ €} \cdot 10}$$

$$= \underline{\underline{13{,}09\,\%}}$$

Lösung:
In der Praxis errechnet man den effektiven Jahreszinssatz mit folgender Formel:

$$p_{eff} = \frac{24 \cdot (\text{Monatszinssatz} \cdot \text{Anzahl der Monatsraten})}{\text{Anzahl der Monate} + 1}$$

$$p_{eff} = \frac{24 \cdot (0{,}6\,\% \cdot 10)}{10 + 1} = \frac{24 \cdot 6}{11} = \frac{144}{11} = \underline{\underline{13{,}09\,\%}}$$

Der effektive Jahreszinssatz beträgt somit 13,09 %.

Bei einem Ratenkredit können die finanziellen Belastungen genau geplant werden. Im Kreditvertrag ist die

222268318

zu zahlende monatliche Rate und der Rückzahlungszeitraum genau festgelegt. In der Rate sind bereits die Kosten der Zinsen und Gebühren enthalten.

Ein weiterer Vorteil des Ratenkredits ist seine leichte Vergleichbarkeit. Auf zahlreichen Vergleichsportalen im Internet können die Angebote vieler Kreditinstitute miteinander verglichen und die Zinsen und Konditionen im Detail angesehen werden.

Ratenkauf

Der Ratenkauf ist nicht zu verwechseln mit dem Ratenkredit.

Beim **Ratenkauf (Teilzahlungskauf)** oder **Ratenzahlung** vereinbart der stationäre Händler oder der Onlinehändler mit dem Verbraucher die ratenweise Zahlung oder Begleichung der Schuld innerhalb eines festgelegten Zeitraums i. d. R. **ohne Hinzuziehung einer dritten Partei**. (Ratenkauf im eigenen Namen gem. § 506 Abs. 3 BGB). Es kommt dann **nur ein Vertrag** zwischen dem Einzelhändler und dem Kunden zustande.

Da es sich um einen Teilzahlungskauf handelt, ist eine Legitimation des Kunden, z. B. durch Postident, nicht gesetzlich vorgeschrieben. So kann die gesamte Abwicklung sehr effizient gestaltet werden.

Nach einer erfolgten Kreditwürdigkeitsprüfung, die mit weniger strengen Vergabevoraussetzungen verbunden ist (z. B. Einkommensnachweis und Schufa-Abfrage) wird der Kaufpreis durch den Händler gestundet und später vom Kunden in festgelegten und genau bezifferten Monatsraten über einen bestimmten Zeitraum zurückgezahlt.

Der Zeitraum der Rückzahlung kann, wie auch die Ratenhöhe, mit dem Händler individuell vereinbart werden. Je nach Einkaufssumme variiert er meist zwischen drei Monaten und vier Jahren.

Einige Händler nutzen dabei zur Abwicklung des Ratenkaufs einen Dienstleister für die Kreditbearbeitung einschließlich Risiko- und Debitorenmanagement, wie beispielsweise Klarna oder BillPay. Dabei werden bei dieser Variante des Ratenkaufs die Raten nicht an den Händler selbst gezahlt. Da der Händler die Forderung an den Zahlungsdienstleister abtritt, muss der Kunde dann die Raten an diesen zahlen. Die Kreditsumme wird insofern durch den Zahlungsdienstleister vorfinanziert.

Durch den Ratenkauf bzw. die Ratenzahlung

- wird es dem Kunden erleichtert, ein wertvolleres Produkt (Elektroartikel, Pauschalreisen, Dienstleistungen) sofort anzuschaffen;
- erhält der Kunde die Möglichkeit, in seiner Liquidität flexibel zu bleiben, selbst wenn eine Gesamtzahlung möglich wäre;
- lässt sich die Kundenzufriedenheit steigern. Eine einfache Abwicklung über mobile Endgeräte ist hier von Vorteil;
- sorgt der Einzelhändler für einen Kaufanreiz, sodass der Kunde die betreffende Ware bei ihm erwirbt und nicht vielleicht später nach einer Zeit des Sparens bei einem anderen Händler;
- erhofft sich der Händler die Steigerung seines Umsatzes sowie die Gewinnung von Neukunden.

Ob und welche Formerfordernisse beim Ratenkauf berücksichtigt werden müssen und wie das Widerrufsrecht ausgestaltet ist, hängt von verschiedenen Faktoren ab, wie z. B. dem Wert der bestellten Ware.

Der Verkäufer kann sich bis zur vollständigen Bezahlung des Kaufpreises das Eigentum an der Kaufsache vorbehalten. Erst mit der Zahlung der letzten Rate geht das Eigentum an der Sache auf den Käufer über.

Sollte der Käufer mit seinen Ratenzahlungen in Verzug geraten, ist der Lieferer ohne vorherige Fristsetzung zum Rücktritt vom Kaufvertrag berechtigt. Jede Vertragspartei ist dann verpflichtet, der anderen die bereits empfangenen Leistungen zurückzuerstatten.

Kauf gegen Anzahlung

Der Käufer muss vor der Warenlieferung eine Teilsumme bezahlen. Verkäufer verlangen diese Zahlungsweise häufig dann, wenn über die Zahlungsfähigkeit eines Kunden (= Bonität) keine zuverlässigen Angaben vorliegen.

Zielkauf (Kreditkauf)

1. Wesen

Wenn der Käufer die Ware sofort nach der Übergabe der Ware zahlen muss (Zug-um-Zug-Geschäft), spricht man von einem **Barkauf**.

Wird zwischen Käufer und Lieferer vereinbart, dass die Zahlung des Kaufpreises erst zu einem **späteren, vertraglich festgelegten Zeitpunkt** erfolgen soll, z. B. „30 Tage nach der Lieferung" oder „Zahlung bis 30. Juni 20..", so handelt es sich um einen **Ziel- oder Kreditkauf**. Der Verkäufer bietet dem Käufer einen Kredit an.

2. Vereinbarungen über Fristen der Bezahlung

Das *Gesetz zur Bekämpfung von Zahlungsverzug im Geschäftsverkehr* schränkt die Möglichkeit ein, durch eine Vereinbarung von Zahlungsfristen die Begleichung einer Forderung beliebig hinauszuschieben.

- Zahlungsfristen **bis zu 60 Tage** sind unbedenklich. Zwischen **privaten Unternehmern** kann auch eine längere Zahlungsfrist als 60 Tage vereinbart werden.

Hat sich ein Unternehmen eine Zahlungsfrist von **mehr als 60 Tagen** einräumen lassen, so ist die Vereinbarung nur wirksam, wenn das Unternehmen nachweisen kann, dass die Vereinbarung ausdrücklich getroffen wurde und für den Gläubiger nicht grob unbillig ist.

- Ist der Schuldner ein **öffentlicher Auftraggeber**[1], so gelten strengere Vorgaben: Sie müssen Rechnungen bereits nach 30 Tagen begleichen. Auch hier ist eine ausdrücklich vereinbarte Verlängerung auf bis zu 60 Tage möglich. Vereinbarungen, die über diese Frist hinausgehen, sind unwirksam und daher nicht vereinbar.

Allerdings gilt zu beachten (§ 271a BGB):

- Ergibt sich aus den Vorschriften zur Fristenregelung eine Unwirksamkeit, bleibt der Rest-Vertrag wirksam.
- Die Regelungen zur Fristenregelung scheiden aus bei vereinbarten Ratenzahlungen, Abschlagszahlungen und gegenüber Verbrauchern, wenn sie die Zahlung schulden.
- Sonstige Vorschriften zu Zahlungsfristen gelten noch.

3. Pauschaler Mindestverzugsschaden von 40 Euro

Unternehmen und öffentliche Auftraggeber, die Rechnungen nicht pünktlich begleichen, müssen einen höheren Verzugszins als früher (neun Prozentpunkte über dem Basiszinssatz) sowie – unabhängig von der tatsächlichen Höhe – eine **Verzugsschadenpauschale von 40 Euro** zahlen (§ 288 Abs. 5 BGB).[2]

Wer auf die Bezahlung seiner Rechnung warten muss, soll dadurch nicht auf den damit verbundenen Kosten sitzen bleiben. Darüber hinausgehende Kosten, etwa für die Einschaltung eines Rechtsanwalts, können wie bisher geltend gemacht werden.

Gegenüber Verbrauchern ist die Forderung dieser Pauschale jedoch ausgeschlossen. Umgekehrt können Verbraucher die Verzugspauschale aber auch nicht von einem säumigen Unternehmer verlangen.

4. Ergänzungen im AGB-Recht

Die Regelungen zu den Zahlungsfristen werden ergänzt durch Bestimmungen zum AGB-Recht. Danach sind in den Allgemeinen Geschäftsbedingungen unangemessen lange vereinbarte Zahlungsfristen unwirksam, weil sie den Gläubiger unangemessen benachteiligen (§ 308 Nr. 1a BGB). Als unangemessen lang gilt dabei eine Zeit von mehr als 30 Tagen, nachdem der zur Zahlung verpflichtete Schuldner die Rechnung empfangen hat.

1 Als öffentlicher Auftraggeber gelten dabei nur die in § 98 Nr. 1 bis 3 des Gesetzes gegen Wettbewerbsbeschränkungsilben (GWB) genannten. Dazu zählen unter anderem Gebietskörperschaften wie Bund, Länder und Gemeinden.

2 Bei der Beteiligung eines Verbrauchers bleibt es bei fünf Prozentpunkten über dem Basiszinssatz pro Jahr.

AUFGABEN

1. Welches Recht steht dem Verbraucher zu, wenn er zur Finanzierung eines Kaufs einen Ratenkredit abschließt?
2. Warum besteht die Regelung, dass bei Klagen das Gericht am Wohnsitz des Kunden zuständig ist?
3. Nennen Sie die notwendigen Inhalte bei einem Ratenkredit, die der Finanzdienstleister dem Kunden schriftlich mitzuteilen hat.
4. Herr Zapke kauft am Samstag, dem 28. Sept. 20.., eine komplette EDV-Anlage im Rahmen eines Ratenkredits auf Raten. Aus bestimmten Gründen will er nun diesen Kauf rückgängig machen und bringt daher den Einschreibebrief mit dem Widerruf an das Vertragsunternehmen am Freitag, dem 11. Okt. 20.., zur Post.

   Reicht dieser Zeitraum zur Wahrnehmung des Widerrufsrechts nach den rechtlichen Bestimmungen aus? Begründen Sie Ihre Antwort.
5. Herr Koch leistet bei Vertragsabschluss über den Kauf einer Couchgarnitur eine Anzahlung und vereinbart mit dem Verkäufer, dass der Rest bei Lieferung gezahlt wird. Seine zurzeit bettlägerige Frau ist mit diesem Kauf nicht einverstanden – ihr gefällt das Design nicht. Herr Koch beruft sich auf das BGB und widerruft daraufhin noch am selben Tag telefonisch den abgeschlossenen Kaufvertrag. Das Unternehmen weigert sich jedoch, den Widerruf anzuerkennen.

   Über welche rechtlichen Bestimmungen war Herr Koch nicht informiert?
6. Herr Arnold hat am 5. Aug. 20.. in einem Technikhaus einen Kaufvertrag über eine hochwertige Actionkamera abgeschlossen. Die Kamera soll Mitte Oktober geliefert und über einen Ratenkredit finanziert werden. Gleichzeitig mit dem Kaufvertrag hat Arnold im Technikhaus einen Kreditvertrag mit einer Bank unterschrieben (gegengezeichnet vom Technikhaus). Es wurde vereinbart, dass er 200,00 € anzahlt und die restlichen 550,00 € finanziert.

   Am 18. Aug. 20.. - Herr Arnold hat zu diesem Zeitpunkt die Kamera natürlich längst noch nicht vollständig bezahlt - hat er die gleiche Kamera bei einem anderen Anbieter 70,00 € preiswerter gesehen. Daraufhin möchte er von dem bestehenden Vertrag (Kaufvertrag und Ratenkredit) zurücktreten und teilt dies schriftlich, aber ohne Angabe von Gründen, der beteiligten Bank mit. Telefonisch unterrichtet er wenige Tage später, am 21. Aug., auch das Technikhaus.

   Zwei Tage danach erhält Herr Arnold ein Schreiben des Händlers. Hierin weigert dieser sich – unter Hinweis auf den rechtsgültig abgeschlossenen Kaufvertrag - den Rücktritt anzuerkennen. Herr Arnold sei folglich an den Vertrag gebunden. Die vertraglichen Beziehungen seiner Kunden zum Finanzinstitut seien zudem nicht Angelegenheit des Technikhauses. Herr Arnold müsse daher wegen seiner Bindung an den Kaufvertrag die ordnungsgemäße Zahlung für die Kamera leisten.

   Beurteilen Sie, ob in diesem Fall die Einwände des Technikhauses rechtlich haltbar sind.
7. Berechnen Sie den effektiven Jahreszinssatz aufgrund der folgenden Angaben: Barzahlungspreis 4.200,00 €, 24 Monatsraten, 0,45 % Zinssatz je Monat.
8. Berechnen Sie den effektiven Jahreszinssatz für die Teilzahlungsangebote A und B und stellen Sie fest, welches der beiden Angebote jeweils günstiger ist.

	Barzahlungspreis	Anzahl der Monatsraten	Angebot A Zinssatz pro Monat	Angebot B Zinssatz pro Monat
a)	2.600,00 €	24	0,40 %	0,5 %
b)	10.000,00 €	36	0,42 %	0,5 %

9. Die Exclusiva GmbH schließt mit einem Kunden einen Teilzahlungskauf über ein Schlafzimmer über 4.000,00 € zu folgenden Konditionen ab:
   - Anzahlung 10 % auf den Kaufpreis
   - Für die Restzahlung wird dem Kunden ein Kredit gewährt mit einer Laufzeit von 18 Monaten.
   - Die Teilzahlungen sollen in gleichen Monatsraten zu 0,85 % je Monat auf den Anfangskredit erfolgen.

   a) Berechnen Sie die Höhe der Summe, die der Kunde nach seiner Anzahlung insgesamt zurückzuzahlen hat.

b) Wie viel Euro betragen die einzelnen Teilzahlungen bestehend aus zurückzuzahlender Kreditsumme und Zinsen?
c) Ermitteln Sie die tatsächliche Zinsbelastung in Prozent.

10. Die Hausbank der Ambiente Warenhaus AG gewährt dem Handelsunternehmen für die Neuanschaffung eines neuen Pkw für einen der Handelsreisenden einen Kredit für die Laufzeit von 15 Monaten. Im Einzelnen sieht der Darlehensvertrag zwischen Kreditnehmer und Kreditgeber wie folgt aus:
- 12 % Anzahlung auf den Neuwagenwert in Höhe von 32.000,00 €
- Teilzahlungen über die verbleibende Restsumme zu einem monatlichen Zinssatz in Höhe von 0,9 % auf den Anfangskredit

a) Wie hoch ist der insgesamt von der Ambiente Warenhaus AG zurückzuzahlende Betrag an die Hausbank?
b) Wie viel Euro betragen die monatlichen Raten einschließlich Zinsen?
c) Ermitteln Sie die tatsächliche Zinsbelastung in Prozent für die Ambiente Warenhaus AG.

AKTIONEN

1. a) Informieren Sie sich in Ihrem Ausbildungsunternehmen über die Möglichkeiten und Bedingungen, Waren durch Ratenzahlungen kaufen zu können. Fertigen Sie anschließend hierüber eine Kurzübersicht an.
   b) Bereiten Sie sich darauf vor, Ihre Befragungsergebnisse vor der Klasse vorzutragen. Denken Sie daran, dass Sie mit Visualisierungsmitteln die Präsentation wirkungsvoll unterstützen können.
   c) Nehmen Sie aus Ihrem Unternehmenssortiment einen Artikel Ihrer Wahl, den Sie im Ratenzahlungsgeschäft anbieten, und ermitteln Sie unter Berücksichtigung unterschiedlicher Laufzeiten (Anzahl der Monatsraten) den jeweiligen effektiven Jahreszinssatz.
2. Informieren Sie sich über die Internetseite der Verbraucherzentrale oder in einem ihrer Beratungsbüros über die gesetzlichen Bestimmungen bezüglich Teilzahlungsgeschäften und vergleichen Sie diese Inhalte mit den Regelungen in Ihrem Ausbildungsunternehmen.

ZUSAMMENFASSUNG

Ratenkredit und Ratenkauf im Vergleich

	Ratenkredit (Finanzierungskauf)	Ratenkauf (Teilzahlungskauf)
Beteiligte	Einzelhändler/Onlinehändler, Kunde und Kreditinstitut oder Zahlungsdiensteanbieter (Kooperationspartner)	Vereinbarung zwischen Einzelhändler/Onlinehändler und Käufer ohne Hinzuziehung einer dritten Partei[1]
Finanzierung	• Der Kaufpreis wird durch eine Bank oder einen Zahlungsdiensteanbieter finanziert • Die Bank ist als direkter Ansprechpartner vorhanden	• Der Kaufpreis wird durch einen Händler bzw. einen Zahlungsdienstleister finanziert • Keine Bank als Ansprechpartner
Ausfallrisiko	Das Ausfallrisiko liegt bei der Bank	Risikomanagement bzw. die Risikoübernahme liegen beim Händler bzw. beim Zahlungsdienstleister

1 Einige Händler regeln den Ratenkauf selbstständig, viele arbeiten aber auch für die Kreditbearbeitung mit einem Zahlungsdienstleister zusammen.

222268322

Finanzielle Belastung	• Bietet im Gegensatz zu anderen Krediten niedrige Zinsen • Die finanzielle Belastung kann genau geplant werden • Gute Vergleichbarkeit mit Angeboten anderer Kreditinstitute	• Hohe Zusatzkosten durch Mahnungen und Inkassoverfahren • Im Kleingedruckten verstecken sich oftmals (sogar bei 0%-Finanzierung) hohe Zusatzkosten
Kreditwürdigkeitsprüfung	• Umfassende Bonitätsprüfung durch die Bank • höheres Ablehnungsrisiko mit möglichem Schufa-Eintrag[1]	• Mit weniger strengen Vergabevoraussetzungen verbunden • Schufa-Abfrage sowie Einkommensnachweis erforderlich
Abwicklung	Langwieriges Bewilligungsverfahren, daher umständlicher	Unkomplizierte Beantragung, daher schnelle Bewilligung
Risiko	Etwas geringeres Überschuldungsrisiko.	Höheres Überschuldungsrisiko.

Ratenkredit (Finanzierungskauf) = Kaufvertrag + Darlehensvertrag

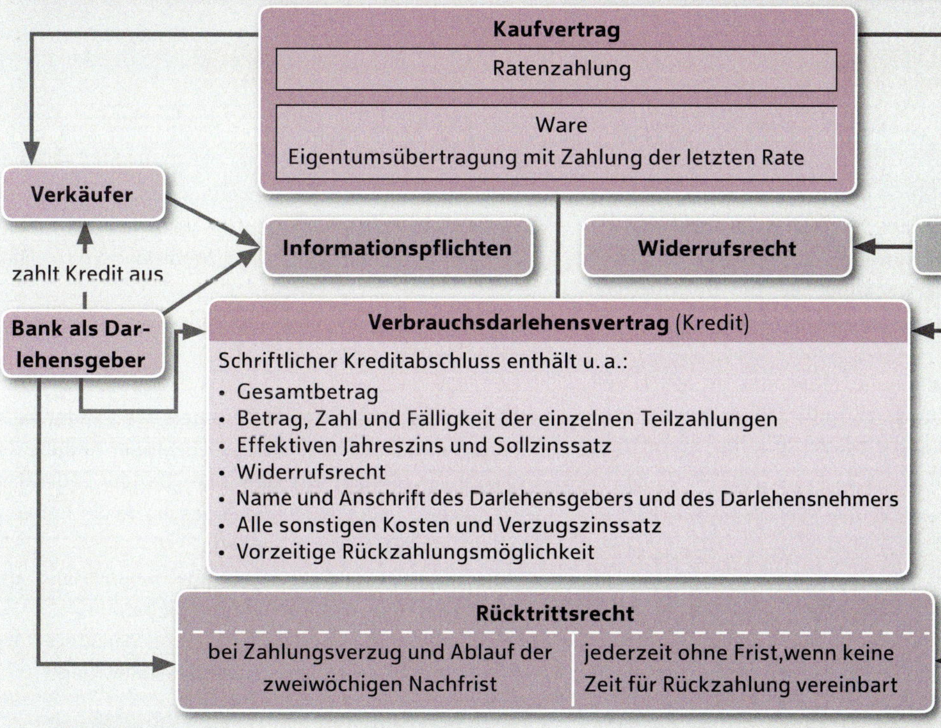

Der Käufer (Verbraucher) finanziert seinen Kauf beim Verkäufer durch gleichzeitiges Abschließen eines Kredits (= Verbraucherdarlehen nach § 491 BGB). Um diesen aufzunehmen, muss er sich gegenüber der Bank aufgrund der Vorschriften des Geldwäschegesetzes legitimieren (z. B. in der Filiale oder mittels Postident) und den Vertrag nach § 492 BGB schriftlich abschließen (z. B. Unterschrift, qualifizierte elektronische Signatur).

1 Jeder regulär bei einer Bank aufgenommene Kredit wird der SCHUFA gemeldet. Dabei wird lediglich die Aufnahme des Kredits gemeldet, nicht jedoch Kreditdetails wie Kredithöhe, Laufzeit etc. Wer also mehrere Ratenkredite parallel laufen hat, riskiert damit eine Verschlechterung seines Kreditscore. Dies kann zur Folge haben, dass man bei weiteren Kreditanfragen abgelehnt wird oder zumindest deutlich schlechtere Konditionen erhält.

KAPITEL 5

Wir versuchen Ladendiebstähle zu verhindern

Bärbel Grosse, Abteilungsleiterin Rechnungswesen der Schönstädter Filiale der Ambiente Warenhaus AG, ist etwas nervös.

Schon auf den ersten Blick erkennt sie, dass bei den letzten Inventurwerten die Differenzen von Soll-Bestand zu Ist-Bestand größer als bei der letzten Inventur ausgefallen sind. Sie beschließt nach Rücksprache mit ihrem Vertreter Roland Zschornak, das Problem bei der nächsten Abteilungsleiterkonferenz zur Sprache zu bringen. Zur Information ihrer Kolleginnen und Kollegen stellt sie die folgenden Zahlen zusammen:

Warengruppe	Soll-Bestand	Ist-Bestand	Differenz	%
Parfüm/Kosmetik	14.500,00 €	14.300,00 €		
Textilien	135.000,00 €	133.460,00 €		
Lebensmittel	87.625,00 €	86.836,38 €		
Papierwaren	9.400,00 €	9.381,20 €		
Sportartikel	19.100,00 €	19.098,09 €		
U.-Elektronik	142.230,00 €	140.381,00 €		
Computer	80.750,00 €	80.305,88 €		
Geschenke	10.400,00 €	10.268,50 €		
Gesamt				

1. Ergänzen Sie die fehlenden Werte in der Tabelle.
2. Überlegen Sie in Partnerarbeit, wie es zu derartigen Abweichungen zwischen Soll-Bestand und Ist-Bestand kommen kann. Notieren Sie sich Ihre Überlegungen stichwortartig.
3. Führen Sie Maßnahmen auf, die solche Inventurdifferenzen verhindern können.

INFORMATION

Ladendiebstahl ist zu einem Massendelikt geworden, das zum Leidwesen des deutschen Einzelhandels weit verbreitet ist. Die durch ihn eintretenden Schäden in Milliardenhöhe müssen letztlich alle Konsumenten zahlen. Die Verluste sowie die Kosten, z. B. für Detektive oder Videoüberwachung, werden bei der Festlegung der Verkaufspreise einkalkuliert.

„Wenn ihm jemand eine Maschine im Wert von 400,00 € stiehlt, muss er 10.000,00 € Umsatz machen, bis er den Verlust wieder drin hat, so rechnet der Einzelhändler."

Quelle: Bigalle, Silke: Alles zum Mitnehmen. Süddeutsche Zeitung 19.11.2013, S. 26.

Ladendiebe kommen aus allen Altersgruppen und Bevölkerungskreisen. Etwa ein Drittel der Diebstähle wird von Jugendlichen und Kindern begangen. Es wird überwiegend nicht aus wirtschaftlicher Not gestohlen: Ladendiebstahl gehört damit zur sogenannten Wohlstandskriminalität.

Verhinderung von Diebstählen durch die Einzelhandelsunternehmen

- Durch abschreckende Warnungen wie „Ladendiebstahl lohnt sich nicht!" mit gleichzeitiger Angabe der negativen Folgen für den überführten Ladendieb versuchen viele Einzelhandelsgeschäfte der Entwendung von Waren vorzubeugen.
- Ausreichende und gleichmäßige Beleuchtung der Verkaufsräume erschwert Ladendiebstähle.
- Eine geeignete Möblierung (z. B. abschließbare Vitrinen) unterstützen die Diebstahlsbekämpfung.

Weniger Diebstahl im Corona-Jahr:
EHI veröffentlicht Studie zu Inventurdifferenzen im deutschen Handel

Pandemiebedingt war das Einzelhandelsjahr 2020 durch viele außergewöhnliche Einflüsse und Veränderungen geprägt, die sich auch im Bereich der Inventurdifferenzen im Handel zeigen. So lässt sich bei der Summe der Inventurdifferenzen, die in den vergangenen Jahren kontinuierlich angestiegen ist, im Jahr 2020 ein leichter Rückgang von rund 5 Prozent auf 4,2 Mrd. Euro* feststellen. Der in den Inventurdifferenzen enthaltene Diebstahl ging sogar zweistellig zurück. So einige Ergebnisse der aktuellen EHI-Studie „Inventurdifferenzen 2021".

Jeder 200. Einkaufswagen unbezahlt
Die Inventurdifferenzen, deren Summe sich im Jahr vor Corona noch auf 4,4 Milliarden Euro belief, sind in 2020 im gesamten Einzelhandel gesunken. Der darin enthaltene Verlust durch Diebstahl beträgt 3,36 Milliarden Euro, etwa 10 Prozent weniger als im Vorjahr (3,75 Milliarden Euro). Von Kundinnen und Kunden wurden im letzten Jahr Waren im Wert von 2,16 Milliarden Euro gestohlen, für 885 Millionen waren die eigenen Mitarbeitenden verantwortlich und 315 Millionen Verlust gehen auf Diebstähle durch Lieferanten und Servicekräfte zurück. 840 Millionen Euro Schaden entstanden durch organisatorische Mängel, beispielsweise durch falsche Preisauszeichnungen. „Rein statistisch gesehen wurde durch jede Person in Deutschland ein Warenwert von knapp 26 Euro pro Jahr gestohlen", erläutert Frank Horst, Sicherheitsexperte des EHI und Autor der Studie und fügt hinzu: „Sinnbildlich auf den Einkauf bezogen bedeutet dies, dass rund jeder 200. Einkaufswagen unbezahlt die Kasse passiert hat." [...]

Quelle: Althaus, Sven: Weniger Diebstahl im Corona-Jahr. In: www.ehi.org. 29.06.2021. https://www.ehi.org/de/pressemitteilungen/weniger-diebstahl-im-corona-jahr/ [10.12.2021].

Videokameras und Spiegel können sowohl in den Verkaufsräumen als auch an der Kasse Diebstähle verhindern.

- Auch Spiegel, Videokameras und andere Überwachungseinrichtungen helfen den Einzelhandelsbetrieben.

Viele Einzelhandelsunternehmen verfügen über ein ausgeklügeltes System technischer Überwachungs- und Aufzeichnungsanlagen. Mit aufwendiger Technik soll ein höheres Entdeckungsrisiko geschaffen und damit abgeschreckt werden.

[...] Ein Warensicherungsetikett kaufen bedeutet aber auch sich zu überlegen, auf welche Weise dieses funktionieren soll. Das **mechanische Sicherungsetikett** ist meist mit einer Farbpatrone versehen. Wenn Sie dieses Warensicherungsetikett kaufen, dann sorgen Sie vor allem dafür, dass die Ware für den Dieb nicht mehr brauchbar ist. **Hinweis:** Dieses Etikett lässt sich nur sehr schwer entfernen und muss gewaltsam bearbeitet werden. In diesem Fall löst sich die Farbpatrone auf und die Waren werden beschmutzt.

Oft wird hier auch mit einem Magnet gearbeitet. Damit Sie im Geschäft diesen Magneten entfernen können, brauchen Sie einen **Warensicherung Magnetlöser**. Der Warensicherung Magnetlöser muss einen besonders starken Magneten ablösen können. Wichtig: Möchten Sie, dass das Etikett über einen Magnet gesichert ist, dann müssen Sie auch einen Warensicherung Magnet kaufen. Dieses System gibt es meist in großen Mengen, sodass Sie **gleich ganze Kollektionen ausstatten** können. Wenn Sie den Warensicherung Magnet kaufen möchten, dann lohnt sich zudem der Preisvergleich der verschiedenen Angebote.

Die Warensicherungsantenne kommt dann ins Spiel, wenn Sie ein elektronisches Warensicherungsetikett nutzen möchten. Wenn sich jemand der Ware nähert, dann **löst diese elektronische Lösung einen Alarm aus**, der über die Warensicherungsantenne übertragen wird. Das ist aber eher keine Warensicherung für Kleidung oder Warensicherung für Schuhe. Beides muss probiert werden. Daher eignet sich diese Variante vor allem für Waren, die **nicht von den Kunden berührt werden dürfen**. Nur Sie können den Alarm aufheben und die Produkte dann den Kunden vorstellen.

Bei einer **Warensicherung für Kleidung** oder bei einer Warensicherung für Schuhe kommen eher Warensicherungssysteme zum Einsatz, die Alarm geben, wenn man sie unbezahlt aus dem Geschäft bekommen möchte. Auch die Warensicherung mit Farbpatrone ist sehr beliebt. Wer diese Warensicherung entfernen möchte, der braucht dazu das notwendige System. Die Warensicherung knacken wird auch schwer, wenn man sie nicht findet. Unsichtbar sind beispielsweise **kleine Etiketts, die elektronisch arbeiten** und sich gut an Textil befestigen lassen. Gerade im Einzelhandel ist dies eine Warensicherung gegen Diebstahl, die sehr gerne genutzt wird. Wenn man diese Warensicherung von Kleidung entfernen möchte, muss sie erst einmal gefunden werden.

Quelle: Kriminalberatung.de: Warensicherungssysteme – effektiver Schutz für die Waren. In: www.kriminalberatung.de. 2022. https://www.kriminalberatung.de/warensicherungssystem/ [11.05.2022].

- Vor allem größere Einzelhandelsunternehmen beschäftigen Detektive, die ständig das Geschehen beobachten.
- Um die Aufmerksamkeit zu steigern, vereinbaren viele Handelsunternehmen mit ihren Detektiven – häufig aber auch mit dem Verkaufspersonal – sogenannte Fang- oder Ergreifungsprämien als spezielle Ausprägung des allgemeinen Schadensersatzanspruchs. Zur Zahlung dieser Prämie kann der Ladendieb bzw. sein gesetzlicher Vertreter zusätzlich verklagt werden.
- Verkaufsorganisatorische Maßnahmen sollten die Vermeidung von Ladendiebstählen unterstützen:
  - Überwachung der Ein- und Ausgänge
  - Hinterlegung von Einkaufstaschen
  - Zwang zur Verwendung von Einkaufswagen oder -körben.

Maßnahmen gegen Ladendiebstähle

Abschreckung
- Hinweisschilder
- Plakate

Überwachung
- Verkaufspersonal
- Detektive
- Warensicherungssysteme
- sonstige Überwachungssysteme (Videokameras/Spiegel usw.)

Verschluss
- Ankettung von Waren
- Aufbewahrung in Vitrinen

Verhinderung von Diebstählen durch das Verkaufspersonal

Zur erfolgreichen Bekämpfung von Ladendiebstählen müssen Verkäufer die wichtigsten Diebstahlmethoden kennen.

Ladendiebe sind sehr erfinderisch. Manche Methoden sind abhängig von der Ware oder der Branche. Hier eine Auswahl beliebter Tricks:

- Die Diebe lassen sich in den Geschäftsräumen einschließen, um dann in der Nacht im Geschäft ungestört Waren zu entwenden.
- Betrügerische Kunden tauschen Etiketten aus oder manipulieren sie.
- Die Ladendiebe verbergen Waren in mitgebrachten Tragetaschen anderer Geschäfte, in denen sich bereits fremde Artikel befinden.
- Vorsicht auch beim Kassieren: Der Ladendieb bezahlt mit einem größeren Geldschein und verlangt eine sehr schnelle Abwicklung des Kassiervorganges. Dabei wird versucht den Kassierer zu verwirren und in betrügerischer Absicht zusätzliches Rückgeld reklamiert. Ein ähnliches Vorgehen: Beim mehrfachen Wechseln größerer Geldscheine soll der Verkäufer so verwirrt werden, dass zu viel Geld herausgegeben wird.
- Geachtet werden muss vom Verkaufspersonal auf die Vielzahl von Möglichkeiten, die Ladendiebe nutzen, um gestohlene Ware zu verstecken, z. B.:
  - in Schirmen
  - in und unter Kopfbedeckungen
  - in Zeitungen
  - in Kinderwagen
  - unter (meist weiten) Mänteln

Am besten kann man Ladendiebstähle vermeiden, wenn man verdächtige Kunden beobachtet. Ladendiebe werden nur aktiv, wenn sie die Chance – und auch das Gefühl – haben, möglichst lange unbeachtet zu sein. Es dürfte klar sein, dass man auf einen Verdacht hin niemanden beschuldigen darf. In jedem Fall sollte man aber potenzielle Diebe rechtzeitig und früh genug ansprechen.

BEISPIELE

- „Darf ich Ihnen diesen MP3-Player einmal vorführen?"
- „Finden Sie sich zurecht?"

Dadurch signalisiert man, dass das Verkaufspersonal den Warenbestand überwacht und somit ein großes Risiko besteht, überführt zu werden.

Wer Ladendiebstähle erfolgreich verhindern will, muss zunächst einmal wissen, wie Ladendiebe auftreten, mit welchen Tricks sie arbeiten und wie sich ihr Verhalten von dem eines ehrlichen Kunden unterscheidet. Wer etwas stehlen will, interessiert sich vor allem für seine Umwelt, während der ehrliche Kunde seine Aufmerksamkeit auf die Ware richtet. Deshalb sind beispielsweise Kunden verdächtig,

- die sich im Laden häufig nervös nach allen Seiten umblicken und sich immer so stellen, dass sie möglichst nicht zu sehen sind,
- die öfter den Standort wechseln,
- die mehrfach zum selben Regal zurückkehren
- oder die in auffälliger Haltung durch den Laden gehen, weil sie unter der Kleidung etwas verstecken.

Natürlich muss nicht jeder Kunde, der unruhig im Laden hin und her geht, auch tatsächlich ein Ladendieb sein. Vielleicht ist er nur unentschlossen oder sucht Bedienung. Jedes auffällige Kundenverhalten sollte deshalb grundsätzlich dazu führen, dass ein Mitarbeiter des Geschäfts den Betreffenden sofort anspricht und sich zumindest nach seinem Wunsch erkundigt, um ihm dadurch zu zeigen, dass er bemerkt wurde. Die Begrüßung jedes Kunden sollte ohnehin selbstverständlich sein. Da für die meisten Diebe das Risiko eine Grenze hat, werden viele auf ihr unredliches Vorhaben verzichten, wenn sie damit rechnen müssen, von den Mitarbeitern des betreffenden Geschäfts beobachtet zu werden.

Der gesamte Verkaufsraum muss also immer im Auge behalten werden. Auch bei Beschäftigung mit anderen Arbeiten sollten die Kunden im Blickfeld des Verkaufspersonals bleiben. Eine weitere Maßnahme zur Diebstahlsvermeidung ist die Beschränkung der Warenvorlage auf eine überschaubare Warenmenge.

Verhalten nach einem Ladendiebstahl

Wenn ein Diebstahl bemerkt wird, sind folgende Maßnahmen angebracht:

- Dieb auf kurze Distanz folgen und weiter beobachten: Manchmal besinnt er sich und legt die Ware zurück oder bezahlt sie.
- Unauffällig Kollegen oder die Ladenaufsicht alarmieren.
- Kassenzone passieren lassen.
- Diesen Kunden an der Kasse falls möglich nochmals Gelegenheit geben, die „gestohlene" Ware zu bezahlen, da es vorkommen kann, dass der Kunde die Ware nicht absichtlich, sondern versehentlich eingesteckt hat (z. B.: „Sind Sie sicher, dass das auch alles war?").
- Sicherstellen, dass der Dieb das Geschäft nicht verlassen kann.
- Dieb ansprechen und zu einem Gespräch ins Büro bitten. Sicherheitshalber sollte man den Ladendieb vo-rausgehen lassen, damit er die Ware nicht unbemerkt irgendwo hinlegen kann.
- Bei allem diskret vorgehen und ruhig bleiben, also keine Beschimpfungen oder Tätlichkeiten.
- Immer Zeugen zu dem Gespräch hinzuziehen.
- Für den Fall, dass dem Dieb unverhofft die Flucht gelingt, zuerst Ware sicherstellen.
- Taschenkontrolle nur mit Zustimmung des Diebes oder durch die Polizei
- Wenn der Diebstahl zugegeben wird, Protokoll anfertigen (Tatbestand, Zeugenaussage, Personalien usw.).
- Einschaltung der Polizei, vor allem wenn
  - der Dieb sich nicht ausweisen kann oder will,
  - der Dieb sich renitent verhält oder lügt,
  - es sich um einen Rückfalldieb handelt,
  - eine Hausdurchsuchung angebracht erscheint,
  - der Wert des gestohlenen Gutes verhältnismäßig hoch ist.

Folgen für die Ladendiebe

Nach der Rechtsprechung des Bundesgerichtshofes ist eine vor dem Diebstahl den Mitarbeitern versprochene Fangprämie vom Warendieb in angemessenem Umfang zu erstatten. Als angemessen gilt derzeit ein Betrag von etwa 25,00 €.

- Alle Einzelhändler zeigen in der Regel jeden überführten Ladendieb schriftlich bei der Polizei an. Diese Verfahrensweise wird konsequent und ohne Abstriche durchgesetzt.

Warenverlust durch Ladendiebe ist für jeden Einzelhändler ein Problem, und jeder versucht sich so gut es geht davor zu schützen. Dabei ist jedoch nicht alles erlaubt: So ist ein kontrollierender Blick in Tasche oder Rucksack eines Kunden verboten. Eine Taschenkontrolle muss sich nur ein auf frischer Tat ertappter Täter gefallen lassen, doch auch das darf nur die herbeigerufene Polizei.

Eine Videoüberwachung der Verkaufsräume ist üblich und legal - allerdings darf in Umkleidekabinen keine Kamera installiert werden. Auch ein Kaufhausdetektiv darf seine Runden drehen. Es gilt jedoch: Einschreiten darf er nur, wenn er jemanden „in flagranti", also direkt beim Diebstahl, erwischt. Dann kann der Einzelhändler den Täter so lange aufhalten, bis die Polizei eintrifft und den Dieb durchsucht. Stellt sich dabei heraus, dass doch nichts gestohlen wurde, kann das für den Einzelhändler teuer werden; der Kunde kann dann sogar Schadenersatz verlangen.

- Bei erwachsenen Tatverdächtigen erfolgt eine schriftliche Anhörung durch die Polizei. Anschließend wird das Verfahren an die zuständige Staatsanwaltschaft weitergegeben, die eine abschließende Entscheidung trifft.

Ist das 21. Lebensjahr erreicht, so wird man nach dem Erwachsenen-Strafrecht (§ 242 Strafgesetzbuch) bestraft. Ein Ersttäter bekommt in den meisten Fällen eine Geldstrafe. Die Höhe der Strafe richtet sich nach dem Einkommen. In der Regel wird das Nettoeinkommen durch 30 Tage geteilt und das ergibt einen Tagessatz. Je nach Schwere der Tat legt der Richter die Anzahl der Tagessätze fest. Wiederholungstäter müssen zudem mit einem Eintrag ins Führungszeugnis rechnen.

- Bei Minderjährigen (bis zur Vollendung des 18. Lebensjahres) erfolgen über die Erziehungsberechtigten schriftliche Vorladungen durch die Polizei. Hier hat der Tatverdächtige dann Gelegenheit, sich persönlich zu seinem Vergehen zu äußern. Auch dabei erfolgt schließlich eine Abgabe des Verfahrens an die Staatsanwaltschaft.
- Zahlreiche Einzelhandelsunternehmen erteilen in Ausübung ihres Hausrechtes überführten Ladendieben Hausverbote bis zu einem Jahr. Das bedeutet für den Betroffenen, sich des Hausfriedensbruches strafbar zu machen, wenn er das Geschäft in diesem Zeitraum dennoch betritt.

Zur Rechtslage

Vereinfachend fasst man im täglichen Sprachgebrauch mit dem Wort „Ladendiebstahl" Straftaten zusammen, die im Strafgesetzbuch (StGB) als Diebstahl, Diebstahl geringwertiger Sachen (Mundraub), Unterschlagung und Betrug gesondert behandelt werden.

§ 242 StGB Diebstahl

Wer eine fremde bewegliche Sache einem anderen in der Absicht wegnimmt, dieselbe sich rechtswidrig zuzueignen, wird mit Freiheitsstrafe bis zu fünf Jahren oder mit Geldstrafe bestraft.

§ 263 StGB Betrug

Wer in der Absicht, sich [...] einen rechtswidrigen Vermögensvorteil zu verschaffen, das Vermögen anderer dadurch beschädigt, dass er durch Vorspiegelung falscher Tatsachen [...] einen Irrtum erregt oder unterhält, wird mit Freiheitsstrafe bis zu fünf Jahren oder mit Geldstrafe bestraft.

§ 248 a StGB Diebstahl und Unterschlagung geringwertiger Sachen

Der Diebstahl und die Unterschlagung geringwertiger Sachen werden [...] nur auf Antrag verfolgt, es sei denn, dass die Strafverfolgungsbehörde wegen des besonderen öffentlichen Interesses [...] ein Einschreiten von Amts wegen für geboten hält. (Anmerkung: Geringwertig ist eine Sache nach gegenwärtiger Rechtsauffassung, wenn sie einen Wert von ca. 25,00 € nicht überschreitet.)

§ 246 StGB Unterschlagung

Wer eine fremde bewegliche Sache, die er in Besitz oder Gewahrsam hat, sich rechtswidrig zueignet, wird mit Freiheitsstrafe bis zu drei Jahren oder mit Geldstrafe und, wenn die Sache ihm anvertraut ist, mit Freiheitsstrafe bis zu fünf Jahren oder mit Geldstrafe bestraft. Der Versuch ist strafbar.

Zu beachten ist, dass Übereifer beim Festnehmen von Ladendieben für den Besitzer und einen Verkäufer unangenehme Folgen haben kann, denn das rechtswidrige Festhalten einer Person kann als Freiheitsberaubung bestraft werden:

222268328

§ 239 StGB Freiheitsberaubung

Wer widerrechtlich einen Menschen einsperrt oder auf andere Weise des Gebrauchs der persönlichen Freiheit beraubt, wird mit Freiheitsstrafe bis zu fünf Jahren oder mit Geldstrafe bestraft.

Um nicht in den Verdacht der Freiheitsberaubung zu kommen, muss man also vor dem Festhalten von Ladendieben auf die Beweisbarkeit dieser Anschuldigung achten. Am besten lässt sich die Diebstahlsabsicht beweisen, wenn man in Selbstbedienungsläden mit der Festnahme wartet, bis der Dieb die Kasse passiert hat.

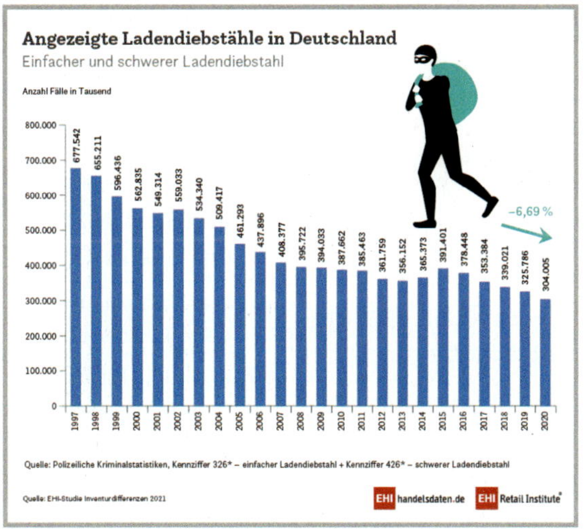

Ladendiebe im Interview:

Macht Gelegenheit Diebe?

„Ich habe mein Lieblingsparfüm geklaut, weil es richtig teuer ist. Beim ersten Mal hat das problemlos geklappt, obwohl ich ordentlich Angst hatte. Da hab ich's dann ein paar Tage später gleich wieder gemacht, und da hat mich der Hausdetektiv erwischt. Ich musste dann zur Polizei, ein Strafverfahren wurde aber eingestellt, weil das mein erster Diebstahl war, bei dem ich erwischt wurde. Ich hab im dem Laden jetzt Hausverbot und musste 250 Euro zahlen, das hat wehgetan."
Jana, 22

„Als ich jünger war, da hab' ich alles geklaut, was nicht niet- und nagelfest war. Bücher, Comics, Werkzeug und einmal sogar einen Koffer. Und dann haben sie mich erwischt. Ich musste übers Wochenende in die Jugendstrafanstalt, das hat mich kuriert. Ich kann nur sagen – lasst das sein, Leute! Heute schäm' ich mich dafür."
Mike, 35

So gut wie jeder Ladendiebstahl wird zur Anzeige gebracht – Geldstrafe, Sozialarbeit, und „Knast" sind die Folgen, nicht wenige Ladendiebe sind dann vorbestraft. Überall gibt es Kameras, gut getarnt und so gut wie unsichtbar, und viele Geschäfte haben private Detektive oder Überwachungspersonal, die sich inkognito unter die Kunden mischen. Das weiß doch an sich jeder. Warum also kommt es dennoch zu so vielen Diebstählen?

Eine Auswertung unserer Befragungen von Ladendieben ergab, dass viele gar nicht mit der festen Absicht zu stehlen in das Geschäft gehen. Erst wenn sie merken, dass sie gänzlich unbeobachtet sind, dass es ihnen leicht gemacht wird, lassen sie Ware in Handtaschen, unter Jacken, in Ärmeln oder in Hosentaschen verschwinden. Warum sie das machen?

„Ach, das gibt mir jedes Mal voll den Kick", „ein tolles Gefühl, die ausgetrickst zu haben", „ich hab' halt kein Geld, um mir das zu kaufen", „die anderen in meiner Clique machen das auch immer, und wenn ich nicht mitmache, bin ich raus" – das sind die am häufigsten genannten Gründe. Auch Mitarbeiter der Geschäfte sind unter den Dieben. „Ich wollte denen das mal heimzahlen, die geben mir gerade mal den Mindestlohn, und ich arbeite wirklich hart bei denen." Gehört haben wir auch: „Die haben doch Kohle ohne Ende, denen tut das nicht weh, wenn ich da mal ein bisschen was umsonst mitnehme."

Gelegenheit macht also die meisten Diebe – hier unser Appell an die Ladenbesitzer, das Verkaufspersonal dementsprechend zu schulen. Niemand soll einen Ladendieb auf frischer Tat erwischen müssen – am besten, man gibt potenziellen Tätern gar keine Gelegenheit, sich unbeobachtet zu fühlen, ist aufmerksam, hält Blickkontakt und ist kundenorientiert. Das nützt allen, den „guten" und den weniger guten Kunden.

AUFGABEN

1. Welche Straftaten fallen im täglichen Sprachgebrauch unter den Begriff „Ladendiebstahl"?
2. Erläutern Sie Maßnahmen, mit denen Einzelhandelsunternehmen Ladendiebstähle verhindern können.
3. Wie funktionieren magnetakustische Diebstahlwarner?
4. Durch welches Verhalten machen sich Kunden verdächtig?
5. Beschreiben Sie kurz drei Methoden von Ladendieben.
6. Wie kann das Verkaufspersonal Ladendiebstähle verhindern?
7. Welche Maßnahmen sind nach einem beobachteten Ladendiebstahl zu ergreifen?
8. Mit welchen Konsequenzen muss ein überführter Täter rechnen?
9. Beurteilen Sie die folgenden Fälle:
   a) Sascha Tippe glaubt, eine Ladendiebin ertappt zu haben. Im Büro fordert er sie mit barschen Worten auf, ihre Einkaufstasche zu öffnen.
   b) Im Textilkaufhaus D & U werden alle Umkleidekabinen von Videokameras überwacht.
10. In der Buchabteilung sieht die Verkäuferin Astrid Bellgrau, wie eine Kundin interessiert in einem Buch blättert, sich kurz und verstohlen umschaut und das Buch in eine größere Einkaufstasche fallen lässt. Astrid Bellgrau zeigt auf die Kundin und schreit: „Hey, Sie da! ... Ja, genau, Sie da. Sie sind erwischt! Auf frischer Tat! Sie haben eben ein Buch gestohlen. Nicht mit mir. Los, ins Büro."
    Wie beurteilen Sie das Verhalten der Verkäuferin?
11. Wie schützt man sich in Ihrem Unternehmen gegen Ladendiebe?
12. a) Sind in Ihrem Unternehmen schon Ladendiebe gefasst worden?
    b) Welche Methoden haben die Ladendiebe angewandt?

AKTIONEN

1. Auf der Abteilungsleiterkonferenz wurde einstimmig beschlossen, dass etwas gegen die Inventurdifferenzen unternommen werden soll. Die Abteilungsleiterin Verkauf, Frau Komp, schlägt vor, Warensicherungssysteme zu installieren.

   Der Abteilungsleiter Personal, Klaus Schlie, ist der Ansicht, dass eine Mitarbeiterschulung durchgeführt werden sollte.

   Arbeitsauftrag 1:
   a) Informieren Sie sich mithilfe des Internets über verschiedene Warensicherungssysteme.
   b) Erkunden Sie auf einem Stadtgang, welche Sicherungssysteme in vergleichbaren Einzelhandelsbetrieben vorkommen.
   c) Präsentieren Sie die Ergebnisse Ihren Mitschüler/-innen in geeigneter Form.

   Arbeitsauftrag 2:
   Erarbeiten Sie in der Gruppe Vorschläge für die geplante Personalschulung.
   Beschränken Sie sich dabei auf die folgenden Punkte:
   a) Welchen Beitrag kann das Personal dazu leisten, Ladendiebstähle zu verhindern?
   b) Wie sollen sich Mitarbeiter bei der Beobachtung von Ladendiebstählen verhalten?
   c) Berücksichtigen Sie bei Ihren Überlegungen u. a. die rechtlichen Grundlagen.
   d) Präsentieren Sie die Ergebnisse für Ihre Mitschüler/-innen in geeigneter Form.
2. Teilen Sie Ihre Klasse in fünf Gruppen ein. Jede Gruppe übernimmt die Bearbeitung einer der folgenden Fälle:
   a) Ein Kunde macht sich durch auffälliges Verhalten verdächtig.
   b) Zwei kleine Mädchen stehlen Schokoriegel.
   c) Ein Ladendieb, der von Ihnen gestellt wurde, flüchtet und verlässt das Geschäft.
   d) Nachdem sich eine Kundin längere Zeit in der Buchabteilung der Ambiente Warenhaus AG aufgehalten hat, steckt sie ein Taschenbuch, das Sie vor Kurzem gerade ins Regal gestellt hatten, in ihre Jackentasche.

222268330

e) Ein älterer Herr will an der Kasse vorbeigehen, ohne zu bezahlen.

Arbeitsauftrag 1:

- Sehen Sie Ihren Fall aus Sicht des Verkaufspersonals. Überlegen Sie sich in Ihrer Gruppe, welches Verhalten in dieser Situation angemessen ist.
- Bereiten Sie sich darauf vor, Ihren Fall in einem Rollenspiel vorzuführen.
- Erläutern Sie den anderen Gruppen nach Aufführung des Rollenspiels die Gründe für das gezeigte Verhalten.

Arbeitsauftrag 2:

- Beobachten Sie die Rollenspiele der anderen Gruppen daraufhin, ob das Verkäuferverhalten realistisch und angemessen war. Begründen Sie Ihre jeweilige Meinung.

3. Erstellen Sie in Gruppenarbeit mithilfe eines Textverarbeitungsprogramms einen Reader, der über Diebstahlsmethoden informiert. Verwenden Sie als Informationsquellen
   - eigene Erfahrungen und die von Kollegen,
   - Materialien der Ausbildungsbetriebe,
   - Materialien aus dem Internet.
4. Web In der Geschäftsführung der Ambiente Warenhaus AG wird eine Inventurauswertung durchgeführt.
   a) Drucken Sie mithilfe des Warenwirtschaftssystems eine Inventurauswertungsliste aus.
   b) Stellen Sie fest, bei welchem Artikel die größten Inventurdifferenzen vorliegen.
   c) Schlagen Sie Maßnahmen zur Behebung der Inventurdifferenzen vor.

ZUSAMMENFASSUNG

Ladendiebstahl

umfasst:

- **Diebstahl**
- **Mundraub** (geringfügige Sachen)
- **Betrug** (z. B. Etikettentausch)
- **Unterschlagung**

Maßnahmen gegen Ladendiebstähle

Verkaufspersonal:

- Kennen der wichtigsten Diebstahlmethoden und -tricks
- Auffällige oder verdächtige Kunden beobachten und ansprechen
- Gesamten Verkaufsraum überblicken
- Vorlage überschaubarer Warenmengen

Unternehmen:

- Hinweisschilder und Plakate
- Detektive
- Warensicherungssysteme
- Überwachungssysteme wie Videokameras, Spiegel usw.
- Diebstahl vermeidende Verkaufsorganisationen
- Anketten bzw. Wegschließen von Waren

Verhalten nach einem Diebstahl

- Möglichst schnell Mitarbeiter und Vorgesetzte benachrichtigen
- Verdächtige ins Büro bitten
- Gespräch immer mit Zeugen

KAPITEL 6

Wir handeln situations- und fachgerecht beim Umtausch und bei der Reklamation von Waren[1]

In der Clique von Anja Maibaum, Auszubildende in der Ambiente Warenhaus AG, diskutiert man kontrovers.

Matthias Schröter:
„Schenken ist eine wunderbare Sache, aber Geschmack ist häufig reine Glückssache. Und ebenso häufig hat man leider kein Glück – und dann öffnet der Beschenkte Weihnachten sein Paket und lächelt eher gequält als selig. Jetzt hat man ein Ding auf dem Gabentisch, das keiner haben will – und was jetzt? ... **Umtauschen!**, lautet die Devise.
Also: Gleich nach Weihnachten ab zum Händler und das Unding auf den Ladentisch gewuchtet, damit er es zurücknimmt. Aber, ach! Häufig will er es nicht mehr (denn er war froh, es vor Weihnachten endlich noch losgeworden zu sein) – und er hat leider auch noch recht."

Anja Maibaum:
„So ganz eindeutig, wie du das gesagt hast, ist die Sache nicht ..."

1. Beurteilen Sie die Rechtslage in diesem Fall.
2. Führen Sie auf, wie sich ein Verkäufer
   a) bei einem Umtausch,
   b) bei einer unberechtigten Reklamation,
   c) bei einer berechtigten Reklamation

   verhalten sollte.

INFORMATION

Wussten Sie schon, dass

... ein zufriedener Kunde durchschnittlich drei Menschen von seinen positiven Erlebnissen berichtet?

... ein unzufriedener Kunde durchschnittlich elf anderen Menschen seine schlechten Erlebnisse mitteilt?

Umtausch

Häufig kommen Kunden nach dem Kauf noch einmal in das Geschäft zurück, um die gerade gekaufte Ware umzutauschen.

Mögliche Umtauschgründe:

- Die Ware (als Geschenk gekauft) ist schon vorhanden oder gefällt nicht (z. B. Schmuck, Textilien, Bücher),
- die Ware passt nicht (Größe, Umgebung, Form, Farbe usw.; z. B. Teppich, Lampe, Bild),
- die Ware gefällt nicht mehr,
- der Kunde sieht den gleichen Artikel bei einem anderen Unternehmen preisgünstiger,
- der Kunde fühlte sich zum Kauf gedrängt,
- die Ware weist einen Mangel auf (gleichzeitig Reklamationsgrund).

Die Pflicht zum Umtausch besteht für den Einzelhändler nur, wenn die Ware fehlerhaft ist, eine zugesicherte Eigenschaft fehlt und bei Geschenken mit vereinbartem Umtauschrecht.

Einen gesetzlichen Anspruch auf **Umtausch einer mangelfreien Ware** hat der Kunde demnach nicht.

Geschieht das dennoch aus Gründen der Kundendienstleistung und Imageverbesserung, so spricht man von **Kulanz**.

Voraussetzungen:

- Die Ware wird vom Kunden in der vereinbarten Frist zurückgegeben,
- die Ware ist noch unbenutzt und fehlerfrei,
- der Kaufnachweis für die gekaufte Ware kann vom Kunden erbracht werden (z. B. Kassenbon usw.).

1 Ausführungen zu den grundlegenden **gesetzlichen Gewährleistungsansprüchen** sind im Lernfeld 7 zu finden.

Manchmal ist es auch für eine Freundschaft gut, wenn das Geschäft einen Umtausch aus Kulanz anbietet ...

DEFINITION

Umtausch ist die **freiwillige** Verpflichtung eines Einzelhandelsunternehmens, Ware ohne Fehler bei Nichtgefallen zurückzunehmen.

Es ist sowohl für den Kunden als auch für den Einzelhändler empfehlenswert, **das Recht auf Umtausch schriftlich** zu vereinbaren. Im Einzelhandel weitverbreitet ist allerdings die Gewährung des Umtauschrechtes ohne eine besondere Vereinbarung zwischen den Vertragspartnern. Wie im Einzelnen die Bedingungen für den Umtausch gestaltet werden, hängt einzig und allein vom jeweiligen Einzelhändler ab.

BEISPIEL

Die Ambiente Warenhaus AG hat eine Umtauschfrist bestimmt, auf die sie schriftlich hinweist. In aller Regel wird lediglich eine Gutschrift über die Kaufsumme ausgestellt und nicht der Kaufpreis zurückerstattet. Eine anderslautende Vereinbarung kann jedoch jederzeit vom Abteilungsleiter getroffen werden.

Vom **Umtausch ausgeschlossen** sind aus hygienischen und anderen Gründen bestimmte Artikel.

BEISPIEL

- offene Lebensmittel
- Wäsche, Zahnbürsten, kosmetische Artikel
- Batterien
- in Saisonschlussverkäufen reduzierte Ware
- Stoffe, Blumen usw.

Hierauf muss der Einzelhändler unbedingt hinweisen.

Umtausch?

Häufig lese ich in Schaufenstern: „Sonderangebote werden nicht umgetauscht“. Gilt das auch, wenn ich hinterher einen Fehler an der Ware entdecke?
E. L., Wuppertal

Grundsätzlich gilt:

Ein Geschäftsinhaber ist gesetzlich nicht verpflichtet, eine gekaufte Ware umzutauschen, weder zu normalen Zeiten noch während Sonderverkäufen.

Meistens jedoch zeigen sich die Geschäftsleute kulant, wenn ein Kunde, zum Beispiel weil ein Hemd doch nicht zum Jackett passt, eine Ware gegen eine andere umtauschen will. Im Zweifel sollte sich der Käufer die Umtauschzusage auf dem Kassenbon schriftlich bestätigen lassen.

Entdeckt der Kunde am gekauften Stück allerdings einen Fehler erst zu Hause, dann ist der Verkäufer gesetzlich verpflichtet, dem Kunden nach dessen Wahl ein makelloses Produkt anzubieten, den Preis zurückzuerstatten oder eine Preisminderung auszuhandeln. Das gilt in jedem Fall, gleich, ob die Ware regulär gekauft wurde oder aus Schluss- oder Sonderverkäufen stammt. Ein Hinweis, dass Sonderangebote nicht reklamiert werden können, ist nur dann zulässig, wenn die Ware ausdrücklich als fehlerhaft oder zweite Wahl kenntlich gemacht wurde.

Regelungen beim Verbrauchsgüterkauf

(§§ 474–479 BGB)

DEFINITION

Von einem **Verbrauchsgüterkauf** spricht man, wenn
- ein **Verbraucher**[1] von einem **Unternehmer**[2]
- eine **bewegliche Sache** kauft und
- bei Verträgen, die **daneben die Erbringung einer Dienstleistung** umfassen..

1. Gesetzliche Gewährleistungsansprüche des Käufers bei mangelhafter Lieferung (Schlechtleistung)

Generell hat der Käufer einen ausdrücklichen Anspruch auf eine mangelfreie Warenlieferung.

Eine vertragliche **Einschränkung** des Wahlrechts des Käufers im Rahmen der Nacherfüllung ist **gegenüber Verbrauchern nicht zulässig**. Selbst wenn also ein Unternehmer nachweisen kann, dass bei ihm eine Beseitigung des Warenmangels durch sein Kundendienstnetz erheblich kostengünstiger und daher die Lieferung einer mangelfreien Ware unverhältnismäßig ist, darf von dem Wahlrecht auch durch Allgemeine Geschäftsbedingungen nicht zum Nachteil des Verbrauchers abgewichen werden.

1 **Verbraucher** ist jede natürliche Person, die ein Rechtsgeschäft zu Zwecken abschließt, die überwiegend weder ihrer gewerblichen noch ihrer selbstständigen beruflichen Tätigkeit zugerechnet werden können (§ 13 BGB).

2 **Unternehmer** ist, wer bei Abschluss eines Rechtsgeschäfts in Ausübung seiner gewerblichen oder selbstständigen Tätigkeit handelt (§ 14 BGB).

2. Gewährleistungsfrist

Die **gesetzliche Gewährleistung für Mängelansprüche** beträgt **bei neuen beweglichen Sachen** (z.B. Autos, Computer, Maschinen, Sportgeräte oder Spielzeug) grundsätzlich **2 Jahre, beginnend mit der Ablieferung der Sache.**

Die Frist kann bei einem Verkauf an einen Verbraucher weder ausgeschlossen noch verkürzt werden. Das Gewährleistungsrecht sieht dabei **nicht** vor, dass der Käufer bei Inanspruchnahme seiner Rechte die Originalverpackung vorweisen muss.

Ausnahmen:

- Bei **zweiseitigen Handelsgeschäften** darf der Verkäufer seine **Haftung beliebig verkürzen oder sogar ganz ausschließen**. Das muss jedoch einzelvertraglich ausdrücklich vereinbart werden. Die Gewährleistungsfrist darf bei **neuen Sachen** mittels AGB **höchstens auf ein Jahr**, bei **gebrauchten Sachen** auch auf **weniger als ein Jahr** verkürzt (§ 309 Abs. 8b ff. BGB) und im Übrigen die Haftung wegen Vorsatzes und grob fahrlässiger Pflichtverletzung nicht ausgeschlossen werden (§ 202 BGB). Vereinbarungen, die diese Einschränkungen nicht beachten, sind unzulässig und nichtig.
- Bei einem **einseitigen Handelskauf** (Verkauf an einen Verbraucher) kann bei Gebrauchtwaren die Gewährleistung auf ein Jahr verkürzt werden.
- Bei einem **bürgerlichen Kauf** oder einem **einseitigen Handelskauf**, bei dem ein Verbraucher an einen Unternehmer verkauft, kann die Gewährleistung sowohl bei Neu- als auch bei Gebrauchtwaren vertraglich ausgeschlossen werden.

Oft wird immer noch von einer „Zwei-Jahres-Garantie" gesprochen, die der Gesetzgeber eingeführt habe. Die meisten Verbraucher gehen durch die ständige Verwechslung der beiden Rechtsbegriffe **Gewährleistung und Garantie** deshalb davon aus, dass jede Kaufsache eine zweijährige Lebensdauer besitzen müsse. Das ist ein Trugschluss, der oftmals zum Streit zwischen Händlern und Verbrauchern führt.

Die gesetzliche Gewährleistung bezieht sich auf die Mangelfreiheit des Kaufgegenstandes zum Zeitpunkt der Übergabe an den Käufer. Ein **Mangel muss** zum Übergabezeitpunkt **nicht erkennbar sein.** Es kommt vielmehr darauf an, dass die Ursache des Mangels zu diesem Zeitpunkt vorhanden sein muss, auch wenn sich dieser erst Monate später auswirkt.

Nach Ablauf der Frist kann der Verkäufer mangelbedingte Ansprüche (Gewährleistungsansprüche) auf Nacherfüllung, Schadensersatz oder Aufwendungsersatz aus Kaufverträgen verweigern.

3. Sonderregelungen

Auf den Kauf von Verbrauchsgütern sind grundsätzlich die allgemeinen Regeln des Kaufvertragsrechts anwendbar. Ergänzend gelten aber die folgenden Sonderregelungen:

3.1. Eingeschränkte Vertragsfreiheit

Sämtliche Bestimmungen über die grundlegenden Pflichten der Vertragsparteien, über Mängel und Mängelansprüche sind zwingend. Von ihnen kann weder durch Allgemeine Geschäftsbedingungen noch durch individuelle Vereinbarungen zum Nachteil des Verbrauchers abgewichen werden (§ 475 Abs. 1 BGB), wie z. B. mit Formulierungen wie „unter Ausschluss jeglicher Gewährleistung“ oder „gekauft wie besehen“.

Das gilt insbesondere für
- die Wahlfreiheit des Käufers bei Mängelrechten;
- die Beweislastumkehr innerhalb der ersten 12 Monate[1];
- die Verjährungsfrist von 2 Jahren bei neuen Sachen;
- den vertraglichen Haftungsausschluss[2] bei Schäden.

Durch diese Bestimmungen soll ein Mindestschutz des Verbrauchers gewährleistet werden. Einzelhändler müssen nicht für einen Mangel haften, den sie zuvor benannt haben. Mängellisten müssen deshalb vom Käufer unbedingt in Ruhe an der Ware überprüft werden.

3.2 Gefahrübergang beim Versendungskauf

Bei einem Versendungskauf geht normalerweise die Gefahr auf den Käufer über, sobald der Verkäufer die Sache dem Spediteur oder dem Frachtführer ausgeliefert hat (§ 447 BGB). Das gilt beim Verbrauchsgüterkauf nicht. Vielmehr **geht die Gefahr erst bei Eintreffen der Sache beim Käufer über;** die Ware reist also **stets** auf Gefahr des Verkäufers (§ 474 Abs. 2 BGB). Der Verbraucher muss deshalb die Kaufsache nicht bezahlen, wenn sie auf dem Weg zu ihm zerstört wird. Die Gefahren gehen allerdings immer dann auf den Käufer über, wenn dieser **als Verbraucher handelt** und die Warenbeförderung selbst organisiert, er also ein Transportunternehmen ohne den Vorschlag des Unternehmers mit der Warenbeförderung beauftragt.

3.3 Beweislastumkehr (§ 477 BGB)

Grundsätzlich trägt der Käufer die Beweislast für den Mangel an der Kaufsache. Er muss beweisen, dass der Mangel bereits beim Kauf bzw. zum Zeitpunkt des Gefahrübergangs vorhanden war und nicht erst später entstanden ist.

Für den Verbrauchsgüterkauf hingegen gilt beim Vorliegen eines Sachmangels, der im Laufe **der ersten 12 Monate seit Gefahrübergang** (meist nach Lieferung, d. h. Übergabe der Ware[3]) aufgetreten ist, die **Beweislastumkehr**:
Verbraucher können vom Verkäufer bei Produktmängeln 2 Jahre lang verlangen, dass er den Mangel repariert oder das Gerät umtauscht. In den ersten 12 Monaten nach dem Kauf klappt das meist problemlos. Das Gesetz unterstellt in dieser Zeit, dass die Sache schon beim Kauf einen unentdeckten Mangel aufwies. Der **Verkäufer** muss beweisen, dass die Ware zum Zeitpunkt des Verkaufs bzw. der Warenübergabe mangelfrei war, dass der Fehler also nicht von Anfang an vorhanden war.

BEISPIEL

Die Kunden der Ambiente Warenhaus AG müssen bei Auftreten eines Mangels **innerhalb der ersten 12 Monate** seit Übergabe der Sache **nicht beweisen,** dass dieser Mangel schon beim Verkauf vorhanden war. Die **Beweislast liegt beim Verkäufer,** der nachweisen muss, dass dies eventuell nicht so war.

Diese gesetzliche Regelung kann vom Verkäufer nur widerlegt werden, wenn er nachweisen kann, dass der Mangel an der Ware *durch unsachgemäße Behandlung durch den Verbraucher* entstanden ist.

Barbara Thiele · Amselweg 1 · 30559 Hannover　　Hannover, 20.02.20..

Firma
Ambiente Warenhaus AG
Groner Str. 22–24
34567 Schönstadt

Kauf eines DVD-Players

Sehr geehrte Damen und Herren,

am 12. Februar d. J. kaufte ich bei Ihnen den DVD-Player „DUNA 66V“ zum Preis von 280,00 €. Vorgestern, also am 18. Februar, teilte ich Ihnen mit, dass sich die automatische Endabschaltung während des Betriebes immer wieder abschaltet. Diese Funktionsstörung stellt einen erheblichen Fehler dar, der mich berechtigt, auf Lieferung eines typengleichen neuen DVD-Players zu bestehen.

Sie lehnen eine Ersatzlieferung jedoch mit einem Hinweis auf Ihre Allgemeinen Geschäftsbedingungen ab, in denen Sie sich eine Nachbesserung solcher Fehler vorbehalten hätten. Sie seien deshalb nur bereit, das Gerät zu reparieren.

Eine solche Reparatur lehne ich jedoch ab. Die von Ihnen aufgeführten Allgemeinen Geschäftsbedingungen sind nicht Gegenstand des zwischen uns geschlossenen Kaufvertrages geworden, denn Sie haben auf diese Bedingungen vor Vertragsabschluss weder hingewiesen noch mir Gelegenheit gegeben, sie zustimmend zur Kenntnis zu nehmen. Beides ist jedoch nach § 305 BGB Voraussetzung dafür, dass AGB zum Vertragsinhalt werden.

Somit kann ich uneingeschränkt die gesetzlichen Kaufrechte des Bürgerlichen Gesetzbuches geltend machen.

Ich fordere Sie deshalb auf, mir ein typengleiches neues Gerät gegen Rückgabe des fehlerhaften zu liefern. Sollte ich nicht bis zum 28. Februar einen positiven Bescheid von Ihnen erhalten, sehe ich mich gezwungen, die Hilfe des Gerichts in Anspruch zu nehmen.

Mit freundlichen Grüßen
Barbara Thiele

1 Der Zeitraum wurde mit Wirkung Januar 2022 auf zwölf Monate angehoben; § 477 Abs. 1 BGB-neu.
2 Zum Haftungsausschluss bei Kenntnis oder grob fahrlässiger Unkenntnis sowie bei unerheblichen Mängeln siehe Ausführungen in LF 7, Kap. 3; zu den Gewährleistungsfristen LF 7, Kap. 2.
3 Wenn der Käufer die Ware nicht entgegennimmt, sich also im Annahmeverzug befindet, geht die Gefahr bereits vor Übergabe auf den Käufer über.

Den Beweis muss er in den ersten 12 Monaten erbringen. **Ab Monat 13 trifft die Beweislast den Käufer**, d.h. er muss nun nachweisen, dass der Mangel von Anfang vorhanden war.

BEISPIELE

Ein Reifen eines Autos platzt – ab Kaufdatum – nach 8 Monaten. Dass er nach dieser Zeit nicht wegen normaler Abnutzung, sondern wegen eines Fabrikationsfehlers geplatzt ist, ist vom Käufer schwer nachzuweisen. Deshalb wird davon ausgegangen, dass der Fehler von Anfang an vorhanden war. Ist der Verkäufer anderer Ansicht, muss er belegen, dass der Reifen beim Kauf noch in Ordnung war.

14 Monate nach der Übergabe eines neuen Autos funktioniert die automatische Türverriegelung nicht mehr ordnungsgemäß. Jetzt muss der Kunde, z. B. durch einen Kfz-Sachverständigen, belegen, dass schon bei der Übergabe dieser Defekt vorhanden war.

Die gesetzliche Vermutung gilt dann nicht, wenn sie **mit der Art der Ware nicht vereinbar** ist, wie z. B. bei schnell verderblicher Ware (Lebensmittel) oder bei gebrauchten Gütern.

BEISPIEL

Wird ein 8 Jahre alter Pkw verkauft, darf er nur solche Mängel nicht haben, die ein Auto dieses Alters üblicherweise nicht aufweist. Nur bei Fehlern, die dem Alter und dem Nutzungsgrad **nicht** entsprechen, hat der Käufer – wenn nicht besondere Vereinbarungen vorliegen – weitere Rechte.

Der Verkäufer gebrauchter Sachen haftet daher nicht für die Neuwertigkeit der Sache, sondern schuldet lediglich die Ware in ihrem gebrauchten Zustand.

3.4 Verjährung

Verjährung der Rechte bei mangelhafter Lieferung (Gewährleistungsfristen)			
Mangel an:	**Allgemeines Kaufrecht** (es findet Anwendung auf alle Kauf-, Tausch- und Werklieferungsverträge)	**Verbrauchsgüterkauf** (= Kaufverträge, bei denen ein Verbraucher von einem Unternehmer eine bewegliche Sache kauft)	
neuen Sachen	**2 Jahre,** beginnend mit der Ablieferung der Sache	**2 Jahre,** beginnend mit der Ablieferung. Sollte ein Mangel innerhalb der gesetzlichen Verjährungsfrist auftreten, dann tritt die Verjährung allerdings **nicht vor Ablauf von zwei Monaten** nach Auftreten des Mangels ein.	**Beweislastumkehr:** Innerhalb der ersten **zwölf** Monate wird angenommen, der Mangel habe bereits bei Übergabe bestanden.
gebrauchten Sachen		Verkürzung bis zu 1 Jahr möglich, beginnend mit der Ablieferung (§ 475 Abs. 2 BGB)	
Sachen, wenn der Verkäufer den Mangel **arglistig verschwiegen** hat (§ 438 BGB)	**3 Jahre,** beginnend mit dem Schluss des Jahres • in dem der Anspruch entstanden ist und • der Gläubiger Kenntnis davon erlangt hat oder hätte erlangen müssen, dass ihm der Anspruch zusteht und wer der Schuldner ist (§ § 195 und 199 BGB[1])		
Bauwerken (§ 634 a BGB) oder wenn die Sache für ein Bauwerk verwendet worden ist und dessen Mangel verursacht hat (§ 438 BGB)	**5 Jahre,** beginnend mit der Ablieferung bzw. Abnahme des Werkes		

1 Gemäß § 199 Abs. 1 BGB beginnt die Verjährung der Ansprüche, die der regelmäßigen Verjährungsfrist unterliegen, nicht mit dem „normalen" Verjährungsbeginn, sondern erst mit dem Schluss des jeweiligen Jahres. Sinn dieser Regelung ist es, den Betroffenen eine dauernde Kontrolle des Fristablaufs zu ersparen.
Bei den „anderen" Verjährungsfristen (also bei allen außer der regelmäßigen Verjährungsfrist) beginnt die Verjährung mit der Entstehung des Anspruchs (soweit nicht ein anderer Verjährungsbeginn bestimmt ist; § 200 BGB).

Garantie (§ 443 BGB)

Von der Gewährleistung, die gesetzlich geregelt ist, ist die Übernahme einer Garantie streng zu trennen.

DEFINITION

Unter einer **Garantie** ist zu verstehen, dass
- der Garantiegeber (i. d. R. der Hersteller) dem Käufer
- für eine bestimmte Zeit ab Übergabe der Ware
- freiwillig einen Anspruch einräumt,
- der über die gesetzliche Mängelhaftung hinausgeht.

Garantie bedeutet daher das Versprechen des Garantiegebers (z. B. in der einschlägigen Werbung), dass
- der Kaufpreis erstattet,
- die Sache ausgetauscht oder nachgebessert oder
- sonstige Dienstleistungen im Zusammenhang mit der Ware erbracht werden,

falls die Sache **nicht die Beschaffenheit** hat oder die **Anforderungen erfüllt**, mit denen sie angepriesen wird.

Eine Garantie ist eine **freiwillige** (vertragliche) **Zusatzleistung** des Garantiegebers (Hersteller, Lieferer, Verkäufer) und tritt neben die gesetzlichen Gewährleistungsrechte. Nicht geregelt ist die Verpflichtung des Garantiegebers zur Leistung von Schadensersatz; diese kann individuell vereinbart werden.

Garantien gegenüber Verbrauchern
(Verbrauchsgüterkauf)

Eine Garantieerklärung muss einfach und verständlich formuliert sein und muss gem. § 479 BGB enthalten:
- Hinweise
  - auf die bestehenden gesetzlichen Rechte des Verbrauchers bei Mängeln
  - dass die Inanspruchnahme dieser gesetzlichen Rechte unentgeltlich ist,
  - dass diese Rechte durch die Garantie nicht eingeschränkt werden;
- den Namen und die Anschrift des Garantiegebers;
- die vom Verbraucher einzuhaltenden Verfahren für die Geltendmachung der Garantie, was der Verbraucher also konkret tun muss, um die Garantieleistungen zu erhalten.
- Dabei muss vom Garantiegeber deutlich hervorgehoben werden, dass die Garantie eine Verpflichtung darstellt, die **zusätzlich** zur gesetzlichen Gewährleistung besteht;
- die Nennung der Kaufsache, auf die sich die Garantie bezieht[2] und
- die Bestimmungen der Garantie, insbesondere die Dauer und den räumlichen Geltungsbereich des Garantieschutzes.

Verstößt ein Garantiegeber gegen diese Pflichtvorgaben und erfüllt eine Garantieerklärung demzufolge nicht die genannten gesetzlichen Voraussetzungen dann ist die Garantieerklärung aber dennoch wirksam. Begründung: Ein solcher Verstoß soll nicht zu Lasten des Verbrauchers gehen, der ansonsten weniger statt mehr Rechte hätte. Händler können wegen solcher Verstöße abgemahnt werden.

Auch Hinweise wie lediglich „5 Jahre Herstellergarantie" oder Ähnliches ohne erläuternde Zusätze reichen auch im Rahmen einer bloßen Werbung in einem Onlineshop nicht aus, um den gesetzlichen Anforderungen zu genügen.

BEISPIEL im Rahmen eines Onlineangebots

„5 Jahre Herstellergarantie" (...)

Wird in der Artikelbeschreibung eine Garantie ausgewiesen, bleiben Ihre gesetzlichen Mängelrechte uns gegenüber hiervon unberührt. Den Inhalt der Garantie und alle wesentlichen Angaben, die für die Geltendmachung der Garantie erforderlich sind, können Sie hier einsehen: („*Angabe des Links, der zu den Garantiebedingungen führt*")"

1 Gemäß § 199 Abs. 1 BGB beginnt die Verjährung der Ansprüche, die der regelmäßigen Verjährungsfrist unterliegen, nicht mit dem „normalen" Verjährungsbeginn, sondern erst mit dem Schluss des jeweiligen Jahres. Sinn dieser Regelung ist es, den Betroffenen eine dauernde Kontrolle des Fristablaufs zu ersparen. Bei den „anderen" Verjährungsfristen (also bei allen außer der regelmäßigen Verjährungsfrist) beginnt die Verjährung mit der **Entstehung** des Anspruchs (soweit nicht ein anderer Verjährungsbeginn bestimmt ist; § 200 BGB).

2 Werden lediglich unverbindliche Angebote gemacht, die zur Bestellung auffordern, müssen die Garantiebedingungen nicht zwingend angegeben werden, sondern nur mit der Bestellbestätigung an den Verbraucher übersendet werden.

Darüber hinaus muss der Garantiegeber dem Verbraucher seine Garantieerklärung **spätestens[1] zum Zeitpunkt der Lieferung der Kaufsache** auf einem **dauerhaften Datenträger**, wie beispielsweise in Papierform oder per E-Mail, zur Verfügung stellen, unabhängig davon, ob sie der Verbraucher verlangt oder nicht. Die Übergabe der Garantiehinweise muss daher ungefragt und automatisch geschehen.

Ein Hinweis auf die Garantiebedingungen auf der Webseite des Unternehmens reicht nicht aus. Diese Sonderregelung für Garantien findet zwischen Unternehmern keine Anwendung.

Der Garantiegeber kann den Umfang einseitig selbst bestimmen. Der Käufer hat keinen Einfluss auf die inhaltliche Ausgestaltung dieser freiwilligen Garantie. So kann er beispielsweise bestimmen, ob sich die Garantie auf die Lebensdauer oder auf einzelne Teile des Produkts erstreckt. Sehr häufig übernehmen Hersteller, um die Qualitat ihrer Ware zu unterstreichen und damit ihre Absatzchancen im Wettbewerb um die Kunden zu erhöhen, die Zusicherung dafür, dass die Ware wahrend eines bestimmten Zeitraums oder für eine bestimmte Nutzungsdauer nicht durch Verschleiß oder Abnutzung beeinträchtigt wird. Wird ein Produkt als „rostfrei" bezeichnet (Haltbarkeitsgarantie), stehen dem Kaufer im Garantiefall die Rechte zu, die sich aus der Garantieerklärung und der einschlägigen Werbung ergeben.

Wird eine Garantie angeboten, hat der Käufer die Wahl, ob er bei Auftreten eines Mangels seine Rechte aus der Garantie oder aus der gesetzlichen Sachmangelhaftung in Anspruch nimmt. Treten innerhalb einer bestimmten Frist Schäden auf, garantiert der Hersteller kostenlose Nachbesserung, es gibt aber normalerweise weder Preisminderung noch Rücktritt. Dafür sorgt aber die Sachmangelhaftung. Schlagen die Garantiereparaturen fehl, hat der Käufer per Gesetz ein Rücktrittsrecht. Darauf muss der Verkäufer in seinen Geschäftsbedingungen ausdrücklich hinweisen.

Sofern der Hersteller gegenüber dem Verbraucher eine Haltbarkeitsgarantie abgegeben hat, hat der Verbraucher gegen den Hersteller während des Garantiezeitraums mindestens einen Anspruch auf Nacherfüllung.

Der Käufer hat letztlich jedoch zu beweisen, dass eine Garantie gegeben worden ist und dass der Mangel während der Garantiefrist aufgetreten ist. Er braucht dagegen nicht zu beweisen, dass der Mangel von Anfang an bestanden hat und dass er nicht auf einer unsachgemäßen Behandlung der Sache durch den Käufer beruht. Nach den gesetzlichen Bestimmungen bezieht sich die Garantieaussage sowohl auf die **schriftlichen Inhalte** als auch auf die vom Garantiegeber gemachten **Äußerungen** zur Garantie **in der Werbung**.

Im Gegensatz zu Herstellergarantien sind Garantien im Handel die Ausnahme.

Neue Garantie für umgetauschte Ware?

Jan Gerke, Berlin

Ich habe kürzlich eine Spielekonsole gekauft. Sie ist kaputtgegangen und ich habe ihn gegen ein neues Gerät umgetauscht. Beginnt die Garantie jetzt von vorn?

Antwort:

Wenn Sie für Ihr Austauschgerät keinen neuen Garantiezettel bekommen haben, gilt die Restlaufzeit der alten Garantie, denn mit der freiwilligen Garantie wollen Hersteller nur für die Fehlerfreiheit der ursprünglich verkauften Ware einstehen.

Allerdings haben Sie für das Austauschgerät die gesetzlichen Gewährleistungsansprüche gegen den Händler. Hat der neue Rechner eine Macke, können Sie ihn innerhalb von zwei Jahren ab Übergabe entweder umtauschen, den Kaufpreis mindern oder sogar vom Vertrag zurücktreten. Im letzten Fall kann es sein, dass Sie Nutzungsersatz leisten müssen. Die Faustregel für die Berechnung: Kaufpreis durch voraussichtliche Lebenserwartung des Rechners teilen und mit tatsächlicher Nutzungsdauer multiplizieren.

Wenn Sie anderswo einen teureren Ersatz besorgen mussten, können Sie für die Differenz Schadensersatz verlangen.

Tritt der Mangel am neuen Gerät erst später als 12 Monate nach dessen Übergabe auf, müssen Sie nachweisen, dass der Fehler von Anfang an vorhanden war, um Ersatz zu bekommen.

Reklamationen

Die Mehrzahl aller Kaufverträge wird zur Zufriedenheit sowohl des Kaufmanns als auch des Kunden abgewickelt. Probleme treten auf, wenn der Kunde mit der

1 Da die Garantieerklärung in der vorgeschriebenen Form „spätestens", aber nicht zwingend zum Zeitpunkt der Lieferung der Kaufsache zur Verfügung gestellt werden muss, ist auch ein früherer Zeitpunkt möglich, etwa im Zusammenhang mit dem Vertragsschluss, z. B. im Zuge der Erfüllung der vorvertraglichen Informationspflichten bei der Bestellung der Kaufsache.

222268338

ihm übergebenen oder gelieferten Ware nicht einverstanden ist.

Im Falle einer Reklamation sollte ein möglichst freundliches und ruhiges Verkäuferverhalten an den Tag gelegt werden. Haben Kunden das Gefühl, dass ihre Beschwerden nicht zufriedenstellend behandelt werden, kann die Unzufriedenheit darüber eventuell auf das ganze Unternehmen übertragen werden. Das kann dazu führen, dass das Unternehmen in Zukunft gemieden wird und dass die enttäuschten Kunden ihre Frustration anderen mitteilen.

Um Reklamationen kunden- und situationsgerecht zu erledigen, sollten folgende Punkte beachtet werden:

- Eine Reklamation muss sofort bearbeitet werden. Die Reklamation sollte nach Möglichkeit nicht im belebten Verkaufsraum entgegengenommen werden, weil das andere Kunden vom Kauf abhalten oder zumindest ablenken kann. Besser ist es, in abgelegene Teile des Verkaufsraumes zu gehen oder ins Büro.
- Dem reklamierenden Kunden sollte – wenn dies möglich ist – ein Platz angeboten werden.
- Gegebenenfalls sollte ein Vorgesetzter hinzugezogen werden.
- Jede Reklamation sollte ernst genommen werden. Wichtig ist, dass man dem Kunden zuhört, ihn ausreden lässt und ihm Verständnis für seinen Ärger zeigt. Dadurch kann man zumindest zum Teil auch wütende Kunden beschwichtigen, die schimpfen oder laut sind. Der Reklamationsfall kann durch gezielte Fragen häufig ziemlich schnell geklärt werden.
- In jedem Fall sollte sich das Verkaufspersonal für Unannehmlichkeiten, die mit der Reklamation verbunden sind, entschuldigen.

BEISPIELE

- „Es tut mir leid, dass die Ware mangelhaft war ..."
- „Entschuldigen Sie bitte die Unannehmlichkeiten, die Sie hatten ..."

- Bei unberechtigten Beschwerden sollte versucht werden, den Vorfall sachlich zu klären und beim Kunden dafür Verständnis zu erreichen. In einem solchen Fall geht es nicht darum, zu beweisen, dass der Kunde im Unrecht ist, sondern ihm zu helfen.

Schritte einer erfolgreichen Reklamationsbehandlung

↓

Durch aktives Zuhören dem Kunden ermöglichen, „Dampf" abzulassen.

↓

Klärung des Sachverhalts:
= Recherchieren (Wie ist es zur Unzufriedenheit des Kunden gekommen?)

↓

Wenn es die eigene Schuld ist:
Entschuldigen!

↓

Wenn ein Fremdverschulden vorliegt:
Hilfe anbieten!

↓

Für Abhilfe sorgen.

↓

Alles tun, um die Beziehung aufrechtzuerhalten.

BEISPIELE

- „Wir können den Artikel leider nicht zurücknehmen, weil ..."
- „Bitte bringen Sie Verständnis dafür auf, dass ..."

- Am Schluss des Reklamationsgesprächs sollte dem Kunden gedankt werden. Durch seine Reklamation hat er eventuell geholfen, zukünftige Beschwerden zu vermeiden.

Beschwerdemanagement

Die meisten Einzelhandelsunternehmen sprechen von Kundenorientierung und wissen, dass ein langfristiger Unternehmenserfolg dann gegeben ist, wenn sie es schaffen, Kunden dauerhaft an ihr Unternehmen zu binden. Dennoch verschenken sie jedes Jahr enorme Beträge, weil Reklamationen und Beschwerden mangelhaft oder einfach gar nicht bearbeitet werden.

Nur 2 %–4 % aller Kunden beschweren sich.

Bis zu 82 % der Kunden machen weiterhin mit Unternehmen Geschäfte, deren Beschwerden schnell und freundlich gelöst wurden.

90 % der Kunden, die sich nicht beschweren, obwohl sie einen Grund dazu gehabt hätten, kaufen nie wieder bei dem Unternehmen ein.

Dabei sollte gerade die Reklamation bzw. Beschwerde für jedes Unternehmen eine willkommene Chance darstellen. Zum einen ist es die günstigste Form von **Werbung**, denn jeder Kunde, dessen Reklamation zu seiner Zufriedenheit bearbeitet wurde, erzählt dies weiter. Zum Zweiten bietet eine Reklamation bzw. Beschwerde dem Unternehmen die Möglichkeit, den Kunden als **Stammkunden** zu binden (einen Stammkunden zu halten ist preiswerter, als einen Neukunden zu gewinnen) und sich somit auf dem Markt zu profilieren. Darüber hinaus stellt jede Reklamation bzw. Beschwerde eine Gelegenheit dar, die eigenen **Angebote und Prozesse** weiter zu optimieren.

Deshalb richten viele Unternehmen ein Beschwerdemanagement ein. Das Beschwerdemanagement wird mit dem Ziel betrieben, Kundenklagen nicht als leidiges Übel, sondern als Chance zu begreifen, offenkundig vorhandene oder sich abzeichnende Missstände eines Einzelhandelsunternehmens abzustellen, indem die Beschwerden der Kunden systematisch gesammelt und bearbeitet werden.
Wurde eine Reklamation oder Beschwerde nicht oder mangelhaft behoben, bedeutet dies einen kaum einzuschätzenden Verlust. Nicht nur der eine – vielleicht sehr wichtige – Kunde ist weg, dieses Erlebnis erzählt er anderen, potenziellen Kunden weiter.

Die Vermutung, dass eine geringe Anzahl an Kundenbeschwerden mit Kundenzufriedenheit oder nur wenigen Beschwerde- oder Reklamationsgründen gleichzusetzen ist, erweist sich bei genauerem Hinsehen als unwahr. Die meisten Kunden beschweren sich nicht, sie wandern stillschweigend zur Konkurrenz. Das Einzelhandelsunternehmen erfährt weder den Grund, noch bekommt es die Möglichkeit, Verbesserungen vorzunehmen. Nur ein geringer Kundenanteil bringt die Reklamation bzw. Beschwerde vor und bietet somit eine Chance, die unbedingt genutzt werden sollte. Je rascher und zufriedenstellender der Kunde die Bearbeitung der Reklamation empfindet, umso treuer wird er in der Regel dem Unternehmen später gegenüberstehen.

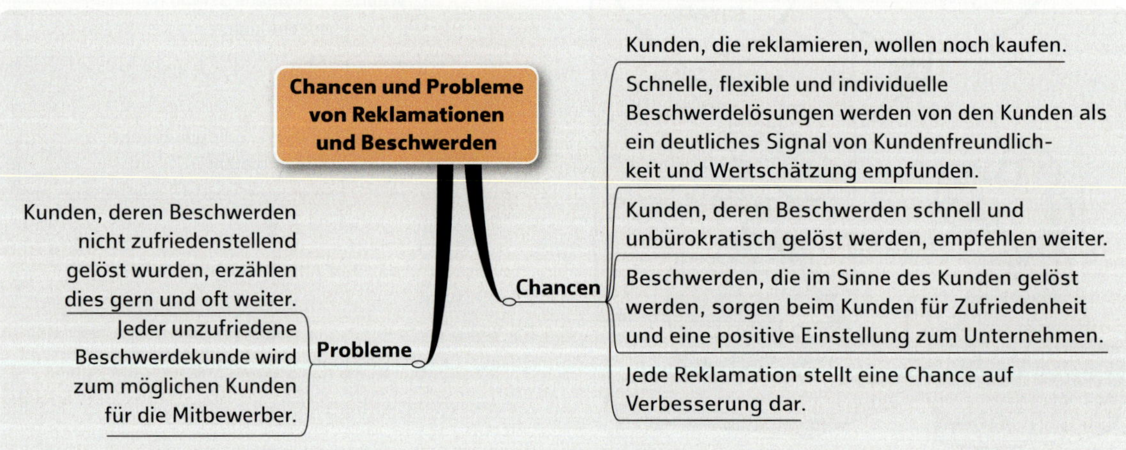

222268340

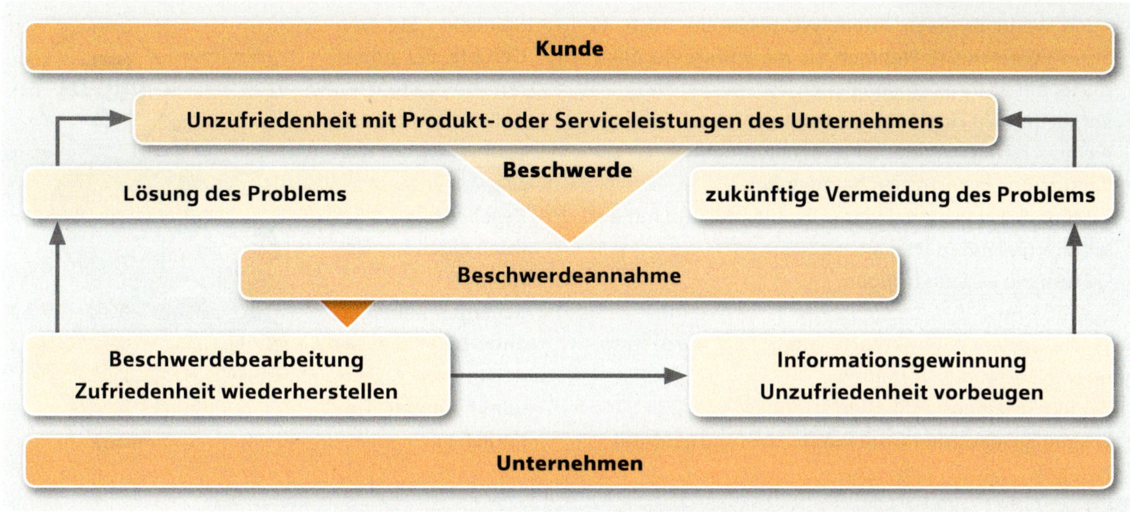

Konfliktlösungsverhalten bei Reklamationen

Reklamationen des Kunden wegen einer vermeintlich oder tatsächlich mangelhaften Ware können als **Konflikt** angesehen werden. Konflikte treten nicht nur in der Kommunikation mit dem Kunden auf, sondern sind ein alltägliches Ereignis. Meinungsverschiedenheiten oder Streit können beispielsweise in der Partnerschaft, im Sportverein oder zwischen Kollegen auftreten.

Als Konflikt wird allgemein ein Interessengegensatz zwischen zwei Parteien (hier Käufer und Unternehmen) verstanden, aus dem sich Auseinandersetzungen in unterschiedlichem Ausmaß ergeben können.
Dabei hat jede Partei ihr eigenes, subjektives Konfliktverständnis: Man fühlt sich im Recht bzw. im Nachteil.

Es sollte versucht werden, Konflikte zu bewältigen.

Grundsätzlich kann man sich in Konflikten wie folgt verhalten:

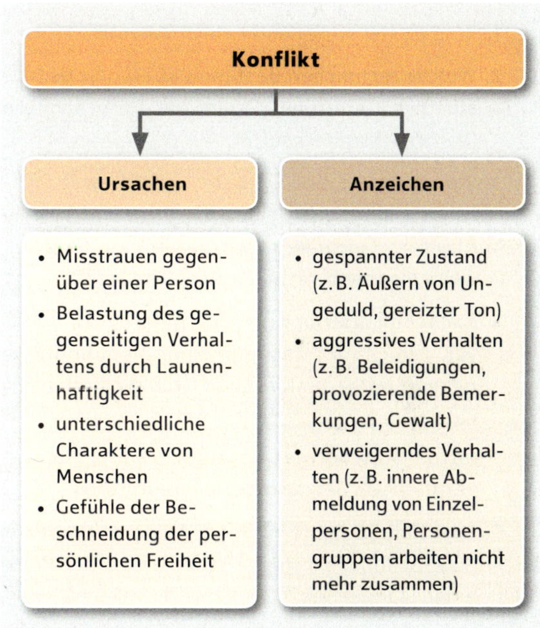

In den meisten Konfliktfällen hat sich eine Strategie als erfolgreich gezeigt, die versucht, alle Beteiligten zu Gewinnern zu machen.
Beachtet werden sollte in Konflikten:

- Sprechen Sie den Konflikt an!
- Bleiben Sie ruhig und kontrollieren Sie Ihre Erregung.
- Hören Sie aufmerksam und geduldig zu.
- Wenden Sie eine zugewandte Gesprächshaltung an. Damit zeigen Sie, dass Sie sich mit der anderen Partei beschäftigen.

- Auch wenn es nach Ihrem Wertesystem noch so abwegig erscheint: Nehmen Sie die andere Konfliktpartei mit all ihren Gedanken ernst.
- Versuchen Sie das von der anderen Partei Gesagte nicht zu bewerten oder zu verurteilen.
- Versuchen Sie Vertrauen herzustellen.
- Streben Sie eine gemeinsame Problemlösung mit der anderen Konfliktpartei an.
- Treffen Sie Vereinbarungen.

Falls die andere Konfliktpartei aggressiv wird, empfiehlt sich folgendes Vorgehen:

- Zeigen Sie eigene echte Betroffenheit.
- Fragen Sie nach den Gründen für die Aggressivität.
- Spiegeln Sie die Gefühle der anderen Konfliktpartei. („Herr Schatz, Sie sind verärgert, weil ...")
- Beschreiben Sie Ihre eigenen Gefühle.
- Schlagen Sie einen anderen – besser geeigneten – Zeitpunkt für das Gespräch vor.

AUFGABEN

1. Was verstehen Sie unter einer Garantie?

2. Welche rechtlichen Bestimmungen gibt es hinsichtlich Garantien gegenüber Verbrauchern (Verbrauchsgüterkauf)?

3. Wie ist die in den Garantie- und Gewährleistungsbedingungen eines Händlers formulierte Klausel „... gewähren wir Ihnen eine Garantie von 3 Monaten" rechtlich zu beurteilen?

4. Ein Kunde möchte einen orangefarbenen Pullover, den er vor 2 Tagen in einer Modeboutique gekauft hatte, umtauschen, weil die Farbe seiner Freundin nicht gefallen hat.

Ist der Inhaber der Boutique zum Umtausch verpflichtet? Begründen Sie Ihre Antwort.

5. Eine Kundin kauft in einem Saisonverkauf ein Paar Schuhe. Zu Hause stellt sie an der Ware einen Mangel fest.

Wie ist die Rechtslage?

6. Wodurch unterscheidet sich die Garantie von der gesetzlichen Gewährleistung?

7. Auf einem Wühltisch in der Textilabteilung der Weber KG entdeckt Wolfgang Mahler sehr preiswerte Sportsocken. Über dem Wühltisch hängt ein Schild mit folgendem Wortlaut: „Diese Ware ist vom Umtausch ausgeschlossen." Nachdem er fünf Paar Socken gekauft hat, stellt er zu Hause beim Auspacken fest, dass die Socken sowohl Fehler im Gummizug als auch kleinere Materialfehler aufweisen. Als er dies am darauffolgenden Tag reklamiert, ist die Verkäuferin mit Hinweis auf das Schild nicht zum Umtausch bereit.

Wie beurteilen Sie die Situation?

8. Was besagt die Klausel „Umtausch innerhalb von 7 Tagen nur gegen Vorlage des Kassenbons"?

9. Erläutern Sie das Verhalten des Verkaufspersonals bei Reklamationen.

10. Erklären Sie den Unterschied zwischen dem Umtausch und einer Neulieferung (im Rahmen der gesetzlichen Gewährleistung).

11. Wann geht beim Versendungskauf die Gefahr auf den Verbraucher über?

12. Welche Gewährleistungsansprüche räumt das BGB dem Käufer beim Verbrauchsgüterkauf ein?

13. Björn Schrader kauft in einem Fotofachgeschäft eine digitale Kamera für 375,00 €. Vier Tage nach dem Kauf reißt der lederne Tragehandriemen der Kamera. Ob dieser Mangel aufgrund eines Materialfehlers bereits bei der Übergabe der Kamera vorhanden oder durch das kräftigere Einwirken von Herrn Schrader zurückzuführen war, kann nicht festgestellt werden.

Wie würden Sie im vorliegenden Fall die Reklamation von Björn Schrader behandeln?

14. Familie Huber kauft vom Gebrauchtwagenhändler Beck am 2. April 2021 ein Elektroauto der Marke VW ID.4, ein Jahr alt. Im Kaufvertrag wird u. a. vereinbart, dass

- die Gewährleistungsfrist auf ein Jahr verkürzt wird und

- die Übergabe eine Woche später am 9. April 2021 stattfinden soll.

Als am 5. April 2022 ein Schaden an der Batterie festgestellt wird, will Herr Huber seine gesetzlichen Rechte aufgrund von mangelhafter Lieferung geltend machen.

Prüfen Sie, ob dies noch möglich ist.

15. Verkäufer Seelig und Käuferin Neumann schließen am 12. Dez. 2020 einen Kaufvertrag über einen neuen Power Edition Evolution Bodenstaubsauger. Der Staubsauger wird vereinbarungsgemäß am 20. Dez. 2020 bei Frau Neumann abgeliefert. Am 12. Juli 2022 stellt Frau Neumann einen schweren Konstruktionsfehler an der elektronischen Saugkraftregulierung fest und verklagt umgehend den Lieferer.

a) Kann sich Verkäufer Seelig auf die Einrede der Verjährung berufen?

b) Würde sich etwas ändern, wenn Frau Neumann den Schaden am 20. Dez. 2022 feststellt?

c) Würde sich etwas ändern, wenn Frau Neumann den Schaden am 21. Dez. 2022 feststellt?

d) Würde sich etwas ändern, wenn Seelig vom Schaden wusste und ihn verschwiegen hat? Ändert sich dann etwas an der Beurteilung der Sachverhalte b) und c)?

e) Zusatzfrage zu d): Könnte sich Seelig am 21. Dez. 2023 auf die Verjährung berufen?

16. Ein Kunde betritt die Herrenabteilung. Er wendet sich an eine Verkäuferin: „Dieses Sakko habe ich gestern bei Ihnen gekauft. Ich will es umtauschen. Das ist ja wohl das Schlechteste, das mir je verkauft wurde. Ich bin empört über ...“

Formulieren Sie in wörtlicher Rede, wie die Verkäuferin den aufgebrachten Kunden und seine Reklamation unter Berücksichtigung der rechtlichen und betrieblichen Regelungen behandeln könnte. Unterstellen Sie dabei, dass die Beschwerde

a) berechtigt,

b) unberechtigt war.

17. Erklären Sie, was Sie im Rahmen des Verbrauchsgüterkaufs unter Beweislastumkehr verstehen.

18. Erläutern Sie den Begriff „Konflikt“.

19. Führen Sie Regeln zur Konfliktbewältigung auf.

20. Die äußerst umweltbewusste und sparsame Frau Kaune kauft von einem Einzelhändler einen neuen Kühlschrank, der mit dem Qualitätsmerkmal „Höchste Energiesparstufe“ beworben wird. Diese Werbebotschaft ist darüber hinaus unübersehbar an der Tür des Kühlschranks in Form eines Aufklebers angebracht. Bereits nach einigen Tagen stellt Frau Kaune jedoch fest, dass eher das Gegenteil der Fall ist und der „Neue“ ein regelrechter Stromfresser ist.

Wie schätzen Sie die Situation ein?

21. Der 18-jährige Bernd Kiefer erfüllte sich seinen lang ersehnten Wunsch: Er kaufte sich ein paar Rollerblades, neuestes Modell aus der Serie „Lightning Speed“. Der Händler hatte das Sportgerät noch nicht aus seinem Angebot herausgenommen, obwohl ihm bekannt war, dass es bei dieser Neuentwicklung immer wieder zu Reklamationen hinsichtlich der Radaufhängungen kam. Am folgenden Wochenende, als Bernd die Rollerblades ausprobierte, brach eine der Rollen aus der Fassung. Bernd, der sich aufgrund der Geschwindigkeit nicht mehr abfangen konnte, stürzte und brach sich den linken Unterarm.

Welche Rechte kann Bernd Kiefer geltend machen?

22. Wilfried Bodenstein, kaufmännischer Angestellter und begeisterter Hobbysportler sowie Fitnessstudio-Besucher, hat sich für zu Hause den Leichtlauftrainer Buffalo mit Laufband, Stepper, Heimtrainer (drei Geräte in einem) einschließlich Sensor-Handpulsmessung und Computer zugelegt. Der Kaufvertrag wurde am 18. Juni mit dem Sporthaus Jung & Co. KG abgeschlossen; Lieferung des Trainingssystems mit Bauanleitung zum Selbstaufbau.

Nach erfolgter Übergabe muss Sportler Bodenstein überrascht feststellen, dass die Anleitung aus einem fortlaufenden Text von 18 Seiten ohne Zeichnungen besteht. Für den Kaufmann ist die komplizierte fachtechnische Sprache ein Buch mit sieben Siegeln, sodass er nach 2 Stunden vergeblicher Mühe schließlich resigniert aufgibt. Auf seine Bitte, ihm eine verständliche Montageanleitung zukommen zu lassen, schickt ihm das Sporthaus eine andere Anleitung, die aber ähnlich kompliziert formuliert ist. Trotz einer erhaltenen dritten Vorlage kann Herr Bodenstein die Fitnessstation nicht montieren. Als er sich deshalb erneut beschwert, reagiert das Sporthaus verärgert und führt die Fehlversuche beim Zusammenbau auf sein mangelndes, unterdurchschnittlich ausgeprägtes Technikverständnis zurück. Daraufhin reicht es Herrn Bodenstein endgültig; er will sein Geld zurück.

Wie beurteilen Sie die Rechtslage?

AKTIONEN

1. Bereiten Sie Rollenspiele mit einem Partner vor:
   a) Ein Kunde reklamiert, dass ein Artikel Ihres Ausbildungssortiments einen Fehler aufweist.
   b) Ein Kunde möchte die Ware umtauschen, weil sie ihm nicht gefällt.

   Beachten Sie in beiden Fällen das korrekte Verkäuferverhalten.
2. Erarbeiten Sie mit der Kopfstandmethode das richtige Verhalten bei Reklamationen:
   a) Finden Sie zunächst Antworten auf die Frage: „Welche Verhaltensweisen von Verkäufern führen garantiert dazu, dass der Kunde zur Konkurrenz wechselt?"
   b) Stellen Sie anschließend eine Checkliste „Wichtige Punkte bei Reklamationen" auf. Formulieren Sie dabei die unter a) gefundenen Antworten als positive Aussagen.
3. Bilden Sie in Ihrer Klasse verschiedene Arbeitsgruppen. Jede der Arbeitsgruppen ist für einen der Bereiche
   - Umtausch,
   - mangelhafte Lieferung,
   - Garantie

   zuständig.
   a) Arbeiten Sie sich mithilfe des Buches (LF 7 und 10) in Ihr Thema ein.
   b) Bereiten Sie sich darauf vor, Ihr Thema der Klasse zu präsentieren.
   c) Erstellen Sie eine Wandzeitung bzw. eine Folie unter Beachtung der Regeln der Visualisierung zur Unterstützung Ihrer Präsentation.
4. Konflikte können überall dort auftreten, wo Menschen zusammenleben bzw. zusammenarbeiten. Es ist eine Situation, in der verschiedene Menschen mit unterschiedlichen Erwartungen, Wertvorstellungen oder Zielen aufeinandertreffen. Ursachenanalysen können helfen, Konflikte in einer frühen Phase zu lösen.
   a) Bestimmt haben Sie in Ihrer bisherigen beruflichen Tätigkeit selbst entweder einen Konflikt erlebt oder zumindest beobachten können. Schauen Sie sich in Partnerarbeit das unten stehende Schema einer Konfliktanalyse an:
   b) Schildern Sie Ihrem Partner einen von Ihnen erlebten bzw. beobachteten Konflikt.
   c) Versuchen Sie den Konflikt anhand des Schemas zusammen mit Ihrem Partner zu analysieren.

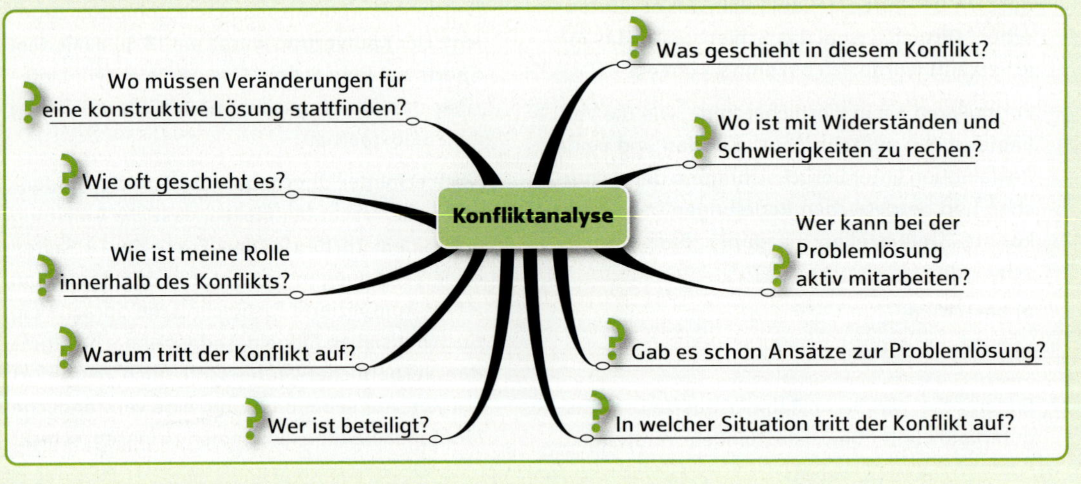

ZUSAMMENFASSUNG

Kunde ist unzufrieden mit der Ware.

- Ware gefällt nicht → Umtausch
- Ware ist mangelhaft → Gesetzliche Gewährleistung / Garantie

	Umtausch	Gesetzliche Gewährleistung	Garantie
Grundlage	freiwillige Verpflichtung des Händlers, Ware ohne Fehler zurückzunehmen (vertraglich oder freiwillig)	• gesetzliche Bestimmungen im BGB • Leistung des Handels	• freiwillige (vertragliche) Verpflichtung über die Gewährleistungspflicht hinaus • in der Regel Leistung des Herstellers
Frist	meist bis zu 10 Tagen	2 Jahre	unterschiedlich, aber nicht kürzer als die gesetzl. Gewährleistung

Verhalten bei Reklamationen

- **ruhig und freundlich zuhören**
- **Verständnis zeigen**
- **Situation klären (Fehler besichtigen)**
- **entschuldigen und Hilfe anbieten**

Verbrauchsgüterkauf

Eingeschränkte Vertragsfreiheit

- Sämtliche gesetzlichen Vorschriften sind zwingend.
- Es sind **keine Abweichungen** zum Nachteil des Verbrauchers möglich.
- **Ausnahme:**
  Verkürzung der Haftung bei Mängeln bis zu einem Jahr möglich bei **gebrauchter** Ware.

Gewährleistungsfrist und Gefahrübergang

- Die Gewährleistung für Mängelansprüche beträgt bei **neuen** Sachen **2 Jahre, beginnend mit der Ablieferung der Sache.**
- Beim Versendungskauf geht die Gefahr beim **Eintreffen der Ware beim Käufer** auf diesen über.

Beweislastumkehr

- Bei Mängeln, die innerhalb der ersten 12 Monate nach dem Kauf einer Ware auftreten, wird angenommen, dass der Mangel bereits bei Übergabe vorhanden war.
- Der **Verkäufer** hat im Zweifel zu beweisen, dass die Ware fehlerfrei war bzw. dass der Käufer die Ware beschädigt hat.
- **Nach Ablauf von 12 Monaten** hat der **Käufer** zu beweisen, dass die Sache bei Gefahrenübergang einen Mangel hatte.

KAPITEL 7

Wir beachten das „Gesetz über die Haftung für fehlerhafte Produkte"[1] in besonderen Verkaufssituationen

Pressemitteilung 28. August 20..

Rückruf und Überarbeitung
von Terra „Morphos" Tarierjackets durch den Fachhandel

Im Rahmen der ständigen Qualitätskontrolle unserer Produkte wurde festgestellt, dass an dem Tarierjacket Modell „Morphos" ein technischer Mangel auftreten kann.

Dies betrifft nur bestimmte Seriennummern-Kreise, nämlich die der „Morphos"-Jackets: MP-9001 bis 9960.

Konkret wurde festgestellt, dass in Einzelfällen die Dichtplattenauflage des Pneumatikventils nicht mehr vollständig schließt. Das führt zu einer Undichtigkeit des Tarierjackets und in Extremfällen zu einem ungenügenden Auftrieb während des Tauchens für den Nutzer. Für den Taucher kann dies Gefahr für Leib und Leben bedeuten.

Wir fordern deshalb alle Besitzer von Terra „Morphos"-Tarierjackets mit einer Seriennummer innerhalb der oben angegebenen Nummernkreise auf, das Produkt ab sofort nicht für weitere Tauchgänge zu benutzen.

Obwohl die Möglichkeit einer Gefährdung als sehr gering einzustufen ist, wir anderseits aber jegliches Gefährdungspotenzial ausschließen möchten, haben wir uns entschlossen, das Produkt zurückzurufen und vom Fachhandel überarbeiten zu lassen. Dieses Vorgehen deckt sich mit den hochgesteckten Qualitätsanforderungen an unsere Produkte.

Wenden Sie sich deshalb vertrauensvoll an den Terra-Fachhändler, bei dem Sie das Produkt bezogen haben. Er wird die einfache, aber notwendige Überarbeitung für Sie selbstverständlich kostenlos durchführen. Bei der für den Terra-Fachhändler unkomplizierten Montage handelt es sich lediglich um den zusätzlichen Einbau eines Distanzringes.

Sollten Fragen in diesem Zusammenhang bestehen, wenden Sie sich bitte an Ihren Terra-Fachhändler oder direkt an:

MTH Deutschland, Terra Tauchsportartikel,
Herrn Schwarz,
Aachener Str. 108, 45145 Essen Feldkirchen
Tel.: 0201 9084270/Fax: 0201 90842716
info@terra-tauchsport.wvd.de

Eventuelle Unannehmlichkeiten, die Sie in diesem Zusammenhang haben, bitten wir zu entschuldigen. Da dies aber vorbeugend im Sinne Ihrer eigenen Sicherheit ist, sind wir der Überzeugung, dass wir in Ihrem Sinne handeln.

MTH Deutschland KG
ppa. Jens Brinkmann

Begründen Sie, warum es zwingend notwendig ist, dass der Hersteller die Öffentlichkeit und seine Fachhändler über Schäden an seinem Produkt informiert.

INFORMATION

Produkthaftungsrecht

DEFINITION

Produkthaftung bedeutet, dass der **Hersteller für Schäden haftet,** die durch Fehler des Produkts verursacht werden.

Dies gilt sowohl für **Personen-** als auch für **Sachschäden,** die dem privaten Verbraucher bei bestimmungsgemäßem Gebrauch infolge des Produktfehlers entstanden sind (Produkthaftungsgesetz – ProdHaftG).

BEISPIELE

- Nicht ausreichend tragfähige Leiter
- Ungenügend gesicherte Kindersitze
- Defekte Skibindung
- Platzende Mineralwasserflaschen

Produkt im Sinne des Gesetzes ist jede bewegliche Sache, auch wenn sie Teil einer anderen beweglichen Sache oder unbeweglichen Sache ist, sowie Elektrizität.

Generell erfasst das Produkthaftungsrecht

- typische **Massenprodukte** wie Kraftfahrzeuge, Werkzeuge, elektrische Geräte, Computerprogramme, Mineralwasserflaschen, Nahrungsmittel, Strom, Wasser etc.;
- **Einzelprodukte** wie individuell erstellte Maschinen und Bauteile, durch Tuning veränderte Pkws und Einbauteile.

1 Produkthaftungsgesetz (ProdHaftG) vom 15.12.1989, zuletzt geändert am 17.07.2017.

222268346

Lediglich von Anfang an unbewegliche Gegenstände (z. B. Grundstücke, Gebäude, Fabrikanlagen) fallen genauso wie Dienstleistungen und Naturprodukte (z. B. Beeren, Pilze) nicht unter den Anwendungsbereich des ProdHaftG. Außerdem unterliegen Arzneimittel der Haftung nach dem spezielleren Arzneimittelgesetz.

Haftungstatbestand

- Zur Abgrenzung der Verbraucherrechte aus Gewährleistung und zu Mangelfolgeschäden muss beachtet werden, dass die Produkthaftung nur auf solche Fälle anzuwenden ist, in denen der Schaden nicht an dem Produkt selbst, sondern **an einer anderen Sache** entstanden ist. Die **Haftung** tritt sodann **ohne Nachweis** eines Verschuldens ein (Grundsatz der verschuldensunabhängigen Haftung gem. § 1 Abs. 1 ProdHaftG). Das heißt, der Warenhersteller muss letztlich beweisen, dass er den Fehler nicht verschuldet hat (Beweislastumkehr).

- Der Hersteller muss das Produkt in den Verkehr gebracht haben.

- Generell können auch Händler haftbar gemacht werden. Allerdings sieht das ProdHaftG vor, dass ein Händler haftungsfrei wird, wenn er den Vorlieferer oder Hersteller innerhalb einer einmonatigen Frist nennen kann. Eine lückenlose Dokumentation der Vertriebskette ist somit für Händler ein Muss.

  Händler sind aber immer dann unbeschränkt haftbar, wenn sie die fehlerhaften Produkte von einem Importeur gekauft haben, der aus einem Drittland importiert und dessen Name nicht feststellbar bzw. auffindbar ist. Die Nennung des Herstellers im Drittland führt dann zu keiner Haftungsbefreiung.

  Der Händler haftet natürlich auch immer dann, wenn er selbst Importeur aus einem Drittland ist und die Ware vertreibt.

Für den Geschädigten gilt, dass er nach den genannten Voraussetzungen frei wählen kann, gegen wen er seine Haftungsansprüche richtet. Erst in einem zweiten Schritt findet ein Ausgleich nach dem Grad der Verantwortlichkeit unter den Herstellern im oben genannten Sinne statt.

Fehlerbegriff

Ein Produkt hat einen Fehler, wenn es nicht die Sicherheit bietet, die unter Berücksichtigung aller Umstände berechtigterweise (vom durchschnittlichen Produktbenutzer) erwartet werden kann (§ 3 ProdHaftG).

Bei der Beurteilung der Produktsicherheit sind insbesondere zu berücksichtigen:
- der – **Zeitpunkt**, zu dem das Produkt in den **Verkehr** gebracht wurde,
- **die Darbietung des Produkts,**
- der **Gebrauch,** mit dem **gerechnet** werden kann.

1. Zeitpunkt, zu dem das Produkt in den Verkehr gebracht wurde

Der entscheidende Zeitpunkt für die Beurteilung der Fehlerhaftigkeit ist der Augenblick, in dem das Produkt in den Verkehr gebracht wurde.

BEISPIEL

Ein Navigationssystem gehört wohl heute noch nicht zum Sicherheitsstandard eines normalen Mittelklassewagens. Sollten Navigationssysteme in einigen Jahren zur Serienausstattung gehören wie heute etwa die Airbags, werden dadurch die Alt-Pkws nicht fehlerhaft.

2. Darbietung des Produkts

Des Weiteren ist auf die **Produktdarbietung** abzustellen, die in erheblichem Maße die Sicherheitserwartungen des angesprochenen Verbraucher- bzw. Benutzerkreises bestimmen kann.

BEISPIELE

- An Produkte, die als „absolut feuerfest, bruchsicher usw." bezeichnet werden, dürfen entsprechend hohe Anforderungen gestellt werden.
- Ein allradgetriebener Pkw, der in der Fernsehwerbung eine verschneite Skisprungschanze hinauffährt, muss sich auch im Alltag als überdurchschnittlich wintertauglich erweisen.

3. Üblicher Gebrauch

Der Gebrauch, mit dem gerechnet werden kann, ist der **bestimmungsgemäße Gebrauch des Produkts**, also auch der vorhersehbare Fehlgebrauch.

BEISPIEL

Kinder nehmen Holzspielzeug oft in den Mund. Das ist zwar nicht bestimmungsgemäß, aber üblich und deshalb für den Hersteller zu erwarten. Er muss deshalb bei diesen (und vergleichbaren) Produkten gefahrlose Farben verwenden oder ungefärbte Produkte verkaufen. In diesem Fall genügt kein schriftlicher Hinweis, etwa mittels Beipackzettel, denn die Warnung der Kinder ist damit noch nicht sichergestellt.

Nicht berücksichtigen muss der Hersteller dagegen den **missbräuchlichen Produkt(fehl)gebrauch.**

Bei der erforderlichen Gesamtbeurteilung können schließlich auch Hinweise auf DIN-Normen, Sicherheitstests und den Preis eine Rolle spielen.

Von dem billigsten Produkt wird man nicht die höchstmögliche Sicherheit bei extremer Beanspruchung erwarten können; doch muss in jedem Fall die am Gebrauchszweck orientierte Grundsicherheit gewährleistet sein.

Fehlerarten

Hersteller können auf Schadensersatz verklagt werden, wenn ihr Produkt einen Schaden verursacht hat. In den unterschiedlichen Stufen der Warenherstellung können insbesondere Fehler in folgenden Bereichen zur Verletzung der Verkehrssicherungspflicht und damit zu einer Haftung führen:

- Konstruktionsfehler,
- Fabrikationsfehler,
- Instruktionsfehler,
- Produktbeobachtung.

1. Konstruktionsfehler

Das Produkt ist bereits nach seiner Konstruktion unterhalb des gebotenen Sicherheitsstandards.

BEISPIELE

- fehlerhaftes Bremssystem beim Pkw
- Riss des Seils eines Förderkorbes
- arterienunverträgliches Narkosemittel
- platzendes Schauglas eines Kühlautomaten
- mangelhafte Befestigung eines Ölabflussrohres

2. Fabrikationsfehler

Dies sind Fehler, die bei der Herstellung selbst entstehen. Dabei ist der „Ausreißer-Fehler“ vor dem Hintergrund der Verkehrspflicht zu beurteilen.

BEISPIELE

- Materialschwäche bei einer Fahrradgabel
- durch Bakterien verunreinigter Impfstoff
- defekte Dichtung einer Propangasflasche
- fehlerhafte Lenkvorrichtung beim Motorroller

3. Instruktionsfehler (Instruktionsfehler fallen unter den Begriff Darbietung)

Sie bestehen in **mangelhafter Gebrauchsanweisung** und/oder nicht ausreichender Warnung vor gefahrbringenden Eigenschaften.

Alle technischen Produkte werden in Deutschland mit einer ausführlichen Beschreibung ausgeliefert. Der Käufer soll nicht nur erfahren, wie das jeweilige Produkt zu benutzen ist, er soll auch vor möglichen Gefahren gewarnt werden. Die Instruktionen müssen deshalb deutlich, vollständig und ausreichend sein, d.h., die Art der drohenden Gefahr ist deutlich herauszustellen. Außerdem ist bei erheblichen Gesundheitsschäden infolge Fehlanwendung anzugeben, warum das Produkt gefährlich werden kann. Das gelingt nicht immer, wie viele Beispiele gerade ausländischer Produkte zeigen:

222268348

BEISPIEL

Bedienungsanleitung einer Luftmatratze: „Wenn das Wetter kalt ist, wird die Puffunterlage sich langsam puffen. Entrollen die Puffunterlage und liegen auf ihr, dann wird sie von der Wärme sich Inflationen bekommen."

Schlimmer wird es für die Hersteller, wenn aufgrund fehlender oder falscher Anweisungen Menschen zu Schaden kommen. Das ProdHaftG erlaubt es, den Hersteller auch wegen einer unzureichenden Bedienungsanleitung zur Rechenschaft zu ziehen. Dies gilt auch dann, wenn das Produkt selbst allen Sicherheitsvorschriften genügt.

BEISPIELE

- Unterbliebene Hinweise auf Unverträglichkeit von Narkosemitteln
- Fehlender Hinweis auf Unverträglichkeit bei gleichzeitiger Anwendung verschiedener Pflanzenschutzmittel
- Feuergefährlichkeit von Rostschutzmitteln, von Grundierungsmitteln, Klebemitteln

4. Produktbeobachtung

Darüber hinaus treffen den Hersteller aber auch sogenannte **Produktbeobachtungspflichten.** Durch Tests der Konstruktionsmodelle und die Qualitätssicherung der Fertigung lassen sich mögliche Konstruktions- und Fabrikationsfehler aufdecken. Auch wenn das Produkt bereits vor Entdecken der Fehler in den Verkehr gebracht wurde, muss der Hersteller vor eventuellen Gefahren warnen. Dabei reicht die Pflicht des Herstellers von der nachträglichen Aufklärung bzw. Warnung bis hin zum Rückruf.

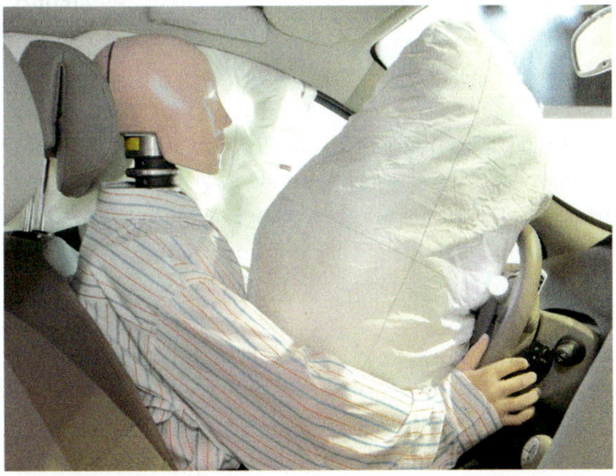

Sicherheitstest bei einem Auto

Notfalls müssen **Warnaktionen** über Medien wie Presse, Funk und Fernsehen mit mehrfachen Wiederholungen durchgeführt werden. Hierbei muss konkret auf Gefahrenlagen hingewiesen und mitgeteilt werden, wie sie sich vermeiden oder beheben lassen.

Rückrufe von Produkten sind erforderlich, wenn aufgetretene Gefahrenlagen anders nicht zu beseitigen sind, insbesondere Warnungen und Gebrauchshinweise nicht ausreichen.

Hat unsere Rückrufaktion vom Juni 20.. sich wirklich überall herumgesprochen?

Damals mussten wir im Nachhinein feststellen, dass bei Elektro-Raumheizern (Direktheizgeräten) der Typen KRV und KRE 86 bis 410 der Marke Future II unter extremen Bedingungen das Gehäuse unter Spannung stehen kann.

Selbstverständlich haben wir sofort eine groß angelegte Rückrufaktion gestartet und die fraglichen Geräte kostenlos gegen neue eingetauscht. Wir wiederholen diesen Hinweis heute, damit auch das letzte dieser Geräte aus dem Verkehr gezogen wird.

Betroffen sind nur Geräte der oben genannten Typen, die von April bis Juni 20.. ausgeliefert und die nach Juni 20.. noch nicht vom Kundendienst oder einem Fachhandwerker überprüft oder ersetzt worden sind. Im Zweifelsfall sprechen Sie bitte mit Ihrem Fachhandwerker, der das Gerät geliefert hat.

Sollte Ihr Gerät betroffen sein, gehen Sie bitte wie folgt vor:

Trennen Sie das Gerät unverzüglich vom Netz.

- Bei Geräten mit Netzstecker:
  Stecker aus der Steckdose ziehen.
- Bei Geräten ohne Netzstecker (fest angeschlossen):
  - entsprechende Sicherung ausschalten,
  - Gerät abschalten,
  - Schalter mit Klebestreifen sichern und
  - Fachhandwerker oder Future Werkskundendienst verständigen.

Alle betroffenen Gerätebesitzer werden gebeten, den Informationsdienst unter 02371 3970146 anzurufen.

Future GmbH & Co. KG, Mittelstr. 245, 58664 Iserlohn

BEISPIELE FÜR RÜCKRUFE[1]

- Unterbliebene Hinweise auf Unverträglichkeit von Narkosemitteln
- Ein Fledermauskostüm für Kinder mit Strangulationsgefahr
- Scherben im Sauerkirschenglas einer SB-Kette
- Ein um vier Wochen verspätetes Mindeshaltbarkeitsdatum auf Makrelenfilets
- Auf einem Schoko-Brotaufstrich fehlte der Allergiker-Hinweis auf Nüsse und Soja.

1 Beispiele für Produktrückrufe und -warnungen sowie Untersagungsverfügungen finden sich unter www.baua.de, dann „Produktsicherheit".

Umfang der Haftung

Das ProdHaftG sieht je nach Schaden unterschiedliche Haftungsumfänge des Herstellers vor:

1. Personenschäden (Körperverletzung und Tötung)

In den Schutzbereich der verschuldensunabhängigen Haftung fallen **Leben und Gesundheit** des Menschen, unabhängig davon, ob der Geschädigte ein gewerblicher Käufer, ein mit dem Produkt beschäftigter Arbeitnehmer, ein privater Endverbraucher oder ein unbeteiligter Dritter ist.

BEISPIELE FÜR PERSONENSCHÄDEN

- Unfall mit Klappfahrrad durch Bruch eines Gabelschaftes
- schwere Augenverletzung durch Feuerwerkskörper
- Verletzung durch explodierenden Kondenstopf

Haftungshöchstsumme: für Tod und Körperverletzung 85 Mio. €. Diese Begrenzung kann bei EU-weit auftretenden Serienschäden schnell erreicht sein, etwa bei Lebensmitteln, Personenkraftwagen oder Küchenmaschinen. Dann müssen sich alle die Höchstsumme teilen, sodass sie keinesfalls voll entschädigt werden.

BEISPIEL AUS DER VERGANGENHEIT

Gesüßter Kindertee zerstörte bei mehr als 10 000 deutschen Kleinkindern zuerst den Zahnschmelz der Schneidezähne, dann faulten die Milchzähne ab und Zahnfleisch sowie Kieferknochen begannen zu eitern.

Die durch Kindertee verursachten Personenschäden lagen um ein Vielfaches über 85 Mio. €.

Schmerzensgeld muss der Hersteller zahlen, falls er den Fehler verschuldet hat (verschuldensabhängige Produzentenhaftung, §§ 823, 847 BGB). Die Höhe des Schmerzensgeldes richtet sich nach freiem Ermessen, eine verbindliche Schmerzensgeldtabelle existiert nicht.

2. Sachschäden

Für Sachschäden gelten folgende Einschränkungen:

- Generell sehen die Bestimmungen des ProdHaftG keinen Anspruch auf Ersatz des fehlerhaften Produkts selbst vor, sondern nur einen Anspruch auf Ersatz anderer durch das Produkt entstandener Sachschäden.
  Voraussetzung ist, dass die Sachschäden im privaten Bereich des Endverbrauchers liegen und nicht im Rahmen einer gewerblichen oder freiberuflichen Tätigkeit entstanden sind, z. B. Haftung für den Kühlschrank zu Hause, nicht für den im Unternehmen (§ 1 Abs. 1 Satz 2 ProdHaftG).

BEISPIELE FÜR SACHSCHÄDEN

- Verwendung von Fertigbauteilen, die mit Konstruktions- oder Fabrikationsfehlern behaftet sind
- Nicht ausreichend festes Kellermauerwerk durch fehlerhaft arbeitenden Betonmischer
- Neuverlegen von Platten wegen eines mangelhaften Kontaktklebers
- Verkauf eines Pkw mit für diesen nicht zugelassenen Reifen

Eine Höchstgrenze für Sachschäden ist nicht vorgesehen. Es besteht aber eine Selbstbeteiligung des Geschädigten in Höhe von 500,00 €. Damit soll sichergestellt werden, dass nur wirklich gravierende Schäden durch das ProdHaftG geregelt werden.

BEISPIEL

Sachschaden:	5.000,00 €
Selbstbeteiligung:	500,00 €
Einklagbare Summe:	4.500,00 €

Die Vorschriften des ProdHaftG sind **zwingendes Recht** und können auch nicht durch Allgemeine Geschäftsbedingungen oder individuell-vertraglich ausgeschlossen oder beschränkt werden. Sollten solche Haftungsausschlüsse oder Freizeichnungsklauseln angewandt werden, sind sie nichtig.

Diese Regelung gilt nur im Verhältnis des geschädigten Verbrauchers zum Hersteller. In die Dispositionsfreiheit der Hersteller untereinander wird nicht eingegriffen, hier sind Freizeichnungsklauseln möglich.

222268350

Der Fall: **Defekter Fernseher setzt Wohnung in Brand.**
Der Geräteeigentümer muss mit einer schweren Rauchvergiftung ins Krankenhaus.

Wenn der Eigentümer des Fernsehgeräts vom Hersteller Geld haben will, darf der Apparat nicht älter als 10 Jahre sein. Der Kläger muss vor Gericht nachweisen, dass sein TV-Gerät bereits ab Werk fehlerhaft geliefert wurde. Zudem muss er beweisen, dass der Schaden eindeutig vom fehlerhaften Produkt verursacht wurde (kausaler Zusammenhang).

Sachschaden

Hersteller mit Sitz in EU-Ländern haften bei Schäden ab 500,00 €, unabhängig davon, ob sie ein Verschulden trifft.

(Der Verbraucher muss also Sachschäden bis zu einer Höhe von 500,00 € selbst tragen.)

Nach dem ProdHG gelten auch
- Importeure (wenn Ware aus Drittländern in die EU eingeführt wird) und
- Einzelhändler (wenn Hersteller und Importeure unbekannt sind)

als Hersteller.

Personenschaden

Für ein Produkt oder gleiche Produkte mit demselben Fehler, die zu Personenschäden führen, **haftet der Hersteller bis 85 Mio. €.**

Tod: Beerdigungskosten erstattet der Hersteller.

Arbeitsausfall/Rente

Arbeitgeber zahlt nach wie vor 6 Wochen den vollen Lohn. Danach überweist die Krankenkasse einen Teil des Gehalts (Krankengeld). Der Produzent muss die Differenz zum vollen Lohn zahlen und bei Erwerbsunfähigkeit auch die Rente. Der Arbeitgeber kann sich aber ...

Unfallkosten:

Arzt und Krankenhaus bezahlt nach wie vor die Krankenkasse. Sie kann sich aber ...

... das Geld vom Produzenten zurückholen.

Schmerzensgeld

Der Hersteller (nicht der Importeur oder Händler) muss Schmerzensgeld zahlen. Es sei denn, er weist vor Gericht nach, dass er alles Mögliche getan hat, um den Fehler zu vermeiden, ihn also kein Verschulden trifft.

Situation:

Zwei Freunde besuchten die Düsseldorfer Filiale einer Fast-Food-Kette. Beim Verzehr eines Hamburgers spürte einer von beiden plötzlich einen starken und stechenden Schmerz und verschluckte daraufhin vor Schreck den Bissen. Da die Beschwerden im Laufe des Tages immer unerträglicher wurden, suchte er anschließend einen Zahnarzt auf. Der Arzt stellte fest, dass der linke Backenzahn des Jugendlichen durch den Biss auf Knochenreste im Hackfleisch gesplittert war. Der Zahn musste gezogen und durch ein Implantat ersetzt werden. Die Eltern des Jugendlichen klagten daraufhin auf Schadensersatz.

Ausgang:

Die Fast-Food-Kette musste nach dem Produkthaftungsgesetz die Zahnersatzkosten komplett bezahlen. Die Zeugenaussagen des Freundes und die Angaben des behandelnden Zahnarztes waren letztlich für dieses Urteil ausschlaggebend.

Zum Schutz des Verbrauchers kann die Haftung **vor dem Schadensfall** weder ganz ausgeschlossen noch auf einen bestimmten Betrag begrenzt werden (§ 14 ProdHaftG).

Nach Eintritt des Schadensfalls kann aber mit dem Geschädigten ein Verzicht oder eine Beschränkung der Ersatzpflicht vereinbart werden, z. B. mit einer Abfindung oder einem Vergleich.

Kreis der haftenden Personen (Haftungsadressat)

Der geschädigte Verbraucher kann seinen Schadensersatzanspruch nicht nur gegen den Hersteller des Endprodukts, sondern in gleicher Weise auch gegen den Zulieferer, Importeur und unter besonderen Voraussetzungen auch gegen den Händler geltend machen (§ 4 ProdHaftG). Sein Vorteil ist, dass er sich u. U. den finanziell potenteren Anspruchsgegner heraussuchen kann.

Im Einzelnen haften folgende Personen als Hersteller:

- **Hersteller des Endprodukts:** Voraussetzung für eine Haftbarkeit des Herstellers des Endprodukts ist, dass es sich um eine gewerbsmäßige Herstellung handelt, die eigenverantwortlich und selbständig betrieben wird. Angestellte des Herstellers sind somit von der Haftung nach dem ProdHaftG ausgeschlossen. Wichtig ist, dass der Hersteller in jedem Fall auch für fehlerhafte Zukaufteile haftet. Aus diesem Grund können auch so genannte Assembler, d. h. Hersteller, die lediglich Einzelteile von anderen Herstellern zu einem Produkt zusammenbauen, oder Lizenznehmer haftbar gemacht werden.
- **Hersteller des Teilprodukts:** Das sind alle Zulieferer. Ihre Haftung setzt voraus, dass die von ihnen gelieferten Teilprodukte für sich genommen fehlerhaft sind. Diese Regelung betrifft vor allem Hersteller von Grundstoffen, die z. B. nur die Rohstoffe für die Herstellung eines Produktes liefern. Sie können, wenn der Rohstoff fehlerhaft war, dann auch für den gesamten entstandenen Schaden in Haftung genommen werden.
- **Quasi-Hersteller:** Wer sich als Hersteller ausgibt, indem er seinen **Namen, sein Warenzeichen** oder ein anderes Erkennungszeichen auf dem Produkt anbringt, haftet wie der Hersteller.
  Von dieser Regelung sind insbesondere **Versandhäuser** und **Handelsketten** betroffen, die Konsumgüter von nach außen nicht in Erscheinung tretenden Herstellern produzieren lassen und unter ihrem Namen auf den Markt bringen.
  Bei **Franchise-Konstellationen** wird in den meisten Fällen der Franchisenehmer zur Haftung als Quasi-Hersteller herangezogen.
  Ein Quasihersteller kann dann von der Haftung frei werden, wenn er bei Inverkehrbringung neben seinem Namen auch noch den Namen des tatsächlichen Herstellers auf dem Produkt anbringt oder ihm eine reine Händlereigenschaft des Verkaufs zugeschrieben werden kann. Die nachträgliche Nennung des tatsächlichen Herstellers erst im Schadensfall reicht hingegen nicht zu einem Haftungsausschluss.
- **Importeur:** Bei Importen aus Mitgliedsländern der EU nach Deutschland wird der Importeur im Schadensfall nicht haften müssen, wenn er den Hersteller benennen kann, da davon ausgegangen werden kann, dass der Hersteller selbst haftbar gemacht werden kann.
  Anders sieht es bei fehlerhaften Importen aus Drittländern in die EU aus, dann kann immer der Importeur haftbar gemacht werden. Der Importeur haftet neben dem eigentlichen Hersteller im Ausland. Diese Regelung greift auch bei deutschen Reimporten aus einem Drittland.

BEISPIEL

Kauft ein Kunde einen Fernseher, der außerhalb der EU hergestellt und eingeführt wurde (z. B. aus Hongkong), kann er entweder den Importeur oder den Händler (wenn der Hersteller unbekannt ist) haftbar machen.

Die ursprüngliche Haftung des Importeurs dient dem Schutz des Verbrauchers, da eine Rechtsverfolgung in Hongkong (China) dem Geschädigten häufig kaum möglich ist.

- **Händler:** Generell können auch Händler haftbar gemacht werden. Die verschuldensunabhängige Haftung des Händlers gilt für den Fall, dass der Hersteller nicht festgestellt werden kann. Dann gilt für den Händler die „Auffanghaftung" (§ 4 Abs. 3 ProdHaftG). Die Vorschrift soll der Verschleierung der Herstellerhaftung durch Vertrieb von anonymen („No-Name"-) Produkten entgegenwirken.
  Der Händler kann sich durch lückenlose Dokumentation und Offenlegung der Vertriebskette entlasten. Benennt er innerhalb eines Monats nach Zugang der Aufforderung des Kunden seinen Vorlieferer oder den Hersteller, ist er frei und der Vorlieferer haftet, soweit er nicht seinerseits die Spur zum Hersteller weiterverfolgen hilft.
  Händler sind aber immer dann unbeschränkt haftbar, wenn sie die fehlerhaften Produkte von einem

222268352

Importeur gekauft haben, der aus einem Drittland importiert und dessen Name nicht feststellbar bzw. auffindbar ist. Die Nennung des Herstellers im Drittland führt dann zu keiner Haftungsbefreiung.
Der Händler haftet natürlich auch immer dann, wenn er selbst Importeur aus einem Drittland ist und die Ware vertreibt.

Im Einzelfall kann sogar ein **Privatmann** für das Abgeben eines gefährlichen Produktes haftbar gemacht werden.

Sind mehrere Hersteller nebeneinander zum Schadensersatz verpflichtet, so haften sie als **Gesamtschuldner,** d.h., der Verbraucher kann denjenigen aus der Produktions- und Verteilerkette in Anspruch nehmen, von dem aufgrund seiner wirtschaftlichen Verhältnisse am ehesten und schnellsten Ersatz des vollen Schadens zu erwarten ist. Im Innenverhältnis hängt die Ausgleichspflicht der Hersteller untereinander davon ab, inwieweit der Schaden vorwiegend von dem einen oder anderen Teil verursacht worden ist (§ 254 BGB).

Die Beweislast für das Vorliegen eines Fehlers und dessen Ursächlichkeit für den entstandenen Schaden liegt beim Geschädigten selbst.

Da es sich beim ProdHaftG aber um ein Verbraucherschutzgesetz handelt, sieht es für den geschädigten Verbraucher Beweislasterleichterungen vor. Dies bedeutet, dass der Geschädigte beispielsweise nur den Fehler zum Zeitpunkt des Schadens beweisen muss, nicht jedoch, dass der Fehler schon bei Inverkehrbringung vorhanden war.

Auch gilt für den Geschädigten der Beweis des ersten Anscheins. Danach müssen typische Abläufe, die zum Schaden geführt haben, nicht bewiesen werden, sondern unter Einbeziehung der Lebenserfahrung als wahr unterstellt werden.

Ausschluss der Haftung durch Entlastung des Herstellers

Das ProdHaftG sieht folgende Ausnahmen vor, die den Hersteller von seiner Haftung befreien (er muss allerdings das Vorliegen dieser Entlastungstatsachen beweisen):

- **Keine Haftung für nicht in Verkehr gebrachte Produkte**
  Die Ersatzpflicht ist ausgeschlossen, wenn der Hersteller beweist, dass er das Produkt nicht in Verkehr gebracht hat, etwa weil es ihm gestohlen worden ist.
- **Fehlerentstehung nach dem Inverkehrbringen**
  Kann der Hersteller beweisen, dass der für den Schaden ursächliche Fehler nicht vorlag, als das Produkt von ihm in den Verkehr gebracht wurde – dass der **Fehler also nach diesem Zeitpunkt** entstanden ist –, so ist er von der Haftung frei.
- **Entlastung durch zwingende Rechtsvorschriften**
  Der Hersteller haftet ferner nicht, wenn das Produkt zum Zeitpunkt des In-Verkehr-Bringens zwingenden Rechtsvorschriften entsprochen hat. Zwingendes Recht liegt nur vor, wenn ein Gesetz oder eine Verordnung die verbindliche Detailregelung enthält, wie ein Produkt beschaffen sein muss. Keine Rechtsqualität haben etwa DIN- oder VDE-Normen.
- **Besondere Enthaftung des Zulieferers**
  - Der Zulieferer haftet nicht, wenn er nachweist, dass der Fehler durch die Konstruktion des Produkts, in das das Teilprodukt eingebaut wurde, verursacht worden ist.
  - Er haftet ferner nicht, wenn der Fehler durch die **Anleitungen** des Herstellers des Produkts verursacht worden ist. Die Regelung stellt sicher, dass der Teilproduzent dann nicht haftet, wenn das Produkt nur deshalb Schäden verursacht, weil der Endprodukthersteller z.B. Zulieferteile nachlässig einbaut, nicht passende Teilprodukte bestellt oder konstruktive Besonderheiten des Endprodukts nicht berücksichtigt. (Häufiger Fall: Der Endprodukthersteller liefert falsche Konstruktionspläne.)
- **Keine Haftung für Entwicklungsfehler**
  Von der Haftung befreit ist der Hersteller bei sogenannten **Entwicklungsfehlern.** Das heißt, der Hersteller muss für Fehler, die zum Zeitpunkt der Produktion (nach dem allgemeinen Stand der Wissenschaft und Technik) keiner kennen konnte, nicht haften. Unter den Begriff „keiner“ fallen sowohl der Konkurrent, die gesamte Branche als auch wissenschaftliche Institute.
- Darüber hinaus gilt das ProdHaftG nicht für „unverarbeitete Naturprodukte“, wie beispielsweise Obst, Gemüse und Getreide.
- Eine weitere Einschränkung ist darin zu sehen, dass eine Haftung für Schmerzensgeld grundsätzlich ausgeschlossen ist.

BEISPIEL

Platzt eine Mineralwasserflasche und der Kunde verliert sein Augenlicht, bekommt er nach dem ProdHaftG keinen Cent Schmerzensgeld. Nur wenn den Hersteller ein Verschulden trifft, erhält er eine finanzielle Entschädigung.

Zum Schutz des Verbrauchers kann die Haftung vor dem Schadensfall weder ganz ausgeschlossen noch auf einen bestimmten Betrag begrenzt werden (§ 14 ProdHaftG).

Verjährung und Erlöschen von Ansprüchen

Alle Ansprüche unterliegen der Verjährung. Die Verjährungsfrist nach dem ProdHaftG beträgt 3 Jahre (§ 12 ProdHaftG). Für den Beginn der Verjährung müssen folgende Voraussetzungen nebeneinander vorliegen:

- Der Anspruchssteller muss den Schaden kennen bzw. hätte ihn kennen müssen.
- Der Anspruchssteller muss den für den Schaden ursächlichen Fehler kennen bzw. hätte ihn kennen müssen. Hierfür ist in den meisten Fällen ein Sachverständigengutachten unentbehrlich.
- Der Anspruchssteller muss den Ersatzpflichtigen kennen bzw. hätte ihn kennen müssen. Dies ist in der Praxis häufig unproblematisch, da es in vielen Haftungsfällen mehrere Ersatzpflichtige gibt.

Die Verjährungsfrist beginnt grundsätzlich erst dann zu laufen, wenn alle drei Voraussetzungen erfüllt sind. Finden Verhandlungen über den zu zahlenden Schadensersatz statt, so ist die Verjährung während der Dauer der Verhandlungen gehemmt. Scheitern die Verhandlungen endgültig, so läuft die Frist weiter.

Die Beweispflicht für die Verjährung der Haftungsansprüche trägt die Partei, die sich auf die Verjährung beruft, d. h. der Hersteller, Importeur etc.

Der **Schadensersatzanspruch** erlischt **10 Jahre** nach dem Zeitpunkt, zu dem der Hersteller das Produkt, das den Schaden verursacht hat, in den Verkehr gebracht hat. Damit der exakte Zeitpunkt der Inverkehrbringung bewiesen werden kann, ist eine lückenlose Dokumentation, beispielsweise durch die Vergabe von Seriennummern, notwendig.

Darüber hinaus sind die Vorschriften über die Verjährung des BGB anzuwenden.

Produktsicherheitsgesetz (ProdSG)[1]

- Das Gesetz ist anzuwenden, wenn Produkte auf dem Markt bereitgestellt, ausgestellt oder erstmals verwendet werden.
- Das ProdSG soll gewährleisten, dass Produkte, die auf dem Markt bereitgestellt werden, **sicher sind und die Gesundheit nicht gefährden**. Es regelt daher die Anforderungen an die Sicherheit von Produkten und überwacht deren Kontrolle und Kennzeichnung.
- Hersteller müssen die **Gebrauchssicherheit von Produkten** gewährleisten
  - bei bestimmungsgemäßer Verwendung, aber auch
  - beim vorhersehbaren Fehlgebrauch.

  Damit steigt die Pflicht der Unternehmen zur Marktbeobachtung. Nicht nur neue, sondern auch gebrauchte, wiederaufgearbeitete oder wesentlich verändert in den Verkehr gebrachte Produkte sind von dieser Regelung betroffen.
- Auf jedem Produkt muss der **Name und eine Kontaktanschrift des Herstellers** bzw. Bevollmächtigten oder Importeurs stehen, wenn diese im außereuropäischen Wirtschaftsraum handeln. Die Produkte sind mit **Typenbezeichnung oder Seriennummer** zu kennzeichnen, um die Identifizierung beispielsweise im Rahmen von Rückrufaktionen zu erleichtern. Hersteller, Bevollmächtigte und Importeure müssen die Verwender so informieren, dass sie die vom Produkt ausgehenden Gefahren erkennen und sich vor ihnen schützen können, sowie Vorkehrungen treffen, um angemessen auf Gefahren reagieren zu können.
- Im Krisenfall werden vernünftige Schutzmaßnahmen wie **Verbraucherwarnungen und Produktrückrufe** verlangt: Es besteht unverzügliche Informations- und Zusammenarbeitspflicht der Hersteller, Bevollmächtigten sowie Importeure und auch von Händlern gegenüber Behörden.[1]
- **Händler** als Teil der Vertriebskette dürfen keine Produkte in den Verkehr bringen, von denen sie wissen – oder anhand der ihnen vorliegenden Informationen oder ihrer Erfahrung wissen müssen –, dass sie nicht den gesetzlichen Anforderungen an ein sicheres Produkt entsprechen (Mitwirkungspflicht des Händlers). Jeder Händler muss unverzüglich die an seinem Geschäftssitz zuständige Marktüberwachungsbehörde unterrichten, wenn er weiß, dass ein Verbraucherprodukt, das er auf dem Markt bereitgestellt hat, ein Risiko für die Sicherheit und Gesundheit von Personen darstellt.

1 Produktsicherheitsgesetz (ProdSG) vom 27. Juli 2021. Die vorliegenden Ausführungen stellen einen sinngemäßen Auszug des Gesetzes dar.

Soweit Händler mit GS gekennzeichnete Produkte im Angebot haben, sollten sie sich vom Hersteller bestätigen lassen, dass das Zeichen weiterhin verwendet werden darf. Hierfür muss der Hersteller eine Bescheinigung der GS-Stelle vorweisen können.

Damit soll das GS-Zeichen nachhaltig gestärkt und Missbrauch bekämpft werden. Das GS-Zeichen hat sich in der Vergangenheit als verlässliches Instrument zur Information der Verbraucher bewährt. Mit seiner Aussage „geprüfte Sicherheit" beeinflusst es die Kaufentscheidung und trägt zu einem wirkungsvollen Verbraucherschutz bei..

- Die zuständigen **Behörden** sollen den Markt überwachen. Dazu gehören sicherheitstechnische Produktuntersuchungen, Bußgeldverhängung, Produktverbote, Aufforderung zur Rücknahme oder Rückruf oder öffentliche Warnungen. Sollte vom Produkt eine „ernste Gefahr" ausgehen, kann neben der nationalen Behörde ebenfalls die Europäische Kommission einschreiten.
- **Bußgeldvorschriften:** Es können beispielsweise für das Fälschen des CE oder GS-Zeichens Geldstrafen bis zu 100.000 Euro, bei nicht oder nicht richtiger Kennzeichnung ein Bußgeld bis zu 10.000,00 € verhängt werden.
- **Strafvorschriften:** Mit Freiheitsstrafe bis zu einem Jahr oder mit Geldstrafe wird bestraft, wer u.a. durch eine vorsätzliche Handlung Leben und Gesundheit eines anderen gefährdet.

AUFGABEN

1. Was ist ein Produkt nach dem Produkthaftungsgesetz (ProdHaftG)?
2. Wann liegt ein Fehler vor, der eine Haftung im Sinne des ProdHaftG auslöst?
3. Wann haften Hersteller, Importeure oder Quasi-Hersteller nicht, obwohl das Produkt einen Fehler hat und ein Verbraucher zu Schaden gekommen ist?
4. Schäden können an verschiedenen Stellen auftreten. Entscheiden Sie in den folgenden Schadensfällen, ob eine Haftung nach dem ProdHaftG gegeben ist.

   Schaden:

   a) am Produkt selbst, z. B. defekter Haartrockner;
   b) an Teilen einer Sache, z. B. umgebauter Motorkolben, Bremszug oder Reifen eines Kfz;
   c) an anderen Sachen als dem Produkt, z. B. Schaden am anderen Pkw beim Auffahren durch Bremsversagen;
   d) an Leben und Gesundheit eines Menschen.
5. Nennen Sie drei Fehlerquellen, durch die ein Produkt einen Schaden verursachen kann und demzufolge der Hersteller haften muss.
6. Wie ist die Haftungsgrenze bei Personen- und Sachschäden festgelegt?
7. Was verstehen Sie unter „Produktbeobachtungspflicht" der Hersteller?
8. Sammeln Sie unverständliche Gebrauchsanweisungen. Was sind Ihrer Meinung nach die Ursachen für die Unverständlichkeiten?
9. Beim Aufhängen von Gardinen im Wohnzimmer stürzt der Wohnungsinhaber von einer Trittleiter und verletzt sich dabei. Die Trittleiter wurde in Fernost produziert und hatte Sicherheitsmängel. Wer haftet nach dem ProdHaftG?
10. Ein Fernsehgerät gerät aufgrund eines technischen Fehlers in Brand. Die Einrichtung wird dadurch beschädigt und die Bewohner erleiden eine Rauchvergiftung.

    a) Welcher Selbstbehalt gilt bei Sachschäden?
    b) Müssen die Geschädigten dem Hersteller des Fernsehers eine Schuld am Fehler des Geräts nachweisen? Begründen Sie Ihre Antwort.
11. Was muss der geschädigte Verbraucher gegenüber dem Hersteller beweisen?
12. Gilt die Produkthaftung auch für Onlinehändler?
13. Welche Rolle spielen Gebrauchsanweisung und Produktbeschreibung?
14. Wie sind die Haftungssummen im ProdHaftG geregelt?
15. Legen Sie dar, wie der Ausschluss und die Beschränkung der Ersatzpflicht im Gesetzt geregelt sind.
16. Wann kann sich die Haftung des Herstellers vermindern?
17. Wie lange haftet der Hersteller für einen Schaden?

AKTIONEN

1. a) Bearbeiten Sie dieses Kapitel mithilfe der SQ3R-Methode.
   b) Erstellen Sie eine Mindmap, die alle wichtigen Informationen dieses Kapitels zur Produkthaftung enthält.
   c) Präsentieren Sie Ihre Mindmap unter Beachtung der Präsentationsregeln.
2. a) Recherchieren Sie im Internet nach zehn Rückrufaktionen von Herstellern, deren Produkte mit Mängeln behaftet waren.
   b) Erstellen Sie anschließend mit dem PC eine Tabelle nach unten stehendem Schema, in das Sie Ihre Ergebnisse der Recherche eintragen:
   c) Tragen Sie die Ergebnisse Ihrer Arbeit zu diesem Thema dem Plenum vor. Beachten Sie dabei die Grundregeln zur Präsentationsdarstellung.
3. Erstellen Sie in Gruppenarbeit ein Anschreiben, um kostenloses Informationsmaterial von Institutionen und Behörden zum Produkthaftungsgesetz zu erhalten.

Fehlerbeschreibung/Branche	Art des Fehlers	mögliche mit dem Mangel verbundene Fehler

ZUSAMMENFASSUNG

Produkthaftung (Verbraucherschutzbestimmungen)
- Hersteller haftet für Schäden, die durch Fehler des Produkts verursacht werden
- Produkthaftung kann nicht durch AGB beschränkt werden

Umfang: Personen- und Sachschäden

entstanden beim privaten Verbraucher infolge des Produktfehlers

Geschützte Rechtsgüter

Leben, Körper, Gesundheit, Freiheit und Eigentum des anderen; **aber nicht**:
- Schäden an der Sache selbst (sondern an einer anderen Sache)
- an gewerblich genutzten Sachen

Haftungsadressaten

Schadensersatzanspruch gegenüber:
- den Hersteller des End- und Teilprodukts
- den Quasi-Hersteller
- den Importeur
- den Händler

Schmerzensgeld bei Personenschäden

Nur wenn den Hersteller ein Verschulden trifft (verschuldensabhängige Produzentenhaftung)

Beweislast des geschädigten Verbrauchers
- Vorliegen eines Fehlers
- Schadensverursachung durch das Produkt (= Kausalität)

Haftungsgrenzen
- Bei Personenschäden: **Haftungshöchstbetrag** begrenzt auf 85 Mio. €
- Bei Sachschäden: Anspruch auf Ersatz anderer durch das fehlerhafte Produkt entstandener Schäden ab einer **Mindestsumme** von 500,00 €.

Ausnahmen

Keine Haftung bei:
- Entwicklungsfehlern
- unverarbeiteten Naturprodukten

Verjährung/Erlöschen
- Ansprüche müssen innerhalb von 3 Jahren geltend gemacht werden.
- Schadensersatzansprüche erlöschen nach 10 Jahren.

222268356

SACHWORTVERZEICHNIS

222268358

BILDQUELLENVERZEICHNIS

Baaske Cartoons, Müllheim: Liebermann, Erik 73.1

DIHK Deutscher Industrie- und Handelskammertag e.V., Berlin: 146.1

EHI Retail Institute GmbH, Köln: 159.1, 329.1

fotolia.com, New York: Alexander Spörr 320.1; Ament, Manfred 140.1; Arcurs, Yuri 286.1; Berg, Martina 244.1; Dietl, Jeanette 276.2; Hanik 6.1; Jrgen Effner 105.1; opticalearth 333.2

Görmann, Felix, Berlin: 9.1, 12.1, 14.1, 15.1, 20.1, 24.1, 27.1, 27.2, 27.3, 29.1, 35.1, 39.1, 40.1, 49.1, 63.1, 70.1, 81.1, 95.1, 99.1, 106.1, 108.1, 120.1, 121.1, 121.2, 124.1, 124.2, 125.1, 148.1, 165.1, 172.1, 177.1, 182.1, 188.1, 204.1, 231.1, 231.2, 231.3, 231.4, 251.1, 252.1, 261.2, 263.1, 266.1, 267.1, 283.2, 283.3, 288.1, 288.2, 288.3, 288.4, 289.1, 289.2, 289.3, 289.4, 289.5, 289.6, 289.7, 289.8, 289.9, 289.10, 289.11, 289.12, 289.13, 289.14, 290.1, 299.2, 306.1, 311.1, 327.1, 332.1, 332.2, 339.1, 342.1, 348.1

Görmann, Felix (RV), Berlin: 43.1, 110.2, 110.3, 110.4, 117.1, 135.2, 153.1, 205.1, 261.1, 337.1

Heinemeier, Hartwig, Hannover: 145.1, 145.2; Hild, Claudia 154.1, 154.2, 211.1, 233.1, 233.2, 235.1, 235.2, 246.1, 247.1, 248.1, 249.1, 250.1, 252.2, 252.3, 252.4, 252.5, 254.1, 256.1, 256.2, 256.3, 259.1, 259.2, 317.1, 335.1, 335.2

Hild, Claudia, Angelburg: 11.1, 14.2, 14.3, 15.2, 15.3, 38.1, 50.1, 50.2, 51.1, 53.1, 53.2, 54.1, 61.2, 107.1, 109.1, 113.1, 113.2, 113.3, 113.4, 114.1, 114.2, 116.1, 118.1, 120.2, 122.1, 135.1, 138.1, 149.1, 152.1, 156.1, 156.2, 281.1, 283.1, 297.1, 299.1, 301.2, 308.1, 332.3, 340.1, 341.1, 344.1; Heinemeier, Hartwig 93.2, 183.1, 187.1, 188.2, 192.1, 192.2, 193.1, 193.2, 194.1, 194.2, 194.3, 203.1, 213.1, 214.1, 214.2, 215.1, 215.2, 221.1, 271.1, 273.1, 276.1, 277.1, 279.1

idealo internet GmbH, Berlin: 18.6

IFH Institut für Handelsforschung Köln GmbH, Köln: 37.1

iStockphoto.com, Calgary: Cole, Steve 59.1; imagestock 277.3; izusek Titel

Jecht, Hans, Hildesheim: 7.1, 16.1, 17.2, 30.1, 31.1, 245.1, 282.1; ohne Nennung 156.3

Picture-Alliance GmbH, Frankfurt a.M.: 249.2; Becker, Marius 293.1; dpa-infografik 229.1, 239.1, 243.1, 298.2, 300.2, 301.3, 302.1, 302.2, 304.1, 309.1; Hase, Tobias 333.1

Producto GmbH – Testberichte.de, Berlin: 17.3

Shutterstock.com, New York: somkhana 253.2; www.hollandfoto.net 253.3; Yuri_Arcurs 98.1

SINUS-Institut, Heidelberg: 290.2

stock.adobe.com, Dublin: baranq 157.1; Berkmann, Daniel 143.1; BullRun 97.1; cheese78 350.1; cirquedesprit 314.1; cunaplus 324.1; della Russo, Sascha 308.2; Do Ra 18.1, 18.2, 18.3, 18.4, 18.5; ekkaluck 61.1; Flixelpix 319.1; Gorodenkoff 294.1; Heim, Ramona 112.1; iconshow 115.1; industrieblick 155.1; Joshhh 300.1; Kneschke, Robert 24.2, 112.2; Krakenimages.com 128.1; KSCHiLI 326.1; Lucky Dragon 105.2; Mediteraneo 297.2; mikumistock 325.1; Pavel Losevsky 298.1; Robert Kneschke 137.1; Ryzhov, Sergey 278.1; Sanders, Gina 301.1, 329.2; Seika 325.2; taddle 252.6; tarapatta 110.1; tm-photo 143.2; Vereshchagin, Dmitry 349.1; viperagp 112.3; vipman4 93.1; Wolfilser 336.1; Wylezich, Björn 277.2; yeehaaa 253.1

VGL Verlagsgesellschaft mbH, Berlin: https://www.vergleich.org/ 16.2, 17.1

222268360